BACK TO THE BIBLE

The Gospel according to MARK

마가복음

장종길 지음

김의원 박사 추천

Back to the Bible

The Gospel according to MARK

by

JANG Jong-Gil

Grisim Publishing Co.
Seoul, Korea

Mark 1:1
The beginning of the gospel of Jesus Christ,
the Son of God.

Ἀρχὴ τοῦ εὐαγγελίου Ἰησοῦ Χριστοῦ
[υἱοῦ θεοῦ].

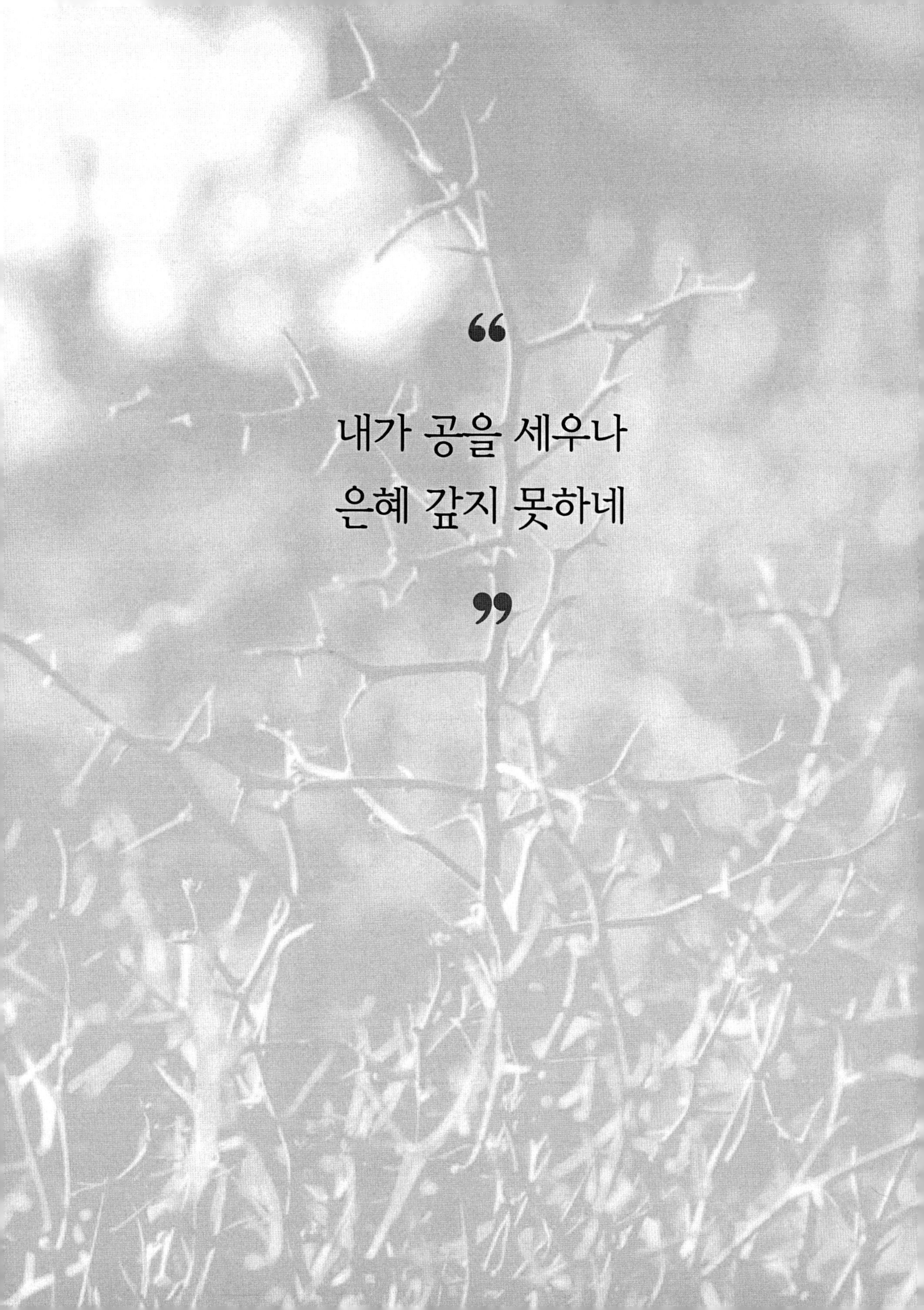

"

내가 공을 세우나
은혜 갚지 못하네

"

추천사

현재 우리는 범세계적인 정보 시대에 살고 있습니다. 정보의 부재 시대는 이미 갔습니다. 원하는 분야에 대해 조회만 하면 얼마든지 많은 정보를 확보할 수 있습니다. 그래서 정보 홍수라는 말에 우리는 익숙해져 있습니다. 그런데 막상 접수한 정보를 대하면 정보의 빈곤을 느끼지 않을 수 없습니다. 질적 수준에 문제가 있는 정보들 때문입니다. 사회가 이런 문제를 안고 속앓이를 하고 있음을 우리는 익히 알고 있습니다.

이른바 초고속 정보화 시대에 있는 교회도 풍부한 목회 자료와 이들 자료들의 질적 난해성 사이에서 많은 고민을 하고 있습니다. 현재 우리 한국 교회는 컴퓨터에 의한 자료보다는 출판물에 의한 자료 의존도가 아직은 높은 상태입니다. 그러므로 질적으로 우수한 자료의 출판이 시급하다 할 수 있습니다. 질적인 우수성의 기준 중 하나는 정보를 사용하는 현장 사역자들의 필요를 정확하게 이해하고 있는지의 여부입니다. 그 자료를 수집한 현장 사역자들이 친근성을 가지고 쉽게 사용할 수 있게 해야 합니다. 많은 번역서들이 이 문제를 안고 있음을 우리는 알아야 합니다. 단순한 소개 정도로 정보를 전달하는 것은 또 다른 문제, 즉 현장화라는 과정을 요구하기 때문입니다. 다른 하나는 자료의 신뢰성입니다. 정확한 정보를 적절하게 인용한 자료를 간직하는 것은 필수적인 도리입니다. 이것이 부족할 경우 선의의 피해자를 계속해서 낳을 수 있습니다.

추천자는 새로운 출판물, 새로운 정보를 접할 때마다 이런 염려로부터 해방될 수 있기를 늘 바라고 있는 사람 중의 한 사람입니다. 그런데 본서는 이런 점으로부터 필자를 안심시키는 책이라고 봅니다. 우리 한국의 목회자들은 굵게 잘라 놓은 정보보다는 잘게 정리된 정보에 익숙합니다. 한국적인 상황이 특수하기 때문입니다. 확신하건대 이 책을 접하는 분들은 이런 면에서 공감할 것입니다. 또한 본서의 필자는 많은 출판 경험을 통해 인용되는 정보를 어떻게 사용해야 한국의 사역자들이 잘 활용할 수 있는지를 잘 알고 있는 분이라고 봅니다. 다른 책들이 외국의 좋은 내용을 단순히 알려주고 있는 반면에, 본서의 필자는 내용을 잘 요리해서 일정한 분야의 독자들이 효과적으로 사용할 수 있게 배려했다는 점이 본서의 장점이라 할 수 있습니다. 앞으로 출판 매체를 통해 정보를 제공하려는 분들이 참고하여 따라야 할 모델이라 생각하여 자신 있게 추천합니다.

김 의 원 박사 (전 총신대학교 총장)

金義援

이 책의 주된 목적은

신학자들의 연구를 한 단계 낮추고,
일반 성도의 수준을 한 단계 끌어올려
누구나 쉽게 접근할 수 있도록
인도하려는 데 그 목적이 있습니다.

신앙생활을 오래하셨는데도
성경이 여전히 수학문제같이 어렵게만 느껴지는
분들에게 도움을 줄 것입니다.

특히 일반 성도들에게는
성경에 대한 지식이 풍부하더라도
성경 전체를 조망할 수 있는 훈련이 부족합니다.

따라서 이 교재는
성경 본문에 충실하면서도
성경의 통일성을 견지하고 구속사적 해석의 원리를
적용하여 설명하려고 노력하였습니다.
그것은 곧 하나님의 위대하신 섭리를 이해하는
빠른 길이기도 하기 때문입니다.

무엇보다도, 이 교재는
누구나 성경에 친근해질 수 있도록
쉽게 접근했다는 것입니다.
그러므로
아주 자세한 해설과 자료보다는
전체적인 흐름을 잡으려
강해식으로 설명했습니다.

지금, 곧 연필을 들고 시작하십시오.
여러분의 가장 친한 친구가
옆에서 설명해 주는 느낌을 받을 수 있을 것입니다.

저자 장 종 길

이 교재의 특징

본 교재는 무엇보다 성경 본문에 충실하려고 노력했습니다. 그러면서도 자칫 성경의 통일성을 놓치기가 쉬운 것을 감안, 언약 개념이 성경을 이해하는 데 중요한 요소라고 여겨, 성경 전체를 관통하는 언약의 흐름을 파악할 수 있도록 안내했습니다. 아래에 안내한 교재의 특징들을 잘 활용하면서 성경을 읽어나가면 성경을 보는 재미가 생겨날 것입니다. 이 교재의 최선의 목표는 성경을 혼자 공부할 수 있는 수준까지 끌어올리는 것입니다. 그것은 끊임없는 노력이 필요함은 두말할 나위가 없습니다. 너무

장별 제목

중심내용 : 본문의 내용이 무엇인가를 간단하게 숙지할 수 있도록 요약해 놓았습니다. 이 요약은 본 과에서 배울 내용을 한눈에 볼 수 있게 해줍니다.

애굽으로 당분간 피난했던 요셉은 꿈을 통해 헤롯의 죽음을 알게 되었고 주의 사자의 지시대로 다시 이스라엘 땅으로 돌아왔다(마 2:19).

도입 부분 : 본과에 들어가기 전에 지난 과에서 배운 내용을 간단히 이야기하고 이번 과에서 어떤 내용을 공부할 것인가를 안내했습니다. 이 부분은 음악에서 서곡(序曲)에 해당하는 부분으로 대단히 중요하므로 꼭 읽어야 합니다. 그래야 전체의 흐름을 이해할 수 있기 때문입니다.

본문개관 : 매장마다 본문의 내용을 간단하게 요약, 정리했습니다. 이 부분은 각 장을 정리하는데 도움을 줍니다. 필요에 따라 추가 설명도 했습니다. (Outline)

Close-up: 본문에서 신학적인 정리 및 자세한 설명이 필요할 때는 확대 설명해 놓았습니다. 내용이 그리 쉽지 않기 때문에 깊이 있게 공부하지 않을 분은 그냥 지나가도 됩니다. 만약 리더자가 있다면 안내를 받으십시오. 그러나 Close-up란은 본문의 이해를 위해 꼭 필요한 신학적 내용의 요약 정리입니다. 이 부분을 더욱 확대하여 교회에서 특강으로 해결하는 것도 좋은 방법입니다.

쉬운 것만 찾다 보면 우리의 믿음이 성장할 수 없습니다. 어려운 내용을 쉽게 설명하려고 노력했으나 한계가 있었습니다. 다만 성경(말씀) 동산에는 무궁무진한 보화가 있다는 사실을 알려주려고 애를 썼을 뿐입니다. 말할 수 없는 보화를 캐내는 작업은 여러분 스스로가 해야 합니다. 안내자는 안내자일 뿐입니다.

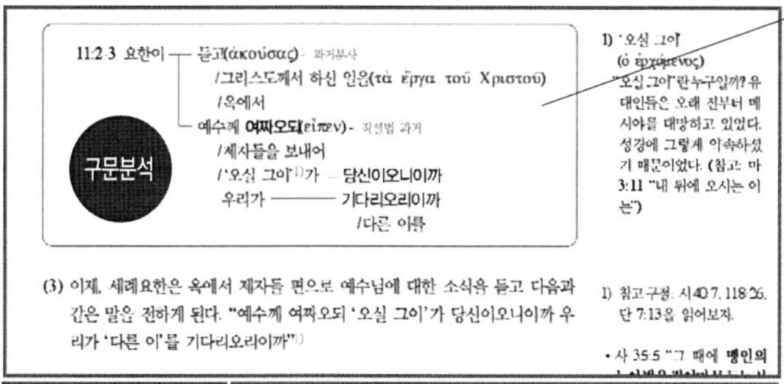

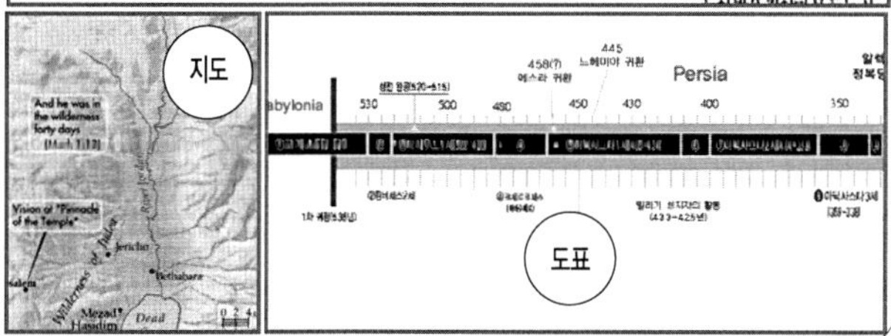

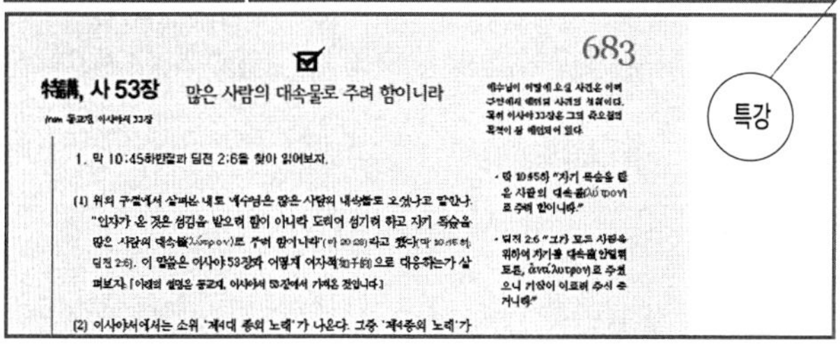

성경을 공부할 때 도움이 될 만한 책들을 소개했습니다.

적용을 위한 묵상

질문식 해설: 본 교재는 먼저 질문을 하고 그 질문에 해설을 하는 식으로 정리하되 전체의 흐름을 강해식으로 설명했습니다. 따라서 차례대로 탐구해 간다면 성경 본문의 내용을 아주 쉽게 이해할 수 있을 것입니다. 물론 (색)연필은 꼭 준비하세요. 다음에 읽을 때 쉽게 정리할 수 있으니까요.

구문분석 : 본문에서 조금 자세히 설명이 필요한 경우에는 구문분석을 활용했으나 너무 많은 지면이 필요하고, 또 이 책의 목적이 분석보다는 쉬운 강해이기에 본문 이해의 차원에서 변형 적용했습니다. 구문분석은 「도서출판 그리심」에서 발간한 「문맥성경」을 사용했습니다. 문맥성경에 대한 더 깊은 이해를 원하시는 분은 서울성경연구원에 연락하시면 도움을 받을 수 있습니다.

(연락처 010-5495-3335) / 배동한 목사

특강 :

조금 깊이 다루어야 할 주제는 '특강'으로 설명했습니다. 내용이 너무 전문적이기에 일반 성도는 그대로 넘어가도 됩니다. 주로 동교재(백투더바이블)에서 그대로 사용한 경우가 많습니다.

적용 : 말씀이 우리의 삶에서 적용되지 못한다면 지식만을 자랑하는 공부가 되기 쉽습니다. 가끔 삶의 적용을 위한 묵상을 실었습니다. 그러나 그 적용은 개인에 따라 달라질 수 있습니다. 본문에 대한 정확한 이해가 먼저 선행되어야 하고, 또한 그 말씀이 우리 삶에 적용되어야 합니다. 각자가 더 추가적인 적용을 해보세요. 그렇다고 억지로(?) 적용을 이끌어내려고 하지 마십시오. 적용이 필요없는 곳도 많으니까요. 우리는 본문이 의미하는 정확한 내용보다는 대입식 적용에 익숙해져 있습니다.

이 교재를 사용하시는 분들을 위하여

혼자 공부하시는 분에게

첫 째 물론, 성경공부를 하기 전에 기도하셔야지요! 본문을 잘 이해하게 해달라고 성령님께 지혜를 부탁하세요.

둘 째 오늘 배울 본문을 정독하면서 여러 번 읽으십시오. 혹시 영어 성경을 보신다면 함께 읽으십시오. 그리고 필요한 부분에는 구문분석을 소개했습니다. 내용의 흐름을 이해하는 데 도움을 줄 것입니다.

셋 째 이 교재는 문제를 먼저 던지고, 그에 대한 해설을 소개했습니다. 그런데 그 해설을 먼저 읽어보려는 유혹에서 벗어나야 성공합니다. 반드시 본인의 말로 답을 쓰십시오. 그리고 설명을 참고하세요.

넷 째 이 교재의 설명이 부족하신 분은 간단한 주석 또는 강해서를 참고하십시오. 그러나 이 교재의 주 목적이 전체의 흐름을 잡는 것이고, 또 너무 자세한 주석은 진도에 방해를 가져오기 때문에 많이 생략했습니다.

다섯째 혼자 공부하시다 이해가 잘 안 가는 문제는 여백에다 기록했다가 나중에 교역자의 안내를 받으십시오.

여섯째 꼭 한 번에 한 과씩 진도를 나갈 필요는 없습니다. 맛있는 뷔페에 가서는 정량보다 더 많이 먹는 것처럼 여러 과를 하셔도 됩니다. 따라서 이 교재가 어떤 사람에게는 몇 주나 몇 달이 걸릴 수 있고 어떤 사람에게는 더 걸릴 수도 있습니다.

일곱째 그 날 배운 내용을 주위 사람들에게 교재를 보지 않고 설명해 보십시오. 물론 완전히 자기 것으로 소화해서 자신의 말로 전달하셔야 합니다. 정 그럴 상대가 없다면, 자녀나 친구에게, 그래도 없으면 이불 속에서라도 혼자 중얼거려보세요. 그 효과가 배로 나타날 것입니다.

여덟째 소개된 성경 구절을 다 찾아 적으신다면 그보다 더 좋은 효과는 없겠지요. 그렇지 못하더라도 소개된 성경 구절은 꼭 찾아보아야 합니다. 아주 반드시.

아홉째 Close up은 어떤 사람에게는 너무 어렵겠지만, 어떤 사람에게는 도움이 될 것입니다. 잘 활용하시면 이해에 큰 도움이 될 것입니다. 책 소개는 필요하신 분을 위해 안내했습니다.

열 째 분명한 것은 이 교재가 반드시 완전하다는 것은 아닙니다. 성경에서 보다 풍성한 꼴을 얻게 하기 위한 기초과정일 것입니다. 보다 깊은 연구는 자기 스스로 하셔야 합니다. 꼭 부탁드리는 것은 잘 성장하셔서 교회에서 성경을 지도하는 교사가 되기를 바랄 뿐입니다. 노력하십시오.

구역공부 교재로 사용하시는 분들께

첫 째 구역의 활성화가 교회부흥의 첩경임은 누구나 다 아는 사실입니다. 그러나 말씀 중심으로 모이는 모임이 아니면, 그 모임이 계속 불타오를 수 없습니다. 인위적인 열심은 곧 시들해지기 때문이니까요.

먼저, 교재를 나누어 주시고 집에서 숙제를 해오게 하십시오. 성경 구절을 적어 오게 하되 바쁜 사람은 성경을 찾아보았다는 증거로 성경 페이지 숫자라도 적어 오게 하세요. 물론 안 해 오는 분에게는 벌금을 물리세요. 집에서 이 교재를 사용하시는 방법은 앞의 내용을 참고하십시오.

둘 째 만약 당신이 인도자라면, 앞에서 '혼자서 공부하는 사람에게' 말했던 내용대로 하십시오. 철저히 준비하셔서 속이 후련하게 해주셔야 합니다. 자세한 설명보다는 그 본문이 의미하는 내용을 아주 간단하고 알기 쉽게 설명해 주셔야 합니다.

셋 째 구역 모임은 시간을 그리 길게 잡을 수는 없을 테니까, 짧은 시간 내에 그 내용을 소화할 수 있도록 지도자나 지도를 받는 분들이 미리 준비를 잘 해오셔야 합니다. 그래서 구역 모임에서는 중요 내용을 토론, 요약해 주는 방법이 나을 것입니다. 물론 잘 이해가 안 되는 부분은 지도자가 설명해 주셔야 합니다.

넷 째 나머지 재미나는 프로그램은 지도자가 안내하십시오. 이 교재에 나와 있는 삽화를 예쁘게 색칠해 오게 하는 방법도 그 하나일 것입니다. 또는 좋은 책을 선정, 그 내용을 서로 소개하는 방법도 있을 것입니다.

성경공부 모임의 교재로 사용하시는 분들께

첫 째 우선 앞의 내용을 참고하십시오. 성경공부 시간이 얼마나 되는지 잘 모르겠지만, 물론 집에서 각자 충분히 공부를 해오게 하시는 것이 효과적입니다. 주로 교역자나 전문 성경공부 지도자가 인도하게 되겠기에 보다 깊은 토론을 할 수 있을 것입니다.

둘 째 그러나 어느 한 주제를 가지고 너무 깊은 토론을 하는 것은 유익하지 못합니다. 더욱이 교역자가 없는 성경공부 모임에서는 너무 깊은 토론을 하지 않는 것이 좋습니다. 이런 문제는 교인 전체를 대상으로 강사를 모시거나 본 교회 교역자의 특강으로 해결하는 것이 좋습니다.

셋 째 그보다는 성경 전체의 맥을 잡아 가는 것이 효과적입니다. 우리의 논쟁거리는 신학자들 사이에서도 논쟁이 되는 것이 대부분입니다. 만약, 성경공부 모임에 처음 참석하는 분이 있다면 더더욱 비효과적입니다. 많은 지식의 습득보다 성경 본문이 전하려는 핵심 메시지가 무엇인지를 알려고 노력하십시오.

CONTENTS

The Gospel according to **MARK**

BACK TO THE BIBLE

서 론

마가는
예수님의 12제자 중 한 사람이 아니다.
또한 열 두 사도 중 한 사람도 아니다.
그러나 베드로를 수행하면서
예루살렘에서 일어났던
예수라는 인물의 행적과 기적을 베푼 일,
그리고 십자가에 달려 죽었다가 부활했다는 사실,
그분이 메시아라는 사실에 많은 정보를 들었을 것이다.
그는 이를 기초로 해서 복음서를 기록했다.

마가복음의 중심에는 두 가지 큰 목적이 있다.
첫째는 예수님이 이사야가 말한
여호와의 종의 사역을 성취하였음을 밝힌다.
둘째 목적은
첫째 목적과 관계 있는 것으로 여호와의 종,
예수님의 삶이 필연적으로
수난으로 이끌어졌다고 증거하는 것이었다.

예수님의 자신의 고난과 죽음과 부활에 대한
집중적인 설명은
이사야 53장의 고난받는 종을 떠오르게 한다.
예수님은 자신을 속죄제물로 생각하셨다.
이렇게 마가는 예수님을 가장 힘있게
여호와의 종으로 소개한다.

Close-up 조금 자세하게 들여다보기

BACK TO THE BIBLE 본 문

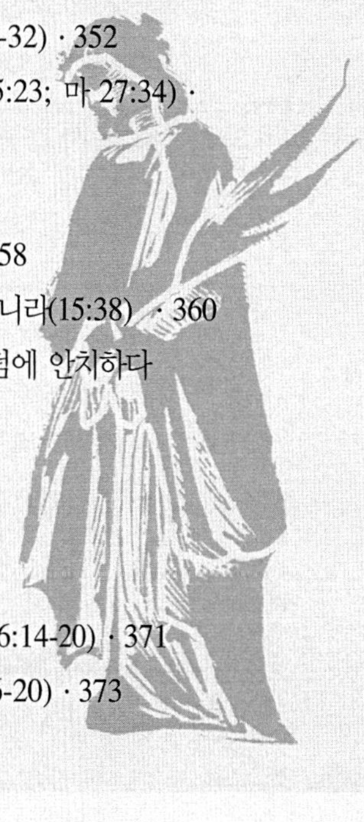

[독자들에게 안내 말씀]

학자들은 세 복음서(마태, 마가, 누가) 간에는
어느 정도 연관성이 있다고 주장합니다.
이는 서로 유사하거나 똑같은 병행구절을
많이 가지고 있기 때문입니다.
세 복음서가 모두 같은 자료를 사용했거나
아니면 이들 중 하나 이상의 책이
다른 책의 자료를 사용했음이 틀림없다는 것입니다.
이를 '공관복음서 문제'라고 부릅니다.
마가복음의 거의 전 내용이(약 90%) 마태복음에
실려 있습니다.

본 교재는
마태복음과 요한복음을 쓰고난 후에 썼습니다.
따라서 똑같은 주제를 설명할 때
마태복음과 요한복음에서 소개된 내용을
그대로 가져와 설명한 부분이 많습니다.
그래서 중복 설명된 부분도 있습니다.
물론 가감(加減)이 있습니다.

이미 동교재로
마태복음과 요한복음을 공부하신 분은
복습하는 마음으로 하십시오.
이 교재의 특성상 신학적으로 논쟁이 있는 부분은
가급적 취급하지 아니했습니다.

백투더바이블(신약)

The Gospel according to MARK

마가복음

마가복음 서론

著者

저자

• 막 14:50 "제자들이 다 예수를 버리고 도망하니라 51 **한 청년이 벗은 몸에 베 홑이불을 두르고** 예수를 따라가다가 무리에게 잡히매 52 **베 홑이불을 버리고 벗은 몸으로 도망하니라.**"

1. 누가 썼을까? (   )

(1) 복음서의 저자가 누구인가? 물론 늘 여러 논쟁이 있어 왔다. 전해내려오는 이야기에 따르면, 마가복음의 저자는 막 14:51-52*에 언급된 청년이라고 한다. 예수님께서 잡히시던 밤에 덮고 있던 베 홑이불을 버리고 벗은 몸으로 도망친 자이다. 그러나 이는 아무런 학문적 근거가 없는 주장이다.

(2) **마가라는 이름을 가진 사람** : '마가'(Μᾶρκος 말코스)라는 이름을 가진 사람은 고대에 흔했다. 고대의 전승에 따르면, 마가복음의 저자는 예수님의 수제자인 베드로의 글(벧전 5:13)에 언급된 베드로의 아들(은유적?) '마가' 라고 한다. 당시의 전승은 구체적으로 이 마가는 사도행전에 베드로가 그의 집을 방문하였던 것으로 언급된 '마가 요한'[1](마가라 하는 요한; John, who was also called Mark, 행 12:25)이라고 말한다. 마가 요한은 유대인으로 생각되나 많은 해석가들은 본서의 저자를 이방인으로 보기도 한다.

▶ '마가 요한'이라는 인물에 대해서 조금 더 알아보자. 그는 예루살렘에 거주한 마리아라는 어떤 여인의 아들이었다. 예수님의 제자들이 그의 집에 모이곤 했는데 그때 (베드로에 의해) 기독교로 개종했을 것이다(행 12:11이하). 그래서 베드로의 아들이라고 불렸을 것이다(벧전 5:13).[2] 요한 마가는 바나바의 생질(누이의 아들)이었다(골 4:10, "나와 함께 갇힌 아리스다고와 **바나바의 생질 마가**와...."). 그는 바울과 바나바와 함께 제1차 전도 여행을 떠났으며(행 13:5), 도중에 동료들과 헤어져, 예루살렘으로 되돌아 왔다(행 13:13). 그는 예루살렘에서 베드로와 이야기를 나눌 기회를 자주 가졌을 것이고, 이때 베드로를 통해 예수님을 알고, 믿게 되었을 것이다.

(3) 4세기의 기독교 역사가 유세비우스(Eusebius)[3]에 의하면, 2세기 중엽에 기록된 파피아스(Papias, 사도 요한의 친구로 알려짐)[4]의 글을 인용한다. 파피아스는 자신이 장로이자 사도인 요한에게서 구전(口傳)을 받았다고 진술한다. 어떤 사람들이 마가의 저술은 '부정확하고, 잘못을 저지르고, 위조되었다' 는 비판을 했던 것 같다. 그러므로 이런 비판에 관하여 파피아스는 논박을 하고 있다. 파피아스는 마가의 글이 베드로의 교훈에 기초한 것이라고 진술했다.

(4) 마가는 베드로의 통역자였다는 것과 마가는 베드로의 말을 전부 기록한 것

1) 행 12:12, 15, 13:5, 13, 15:37.

2) 그는 베드로의 동역자였다 (행 12:12, 25, 15:37, 39; 골 4:10; 딤후 4:11 몬 1:24; 벧전 5:13).

3) 교회사의 아버지라고 불린다. 팔레스타인 가이사랴의 태생의 신학자(263-339년). 변증, 역사, 해석 등에 많은 저술을 남겼다.

4) 파피아스는 마가복음은 베드로에게서 비롯되었으므로 사도적이고 신뢰할 만하다고 결론짓는다(유세비우스, 교회사). 마가복음은 제자들 전체와 더불어 베드로의 약점들도 보여준다. 마가는 예수님의 증인도 제자도 아니었다.

은 아니지만 기록하려는 것은 생략하지 않고 모두 기록하였다는 것이다. 이러므로 마가의 글은 짧은 것이 당연하다. 베드로의 교훈은 종합자료의 성격이 아니라 단락자료의 성격을 띠고 있으므로 마가의 글 역시 단락적인 기록이다. 이 때문에 마가는 사건 순서대로 기록하지는 않았다.[1]

1) 마태복음은 이레네우스의 시대(AD. 180년)에 이르기까지 초대교회에서 가장 인기 있는 복음서였다. 2세기 중순에는 누가복음이 마태복음과 병행하여 점점 더 사용되었다.

2. 복음서의 저자들이 누구인가는 아직도 확실한 결론을 내리지 못하고 있다.

마태, 누가, 요한이 복음서의 저자라는 확실한 증거는 없다. 그래서 교회 전승은 이 복음서에다가 "~에 따른 복음"(κατὰ~, The Gospel according to~)이라는 표제어를 달았다(A.D. 125년경에 덧붙여졌다고 주장한다). 그 전까지는 복음이 익명적 저술로 회람되었다는 것이다. 초대 교부 파피아스가 마태와 마가를 처음 복음서로 간주한 것은 A.D. 140년경이었다. 어쨌든 익명의 저자에 의해서 기록되었다고 믿는 학자들도 편의상 아직까지는 저자를 "~에 따른 복음서"라고 부르고 있으며 특정인물을 지칭하지는 않는다.

마가(Mark)에 대해서 조금 더 알아보자.

1. 물론, 마가는 예수님의 12제자 중 한 사람이 아니다. 또한 열 두 사도 중 한 사람도 아니다.

(1) 그러나 베드로를 수행하면서 예루살렘에서 일어났던 예수라는 인물의 행적과 기적을 베푼 일, 그리고 십자가에 달려 죽었다가 부활했다는 사실, 그분이 메시야라는 사실에 많은 정보를 들었을 것이다. 그는 이를 기초로 해서 복음서를 기록했다.

(2) 마가복음서의 내용을 보면 비교적 짧고 단순한 것이 특징이다. 마가는 베드로에게서 바울과 같이 신학적 사상을 체계적으로 전달받지는 못했을 것이다. 왜냐하면 베드로가 복잡한 것을 싫어하는 성격이기에 기억에 남아 있는 것만 가지고 자기가 본대로 들은대로 증거했을 것이기 때문이다.

(3) 마가는 학문적 자질이 있는 사람이었다. 마가는 바나바의 생질(누이의 아들)이었다(골 4:10). 안디옥 교회는 바나바와 바울을 복음전파자로 파견했다(행 13:1, 3). 이들은 1차 전도여행을 끝내고 안디옥 교회에서 1차 전도여행 결과를 보고했다(행 14:27). 물론 예루살렘 공회 앞에서도 이방 전도 여행의 성과에 대해 보고했다(행 15:1이하). 그런데 마가는 바울의 1차 전도여행에 동행을 했다가 도중에 밤빌리아 버가에서 이탈하는 일이 벌어졌다(행 13:13*).[2]

2) 왜 마가가 중도에 전도여행을 포기했는지에 대한 성경의 설명이 없다. 여행이 고생이 되어서 돌아간 것으로 보는 사람도 있지만 확실한 것은 아니다. 또다른 설명은 마가는 할례당에 속해 있었는데, 바울은 이방인이 회심할 때 할례를 무시했기에 이에 불만을 갖고 그를 떠났다는 주장을 하기도 한다. 이렇게 교리적 견해로 갈라진 예는 다음과 같은 구절을 보면 알 수 있다(갈 1:8; 살후 3:14; 딤후 2:18; 요일 2:18; 요이 10절 참조).

• 행 13:13 "바울과 및 동행하는 사람들이 바보에서 배 타고 밤빌리아에 있는 버가에 이르니 **요한은 저희에게서 떠나 예루살렘으로 돌아가고**"

(4) 어쨌든 바울은 이 일로 인해서 두 번째 전도여행 때 마가를 데리고 가지 않겠다고 하여 바울과 바나나는 심히 다투어 갈라섰다(행 15:36, 39). 결국 바나바는 마가를 데리고 배 타고 구브로로 갔고, 바울은 실라를 택한 후에 전도여행을 떠났다(행 15:36-40).

(5) 이 일로 이들은 영원히 헤어졌는가? 물론 아니다. 세월이 흐른 후에야 바울은 마가가 아주 훌륭한 사람인 것을 인정한다. 바울이 로마감옥에 있을 때, 마가는 스스로 (자기를 배척했던) 바울을 찾아갔다. 그후 바울은 로마에 두 번 째로 옥에 갇혀있을 때에 『디모데후서』를 쓰면서 디모데에게 "네가 올 때 **마가를 데리고 오라** 저가 나의 일에 유익하다"라고 말한 것을 볼 수 있다(딤후 4:11). 또 바울이 골로새서에서 마가가 골로새 지역을 지나갈 때 영접하라고 했음을 본다(골 4:10). 모든 사실을 미루어볼 때, 마가가 달라진 것이 아니라 마가는 그대로이고, 마가를 보는 바울의 시각이 달라진 것임을 알 수 있다.[1)]

마가의 인물됨

1) 마가는 나중에 이집트의 알렉산드리아에서 순교를 했다고 한다. 그 소식을 들은 베네치아(베니스) 사람들이 마가를 많이 존경하므로 배를 타고 지중해를 건너가 알렉산드리아까지 가서 마가의 뼈를 수습해 베네치아에 안치했다고 한다. 마르코, 마르크스, 막스 등은 전부 마가에서 온 이름들이다.

이집트의 곱틱 교회의 교황이 시무하는 교회가 마가 기념교회(산 마르코 기념교회)이다.

2. 마가복음은 어디서 기록했을까? (기록 장소: 로마?)

(1) 마가복음은 이방 그리스도인 공동체를 위하여 기록된 것으로 믿고 있다. 그렇다면 어떤 공동체였을까? 본서의 저자가 베드로의 동역자였거나 그를 잘 아는 사람이라면 본서가 로마에서 기록되었을 것이라고 주장한다.

- 베드로의 아들로 언급되어 있는 마가라는 사람은 분명히 로마에서 살았다(벧전 5:13* – 여기서 바벨론은 로마에 대한 은유이다).

- 마가를 자신의 동역자로 묘사하고 있는 바울의 세 서신 역시 로마와 관련된다(행 12:12; 13:13). 그는 자주 여행을 다녔다. 로마에서 기록되었다는 설은 이방인 지향적 내용과도 부합한다. 유대의 관습을 자세히 설명(막 7:3-4),[2)] 또 박해(막 13:11-13)에 관해서도 당시 네로 황제의 통치와도 잘 부합한다.

- 마가복음에는 비유대인들의 독자층을 위해 기록되었음을 증거하는 낱말들이 나온다. 탈리다(5:41, ταλιθα - 기원은 아람어로 '계집아이, 소녀'란 뜻), 쿰(κουμ - 기원은 아람어 명령법으로 '일어나라') 혹은 에파타(7:34 Ἐφφαθα - 기원은 아람어 명령법으로 '열리라'), "엘리 엘리 라마 사박다니?" - "나의 하나님, 나의 하나님, 어찌하여 나를 버리셨나이까?"(15:34) 등이 마가의 독자를 위해 헬라어로 번역되어 있다. 또 마가복음에는 라틴어로 된 전문어들이 있다. 라틴어를 쓰던 로마의 어느 지역에서 시발되었음을 알 수 있다. 그래서 기록장소로 로마가 인정되어 왔다.

• 벧전 5:13 "택하심을 함께 받은 **바벨론에 있는 교회**가 너희에게 문안하고 **내 아들 마가**도 그리하느니라."

2) 마가복음은 유대인의 용어와 관습을 설명하고 있다(막 3:17; 5:41; 7:11, 34; 14:36; 7:3, 4; 14:12; 15:42).

(2) 그러나 반대의견도 있다. 본서의 초점이 갈릴리에 맞추어져 있기 때문이다.

또 예수님께서 부활하신 후 다시 만날 장소로 갈릴리를 지목하셨다는 점(막 14:28; 16:7), 그리고 마가복음 13장은 팔레스타인에 살고 있는 기독교인들에 대한 언급으로 보이기 때문이다. 이런 이유로 많은 학자들은 한 세대 전에 예수님께서 사역하신 갈릴리에 사는 기독교 공동체를 위하여 기록되었다고 믿는다.

3. 언제 기록되었을까? (기록 연대)

(1) 마가복음의 저작 연대에 대해서는 너무 다양한 의견이 있어 확실하게 단정지을 수 없다. 주후 50년대 중반으로 보는 사람도 있다. 마가복음이 누가복음보다 먼저 기록되었다면, 마가복음의 저작 연대는 50년대 중후반이 될 것이라는 것이다. 이는 베드로가 50년대 초중반에 로마에 있었다는 초기 교회 전승과도 일치한다.

(2) 그러나 가장 일반적인 주장은 마가가 주후 64년경 로마에서 큰 박해가 있을 때 로마의 기독교인들에게 썼다는 설이다. 50년대 후반으로 보는 사람들은 바울이 주후 62년경에 투옥되는 것으로 끝난다는 점을 든다. 이로 인해 많은 학자들은 사도행전은 이 시기를 전후로 기록되었다고 믿는다.[1)]

(3) 가장 먼저 기록된 복음서는 어느 것일까? 물론 이에 대한 다양한 논쟁이 있다. 그러나 마가복음이 복음서 중에서 가장 먼저 기록되었다는 견해가 일반적으로 받아들여지고 있다. 유대전쟁 바로 직전이나 전쟁 바로 직후로 나눈다.[2)] 특별히 마가복음서에서는 고난과 핍박을 자주 언급하고 있음을 보아 아마도 네로 황제가 로마의 화재(A.D 64년)를 기독교인에게 덮어 씌우려했던 시기로 볼 수 있다(A.D 60-70년). (더 정확하게는 65-67년 사이에) 그러나 유대 전쟁 직후에 어떤 필요성에 의해 기록되었다고 주장하기도 한다.[3)]

4. 초대교회에서는 마가복음을 어떻게 이해했을까?

(1) 안디옥의 빅터(5세기) 이전에는 마가복음에 관한 어떤 주석도 쓰여지지 않았다. 마태복음이나 누가복음이 마가복음 자료의 상당 부분을 포함하고 있기도 하거니와 마가복음보다 더 지세히고 풍부한 내용이 있기 때문이었다. 예를 들어 마가복음에는 크리스마스에 대한 기록이 없다. 예수님의 탄생기사나 유아시절에 관한 아무런 언급이 없다. 팔복에 대해 가르치지도 않는다. 주기도문에 대한 언급도 없다. 탕자에 관한 이야기도 없다. 이와 같이 마가복음에는 예수님에 관해 우리가 잘 알고 있는 많은 이야기와 가르침이 빠져

1) 마가복음은 예수님을 십자가에서 대속의 죽음을 죽으신 분으로 묘사한다(막 10:45 - 자기 목숨을 많은 사람들의 대속물로 주기 위해 오셨다).

2) 무엇보다 교부(敎父)들 간에도 견해가 일치하지 않는다. 알렉산드리아의 클레멘트는 마가복음서는 마가가 베드로의 말을 받아적었고, 탈고 전에 베드로가 확인해 주었다고 주장한다. 그러나 이레니우스(A.D 180년)는 '베드로와 바울이 죽은 후에 베드로의 제자요 해석자인 마가가 또한 베드로에 의해 선포된 것을 우리들에게 남겼다'고 주장한다.

그러나 2세기의 교부들과 변증가들은 마가복음을 거의 인용하지 않았다.

3) **네로의 통치 하에서 첫 번째로 기독교인에 대한 박해가 일어났다.** 로마에 무시무시한 화재가 일어난(A.D 64) 후 네로가 불을 질렀다는 소문이 계속해서 퍼져나갔다. 7주야 동안 계속된 화재는 로마시의 14구역 중 10구역을 태워버렸다. 그는 이에 대한 혐의를 벗기 위해 기독교인들을 범인으로 몰아 모두 죽이라고 명령했다. 그는 자신의 가족들을 살해하기도 했으며 결국 극악무도한 짓을 하다가 모반이 일어나자 자살하고 말았다(68년).

있다.[1]

(2) 이렇게 마가복음은 많은 독자들에게 믿음의 근거를 제공하기에는 충분치 않다. 또 마가복음의 이야기는 마무리 된 것처럼 보이지 않는다. 마가복음 16:9-20은 원래의 복음서에는 없던 부분이라고 주장하는 사람도 있다. 몇몇 학자들은 원래 마가복음의 마지막 부분이 없어졌다고 생각한다. 그러나 대부분의 사람들은 본서가 16:8에서 갑짜기 끝난다고 믿는다. 결론이 없다는 사실은 독자들로 하여금 그 후의 이야기에 대하여 여러 가지 상상의 세계에 빠지게 한다.[2]

5. 누구를 대상으로 썼을까?

(1) 마가복음이 어디에서 누구를 위해 기록되었을까? 이에 대한 결론을 내리는 것도 쉽지 않다. 그러나 마가복음이 로마에서 그리고 이방인 신자들을 위해 기록되었다는 주장이 우세하다. 마가는 베드로의 통역자라고 알려져 있다(파피아스의 증언에 의하면). 베드로는 로마에서 순교당했다. 당시 마가 역시 로마에 있었을 것이다(벧전 5:13 "택하심을 함께 받은 **바벨론에 있는** 교회가 너희에게 문안하고 **내 아들 마가**도 그리하느니라.").[3]

(2) 또 마가복음서 안에서도 그가 로마에 있었음을 보여주는 구절들이 있다(막 8:34-38, 10:38이하, 13:9-13). 많은 학자들은 이러한 본문들이 1세기의 70년대에 로마에서 네로가 그리스도인들을 핍박했다는 사실에 그 근거를 둔다.

(3) 구약 성경을 거의 언급하지 않고 있다는 점, 유대인의 용어와 관습을 설명하고 있다는 점(막 3:17; 5:41; 7:11, 34; 14:36; 7:3, 4; 14:12; 15:42) 등을 들어 이 서신이 이방인(로마인)을 대상으로 쓰여졌다고 본다. 평범한 로마인들에게는 교리나 가르침보다는 행동이 더 큰 영향을 미쳤기 때문에 본서는 예수님의 말씀보다는 행적을 중심으로 기록되었다.

(4) 또 마가복음 본문에는 라틴어 용어들이 자주 등장한다(예: 군대, 백부장). 본서는 예수님을 종이요, 모범적인 일꾼으로 표현한다. 또 마가복음서는 특별한 상황을 염두에 두고 썼다. 저자는 예수님의 모습을 퍽 인상적이고 특색있게 묘사한다. 즉, 마가는 예수님이 완전한 사람이셨다는 증거를 다양하게 서술한다. 예를 들어 예수님은 근심하셨으며(막 3:5), 사람들을 불쌍히 여기셨고(막 6:34), 심히 놀라고 두려워하셨다(막 14:33)고 기록한다.

1) 마태복음 안에 마가복음은 90%가 있다. 베드로가 설교한 것을 항상 여러번 하다보니 마가가 정리했기 때문에 어쩌면 베드로 복음서라고 할 수가 있다. 마가복음은 총661절인데 마태, 마가, 누가가 이 430절을 공통으로 쓰고 있다.

2) 무엇보다 놀라운 것은 마지막 내용이다. 16:8 "여자들이 몹시 놀라 떨며 나와 무덤에서 도망하고 무서워하여 아무에게 아무 말도 하지 못하더라." - 이후에는 어떤 일이 벌어졌는가? 마가복음에는 이에 관해 아무런 언급이 없다. 무덤이 비어 있었다는 것과 한 청년이 부활에 관해 주장했다는 이야기 외에는 '부활에 관한 언급'이 없다.

3) 벧전 5:13에서 '바벨론'은 제국의 수도에 대한 암호일 것이다. 딤후 4:11과 벧전 5:13은 마가가 로마(바벨론)에 있었음을 암시해준다. 클레멘트 1서에서도 (15:2) 그를 로마와 관련시키고 있다.

마가복음의 중심 메시지

▶ 마가는 "하나님의 아들 예수 그리스도 복음의 시작이라"는 말로 자신의 이야기를 시작한다. 갈릴리에 오셔서 "하나님의 복음을 전파하였다"(κηρύσσων τὸ εὐαγγέλιον τοῦ θεοῦ)라는 말로써 마가는 예수님의 사역을 소개한다(1:14, 15*).

▶ 마가는 서문에서 '복음'(gospel, εὐαγγέλιον유앙겔리온)이라는 단어를 세 번이나 사용했다(1, 14, 15절). 이로 보아 마가복음의 핵심은 특별히 예수 그리스도의 복음을 보여주는 것에 있다고 볼 수 있다. 마가는 예수님의 신성을 명시하는 '하나님의 아들'이라는 칭호를 사용했다(1:11, 3:11, 5:7, 9:7, 14:61, 15:39).

▶ *from* 동교재, 마태복음

• 막 1:14 요한이 잡힌 후 예수께서 갈릴리에 오셔서 하나님의 복음을 전파하여 15 이르시되 때가 찼고 하나님의 나라가 가까이 왔으니 회개하고 복음을 믿으라 하시더라."

1. 첫째로 예수님을 '여호와의 종'으로 계시함

(1) 마가복음의 중심에는 두 가지 큰 목적이 있다. 첫째는 예수님이 이사야가 말한 여호와의 종의 사역을 성취하였음을 밝힌다. 둘째 목적은 첫째 목적과 관계 있는 것으로 여호와의 종, 예수님의 삶이 필연적으로 수난으로 이끌어졌다고 증거하는 것이었다.

(2) 마가는 이 핵심 메시지를 설득시키는데 적어도 8개의 분명한 인용구를 제시한다. 막 1:11(사 42:1의 반영) / 2:20(사 53:8 LXX) / 3:23-27(사 49: 24f; 53:12) / 8:31(사52:13-53:12) / 9:12(사49:7; 53:3) / 10:45(사53:10, 11) / 14:24(사 53:12) / 15:5(사 53:7). 예수님 자신의 고난과 죽음과 부활에 대한 집중적인 설명은 이사야 53장의 **고난받는 종**을 떠오르게 한다. 예수님은 자신을 속죄제물로 생각하셨다.[1)] 이렇게 마가는 예수님을 가장 힘있게 여호와의 종으로 소개한다.

1) 주의 만찬시 - 그의 피가 많은 사람을 위해 흘리는 언약의 피라고 하셨다. 이는 분명히 이사야 53장의 명백한 인용구이다)

사 52:13-53:12(제4의 종의 노래)에서 언급된 종의 모습

• 우리의 질고를 지고 우리의 슬픔을 당하는 자(사 53:4)
• 자신을 제물로 드린 자(사 53:10)
• 다른 사람을 의롭게 여김받도록 만든 자(사 53:11)
• 그는 하나님의 뜻과 하나님께서 처음 이스라엘을 택하실 때 염두에 둔 목적을 완전하게 성취하는 자이다.
• 죄를 짊어지는 자(사 53장)
• 그는 존귀한 자와 함께 분깃을 얻게 될 것이다(사 53:1).

2. 고난 중심의 전개 방식

(1) 마가의 이야기는 고난과 죽으심에서 절정에 이르는 예수님의 핍박에 대해 많이 언급한다. 종교지도자들의 박해는 결국 예수님을 십자가에 못 박는데까지 나아간다. 다른 복음서 기자보다 마가는 **고난 받는 여호와의 종**에 대해 반복된 언급을 한다.

(2) 마가는 다가올 환난에 대한 선포를 통해 여호와의 종께서 고난 당하신 것처럼 똑같이 독자들도 고난당하고 죽을 수도 있다는 것을 알게 하려고 하였다.

마가복음의 주제

◀ *from* 동교재, 마태복음

▶ **공관복음에서 나타나는 인자의 의미**

(1) 예수님은 인자라는 말을 사용하시면서도 "나는 인자이다"라고 서술적으로 선언하지 않고 마 16:13-15에서는 인자(人子)라는 말을 "나"라는 말로 자신에게 분명히 적용하셨다(막 8:31; 마 16:21). 유대인에게 "인자"라는 칭호를 사용하심으로써 즉시 전모를 드러내지 않고 점차적으로 자기를 나타내실 수가 있었다.

(2) 당시 유대인들은 "인자"라는 개념을 다만 에스겔에서 나타난 것처럼 "사람"(벤 아담, בֶּן־אָדָם)을 의미하는 것으로 받아들였을 가능성이 크다.

(3) 주님께서 계속 점차적으로 인자로서 행동하시자 사람들은 이상히 여기고 "이 인자는 누구냐?" 하고 의문을 품기 시작했다(요 12:34, "이에 무리가 대답하되 우리는 율법에서 그리스도가 영원히 계신다 함을 들었거늘 너는 어찌하여 인자가 들려야 하리라 하느냐 이 인자는 누구냐").

(4) 이렇게 예수님은 어떤 다른 메시야 칭호보다 예수님의 전 사역을 폭넓게 포함하는 포괄적 칭호로서 **인자**라는 칭호를 사용하셨다.

(1) 하나님의 통치

마가복음에서 예수님은 다른 말씀보다 '하나님의 통치'에 관해 많은 것을 말한다. 이 개념은 구약성경에서 나온 사상이다(시 103:19; 사 52:7). 바울도 이 사상을 언급했다(롬 14:17; 고전 4:20). 마가복음에는 이 개념이 책 전체에서 발견된다. 마가는 "때가 찼고 하나님의 나라가 가까이 왔다"라는 말로 설명한다(막 1:15).

여기서 '하나님의 나라'는 말은 하나님의 통치를 의미한다. 마가는 이러한 현상을 시간이나 공간의 제약을 받지 않는 적극적인 실체로서 표현했다. 마가는 하나님의 나라가 다가왔을 뿐만 아니라 예수님 안에서 그 일이 이루어졌다는 사실을 말하고 있다.

(2) 인자와 하나님의 아들

'인자'라는 표현은 구약성경에서 나온 것으로 단순히 '인간'이라는 의미로 사용되기도 했으나(시 8:4), 특별히 세상 끝날에 오실 신적 인물을 구체적으로 지칭하기도 했다(단 7:13; 막 8:38; 13:26; 14:62). 마가는 예수님을 사람들로부터 버림을 받고, 고난을 당하시며, 죽으시고, 죽음에서 다시 살아나 부활하신 분으로 묘사했다(막 8:31; 9:31; 10:33-34).

(3) 제자도와 십자가

① **깨닫지 못함** - 제자들은 예수님의 부르심에 기꺼이 응답하였으나(1:16-20) 자신들이 따르고 있는 분이 누구신지 전혀 알지 못했다.

② **오해** - 제자들은 예수가 메시야라고 생각했지만 그의 제자가 되면 땅에서 성공을 거둘 줄 알았다.

③ **거절** - 제자들이 자기를 배반하고(막 14:17-21), 버리며(막 14:26-28), 부인할 것을 말씀하셨다. 그러나 예수님은 계속해서 그들을 가르치시고(막 4:33-34; 7:17-23), 깨우치며(막 8:34-38; 9:35-37; 10:42-45) 그들에게 사역을 감당할 수 있는 능력을 주셨다(막 3:14-15; 6:7-13).

당시 공동체는 많은 박해를 받았으며 이로 말미암아 신앙을 저버린 자들도 있었을 것이다. 본서는 이러한 공동체에 대한 특별한 관심을 갖고 기록되었다.

마가복음의 특징

1) **긴박성** - 예수님은 "때가 찼고(1:15, The time is fulfilled, πεπλήρωται ὁ καιρὸς)"라는 말씀과 함께 사역을 시작하신다. 이어지는 사건의 전개가 수주 만에 끝난다(요한복음의 경우 3년간 지속). / '곧'(immediately, 유뒤스, εὐθύς)이라는 단어가 42번 등장한다(1장에만 11번). 누가복음에는 한 번 등장 / 예수님께서 곧 다시 오실 것이라는 기대(13:30), **독자들에게 긴박성을 가지고** 예기치 않은 위기에 대비할 것을 언급했다(13:32-37*).

2) **예수님의 말씀보다 예수님의 행위를 더 강조한다**. 예수님께서 주로 기적을 행하시는 분으로 묘사되었다.

3) 예수님에 관한 기사의 절정은 수난기사이다. **예수님의 마지막 주간을 자세히 다룬다.** 예수님의 대적자들은 이야기 초반부터 그를 죽이려고 모의한다(3:6; 마 12:14, 눅 19:47과 비교해 보라).

4) 외견상 세련되지 못한 문장으로 되어 있다. (역사적 현재 시제의 동사를 자주 사용한다) - 과거에 이미 일어났던 행위를 현재형으로 묘사한다(예; 막 6:1).

5) 효과적인 **수사학**을 사용한다(예고 - 막 9:14-29 참조). **이중진술** – 같은 내용을 보다 정확하게 전달하기 위해 다시 한 번 되풀이 한다(예 - 1:32; 1:1; 1:15 등). **삽입** – 이야기 중간에 다른 이야기를 끼워 넣는다.

6) 모든 지리적 초점은 갈릴리에 맞추어진다.

7) 이방인 독자를 위해 기록했다.

8) **예수님의 인간적인 면에 초점** - 다른 사람과 마찬가지로 예수님은 피곤과 배고픔을 느끼신다. 민망함, 분노, 놀라움, 불쌍히 여김, 사랑과 같은 다양한 인간의 감정을 갖고 계신다.

9) 비밀에 관한 모티브가 언급되었다(4:11 - 하나님 나라의 비밀) "**아무에게도 말하지 말라**"(1:43-44; 5:43; 7:36; 9:9 등등).

10) **제자들의 실패에도 초점을 맞춘다.**
열두 제자들의 실패 언급(1:16-20; 6:7)
제자들의 둔함(8:14-21)
예수님과 정반대의 생각들(8:33; 9:33-34; 10:37-38)
귀신을 쫓아내지 못함(9:17-19)
예수님 배반(14:43-45*)
도망(14:50), 부인(14:66-72) 등.

• 막 13:32 "그러나 그 날과 그 때는 아무도 모르나니 하늘에 있는 천사들도, 아들도 모르고 아버지만 아시느니라 33 **주의하라 깨어 있으라** 그 때가 언제인지 알지 못함이라 34 가령 사람이 집을 떠나 타국으로 갈 때에 그 종들에게 권한을 주어 각각 사무를 맡기며 문지기에게 **깨어 있으라** 명함과 같으니 35 그러므로 *깨어 있으라* 집 주인이 언제 올는지 혹 저물 때일는지, 밤중일는지, 닭 울 때일는지, 새벽일는지 너희가 알지 못함이라 36 그가 홀연히 와서 너희가 자는 것을 보지 않도록 하라 37 **깨어 있으라** 내가 너희에게 하는 이 말은 모든 사람에게 하는 말이니라 하시니라."

• 막 14:43 "43 예수께서 말씀하실 때에 곧 열둘 중의 하나인 유다가 왔는데 대제사장들과 서기관들과 장로들에게서 파송된 무리가 검과 몽치를 가지고 그와 함께 하였더라 44 예수를 파는 자가 이미 그들과 군호를 짜 이르되 내가 입맞추는 자가 그이니 그를 잡아 단단히 끌어 가라 하였는지라 45 이에 와서 곧 예수께 나아와 랍비여 하고 입을 맞추니."

예수님의 자기 소개

1. 마가는 자신의 독자로 하여금 예수가 진실로 '하나님의 아들'이었음을 잊지 않도록 강조하고 있다.[1]

(1) 막 1:11, 예수님이 세례 받으실 때 하늘로부터 음성이 들렸다. "Thou art My beloved Son...", ὁ υἱός μου ὁ ἀγαπητός,).

- 마귀도 예수님을 하나님의 아들로 인정했다(막 3:11, "You are the Son of God!", 막 5:7). 마가는 '하나님의 아들'이라는 호칭을 '메시아'라는 의미로 사용하였다. '인자'와 '메시아'는 가장 많이 등장하는 용어이다.
- 변화산에서 하나님의 음성이 들렸을 때(막 9:7 "마침 구름이 와서 그들을 덮으며 구름 속에서 소리가 나되 이는 **내 사랑하는 아들이니** 너희는 그의 말을 들으라 하는지라.")

(2) 이방인 백부장(십자가에 달리셨을 때): 막 15:39 ("예수를 향하여 섰던 백부장이 그렇게 숨지심을 보고 이르되 **이 사람은 진실로 하나님의 아들이었도다** 하더라.")

- 예수님은 겸손과 약함과 고난을 통해서도 자신을 나타내셨다. 또 때로는 당당하고 공개적으로 자신을 주장하셨다(막 9:33-37, 10:42-45). 예수님은 사탄을 정복한 메시야였지만, 그는 전적으로 인간의 감정과 상처를 동시에 가지고 계셨다(막 3:5, 6:5-6, 8:12, 9:19, 10:14, 14:33-36, 15:34).
- 예수님은 초자연적인 지식을 가지고 계셨다(막 2:8, 5:30, 8:17, 13:2).
- 예수님은 사람들을 치유하셨고, 귀신을 쫓아내셨고, 기적을 베푸셨다.
- 예수님은 하나님의 모든 권위에 힘입어 행동하셨음을 강조한다(막 2:1-12).

1) 마가복음은 예수님을 어떤 분이라고 소개했을까? 마가는 예수님을 '다윗의 자손, 하나님의 아들, 인자, 메시야'라고 소개했다. '다윗의 자손'은 마가복음에만 등장한다(막 10:47-48). 마가는 '하나님의 아들'이라는 호칭을 '메시야'라는 의미로 사용한다. 이 두 가지 호칭 가운데 인자라는 용어를 통해 더 자신의 신분을 알리셨다.

2. 마가는 예수님께 대하여 "인자"라는 칭호를 14번이나 사용했다.

(1) 마가복음에서 '인자'라는 칭호는 '하나님의 아들'이라는 칭호보다 훨씬 중요하게 쓰였다. 이 칭호는 거부와 고난(막 8:31, 9:12, 10:33, 45), 그리고 그 고난이 가져올 하늘의 영광(막 8:38, 13:26, 14:62)이라는 예수님의 핵심적인 사역을 어우르는 말이다.

(2) 예수님은 '인자'라는 호칭을 통해 자신의 신분을 알리셨다.[2] 따라서 이 호칭은 예수님의 사역과 목적을 잘 개괄해 주고 있다. '하나님 나라'와 '인자'가 예수님의 설교 가운데 상호 관련되어 나온다(마 16:28; 막 9:1). 인자의 영광

2) 예수님이 마가복음 2:10에서 '인자' 칭호를 처음으로 사용하셨을 때, 이 칭호의 사용은 서기관들에게 그다지 큰 영향을 가져주지 않았다. 이들은 예수님의 인자 칭호 사용보다는 예수님의 죄 사함 선언으로 더 경악했기 때문이다(막 2:7).

은 아버지(성부)와 거룩한 천사들의 영광과 동일하다(눅 9:26). 인자는 단지 임시적이요 지상적인 통치권을 소유한 범상의 인물이 아니라, 대종말의 드라마에서 무한한 신적 권위를 지니신 분이며, 하나님의 우주적인 왕권을 맡아가지고 있는 자이시다(마 28:18). 그러면서도 인자는 동시에 여호와의 종이었다(시 110:1*; 단 7:13이하*).

(3) 마가는 또한 인자를 고난 받는 인물로 소개한다(막 8:31, 9:31, 10:33-34). 예수님은 가이사랴 빌립보에서 인자의 고난과 부활이라는 관점에서 베드로의 고백(막 8:29)을 이렇게 설명하신다. "인자가 많은 고난을 받고 장로들과 대제사장들과 서기관들에게 버린 바 되어 죽임을 당하고 사흘 만에 살아나야 할 것을 비로소 그들에게 가르치시되."(막 8:31). 하나님께서는 능욕을 당하고 십자가에 못박혀 죽게 될 인자를 구원하실 것이다(막 10:33-34).

3. 마가복음 전체를 통해 나타난 메시야 칭호

(1) 마가복음 전체를 통해 메시야라는 호칭에 대한 예수님의 태도는 어떠했을까? (막 8:27-33, 11:1-11, 14:62). 예수님은 메시야라는 칭호에 무관심한 반응을 보인 것처럼 소개되었다. 그러나 예수님이 가지셨던 메시야 직(職)에 대한 개념은 당시 백성들이 가지고 있던 메시야관과는 달랐다. 유대인들은 고난당하는 메시야관을 받아들이지 아니했다.

(2) 그러나 마가는 예수님이 고난을 통해서 메시야가 될 것임을 계속 주장해 나간다. 예수님의 가족과 제자들까지도 예수님의 정체를 완전하게 이해하지 못했다. 예수님의 사역이 끝날 즈음에 맹인 바디메오만이 예수님을 다윗의 자손으로 고백한다(막 10:46-52).

4. 마가복음에서는 마태복음이나 누가복음보다 예수님의 행동의 교훈을 훨씬 더 강조하고 있다.

마가는 예수님께서 이적을 행하신 사건을 집중적으로 보고한다. 이에 대해 사람들은 다양한 반응을 보였다(1:27; 2:12; 4:41; 5:15; 6:50). 마가는 예수님이 가르치신 말씀보다는 예수님의 가르침의 '사실성'에 더 관심을 가졌던 것 같아 보인다. 그래서 교훈을 강조하는 마태복음과는 달리 **예수님의 기적과 수난 기사가 중심**을 이루고 있다. 예수님께서 행하신 기적은 예수님이 누구인가를 잘 나타내 보여준다. 기적을 의심하는 것은 그분의 신성을 의심하는 것과 같다. 마가는 반복해서 사람들이 놀라고 기이히 여기는 모습을 주의 깊게 관찰, 기록했다.

• 시 110:1 "여호와께서 내 주에게 말씀하시기를 내가 네 원수들로 네 발판이 되게 하기까지 너는 내 오른쪽에 앉아 있으라 하셨도다."

• 단 7:13 "내가 또 밤 환상 중에 보니 **인자 같은 이가 하늘 구름을 타고 와**서 옛적부터 항상 계신 이에게 나아가 그 앞으로 인도되매 14 그에게 권세와 영광과 나라를 주고 모든 백성과 나라들과 다른 언어를 말하는 모든 자들이 그를 섬기게 하였으니 그의 권세는 소멸되지 아니하는 영원한 권세요 그의 나라는 멸망하지 아니할 것이니라."

26

마가복음 간단하게 훑어보기

1. 사역을 위한 준비 (1:1-13) • 1:1-11 세례 요한과 예수님 • 1:12, 13 광야에서 사십일 동안 기도 하시고 시험 받으심	• 짧은 서론으로 시작한다. "하나님의 아들 예수 그리스도의 복음의 시작이라." - 마가복음의 열쇠가 되는 말씀이다. • 예수 그리스도의 복음(=복음의 저자이신 예수님) • 세례 요한의 등장(1:4-8) - 세례 요한은 다시 나타난 엘리야의 모습으로 등장한다. • 예수님이 세례를 받으심(1:9-11) - 세례 요한으로부터 세례를 받으신 후에 성령을 받으신다.	• 마가복음에는 예수님의 도덕적 교훈을 담은 긴 부분이 없다. 물론 교훈만이 도덕적 가르침을 전달하는 것은 아니다. • 마가복음은 시작부터 하나님 나라를 특징적으로 강조하기 위해 **예수님의 고난에 집중한다**.
• 1:1-11 세례 요한과 예수님 • 1:12, 13 광야에서 사십일 동안 기도 하시고 시험 받으심 • 때가 찼기 때문에 하나님 나라는 이제 현재의 실재가 된다. 	**갈릴리 사역(1:14–7:23)** • 세례 요한이 잡히신 후, 예수님이 갈릴리에 오셔서 복음을 전파하심(1:14-15) -선포의 내용 - 하나님의 나라 -복음(=좋은 소식) - 때가 찼고, 그 나라가 가까이 왔다. -어떻게 반응해야 할까? - ① 회개하고 ② 복음을 믿는 것이다. • 天國(The Kingdom of Heaven), 또는 '하나님 나라'라는 단어가 예수님 당시 사람들에게는 아주 낯선 용어였을까?[1)] • 마가복음에는 '하나님 나라'라는 용어가 14번밖에 나오지 않지만 그것은 예수님의 말씀과 행동 밑바탕에 깔려 있다. • "때가 찼다"(막 1:15)라는 말을 보아서도 이스라엘이 고래로부터 미래를 대망해 왔다는 사실을 충분하게 요약해 주고 있다. • 여기서 "때"(the time)란? 하나님 자신이 그의 왕적 영광을 충분히 계시하겠다고 약속하셨던 역사의 거대한 전환점(the great turning-point of history)을 의미하며, 그의 백성을 구원하고 그의 원수들을 징벌할 때를 의미한다. 세상이 그 정점에 도달하고 그 충만한 상태에 이르게 되는 때이다. • 예수님의 치유 역사와 귀신 축출의 강력한 행위 안에 하나님 나라가 이미 현재한다는 의미이다.	1) 아니었다. 오히려 즉각적인 반응을 일으켰다. 세례 요한이나, 예수님은 '천국'에 대해 용어를 설명하려 하지 않고 이스라엘 사람들에게 '천국'이 '가까이 왔다(near at hand)' 라고 선언한다. 1:15 and saying, "The time is fulfilled, and the kingdom of God *is at hand*; - NASB καὶ λέγων ὅτι πεπλήρωται ὁ καιρὸς καὶ **ἤγγικεν** ἡ βασιλεία τοῦ θεοῦ· • 가까이 왔다 (ἤγγικεν, 동사 직설법 완료 능동태) : 접근하다. 가까이 이르다, 가까이 오다. / 이미 출현했다.

▶ 마가복음은 주로 이야기이며, 양식은 목격자의 사실에 입각한 진술처럼, 생생한 필치와 솔직하며, 간단하다.

제자들을 부르시다 (막 1:16-20)

"예수께서 이르시되 나를 따라오라 내가 너희로 사람을 낚는 어부가 되게 하리라 하시니"(막 1:17)

갈릴리에서의 사역 시작(막 1:14-15)

- 예수님은 요단강에서 세례를 받으시고, 시험을 받으시고, 그러고 나서 제자들을 부르심으로 공적 사역을 시작하셨다(1:16-20).
- 사역이 시작되자 하나님 나라와 사탄의 통치 및 사탄이 지배하던 악의 세력과 교전이 벌어진다(1: 40-42; 3:1-5, 10-11). 이 사역에 성령이 함께 하신다. 예수님은 귀신들을 명하거나 꾸짖으신다(1: 25, 27, 3:12, 9:25).
- 전도 여행을 떠나시다(막 1:35-39) - 예수님이 이 땅에 오신 것이 백성들에게 인기와 명성이 목적이 아니라 복음 전파의 사역에 있음을 분명히 하셨다.
- 나병환자를 깨끗하게 하시다(막 1:40-45)

예수님의 질문(막 2:9)

(1) 문제 :

① "네 죄 사함을 받았으니라" 하는 말과

② "네 상을 가지고 일어나 걸어가라" 하는 말과 어느 것이 쉽겠느냐?

- 예수님은 병자를 고침으로써 "인자가 세상에서 죄를 사(赦)하는 권능이 있으심"을 증명하려 하셨다(마 9:6).
- 예수님에 대한 유대인들의 적대감은 자신을 하나님과 동등시했기 때문이다(요 5:18). 이는 신성모독이었다.

인자와 죄 사함

- 예수님은 병자를 고침으로써 "인자가 세상에서 죄를 사(赦)하는 권능 이 있으심"을 증명하려 하셨다(마 9:6).
- 예수님에 대한 유대인들의 적대감은 자신을 하나님과 동등시했기 때문이다(요 5:18).
- 하나님과 동등하다고 주장하는 것은 유대인에게는 신성모독이었다.

예수님과 유대 권위자들 사이에 충돌(2:1-3:6)

- 중풍병자를 고치심(막 2:1-12)

  예수님은 "네 죄 사함을 받았느니라"라고 말씀하셨다. 종교지도자들은 이를 분명한 신성모독(참람된 죄악)으로 보았다. 예수님은 이들의 악한 생각을 아셨다(막 2:8).
- 레위를 부르심(막 2:13-17)
- 금식논쟁(막 2:18-22) - "어찌하여 당신의 제자들은 금식하지 아니하나이까?"
- 안식일에 밀이삭을 자르다(막 2:23-28) - 그 당시 백성들에게는 안식일의 규례와 법도가 과중한 짐이 되어 있었다. 이런 것들은(안식일 준수 등) 백성들에게 오히려 무거운 짐이 되었다(마 11:28-30 참조).
- 안식일에 손 마른 사람을 고치심(막 3:1-6) - 이번에도 안식일을 범했다는 고소를 당했다. 예수님은 하나님께서 주신 안식의 날의 성격과 특징을 설명하신다.

- 예수님은 왜 바리새인들과 같은 류의 금식은 부적당하다고 말씀하시는가? 예수님은 두 가지 비유를 드신다. ① 생베 조각을 (낡은 옷)에 붙이는 자가 없나니...(왜?) ② 새 포도주를 (낡은) 가죽 부대에 넣는 사람이 없듯이...(왜?)

  이 교훈의 요지는 아직도 구약의 형식이 남아 있다면 예수님으로 말미암아 도래한 새 시대는 경험할 수 없다는 것이다.

- 안식일은 생명을 억압하거나 파괴하기 위하여 주신 것이 아니라 생명을 구원하기 이해 주셨다는 것이다(막 2:27).

갈릴리 지역에서의 사역(1:14-7:23)

- 예수님께서 귀신을 쫓아 내신 행동이 명명백백히 하나님의 일로 드러났는데도 그것을 부인하는 것과 같은 행동은 결코 용서 받을 수 없다는 것이다. 이런 행동을 성령을 모독하는 죄라고 하셨다.

하나님의 나라와 사탄의 나라(막 3:20-30)

- 예수님은 귀신을 내쫓고 병든 자를 고쳐주시면서 말씀을 증거하셨다. 이 기적을 보고 있던 무리들은 다 놀랐다고 했다(마 12:23).
- 예수님이 사탄의 왕국을 지배할 능력을 가진 것이 분명하다면 "하나님의 나라가 '이미'(already) 임하였다"는 것이다.

성령을 모독하는 죄(막 3:28-30; 마 12:31)

- 성령을 모독하는 죄는 사함을 받지 못한다고 했다. 예수님이 귀신을 쫓아내신 일을 바알세불에게 돌렸던 바리새인들의 행동은 분명히 의도적인 고집이었다.

주님은 특별히 비유를 통해 하나님 나라의 본질을 설명하신다. "씨 뿌리는 자의 비유"(4:3-9)는 비록 하나님의 나라는 시작이 미약하고 별로 중요치 않게 보일지라도 그 종국(終局)은 창대해 질 것이라는 것이다.

- 하나님 나라의 현재적인 면과 미래적인 면을 어떻게 이해시키실까? **비유는 또한 천국이 현재적 실재라는 사실**을 알리는 요소들이 담겨 있다.

비유를 들어 말씀하심(막 4:1-20)

- 천국의 특성을 이해시키기 위해 제일 먼저 씨 뿌리는 자의 비유를 드셨다. 왜, 비유로 말씀하셨을까? 하나님의 나라는 예수님의 오심과 함께 이미 도래하였다(현재적). 그러나 그러함에도 천국은 여전히 미래적이라는 것이다.

등불은 등경 위에 두려 함이 아니냐(막 4:21-25)

- 복음을 들은 자는 어떻게 해야 할까? 결실이 적다고 해서 낙심해서는 안 된다. 그래서 등불 비유를 드신다(막 4:21). 비추임을 받은 사람은 다른 사람을 비추는 자가 되어야 한다.

바람과 바다를 잔잔하게 하심(막 4:35-41)

귀신 들린 사람을 고치심(막 5:1-20)

- "때가 이르기 전에"(29절) : 귀신들은 마지막 심판에 이르기 전에 무저갱(계 20:3)에 던져질까봐 두려워했다(눅 8:31). 이 귀신들은 예수님이 하나님의 아들이심을 즉시 알아차렸다(막 1:34, 3:11).
- 귀신들은 예수님께서 오신 이유가 자신들을 파멸시키기 위함이라고 생각했다(막 1: 24; 눅 4:33-34). 최후의 날이 오기까지는 마귀의 파괴적 활동을 허용하실 것이다(계 12:12 참조).

- 씨 뿌리는 자의 비유 - 세상이 현 상태로 있는 한 천국과 사탄의 나라는 둘 다 세상 안에 함께 있을 것이다. 따라서 복음 전파자들은 가라지를 뽑으려 하기 전에 세상의 종말이 올 것을 기다려야 한다는 것이다.
- 자라나는 씨 비유(막 4:26-29) - 당장 열매가 나타나지 않는다고 조급해 하지 말아야 한다. 농부는 땅에 심은 씨앗에 대하여 지나치게 노심초사하지 않는다. 복음의 전파 과정도 이와 같다는 것이다.
- 야이로의 딸을 고치심(막 5:21-24, 35-43) - 달리다굼 (Talitha kum! ταλιθα κουμ)
- 열두 해를 혈루증으로 앓는 여인을 고치심(막 25-34)

예수님의 사역에 대한 반대(6:1–8:26)

- 6:1-6 불신앙의 결과
- 6:7-13 순종과 권능
- 6:14-29 세례 요한의 죽음
- 6:30-44 오병이어와 오천 명
- 6:45-56 바다 위를 걸으심

고향에서 배척을 받으심 (막 6:1-6)

- 예수님은 고향에서 많은 이적을 베푸셨으나 오히려 이들은 예수님을 배척한다. 예수님은 왜 기적을 베푸시는가? 예수님은 신적 능력과 메시야적 권능을 가지고 행동했음을 확실하게 증명하기 위해(=즉 "하늘로부터 온 자") 표적을 나타내셨다.
- 예수님의 사역은 결국은 사탄과의 투쟁에 있음을 알 수 있다.

떡 다섯 개, 물고기 두 마리(막 6:30-44)

- "무리를 보내어 두루 촌과 마을로 가서 무엇을 사 먹게 하옵소서"(막 6:36). 이런 제자들에게 예수님은 어떻게 명령하셨나? **'너희가 먹을 것을 주라'**
- 주님은 이 세상에 오신 바로 그 생명의 떡이시다(요 6:27). 이 표적을 통해 어떤 결과를 가져왔을까?

- 열두 제자를 부르사 둘식 둘씩 보내심(막 6:7-13)
- 사도들은 가서 구체적으로 어떤 일을 해야 하는가? (8절)

① 병든 자를 고치며
② 죽은 자를 살리며
③ 나병환자를 깨끗하게 하며
④ 귀신을 쫓아내되 너희가 거저 받았으니 거저 주어라

- **바다 위를 걸으심 (막 6:45-52)**

- 장로들의 전통이란 무엇인가? 그 당시 과거부터 전통되어서 내려온 많은 규례들이 집대성 되어 있었고, 이런 규례들은 하나님의 율법 자체와 동일한 구속력을 가지고 있었다.
- 마가복음의 관점에서 보면 율법을 지킨 쪽은 예수님이고 그것을 파기한 것은 종교 지도자들이었다.

장로들의 전통 (막 7:1-23)

- 예수님의 사역이 본격화되자 그에게 반감을 가진 무리들이 등장했다. 누구일까? 동족 유대인들이었다. 이들이 주의 제자들을 고소한 근본적인 의도는 장로들의 전통을 범했다는 것이었다(막 7:1-). 직접적인 원인은 그들이 떡을 먹을 때, 손을 씻지 않고 먹었다는 것이었다.

무엇이 사람을 더럽게 하는가?(막 7:16-23)

- 주님께서는 무리를 부르시고, 이렇게 말씀하신다. 즉, 사람을 더럽히는 것은 어디에서 나올까? 예수님은 장로들의 전통을 지킨다고 해서 정결하게 되는 것이 아니며, 그것을 어겼다고해서 사람을 더럽히지도 않는다고 말씀하신다.

수로보니게 여자의 믿음 (막 7:24-30)

듣지 못하고 말 더듬는 사람을 고치심(막 7:31-37)

예수님의 신적인 능력에 심히(utterly, 대단히, 굉장히) 놀랐다고 했다.

- 물론 이런 전통들이 모두가 잘못되었다고 볼 수는 없다(마 23:2, 3 참조). 이 사람들은 장로들의 전통에 너무 집착한 나머지 하나님의 말씀보다 그 전통을 더욱더 고집했다.
- 막 7:23 "이 모든 악한 것이 다 속에서(*from* within) 나와서 사람을 더럽게 하느니라."

① 하나는 이 모든 악한 것이 '속에서' 곧 타락한 본성에서 나온다는 것이다.

② 다른 하나는 이 모든 악한 것이 사람을 더럽게 하여 하나님과 교제하는 일에 합당치 못하도록 하며 양심을 혼탁하게 한다는 것이다.

30

베드로의 신앙고백(8:27–33)

"너희는 나를 누구라 하느냐"(8:27–38)

- 예수님의 생애에 있어서 제일 중요한 사건, 주님은 이 일을 하러 오셨다.
- 십자가의 피흘리심, 십자가에 죽으심과 그리고 다시 부활로, 그렇게 하심이 바로 사탄을 정복하고, 우리를 사탄과 죄의 속박에서 건져내실 수 있는 유일한 길이기 때 문이다.
- 제자들까지도 아직 이 사명을 이해하지 못했다.

사천 명을 먹이심(막 8:1-10)

- 유대인들에게도(광야에서) 5,000명을 먹이신 사건이 있었다(마 14장). 이번에는 이방지역에서였다.

이 세대가 표적을 구하다(막 8:11-13)

- 바리새인과 사두개인들이 지금 예수님을 시험하려(페이라조, πειράζω) 한다. "네가 참 하나님의 아들이라면" 그것을 증명할 수 있는 '표적'을 보이라고 요구하고 나섰다. 예수님은 자기 자신이 메시야라는 사실을 여러 증거로서 보여주셨지만 이들은 더욱 큰 표적을 요구했다.

바리새인들과 헤롯의 누룩(막 8:14-21)

- 주님은 제자들에게 "바리새인과 사두개인들의 '누룩'을 주의하라"고 경고하셨다. 제자들은 이 누룩이라는 말을 어떻게 이해했을까? (마 16:7)

벳새다에서 맹인을 고치심(막 8:22-26)

- 예수님은 여러 고을을 다니시면서 복음을 전파하셨으나 오히려 권능을 가장 많이 베푸신 고을들이 회개하지 아니했다(마 11:20).

- "배불리 먹고 남은 조각 일곱 광주리를 거두었더"고 했다(8절). 풍성함을 강조하기 위해 배불리 먹고 남은 숫자까지 기록했다.
- 바리새인들과 서기관들이 세상이 깜짝놀랄 만한 표적을 요구하고 있다. 지금 당장 메시야라는 사실을 엄청난 표적으로 입증하라는 것이었다. 물론 예수님은 분명하게 거절하셨다(눅 9: 54, 55).
- 어떤 도시들이 책망의 대상이었나? "화 있을진저 고라신아 화 있을진저 벳새다야...

• 야이로의 딸을 고치심
(막 5:21-24, 35-43)

가이사랴빌립보: 베드로의 신앙고백(막 8:27-38) 이후 주님의 사역의 방향전환이 일어난 사건이다. 지금까지 군중들에게 말씀을 가르치고, 기적을 행하셨으나, 이후 주님의 가르침은 주의 제자들에게 집중하신다.

참제자의 본질 (8:34–38)

- 주님을 따른다는 것은 때로는 생명을 잃을 수도 있는 길이지만, 거기에는 영생의 축복이 있다. "누구든지 예수님과 복음을 위하여 목숨을 잃는 일이 있다면" 그는 반드시 구원을 받을 것이다(35절).

베드로의 신앙고백(막 8:27-38)

- 예수님과 그의 제자들이 빌립보 가이사랴 여러 마을로 길을 떠나셨다. 도중에 예수님은 제자들에게 "사람들이 나를 누구라고 하느냐"고 물으셨다.
- 예수님은 베드로의 신앙고백 후에 비로소 자신이 장로들과 대제사장들과 서기관들에게 많은 고난을 받고 죽임을 당하고 부활하실 것을 선포하신다.
- 얼마 후에 예수님은 베드로를 책망하셨다. 왜 책망하셨을까? (사탄아! 내 뒤로 물러 가라) 베드로는 선의로 한 말이었지만, 베드로의 경솔을 볼 수 있다. 그들은 영광과 면류관만 있는 그런 메시야를 고대했을 것이다.

달리다굼(Talitha kum!)

변화산 사건(9:2-13)

<table>
<tr>
<td>천국에서는 누가 클까?
(막 9:30-32)

• 이제, 제자들은 옛 질서를 초월하여, 새로운 공동체에 주어진 계율을 지켜야 한다.

• 새로운 공동체인 교회의 본질과 사명이 무엇일까?</td>
<td>영광스러운 모습으로 변형되심(막 9:2-13)

• 예수님의 얼굴이 해처럼 빛나고 옷이 빛처럼 희어졌다. 그리고 갑자기 모세와 엘리야가 나타났다. 이들은 예수님과 대화했고, 빛난 구름이 그들을 덮었다. 그리고 하늘에서 소리가 들린다.

• 변화산의 경험은 그리스도인들이 소망하는 일들이 성취되고 있다는 것을 사도들에게 확신시켜 주는 하나의 방법이었다. 이제, 이 사건은 사도들의 증거를 믿는 자들에게 그리스도의 복음의 믿음과 소망이 환상이 아님을 보여주는 하나의 표적이었다.</td>
<td>• 마 17:5 "이는 내 사랑하는 아들이요" (This is My beloved Son) 내 기뻐하는 자니 너희는 그의 말을 들으라."

어찌하여 서기관들이
엘리야가 먼저 와야 하리라 하나이까(막 9:10-13)

• 제자들은 이 부활에 대한 말씀도 이해할 수 없었다(막 9:10).</td>
</tr>
<tr>
<td>유대와 유대 건너편 사역(10장)

죽음과 부활을
세 번째로 언급하심
(막 10:32-34)

맹인 바디메오가 고침을
받음(막 10:46-52)</td>
<td>이혼에 대한 가르침(막 10:1-12)

• '이혼'에 관한 문제는 예수님을 올무에 걸리게 할 수 있는 아주 좋은 자료였다. 바리새인들은 이들의 주장을 근거로 예수님을 시험하려 했다(막 10:2).

• 하나님은 결혼을 쌍방에 의해 존중되어야 할 구속력 있는 언약으로 보신다. 결혼은 개인적인 것이나 시민적인 것이나 세속적인 문제가 아니라 하나님께서 제정하시고 하나님에 의해 보호되는 언약이다.

어린아이들을 축복하시다(막 10:13-16)

• 이미 앞에서(막 9:30-32) '천국에서는 누가 클까?' 란 문제에서 '작은 자'란 누구인가에 대해서 설명되었다. 그렇다면 어린 아이들은 무죄한가?

재물이 많은 사람(막 10:17-31)

• 한 부자 청년이 예수님께 나왔다. 그는 어떤 문제를 가지고 질문했나? (16절) 예수님은 이 청년을 어떻게 생각하셨나? (막 10:21) 주님은 그의 미덕(美德)과 선행(善行)에 대한 관심을 인정하시고 그를 동정하셨다.

• 그 청년은 영생을 어떻게 얻을 수 있다고 생각했나? 주님은 그 청년에게 <만약, If> 선을 행하여 영생을 얻을 수 있다면 계명을 지키라고 말씀하신다. 그러나, 이 청년(관리)은 예수님의 이런 질문의 의도를 깨닫지 못했다.</td>
<td>부자는 하나님 나라에
들어가기가 어려운가?
(막 10:23-31; 마 19:23-24)

• "내가 무슨 선한 일을 '하여야' (포이에오, ποιέω) 영생을 얻으리이까?"

• 이 청년은 영생을 선한 일(善, 아가도스, ἀγαθός)이라는 인간의 기준에서 측정하는 것이라고 생각하고 있었다. 따라서 주님은 영생을 얻는 길이 인간의 능력에 있지 아니함을 보여주려 하신다.</td>
</tr>
</table>

32

마지막 주간 – 예루살렘 입성(11–12장)

성전 청결 사건의 의미(11장)

• 예수님은 이미 제자들에게 여러 번 말씀하신 대로 많은 종교 지도자들에게 고난을 받고 십자가에 죽으실 것이다.

• 성전이 존재해야 할 의미는 없어진 채 성전은 이미 장마당이 되어버렸다.

• 한쪽 구석에서는 대제사장들과 서기관들이 어떻게 하면 예수님을 죽일까 하고 의논하고 있었다.

예루살렘으로의 마지막 여행(막 11:1-11)

• 나귀 새끼를 타고 예루살렘에 최후의 입성(入城)을 하신다. 이제, 주님은 갈보리에서까지 비밀스럽게 죽어야할 필요가 없으셨다.

• 마태복음에서는 왜 나귀 새끼를 타고 입성하셨는가를 설명한다(마 21:5b). 나귀는 비천한 동물 중의 하나로 인식되었다(렘 22:19). 그리스도께서 나귀를 타고 오신다는 것은 세속적인 왕의 모습이 아니다. 그의 나라는 세상에 속한 나라가 아니다. 나귀를 타고 오신다는 것은 비천함과 겸손함을 보여주는 것이다.

성전을 깨끗하게하시다(막 11:15-19)

• 예수님께서 예루살렘 성전 안으로 들어가시자 어떤 광경을 목도하셨나? 왜 주님은 분노하셨을까?

• 이들은 성전에 대한 인식이 너무 희미해져 있었다. 성전에서 장사판을 벌여놓고도 마음의 가책을 받지 않았다. 성전(聖殿)은 어떤 곳인가? "내 집은 만민이 '기도하는 집'이라 불릴 것이다"하지 않았느냐? (사 56:7; 렘 7:11에서 인용된 말씀이다.)

예수님의 권위에 대해 논쟁(막 11:27-33)

• 주님이 나귀를 타고 입성하신 사건 : 이 구절은 이사야 62:11과 스가랴 9:9을 해석적으로 합친 것이다.

무화과나무가 곧 마르다(막 11:12-14, 20-24)

• 무화과나무는 무엇을 상징하는가? (사 5:1, 2, 5; 눅 13:6-9; 렘 8:13; 호 9:10, 16) 왜, 예수님은 무화과나무를 시들게 하셨나?

• 주님은 이 사건을 통해 중요한 교훈을 하시려 했을 것이다. 이스라엘 백성들의 열매 없는 삶의 모습, 그것은 열매 맺지 못한 무화과나무였다.

• 유대인들은 그리스도(메시야)는 다윗의 자손이라는 사실을 잘 알고 있었고 그렇게 믿었다.

• 주님은 이들에게 되물으신다(43절). "그러면 다윗이 성령에 감동되어 그리스도를 주님이라고 부른 것은 어떻게 된 일이냐?"

그리스도는 누구의 자손인가? (12장)

• 부활에 대한 논쟁(막 12:18-27)

• 모든 계명 중에 첫째가 무엇인가? (막 12:28-34) 하나님과 이웃을 사랑하게 하며 성전 제사가 없는 시대에 하나님의 계명을 지키는 것이 완전한 제사가 될 것이다.

• 율법학자들을 조심하라(막 12:38-40)

서기관들(율법학자들)은 매사에 정확한 규칙들을 수없이 많이 만들었다. 그러나 수많은 규례들은 자신들도 지킬 수 없는 모순에 빠졌다. 자연히 그들은 외식과 가면으로 나타났다. 오히려, 이것이 그들에게 올무가 되어버렸다.

• 가난한 과부의 헌금(막 12:41-44)

• **포도원 농부 비유(12:1-12)** 이 비유에서 상속자는 예수님이다. 하나님께서는 이스라엘을 자기의 백성으로 택하셨다. 그러니까 이스라엘은 하나님의 포도원이요 기업이었다.

• **가이사에게 세금을 바치는 문제**(막 12:13-17) - 하나님의 도래하는 통치에 비추어 보면, 모든 것은 하나님께 속한다. 가이사의 형상이 새겨진 동전을 가이사에게 바칠 수 있지만 왕권은 오직 하나님께 속한 것이다.

성전은 철저한 파괴를 당할 것이다 (13장)

• 앞으로 예루살렘성은 "돌 하나도 돌 위에 남지 않고" 철저히 파괴될 것이다.

• 제자들은 성전 파괴 – 세상 끝 – 예수님의 재림을 연속적인 사건으로 이해하고 있었다. 이런 제자들의 생각을 어떻게 교정해 주시는가? (마 24:6-8) ① 거짓 선지자의 출현 ② 난리와 난리 소문 ③ 근 환난들이 일어난다. 그러나, 끝은 아직 아니다. 이 모든 것이 재난(災難)의 시작이다(마 24:8).

• 새로운 재난이 발생할 때마다 동요해서는 안 된다는 것이다. 교회가 최대로 관심을 기울여야 할 점은 지상명령(至上命令)에 있기 때문이다. 주님은 종말에 대한 지나친 기대와 반응으로 복음사역을 게을리해서는 안 된다는 점을 인식시키셨다.

무화과나무의 비유(막 13:28-31)

• 주님의 재림도 시간의 계산을 필요로 하지 않는다는 것이다. "너희도 이 모든 일을 보거든 인자가 가까이 곧 문 앞에 이른 줄 알라."

종교재판과 수난(14–15장)

• 대제사장 가야바의 제안대로 이제는 종교당국인 산헤드린 공회에서 예수님을 죽이기로 공식적으로 가결했다.

베드로가 예수님을 부인(막 14:66-72)

• 베드로는 "나는 아니라"(요 18: 17) 분명하게 예수님을 부인했다. 그러나 베드로는 이 일을생각하고 심히 통곡했다고 했다(눅 22:61-62).

예수님을 죽이려는 음모(막 14:1-2)

• 예수님을 잡아 죽이되 명절에는 하지 말자고 했다. 왜냐하면 민란(民亂)이 일어날까 걱정했기 때문이다. 종교 지도자들이 두려워했던 점은 무엇일까? 예수님의 이적과 사역으로 인해 백성에게 끼치게 될 그 영향을 정확하게 예상하고 있었다.

• 특히 대제사장 가야바는 아주 강경하게 나왔다. "저 예수라는 자는 자기 죄가 있든 없든 이 민족을 위태롭게 하여 민족 전체가 망하게 되는 것보다 반드시 제거하지 않으면 안 된다"는 것이었다.

그것도 오늘 밤에 한 사람도 예외없이 "다"
"너희가 나를 버리리라"

겟세마네에서 기도하시다(막 14:32-42)

• 예수님은 앞에 놓여 있는 일을 두고 고뇌하고 계신다. "고뇌하고 슬퍼하사"(마 26:37, 괴로워하다, 고민하다) "내 마음이 매우 고민하여 죽게 되었으니"(38절)라는 표현, 여기까지는 예수님의 인성(人性)이다.

예수님이 공회 앞에 서시다(막 14:53-54)

• 예수님을 재판하는 현장에는 어떤 부류의 인사들이 모려들었을까? (막 14:55 대제사장들과 온 공회가 예수를 죽이려고") 여기 모인 공회원들이 맨 먼저 판정해야 할 문제는 "예수가 과연 그리스도냐?" 하는 문제였다.

• 나사로가 살아난 사건은 급속히 유대 사회를 폭풍 속으로 몰아넣었다. 급해진 지도자들은 다시 살아난 나사로까지 죽이려고 모의했을 정도였다(요 12:10, 11, 17-19).

예수님의 머리에 향유를 붓다 (막 14:3-9)

• 잔(포테리온)은 십자가 위에서 자기 백성을 대신해서 받는 하나님의 저주의 심판을 가리킨다.

• 예수님이 고뇌하고 슬퍼하시는 것은 그 죽음이 하나님께 버림을 받아야 하는 심판과 저주의 죽음이기 때문이다.

34

정죄당하고 십자가에 못박히심(15장)

십자가에 못 박히시다(막 15:21-32)

네가 유대인이 왕이냐? (막 15:1-5)

- 최고법정인 산헤드린 공의회에서는 예수님을 처형하기로 결정을 내렸다. 그리고 사형 집행을 위해 예수님을 결박하여 총독 빌라도에게 넘겨준다. 아직도 이른 새벽이다(니산 월 15일, 금요일).
- 빌라도는 예수님을 재판하기 위해 끌고온 사람들에게 이렇게 문의한다(요 18:29). "너희가 무슨 일로 이 사람을 고발하느냐?"
- 빌라도는 예수님을 때려서 방면하겠다고 했다. 예수에게서 아무 잘못도 발견할 수 없었기 때문이다. 그러나 유대인들은 예수님을 십자가에 못 박아야 한다고 끝끼지 주장했다.
- "이 사람이 행악자(=범죄자)가 아니었더라면 우리가 당신에게 넘기지 아니하였겠나이다." 빌라도는 다시 묻는다. "그렇다면, 너희가 그를 데려다가 너희 법대로 재판하라." 유대인들은 "우리에게는 사람을 죽이는 권한이 없나이다."

몰약(쓸개즙)을 탄 포도주 (막 15:23; 마 27:34)

- 병사들은 '쓸개즙(몰약)을 탄 포도주'(시 69:21)를 예수님께 주어 마시게 하려 하였다. 그러나 예수께서 맛보시고 받지 아니하셨다. 주님은 받지 않으셨다(23절)

십자가에 못 박히게 예수를 넘기다(막 15:6-15)

- "이에 빌라도가 그들이 구하는 대로" 언도했다(눅 23:24). 결국 그들이 요구하는 바라바는 놓아 주고 예수님은 죽음에 넘겨 주었다(눅 23:25).
- 이제 모든 것이 백성들의 뜻대로 되었다. 백성들은 더욱 소리 질러 예수님을 십자가에 못 박아야 한다고 소리를 높였다(마 27:22). 이 재판을 더 미루다가는 민란(民亂)이 일어날 것 같았다(마 27:23).

숨지시다(막 15:33-41) / 금요일 정오~오전 3시

- 주님께서 가장 고통스러워 했던 것은 육체의 고통보다, 하나님의 저주를 받아 버림을 받았다 는 데 있었다. 정오쯤에 시작해서 오후 3시까지 세 시간 동안 온 땅이 캄캄해졌다. 이는 예수님께서 인류의 죄를 지불하시는 순간 하나님께로부터 버림을 받으신 것을 의미한다.

금요일 오전 9시

- "**지나가는 자들**은 자기 머리를 흔들며 예수를 모욕했다(마 27:39). 공개처형이 집행되었으므로 누구나 이곳에 올 수 있었다. 지나가던 사람들까지도 예수님을 모욕했다(막 15:29). 그들은 "네가 만일 정말 하나님의 아들이라면 자신을 구원하고 십자가에서 내려오라"(마 27:40)는 것이었다.
- 주님의 죽음은 바울이 기록한 바대로 "죄의 삯"이었다(롬 6:23). 그 죽음에서 그분은 죄인들과 하나가 되셔서 그들이 받을 영벌과 죄를 짊어지시고 그들의 죽음을 친히 감당하셨다.

예수님의 죽음은 단순히 인간적인 세력에 의해서 빚어진 사건일까? 예수님은 양들을 위하여 자기의 목숨을 버린 선한 목자이시다 (요 10:11, 15, 17). 그의 죽음은 메시야의 사역 중의 중요 부분이었다. 그의 죽음은 의도적인 죽음이었다.

사탄의 나라를 정복하는 길은 오직 예수님 인격과 사역을 통해서만 가능하기 때문이다 이 투쟁이 십자가에까지 확대되었다.

그렇다면, 그를 십자가에 못 박히게 한 자들은 무죄할 것인가?

살아나시다(16:1-8)

예수님의 至上命令 (마 28:16-20)

• 예수님께서 속죄금을 지불하고 그의 피를 흘리신 이유가 '많은 사람들'을 주께로 인도하시기 위해서였음을 말하고 있다(마 26:28).

復活

부활

온 천하에 다니며 만민에게 복음을...(막 16:14-18)

• 열한 제자는 예수님께서 지시하신 대로(마 26: 32, 28:7, 10) 갈릴리로 갔다.

• 이제 인자가 세상의 통치자로 즉위할 것이라는 예언이 성취되었다. 예수님의 부활이 그의 즉위식이었음을 보여주고 있다.

• 복음 전파는 예수님의 죽으심과 부활 이후에만 비로소 완전히 진작(振作)될 수 있었다. 예수님이 부활하시기 전까지는 그 베일이 벗겨질 수 없었다(막 9:9 참조).

복음서 전체에서 예수님의 선포의 내용은 '하나님 나라'이다. 그리고 그가 요구하는 도덕적 반응은 두 가지다. 그것은 ① 회개하고, ② 복음을 믿는 것이다. 그의 선포와 그의 가르침을 듣는 사람들은 반응을 나타내야 하며, 결정적인 선택을 해야 한다. 예수님의 지상 사역은 회개하고 하나님 나라가 나타났다는 복음을 믿으라는 끊임없는 부름이다.

• 예수님의 죽음을 목격한 로마 백부장, 그는 예수님에 대해 이렇게 표현했다. 이는 마가가 특별히 강조하려고 했던 점이다.

> 15:39 예수를 향하여 섰던 백부장이
> 그렇게 숨지심을 보고 **이르되**
> 이 사람은 진실로 하나님의 아들이었도다
> "Truly this man was the **Son of God**!"

• 예수님은 부활 후 하나님의 우편에 앉으셨다. 이제 그리스도의 왕직 통치가 시작되었다. 부활은 새 시대의 시작이요, 그리스도가 통치자로 나아가는 시작이었다.

• 예수님은 그의 겸손, 고난, 그리고 죽음을 통해서만 하늘과 땅의 권세를 획득할 수 있었다. 그는 이사야 53장에서 예언된 여호와의 종으로서의 길을 걸어가신 것이다. 그가 오신 목적은 자신을 많은 사람들의 대속물로 주려 하심이었다. 많은 고난을 받고 "이 세대 사람들에게" 배척을 당하시기 전에는(눅 17:25), 하늘 구름을 타고 임하실 수 없으셨다.

• 또한 예수님의 고난과 죽음은 하나님의 심판이었다. 주님께서 '많은 사람들'을 위해 지불하셔야 했던 속전금(ransom)은 다름 아니라 그가 '많은 사람들'을 대신하여 하나님의 심판의 자리에 선 것을 의미한다.

• 주님께서 죽음에서 살아나시고 부활하신 후에야 천국 복음의 선포가 (가장 심오한 의미에서) 십자가의 선포가 될 수 있었다.

• 그러나 구속이 완성되었더라도 천국은 또다시 그 목적을 성취하고 그 안에 시사된 많은 사람들을 위한 열매가 맺기 위한 시간이 필요하다. 명령을 마치신 예수님은 이때로부터 이 세상이 끝나는 날까지 제자들과 함께 계시겠다고 약속하셨다(마 28:20).

36 교회의 탄생 · 마가복음이 기록될 당시 상황

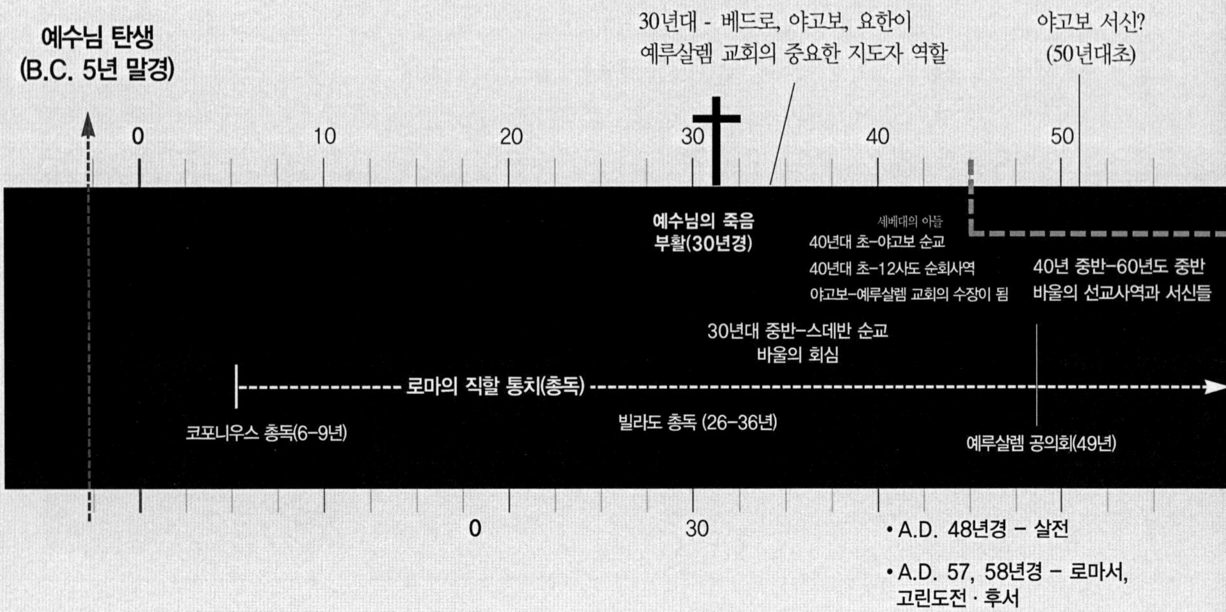

예수님 부활 이후 한 세대 이상이 지나갔다.

(1) 그렇지만 그렇게 간절히 고대하던 예수님의 재림은 일어나지 않았다. 오히려 그리스도인들에게는 박해와 고난이 기다리고 있었다. 40년대 초, 헤롯 아그립바(Herod Agrippa)는 사두개파 대제사장들과 제휴하여 기독교인들의 지도자들을 공격하기 시작했다. 베드로는 투옥되었고, (세베대Zebedee의 아들이자 요한의 형제인) 야고보는 사형을 당했다. 따라서 12사도의 대부분은 흩어지기 시작했다.

(2) 로마가 통치하는 지역에서도 점차 기독교 박해가 감지되기 시작했다. 티베리우스(Tiberius, A.D. 14-37) 치하에서는 수천의 유대인들이 군복무를 위해 징발되는가 하면 많은 유대인들이 로마 밖으로 추방되기도 하였다. 무엇보다 기독교인들과 로마 사이에 갈등 중의 하나는 로마 제국의 종교였다.

(3) 칼리귤라(Caligula. 37-41년) 황제 재위 동안 로마와 유대인과의 반복되는 긴장이 있었다. 그는 A.D 40년에 그의 동상을 성전 안에 세우려고 하였다. 그러나 기독교인들이 본격적으로 박해는 64년 네로(Nero, 54-68) 황제 치하에서 이루어졌다. 네로는 악명 높은 폭군으로 역사에 남아 있지만, 사실은 그의 통치 첫 5년인 54년에서 59년까지는 로마는 매우 평화롭고 번영했었다. 그런데 A.D 64년 7월 19일에, 로마시에서 대규모 화재가 일어났다. 그 화재는 6일 낮과 7일 밤에 걸쳐 지속되었으며 도시의 대 부분을 전소(全燒)시킴으로써, 수천 명이 집을 잃게 되었다. 로마시의 14구역 중 10구역이 타버렸다.

(4) 역사가 타키투스에 의하면, 네로는 그 화재 책임과 관련하여 자신에게 쏟아지는 비난을 "(대중들이) 기독교인이라 부르며 증오했던 한 집단"에게로 돌렸다고 한다. 타키투스는 계속 증언하기를, 증거도 없이 "엄청난 무리"가 체포되었고 "마치 인류의 증오를 받아야 마땅한 방화범으로서" 정죄되어 극단적인 고문과 사형에 처해졌다.

기독교인들은 구술 전승의 취약함을 생각했을 것이다.

(1) 그래서 많은 것들을 기록해 두어야 한다는 생각을 갖게 되었을 것이다. 예수 수난의 기사가 적어도 하나

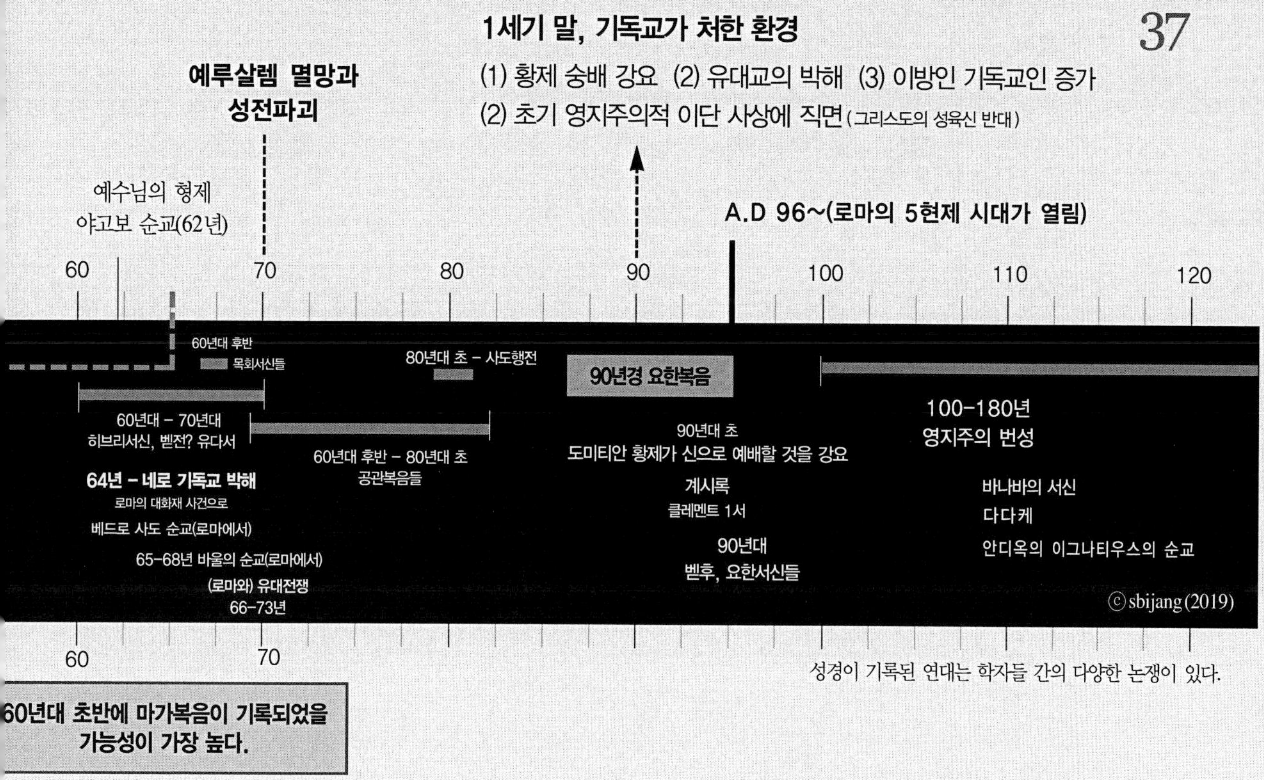

이상은 이미 회람되고 있었는데, 아마 40년대 초 헤롯 아그립바(Herod Agrippa) 치하의 핍박 속에서 처음으로 나왔을 것이다. 그때는 신자들이 자신들의 위험을 10여 년 전에 있었던 주님의 운명과 당연히 연결지어 생각했을 것이다.

(2) 수난(受難) 전승과는 다른, 예수님의 갈릴리 초기 사역에 기초한 한두 개의 작은 '말씀 모음집'이 발전되기 시작했을 것이다. 60년대 후반이나 혹은 70년대 초 이후로, 상당수의 저자들이 예수님이 말하고 행하셨던 보다 확장된 역본(version)들을 저술하기 시작했다.

(3) 복음서는 예수님에 대한 현재의 믿음을 확증하기 위해서, 그리고 다른 사람들이 예수를 믿도록 설득하기 위해서 기록되었다. 복음서들은 주인공에 대하여 신중하게 선택된 일련의 작은 단편들의 묘사(snapshot)들을 제시함으로써 많은 고대 전기들의 관행을 따랐다. 그리고 특별히 예수님의 인격을 지접저으로 보여주는 말씀과 행적들에 집중하였다.

(4) 그런가 하면 예수의 고난 기사를 보여주는 기존의 전승들과 일치하기도 하며 주인공의 마지막 삶의 단계에 치중하여 다루던 그레코-로만 식처럼, 복음서 역시 예수의 생애 마지막 단계를 전적으로 집중하여 다루고 있다.

(5) 복음서들은 소수의 특정 집단 사람들만을 위한 것이 아니라 다양한 지역에 있는 교회들 간에 광범위하게 회람되도록, 그리고 가능한 한 신자들에게도 연관이 되도록 기록했다. 정경에 포함된 복음서의 저자 이름은 원래의 문서에는 없었는데 2세기부터 이름이 들어갔다.

(6) 정경 복음서들 중에서 처음으로 기록된 것은 마가가 쓴 복음서라는 것이 거의 확실시되고 있다. 통상적인 코이네(koine) 혹은 "대중적인" 헬라어로 세련되지 않게 기록된 마가복음은 저자가 헬라어식이 아닌 아람어식 사고를 했다는 것을 보여준다.

(7) 마가복음의 이야기 스타일은 활발하고 생동감이 있으며 주인공은 과감하고 권위 있게 말하고 행동하는 인물이다. 마가복음의 예수는 정결례, 식사의 관습, 안식일 준수에 있어서 많은 유대인 농부들이 따르기 벅찼던 형식적인 율법을 무시하고 있다. 그래서 당시 종교적인 엘리트와 불가피한 갈등 관계에 들어가게 된다.

<Ivor J. 데이빗슨, 교회의 탄생, 모나크교회역사 제1권, 참조>

BACK TO THE
BIBLE
MARK

마가는 이 서신의 첫 마디를
“하나님의 아들 예수 그리스도의 복음의 시작이라”고
선언하면서 시작한다.
그리고 마가는 그의 복음서 전체에서 이 사실을 상세하게 설명하고 증명한다.
마가는 복음서들 중에서 가장 많은 이적을 수록하고 있다.
예수님은 수많은 이적을 통하여 자신의 하나님의 아들되심을 드러내셨지만
백성들은 여전히 주님을 믿지 않았다고 마가는 증언한다.

예수님의 가족들은 예수님을 미쳤다고 생각했고,
종교 지도자들은 예수님이 귀신의 왕 바알세불의 힘을 빌려
기적을 베푼다고 주장했다.
제자들의 믿음은, 너무 더디게 성장했다.
제자들은 예수님의 지상 사역의 개념을 이해하는데 무지했다.
그들은 예수님이 장차 이스라엘의 왕이 될 것이라 믿고 따랐으며
자신들도 중요한 자리에 앉게 것이라는 헛된 야망에 사로잡혀 있었다.

마가는 역사적 현재형의 헬라어 단어를 사용하면서
이야기의 긴장을 더해간다.
이 긴장에 대한 모드는 8:27-30(고난의 첫 번째 예언)까지 숨가쁘게 진행된다.
‘곧’(immediately, 유뒤스, εὐθύς)이라는 단어가 42번 등장한다(1장에만 11번).

예수님께서 곧 다시 오실 것이라는 기대(13:30),
마가는 독자들에게 긴박성을 가지고
예기치 않은 위기에 대비할 것을 언급한다(13:32-37).
마가의 이야기는 고난과 죽으심에서 절정에 이른다.
다른 복음서 기자보다
마가는 **고난 받는 여호와의 종**에 대해 반복된 언급을 한다.

어쨌든, 이제 1장으로 들어가 보자.

본서에 사용된 구문분석은 서울성경연구원(www.sbi66.org)에서
발행된 『문맥성경』(도서출판 그리심)임을 밝힙니다.

0 10 20 30 40 50 60 70 80 90 100

예수님의 죽음 부활(30)	**마가복음** 58-65년 사이?	교인의 증가, 내외부의 핍박, 이단의 발흥, 유대교의 핍박, 황제숭배 강요

0

마가복음 본문

Outline Outline은 본문 설명을 요약 정리한 것입니다. 간단하게 설명을 할 경우 이용하세요. 그렇지 않으면 본문으로 바로 들어가셔도 됩니다.

40 Mark 1장

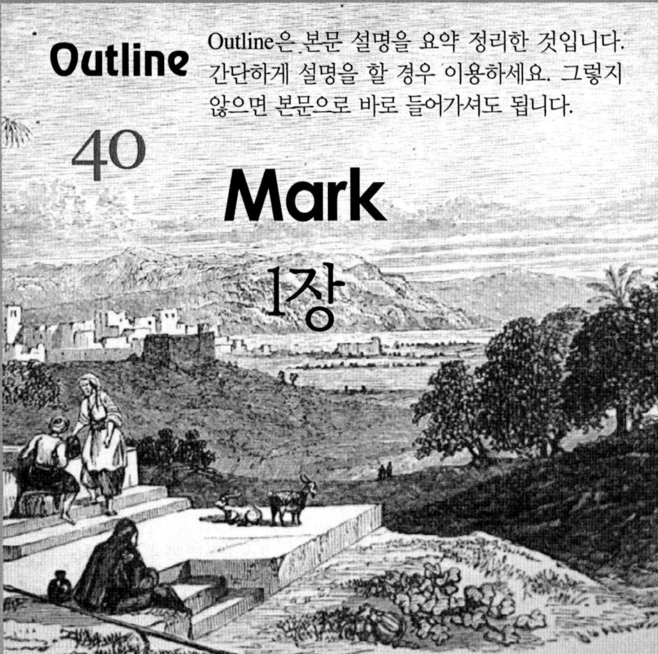

예수 그리스도의 복음의 시작

이 서신이 기록될 무렵
로마 제국 안에서는 그리스도인들이
곤경에 처해 있었다.
네로 황제는 로마에 있었던 대화재 사건(A.D. 64)을
그리스도인들에게 그 책임을 전가시켰고
이로 인해 로마 전역에 박해가 시작되었다.
성도들은 순교까지 각오해야만 했다.

이 서신을 기록한 사람은 마가(Mark)라고 알려졌다.
그는 예수님의 12제자 중 한 사람이 아니었다.
그러나 베드로 사도를 수행하면서
예루살렘에서 일어났던
예수라는 인물의 행적과 기적을 베푼 일,
그리고 십자가에 달려 죽었다가 부활했다는 사실,
그분이 메시야라는 사실에
많은 정보를 들었을 것이다.

그는 이를 기초로
예수 그리스도의 복음을 증거하기 시작한다.
"하나님의 아들 예수 그리스도의 복음의 시작이라"(1:1)

세례 요한의 사역(막 1:1-8)

▶ "하나님의 아들 예수 그리스도의 복음의 시작이라"(막 1:1). 세례 요한의 사역이 소개되고(1:1-8), 그리고 예수님의 세례 받으심(막 1:9-11), 예수님의 시험 기사가 이어진다(1:12-13). 그러니까 이후 소개되는 이야기가 '복음'이고, 그 복음은 하나님의 아들 예수 그리스도라는 것이다.

세례 요한의 출현(막 1:4-8)

(1) 요한은 다가오는 하나님의 통치를 준비하기 위해 유대인들에게 세례를 베풀기 시작했다. 예수님께서는 태초부터 계셨고(요 1:1), 세례 요한은 '지은 바 된 존재'이다(피조물). 예수님은 로고스(말씀)라고 했지만, 요한은 보내심을 받은 '사람'(a man, ἄνθρωπος)이라고 소개하고 있다.

(2) 그렇다면 하나님께서 그를 보내신 목적은 무엇인가? (요 1:7) 세례 요한은 증언(증거)하러 왔다. 무엇에 대하여? 빛에 대하여(περὶ τοῦ φωτός). 그의 유일한 기능이 예수님께 대한 증언자로서의 사명을 강조하고 있다.

(3) 세례 요한의 세례는 '죄 사함을 받게 하는 회개의 세례'였다(4절). 그러나 예수님은 성령으로 세례를 주신다. 세례 요한은 자신이 그리스도나 엘리야가 아니라고 분명히 밝혔다. 그는 선지자 이사야의 말과 일치하는 '광야에서 외치는 소리'라고 했다(요 1:23). 세례 요한의 첫 외침은 '회개하라'는 것이었다.

시험을 받으심(막 1:12-13)

(1) 예수님은 공적 사역을 시작하기 전에 성령에 이끌리어 마귀에게 시험을 받으셨다. 마가 1:12, 13에는 "성령이 곧 예수를 광야로 '몰아내신지라'(ἐκβάλλει)"라고 했다. 그 광야에서 사십 일을 계셔서 사탄에게 시험을 받으시며 "들짐승과 함께" 계셨다.

(2) 왜, 하나님은 예수로 하여금 성령에 이끌리어 시험을 받게 하시는가? 하나님께서는 그의 아들이 죄가 없으며, 또 구세주로서 자격이 있음을 입증하시려 했다. 하나님은 이스라엘 백성을 '아들'

이라고 부르셨다(출 4:22; 사 1:2; 호 11:1). 하나님께서는 출애굽 후 이들을 시험하시기 위해 광야로 인도하셨다. 순종여부를 알려 하셨기 때문이다(신 8:2, 16).2) 물론 광야의 이스라엘은 실패했다.

(3) 시험의 성격 : 구주께서 시험에 패배할 가능성이 있었을까? 분명히 없었다. 그는 죄가 없으실 뿐만 아니라 죄를 지을 수도 없는 분이시기 때문이다(사 53:9; 고후 5:21; 히 4:15). 그는 시험에 빠져 범죄하실 수 없는 분이셨으나 시험이 끝나기까지 견디셔야만 했다. 그는 순종과 겸손을 통해 그의 메시야직을 성취하실 것이다(히 5:8-9).

(4) 40일을 밤낮으로 금식하신 후 예수님은 몹시 주리셨다. 이때를 놓치지 않고 마귀는 공격을 시도하고 있다. 왜, 마귀는 그렇게 집요하게 예수님을 붙들고 늘어지려고 하는가? 예수님은 세례 시에 '하나님의 아들이심'이 공개적으로 드러났다. 지금 이 세상은 마귀가 그 지배권을 행사하고 있다(마 6:13; 막 3:27, 눅 4:6). 예수님의 십자가 위에서 피흘리심은 사탄의 왕국의 파멸을 의미하는 것이었다.

(5) 성부께서 메시야로서 수행해야 할 과업을 위해 무엇을 준비하셔야 했을까? (예; 사 11:2, 61:1). 예수님은 세례 때에 성령의 기름부음(행 10:38)과 메시야적 섬김으로(여호와의 영을 통해 위임받고 있는 한 종) 부르심을 받았다.

갈릴리에서 사역 시작(막 1:14-15)

(1) 사탄의 시험에 승리하신 예수님은 이제 그의 백성들에게 천국복음을 전파하기 시작하셨다. 일단 예수님은 어디로 가셨는가? (12절)

(2) 예수님은 요단강에서 세례를 받으시고, 시험을 받으시고, 그러고 나서 여섯 제자를 얻은 것으로 되어 있다. 사도 요한은 이 기간 동안의 예수님의 사역을 비교적 상세하게 진술한다(요 1:35-4:42을 읽어보자).

(3) 하나님의 나라가 도래했다는 것은 하나님의 지배를 받는 새로운 영역이 세워지고 있다는 것을 의미한다. 현재의 사탄이 이 세상을 주관하고 있는데, 그 사탄의 영역을 침공해서 원수로부터 영토와 백성을 회복한다는 것을 의미한다. 이에 대해 청중들은 어떤 반응을 보여야 하는가? 먼저, 회개하라는 것이다. 그러면서 복음을 믿으라는 것이다. 이 복음은 하나님으로부터 온 것이다. 복음을 믿는다는 것은 예수님께서 말씀하시고 행하시는 것 속에서 하나님이 일하고 계신다는 것을 믿는 것이다. 이제 예수님은 복음을 전파하시기 위해 제자들을 부르신다.

제자들을 부르시다(막 1:16-20)

"예수께서 이르시되 나를 따라오라 내가 너희로 '사람들의 어부(ἁλιεῖς ἀνθρώπων)가 되게 하리라 하시니" (막 1:17; 마 4:19) 눅 5:2에서 그물을 손질하는 어부들을 묘사했다. '사람들의 어부'는 복음으로 사람들을 하나님 나라의 백성으로 불러들이는 사람들을 가리킨다.

더러운 귀신들린 사람을 고치심(막 1:21-28)

예수님은 귀신을 꾸짖으셨다. 막 9:25에서도 예수님은 더러운 영을 꾸짖으시고 몰아내셨다. 시몬의 장모의 열병을 꾸짖으실 때에도 이 단어가 쓰였다(눅 4:39). 심지어 자연의 기본적인 바람을 꾸짖으실 때도 이 단어를 쓰셨다(막 4:39).

많은 사람들을 고치심(막 1:29-34)

전도 여행을 떠나시다(막 1:35-39)

예수님께서 이 땅에 오신 것은 백성들에게 인기와 명성이 목적이 아니라 복음 전파의 사역에 있음을 분명히 하셨다. 아직도 복음을 전파해야 할 지역이 많은데, 한 곳에 머물러 병을 고치는 일에만 매달릴 수는 없으셨다. 갈릴리 지역에는 수많은 마을들이 있었다.

나병환자를 깨끗하게 하시다(막 1:40-45)

예수님은 나병 환자를 고쳐주시고 "삼가 아무에게 아무 말도 하지 말라"고 엄히 경고하셨다. 그러나 그 사람이 나가서 이 일을 많이 전파하여 널리 퍼지게 되었다. 왜 예수님은 그가 행하신 이적들이 널리 알려지는 것을 원치 않으셨을까? (막 1:43-45, 5:43, 7:36). / 메시야의 자기 은익(隱匿)

하나님의 아들 예수 그리스도

마가는 지금 예수님이 바로 하나님의 아들이요 메시아이심을 수많은 이적들과 사역들을 소개하면서 증거한다. 그래도 백성들은 그를 믿으려 하지 않았다는 것이다. 이런 불신앙 속에서도 주님은 복음을 증거하셨다는 것이다.

세례 요한의 사역(막 1:1–8)

같이 읽을 곳 (마 3:1–12; 눅 3:1–9, 15–17; 요 1:19–23)

마가복음은 하나님의 아들 예수님에 관한 복음 이야기로부터 시작한다. "하나님의 아들 예수 그리스도의 복음의 시작이라"(1:1). 오랫 동안의 침묵을 깨고 마침내 이사야 선지자가 예언한 사자가 등장한다. 세례 요한이다. 그 세례 요한의 사역이 소개되고(1:1-8), 그리고 예수님의 세례 받으심(1:9-11)과 예수님의 시험 기사가 이어진다(1:12-13). 그러니까 이후 소개되는 이야기가 '복음'이고, 그 복음의 내용은 하나님의 아들 예수 그리스도라는 것이다. 마가가 지금 쓰기 시작한 내용은 바로 예수님께서 이 땅에서 사역한 내용을 전하는 것이다.

- 출 23:20 "내가 사자를 네 앞서 보내어 길에서 너를 보호하여 너를 내가 예비한 곳에 이르게 하리니."
- 말3:1 "만군의 여호와가 이르노라 보라 내가 내 사자를 보내리니 그가 내 앞에서 길을 준비할 것이요 또 너희가 구하는 바 주가 갑자기 그의 성전에 임하시리니 곧 너희가 사모하는 바 언약의 사자가 임하실 것이라."
- 사 40:3 "**외치는 자의 소리여** 이르되 너희는 광야에서 여호와의 길을 예비하라 사막에서 우리 하나님의 대로를 평탄하게 하라."

1) 동교재, 말라기서에서 내용을 가져옴.

1. 마가는 예수 그리스도의 복음을 말라기 3:1과 이사야 40:3의 예언이 성취되었음을 증거하면서 시작한다.

1:2 선지자 이사야의 글에 (기록된 것과 같이)
보라! (ἰδοὺ)
내가 ——— 네 앞에 **보내노니**
/내 사자를
그가(=내 사자) — 네 길을 준비하리라
3 소리가 ——— **(있어 이르되)**
/광야에 외치는 자의 /너희는 ┬ 주의 길을 준비하라
└ 그의 오실 길을 곧게 하라

It is written in Isaiah the prophet
Καθὼς γέγραπται ἐν τῷ Ἠσαΐᾳ τῷ προφήτῃ·

(1) 마가는 출 23:20*, 말 3:1*, 사 40:3* 등에서 부분적으로 인용하여 복음서를 시작하지만 이 전체를 모아 이사야의 예언이라고 말한다. 먼저, 말 3:1의 말씀을 살펴보자. 이 말씀은 말 2:17의 질문, 즉 "정의의 하나님이 어디 계시냐?"라는 당시 백성들의 항변에 주어진 답변이다. 물론 하나님의 답변은 한결같이 "여호와의 날"이 임박했다는 것이었다. 따라서 참 성도들은 인내해야 한다. 왜냐하면 구속사(救贖史)에서는 언제나 '하나님의 때'가 있기 때문이다. 물론 여기에 약속한 '주님의 강림'은 말라기의 예언이 있은지 약 397년 후에 성취된다.[1)]

(2) 도대체 '정의(공의)의 하나님이 어디 계시냐?"라는 백성들의 힐난에 대해, 하나님은 말라기를 통해 이렇게 외치신다. '보라'(ἰδοὺ) - 여호와를 주목하라는 외침이 주어진다. 말라기 3:1을 자세히 살펴보자.

말라기 3:1

3:1 만군의 여호와가 **이르노라**
보라(הִנְנִי) - 보라, 주목하라(감탄사)
내가 —— '내 사자'(מַלְאָכִי)[1]를 보내리니(שֹׁלֵחַ - 칼 동사 분사)
그가 —— 내 앞에서 길을 준비할 것이요[2]
(분사형이라 현재로도 또 미래로도 번역할 수 있다.)

주가 —————— (또) 임하시리니
/너희가 구하는 바 /그의 성전에
/갑자기(피트옴, פִּתְאֹם)
[보라](הִנֵּה)
언약의 사자가 ———— 임하실 것이라
/너희가 사모하는 바

→ '주'(אָדוֹן)와 '언약의 사자'(מַלְאַךְ הַבְּרִית)가 동일 인물임을 묘사한다.

(3) "내가 내 사자를 보내겠다" - 여기에 나오는 '내 사자'(מַלְאָכִי)란 누구일까? 여기서 사자는 '말라기'를 가리키는 것 같지는 않다. 그는 **'여호와의 오심을 위한 길을 준비하라고 보낸'** 사자라고 말씀하신다. "그가 내 앞에서 길을 준비할 것이요" 말 4:5-6에서는 이 사자가 엘리야와 동일시 되고 있다. '주'께서 어떻게 성전에 임하는지, '언약의 사자'(말라크 하베리트)가 어떻게 임하는지에 대해서 묘사한다. 동의적인 교차 대칭 구조로 '주'(아돈, אָדוֹן)와 '언약의 사자'가 동일 인물임을 암시하고 있다.[3]

(4) 이사야 40:3에서 어떻게 외쳤나? ("외치는 자의 소리여 이르되 너희는 광야에서 여호와의 길을 **예비하라** 사막에서 우리 하나님의 대로를 평탄하게 하라.") 왕이 행차하기 전 먼저 사자를 보내어 그 길을 예비하게 한다는 것이었다.

(5) 신약에서는 이 '사자'는 세례 요한을 가리키는 것으로 해석하고 있다(눅 1:76, 마 11:4, 17:11, 12, 막 9:12, 13). 세례 요한은 그리스도 앞에서 그의 길을 예비할 최후의 선지자였다. 그는 오랫동안 죄악의 잠을 자고 있던 백성들에게 하나님의 나라가 가까움을 선포하며 회개의 세례를 베풀었다.

2. 그렇다면 '나의 사자'인 세례 요한을 뒤이어 누가 임한다고 했는가?

"또 너희의 구하는 바 주(主, 아돈, הָאָדוֹן)가 홀연히(갑자기)
그의 성전(to His temple)에 임하리니"(말 3:1하)

1) '내 사자'란 누구를 가리키는가? 말 4:5에서는 엘리야로 표현되고 있다. 이사야 선지자도 예언한 바로 그 분이다(사 40:3).

2) 준비할 것이요 : 여호와의 길에서 장애물들을 치울 것이라는 말이다. 이사야(사 40:3)와 세례 요한이 예언한 것(마 3:3; 막 1:2; 눅 7:25)을 떠올리게 하는 말이다.

3) 여호와께서는 그의 백성과 언약을 맺으셨다. 아브라함의 언약, 시내산 언약, 다윗 언약, 남은 자들과의 언약, 새 언약 등. 이 모든 언약들은 여호와께서 창조 때부터 인류와 맺으신 사랑의 결속의 언약이 시행된 것들이다.

그 언약과정에서 그는 '여호와의 사자', 여호와의 종, 인자' 등으로 나타나셨다. 이 과정에서 어떤 때는 인간으로, 또다른 경우에는 신으로 묘사된다.

이러한 이중성은 여호와의 사자, 종, 인자의 구별을 분명하게 해주며 동시에 이 둘의 동일성을 암시해 준다. 이들은 다름아닌 약속된 '메시야'이다.

(1) 여기 '주'(아돈, אָדוֹן)라는 말에 정관사(הַ)을 갖고 있다. 이런 경우에는 항상 여호와 하나님을 가리켰다(출 23:17, 34:23; 사 1:24, 3:1, 10:16, 33 등). 그렇다면 그들이 당시에 그처럼 기다리던 '주'는 곧 전능의 하나님 자신이었을 것이다. 그들은 그들에게 임할 주를 간절히 바랐다. 여기에 나오는 "주"는 다음에 나오는 "언약의 사자"와 대구를 이루는 동의어이다. 또 그들은 약속된 '언약의 사자'를 심히 사모했다. 왜냐하면, 학개와 스가랴 선지자가 "영광의 주"가 오실 것이라고 외쳤기 때문이다(B.C. 520년경).[1)]

(2) '언약의 사자' (the messenger of the covenant, מַלְאַךְ הַבְּרִית)란 말에서 '언약'이란 말에는 정관사(הַ)가 있다. 이것은 일찍이 예레미야 선지가 예언한 '새 언약'을 가리킨다(렘 31:31). 그리스도는 새 언약의 중보자이시다(히 12:24). 그러나 그들이 생각했던 "사모하는 언약의 사자"에 대한 개념은 어떤 것이었을까? 그들이 사모하는 언약의 사자는 예레미야나 에스겔 선지자가 예언한(렘 31:31*; 겔 37:26) "새 언약"의 사자가 아니라 육신의 원수를 멸하고 육신의 나라를 일으켜줄 군사적인 메시야였다.

3. 주는 별안간(갑자기) 오실 것이라고 했다. '그가 임하시는 날'은 과연 어떤 날일까? 그 날에 누가 감히 그 앞에 설 자가 있겠느냐고 경고하신다.

> 말 3:2 그가 임하시는 날을 '누가 능히 당하며' (מְכַלְכֵּל מִי who)
> 그가 나타나는 때에 '누가 능히 서리요' (מִי הָעֹמֵד)
>
> //(이유, for, כִּי)
>
> 그는 ─┬─ 금을 연단하는 자의 불과
> └─ 표백하는 자의 잿물과 같을 것이라

(1) "그가 임하는 날을 누가 견디겠느냐?"(말 3:2) 말라기서에서도 아모스와 스바냐가 선포한 것처럼 여호와의 날에 누가 능히 견디겠느냐고 반문한다. "그가 임하시는 날"(the day of his coming, אֶת־יוֹם בּוֹאוֹ) - 범죄한 그들에게 '여호와의 날'은 환난의 날이요, 고통의 날이다. 이 날이 그들에게는 구원의 날이 아니다. 그 날에 누가 감히 그 앞에 설 자가 있겠느냐고 경고하신다(요엘 2:11 참조).

(2) '누가 능히 당하며' (מְכַלְכֵּל[2)] מִי who)

여기서는 피엘 동사 분사형으로 그 뜻이 강조되어 있다. 하나님이 오시게

1) 그런데 예언한지 100여년이 넘어갔는데도 그 "영광의 주"는 오지 않았다. 그래서 백성들은 크게 흔들리기 시작했을 것이다. '공의의 하나님이 어디 계신가?'라는 생각이 사회 전반에 팽배해졌다. 그런데 여호와께서는 먼저 '나의 사자'를 보낼 것이고, 그리고 '또' '너희의 구하는 바 주'가 홀연히 임할 것이라고 말씀하신다.

• 렘31:31 "여호와의 말씀이니라 보라 날이 이르리니 내가 이스라엘 집과 유다 집에 **새 언약을 맺으리라** 32 이 언약은 내가 그들의 조상들의 손을 잡고 애굽 땅에서 인도하여 내던 날에 맺은 것과 같지 아니할 것은 내가 그들의 남편이 되었어도 그들이 내 언약을 깨뜨렸음이라 여호와의 말씀이니라 33 그러나 그 날 후에 내가 이스라엘 집과 맺을 언약은 이러하니 곧 내가 나의 법을 그들의 속에 두며 그들의 마음에 기록하여 나는 그들의 하나님이 되고 그들은 내 백성이 될 것이라 여호와의 말씀이니라."

2)) 쿨(כּוּל) - 제공하다, 감당하다, 담고 있다. / 피엘 동사 분사형

될 때 그 분노를 그 누구도 감당할 수 없다는 뜻을 나타낸다. 그가 나타나는 때에 '누가 능히 서리요' (who shall stand, מִי הָעֹמֵד[1])

(3) 또한 이 날은 단순히 파괴를 위한 심판의 날만이 아니라 오히려 금을 연단하는 것 같이 택한 백성을 순결케 하기 위한 날이라고 했다(행 8:1-3 참조). 초림과 재림을 함께 보고 있다는 말이다(요 9:39, 11:31). 그리스도의 초림으로 심판은 벌써 시작되었다(요 3:18).[2]

(4) 또한 "그는 금을 연단하는 자의 불과 표백하는 자의 잿물과 같을 것이라"고 했다. 여기 죄인을 깨끗케 하는 두개의 재료가 제시되어 있다. ① 불(에쉬, אֵשׁ)은 강한 것을 가리킨다. 불은 심판을 상징하기도 한다. 그러나 여기서는 정제하는 불을 가리킨다. 모든 이물질이 제거되고 은만 남을 때까지 제련(製鍊)의 과정을 거치게 될 것이다. ② 잿물(보리트, בֹּרִית)로 표백하시겠다고 하신다(계 7:14). 아주 철저한 연단과 씻음이 있게 될 것이다.

엘리야가 올 것이다(말 4:4–6) (MT 3:22–24)[3]

1. 말라기는 백성들의 하나님을 향한 온갖 반역에도 불구하고, 자기의 백성을 결코 포기하지 않으실 것임을 선포한다. 그래서 "여호와의 크고 두려운 날이 이르기 전에 내가 **선지자 엘리야를 보내주실 것**"을 약속하신다.

(1) 그렇다면 말 4:5절에 언급된 "엘리야"는 누구를 가리키는가?

4:5 보라
'여호와의 크고 두려운 날'[2]이 이르기 전에
내가 — **보내리니**
/선지자 엘리야를(אֶת אֵלִיָּה הַנָּבִיא)
/너희에게

(2) 말라기서의 결론으로 선지자 엘리야를 '여호와의 크고 두려운 날이 이르기 전에' 보내실 것이라고 약속하셨다. 그는 '여호와의 날'(יוֹם יְהוָה)이 '이르기 전에'(לִפְנֵי) 올 것이지만, 그 엘리야는 메시야의 선구자이지 메시야 자신은 아니다.

(3) 여기서 '선지자'(나비, נָבִיא)라는 말은 엘리야의 직임(office)을 말하는 것이

1) 아마드(עָמַד) - 머무르다, 지탱하다, 견디다(endure) / 관사 + 칼 동사 분사형.

2) 그러나 그것은 주의 재림으로 끝날 것이다. 초림과 재림의 심판은 별개의 것이 아니라 연속적인 것이다. 이 심판을 이길 수 있는 것은 오직 믿음뿐이라고 했다(요 3:18 "그를 믿는 자는 심판을 받지 아니하는 것이요 믿지 아니하는 자는 하나님의 독생자의 이름을 믿지 아니하므로 벌써 심판을 받은 것이니라").

3) 말 4:4-6절은 말라기서의 결론이기도 하지만, 모든 선지서의 결론이요, 구약성경 전체의 결론이기도 하다. 이제 어떻게 결론을 말씀하시는가 보자. 먼저 무엇을 기억하라고 하시는가? (4절)

여호와의 날은 미래에 있다. 따라서 말라기 선지자는 자신의 말을 듣지 않으려는 백성들을 향해 마지막 간청을 하고 있다. 즉 이스라엘 백성에게 먼저 율례와 법도를 기억하라고 하신다.

요, 그 역사적인 인격체를 말하는 것이 아니다. 이것은 마치 호 3:5, 겔 34:23, 37:24, 렘 30:9에 보면, 장차 다윗이 이스라엘의 목자로 나타날 것을 말했으나, 이 일은 죽었던 다윗이 다시 부활하여 나타날 것을 의미한 것이 아닌 것과 같다.

(4) 그렇다면, 왜, "엘리야"라고 했을까? 이 말은 눅 1:16, 17에서 말한 것처럼 "엘리야의 심령"(=그의 책망, 교훈, 경고 및 예언)과 능력으로 나타날 그러한 선지자(=눅 1:13, 막 17:2에서 설명되었듯이, 세례자 요한)를 가리킨 것이다. 이러한 해석은 루터와 칼빈을 위시한 대다수의 개혁자들의 의견이다. 말 4:5에서 말하는 '엘리야'는 앞 절에서(말 3:1) 말한 '말아키'(나의 사자, מַלְאָכִי)를 반복 설명하고 있는 것처럼 보인다.[1] 엘리야가 살던 시대는 어떠했는가? 그래서 엘리야는 어떤 메시지를 외쳤는가? 물론 그 당시 북이스라엘은 배신과 반역의 가장 암흑한 시기였다. 여호와 종교가 바알의 종교로 대치되고 있었다.[2]

1) 엘리야는 외경에서도 여러 번 언급되었다(집회서 48:10; 에녹1서 89:51-52). 제4에스라 7:109에서는 비와 어린이의 소생을 위한 엘리야의 기도를 언급한다.

2) 그 혼란한 와중에 엘리야는 여호와의 종교를 다시 원위치로 돌려놓는 역할을 했다. 그는 불신앙의 타락한 세대를 하나님께로 돌이키게 한 선지자 중의 선지자였다. 그래서 하나님과 그의 백성을 화해시키는 역할을 감당했다. 엘리야는 후기 유대주의에서 영웅적인 인물이 되었다.

(5) 그 선지자가 과거에 그 백성을 우상 숭배에서 돌이켰던 것 같이(왕상 18장), 이 새 엘리야가 성령과 권능 안에서(눅 1:17 참조) 하나님의 자녀들의 마음을 돌아오게 할 것이라는 말이다.

2. 신약성경에서 누가는 이 예언을 어떻게 이야기 하고 있나 살펴보자.

- 눅 1:13-17 "천사가 그에게 이르되 사가랴여 무서워하지 말라 너의 간구함이 들린지라 네 아내 엘리사벳이 네게 아들을 낳아 주리니 그 이름을 요한이라 하라 14너도 기뻐하고 즐거워할 것이요 많은 사람도 그의 태어남을 기뻐하리니 15이는 그가 주 앞에 큰 자가 되며 포도주나 독한 술을 마시지 아니하며 모태로부터 성령의 충만함을 받아 16이스라엘 자손을 주 곧 그들의 하나님께로 많이 돌아오게 하겠음이라."

눅 1:17

그가? 누가 먼저 와서?
엘리야가 주 앞에 먼저 올 것이다. 그래서 백성들은 엘리야가 오지 않았는데, 어찌 예수가 오리하 하던 메시야가 될 것인가를 따져 물었다.

17 또

그가
- **먼저 와서**(προελεύσεται 미래 중간태 디포)
  - /주 앞에
  - /**엘리야**의 심령과 능력으로 (ἐν πνεύματι καὶ δυνάμει Ἠλίου)
- **돌아오게**(하고, 부정사)
  - /아버지의 마음을 자식에게,
  - /거스르는 자를 의인의 슬기에
- **준비하리라**
  - /세운 백성을
    - /주를 위하여

경건했던 족장들과 비교할 때 당시 이스라엘 자녀들은 너무 타락해 있었다. 이러한 선조들의 경건한 태도를 본 받아 그 자녀들이 하나님께로 돌아온다는 것은 그 땅이 저주를 면하는 유일한 길이었다. 이 일을 준비시키기 위하여, 먼저 엘리야를 그들에게 보내시리라고 약속하셨다.

엘리야가 이미 왔으되(마 17:9-13)

1. 1세기 당시 유대인들은 엘리야가 나타나기를 기대했다. 말라기 선지자의 예언 때문이었다(말 3:1, 4:5-6).

(1) 1세기 당시 유대인들은 더 이상 하나님의 말씀을 직접 전달하는 선지자의 출현은 기대하지 않았지만, 때가 이르면 **엘리야가 나타나서** 임박한 주의 날을 준비시킬 것이라고 믿고 있었다. 그런데 주님의 제자들은 지금의 상황을 잘 이해할 수 없었다.

(2) 산에서 내려오시면서 주님은 제자들에게 "인자가 죽은 자 가운데서 살아나기 전에는 본 것을 아무에게도 이르지 말라"고 이르셨다. 왜 침묵을 명하셨을까? (마 17:9, 비교 마 16:21) 제자들은 이렇게 예수님께 질문했다. "그렇다면, 서기관들이 그러는데, 메시야가 오기 전에 엘리야가 먼저 와야 한다는 말은 무슨 말입니까?" 더욱이 제자들은 부활에 대한 말씀을 이해할 수 없었다.

2. 완악한 서기관들은 무엇을 빌미로 예수가 그리스도가 아니라고 부인했는가?

(1) 제자들은 아무래도 주님이 말씀하시는 메시야관을 이해할 수가 없었다. 서기관들의 주장에 의하면, 말 4:5에 있는 것같이, 만약 예수가 메시야라면, 어찌하여 엘리야가 아직 오지 않았느냐는 것이었다.

(2) 그러나 주님은 이미 세례 요한이 엘리야였음을 말씀하셨다(마 11:14 참조). 그러나 그 때는 그 의미를 잘 깨닫지 못하고 있었다. 따라서 주님은 다시 설명해 주신다. 예수님은 서기관들의 기르침이 잘못된 것이 아니라고 말씀하신다. 그러나, 서기관들이 실수를 범하고 있는 점은 무엇인가? 주님은 세례 요한이 엘리야는 아니였으나 실제로는 엘리야였다는 사실을 설명하신다(마 16:16, 요 1:19,21 ; 마 11:14,; 눅 1:17). 그제서야 제자들은 그 의미를 깨달았다고 했다(마 17:12-13*).

마태복음 17장

"[9]그들이 산에서 내려올 때에 예수께서 명하여 이르시되 인자가 죽은 자 가운데서 살아나기 전에는 본 것을 아무에게도 이르지 말라 하시니 [10] 제자들이 물어 이르되 그러면 어찌하여 서기관들이 엘리야가 먼저 와야 하리라 하나이까 [11] 예수께서 대답하여 이르시되 엘리야가 과연 먼저 와서 모든 일을 회복하리라 [12] 내가 너희에게 말하노니 **엘리야가 이미 왔으되 사람들이 알지 못하고 임의로 대우하였도다** 인자도 이와 같이 그들에게 고난을 받으리라 하시니 [13] **그제서야 제자들이 예수께서 말씀하신 것이 세례 요한인 줄을 깨달으니라.**"

• 마 17:12 "내가 너희에게 말하노니 **엘리야가 이미 왔으되 사람들이 알지 못하고 임의로 대우하였도다 인자도 이와 같이 그들에게 고난을 받으리라 하시니** [13]그제서야 제자들이 예수께서 말씀하신 것이 세례 요한인 줄을 깨달으니라."

광야에서 외치는 자의 소리(막 1:3)

1. 이사야 40장을 주의해 보자. 이사야 40-66장은 포로된 상황에 있는 하나님의 백성에게 회복의 메시지를 선포하는 내용이다.

(1) 예루살렘과 약속의 땅은 폐허가 되었다(사 40:1-2, 44:26, 28, 45:13, 51:3, 52:12, 60:10, 62:4 63:18, 64:10-11). 이런 상황에서 포로로 끌려간 백성들은 무엇을 바라고 있었을까?

(2) 장차 올 구원을 기대했다(사 42:7, 22, 43:5-6, 14, 45:13, 47:6, 48:20, 49:9-12, 22, 51:11, 14, 52:11-12, 56:8, 57:14, 61:1). 그러나 포로민들은 구원에 대하여 회의적이었다(사 40:27, 41:17, 49:14).[1] 그 중의 일부는 하나님께서 그들의 고통을 더이상 돌아보지 않으실 것이라고 단정했다. 막강한 바벨론 제국의 통치 하에서 그들은 바벨론 백성이 섬기는 신들의 주권을 인정하고 그들의 형상을 섬겼다. 백성들 중 일부는 하나님은 지역적 한계를 가진 신이므로 바벨론의 손에서 구원하실 수 없다고 생각했다.[2]

(3) 하나님은 그의 말씀의 신실성에 대한 증거로서 "이전 일"을 언급하신다. 어떤 일? 즉 그가 이미 예언하여 성취된 과거사에 호소하신다(참고로 사 41:22, 42:9, 43:9, 44:7, 46:9, 48:3을 읽어보자). 모세 시대의 출애굽 사건(사 43:18) - 제1 출애굽 사건(사 43:11, 17)처럼 고레스 왕을 세울 것이다. 이전 일의 성취는 앞으로 올 새 일에 대한 성취를 보장한다(사 43:18, 과거의 그 어떤 구원 사건보다 뛰어난 일이다).

(4) '새 일'은 제 2의 출애굽으로 묘사된다(사 43:16-21, 44:26, 48:20-21, 49:9-12, 51: 9-11, 52:10-12을 읽어 보라). 제 2의 출애굽을 약속하신 하나님은 바다를 가르고 애굽의 병거를 벌하신 바로 그 하나님이시다(사 43:16-17). 제 2의 출애굽은 여러 면에서 첫 번째 출애굽을 능가할 것이다. 첫 번째 출애굽 때에는 급히 애굽을 떠났으나(출 12:11; 신 16:3) 이제는 하나님의 풍성한 축복의 징조가 고국으로 돌아오는 백성들과 함께 하실 것이다(사 49:11, 43:19-20, 사막에 샘이 흐를 것이다).

(5) 바벨론 포로 이후 이스라엘은 무기력하기 짝이 없었다. 그들의 삶은 절망 속에서 괴로움과 고통으로 이어졌다. 무엇보다도 이들은 여호와 하나님의 능력

1) 과연 하나님은 자기 백성을 구원하실 능력을 가지셨을까? 백성들은 현재의 상황 때문에 하나님은 자신들에게 무관심하신다고 생각했다. 그러나 하나님의 사랑은 끝난 것은 아니다. 하나님은 지금 백성의 회복을 약속하신다. 하나님의 약속은 신실하시다(사 40:6-8).

2) 이런 불신앙작 태도에 하나님은 어떻게 응답하시는가? 이스라엘이 포로가 된 것은 어디까지나 백성들 자신의 죄 때문이라는 것이다(사 50:1). 하나님의 불의한 결정 때문이 아니다. (언약 파기가 하나님의 진노를 가져왔다. 사 42:24, 43:24, 48:18-19, 64:5)

그렇다면 하나님은 자기 백성을 완전히 버리셨는가? 아니다. 언약 관계가 손상되지 않았음을 보여준다. 하나님은 자기 백성에게 끊임없는 관심을 가지신다. 하나님은 그들을 구원할 수 있는 능력이 있으시기에 또한 회복에 대한 약속을 믿을 수 있다.

이사야40

에 의심을 갖게 되었다. 과연 '여호와 하나님은 우리를 구원할 능력이 있으신 분이신가?' 그들은 하나님의 선하심과 사랑에 의심을 갖기도 했다.

2. 왕의 행차하는 모습(사 40:3-4)

40:3 외치는 자의 소리여(=가) – (**이르되**)

/너희는 ── **예비하라(פַּנּוּ)** - פָּנָה의 피엘 명령법
　　/여호와의 길을
　　/광야에서
└ **평탄하게 하라(יַשְּׁרוּ)** - יָשַׁר의 피엘 명령법
　　/우리 하나님의 대로를
　　/사막에서(בָּעֲרָבָה)

• **외치는 자의 소리** : 1, 2절에서는 위로자가 복수로 되어 있다. 여기 3절에서는 '외치는 자'(קוֹרֵא, 분사)로 단수이다. **세례자 요한은 자신이 그리스도나 엘리야가 아니라고 분명히 밝혔다.** 그는 선지자 이사야의 말(사 40:3)과 일치하는 **광야에서 외치는 소리**라고 했다(요 1:23). 요한은 주 하나님께서 광야를 통과하여 **자기 백성에게 오실 길을 준비해야 했다는 점에서 '광야에서 외치는 자의 소리'**였다.

(1) 한 소리(קוֹרֵא-is calling, 분사 קוֹל-voice)가 있어 이렇게 외친다. "광야에 주님께서 오실 길을 닦아라"(표준새번역). 물론 여기서 길을 닦는 것이 실제로 광야에다 도로 공사를 하라는 것이 아니다. 무엇보다 지금 왕이 오실 것이라는 것이다(the King *is* coming). 왜 오시는가? 자기 백성을 구원하러 오신다. 이스라엘의 왕이신 여호와께서 오실 것이니 준비작업을 하라는 것이다. 그래서 여호와께서 그의 목적을 이루실 것이다. "골짜기마다 돋우어지며 산마다, 언덕마다 낮아지며 고르지 아니한 곳이 평탄하게 되며 험한 곳이 평지가 될 것이요"(4절). 이땅에 남은 자들에게 기쁜 소식이 들려오고 있다. 믿음으로 하나님께로부터 오는 회복을 기다렸던 사람들에게 희망과 확신을 보여주고 있다.

(2) 이제, 마가는 그의 복음서 시작을 하나님께서 자기 백성의 종말론적 구원을 예수님 안에서 성취하고 있다고 선언한다. 예수님이 세례 받으실 때 하나님은 <u>이사야가 말한 대로(사 64:1-5) 하늘을 가르고 내려오신다</u>(막 1:10, "곧 물에서 올라오실새 하늘이 갈라짐과 성령이 비둘기 같이 자기에게 내려오심을 보시더니").

과거에 큰 능력과 위엄으로 이스라엘 백성과 함께 하셨던 것처럼 다시 한번 동행해 주시기를 기원하고 있다. 불이 섶을 태우고, 그 불이 물을 끓게함같이 모든 대적이 주님의 강림하심에 두려워 떨게 해달라는 것이다. 그래서 대적들이 주님이 어떤 분인가를 알게 해달라고 간구하고 있다(사 64:1-5).

[이사야의 하나님의 임재를 위한 기도(사 64:1-5)]

이사야는 하나님께 이렇게 기도하고 있다. 무엇을 해달라는 기도인가?

- 주께서 하늘을 가르고 땅에 임하시면 산들이 하나님 앞에서 떨 것입니다.
- 모든 민족이 주님의 오심을 두려워 떨게 만드소서
- 이스라엘 백성이 하나님과 함께하심을 보여주시옵소서

50 Close up 새로운 예언자 세례 요한의 출현

1. 수세기 동안 예언자의 목소리가 침묵하고 있었다 : 하나님은 말라기 선지자 이후 더 이상 인간들을 위하여 말씀하시지 아니했기 때문이다. 하나님은 선지자들을 통하여 자신의 뜻을 전달하고, 또 왜 이스라엘이 압박당하고, 왜 매를 드셔야 했는가에 대해 말씀하셨다. 그러나 수세기 동안 더이상 인간을 통해 말씀을 하지 않으셨다. 그러자, 자연히 어떤 현상이 일어났을까?

(1) 종교생활의 두 가지 흐름이 나타났다.

- 서기관들의 종교 - 기록된 율법에의 순종
- 묵시론적 종교 - 율법 외에 위경(僞經)의 형태로.
  ☞ 위경(僞經)이란 무엇일까?

(2) 쿰란 종파들 : 이들은 백성들에게 종말의 때를 준비시키려 하지 않고 광야로 은거(隱居), 거기서 그 나라의 도래(到來)를 기다렸다.

2. 그런데 갑자기 세례 요한이 나타났다. – "회개하라 천국이 가까이 왔느니라."

- 눅 1:80, 3:2-; 막 1:5, 11:32, 14:5
- 요한의 외모는? (슥 13:4; 왕하 1:8)

3. 구약에서는 그에 대해 어떻게 예언되어 있는가?

이사야의 종의 예언(사 44:3-5)
- 사 32:15-20
- 겔 37:14
- 요엘 2:28-32

- 메시아적인 왕이 나타나서 의와 번영으로 다스리고, 공의와 평안이 넘치는 시대가 도래할 것을 말했다. 하나님의 영을 종말론적인 선물로 부어주실 것을 예언했다.

세례자 요한
(John the Baptizer)

(1) 세례 요한은 쿰란 종파들과 핵심적인 면에서 유사하다. 세례 요한도 그들과 마찬가지로 제사장적 관심사들을 소중히 여겼다(눅 3:3, 5:33, 11:1). 실제로 그는 제사장의 후손이기도 했다(눅 1:5). 세례 요한은 하나님께서 통치를 땅 위에 실현시키려 하신다고 선포했다. 심판의 날이 눈앞에 다가왔다는 것이다. 그는 도끼가 나무 뿌리에 놓였다고 했다(마 3:7, 10; 눅 3:7, 9). 이제 하나님은 알곡과 쭉정이를 구별하실 것이다. 쭉정이는 '꺼지지 않는 불'에 태우시기 위하여 메시아를 보내려고 하신다(마3:12; 눅 3:17).

(2) 예수님의 공생애 사역은 요한에게서 세례를 받는 것으로부터 시작하신다. 예수님의 사역은 세례 요한의 사역과 완전히 동일한 메시지로 출발하신다. 예수님은 이후 세례 요한을 칭송하신다(마 11:11; 눅 7:28).

(3) 예수님은 지상에서의 자신의 사명을 이사야 61장의 본문과 동일시 하신다. "이 글이 오늘 너희 귀에 응하였느니라"(눅 4:21).

4. 세례 요한은 불과 성령으로 세례를 주실 분에 대해 언급한다(마 3:12; 눅 3:17).

(1) 심판은 모든 사람에게 미칠 것이다(분리).
열매 없는 나무는? (마 3:7-10; 눅 3:7-9)

- 알곡은 모아 (곳간)에,
  쭉정이는 (꺼지지 않는 불에 태우시리라)

(2) 세례 요한의 하나님 나라의 선포는 구약적인 기대의 성취를 두 가지 방향에서 내다보았다.
하나님은;

from 동교재, 요한복음

- 의로운 자들을 - 구원하고
- 악한 자들을 - 심판하기 위해서, 왕적인 권세를 가지고 활동하실 것이다.

5. 불의 심판은 무엇을 가리키는가?

메시야적 인물이 묵시론적 불을 가지고 수행할 개인적인 심판을 가리킨다.

- 말 3:1 (마 11:7) – 언약의 사자가 임할 것이다.
- 말 4:1 - (용광로 불 같은 날이 이르리니)
- 사 30:33 - (여호와의 호흡이 유황 개천 같아서 이를 사르리라.)

6. 세례 요한은 임박한 하나님의 나라를 준비시키기 위해 '회개'를 촉구했다.

- 구약에서 회개란?
  죄로부터 돌아섬을 의미(겔 14:6, 18:30) / 죄로 인한 슬픔 → 마음의 변화 → 전인(全人)의 변화

- 당시의 바리새인들은 회개를 '율법을 가장 순수하게 지키기 위해 죄로부터 돌아서서 자신을 죄인들로부터 분리시키는 것' 으로 보았다. – 회개를 율법적으로 이해했다.

7. 세례 요한과 그의 사명은 무엇이었나?

(1) 세례 요한 운동은 좀더 멀리 파급된 것 같다(행 19:3). 아볼로도 '요한의 세례만' 아는 자로 소개된다(행 18:25). 그러나 요한복음에서는 철저하게 세례 요한이 사람들의 이목을 예수에게로 인도하는 역할을 했다고 설명하고 있다. 요 1:6-8을 보라.

- 예수 - 태초부터 계셨고 (Logos)
- 요한 - 났으니(지은바 되었다)
  a man(하나님께서 보내셨다 1:33, 3:28)

(2) 요한의 위치가 종속적이나 중요하다. 그러므로 그의 사명은 인간적인 것이 아니라, 신적 근원의 것이다.

8. 세례 요한이 온 목적

증언하기 위하여 / 이사야의 예언의 표현을 빌리면 – "한 소리" – 그는 그 빛이 아니었다. 그는 증인이었다(요 1:8).

9. 증언의 목적은? (요 1:7)

그를 통하여(δι' αὐτοῦ) 모든 사람으로 믿게 하려함이라(ἵνα πάντες πιστεύσωσιν = 능동 가정법). 세례 요한도, 사도 요한도 모두 '빛' 에 대하여 증언하는 일뿐이다. 주는 빛이시고 세례 요한은 반사체이다. 요 5:35에서는 (켜서 비추이는 등불)이라고 했다.

[결 론]

(1) 당시 유대인들은 하나님의 진노를 내다보았지만 그것은 이방인들에게 임하는 것이었다. 요한의 세례는 국가적이거나 율법적인 의의 모든 개념들을 거부하고 하나님을 향하여 도덕적으로, 종교적으로 돌아설 것을 요구했다. 그는 '유대인 = 의로운 백성' 이라는 개념을 거절했다.

(2) 누가 진정한 아브라함의 후손인가?

(3) 임박한 진노를 피할 자는 누구인가?
회개를 변화된 행위로 나타내는 자만이 임박한 진노를 피할 것이다.

(4) 하나님께서 심으신 것이라 해도 열매 맺지 아니하는 나무는 찍혀 불에 던져질 것이다(마 3:10).

(G.E. 래드, 신약신학 참조)

세례 요한의 출현(막 1:4–8)

1. 요한은 다가오는 하나님의 통치를 준비하기 위해 유대인들에게 세례를 베풀기 시작했다.

▶ 처음부터 세례 요한이 메시야가 아닐까 하는 생각을 갖고 있는 사람들도 있었다(눅 3:15). 멀리는 에베소까지 요한의 이름으로 세례를 집행하는 제자가 있었다(행 19:3). 아볼로도 처음에는 "요한의 세례만" 아는 자로 소개된다(행 18:25). 요한의 세례는 생각보다 멀리 파급되었던 것 같다.

1:5 온 유대 지방과 —— [그에게] **나아가**
예루살렘 사람이 —— **세례를 받더라**
/다(=모든)
/자복하고(현재분사)
/자기 죄를
/그에게
/요단 강에서

세례요한의 위치? 증언의 중요성을 말해 보라. 증언(證言)은 진리를 세운다. 세례 요한이 할 일은 바로 "빛에 대하여 증언"하는 일이었다.

(1) 요한복음은 세례 요한의 역할을 분명하게 정의해 준다. 세례 요한의 역할은 사람들의 이목을 예수님에게로 인도하는 일이라고 소개한다. 사도 요한은 세례 요한은 빛이 아니고 빛을 '증언하러 왔다'(εἰς μαρτυρίαν)고 분명하게 설명하고 있다(요 1:6).

요 1:6 사람이 —— **있으니**(ἐγένετο)[1]
/보내심을 받은(ἀπεσταλμένος, 분사 완료수동태)
/하나님께로부터(παρὰ θεοῦ)
[그의] 이름은 —— **요한이라**

1) 이 단어가 요 1:3에서는 '지은 바 되었다'라고 번역되었다. γίνομαι(되다, 발생하다, 생겨나다)의 과거 중간태.

(2) 즉 예수님께서는 태초부터 계셨고(요 1:1), 세례 요한은 '지은 바 된 존재'라는 것이다(피조물). 예수님은 로고스(말씀)라고 했지만, 요한은 보내심을 받은 '사람'(a man, ἄνθρωπος)이라고 소개하고 있다.[2] 물론 세례 요한의 위치는 종속적이지만 중요한 위치이다.

2) 하나님이 보내신 이 - 요 1:33, 3:28 참조.

2. 그렇다면 하나님께서 그를 보내신 목적은 무엇인가? (요 1:7)

요 1:7 그가 —— **왔으니**(ἦλθεν) ἔρχομαι의 과거, 능동태
/증언하러(부정사, εἰς μαρτυρίαν)
//(목적: ἵνα, to)
[그가] —— 증언하고(ἵνα μαρτυρήσῃ)
/(곧) 빛에 대하여(περὶ τοῦ φωτός)
//(목적: ἵνα, that...might)
모든 사람이 —— 믿게 하려 함이라
/자기로 말미암아

• 세례 요한은 증언하러 왔다. 무엇에 대하여?

• 요한이 온 목적은? - 증언하려고, 그는 증인이었다.
• 무엇에 대하여 증언하는가? / 빛에 대하여
• 증언하는 목적은? 모든 사람이 자기로 말미암아 믿게 하려고

(1) 세례 요한은 증언(증거)하러 왔다. 무엇에 대하여?
빛에 대하여(περὶ τοῦ φωτός) : 저자는, 공관복음서의 저자들이 요한의 설교와 세례의 집행에 대하여 언급한 것과는 달리 그의 유일한 기능이 예수님께 대한 증언자[1]로서의 사명을 강조하고 있다.

(2) 증언의 중요성을 말해 보라. 증언(證言)은 진리를 세운다. 세례 요한이 할 일은 바로 "빛에 대하여 증언"하는 일이었다. 여기 '왔다'(ἦλθεν)라는 과거 동사를 씀으로써 그가 증언하는 일을 끝난 일로, 완수했다는 의미가 있다(레온 모리스).

(3) 그렇다면, 증언(증거)의 목적은 무엇인가? //(목적: ἵνα, that...might)

모든 사람이 — 믿게 하려 함이라(might believe, πιστεύσωσιν[2])
/자기로 말미암아(through him, δι᾽ αὐτοῦ)

세례 요한은 자신(세례 요한)을 통하여 모든 사람이 믿음을 얻도록 하기 위하여 보냄을 받은 사람이다. 그러나 "그는(ἐκεῖνος, 세례 요한) 이 빛이 아니요(but, ἀλλ᾽) 이 빛에 대하여(περὶ τοῦ φωτός) 증언하러 온 자라"고 분명하게 언급한다. 예수님은 '**그** 빛'이고 요한은 반사체일 뿐이다.[3]

3. 세례 요한의 세례는 '죄 사함을 받게 하는 회개의 세례'였다(4절). 그러나 예수님의 세례는 성령으로 세례를 주신다. 마태복음의 설명을 들어보자.

마 3:11 나는 —— (참으로) **세례를 베풀거니와**(Ἐγὼ μὲν βαπτίζω)
/너희로
/회개하게 하기 위하여(εἰς μετάνοιαν)
/물로(ἐν ὕδατι)

세례 요한

내 뒤에 오시는 이는 — **능력이 많으시니**
/나보다

나는 — **감당하지 못하겠노라**
/그의 신을 들기도

그는 — **세례를 베푸실 것이요**(βαπτίσει)
/너희에게
/성령과 불로(**ἐν** πνεύματι ἁγίῳ καὶ πυρί)

마가는 단지 성령의 세례만을 언급하고 있다(막 1:8, αὐτὸς δὲ βαπτίσει ὑμᾶς **ἐν πνεύματι ἁγίῳ**).

4. 요한복음 3:33b을 더 읽어보자. (동교재, 마태복음 3장에서 설명)

1) 요한복음에는 예수님에 대하여 증언하는 이가 일곱이 있다.
(증언의 중요성)
① 아버지(5:31이하, 8:18)
② 그리스도(8:14, 18, 3:11, 8:37)
③ 성령(15:26, 16:14)
④-⑤ 예수님의 행적(5:36; 10:25), 성경의 말씀(5:39, 45이하)
⑥ 세례 요한
⑦ 제자들(15:27, 19:35), 사마리아 여인(4:39), 큰 무리(12:17)

2) 피스튜오(πιστεύω)의 가정법 과거 능동태
= might believe
ἵνα - 목적을 나타내기 위해 가정법

3) 요 5:35에서는 "켜서 비추이는 등불"이라고 했다.

또한 예수님께서 오심으로써 사람들에게 "불"(πυρί)로 세례를 주실 것이라고 했다. 그가 성령으로 세례를 주실 뿐만 아니라 또한 불로 세례를 주시기 위해 오신다는 것이다(**ἐν** πνεύματι ἁγίῳ καὶ πυρί).

이를 누구에게 주실 것인가? - "너희(들)에게" (ὑμᾶς), 즉 제자들에게 주실 것이다. 그렇다면, 제자들에게 성령 세례와 불 세례를 같이 주신다는 말이다. '엔' ἐν이란 전치사에 '성령'과 '불'이 같이 연결되어 있다.

• 사 44:3 "나는 목마른 자에게 물을 주며 마른 땅에 시내가 흐르게 하며 **나의 영을 네 자손에게, 나의 복을 네 후손에게 부어 주리니**"

• 겔 39:29 "내가 다시는 내 얼굴을 그들에게 가리지 아니하리니 이는 내가 **내 영을 이스라엘 족속에게 쏟았음이라** 주 여호와의 말씀이니라."

"성령이 내려서 누구 위에든지 머무는 것을 보거든 그가 곧 **성령으로 세례를 베푸는** 이인 줄 알라 하셨기에"

(1) 그렇다면, 여기서 '성령으로 세례를 베푸는'(마 3:11, '성령과 불로 세례를 주신다') 것은 무엇을 의미하는가?

구약에서 종말의 날에 성령을 부어 주실 것이라는 약속을 반복하고 있음을 본다(사 44:3*; 겔 39:29*; 욜 2:28-29; 말 3:2-5). 약속하신 메시아(=그리스도)가 오시면 바로 성령으로 세례를 주실 것이라고 약속하셨다. 그런데, 세례의 본질이 되는 성령으로 세례를 주는 것은 그리스도만이 그 권세를 가지셨다는 것이다. 그 성령은 어떤 특정한 사람에게만 주어지는 것이 아니라 남녀노소, 빈부귀천을 막론하고 누구나 받을 수 있다고 예언되었다(욜 2:28).

(2) 그리스도는 빛 자체라고 말하고 요한은 그 빛을 증언하는 일, 그것이 그의 임무였다. 그는 분명히 빛이 아니요, 빛에 대한 증인이었다고 잘라 말한다(요 1:8). 세례 요한의 증언의 목적이 "모든 사람이 자기로 말미암아 믿게 하려 함이라"(요 1:7하)라고 했다. 세례 요한에 대한 자세한 설명은 동교재, 요한복음을 참고해 보자.

(3) 세례 요한은 육신적으로 예수님보다 6개월 먼저 태어났다(눅 1:36 참조). 주님은 탄생과 공적 사역에서도 세례 요한 뒤에 오셨지만(눅 1:46; 막 1:4-9), 그는 영원 전부터 선재하신 분이다(요 1:1, 6 참조).

(4) 세례 요한은 자신이 그리스도나 엘리야가 아니라고 분명히 밝혔다. 그는 선지자 이사야의 말(사 40:3, 이 구절은 바벨론에 잡혀간 하나님의 백성 이스라엘을 하나님이 구원하실 것을 예언한 내용인데)과 일치하는 광야에서 외치는 소리라고 했다(요 1:23). 요한은 주 하나님께서 광야를 통과하여 자기 백성에게 오실 길을 준비해야 했다는 점에서 '광야에서 외치는 자의 소리'라고 했다.[1]

5. 세례 요한이 역사에 등장한 정확한 시기는 누가복음에 자세히 설명하고 있다. 먼저, 마태복음의 기록을 보자.

마 3:1 그 때에(Now in those days, Ἐν δὲ ταῖς ἡμέραις ἐκείναις)
세례 요한이 **이르러**
유대 광야에서 전파하여(κηρύσσων)[2] **말하되**

1) 이사야 40장 3절을 마태는 예수님의 일과 연결하여 해석했다. 요한을 "광야에서 외치는 소리"에 비유한 것은 요한의 선포 사역을 강조한 것으로 보인다. 이스라엘의 귀환에 방해가 되는 것들을 제거한다는 의미의 비유어 '길이 없는 광야에 길을 만들고 좁은 길을 곧게 만든다는 것'은 이 문맥에서는 그리스도의 길을 준비하는 것을 뜻한다.

2) (κηρύσσω) - (크게 소리로) 전파하다. '사자(使者)로서의 직무를 수행하다' 라는 의미가 있다. 항상 '큰 소리로 외치다, 선포하다, 알리다' 라는 뜻이다.

(1) '그 때에' - 언제? (막 1:4; 눅 3:3 참조)
나사렛에 정착하게 된 배경에 이어서, 예수님이 공생애를 시작할 즈음을 말한다. 물론 정확한 시기는 누가의 서술에서 자세히 소개된다.

- 눅 3:1 **디베료 황제**가 통치한 지 열다섯 해 곧 **본디오 빌라도가 유대의 총독으로**, 헤롯이 갈릴리의 분봉 왕으로, 그 동생 빌립이 이두래와 드라고닛 지방의 분봉 왕으로, 루사니아가 아빌레네의 분봉 왕으로, 2 안나스와 **가야바가 대제사장으로 있을 때에** 하나님의 말씀이 빈 들에서 사가랴의 아들 요한에게 임한지라."

티베리우스(14-37년)

아우구스투스는 왕이 아니었기 때문에 후계자를 지명할 수 없었다. 그의 유일한 자식은 첫 번째 아내에게서 태어난 딸 율리아(Julia)뿐이었다. 우여곡절 끝에 그의 두 번째 아내 리비아(Livia)의 아들 **티베리우스(디베료)**가 황제 자리에 오르게 된다. (아우구스투스는 주후 14년에 서거한다.) 예수님께 건네진 데나리온에 그의 얼굴이 새겨져 있었다(마 22:20-21).

(2) 본디오 빌라도가 유대의 총독으로 재임한 기간은 A.D. 26-36년이다. 예수님께서 30세가 되어서야 비로소 공생애를 시작하셨음을 볼 때, 세례 요한은 예수님의 공생애 시작 바로 전에 회개의 세례를 베풀기 시작하였을 것이다. 그렇다면 아마, A.D. 26년 여름이었을 것이다. 유대 광야에서 세례 요한이 처음 메시지를 선포하고 있었다.

(3) 세례 요한은 유대 광야[1]에서 메시야 시대가 임박했음을 예고하고 있다. 그의 직무는 ① 회개의 세례를 베푸는 것과 ② 천국의 임박한 도래를 선포하는 것이었다. 그의 세례는 하나님의 통치를 기다리는 사람들을 인쳐서 준비시키고 메시야의 죄사함을 예기(豫期)하는 것이다.

1) **유대 광야** : "요한이 요단강 부근 각처에 와서 죄 사함을 받게 하는 회개의 세례를 전파하니"(눅 3:3). 여기서 말하는 '유대 광야' 서쪽은 유대 산지, 남쪽은 사해(死海), 동쪽은 요단 저지대, 북쪽은 얍복강이 요단강과 합류하는 지점이다. 석회질 토양으로서 암벽 부스러기로 된 불모의 땅이었다.

2. 세례 요한의 첫 외침은 '회개하라'는 것이었다. 그가 외치는 회개의 의미는 무엇인가? (마 3:1)

> 마 3:1 [너희는] —— 회개하라(μετανοεῖτε)
>
> //이유(for, γὰρ) - 회개해야 할 이유는?
>
> 천국이 가까이 왔느니라(~때문이다)

(1) 여기서 '회개하라'(μετανοεῖτε - 명령법, 현재, 능동태 2인칭 복수)는 그의 간절한 선포에는 뉘우침의 개념(repentance)이 포함되어 있다(소극적인 면으로). 그러나 적극적인 면으로는 그 뉘우침에 합당한 열매를 맺어야 한다고 외치고 있다(마 3:8, 10). 따라서 'repent'보다는 'be converted'가 더 정확한 번역이다. 즉 단순한 뉘우침이나 회심 정도가 아니라 방향 전환을 의미한다.

• 슥 13:4 "그 날에 선지자들이 예언할 때에 그 환상을 각기 부끄러워할 것이며 사람을 속이려고 털옷도 입지 아니할 것이며"

• 엘리야가 입었던 털옷(왕하 1:8) / 세례 요한이 입었던 털옷(마 3:4)과 같이 선지자들이 입는 겉옷을 말한다.

(2) 세례 요한의 외모는 어떠했는가? (4절)

세례 요한의 모습은 예언자들의 전형적인 외모를 갖추고 있었다(슥 13:4* 참조). 그는 외모로 보면 엘리야를 연상케 했다(왕하 1:8). 그는 낙타 털옷을 입고 허리에 가죽띠를 띠고, 음식은 메뚜기와 석청(야생 꿀)이었다고 했다. 그의 출생 경위에 대해서는 눅 1:5-25, 41, 57-80에 잘 나타나 있다.

(3) 요한복음에 보면, 그는 성령님에 이끌리어 광야로 나아갔다고 했다(요 1:6-8 참조). 그는 부패한 이스라엘 백성을 향해 외쳤다. 그는 이스라엘 백성의 죄를 생각하고 금식하고 울었을 것이다. 따라서 그의 메시지는 매우 강력했다. 백성들은 그의 강력한 회개의 메시지에 자신들의 죄를 자복했다. 요단강으로 몰려드는 백성들, 요한은 그들에게 회개의 세례를 베풀었다.

세례를 받으심(막 1:9–11)

같이 읽을 곳(마 3:13–17; 눅 3:21–22)

1. 예수님이 나사렛을 떠나게 된 배경은 무엇인가? (눅 4:16-31)

▶ 누가복음 4:16 "**예수께서 그 자라나신 곳 나사렛에 이르사** 안식일에 늘 하시던 대로 회당에 들어가사 성경을 읽으려고 서시매 …[28]회당에 있는 자들이 이것을 듣고 다 크게 화가 나서 [29]일어나 동네 밖으로 쫓아내어 그 동네가 건설된 산 낭떠러지까지 끌고 가서 밀쳐 떨어뜨리고자 하되 [30]예수께서 그들 가운데로 지나서 가시니라."

(1) 갈릴리는 어떤 지역인가? 갈릴리 지방은 헤롯 안디바(안티파스)가 다스리고 있던 영토였다(마 2장에 나오는 헤롯 대왕은 기원전 4년에 죽었고, 그의 영토는 세 아들에게 분할되었다).

(2) 예수님은 지금까지 자라나셨던 나사렛을 떠나 갈릴리로 오셨다. 위의 성경에서 본 것처럼(눅 4:16-30), 예수님은 고향에서 배척을 받으셨다. 갈릴리는 주로 병들고 가난한 사람들이 살고 있는 곳으로서 야만적이고 촌스러운 지방으로 멸시를 받았던 곳이다.

• **사 9:1** "전에 고통 받던 자들에게는 흑암이 없으리로다 옛적에는 여호와께서 스불론 땅과 납달리 땅이 멸시를 당하게 하셨더니 후에는 해변 길과 요단 저쪽 이방의 갈릴리를 영화롭게 하셨느니라 2 **흑암에 행하던 백성이 큰 빛을 보고 사망의 그늘진 땅에 거주하던 자에게 빛이 비치도다.**"

(3) 이 지역은 여호수아가 정복한 이후 스불론과 납달리 족속들이 살고 있었다. 그런데 이사야 선지자는 이 지역에 빛이 머물 것이라고 예언했다. 사 9:1-2*을 읽어보라. 즉, 이들 백성은 흑암에 앉아 있었다. 그들이 살고 있는 곳은 마치 사망의 땅과 같이 왕이 살기에는 부적당한 곳이었다. 수세기 동안 이방 족속들에게 군사적 침략을 당하였고(앗수르에 점령당했다), 이로 인해 도덕적으로도 종교적으로도 부패했다(왕하 17:33 참고).

(4) 예수님은 주로 갈릴리 지역에서 어부들과 함께 하나님 나라의 일을 시작하셨다. 복음을 전파하고, 병자를 고치심으로써 절망 속에 있던 자들에게 빛을 비추셨다. 흑암(마귀의 권세) 아래서, 가장 어두운 곳에서 그리스도의 대대적인 사역이 시작되고 있다. 이는 이사야의 예언(사 9:1-7)이 성취되었다고 말하고 있다.

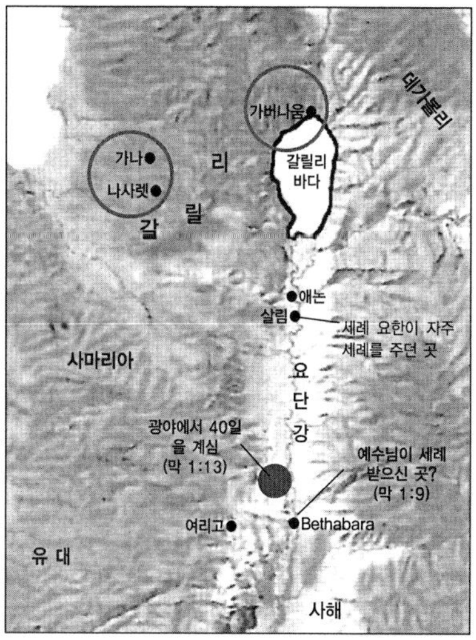

나사렛에서 가버나움으로

2. 예수님께서 갈릴리 나사렛으로부터 와서 요단 강에서 요한에게 세례를 받으셨다. (막 1:11, 마 3:17을 보자. 어떤 음성이 들렸는가?)

마 3:17 [보라, ἰδού]
소리가
/하늘로부터 — **(있어) 말씀하시되**(...하시니라)
/이는 — 아들이요
/내 사랑하는
/자라(=그 안에서)
/내[가] —기뻐하는

• 요단강에서 세례 받으실 때, 이 말씀은 신적 선언이다(마3:17; 눅3:22; 막1:11) // (막 9: 7; 눅 9:35 - 변화산에서도)

"하늘로부터 소리가" : 이는 신적 선언이다

막 1:1 "하나님의 아들 예수 그리스도의 복음의 시작이라."

This is My beloved Son

οὗτός ἐστιν ὁ υἱός μου ὁ ἀγαπητός

• 사랑하는 자, 선택된 자, 그리고 "내가 그를 기뻐하노라"는 말 등(예 사 42:1-4; 마 12:28) / 눅 3:22의 신적 용어들이 시편 2:7("내가 여호와의 명령을 전하노라 여호와께서 내게 이르시되 너는 내 아들이라 오늘 내가 너를 낳았도다")과 이사야 42:1의 메시야적 왕에 관한 용어들을 예수님에게 적용시킨 것을 볼 수 있다.

• 예수님 위에 성령 강림(마 3:16; 막 1:10; 눅 3: 22) - 이것은 분명히 메시야적 의의를 지니고 있다.

예수는 하나님의 아들

• 막1:11(하늘로부터 소리가 나기를...)

• 막 9:7; 눅 9:35 - 변화산에서도)

• 막15:39 - 백부장의 고백에서도

58

Close up "너는 내 사랑하는 아들이라 내가 너를 기뻐하노라"

1. 예수님은 세례 받기 위해 요한에게 나오셨다. 요단 강에 나와서 세례 받으심으로써 그의 메시야 사역의 시작을 알리셨다.

(1) 세례 요한은 오히려 예수님에게 세례를 베풀어달라고 청하였다. 그러나 예수님은 자신도 세례 받아야 할 것을 끝까지 주장하셨다. 예수님은 다른 인간이 가지는 모든 필요를 동일하게 느끼셨고 뭇 백성과 함께 하셨다. 그는 완전한 인간이 되셔서 그의 백성과 동일시 되셨다.

(2) 이때 하늘로부터 음성이 들렸다. "너는 내 사랑하는 아들이라 내가 너를 기뻐하노라." 이 음성은 시편 2:7과 이사야 42:1의 메시야적 왕에 관한 용어들을 예수님에게 적용시킨 것이다.

2. 시편 2편은 여호와의 기름부음 받은 자에 대한 기록이다. 특별히 7절의 내용을 살펴보자.

(1) 시편 2장 7절은 하나님께서 백성에게 구원을 가져올 하나님의 기름부음 받은 자로 묘사하는 구절이다.

> 7 내가 여호와의 명령을 전하노라
> 여호와께서 내게 **이르시되**
> /너는 — 내 아들이라(בְּנִי אַתָּה)
> 내가 — 너를 낳았도다(אֲנִי יְלִדְתִּיךָ)
> /오늘(הַיּוֹם, Today)

(2) 이 시편에서 말씀하시는 '내 아들'(My Son)은 누구를 가리킬까? 이 아들은 백성들에게 자유를 가져다 줄 하나님의 대리인으로서 이스라엘 왕에 대한 언급이었을 것이다. 시편 2편 2절을 보자. 세상의 통치자들은 어떻게 대적하는가? (=여호와와 그의 기름부음 받은 자를 대적한다) 이들의 구호는 무엇인가? (3절)

(3) 2:4을 보자. 여기서 '하늘의 계신 자'와 '주'는 평행을 이룬다. 하나님은 이들(열왕들)의 어리석음을 비웃으신다. 6절을 보자. 하나님이 자신이 선택한 왕 다윗을 공개적으로 세우시고 지지하고 계심을 열왕들에게 알리신다.

(4) 이제 7절을 보자. "나 이제 주님께서 내리신 칙령을 선포한다"(새번역) "나를 왕으로 세우시며 선포하신 야훼의 칙령을 들어라."(공동)

"너는 내 아들이라."(בְּנִי אַתָּה) - 대관식 때, 이스라엘의 왕은 언약관계 때에 하나님의 아들로 입양된다(삼하 7:13-14; 시 89:26-27). 이 칭호는 다윗, 솔로몬, 그리고 다윗의 후손에게도 적용된다(사 9:6). 이제 왕은 하나님께 자유롭게 구할 수 있다(8절)

(5) 만약, 열왕들이 이스라엘을 공격한다면 "네가 철장으로 그들을 깨뜨림이여 질그릇 같이 부수리라" (9절). 비록 다윗은 새로 세움을 받았지만 주께서 친히 세우신 왕이요, 언약관계로 부자 관계를 맺고 있는 왕이다. 하나님의 우주적 구원을 실현할 왕이다.

3. 그러나 예수님 당시 '아들'은 하나님의 구원계획을 성취할 미래의 구원자로 여겨졌다.

(1) 예수님은 세례 받으실 때 아들로 입양된 것이 아니다. 그렇지만 바로 그 세례 받으실 때 모든 사람에게 그 모습을 드러내셨다. 하늘에서 음성이 들렸다. "너는 사랑하는 내 아들이다."(막 1:11, 마 3:17; 눅 3:22). 이 음성은 시편 2장 7절과 이사야 42장 1절을 암시하고 있다.

(2) 이사야 42:1-3을 보라. "1내가 붙드는 나의 종, **내 마음에 기뻐하는 자** 곧 내가 택한 사람을 보라 **내가 나의 영을 그에게 주었은즉** 그가 이방

에 정의를 베풀리라 2그는 외치지 아니하며 목소리를 높이지 아니하며 그 소리를 거리에 들리게 하지 아니하며 3상한 갈대를 꺾지 아니하며 꺼져 가는 등불을 끄지 아니하고 진실로 정의를 시행할 것이며." - 사 42:1은 예수님의 세례를 이해를 하는데 아주 중요하다.

[성령과 메시야]

1. 예수님 위에 성령 강림(마 3:16; 막 1:10; 눅 3: 22) - 이것은 분명히 메시야적 의의를 지니고 있다.

- 막 1:12 "성령은 그를 광야로 내몰았다"
- 눅 4:1 "성령에 이끌려 광야로 갔다"
- 눅 4:14 "예수께서 성령의 권능으로 갈릴리에 돌아가시니..."

(1) 예수님께서 성령으로 옷 입으셨다. 이는 예수님의 전 활동의 원리와 능력이 된다. 또한 예수님께서 성령을 사람들에게 수여하시는 능력도 있다. 예수님이 메시야이시기 때문에 성령을 가지고 계신다. 예수님께서 성령에 이끌렸고 성령으로 충만하게 되었다는 사실은 사탄이 패배하게 될 것임을 보여준다.

(2) 눅 4:14 "예수께서 성령의 능력으로 갈릴리에 돌아가시니 그 소문이 사방에 퍼졌고" (눅 3: 22, 눅 4:1과 연관되어 설명해야 한다.)

- 눅 3:22 "**성령이 비둘기 같은 형체로** 그의 위에 강림하시더니 하늘로부터 소리가 나기를 너는 내 사랑하는 아들이라 내가 너를 기뻐하노라 하시니라."

- 눅 4:1 "예수께서 **성령의 충만함을 입어** 요단 강에서 돌아오사 광야에서 사십 일 동안 성령에게 이끌리시며"

2. 성부께서 예수님께 맡기신 메시야로서 수행해야 할 과업 - 예수님께서 준비해야 되는 것에 의미가 있다 (예; 사 11:2, 61:1).

(1) 사 61:1을 자기 자신에게 적용하신 사건, 눅 4: 18을 보라.

(2) 마태복음 12:28에서는 예수님께서 하나님의 성령으로 귀신을 쫓아내셨음을 분명하게 말하고 있다. 그러므로 하나님의 나라가 임하였다고 말한다.

(3) 막 3:29에서 서기관들의 비방 - 신성 모독이라고 했다. 혹은 성령을 거스려 말하는 것이라고 했다.

3. 모세와 같은 새로운 선지자의 출현

(1) 모든 백성들이 세례를 받은 것처럼, 예수님도 세례 받기 위해 물속에 들어가셨다. 그는 모든 인간 경험에 참여하셨다. 그래서 자기 백성과 동일시 되었다. 그는 백성들이 경험하는 일들을 몸소 겪으셨다.

(2) 그렇지만 그는 또한 신비스럽고 놀라운 방법으로 하나님의 아들이시다. 그래서 세례 받으실 때 그의 메시야 사역을 이루도록 성령의 권능으로 덧입혀졌다. 그는 상처 받은 자들을 치유하시기 위해 여호와의 종으로(사 53장) 오셨다.

(3) 하나님은 과거에 모세같이 기름부음 받은 선지자를 사용하신 것처럼, 미래에도 성령으로 권능을 입히신 택한 종을 사용하실 것이었다. 요단 강가에서 예수님은 성령의 권능을 받으셨다. 세례 때에 들린 하나님의 음성의 메시지는 예수님의 특별한 사명에 집중하고 있다. 그는 하나님의 아들이고, 여호와의 권능의 종이시다.

(4) 세례 요한의 사역은 그가 혹 메시야가 아닌가 하는 논쟁을 불러 일으키기도 했지만, 그는 장차 '오실 이'이의 길을 준비했다는 것이다. (*)

▶ 이 부분은 동교재, 마태복음에서의 설명을 많이 가져왔습니다.

시험을 받으심(막 1:12–13)

같이 읽을 곳(마 4:1–11; 눅 4:1–13)

1. 예수님은 공적 사역을 시작하기 전에 성령에 이끌리어 마귀에게 시험 받으셨다.

• 예수는 누구에게 이끌리어 시험을 받으시는가? (1절) / 막 1:12, 13; 눅 4:2 참조

• 왜, 하나님은 예수로 하여금 성령에 이끌리어 시험을 받게 하시는가?

막 1:12 성령이 —— 광야로 **몰아내신지라**
　　　　　　　/곧(immediately) 예수를
　13 [그가] —— **계셔서**
　　　　　　　/광야에서 사십 일을
　　　　　　　/시험을 받으시며(현재분사)
　　　　　　　　/사단에게
　　　　　　└ 들짐승과 함께 **계시니**
　천사들이 —— /[그를] **수종들더라**

마태복음 4:1에서는 "성령에게(ὑπὸ τοῦ πνεύματος) 이끌리어 가사"라고 했다.

막 1:12
And immediately the Spirit impelled Him to go out into the wilderness - NASB

(1) "성령이 곧 예수를 광야로 '몰아내신지라' (ἐκβάλλει)" - 예수님은 광야에서 사십 일을 계셔서 사탄에게 시험을 받으시며 "들짐승과 함께" 계셨다고 했다. 눅 4:2에는 어떻게 설명하고 있는가? "마귀에게 시험을 받으시더라 이 모든 날에 아무것도 잡수시지 아니하시니 날 수가 다하매 주리신지라."1) (이하 동교재, 마태복음에서 설명을 가져옴)

1) 이 시험은 예수님을 연단시키려는 시험이 아니다. 이 시험은 예수님이 하나님 나라의 왕으로서의 사명을 감당할 수 있는지와 관련있는 시험이다. 성령께서 예수를 광야로 인도하셨다. 광야는 처음 아담이 시험받았던 환경과는 전혀 다르다. 광야에서 예수님은 오직 하나님만을 굳게 잡아야 하는 시험을 받으시게 된 것이다.

• 마귀(디아볼로스, διάβολος = 비방자, 적대자) : 여기 마귀는 첫 번째 아담을 타락시켰던 그 마귀이다. 그런데 이제 둘째 아담을 정복하려 하고 있다. 마귀는 매우 간교하다(엡 1:3, 6:11 참조). 예수님이 태어나셨을 때, 이 마귀는 헤롯을 통해 제거하려 했다. 이제 성년(成年)이 되시자 마귀는 자신이 직접 나타나 예수님을 시험하려 하고 있다. 마귀는 예수님으로 하여금 그가 갈 길을 가지 못하게 유혹하고 있다.

(2) 왜, 하나님은 예수로 하여금 성령에 이끌리어 시험을 받게 하셨는가?

하나님께서는 그의 아들이 죄가 없으며, 또 구세주로서 자격이 있음을 입증하시려 했다. 하나님은 이스라엘 백성을 '아들' 이라고 부르셨다(출 4:22, 사 1:2; 호 11:1). 하나님께서는 출애굽 후 이들을 시험하시기 위해 광야로 인도하셨다. 순종여부를 알려 하셨기 때문이다(신 8:2, 16).2) 물론 광야의 이스라엘은 실패했다.

2) "이스라엘 백성을 낮추시며, 마침내 복을 주시기 위해서" 시험하셨다.

(3) 지금 예수님은 하나님의 아들로 공개적으로 선포되었다. 예수님은 이제 이

스라엘이 실패한 장소인 광야로(신 8:2 참조) (성령에 의해) 이끌리신다. 물론 이 시험이 예수님의 '아들되심'을 확인하려는 시험은 아니다. 히 4:15*을 찾아보자. 예수님은 "모든 일에 우리와 한결 같이 '시험'을 받은 자로되 '죄'는 없으신 분"이라고 하셨다. 이제 예수님께서 이스라엘의 실패를 승리로 이끄실 하나님의 아들이심을 보여주려 하신다. 따라서 그는 **성령에 이끌리어** 광야로 가셨다. 물론 예수님의 자발적인 순종이 따랐다. 예수님은 마침내 시험에 승리하시고, 예수님을 섬기기 위해 천사들이 수종든다. 예수님의 "주되심"을 확증하고 있다(마 4:11*).

• 히 4:15 "우리에게 있는 대제사장은 우리의 연약함을 동정하지 못하실 이가 아니요 모든 일에 우리와 똑같이 **시험을 받으신 이로되 죄는 없으시니라**."

• 마 4:11 "이에 마귀는 예수를 떠나고 천사들이 나아와서 수종드니라."

2. "광야에서 사십 일을 계시면서 사탄에게 시험을 받으시며 들짐승과 함께 계시니"(막 1:13) / "밤낮으로 금식하신 후에 주리신지라."(마 4:2)

(1) 우리에게 있는 대제사장(=예수님)은 우리의 연약함을 동정하지 못하실 분이 아니다(히 4:15). 그는 인간이 당하는 모든 고난을 몸소 체험하셨다. 예수님은 하나님이실 뿐만 아니라 또한 인성(人性)을 가진 사람이시기 때문에 우리가 목마르고 배고픈 것처럼 역시 피곤하고 목마르셨다(요 4:6, 7, 19:18). 따라서 예수님이 "사십 일을 밤낮으로 금식하신 후 몹시 주리신 것"은 분명한 사실이었다. 주님은 금식하신 후 육신적으로 가장 약해지셨다. 이 때가 마귀에게는 예수님을 넘어뜨릴 황금의 기회였다.

(2) **시험의 성격** : 구주께서 시험에 패배할 가능성이 있었을까? 분명히 없었다. 그는 죄가 없으실 뿐만 아니라 죄를 지을 수도 없는 분이시기 때문이다(사 53:9; 고후 5:21; 히 4:15, χωρὶς ἁμαρτίας). 그렇다면 그의 시험은 실제적이었는가? 물론 그도 인간이시기에 곤하고 목마르셨다(요 4:6). 그는 시험에 빠져 범죄하실 수 없는 분이셨으나 시험이 끝나기까지 견디셔야만 했다.[1)]

1) 그는 시험에 빠져 범죄할 수 없는 분이셨으나 순종과 겸손을 통해 그의 메시야직을 성취하실 것이다. 그리스도가 완전하지 않으면, 그의 백성들을 완전한 데로 인도할 수 없다(히 2:9, 10을 참조).

(3) 그는 **순종과 겸손을 통해** 그의 메시야직을 성취하실 것이다. "그가 아들이시면서도 받으신 고난으로 순종함을 배워서 [9]온전하게 되셨은즉 자기에게 순종하는 모든 자에게 영원한 구원의 근원(아이티오스, αἴτιος)이 되시고"(히 5:8-9). 하나님의 입장에서 볼 때, 이 시험을 통해 주님이 메시아의 자질을 입증한 것이었다. 완전한 인간이 되신 그리스도가 그와 연합한 자들을 완전하게 하기 위해서는 스스로 완전해지셔야 한다(히 5:9). 인간이 경험해야 할 모든 경험을 통해서 완전하게 되었기 때문에 자기 백성들의 "영원한 구원의 근원"이 되셨다고 말한다.

• 사 42:1 "내가 붙드는 나의 종, 내 마음에 기뻐하는 자 곧 내가 택한 사람을 보라 **내가 나의 영을 그에게 주었은즉** 그가 이방에 정의를 베풀리라

2 그는 외치지 아니하며 목소리를 높이지 아니하며 그 소리를 거리에 들리게 하지 아니하며

3 상한 갈대를 꺾지 아니하며 꺼져가는 등불을 끄지 아니하고 진실로 정의를 시행할 것이며

4 그는 쇠하지 아니하며 낙담하지 아니하고 세상에 정의를 세우기에 이르리니 섬들이 그 교훈을 앙망하리라."

(4) 그리스도가 완전하지 않으면, 그의 백성들을 완전한 데로 인도할 수 없다. 히 2:9, 10을 찾아 보라. 어떻게 예수님이 온전케 되셨다고 했는가? 그렇다면 예수님이 도덕적으로 불완전했다는 말인가? 물론, 그렇지 않다. 그리스도가 고난을 당하심으로 그의 백성이 당하는 수난을 몸소 체험하셨다는 것이다. 그는 온전하셨다. 그러나, 수난을 체휼하심으로 그의 백성의 위치를 이해하시고, 참다운 동정을 할 수 있는 대제사장이 되셨다는 것을 증거하고 있다(히 2:17,18, 5:5-10).

(5) 따라서 예수님이 죄를 짓는 길에 있었지만 그것을 거부하였다는 단순한 이야기가 아니라 자신의 사명에 대한 예수님의 수긍에 관한 것임을 볼 수 있다. 구약의 모든 위대한 인물들이 시련을 통해 자신의 믿음을 입증했다(아브라함, 욥 등). 예수님도 이와 똑같은 방법으로 시험을 받으셨다. 그의 시험은 이사야 42:1*이하에서 밝힌대로 힘든 길을 걸어갈 준비가 되어 있는지 보여주기 위한 것이었다.

3. 40일을 밤낮으로 금식하신 후 예수님은 몹시 주리셨다. 이때를 놓치지 않고 마귀는 공격을 시도하고 있다.

(1) 왜, 마귀는 그렇게 집요하게 예수님을 붙들고 늘어지려고 하는가?

"그 때에"(마 4:1, Then, Τότε) : 이 시험은 예수님이 세례를 받으신 직후에 일어났을 것이다. 예수님은 세례 시에 '하나님의 아들이심'이 공개적으로 드러났다. 지금 이 세상은 마귀가 그 지배권을 행사하고 있다(마 6:13; 막 3:27; 눅 4:6). 그는 이 세상의 신이었다(고후 4:4). 예수님의 십자가 위에서 피흘리심은 사탄의 왕국의 파멸을 의미하는 것이었다.

(2) 따라서 마귀는 지금 총력전을 벌인다. 예수님은 지금 배고픔이 극에 달하셨다.

하나님의 아들 예수가 공개적으로 그의 사역(사탄을 결박, 파쇄시키려는 일)을 시작하려 하지 않는가! 마귀는 지금 예수님과 일전을 각오하고 있다. 잘못하면 사탄의 나라는 붕괴당해야 하기 때문이다. 사탄은 예수님으로 하여금 그의 갈 길을 가지 못하게 유혹한다. 마귀는 "이 세상의 지배자"라고 불린다(참조: 요 12:31, 14:30, 16:11). 사탄은 멸망할 수밖에 없는데, 이는 "어린 양의 피", 즉 예수님께서 십자가상의 죽음을 통하여 이룩하신 승리를 통해서이다(참조: 계 12:11). 따라서 사탄은 예수님께서 그의 사역을 시

작하기도 전에 총력전을 벌인다. 십자가를 지지 말고 자신에게 절을 하라는 것이다.

4. 하나님께서 예수님께 맡기신 메시아로서 수행해야 할 과업을 위해 무엇을 준비하셔야 했을까? (예; 사 11:2, 61:1).

(1) 이사야 선지자는 이상적인 왕, 즉 다윗의 후손이 다스리는 데 필요한 능력들을 갖추게 될 것이라고 예언한다(사 11:2). 지혜와 총명의 영이 그 위에 강림하실 것이다. (새로운 메시아적 왕의 특성)

1) 휴식하다, 쉬다, 정착하다, rest

사 11:2 여호와의 영이 — **강림하시리니(נָחָה)**[1] - 누아흐(נוּחַ)의 칼 동사 완료 /그의 위에

곧 지혜와 총명의 영이요
모략과 재능의 영이요
지식과 여호와를 경외하는 영이

- 지혜와 총명 - 진리에 기초하여 올바른 결정을 내리게 해준다.
- 모략과 재능 - 전략들을 실행에 옮길 수 있는 그의 초자연적 능력을 가리킨다.
- 지식과 야웨 경외 - 하나님을 향한 이 왕의 절대적인 충성심을 묘사한다.

(2) **'지혜'**(호크마, חָכְמָה)와 '총명'(비나, בִּינָה,이해, 이해력, 통찰력)은 왕에게 요구되는 기본 자질이다. **모략**(에짜, עֵצָה)[2]과 **재능**(게브라, גְּבוּרָה)[3]의 영(רוּחַ) : '에짜'(counsel, advice)는 '충고, 조언, 의논, 의도'라는 의미이다. 어깨에 정사를 메고 올 아이는 그의 백성을 위하여 불가사의한 계획과 목적과 모사와 법령을 가진 분이시다(사 9:6).

이 모략은 바로 하나님 자신인 성령의 선물이다. **지식**(다아트, דַּעַת)과 여호와 경외(이르아, יִרְאַת - 하나님께 대한 두려움이나 존경), 즉 '지식'은 최고 높은 하나님과 하나님의 뜻을 아는 지식을 말한다.[4] 여호와 경외는 거룩한 하나님께 왕이 드리는 (두려움이나 공포보다는) 근본적인 헌신과 복종을 말한다.

2) 충고, 모사, 방책, 목적

3) '게부라'는 강한 사람, 즉 큰 힘을 가진 사람을 묘사하는 말이다. 이런 '재능'에는 나라를 위한 전략 구성, 전쟁과 정책의 계획을 포함한다(왕하 18:20; 사 36:5).

4) 렘 22:16에서는 여호와를 '아는' 것이 정의를 향한 헌신과 동일한 것이라고 보고 있다.

5. 이런 메시아적 왕이야말로 공평과 정의로 세상을 통치할 것이다(사 11:3을 읽어보자).

(1) 이런 초자연적인 지혜를 받은 왕은 단순히 겉으로 보이는 것보다는 진리에 기초한 바른 판결을 내릴 것이다. 공평한 정의와 통치가 이 절들의 주제이

다. 여호와의 권능은 '그의 입의 막대기'(법령)[1]와 '입술의 기운(숨, 마음, 생기)'(질서정연한 사법과정)을 통해 나타난다. 즉 "그가 하는 말은 몽둥이가 되어 잔인한 자를 치고, 그가 내리는 선고는 사악한 자를 사형에 처한다"(표준새번역). 그는 올바른 법적 판결을 내리며, 정의로운 정책들을 실천에 옮길 것이다. 그는 공의와 성실(신실함)을 허리띠처럼 두를 것이다(5절).

(2) 사 61:1도 읽어보자. 예수님은 이 예언을 자기 자신에게 적용하신다. (동교재, 이사야서에서)

> 61:1 주 여호와의 영이 — 내게 (**내리셨으니**)
> //이는(Because, יַעַן)
> 여호와께서 — 내게 기름을 부으사(=셨기 때문에)
> //(לְ, to) 아름다운 소식을 전하게 하려고
> /가난한 자에게

(3) '주 여호와의 영'(רוּחַ אֲדֹנָי יְהוִה)이 내게(עָלָי, 1인칭 보통 단수) (내리셨으니)(The Spirit of the Lord GOD is **upon** ***me***) - 여기서 보는대로 여호와의 영을 통해 위임받고 있는 한 **종**을 소개한다.

(4) "여호와께서 내게 기름을 부으사(מָשַׁח יְהוָה אֹתִי)"라고 했다. 기름부음과 주의 영이 함께 한다는 것은 사울과 다윗이 각각 왕으로 추대받았을 때 뿐이다(삼상 10:1, 6-7, 삼상 16:13*, 삼하 23:1-7). 이로보아 여기 여호와의 종은 백성들의 왕임을 알 수 있다.

- 삼상 16:13 "사무엘이 **기름 뿔병**을 가져다가 그의 형제 중에서 **그에게 부었더니** 이 날 이후로 다윗이 **여호와의 영**에게 크게 감동되니라 사무엘이 떠나서 라마로 가니라."

(5) 예수 그리스도는 자신이 메시야이심을 주장하시면서 회당에서 그의 초림 시의 사역에 해당하는 것만을 읽으셨다.

- 눅 4:18 "주의 성령이 내게 **임하셨으니**[3] 이는 가난한 자에게 복음을 전하게 하시려고 내게 **기름을 부으시고**[4] 나를 보내사 포로 된 자에게 자유를, 눈 먼 자에게 다시 보게 함을 **전파하며**[5] 눌린 자를 자유롭게 하고 19주의 은혜의 해를 전파하게 하려 하심이라 하였더라."

1) '그의 입의 막대기'가 무엇을 가리키는냐에 대한 논쟁이 많았다. 막대기는 주로 형벌의 도구로 교정을 위한 것이다. 이 땅의 왕들은 범죄자들에게 외형적인 형벌의 도구를 사용한다. 그러나 여호와 하나님은 말씀만으로 형벌을 주시는데 그것만으로도 '악인을 죽이기'에 충분하다(E. W. 헹스텐베르크).

2) 그렇다면 여기서 '나'는 누구를 가리킬까? 이 사람의 임무는 가난한 자(언약의 성취를 고대하고 있는 팔레스타인의 유다 공동체)에게 아름다운 소식을 전해주는 일이다. 여러 논쟁이 있으나 여기에 언급된 '나'는 이미 앞에서 많이 언급된(사 42:1-9, 49:1-9, 50:4-9, 52:13-53:12 - 여호와의 4대 종의 노래) **여호와의 종**임을 알 수 있다.

3) 신성(神性)으로서의 예수님은 성령과 동일한 위격이시지만 인성(人性)으로서는 성령의 임재하심이 있을 수 있다(눅 3:22).

4) 기름부음은 제사장(출 28:41), 예언자(왕상 19:16), 왕(삼상 10:1)에게 행해졌다. 예수님은 이 세 가지 직분을 모두 수행하셨다.

5) 예수님은 신명기 18:15, 18에서 예언된 '그' 예언자로서 가난한 자들에게 복음을 전하셨다.

"광야에서 사십 일을 계시면서 사탄에게 시험을 받으시며 들짐승과 함께 계시니"(막 1:13)
"밤낮으로 금식하신 후에 주리신지라."(마 4:2)

(6) 여호와께서 '나'(=여호와의 종)를 보내시는 목적은 무엇인가? – "마음이 상한 자를 고치며 포로된 자에게(=주로 전쟁 포로들) 자유를, 갇힌 자에게 놓임을 선포"하기 위해서이다. 또한 "여호와의 은혜의 해"를 선포한다. '은혜의 해'(שְׁנַת־רָצוֹן)는 희년[1]을 가리킨다(레 25:1-55). 희년(禧年, Jubilee)은 어떤 제도이며, 왜 지키게 하셨는가? (레 25:10, 13)

- 이렇게 예수님은 세례 때에 성령의 기름부음(행 10:38*')과 메시야적 섬김으로(여호와의 영을 통해 위임받고 있는 한 **종**) 부르심을 받았다. 하나님은 예수님께서 세례를 받으실 때 다음과 같이 분명하게 선포하셨다(막 1:11, "하늘로부터 소리가 나기를 **너는 내 사랑하는 아들이라** 내가 너를 기뻐하노라 하시니라 12 **성령**이 곧 예수를 광야로 몰아내신지라.").

- 이렇게 예수님은 ① 메시야이자 ② 종으로(시 2:7과 사 42:1을 보라) 오셔서 자기 백성들의 죄를 위한 속죄를 위해 섬김과 순종의 사역을 시작하시게 된다. 따라서 예수님에게 '세례'와 성령에 이끌려 마귀에게 '시험 받으심'은 서로 묶여 있다(막 1:12-13). 요단강에서 그의 공생애의 시작을 알리는 부르심이 임했다.

▶ 이제 예수님은, 인간적인 방법을 동원해 사역하시는 것이 아니고, **오직 하나님의 방법대로** 하나님의 종이 되는 분명한 의도로 사역을 시작하시게 된다. 그는 섬김과 고난을 통하여 이 땅 위에서 메시야적 종으로서의 삶을 살아가실 것이다.

1) 희년은 언제 지켜지는가? (레 25:8-10)
일곱 번의 안식년이 지난 후 제 50년째가 희년이다. 희년에도 땅을 쉬게 해야 한다(레 25:11). 49년도 안식년이기에 두번 안식년을 지켜야 한다. 희년에는 잃은 기업은 다시 회복되고, 종 되었던 자는 자유를 얻는다. 50년에 한번 오는 것이니까 희년은 일생에 단 한번 정도 경험할 수 있었을 것이다.

- 행 10:37-38 "곧 **요한이 그 세례를 반포한 후에** 갈릴리에서 시작하여 온 유대에 두루 전파된 그것을 너희도 알거니와 38 **하나님이 나사렛 예수에게 성령과 능력을 기름 붓듯 하셨으매** 그가 두루 다니시며 선한 일을 행하시고 마귀에게 눌린 모든 사람을 고치셨으니 이는 하나님이 함께 하셨음이라."

갈릴리 사역

갈릴리에서 사역을 시작하심(막 1:14–15)

같이 읽을 곳(마 4:12–17; 눅 4:14–15)

1. 사탄의 시험에 승리하신 예수님은 이제 그의 백성들에게 천국복음을 전파하기 시작하셨다. 일단 예수님은 어디로 가셨는가? (12절)

▶ 마태는 이 기간의 사건을 다루고 있지 않고, 세례 요한이 옥에 갇힌 사건을 소개한다. 세례 **요한은 A.D. 26년 여름에** 처음으로 **공식 출현하여 18개월 뒤에 옥에 갇혔다**(마 14:3,4). 요한에게 욕을 먹었던 유대 종교 지도자들은 세례 요한이 옥에 갇힌 사건을 보고 아주 기뻐했을 것이다. 그러나 더욱 큰 일이 일어났다. 예수님을 따르는 무리가 더욱 많아졌기 때문이다. 세례 요한이 잡히기 전에도 이미 많은 사람이 예수님께로 몰려들었다(요 3:22-26).

(1) 예수님은 요단강에서 세례를 받으시고, 시험을 받으시고, 그러고 나서 여섯 제자를 얻은 것으로 되어 있다. 사도 요한은 이 기간 동안의 예수님의 사역을 비교적 상세하게 진술한다(요 1:35-4:42을 읽어보자). 예수님은 다시 갈릴리로 오셨다. 물론 세례 요한의 사역은 계속되었고 예수님은 예루살렘에 올라가셔서 명절에 참석하셨다(요 2:13이하).

막 1:14 요한이 ——— 잡힌 후(상황절, after)
예수께서 ——— **오셔서 가라사대**(...하시더라)
/갈릴리에
/하나님의 복음을 전파하여(현재분사)
15 /때가 ——— 찼고
/하나님 나라가 ——— 가까왔으니
[너희는] ——— 회개하고
└── 복음을 믿으라

πεπλήρωται ὁ καιρός (The time is fulfilled)

1. 여기서 "때가 차다"(成熟)는 의미는 무엇일까?

(1) 구속사 안에 한 특정한 사건의 성숙(maturation)을 의미할 뿐 아니라 절대적인 의미에서 시간의 성취를 가리킨다. 즉 세계시간의 성숙을 가리킨다.

(2) 플레로마(πλήρωμα) : 채우는 것, 충분, 충만 - 플레로오(πληρόω)에서 유래했으며, 명사 플레로마는 신약성경에서 17회 나온다.

- 이 단어는 '채우는 것'을 의미한다(① 막 6:43; 고전 10:26, (b)이 단어는 '충분한 분량'(full measure)을 의미한다(롬 11:25; 엡 4:13에서 완전한 성숙에 대해 사용되었다: 또한 이 단어는 '충만'을 의미한다(롬 15:29; 엡 3:19; 요 1:16; 골 1:19, 2:9).

2. 세계의 시간은 그리스도의 강림과 함께 결론에 도달했다.

물론 이 성취가(예수님의 오심)
① 잠정적인 특징이 있고,
② 그 완성은 여전히 미래에 되어질 것이지만 시간의 또는 역사의 성숙은 이미 효력을 발휘하고 있는 그리고 원리상 이미 확정된 사실을 언급하고 있다.

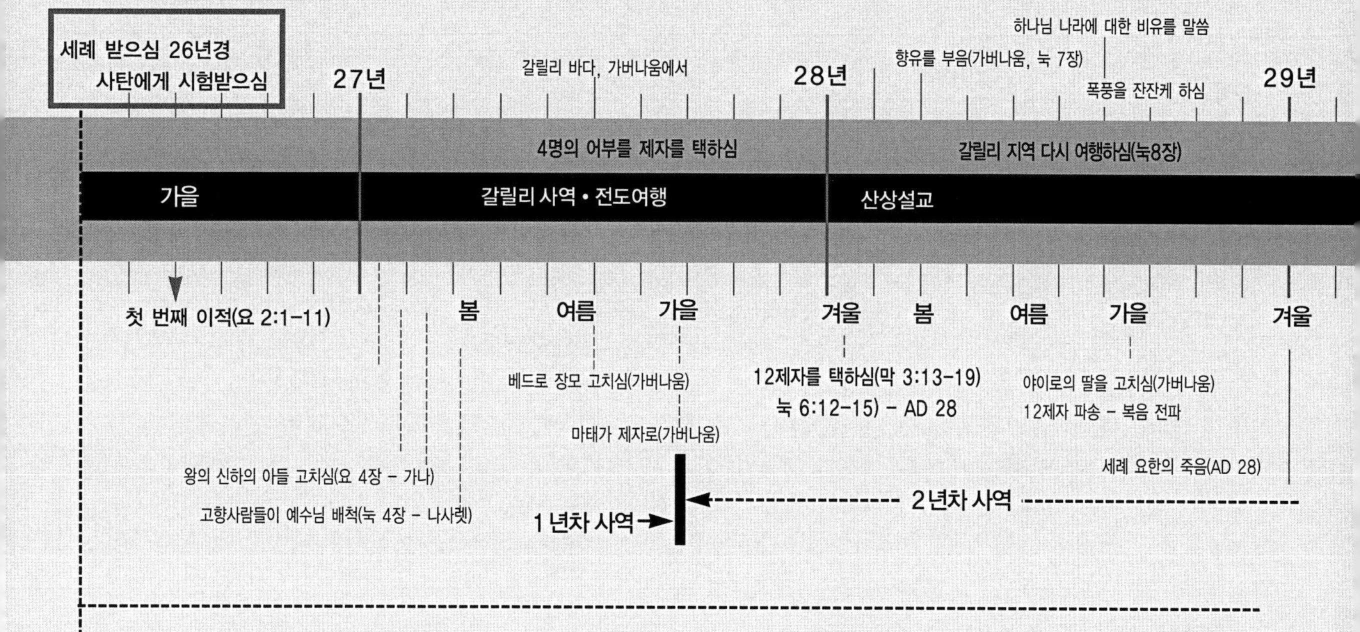

30세가 되심

나사렛에서 요단강가(마 3:13-17; 막 1:9-11; 눅 3:21-22) - 세례 받으심

(1) 예수님께서 30세가 되셨다(눅 3:23)
세례 요한에게 물로 세례 받으심(마 3:15)

13 "이 때에 예수께서 갈릴리로부터 요단 강에 이르러 요한에게 세례를 받으려 하시니 14 요한이 말려 이르되 **내가 당신에게서 세례를 받아야 할 터인데** 당신이 내게로 오시나이까 15 예수께서 대답하여 이르시되 **이제 허락하라** 우리가 이와 같이 하여 모든 의를 이루는 것이 합당하니라."

(2) 예수님은 요한의 세례를 받으심으로써 메시야로서 왕국의 위임을 공개적으로 받으셨다.

"이는 <내 사랑하는 아들>이요 내 기뻐하는 자라 하시니라" (17절).

또 그는 모든 죄인들과 동일시(同一視)됨으로써 백성들의 대표자가 되셔야 했다. 그는 우리의 죄를 해결하실 대제사장이시다(히 5:7 참조). 그의 백성들과 동질화(同質化) 되시기 위해 요한에게 세례를 받으시는 것이 그를 향하신 하나님의 뜻이었다.

광야에서 시험받으심
(마 4:1-11; 막 1:12-13; 눅 4:1-13)

(1) 예수께서 성령에 이끌리어 광야로 나가셔서 들짐승과 함께 40일을 계심 / 40일이 지난 후 사탄이 나타나 예수님을 시험한다.

① **첫 번째 시험** - 돌을 떡으로 만들라 - "사람이 떡으로만 살 것이 아니요 하나님의 입으로부터 나오는 모든 말씀으로 살 것이라"(신 8:3)

② **두 번째 시험** - 성전 꼭대기에서 뛰어내려라 그리하면 천사가 받들 것이다. - "주 너의 하나님을 시험하지 말라"(신 6:16)

③ **세 번째 시험** - 사탄에게 절하고 경배하라 - "기록되었으되 주 너의 하나님께 경배하고 다만 그를 섬기라 하였느니라"(신 6:13).

(2) 첫 사람 아담의 실패를 두 번째 아담이신 그리스도께서 온전히 이루셨음을 본다. 또 예수님은 우리와 똑같이 시험을 받으셨기에 우리가 시험에 처할 때에 도우실 수 있는 대제사장이심을 보여주신다(히 2:18, 4:14-16).

(3) 예수님은 사탄과 타협함으로써 축복과 영광을 구하려 하지 않으셨다. 그는 오직 하나님이 원하시는 길만을 가셨다. 마귀는 예수님을 유혹하여 성부께서 의도하셨던 것과는 상관없는 방법으로 그의 메시야적 능력을 사용토록 유혹했다.

나사렛에서 가버나움으로

▲ 갈릴리 지역은 여호수아가 정복한 이후 스불론과 납달리 족속들이 살고 있었다. 그런데 이사야 선지자는 이 지역에 빛이 머물 것이라고 예언했다. **사 9:1-2을 읽어보라.** 즉, 이들 백성은 흑암에 앉아 있었다. 그들이 살고 있는 곳은 마치 사망의 땅과 같이 왕이 살기에는 부적당한 곳이었다. 수세기 동안 이방 족속들에게 군사적 침략을 당하였고(앗수르에 점령당했다), 이로 인해 도덕적으로도 종교적으로도 부패했다(왕하 17:33 참고).

2. 예수님은 언제 갈릴리로 가셨는가? (마 4:12) (동교재, 마태복음에서)

마 4:12 예수께서 요한이 잡혔음을 들으시고(=들으셨을 때, 상황절, when)
(예수께서) ┬ 갈릴리로 **물러가셨다가**
└ 나사렛을 떠나 가버나움에 가서 **사시니**
/스불론과 납달리 지경 해변에 있는

(1) 갈릴리는 어떤 지역인가? 갈릴리 지방은 헤롯 안디바(안티파스)가 다스리고 있던 영토였다(마 2장에 나오는 헤롯 대왕은 기원전 4년에 죽었고, 그의 영토는 세 아들에게 분할되었다).

(2) 예수님은 지금까지 자라나셨던 나사렛을 떠나셔서 갈릴리로 오셨다. 눅 4:16-30에서 볼 수 있는 것처럼 예수님은 고향에서 배척을 받으셨다. 갈릴리는 주로 병들고 가난한 사람들이 살고 있는 곳으로서 야만적이고 촌스러운 지방으로 멸시를 받았던 곳이다.

(3) 예수님은 주로 갈릴리 지역에서 어부들과 함께 하나님 나라의 일을 시작하셨다. 복음을 전파하고, 병자를 고치심으로써 절망 속에 있던 자들에게 빛을 비추셨다. 흑암(마귀의 권세) 아래서, 가장 어두운 곳에서 그리스도의 대대적인 사역이 시작되고 있다. 이는 이사야의 예언(사 9:1-7)이 성취되었다고 말하고 있다.

3. 예수님은 언제부터 천국복음을 전하기 시작하셨나? (마 4:17)

4:17 예수께서 — **비로소(=시작하시니라)**(ἤρξατο)
/이 때부터 (Ἀπὸ τότε, 언제부터? - 예수님의 사역의 시작점)
/전파하여(κηρύσσειν) - 부정사, 전파하기를
/이르시되
Μετανοεῖτε ------------------------------- /[너희는] — 회개하라
명령법, 현재 능동태
마음을 바꾸다, 후회하다, 뉘우치다
//(이유: γάρ, for)
천국이 — 가까이 왔느니라(=기 때문에)

(1) 세례 요한은 분봉왕 헤롯 안디바(헤롯 대왕의 아들, 갈릴리와 베레아 지역 통치) 왕의 미움을 샀기 때문에 감옥에 갇혔다(마 14장; 막 6:14-29). 예수님께서는 요한이 잡혔다는 소식을 들은 후 "**비로소**" 전파하기 시작하셨다. 말씀을 전파하기를 시작하셨다는 말이다. 세례 요한은 그리스도가 오시자 그는 증거

의 임무를 끝마치고 사라져야 했다. "그는 흥하여야 하겠고 나는(세례 요한) 쇠하여야 하리라"(요 3:30).

하나님의 나라(βασιλεία τοῦ θεοῦ)

(2) 주님의 사역의 목적은 무엇이었는가? (눅 4:43)
신약성경에서는 "하나님의 나라"(천국)가 강조되고 있다. 예수님은 그의 사역을 어떤 말로 시작하셨는가? (마 4:17, 23; 9:35; 눅 9:11; 막 1:14, 15) 그의 사역의 목적은 "하나님 나라"의 선포였다(the preaching of the Kingdom of God). 네 복음서 모두가 예수 그리스도께서 "하나님 나라"를 선포하기 위해 오셨다고 설명하고 있다. 마가복음서에서도 '나라'라는 용어가 최소한 17번 나온다.[1)]

(3) 누가는 사도행전에서도(행 1:3) 계속 이 사실을 언급하고 있다. 즉 주님은 죽음 이전의 중심적 메시지였던 <하나님의 왕국>에 관해 부활 이후에도 계속 강조하셨음을 증언하고 있다. 부활 후 제자들의 태도는 어떠했는가? 제자들은 처음에는 하나님의 나라에 대한 정확한 이해가 부족했다. 유대인들은 이스라엘 국가의 정치적 회복을 얼마나 깊이 간직하고 있었는가를 볼 수 있다(행 1:1-6). 예수님의 제자들도 (물론 아직은 진정한 의미를 인식하지 못했지만) 역시 같은 주제를 가지고 사역했다(눅 8:1, 16:16).

4. 마가복음에서 '나라'라는 용어가 어떻게 설명되어지고 있는가?

(1) '나라'(바실레이아, βασιλεία)는 사람들이 들어갈 수 있는 영역이다. '나라'는 미래에 들어갈 영역으로 표현되었다(막 9:47, 10:23-25). 미래성을 보여주는 성경구절로 가장 잘 알려진 구절로는 막 9:1; 눅 9:27을 보자.

(2) 막 9:1*, 11:10*, 15:43*에서는 장차 이 나라가 세상에서 현실이 되어서 이 세상이 변화될 것이라고도 했다. 그렇기 때문에 (초월적인 실재로서의) 이 세상에 존재하는 나라와 장래의 실체로서의 나라가 서로 융합되어 있다(마 16:28 "죽기 전에 인자가 그 왕권을 가지고 오는 것을 볼 자들도 있느니라"). 그러므로 천국이 전적으로 종교-윤리적 선이요, 영적 공동체, 또는 이 세상 내에 있는 사회 질서라는 개념은 복음과 조화를 이루지 못한다.

(3) 하나님의 나라는 특정한 사람들이 그 나라의 일부가 되어서(막 10:14-15*),

1) 공관복음서의 핵심적인 주제는 무엇이라고 할 수 있을까?

[하나님 나라의 임함]
- 마태, 마가, 누가 - 천국의 임함
- 요한 - '영생'으로 표현했다.

- 막 9:1 "또 그들에게 이르시되 내가 진실로 너희에게 이르노니 여기 서 있는 사람 중에는 **죽기 전에 하나님의 나라가 권능으로 임하는 것을 볼 자들도** 있느니라 하시니라."
- 막 11:10 "찬송하리로다 **오는 우리 조상 다윗의 나라**여 가장 높은 곳에서 호산나 하더라"
- 막 15:43 "아리마대 사람 요셉이 와서 당돌히 빌라도에게 들어가 예수의 시체를 달라 하니 이 사람은 존경 받는 공회원이요 **하나님의 나라를 기다리는 자라**."
- 막 10:14 "14 예수께서 보시고 노하시어 이르시되 **어린 아이들이 내게 오는 것을 용납하고 금하지 말라 하나님의 나라가 이런 자의 것이니라** 15 내가 진실로 너희에게 이르노니 누구든지 하나님의 나라를 어린 아이와 같이 받들지 않는 자는 결단코 그 곳에 들어가지 못하리라 하시고"

<미래의 실재에 대하여>

- 마 13:49 = 이 세상의 끝
- 마 19:28 = 새롭게 함
- 마 19:29 = 영생

그 나라가 가져다주는 특권을 누리는 곳이다. 그래서 예수님의 제자들은 구원의 때가 도래했다는 넘치는 확신 속에서 살았으며, 그들은 예수님께 속하였기 때문에 그같이 행동할 수 있었다.

(4) 이 하나님 나라에 관한 비밀은 어떤 사람에게는 알려져 있지만, 어떤 사람에게는 알려져 있지 않았다(막 4:10-12).

하나님의 나라가 "가까이 왔다"(막 1:15; 마 4:17) 1)

the kingdom of God *is at hand*

1) 엥기겐 - ἤγγικεν : '근접하다'를 의미하지 '왔다'를 의미하지 않는다. 그러나 C.H. Dodd는 '(이미) 왔다. has come'로 번역해야만 한다고 변호한다.

마 12:28; 눅 11:20에서는 ἔφθασεν(왔다)라고 표현했다.

1. 마가복음 1:15과 마태복음 4:17에서는 하나님의 나라가 '가까이 왔다'(엥기겐 - ἤγγικεν[ἐγγίζω엥기조의 완료 능동형])고 표현했다. '가까이 오다, 접근하다'라는 의미이다. "때가 찼다"(막 1:15)라는 말을 보아서도 이스라엘이 고래로부터 미래를 대망해 왔다는 사실을 충분하게 요약해 주고 있다.

막 1:15 and saying,
"The time is fulfilled, and the kingdom of God *is at hand*;
repent and believe in the gospel." - NASB

καὶ λέγων ὅτι πεπλήρωται ὁ καιρὸς
καὶ **ἤγγικεν** ἡ βασιλεία τοῦ θεοῦ·

- **예수님은 세례 요한의 위치와 그 의의를 설명하셨다.** (마 11장에서)

세례 요한은
- 선지자보다 더 위대한 선지자
- 왕의 길을 예비하는 위치(마 11:10; 말 3:1; 눅 7:27)
- 여자가 낳은 자 중에서 세례요한보다 큰 이가 일어남이 없도다(마 11:11; 눅 7:28).
- 그러나, 천국에서는 극히 작은 자라도, 저보다 크니라. 예언자들이 예고한 주를 예비하는 종말론적인 선구자인 까닭이다.

(1) 하나님의 나라가 도래(到來)했다는 것은 세상사에 대한 하나님의 최종적이고 결정적인 개입을 의미한다. 예수님의 출현과 더불어 세상의 종말이 참으로 가까이 왔다는 것이다. '가까이 왔다'는 표현은 그것이 아직 도착한 것은 아니라는 뜻이 있다. 그러므로 예수는 항상 미래를 지향하셨다. 세례 요한만큼 천국의 임박성을 강조하지 않았다.

(2) 세례 요한은 천국의 임박성에 대해서 어떻게 외쳤나?
세례 요한은 자기부인과 금욕주의자로서 회개를 외쳤다. 이에 비해 예수님은 결혼식과 명절에도 참석하셨다(마 9:10; 요 2:1ff). 그래서 먹고 마셨으며 "먹기를 탐하는 자, 술꾼"이라는 비난을 받기도 하셨다(마 11:19; 눅 7:34). 세리와 죄인의 친구라는 핀잔을 받으셨다.

(3) 왜, 예수님의 제자들은 요한의 제자들처럼 금식하고 있지 않는가? (눅 5:53)

그러나, 신랑을 빼앗길 날이 올 것이라고 하셨다(마 9:15). 그러니까 세례 요한은 하나님 나라를 준비하는 것(특히 심판을 준비)으로 일관했다. 이에 비해 예수님의 제자들은 구원의 때가 도래했다는 넘치는 확신 속에서 살았으며, 그들은 예수님께 속하였기 때문에 그같이 행동할 수 있었다. 만일, 예수님의 제자들이 세례 요한의 가르침에만 집착하게 된다면, 그것은 "헌 옷에다 새 헝겊을 갖다 붙이는", "헌 부대에 새 술을 붓는 것"과 같다. 하나님의 나라가 도래했다는 것은 옛 양식이 아닌 새로운 어떤 것이 등장했다는 것을 보여준다.

2. 그러나 천국은 단지 가까이 와 있는 것이 아니다. 그것이 이미 시작되었다고 말한다(마 5:3, 10을 참조해 보자.)

"가까이 왔다"(막 1:15) ←→ "너희 것이다"(마 5:3, 10) →

Repent: for the kingdom of heaven *is* ***at hand***.

ἤγγικεν γὰρ ἡ βασιλεία τῶν οὐρανῶν.

이 사이에 천국의 복음을 선포하시는 모습이 등장한다(마 4:23).

마 4:23 예수께서 온 갈릴리에 두루 다니사 그들의 회당에서 ① 가르치시며(teaching) 천국 복음을 ② 전파하시며(proclaiming) 백성 중의 모든 병과 모든 약한 것을 ③ 고치시니(healing)

(1) 따라서, 천국은 단지 가까이 와 있는 것이 아니다. 그것이 이미 시작되었다. 남은 것은 천국의 구체적 실현과(마 5:4-9 참고) 천국의 시작에 즈음한 보상(마 5:12, 19) 그리고 천국에 들어가는 것(마 5:20; 7:21)뿐이다. 그러므로 예수님께서 오심으로 천국은 이미 시작되었다. 따라서 예수님께서는 그 천국 복음을 선포하신다. 산상설교는 천국 복음의 한 예이며, 복음 그 자체이다.

(2) 하나님의 나라가 도래했다는 것은 하나님의 지배를 받는 새로운 영역이 세워지고 있다는 것을 의미한다. 현재의 사탄이 이 세상을 주관하고 있는데, 그 사탄의 영역을 침공해서 원수로부터 영토와 백성을 회복한다는 것을 의미한다. 이에 대해 청중들은 어떤 반응을 보여야 하는가?

(3) 회개하라는 것이나.[1] 그러면서 복음을 믿으라는 것이다. 이 복음은 하나님으로부터 온 것이다. 복음을 믿는다는 것은 예수님께서 말씀하시고 행하시는 것 속에서 하나님이 일하고 계신다는 것을 믿는 것이다(하워드 마샬, 신약성서 신학). 이제 예수님은 복음을 전파하기 위해 제자들을 부르신다.

1)회개 : 심판을 피하기 위해서는 누구든지 회개에 대한 합당한 열매를 맺어야만 한다.

제자들을 부르시다(막 1:16-20)

같이 읽을 곳(마 4:18-22; 눅 5:1-11)

1. 갈릴리 지역에서 비천하게 살아가는 어부들, 누구도 그들을 귀하게 여기지 않았다. 그런데 예수님은 이런 자들을 제자[1]로 부르신 것이다.

1) 그러나 그것은 단순히 스승과 제자 사이가 아니었다. 그는 왕(王)이요, 그 왕의 권위를 가지시고 자기의 백성들에게 따라 오라고 하셨다. 먼저 누구를 부르셨나?

막 1:16 [그가] ┬ 갈릴리 해변으로 지나가시다가(as)
└ **보시니**
/시몬과 그 형제 안드레가 — 바다에 그물 던지는 것을
//(γάρ, for)
그들은 어부라

- **베드로**(Πέτρος) : 페트로스 - 돌, 바위, 반석, 베드로1) 베드로는 이 이름 외에도 시몬, 시므온, 게바, 시몬 베드로로 나타난다. 그와 그의 형제 안드레는 어부였다(마4:18; 막 1:16).
- **안드레** - 베드로의 형제로 어부이며, 벳새다 사람이다(눅 6:14; 요 1:44). 안드레는 본래 세례 요한의 제자였으나 예수님의 제자가 되었다.
- **세베대의 아들 야고보** - 본문에 언급된 야고보는 세베대의 아들이자 요한의 형제인 게네사렛 호수의 어부인 야고보를 가리킨다.
- **요한** - 그는 요한복음의 기자이며 세베대와 살로메의 아들이며, 야고보의 동생이다(마 4:21, 10:2; 막 1:19; 막 9:2, 38; 눅 5:10, 6:14; 행 1:13; 갈 2:9).

(1) 마태복음에는 이렇게 소개하고 있다.
마 4:18 '베드로'라 하는 ① 시몬과 ②그의 형제 안드레 -- (그들은 어부라)
그리고 이어서 누구를 부르셨나?

마 4:21 거기서 더 가시다가 다른 두 형제 곧
세베대의 아들 ③ **야고보와** 그의 형제 ④ **요한**이
그의 아버지 세베대와 함께 배에서 그물 깁는 것을 보시고 **부르시니**

(2) "예수께서 이르시되 나를 따라오라 내가 너희로 **사람을 낚는 어부**(ἁλιεῖς ἀνθρώπων)가 되게 하리라 하시니"(막 1:17; 마 4:19)

예수님은 갈릴리 바다에서 그물을 던지고 있던 어부들 형제, 곧 베드로와 안드레를 부르셨다. 그리고 그곳에서 더 가시다가 야고보와 요한을 부르셨다. 이들은 이제 '사람을 낚는 어부'(fishers of men, 사람들의 어부)[2]가 될 것이다. 할리유스(ἁλιεύς)는 어부를 말한다. 눅 5:2에서 그물을 손질하는 어부들을 묘사했다. '사람들의 어부'는 복음으로 사람들을 하나님 나라의 백성으로 불러들이는 사람들을 말한다.

(3) 베드로와 안드레는 주님의 부르심에 주저하지 아니했음을 본다. 20절을 보라. "그들이 '곧'(유데오스, εὐθέως) 그물을 버려두고 예수를 따르니라." 여기서 그물은 그들의 생계수단이었다. 이를 버렸다는 것은 전적으로 순종하기 위해서였다.

2) '사람들의 어부' - 원문에는 '낚는다'는 뜻이 없다.

더러운 귀신들린 사람을 고치심(막 1:21-28)

같이 읽을 곳(눅 4:31-37)

1. 예수님이 주로 하신 일이 무엇인가?

(1) 회당에서
① 가르치시며, ② 천국 복음을 전파하시며, 또한 이뿐 아니라
③ 모든 병과 약한 것을 고치셨다.

예수님께서 온 갈릴리를 두루 다니면서 복음을 전파하시고 병을 고치신다는 소식은 요원의 불길처럼 순식간에 퍼져 나갔다. 어떤 자들이 몰려들었나? (마 4:24*) 인종의 차별이 없었다. 주님은 각종 병자를 고치셨다.

• 마 4:24 "그의 소문이 온 수리아에 퍼진지라 사람들이 모든 앓는 자 곧 **각종 병에 걸려서 고통 당하는 자, 귀신 들린 자, 간질하는 자, 중풍병자들**을 데려오니 그들을 고치시더라."

(2) 의사들은 여러 가지 약들과 시술들을 사용함으로써 질병들을 고친다. 또 신체의 기능들이 회복되려면 통상적으로 얼마의 기간이 걸린다. 이에 비해 주님은 말씀을 가르치시고 전파하실 뿐만 아니라 질병들을 치료하시되 단지 말씀이나 명령을 통해서 즉각적으로 치유하셨다. 또한 주님의 치료는 재발(再發)하는 치료가 아니다. 이는 사람들에게 놀라운 일로 보여졌을 것이고 예수님이 어떤 분인가를 보여주는 것이었다(막 1:22 "뭇 사람이 그의 교훈에 놀라니 이는 **그가 가르치시는 것이 권위 있는 자와 같고** 서기관들과 같지 아니함일러라").

2. 무엇보다 안식일에 회당에 들어가 가르치시고 병을 고치신 사건은 영의 세계에 대해서도 강한 인상을 주었고, 이로 인해 종교지도자들에게 강한 반발을 가져오기도 했다.

(1) 예수님이 자라나신 곳 나사렛에서 안식일에 늘 하시던 대로 회당에 들어가 성경을 읽어달라는 요청을 받으신다. 예수님은 이사야 61:1-2을 본문으로 택하셨다. 예수님은 자신이 61장의 약속된 메시야임을 밝히셨다. "이 글이 오늘 너희 귀에 응하였느니라"(눅 4:21).

• 사 61:1 "주 여호와의 영이 내게 내리셨으니 이는 여호와께서 내게 기름을 부으사 가난한 자(겸비한 자)에게 아름다운 소식을 전하게 하려 하심이라 나를 보내사 마음이 상한 자를 고치며 포로된 자에게 자유를, 갇힌 자에게 놓임을 선포하며 2여호와의 은혜의 해와 우리 하나님의 보복의 날을 선포하여 모든 슬픈 자를 위로하되"

사탄과의

戰鬪

전투

(2) 특히 고향 사람들의 불신앙을 깨닫게 하시려고 엘리야와 나아만의 사건을 말씀하신다. 유대인들은 이런 것들 때문에 분노에 가득 차서 예수님을 죽이려고 했다. 산 낭떠러지까지 끌고 가서 밀쳐 떨어뜨리고자 했다(눅 4:29). 예수님은 그들 가운데로 지나서 가셨다.

τί ἡμῖν καὶ σοί
What do we have to do with You. - NASB
What do you want with us. -NIV

원문을 직역하면 '우리가 당신과 무엇입니까?' 이다. 영역본들은 일치되게 '당신과 함께 우리가 뭘 어떻게 하란 말입니까?' 로 번역했다.

막 1:23 마침 그들의 회당에 더러운 귀신 들린 사람이 있어
소리 질러 이르되
24 /나사렛 예수여
우리가 —— 당신과 **무슨 상관이 있나이까**
[당신은] —— 우리를 멸하러 왔나이까
나는 —— 당신이 누구인 줄 **아노니**
[당신은] —— 하나님의 **거룩한 자니이다**

"어찌하여 우리를 간섭하시려는 것입니까?"(공동번역) / "왜 우리를 간섭하려 하십니까?"(새번역)

(3) 귀신들은 예수님의 권세의 원천을 잘 알고 있다. 귀신(더러운 영, unclean spirit, πνεύματι ἀκαθάρτῳ)은 예수님이 "하나님의 거룩한 자"(ὁ ἅγιος τοῦ θεοῦ, You are the Holy One of God!)라고 증언한다. 귀신들은 "우리를 멸하려(to destroy)[1] 왔나이까?"라고 소리 질렀다. 여기서 사용된 '멸망시키다'(ἀπόλλυμι, 아폴뤼미)는 지옥의 운명, 영원한 멸망이라는 의미로 쓰였다(약 4:12; 마 10:28, 22:7; 막 12:9).

ἀπόλλυμι(아폴뤼미)

1) 완전히 파괴하다./ 최후의 멸망, 즉 단순히 육체적 실존의 근절이라는 의미에서가 아니라 지옥과 소망 없는 사망의 운명으로서의 영원한 돌입이라는 의미에서 멸 망을 의미한다(고전 1:18; 고후 2:15, 4:3). - 영원한 멸망

막 1:25 예수께서 — [그를] **꾸짖어 이르시되**(...하시니)
/[너는] — **잠잠하고 나오라**
/그 사람에게서
26//(결과)
더러운 귀신이 – 나오는지라
/그 사람에게 경련을 일으키고
/큰 소리를 지르며

귀신들이 발작을 일으키며 큰 소리를 지르고 나갔다(막 9:26; 눅 9:39).

마 10:1, 12:43, 눅 4:33, 36, 6:18 등(더러운 귀신)

(4) 예수님은 귀신을 꾸짖으셨다. 이 단어 '에피티마오'(ἐπιτιμάω)는 하나님만이 특권으로 마귀를 꾸짖으실 때 사용되었다(예를 들어, 유다서 1:9을 보라). 물론 예수님도 이런 권리를 가지셨다(막 8:33*; 눅 9:55). 막 9:25에서도 예수님은 더러운 영을 꾸짖고 몰아내셨다. 시몬의 장모의 열병을 꾸짖으실 때에도(눅 4:39), 심지어 자연의 기본적인 바람을 꾸짖으실 때도 이 단어를 쓰셨다(막 4:39).

• 막 8:33 "예수께서 돌이키사 제자들을 보시며 베드로를 **꾸짖어** 이르시되 사탄아 내 뒤로 물러가라 네가 하나님의 일을 생각하지 아니하고 도리어 사람의 일을 생각하는도다."

(5) 예수님께서 귀신을 축출하는 광경을 지켜본 사람들은 다 놀랐다. 여기 '놀라다, 두려워 놀라다'는 말 '담메오'(θαμέω)는 마가복음에서만 3회 나온다(막 1:27, 10:24, 32). 이들은 예수님의 말씀과 이적에 대해서 놀라움과 두려움과 떨림을 가졌다. 이 사건으로 인해 예수님에 대한 소문이 곧 온 갈릴리 사방에 피펴나갔다(28절).

많은 사람들을 고치심(막 1:29–34)

같이 읽을 곳(마 8:14–17; 눅 4:38–41

1. 예수님 일행은 회당에서 나와 야고보와 요한과 함께 시몬의 집에 들어가셨다. 시몬(베드로)은 그의 형제 안드레와 함께 살고 있었다.

(1) 베드로는 그 당시 가버나움에 살고 있었다(마 4:18-). 베드로는 결혼을 했고 그의 아내는 나중에 복음전도 여행에 함께 했던 것 같다. 베드로의 장모는 "중한(심한) 열병에 붙들려"있었다(눅 4:38). 예수님의 치료가 어떻게 나타났는가? 마태복음(8:15)의 기록을 보자.

마 8:15 예수께서 —— 그의 손을 **만지시니(ἥψατο[1])** "그손을잡아 일으키시니" - 막 1:31
열병이 —— **떠나가고**
여인이 ┬ **일어나서**
└ 예수께 **수종들더라**

1) ἥψατο - 과거 중간태
ἅπτομαι - 만지다, 대다, 잡다

(2) 눅 4:39에서는 어떻게 언급되었나? (열병을 *꾸짖으신대*)[2]
예수님께서 육체적인 병을 고치시고 다른 이적들을 행하실 때 '꾸짖다'(rebuke, ἐπιτιμάω)는 표현을 사용한 것을 볼 수 있다. 사탄은 일반적인 의미에서 고통의 원인으로 언급되고 있다. 예수님은 베드로의 장모의 열병을 꾸짖음으로써 고치셨다.

2) ἐπετίμησεν
ἐπιτιμάω, 에피티마오- 비난하다, 꾸짖다, 견책하다. / 예수님은 더러운 영을 **꾸짖으시고** 몰아내셨다(막 9:25). 바람을 꾸짖을 때에도 권능을 나타내셨다.

2. 해가 저물었다. 그런데 무슨 일이 일어났는가?

막 1:32 저물어 해 실 때에 모든 병자와 귀신 들린 자를 예수께 데려오니
33 온 동네가 그 문 앞에 모였더라
34 예수께서 각종 병이 든 많은 사람을 고치시며 많은 귀신을 내쫓으시되
귀신이 자기를 알므로 그 말하는 것을 허락하지 아니하시니라

• 눅 10:19 "내가 너희에게 뱀과 전갈을 밟으며 원수의 모든 능력을 제어할 권능을 주었으니 너희를 해칠 자가 결코 없으리라."

76

• 막 4:23 "예수께서 온 갈릴리에 두루 다니사 그들의 회당에서 가르치시며 천국 복음을 전파하시며 백성 중의 모든 병과 모든 약한 것을 고치시니 24 **그의 소문이 온 수리아에 퍼진지라 사람들이 모든 앓는 자 곧 각종 병에 걸려서 고통 당하는 자, 귀신 들린 자, 간질하는 자, 중풍병자들을 데려오니 그들을 고치시더라** 25 갈릴리와 데가볼리와 예루살렘과 유대와 요단 강 건너편에서 수많은 무리가 따르니라."

(1) 예수님께서 병을 고치신다는 소문이 성내에 신속하게 퍼져나갔을 것이다. 따라서 사람들이 많은 병자를 데리고 왔다. 특히 귀신 들린 사람을 많이 데려왔다고 했다(마 4:24을 참조해 보라). 예수님은 말씀으로 귀신을 쫓아냈을 뿐 아니라 병든 자를 다 고치셨다. **이적들은 하나님 나라가 도래했다는 것을 말해주고 있다.** 이적들은 초월적인 천국의 임함 때문에 일어난 것이다.

막 1:34 예수께서 ─ **고치시며**
/각종 병이 든 많은 사람을
많은 귀신을 **내쫓으시되**
[그가] ── **허락하지 아니하시니라**
/[귀신이] ── 그 말하는 것을
//(이유: ὅτι, because)
귀신이 자기를 알므로

예수님은 귀신들이 말하는 것을 허락하지 않으셨다.(자기 일을 입밖에 내지 말라고 당부하셨다) 왜냐하면 그들이 예수님이 누구이신가를 알았기 때문이다.

(2) 눅 10:9 "거기 있는 병자들을 고치고 또 말하기를 (하나님의 나라)가 너희에게 가까이 왔다 하라." 예수님의 **이런 이적들을 통해** 백성들은 예수를 메시야로 인식하게 된다. 백성들은 그를 다윗의 아들이라고 고백했다(마 9:27, 12:23). 예수님은 특수한 병만을 고친 것이 아니라 각색 병든 사람을 모두 고쳐주셨다.

사탄은 '세상의 통치자로 등장한다(요 12:31, 14:30, 16:11). 사탄은 하나님을 대적하는 자이다.

예수님께서 가까이 다가가자 그 귀신들린 사람들은 소리를 지르고 두려워했다. 사탄은 예수님께서 이 땅에 오신 목적을 자신들을 파멸시키려 한다는 것을 잘 알고 있었다(막 1:24; 눅 4:34).

(3) 이렇게 하나님의 백성을 사로잡고 있던 악한 세력은 하나님 나라의 선포와 함께 예수님의 능력 앞에 무너져내리기 시작한다. 예수님의 승리로 메시야의 치유 사역이 나타났다. 당시 유대인들은 여러 가지 질병과 불행을 귀신의 탓으로 돌렸다. 그러므로 귀신을 쫓아내는 예수님의 사역은 귀신의 세력을 주도하는 사탄과 예수님과 성령(막 1:10, 12, 3:29) 사이에 벌어지는 우주적인 전투이다. 귀신들은 예수님의 능력을 깨닫고 순순히 그 앞에 무릎을 꿇고 쓰러진다(막 3:11, 5:5). 예수님은 귀신을 명하거나 꾸짖으셨다(막 1:25, 27, 3:12, 9:25). 결국 귀신들은 자신들의 정체를 고백한다.

(4) 귀신들은 예수님께서 이 땅에 오신 목적을 잘 알고 있었다. "당신은 우리를 멸하려 오셨나이까?" (막 1:24) 이렇게 마가복음에서 예수님의 사역은, 사탄과의 전투라고 할 수 있다. 이 전투는 치유와 축사(逐邪)를 통해 확대된다. 예수님과 유대 권위자들과의 논쟁 역시 사탄과의 투쟁과 흡사한 삶과 죽음의 투쟁으로 이해된다.

전도 여행을 떠나시다(막 1:35–39)

같이 읽을 곳(눅 4:42–44)

1. **이렇게 예수님은 강행군을 하시면서 말씀을 강론하며 병자를 고치면서도 기도하기를 쉬지 않으셨음을 본다.**

(1) 예수님은 "새벽 아직도 밝기 전에[1] 일어나 나가 한적한 곳으로 가사 거기서 기도하셨다"(35절). 그 때가 안식일이 지난 다음날 새벽이었다. 새벽 '미명'(엔뉘코스, ἔννυχος)이라는 단어는 신약성경에서 이곳에만 나온다. 예수님은 아직 날이 밝기도 전에 한적한(에레모스, ἔρημος) 곳으로 가서 기도하셨다. 에레모스는 황무지, 광야를 가리킨다.

예수님께서는 여러 번 광야로 가서 기도하고 금식하셨다(마 4:1이하; 눅 4:1이하; 막 1:45; 눅 4:2; 눅 5:16).[2] 선교 여행을 위해서 미리 기도하시는 것이다.

(2) 뒤늦게 "시몬과 및 그와 함께 있는 자들이" 예수님의 뒤를 따라간다. 만나서 주님께 무엇을 전했나? "모든 사람이 주를 찾나이다."

막 1:38 [그가] — **이르시되**
/우리가 —— 다른 가까운 마을들로 가자
//(목적: ἵνα, in order that...may)
[내가] — 거기서도 전도하리니
//(이유: γάρ, for)
내가 — 이를 위하여 왔노라

예수님이 이 땅에 오신 목적을 무엇이라고 했나? 제자들은 주님의 인기(?)에 큰 흥분된 마음을 갖고 주님 계신 곳을 찾아왔을 것이다.

예수님은 귀신을 쫓아내는 등의 역사로 명성이 널리 퍼져 나갔다. 그러나 주님은 점증하는 대중 운동에 사로잡히지 않으실 것이다. 주님의 사역의 목적이 단순히 병자의 치유에만 있는 것이 아니기 때문이다.

(3) 예수님이 이 땅에 오신 것이
백성들에게 인기와 명성이 목적이 아니라
복음 전파의 사역에 있음을 분명히 하셨다.
아직도 복음을 전파해야 할 지역이 많은데,
한 곳에 머물러 병을 고치는 일에만
매달릴 수는 없었기 때문이다.
온 갈릴리 지역에는 수많은 마을들이 있었다.

1) 밤 사경(四更)의 이른 아침, 즉 3~4시를 가리키는 것 같다.

2) 예수님은 대체로 혼자서 많이 기도하셨다(마 14:23; 막 1:35, 6:46; 눅 5:16, 6:12, 9:18, 28-29, 11:1, 22:4-42). 광야에서도 금식하시면 혼자 기도하셨다(마 4:1-11; 막 1:12-13; 눅 4:1-13).

나병환자를 깨끗하게 하시다(막 1:40-45)

같이 읽을 곳(마 8:1-4; 눅 5:12-16)

1. 이 일은 1차 갈릴리 선교여행 중에 일어난 사건이다. 한 나병 환자가 예수님에 대한 소문을 들었을 것이다.

막 1:40 한 나병환자가 — 예수께 **와서 이르되**
/꿇어 엎드려 [그에게] 간구하여(분사)
/[만약, ἐὰν]
[당신이] — 원하시면
/**하실 수 있나이다**
/저를 깨끗하게

당시는 나병은 천형(天刑)으로 알았다. 따라서 나병을 치유했다는 것은 메시야의 시대가 도래했다는 것을 의미한다(눅 7:22, 17:12 참조).

• 민 12:10 "구름이 장막 위에서 떠나갔고 미리암은 나병에 걸려 눈과 같더라 아론이 미리암을 본즉 나병에 걸렸는지라."

• 왕하 15:5 "여호와께서 왕을 치셨으므로 그가 죽는 날까지 나병환자가 되어 별궁에 거하고 왕자 요담이 왕궁을 다스리며 그 땅의 백성을 치리하였더라."

(1) 나병을 한센 병(Hansen' s disease)이라고 부르기도 한다. 이 병이 중세 때에 전 유럽에 퍼졌던 것같다. 이 병은 때로는 죄에 대한 형벌로 오기도 했지만(민 12:10*, 왕하 15:5*, 대하 26:19-23), 다 그렇다고 보아서는 안 된다. 지금은 치료법의 발달로 조기 발견만한다면 심각한 병이 못된다고 한다.

(2) 레위기에서 '나병'이라고 번역된 짜라아트(צָרַעַת)라는 말은 "때려눕히다, 친다"라는 개념을 가지고 있다. 이 단어를 대부분의 역본이 나병으로 번역했다. 나병은 하나님이 때리시는 병이라는 히브리인의 개념에서 온 것이다(天刑). 이 병은 치명적인 것이어서 몸에서 악취가 나고 3기가 되면 몸의 털이 빠지며 외모가 추악하게 되어 혐오 대상이 되어 따로 격리 수용한다(왕하 15:5). 따라서 완치되었다면 이보다 더한 기쁨이 어디 있겠는가?

구약에서는 나병을 부정한 병으로 간주했지만, 나병 자체가 죄에 대한 형벌로 나타난 것이 아니다(요 9:1-3 참조). 그러나 나병이 가지는 그 병의 특성으로 상징적 의미로 갖기도 하였다. 즉 나병의 특성이 그 전염성이나 치명적인 위험성이 인간의 죄와 유사성을 가졌다는 것이다.

1) 스플랑크니조마이 (σπλαγχνίζομαι) with compassion

(3) 예수님께서는 그를 불쌍히(민망히)[1] 여기사 고쳐주셨다. "내가 원하노니 깨끗함을 받으라 하시니", "곧 나병이 그 사람에게서 떠나가고(ἀπέρχομαι아페르코마이) 깨끗하여진지라"(42절; 눅 5:13). "이르시되 삼가 아무에게 아무 말도 하지 말고 가서 네 몸을 제사장에게 보이고 네가 깨끗하게 되었으니 모세가 명한 것을(레 14:2이하) 드려 그들에게 입증하라 하셨더라."

메시야의 자기 은익(隱匿): Messianic secret)

(1) 예수님은 나병 환자를 고쳐주시고 "삼가 아무에게 아무 말도 하지 말라"고 엄히 경고하셨지만 그 사람이 나가서 이 일을 많이 전파하여 널리 퍼지게 되었다. 왜 예수님은 그가 행하신 이적들이 널리 알려지는 것을 원치 않으셨을까?

(2) 여기 '엄히 경고하사'(strong warning, ἐμβριμάομαι 엠브리마오마이)라는 말은 '매우 분노하다, 엄히 경고하여 명령하다'라는 의미이다(마 9:30). 바리새인들은 예수님이 병을 고치는 것은 저기 귀신의 왕 바알세불을 의지하여 병을 고쳤다는 비방을 했다. 이들에게 어떤 비방의 빌미를 주기를 원치 않으셨을 것이다.

(3) "아무에게 아무 말도 하지 말라"라는 말씀은 특히 마가복음에서 많이 등장한다(막 1:23-25, 34 ; 3:11 ; 5:6 ; 9:20 ; 8:30 ; 막 9:9 등). 예수님의 사역은 외부의 화려함이나 백성의 인기로 인해서 사람들로부터 총애를 한 몸에 누리려는 것과는 거리가멀다. 또한 주님은 복음을 증거하기 시작한 초창기부터 병을 고치는 일에만 전념할 수 없으셨기 때문이다.

(4) 주님이 이 땅에 오신 목적이 복음 전파에 있었기 때문이다. 지금은 갈릴리 지역에서의 사역이 계속되는 중이다. 당시 나병은 천형(天刑)으로 알고 있었기에 나병환자를 고쳤다는 소문은 엄청난 파장을 일으킨 사건이었다. 엄히 경고했지만 그 사람이 나가서 이 일을 많이 전파했다. 많은 청중이 몰려 들었을 것이다. 그래서 예수님은 "다시는 동네에 들어가지 못하시고 오직 바깥 한적한 곳에 계셨다"고 했다. 그래도 사람들이 여전히 사방에서 멀려 들었다(막 1:45).

- 막 5:43 "예수께서 **이 일을 아무도 알지 못하게 하라**고 그들을 많이 경계하시고 이에 소녀에게 먹을 것을 주라 하시니라."
- 막 7:36 "예수께서 **그들에게 경고하사 아무에게도 이르지 말라 하시되** 경고하실수록 그들이 더욱 널리 전파하니"

적용을 위한 묵상

- 광야에서의 세례 요한의 외침은 청중들로 하여금
  임박한 때가 다가왔음을 실감있게 느끼게 해주었다.
  그의 설교는 죄 사함에 집중되어 있었다.
  많은 사람들이 그의 앞에 나와 자신들의 죄를 고백했다(마 3:6).
  죄를 고백하는 사람들에게 '죄 사함을 받게 하는 회개의 세례'(물로 씻는 종교적인 예식)를 베풀었다(막 1:4).

- 물론, 요한이 자신에게 세례 받는 사람들에게
  죄 사함을 준다는 의미가 아니다.
  요한은 백성들에게 회개하고, 죄에서 돌이키고,
  죄와 관계된 생활에서 떠나라고 외쳤다. (메시지의 절박성)
  하나님의 나라가 아주 가까이 왔기 때문이다.
  많은 사람들이 그에게 나아와 자신들의 죄를 자백했다.

- 오늘날도 회개의 외침은 선포된다.
  그러나 외침이 선포된 공동체가 변화된 모습을 나타내지 못한다.
  왜, 그럴까?
  아마, 외치는 자가 자신의 신실한 삶을 보여주지 못해서일꺼다.
  세례 요한이 회개하라고 선포할 때,
  백성들은 그의 말을 따랐으며 그를 존경했다.
  그의 청빈한 모습을 보라. "그는 약대털을 입고…."(1:6)

  성도들이 왜 자꾸만 (믿음의) 화석화가 진행되어갈까?
  삶과 일치된 복음이 선포되지 않기 때문일 것이다.

- 예수님도 그의 사역을 시작하기 전에
  요한에게 세례를 받으셨다.
  무리들에 끼어 있는 평범한 사람 같았던 예수님,
  그런데 그가 세례 받을 때 주목할 만한 일이 일어났다.
  그가 물로 세례를 받고 올라오실 때
  "너는 내 사랑하는 아들이라. 내가 너를 기뻐하노라"는 음성이 들렸다.
  예수님께서는 성령을 받으셨고(10절),
  하나님께로부터 사역을 시작할 수 있는 자격을
  공식적으로 인정받으셨다(11절).
  하나님의 일은 세상적인 능력이나 권세로 할 수 없다.

예수님이 메시야로 공적 인정을 받으심

- 시편 2:7 - 하나님이 그의 기름부음 받은 자(즉, 왕)에게 말씀하신 것을 연상시킨다.
- 이사야 42:1-4에서 하나님이 그의 성령을 그에게 두어서 세상을 공의로 통치하는 여호와의 종을 연상케 한다.

때가 찼고 하나님의 나라가 가까왔으니 회개하고 복음을 믿으라(막 1:15)

복음 사역을 하기 위해서는
예수님처럼 성령의 능력을 힘입어야 한다(마 10:1; 눅 24:49).
그러나 우리는 우리가 만든 완벽한 프로그램에
예수님을 끌어들이려고 애를 쓴다.
혹 성공이 있을 수 있겠으나 인간의 자랑거리가 될 뿐이다.

- 예수님은 그의 제자들을 부르셨다.
  제자들로 하여금 사람을 낚는 어부가 되게 하시려고...
  그러나 내로라 하는 종교지도자를 찾아 예루살렘으로 가지 않으셨다.
  장차 제자들은 예수님의 메시야적 은혜를
  예수님을 대신하여 사람들에게 나누어줄 일꾼들이다.
  앞으로 이들은 고난도 각오해야 한다(막 13:9-13ff).

- 예수님은 그런 일꾼들을 찾아 갈릴리로 가셨다.
  고기 잡는 어부들이었다.
  일꾼들은 예수님이 하시는 일을 돕고 그 일을 계속해 나갈 사람들이다.

  그러나,
  하나님은, 오늘 너무 유명한(?) 일꾼들 때문에 힘들어 하신다.
  하나님이 원하시는 일보다는
  자기의 영역 확장에 힘을 더 쏟기 때문일 것이다.

- 예수님의 소문이 온 갈릴리로 퍼져나갔다.
  그가 병을 고치고 귀신을 내쫓았다는 소문 때문이었다.
  "온 동네가 문 앞에 모였더라."
  이들은 왜 이렇게 예수님에게 열광하는 것일까?

- 예수님은 새벽이 아직도 밝기 전에(未明에)
  한적한 곳으로 가서 거기서 기도하셨다(막 1:35).
  말씀 사역자에게 가장 필요한 것은 무엇일까?
  끊임없이 말씀을 읽고, 연구하고
  그리고 말씀이 살아 움직이는 생명력을 갖기 위해서 기도가 필수적인데...
  생활 속에 말씀 적용은 더더욱 필요하고...

  그런데, 우리는 무엇 때문에 그리 바쁠까!

- 우리가 바쁘다는 것은 주님도 잘 아신다. 그래도 우리에게 원하시는 것은 무엇일까?
- 성령님과 동행하는 삶이란 어떻게 사는 것일까? 이야기해보자.
- 에이~ 교회만 안 빠지면 됐지, 뭘. '?'

갈릴리 사역(막 1:14–6:29)

예수님은, 지금
갈릴리에서 사역 중이시다.
예수님에 대한 소문은 전 갈릴리를 들뜨게 했다.
집에 계신다는 소문 때문에 많은 사람이 몰려들었다.

네 사람이 중풍병자를 데리고 주님께로 왔다.
너무 사람들이 많아 지붕을 뜯어 구멍을 내고
중풍 병자를 달아 내릴 수밖에 없었다.

그들의 믿음을 보시고
"작은 자야 네 죄 사함을 받았느라."
서기관들이 이 말을 듣고
"이 사람이 어찌 이렇게 말할 수 있는가?!"
"이는 신성모독이로다."

"죄 사함의 선언은
오직 하나님만이 할 수 있는 일이다."

예수님은 이들에게 질문하신다.
① "네 죄 사함을 받았으니라" 하는 말과
② "네 상을 가지고 일어나 걸어가라" 하는 말과 어느 것이 쉽겠느냐?

뭐라고요?.... 뭐라고 대답했을까?

중풍병자를 고치심(막 2:1-12)

(1) 예수님은 다시 본 동네(=가버나움)로 오셨다. 예수님에 대한 소문은 널리 퍼져 있었다. "집에 계신다는 소문이 들렸기에 많은 사람이 모여서 문 앞까지도 들어설 자리가 없게 되었다고 했다(2:2). 이런 과정에서 유대주의자들과 논쟁이 시작되었다.

(2) 예수님께서 본 동네(=가버나움, 막 2:1)로 오셨을 때 누가 예수님께 나왔는가? 그는 물론 혼자 올 수 없었다. 어떻게 주님 앞에 오게 되었는가? (막 2:2-4)

(3) "작은 자야 안심하라 네 죄 사함을 받았느니라." 그들은 지금까지 오직 하나님만이 죄를 용서하실 수 있는 권한이 있다고 생각했다. 그런데 예수님은 "네 죄 사함을 받았느니라"라고 말씀하시지 않는가!

(4) 이 모든 과정을 지켜보고 있던 서기관들의 태도는 어떠했는가? 예수님의 치유 과정을 서기관들도 지켜보고 있었다. 죄를 용서하실 수 있는 권한은 오직 하나님께만 있는 것이다. 그렇다면 예수라는 사람이 누구이기에 하나님만이 하실 수 있는 죄 사함을 선포한단 말인가? 이들이 보기에는 이는 분명히 신성모독(참람된 죄악)이었다. 예수님은 이들의 악한 생각을 아셨다(막 2:8).

예수님의 질문(막 2:9)

(1) 문제 :
① "네 죄 사함을 받았으니라" 하는 말과
② "네 상을 가지고 일어나 걸어가라" 하는 말과 어느 것이 쉽겠느냐?

(2) 어느 쪽이 더 쉽다고 생각하는가? 물론 이 두 질문에는 모두 하나님의 능력이 필요하다는 것은 분명하다.

① 말로써 중풍병자를 고치는 일은 인간으로서는 불가능하다.

② 또한 죄를 용서하는 것도 인간으로서는 불가능하다. 사람으로서는 둘 다 불가능한 일이다. 물론 전자가 더 쉽게 보일는지는 모른다.

(3) 예수님은 병자를 고침으로써 "인자가 세상에서 죄를 사(赦)하는 권능이 있으심"을 보여주셨다(마 9:6). 오직 예수님만이 죄 사함과 병고침을 다 행하실 수 있는 권세가 있음을 증명하신 것이다.

(4) 예수님에 대한 유대인들의 적대감은 자신을 하나님과 동등시했기 때문이었다(요 5:18). 하나님과 동등하다고 주장하는 것은 유대인에게는 신성모독이었다. 그래서 유대인들은 예수님을 돌로 치려 했다.

(5) 마태복음 9장 8절에서 볼 수 있듯이, 이들은 하나님께는 영광을 돌렸지만 아직은 예수님을 하나님으로 인정하고 있지 않음을 볼 수 있다. 사람들은 예수님이 행하신 이적은 분명 놀라운 일이지만 예수님이 진정 누구인가는 아직 알지 못했다. 다만 이들은 예수님이 병고치는 권세와 죄를 사하실 수 있는 권세를 주신 "하나님께만" 영광을 돌렸다(막 2:12; 눅 5:26).

레위를 부르심(막 2:13-17)

(1) 예수님은 중풍병자를 고치셨던 곳을 떠나셨다. 예수님께서 다시 바닷가로 나가셨고, 거기서 큰 무리를 만나 그들을 가르치셨다.

(2) 마가와 누가복음에는 "레위"(Levi)로 되어 있다. '레위'라는 이름이 본명이고, '마태'라는 이름은 사도가 된 후의 일이었을 것이다(例 : 시몬 - 베드로 / 도마 - 디두모).

(3) "모든 것을 버리고" - 이 일은 그리 쉬운 일이 아니다. 마태는 가버나움에서 살면서 주님과 여러번 접촉이 있었을 것이다. 이제 그를 부를 때 그는 기꺼이 응답했다.

(4) 예수님은 (그 당시에 미움과 멸시 받고 있는) 세리의 집에서 식사를 하셨다. 이 식사에 대체로 어떤 사람들이 참석했나? (막 2:15) 그러나, 자만적이고 독선적인 바리새인들과 서기관들의 반응은 어떠했나? 예수님은 빈정거리는 바리새인들의 질문을 간파하셨다. 예수님은 어떻게 대답하셨나?

(5) 건강한 자에게는 의사가 쓸 데 없지 않느냐, 의사는 병든 자에게라야 쓸 데 있는 것이 아니겠느냐? 건강한 자들이 바리새인이라면 세리 같은 큰 죄인들이야 말로 병든 자가 아니겠는가?!

금식논쟁(막 2:18-22)

(1) 금식 논쟁이 언제 어디서 일어났는지는 명확치는 않지만 아마 마태의 집에서 잔치하고 있는 동안에 일어났을 것이다.

(2) 누가 금식하고 있는가? "요한의 제자들과 바리새인들이 금식하고 있는지라"라고 했다. 누가복음에는 바리새인들이 질문한 것으로 되어 있다. 예수님의 제자들이 금식하지 않았다는 사실은 요한의 제자들과 바리새인들에게 충격적인 사실로 받아들여졌다. 그래서 "어찌하여 당신의 제자들은 금식하지 아니하나이까?" 라고 질문했다.

(3) 그렇다면 금식에 대한 참된 의미는 무엇일까? 레 23:27에 나타난 속죄일의 금식과 사 58:6, 7과 슥 7:1-10에 나타난 내용을 읽고, 그 금식에 포함되어 있는 근본 뜻은 무엇인가 알아보자.

(4) 예수님은 왜 바리새인들과 같은 류의 금식은 부적당하다고 말씀하시는가? 예수님은 두 가지 비유를 드신다. ① 생베 조각을 (낡은 옷)에 붙이는 자가 없나니...(왜?) ② 새 포도주를 (낡은) 가죽 부대에 넣는 사람이 없듯이...(왜?)

(5) 따라서 이 교훈의 요지는 아직도 구약의 형식이 남아 있다면 예수님으로 말미암아 도래한 새 시대는 경험할 수 없다는 것이다.

안식일에 밀이삭을 자르다(막 2:23-28)

(1) 그 당시 백성들에게는 안식일의 규례와 법도가 과중한 짐이 되어 있었다. 이런 것들은(안식일 준수 등) 백성들에게 오히려 무거운 짐이 되었다(마 11:28-30 참조). 주님의 제자들이 이삭을 따먹은 일이 왜 죄가 되었는가? (신 23:25을 보라)

(2) 그러므로 이삭을 잘라 먹었던 것이 잘못된 것이 아니었음을 본다. 그러면, 그 어떤 점이 바리새인들의 고소의 대상이 되었을까? 문제는, 이 사건이 안식일에 일어났다는 데 있었다.

(3) 예수님은 어떤 사건을 들어 안식일의 참뜻을 말씀하셨나? "안식일이 사람을 위하여 있는 것이요, 사람이 안식일을 위하여 있는 것이 아니니" - 무슨 뜻인가?

중풍병자를 고치심(막 2:1–12)

같이 읽을 곳(마 9:1–8; 눅 5:17–26)

▶2장은 동교재, 마태복음에서 설명을 그대로가져온 부분이 많습니다. 같은 내용이기 때문입니다.

예수님은 수일 후에 다시 본 동네(=**가버나움**)로 오셨다. 예수님에 대한 소문은 널리 퍼져 있었다. "집에 계신다는(베드로의 집에) 소문이 들렸기에 많은 사람이 모여서 문 앞까지도 들어설 자리가 없게 되었다고 했다(2:2). 이런 과정에서 유대주의자들과 논쟁이 시작되었다.

1. 예수님께서 본 동네(=가버나움, 막 2:1)**로 오셨을 때 누가 예수님께 나왔는가? 그는 물론 혼자 올 수 없었다.**

(1) 어떻게 주님 앞에 오게 되었는가? (막 2:2-4)

1) 중풍병자는 예수님께서 자기의 질병을 고쳐주실 수 있다는 확신과 자기의 죄까지도 사유하실 수 있다는 믿음이 있었다. 이제 주님은 "일어나 걸어가라"고 말씀하신다(6절). 주님은 이 사건을 통해 이 땅 위에서도 죄를 사하는 권세가 있음을 나타내신 것이다. 그는 천국(天國)을 지상(地上)에 가져옴으로써 미래를 현재로 나타내셨다. 그는 인간의 육체적, 정신적 모든 필요를 충족시킬 능력이 있으시다.

2:3 사람들이 한 중풍병자를 네 사람에게 메워 가지고 예수께로 올새
4 무리들 때문에 예수께 데려갈 수 없으므로
그 계신 곳의 지붕을 뜯어 구멍을 내고
중풍병자가 누운 상을 달아 내리니

(2) 예수님은 이 중풍병자에게 어떻게 말씀하셨나? (마 9:2도 참조해 보라.)

2:5 예수께서 — **이르시되**(...하시니)
/중풍병자에게
/그들의 믿음을 보시고(과거분사)
/작은 자야(Son, τέκνον)
네 죄[들이] — **사함을 받았느니라**(ἀφίενταί)

'그들'은 누구일까? 물론 중풍병자와 그를 데려온 사람들을 말한다.

2) 네 죄 사함을 받았으니라 (your sins are forgiven)

ἀφίενταί σου αἱ ἁμαρτίαι
아피에미(ἀφίημι) - 용서하다, 버려두다, 내보내다 / 현재, 직설법, 수동태. / 예수님은 중풍병자를 치료하시기 이전에 그의 죄를 사해주셨다.

(3) "작은 자야 안심하라 네 죄 사함을 받았느니라." 그들은 지금까지 오직 하나님만이 죄를 용서하실 수 있는 권한이 있다고 생각했다. 그들 생각에는, 중풍병자는 하나님의 형벌을 받고 있다고 생각했다. 그런데 예수님은 "네 죄 사함을 받았느니라"라고 말씀하시지 않는가!

(4) 그러나 이 중풍병자는 조금은 불안했으리라. 주님이 곧바로 치료하지 않으셨기 때문이었다. 주님은 이들의 **믿음을 보시고**[1] **먼저 죄 사함을 선포하신다.**[2] 지금까지는 치유 이적에서 죄 사함을 주시지 않으셨다.

(5) 그렇다면 질병의 치료는 곧 죄 사함을 받는다는 것을 의미하는가? 물론 죄

와 질병 사이에는 이런 관계가 있기도 하지만(요 5:14* 참조), 이런 견해는 대체로 반대하셨다(눅 13:1-5, 요 9:2-3* 참조). 예수님께서 그 나라의 복음을 전파하시는데 권위와 능력이 있으셨음을 본다. 그의 말씀은 표적(sign)일 뿐만 아니라 능력으로 충일(充溢 가득차서 넘침)해 있으셨다.

2. 이 모든 과정을 지켜보고 있던 서기관들의 태도는 어떠했는가? (막 2:6-7)

2:6 어떤 서기관들이 —— 마음에 **생각하기를**
/거기 앉아서(=있는) 7 /이 사람이 — **어찌 이렇게 말하는가**
/[그는] —— **신성 모독이로다**(βλασφημεῖ)[2]
/누가 —— **능히** 죄를 **사하겠느냐**
/오직 하나님 한 분 외에는

(1) 예수님의 치유 과정을 서기관들도 지켜보고 있었다. 죄를 용서하실 수 있는 권한은 오직 하나님께만 있는 것이다. 그렇다면 예수라는 사람이 누구이기에 하나님만이 하실 수 있는 죄 사함을 선포한단 말인가? 그들의 생각에는 중풍병자가 하나님의 형벌을 받고 있다고 생각하고 있었는데 "네 죄 사함을 받았느니라"는 주님의 말씀에 놀라지 않을 수 없었다. 이들이 보기에는 이는 분명히 신성모독(참람된 죄악)이었다. 즉, 하나님을 모독하는 행위라는 것이다.

(2) 예수님은 이들의 악한 생각을 아셨다(막 2:8). 어떤 서기관들은 예수님을 고소하기 위하여 그의 뒤를 계속해서 추적해왔고, 마침내 고소할 거리가 생겼다고 판정했을 것이다. "어떤 서기관들이 거기 앉아서 마음에("속으로", 마 9:3) 생각하기를 이 사람이 신성(神性)을 모독하는도다." [3]

3. 주님께서는 이들의 악한 생각을 아시고(=예수를 해하고자 하는 악한 생각, 마 9:4) **'어찌하여 마음에 이렇게 생각하느냐고 물으셨다(막 2:8).**

(1) 그리고 다음과 같은 질문을 하셨다(9절).

문제 : ① "네 죄 사함을 받았으니라" 하는 말과
② "네 상을 가시고 일어나 걸어가라" 하는 말과 **어느 것이 쉽겠느냐?**

(2) 어느 쪽이 더 쉽다고 생각하는가? 물론 이 두 질문은 모두 하나님의 능력이 필요하다는 것이 분명하다. ① 말로써 중풍병자를 고치는 일은 인간으로서는 불가능하다. ② 또한 죄를 용서하는 것도 인간으로서는 불가능하다. 사람

• 요 5:14 "그 후에 예수께서 성전에서 그 사람을 만나 이르시되 보라 네가 나았으니 더 심한 것이 생기지 않게 다시는 죄를 범하지 말라 하시니."

• 요 9:2 "제자들이 물어 이르되 랍비여 **이 사람이 맹인으로 난 것이 누구의 죄로 인함이니이까 자기니이까 그의 부모니이까** 3 예수께서 대답하시되 이 사람이나 그 부모의 죄로 인한 것이 아니라 그에게서 하나님이 하시는 일을 나타내고자 하심이라."

2) βλασφημέω(블라습헤메오)의 현재 능동태 3인칭 단수 / 중상하다, 비방하다, 모독하다.

3) 예수를 한낱 인간에 지나지 않는다고 생각한 그들에게는 "네 죄 사함을 받았느니라" (5절)라는 하나님만이 하실 수 있는 말을 했기에 그 말 자체가 하나님 앞에 참람(=신성모독, 불경)하다고 생각했다. 종교 지도자들의 반발이 나타나기 시작하고 있다.

치유에 대한 선언과 죄사함에 대한 선언은 말하기에는 둘 다 쉽다. 그러나 그것을 성취하는 것은 똑같이 어렵다. 이들이 보기에 문제가 되는 것은 예수가 스스로 죄사함을 선언한데 있었다. 죄 사함은 오직 하나님께만 있는데, 지금 예수가 그것을 찬달했다는데 있었다.

1) ἐξουσία
엑수시아 - 기본적으로 어떤 행동을 행할 수 있는 능력(ability)을 의미한다. 예수님께서 치유의 기적으로 말미암아 인간의 죄를 사해주시고 자신의 말씀에 권능이 있음을 확증해 주셨을 때, 이는 하나님의 권위에 따라 행하신 것이다(마 9:2-8; 막 2:3-12; 눅 5:18-26).

• 요 10:33 "유대인들이 대답하되 선한 일로 말미암아 우리가 너를 돌로 치려는 것이 아니라 신성모독으로 인함이니 **네가 사람이 되어 자칭 하나님이라 함이로라.**"

• 요 14:28 "내가 갔다가 너희에게로 온다 하는 말을 너희가 들었나니 나를 사랑하였더라면 내가 아버지께로 감을 기뻐하였으리라 **아버지는 나보다 크심이라.**"

2) 이 중풍병자의 치유의 과정을 지켜보던 사람들은 경외심으로 가득차서 "이러한 권세를 사람에게 주신" 하나님께만 영광을 돌렸다. 그들은 예수님께서 인자의 권세를 주장하셨을 때, 이것은 단지 '인간들'에게 하나님께서 베푸신 권세라고 생각했다.

으로서는 둘 다 불가능한 일이다. 물론 전자가 더 쉽게 보일는지는 모른다. 왜냐하면 이는 보는 사람이 반증할 길이 없기 때문이다. 예수님은 병자를 고침으로써 "인자가 세상에서 죄를 사(赦)하는 (권능)[1]이 있으심"을 증명하려 하셨다(마 9:6). 오직 예수님만이 죄 사함과 병고침을 다 행하실 수 있는 권세가 있으심을 증명하신 것이다.

(3) 이제 주님은 중풍병자에게 이렇게 말씀하신다 : "(일어나) 네 침상을 가지고 (집으로) 가라." 네 사람이 침상을 떼메어 데려왔으나, 친히 그 병자 자신이 침상을 들고 걸어갔다(마 9:7). 주님의 권능으로 말미암아 이 병자는 육체적으로 건강하게 되었다. 또한 그에게 건강한 영혼도 주셨다.

(4) 예수님에 대한 유대인들의 적대감은 자신을 하나님과 동등시했기 때문이다(요 5:18). 예수님은 자신을 하나님이라고 주장하셨다(요 10:33*). 하나님과 동등하다고 주장하는 것은 유대인에게는 신성모독이었다. 그래서 유대인들은 예수님을 돌로 치려 했다. 물론 예수님은 적대자들의 비난을 거절하지 않으셨다. 요한복음은 다른 복음서보다 분명하고도 단호하게 영원한 하나님의 아들로서의 그리스도의 신성을 강조한다. 동시에 아들과 아버지의 구별을 선언하셨다(요 5:19, 14:28*). 아들은 스스로 (아버지께서 하시는 일을 보지 않고는) 아무 것도 할 수 없다. 왜? (이유: γάρ, for) 아버지께서 행하시는 그것을 아들도 '**그와 같이**'(in like manner, ὁμοίως호모이오스) 행하시기 때문이다.

4. 물론 이 서기관들이 패배를 인정했는지 또는 주님이 행하신 것이 옳았다는 것을 시인했는지는 기록이 없지만, 이 사건들을 보면서 이렇게 말했다 :

막 2:1 그들이 다 놀라
하나님께 영광을 돌리며 이르되
우리가 이런 일을 도무지 보지 못하였다 하더라

마 9:8 무리가 보고 두려워하며
이런 권능(ἐξουσία)을 (사람)[2]에게 주신 하나님께
'영광을 돌리니라'(ἐδόξασαν)

(1) 마태복음 9장 8절에서 볼 수 있듯이 이들은 하나님께는 영광을 돌렸지만 아직은 예수님을 하나님으로 인정하고 있지 않음을 볼 수 있다. 사람들은 예수님이 행하신 이적은 분명 놀라운 일이지만 예수님이 진정 누구인가는 아직 알지 못했다. 다만 이들은 예수님이 병고치는 권세와 죄를 사하실 수 있는 권세를 주신 "하나님께만" 영광을 돌렸다(막 2:12*; 눅 5:26*).

(2) 주님은 이 이적을 통해 예수님의 말씀이 진리임과 동시에 그의 메시야 됨을 나타내려 하셨다. 이 사건은 인간이 죄의 용서를 받기 위해 무엇을 해야 한다는 것을 말하고 있지 아니하다. 오히려 인간의 죄를 사하시는 주님의 절대적인 권세를 드러내고 있다. 예수님은 다니엘서 7:14의 인자(人子)이셨던 것이다. 즉 죄사함의 권세가 이 땅에서도 성취되고 있다는 것이다. 그들은 이러한 사실을 인지했음에도 불구하고 그를 위험인물이라고 생각했다.

• 막2:12 "그들이 다 **<놀라>** 하나님께 영광을 돌리며"

• 눅 5:26 "모든 사람이 **<놀라>** 하나님께 영광을 돌리며 심히 두려워하여 이르되 오늘 우리가 놀라운 일을 보았다 하니라"

레위를 부르심(막 2:13-17)

같이 읽을 곳(마 9:9-13; 눅 5:27-32)

1. 예수님은 중풍병자를 고치셨던 곳을 떠나셨다. 예수님께서 다시 바닷가에 나가시매 큰 무리를 만났다. 그래서 그들을 가르치셨다.

막 2:14 또 지나가시다가 알패오의 아들 레위가
세관에 앉아 있는 것을 보시고
그에게 이르시되 나를 따르라 하시니 일어나 따르니라.

(1) 마태를 부르신 사건이 나온다. 중풍병자를 고치신 후 바로 마태를 불렀기 때문일 것이다. '마태' 는 아람어로 "하나님의 선물"이라는 뜻이다. 마가와 누가복음에는 "레위"(Levi)로 되어 있다. '레위'라는 이름이 본명이고, '마태' 라는 이름은 사도가 된 후의 일이었을 것이다(例 : 시몬 - 베드로 / 도마 - 디두모). 누가복음에서는 이렇게 기록되어 있다.

눅 5:28 그가 모든 것을 (버리고)[1] 일어나 따르니라(he left everything)

(2) **"모든 것을 버리고"** - 이 일은 그리 쉬운 일이 아니다. 마태는 가버나움에서 살면서 주님과 여러번 접촉이 있었을 것이다. 이제 그를 부를 때 그는 기꺼이 응답했다. 그는 주님의 사역에 여러모로 유익했을 것이다. 세리의 일을 맡았었기에 1개국어 이상 말을 할 수 있었겠고, 세리로서 기록물을 써서 보관해 본 경험이 있었을 것이다.

(3) 그는 이러한 경험을 토대로 예수님의 말씀과 행적을 보존할 수 있었을 것이다. 또 그는 매우 신중하고 겸손한 것 같았다. 그 어디에나 자기 자신의 희생이나 그 다른 무엇을 성경에 기록하지 아니했음을 볼 수 있다.

당시 세리(稅吏)에 대한 일반 백성들의 시선이 어떠했나?

알패오(Alphaeus)의 아들 마태(Matthew)가 세관(稅關, tax collector's booth)에 앉은 것을 보셨다(14절). 가버나움은 시리아에서 지중해안을 거쳐 애굽에 이르는 대로에 위치해 있었다. 이 국제로를 따라서 이루어진 상거래에 대하여 세금을 거두었을 것이다. 당시 세리들은 유대인들에게 미움과 멸시를 받았다(마 5:46* 참조). 물론 그가 직접 세금을 거두는 자인지, 아니면 말단 관리인지 설명이 없으나 어쨌든 당시 세리에 대한 유대인의 시선은 곱지 아니했다.

• 마 5:46 "너희가 너희를 사랑하는 자를 사랑하면 무슨 상이 있으리요 **세리도 이같이 아니하느냐.**"

1) καταλείπω - 남겨두다, 뒤에 남기다. / 여기서는 '버리다'(abandon), '포기하다'(give up)를 의미한다.

1) 세리와 창기(娼妓)들, 이들은 당시 사회에서 대체로 멸시와 천대를 받던 무리들이었다(마 21:31). 이들에게는 바리새인들의 경건성이 물론 없었다. 그런 외식적인 종교행위와는 거리가 먼 사람들이었다. 그런데, 마태의 친구들을 보라.

2. 이제 예수님은 (그 당시에 미움과 멸시 받고 있는) 세리의 집에서 식사를 하셨다. 이 식사에 대체로 어떤 사람들이 참석했나? (막 2:15)

(1) "죄인 및 세리들[1]과 **함께** 잡수시는 것을 보고" - 이들 무리들은 예수님의 식사 시간에 동참하기를 즐겨했다. 분명 이 새로운 선생은 바리새인들과는 다르다고 생각했다.

(2) 그러나, 자만적이고 독선적인 바리새인들과 서기관들의 반응은 어떠했나?

막 2:16 바리새인의 서기관들이
예수께서 죄인 및 세리들과 함께 잡수시는 것을 보고
그의 제자들에게 **이르되**
/어찌하여 **세리 및 죄인들과 함께** 먹는가

τί μετὰ τῶν τελωνῶν καὶ ἁμαρτωλῶν

- 세리(텔로네스, τελώνης)
- 죄인(하마르톨로스, ἁμαρτωλός)

당시 유대인들에게 멸시 받는 계층들은 죄인들(마 9:10), 이방인들(마 18:17), 창기들(마 21:31), 착취자, 사기꾼, 간음하는 자(눅 18:11) 등이었다.

(3) 물론 바리새인들은 질겁을 했다. 바리새인들은 예수님의 제자들에게 빈정거린다. "그러면 그렇지!! 너희 선생은 어찌 저런 죄인들과 어울려 식사를 하느냐?" 바리새인들은 "어찌하여"라고 비난과 고소가 섞인 질문을 퍼부었다. 그러지 않아도 이들은 예수님에게서 트집거리를 찾아내려고 애쓰고 있는 중이었다.

(4) 예수님은 빈정거리는 바리새인들의 질문을 간파하셨다. 그 때 예수님의 대답은 어떠했나?

막 2:17 예수께서 **들으시고 이르시되**
/건강한 자에게는 의사가 — **쓸 데 없고**
병든 자에게라야 ——— **쓸 데 있느니라**

병든 자에게라야
οἱ κακῶς ἔχοντες

병든 자(카코스, κακῶς) - 신체적인 의미에서 '병들다, 앓다'라는 의미. (심히 , 비참하게) / 도덕적으로 '잘못, 악하게'라는 의미로도 쓰였다.

(5) 일순간 제자들은 당황하고 있었을 것이다. 주님은 이미 잘 알려진 속담으로 대답을 하신다. "어떤 의사가 건강한 자를 고치려고 하겠는가? 건강한 자에게는 의사가 쓸 데 없지 않느냐, 의사는 병든 자에게라야 쓸 데 있는 것이 아니겠느냐?" 건강한 자들이 바리새인이라면 세리 같은 큰 죄인들이야말로 병든 자가 아니겠는가?! 주님께서는 인간들이 생각하고 있는 어떤 도덕적 표준으로 위로하려는 것이 아니고 전적으로 부패해버린 인간을 구원하려 오신 것이 아닌가! 따라서 복음이 전파될 때, 세상 사람들과 불화가 나타나기도 한다.

금식논쟁(막 2:18–22)

같이 읽을 곳 (마 9:14–17; 눅 5:33–39)

1. 금식 논쟁이 언제 어디서 일어났는지는 명확치는 않지만 아마 마태의 집에서 잔치하고 있는 동안에 일어났던 일인 것 같다.

막 2:18 요한의 제자들[1]과 바리새인들이 금식하고 있는지라
사람들이 예수께 와서 **말하되**
/요한의 제자들과 바리새인의 제자들은 ― **금식하는데**
어찌하여 당신의 제자들은 ― **금식하지 아니하나이까**

(1) 누가 금식하고 있는가? "요한의 제자들과 바리새인들이 금식하고 있는지라"라고 했다. 누가복음에는 바리새인들이 질문한 것으로 되어 있다. 어쨌든 예수님 일행은 마태의 집에서 (요한의 제자들과 바리새인의 제자들은 금식하는데도 불구하고) 그것을 지키지 아니했다는 것이다.

(2) 예수님의 제자들이 금식하지 않았다는 사실은 요한의 제자들과 바리새인들에게 충격적인 사실로 받아들여졌다. 그래서 "어찌하여 당신의 제자들은 금식하지 아니하나이까?"라고 질문을 하고 있다. 물론 (세례자) 요한의 제자들은[2] 바리새인들처럼 거만하게 굴지는 아니했다. 어쨌든 요한의 제자들에게는 예수님과 그의 제자들이 금식하지 않은 것에 대해 내심 의아해 했을 것이고 불쾌하게 여기기도 했을 것이다.

1) 요한의 제자들이란 누구인가? 또 이들의 생활방식은 어떠했나? 이들은 요한이 옥에 갇힌 후에도 일부는 별개의 집단으로 계속 남아 있었던 것 같다. 이 요한의 제자들은 예수가 그리스도라는 세례 요한의 증언도 있었고(마 3:11; 요 1:29-36), 또 예수와 요한의 공통적인 것이 많은 점이 있기는 했지만, 그래도 이해할 수 없는 일이었다.

2) 안드레와(사도) 요한은 원래 (세례) 요한의 제자였었다. 요한의 제자들 역시 기도와 금식 같은 금욕생활을 했다. 당시 바리새인들은 일주일에 이틀씩 금식했다고 한다. 이에 비해 예수님의 제자들은 세리와 죄인들과 자주 어울렸다(마 11:19; 눅 7: 34, 15:1, 2, 19:1-10).

예수님이 이 땅에 오신 목적

- 예수님의 부르심은 메시야적 부름이다. 예수님이 세상에 오신 목적이 메시야적 사명을 성취하기 위함에 있다. 즉, 예수님은 죄인들을 회개시키기 위해 오셨다(막2:17ff). 그는 "땅에 불을 던지러 오셨다"(눅12:49, 불이 땅에서 시작된 것이 아니라 하늘로부터 세상에 던져진 것이다.). "화평이 아니라 검을 주러 오셨다"(마 10:34ff; 눅 12:51ff).

- 예수님은 율법이나 선지자들을 폐하러 온 것이 아니라 완성시키려 오셨다(마 5:17). 예수님은 "하나님 나라를 선포하기 위해 오셨다"(막 1:38). "내가 보내심을 입었노라"(마 10:40).

- 또 예수님은 "잃은 자를 찾아 구원하기 위하여 오신 인자"라고 소개하고 있다(눅 19:10). 섬김을 받기 위해 온 것이 아니라 오히려 섬기려 하고, 자기 목숨을 많은 사람들의 대속물로 주기 위해 오셨다(막 10:45; 마 20:28).

2. 그렇다면 금식에 대한 참된 의미는 무엇일까?

(1) 레 23:27에 나타난 속죄일의 금식과 사 58:6, 7과 슥 7:1-10에 나타난 내용을 읽고 그 금식에 포함되어 있는 근본 뜻을 말해보라.

(2) 예수님은 왜 바리새인들과 같은 류의 금식은 부적당하다고 말씀하시는가? (막 2:19)

주님은 그가 제자들과 함께 있는 동안에는 금식이나 슬퍼하는 것을 금하셨다. 그래서 주님은 결혼 잔치의 비유로 설명하고 있다. 잔치에는 즐거움이 있다. 이는 메시야의 시대가 이미 시작되었음을 시사하고 있다. 그럼에도 결혼 잔치의 즐거움이 사라질 날이 있을 것임을 암시하신다. "그러나 신랑을 빼앗길 날이 이르리니 그때에는 금식할 것이니라"고 하셨다.[1)]

3. 이제 주님은 두 가지 비유를 들어 죄 속에 빠져 있는 자들에게 구원을 얻게 해주는 새로운 말씀이 인간이 규정한 금식의 옛 틀 속으로 갇힌다는 것은 적당치 않음을 설명하신다(동교재, 마태복음).

(1) 생베 조각을 (낡은 옷)에 붙이는 자가 없나니,
만약, 그와 같이 한다면 조금만 잡아당겨도 새 헝겊이 낡은 옷을 당기게 되어 그 해어짐이 더욱 크게 될 것이다.

(2) 새 포도주를 (낡은) 가죽 부대에 넣는 사람이 없듯이,
만약, 낡은 부대에 새 술을 담그면 그 부대도 술도 다 버리게 될 것이다.

(3) 따라서 이 교훈의 요지는 아직도 구약의 형식이 남아 있다면 예수님으로 말미암아 도래한 새 시대는 경험할 수 없다는 것이다. 그렇다고 해서 예수님이 구약의 형식을 모두 부인한 것은 물론 아니다.

주님과 함께 도래한 새 시대,
그 시대에 주님을 따르는 자들은
주님이 주시는 새로운 규범을 따라야 한다는 것이다.
그런데 이들 바리새인들이나 세례 요한의 제자들이 취했던
금식의 방법은
하나님의 율법이 아니고 인간의 제도였다.[2)]

1) 주님에게는 십자가를 지셔야 하는 일이 남아 있다(요 16:16-21). 그러나 그들은 이미 확실히 도래할 성취의 빛 가운데에 살고 있다. 이미 왕국이 그 신랑과 함께 도래(到來)했기 때문이다. 이들은 지금 그 신랑과 함께 있다.

2) 주님 안에서 옛 것은 지나갔고 새것이 이미 도래했다. 자기의 의로 인하여, 또 사소한 규례로 과중한 짐을 져야했던 것과는 아주 다른 새로운 시대가 마침내 온 것이다. 제자들은 지금 이 새로운 시대, 새로운 그 나라에 들어가 있다. 예수님과 함께 있는 동안 우울하게 금식 절기를 지키는 것이 잘못이라고 말씀하신다.

안식일에 밀이삭을 자르다(막 2:23–28)

같이 읽을 곳 (마 12:1–8; 눅 6:1–5)

1. 예수님에 대한 적내적인 감정이 점차 노골화 되어 나타난다. 어떻게 하든지 고소할 거리를 찾던 중 특히 안식일 문제를 가지고 이들은 예수님께 도전한다. (아래의 설명은 동교재, 마태복음에서 그대로 가져온 것임)

(1) 바리새인들은 어떻게 하면 예수를 죽일 수 있을까 음모를 꾸미기 시작한다(마 12:14). 이들 세대는 그릇된 메시야관을 가지고 있었고, 무엇보다도 사악했다. 그들은 예수님에게 메시야라는 표적을 구하고 있었다. 너희들에게는 요나의 표적 밖에는 보일 표적이 없다. 그것이 예수님의 대답이었다.

(2) 바리새인들이 예수님과 제자들을 걸고 넘어진 진짜 이유는 무엇인가?

막 2:23 안식일에
예수께서 —— 밀밭 사이로 **지나가실새**
그의 제자들이 —**[시작하니라]**
/길을 열며(가며) 이삭을 자르니(분사)

마태복음 12:1에서는 "그 때에 예수께서 안식일에 밀밭 사이로 가실새 **제자들이 시장하여 이삭을 잘라 먹으니**"라고 했다.

(3) 그 당시 백성들에게는 안식일의 규례와 법도가 과중한 짐이 되어 있었다. 이런 것들은(안식일 준수 등) 백성들에게 오히려 무거운 짐이었다(마 11:28-30 참조).

(4) 주님의 제자들이 이삭을 따먹은 일이 왜 죄가 되었는가? (신 23:25을 보라) 그러므로 이삭을 잘라 먹었던 것이 잘못된 것이 아니었음을 본다. 그러면, 그 어떤 점이 바리새인들의 고소의 대상이 되었을까? 문제는, 이 사건이 안식일에 일어났다는 데 있었다. 이 문제를 예수님께 들고와서 당신도 그 일을 묵인했으니 공범자가 아니냐고 따져 물었다. 지금 이들은 어떻게 하든지 예수님의 말이나 행동에서 '고소할 기회'를 찾고 있었다. 물론 '즉각적인 반응'이 일어났다.

• 신 23:25을 보라. "네 이웃의 곡식밭에 들어갈 때에는 네가 (손)으로 그 이삭을 따도 (되느니라). 그러나 네 이웃의 곡식밭에 낫을 대지는 말지니라."

2. 그렇다면, 안식일에는 어떻게 해야 하는가? 출 20:8–11, 신 5:12–15을 읽어보고 요약 설명해 보라.

(1) 유대인들은 어떻게 하든지 율법을 철저히 지키려 했다. 그것은 하나님을 보

다 잘 섬기려는 몸부림이었을 것이다. 그러나 이들은 율법의 근본 정신을 놓쳐버렸다. 안식일 준수도 그 중의 하나였다. 이들은 율법의 규정 외에 인간의 전통을 첨부시켜 이를 더욱 중요시 했다. **미쉬나**[1]에 따르면, 안식일에 "양의 한 입 정도의 곡식 이삭을 취하는" 사람은 안식일을 범한 죄를 지은 것이라고 했다. 이삭을 잡아뜯는 것도 수확으로, 비비는 것은 탈곡으로 간주했다. 따라서 죄악된 소득의 곡식을 먹었다고 주장했다. 안식일에 금지된 39가지 일 중의 하나인 수확과 타작에 대한 규례를 어겼다는 것이다.

1) 탈무드 = 미쉬나(Mishina, 구약성경의 주석) + Gemara(미쉬나의 주석)

포로 이후에 토라의 근본 정신이 여러 이유로 그대로 전달될 수 없었다. 그래서 토라가 어떤 환경에서도 적용될 수 있도록 미쉬나법을 만들었다.

(2) 그 외에도 안식일의 규정이 너무 많아서 하나님이 안식일을 주신 근본 의도와는 너무도 거리가 멀어져 있었다. 물론, 이들은 제자들이 고소의 대상이 아니었다. 그 비난의 화살은 예수님을 겨냥했다.[2]

3. 본문 막 2:25을 다시 한 번 읽어보라. 어디에서 일어났던 이야기인가?

2) 눅 6:1-11도 자세히 읽어보자. "...제자들이 곡식을 (잘라) 손으로 (   ) 먹으니"(눅 6:1)

이 구절을 볼 때 분명히 안식일을 범한 것이 되었다. 이제, 예수님께서는 4번째 계명의 참 뜻을 두 가지 예를 들어 그들의 안식일 개념에 문제가 있음을 지적하신다.

(1) "너희는 다윗이 자기와 그 함께한 자들이 (시장할) 때에 한 일을 읽지 못했느냐? (3절)" 우선, 사무엘상 21장을 보아야겠다. "거룩한 떡"(삼상 21:4)은 누구만을 위한 것이었나? (레 24:9) 아론과 그 자손, 즉 제사장을 위한 것이었다. 다윗이 성소에 들어가서 진설병을 내온 것도 아니었다. 이 진설병은 두 열로 진열해 놓은 12지파를 상징하는 12개의 떡으로서, 매 안식일마다 새로운 떡으로 교체되었으며, 시일이 지난 떡은 제사장들만이 먹을 수 있었다(출 25:30, 삼상 21:6 참고).

(2) 다윗과 그 동료들이 놉 땅에 피난을 간 일이 있었다. 그때 제사장 아히멜렉에게 거룩한 떡(진설병)을 달라고 요구한다. 다윗 일행들이 너무 허기가 졌기 때문이었다(왜, 허기졌느냐고? 삼상 21장을 읽어보자). 하나님이 정하신 규례까지도 무시하고 그 떡을 먹을 수 있었다면---. // 더욱이 예수님과 그의 제자들이 인간이 만든 규정을 폐하실 권한이 없겠는가? 더욱이 예수님의 제자들이 어긴 것은 실제로 모세의 의식법이 아니라 바리새인들의 전통 중의 하나였을 뿐이다.

(3) 만약, 다윗이 거룩한 떡을 먹었을 때 그것이 안식일이 아닌 다른 날에 취하여졌다고 해도 역시 옳고 필요한 일이었다. 다윗은 그가 수행하고 있던 사명이 거룩하다는 것을 호소했다. 그래서 당시 제사장 아히멜렉은 그것을 먹도록 허용했다. 만약, 다윗이 행한 일이 정당했다면, 주님의 행동은 더욱 정당할 수 있지 않겠는가? 주님은 메시야적 왕의 전형(典型)인 다윗보다 열등하

마 12:1 그 때에 예수께서 안식일에 밀밭 사이로 가실새 제자들이 시장하여 이삭을 잘라 먹으니

지 않다는 것을 보이셨다(마 12:6).

4. 마 12:5에서는 또 하나의 논증을 꺼내셨다. 어떤 논증인가?[1)]

마 12:6 내가 너희에게 **이르노니**

/(　　　　) 보다 '더 큰 이'가 여기 있느니라.

(1) 여기서 '더 큰 이'는 '더 큰 것' 즉, 하나님의 나라(=예수)를 말한다(NIV성경). 구약의 성전은 무엇을 가리키는가? 참 성전은 누구인가? 제사장이 거룩한 성전을 섬기기 위해 안식일에 일하는 것이 허락되었다면, (성전보다 더 크신 주님의) 제자들의 이러한 행동이 어찌 비난받을 만한 일이 되겠는가?

(2) 그들이 진정 호세아 6:6의 뜻을 바로 알았더라면, 안식일에 자비를 베푸는 것이 의롭다는 것을 알았을 것이다. 인자는 "안식일의 주인"이시기 때문이다(8절). 그들은 안식일의 주인을 모욕했다.[2)] 안식일을 인간에게 주신 근본 목적이 무엇인가? 인간이 안식일의 노예가 되어서는 안 된다는 것이다.

(3) 그러나 이 말이 주님께서 안식일을 무시했다든가 하는 말은 아니다. 예수님은 오히려 안식일을 존중하셨음을 본다. 눅 4:16-27을 읽어보자. 안식일에 자비를 베푸시고 병을 고쳐주셨다(마 12:9-13; 눅 13:10-17). 예수님은 안식일을 제정하신 분이시다. 이제 예수님은 안식일의 상징적 의미를 성취하셨다. 이들은 예수님만이 참 안식(쉼)과 구원을 베푸시는 분이시라는 것을 알아야 했다(마 11:28 "수고하고 무거운 짐 진 자들아 다 내게로 오라 내가 너희를 쉬게 하리라"). 막 3:1-6에서 볼 수 있는 것처럼 예수님께서 안식일에 손 마른 사람을 고친 사건으로 또한번 논쟁에 휘말린다.

1) 제사장들이 안식일에 성전에서 섬기는 제사장적 행위, 이것은 안식일을 더럽히는 행위였다. 사실, 제사장들은 안식일을 더욱 바쁘게 보냈다(레 24:8, 9; 민 28:9,10; 대상 9:32, 23:31). 바로 성전 안에서 제사장들에 의해 깨뜨려졌다. 그러나 이러한 사실이 죄가 되지 않는다고 말한다. 제사장들에게 문제가 있지 않았다. 왜? 그들이 행하는 일은 거룩한 목적에서 이루어지는 것이었기 때문이었다. 따라서 의식법의 안식일 규정에서 제외되었다.

2) 호 6:6 "**나는 (인애)를 원하고 제사를 원하지 아니하며 (번제)보다 하나님을 아는 것을 원하노라.**"

바리새인들은 호세아 당시처럼 종교적 외식에만 온통 관심을 기울였다. 율법의 진정한 목적이 무엇인가? 제사보다, 번제보다 하나님과 이웃을 사랑하라는 근본 의미를 잃어버렸다. 호 6:6의 의 미를 바로 알았다면 무죄한 사람을 죄로 정죄하지는 아니했을 것이다.

안식(일)의 참된 의미

1. 창 2:3에서 쓰인 '안식하셨다'(he rested)는 말씀은 분명히 6일간의 창조사역과 관련이 있다.

(1) 하나님은 일곱째 날에 복주시고 그 일곱째 날에 안식하셨다고 했다(창 2:2, 3). 이렇게 안식은 인간에게 복되고 거룩한 것으로 선언되었다.

(2) 이 창세기의 '안식'은 장차 영원한 안식을 향해 가는 첫 출발점이 된다. 만약 인간이 타락하지 않았다면 영원한 안식으로의 행진이 순조로웠을 것이다. 인간에게 축복이 되는 이 안식은 인간의 타락으로 파괴되고 만다.

(3) 따라서 이후 인간에게 '안식'은 파괴된 질서로부터의 회복을 의미한다. 그러므로 타락 후의 '안식'은 역사가 진행되면서 그 개념이 점진적으로 발전하게 된다. **우리는 그리스도 안에서 장차 영원히 누릴 '안식'을 앞당겨 맛보고 있다.**

2. 안식의 의미가 계시의 흐름에서 확장된다. 어떻게 발전하는가?

(1) 안식일 - 쉰다는 개념에서 "안식일" 개념으로 발전한다(출 20:8-11, 31:15). 출 20:8에서 사용된 안식일(솨바트)은 쉰다는 동사인 누아흐(to cease)와 연결하여 안식의 뜻만 아니라 농사일, 노동, 상행위도 그칠 것을 말한다. 안식일과 쉼이 연결되어 소극적 휴식을 떠나 적극적인 행위를 명령하고 있다. 이를 더 확장한 부분이 출 31:15-17이다.

(2) 레 19:30을 보라. 그러므로 안식일은 ① 쉼의 원리를 지님과 동시에 다른 절기와 더불어 ② 주된 예배의 날이다(겔 46:3). 이렇게 창조의 개념으로서의 안식을 가리키는 말이 구속의 기념으로서의 안식을 가리키는 말로 점진되었다.

(3) 출 23:12에서는 '솨바트' 와 '누아흐' 라는 두 동사가 병행해서 언급되었다. 여기서 안식이란 일을 그만 둔 결과로서 얻어지는 것, 즉 '누아흐' 이며, 그 파생어들은 언제나 고된 일을 그만 둔 결과로써 얻어지는 것을 의미하는 말들로 사용되었다.

(4) 신 5:12-15에서는 안식의 개념이 '구속과 해방' 을 기념하는 것으로 부각시키고 있음을 본다. 즉, 이스라엘 백성에게 안식의 개념을 말씀하실 때, 그 '안식' 의 근거가 애굽으로부터 해방되어 구원받은 사실이 강조되어 있다.

3. 하나님의 백성에게 궁극적인 안식은 무엇인가?

우리는 지금 안식에 참여하고 있는가? (히 4:8, 9, 14을 보라) 주님이 이 세상에 오셔서 우리를 죄와 사탄의 사슬에서 해방시키시고 참 안식을 주셨다. 우리는 (그리스도 안에서) 이미 안식에 참여하고 있으며, 장차 하나님의 왕국에서 영원토록 주님과 함께 안식할 것이다.

(*from*, 동교재, 레위기)

BACK TO THE BIBLE

적용을 위한 **묵상** **중풍병자 치유, 금식논쟁, 안식일 논쟁**

- 중풍병자가 (네 사람에 의해) 예수님께로 나왔다.
  사람들이 너무 많아 지붕을 뜯고 구멍을 내어 달아내려야만 했다.
  누가 이런 시도를 생각이나 했을까?
  그만큼 그들에게는 절박함이 있었으리라.
  아무리 절망적인 문제가 내 앞에 닥쳤더라도
  이들이 가지고 있던 믿음만 있다면
  주님 앞에 나와 고침을 받을 수 있다.
  영적인 문제이든, 물질적인 문제이든, 육체적인 문제이든...
  그런데 나(우리)에게는 그런 믿음이 없지 않은가?!
  아직도 등어리에서 식은 땀이 나지 않아서 그럴꺼야.
  정말 그런가보다.

- 알패오의 아들 세리가 세관에 앉아 있다.
  마침 예수님이 그곳을 지나가시다가 그를 부르셨다.
  "나를 따르라."
  모든 사람들이 자신을 '세리'라고 싫어하고 멀리했는데...
  지금 예수님이 자신을 부르신 것이다.
  그는 즉시 예수님을 따라나섰다.

- 그날, 알패오 아들 레위집에서는 잔치가 벌어졌다.
  그 자리엔 많은 세리와 죄인들도 참석했다.
  예수님은 기꺼이 그들의 친구가 되어주셨다.

  나는, 여러분은 지금 세리의 입장인가, 아니면
  또다른 바리새인과 서기관들인가?
  예수님은 죄인을 구원하러 이 땅에 오셨다.
  예수님 앞에서 구원이 불가능한 사람은 없다.
  다만, 나는, 우리는
  나도 모르는 사이에 바리새인이 되어 있는 것은 아닌가!

- 유대인들의 지독한 종교적 열심
  하나님도 이들의 열정에 감탄하셨으리라.
  그래서 이들은 왜 당신들은 금식하지 않느냐고 따져물었다.
  왜 안식일을 어겼느냐고 따져물었다.

  예수님이 우리에게 진정으로 원하시는 삶은 어떤 것일까?
  나는, 우리는 너무 높은 곳에 올라와 있는 것은 아닐까?
  그래서, 가난하고, 세상의 삶이 너무 힘들다고
  우는 사람들의 울음소리를 듣지 못하는 것이 아닐까?

- 형식적인 신앙, 그런 사람들이 더 열정적일 수 있다.
- 어느 사이에 신앙이 형식적이고 습관화 되었다면 분명히 영혼이 병들어 있는 것이다.
- 나는 주님의 도움이 크게 필요치 않다고 생각할 수 있다. 나는 신앙의 연륜만을 자랑하는 자가 아닐까?

Outline

Outline은 본문 설명을 요약 정리한 것입니다. 간단하게 설명을 할 경우 이용하세요. 그렇지 않으면 본문으로 바로 들어가셔도 됩니다.

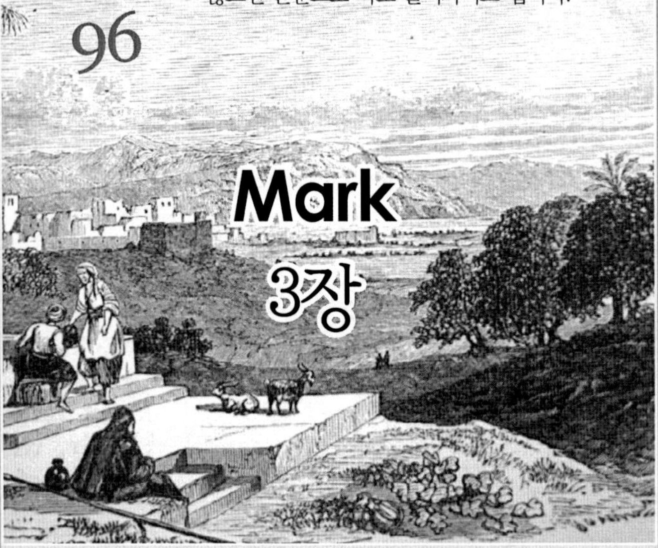

안식일 문제 · 바알세불 논쟁

예수님을 보려는 사람들이 몰려 들었다.
아마, 말씀에 귀를 기울이는 사람보다는
병을 고치려는 사람들이 더 많았을 것이다.

바리새인과 서기관들은 이런 사실이 못마땅했다.
그래서 예수님을 걸고 넘어질 고소거리를 찾고 있었다.
그런데 그 날이 바로 안식일이었다.
사람들이 예수님을 고발하려고 덫을 놓았다.
손 마른 사람이 왔는데
안식일인데도 그 사람을 고치시는가 주시했다.

예수님은 그들과 안식일 논쟁을 벌이신다.
안식일에 선을 행하는 것과 악을 행하는 것,
생명을 구하는 것과 죽이는 것
어느 것이 옳으냐?

물론 예수님은 손 마른 사람을 고쳐주셨다.
이 일로 바리새인들이 나가서
헤롯당과 함께
어떻게 하면 예수를 죽일까 작전 모의를 한다.

이들은 예수님께 귀신의 왕(바알세불)의 힘을 빌어
귀신을 쫓아낸다고 비난했다.
이들의 모함과 도전은 결국 성령을 모독하는 행위였다.
이들은 영원히 사함받지 못할 죄를 짓고 있는 것이다.

안식일에 손 마른 사람을 고치심(막 3:1-6)

(1) 이번에도 안식일을 범했다는 고소를 당했다. 회당에서 손 마른 불쌍한 사람이 나타났다. 사람들은 예수님을 고소할거리를 제공했다. 예수님이 안식일인데도 이 병자를 고치시는가를 주시하고 있었다.

(2) 이러한 의도를 아신 예수님은 어떻게 대응하셨나? 백성들은 계속해서 예수님이 하나님의 권세를 위임받은 대리자로 보지 않았다. 그래서 이들과 계속 충돌했다.

(3) "그들이 잠잠하거늘" 예수님의 물음에 이들은 침묵으로 일관했다. 누가복음 13:14-16에서는 안식일에 회당에서 병고친 일로 논쟁하셨다. 누가복음 14:1-6에서도 안식일에 병고친 일로 바리새인과 서기관들과 논쟁하신다.

(4) 예수님은 하나님께서 주신 안식의 날의 성격과 특징을 설명하신다. 결국 안식일은 생명을 억압하거나 파괴하기 위하여 주신 것이 아니라 생명을 구원하기 위해 주신 것이다(막 2:27).

안식일은 다음과 같은 말로 요약할 수 있다("인자는 안식일의 주인이니라", 마 12:8).

(5) "그들의 마음이 완악함을 탄식하사" - 바리새인들은 예수님과 안식일 논쟁에서 할 말이 없게 되자 그 마음이 '완악해졌다'. 바리새인들은 못내 못마땅해 했다. 이들은 즉시(immediately) 헤롯당과 함께 어떻게 하여 예수님을 죽일까 의논했다.

많은 무리가 나아오다(막 3:7-12)

열두 제자를 세우심(막 3:13-19)

(1) 예수님은 열두 제자를 세워 자기와 함께 있게 하시고 또 전도도 하게 하시며 귀신을 내쫓는 권능(authority)도 주셨다. 그들에게 복음 전파의 사명이 주어졌음을 말한다.

(2) 왜 열두 명을 제자로 삼으셨을까? 열둘은 이스라엘 열두 지파들과 관계가 있다. 열두 아들, 열두 지파들이 해야 할 일은 이방 민족들을 대상으로

제사장의 역할을 하여 언약 공동체로 들어오게 하는 일이었다(출 19:5-6) 물론 이스라엘은 이 부분에서 모두 실패했다. 그들은 반복적으로 언약을 위반했으며, 열방을 언약 공동체로 이끄는 일을 거부했다.

(3) 이스라엘이 실패한 것을 이제 참된 이스라엘이신 예수님 안에서 그 성취를 보게 될 것이다. 그래서 제자들에게 예수님이 행하시는 권능을 주신다. 예수님의 사역은 결국은 사탄과의 투쟁에 있음을 알 수 있다.

하나님의 나라와 사탄의 나라(막 3:20-30)

(1) 예수님은 귀신을 내쫓고 병든 자를 고쳐주시면서 말씀을 증거하셨다. 따라서 많은 무리들이 예수님 일행을 따라다녔다. "집에 들어가시니 무리가 다시 모이므로 식사할 겨를도 없는지라"(20절). 주님의 사역이 얼마나 힘든 일이었는가를 알 수 있다.

(2) 예수님의 친척들(His own people)은 예수님을 붙들러 왔다. 왜냐하면 예수님이 미쳤다는 소문이 들려왔기 때문이다. 바리새인들은 예수님을 고소하기 위해 끝없는 고소거리를 찾아냈다.

(3) 예수님은 귀신을 내쫓으셨다. 이 기적을 보고 있던 무리들은 다 놀랐다고 했다(마 12:23). "이는 다윗의 자손이 아니냐?"(마 12:23) 즉, 이런 일은 다윗의 자손, 즉 "메시야가 아니면 이런 이적을 행할 자가 누구이겠는가?"라는 생각을 하게 했다.

(4) 따라서, 귀신들이 내어쫓김을 당하는 일은 무엇을 증거하는 것인가? 그렇다면, 귀신을 축출한 예수의 권능의 원천을 따져보자. 예수님이 사탄의 왕국을 지배할 능력을 가진 것이 분명하다면 "하나님의 나라가 '이미'(already) 임하였다"는 것이다.

(5) 사탄은 누구인가? 성경은 그를 이 "세상의 통치자"로 말하고 있다(요 12: 31, 14:30, 16:11). 물론, 하나님의 나라를 대적한다. 사탄은 예수님이 이 땅에 메시야로 오신다면 그가 가지고 있던 세상 권세를 빼앗길 것을 잘 알고 있었다. 사탄은 메시야가 이 땅에 탄생하는 것을, 또한 그가 십자가에 달려 피흘려 구속을 완성하려 하는 모든 길을 차단하려고 발버둥 친다.

(6) 만약, 그것을 막지 못한다면 그것은 곧 사탄 왕국의 파멸을 의미하는 것이기 때문이었다(막 1:24; 눅 4:34). 그래서 귀신들린 사람이 예수의 면전에서 소리를 지르며 두려워 떨었던 것이다(마 8:29; 막 1:24; 눅 8:28).

그렇다면 그리스도의 권세가 어디로부터 온 것인가? (마 12:29)

(1) 주님은 그의 권세의 원천에 대한 것을 더 자세히 부연 설명하신다. 예수와 함께 도래한 하나님의 나라, 그것은 사탄의 나라로 하여금 초비상 상태로 만들었다(마 4:3이하; 막 1:24). 그 사건은 사탄이 하늘로부터 떨어지는 계기를 만들었다(눅 10:18을 보라). 하나님의 나라가 임하면서 사탄은 결박당하고, 이제 인류들은 그 나라를 받아들인 것인가, 거부할 것인가 매우 중대한 결단을 내려야만 한다.

(2) 주님은 사탄의 요새를 깨뜨리시고, 그 사탄을 결박하셨다. 이렇게 하나님의 나라가 확실히 왔음에도 불구하고, "나와 함께 아니하는 자"가 있다고 하셨다(마 12:30).

(3) 그렇다면 우리가 사탄에게 대항할 방법이 있는가? 그것은 사탄을 결박하신 주님 편에 서는 것이다. 따라서 예수님과 상관없이 살아가는 사람이 있다면, 그는 사탄 편에 서 있는 것이다. 특히 당시의 바리새인들은 자기도 모르는 사이에 사탄의 나라에 동조하고 있었다.

성령을 모독하는 죄(막 3:28-30; 마 12:31)

(1) 성령을 모독하는 죄는 사함을 받지 못한다고 했다.

(2) 예수님이 귀신을 쫓아내신 일을 바알세불에게 돌렸던 바리새인들의 행동은 분명히 의도적인 고집이었다. 사람이 인자이신 예수님을 의심한 일에 대해서는 용서를 받을 수 있다.

(3) 그러나 예수님께서 귀신을 쫓아내신 행동이 명명백백히 하나님의 일로 드러났는데도 그것을 부인하는 것과 같은 행동은 결코 용서 받을 수 없다는 것이다. 이런 행동을 '성령을 모독하는 죄'라고 하셨다. 이런 사람은 사하심을 얻지 못한다(막 3:29).

안식일에 손 마른 사람을 고치심(막 3:1–6)

같이 읽을 곳 (마 12:9–14; 눅 6:6–11)

안식일에 밀 이삭을 잘라 먹은 제자들 때문에 예수님은 바리새인들과 서기관들에게 곤욕을 치르셨다. 이는 안식일에 수확과 타작의 범주에 해당하는 것으로 간주했기 때문이다. 이번에도 안식일을 범했다는 고소를 당했다. 회당에서 손 마른 불쌍한 사람이 나타났다. 사람들은 예수님을 넘어뜨릴 고소거리를 제공했다. 예수님이 안식일인데도 이 병자를 고치시는가를 주시하고 있었다.

1. 이러한 의도를 아신 예수님은 어떻게 대응하셨나?

막 3:3 예수께서 —— 손 마른 사람에게 **이르시되** (...하시고)
/[너는] —— 일어서라
/한 가운데에

(1) 백성들은 계속해서 예수님이 하나님의 권세를 위임받은 대리자로 보지 않았다. 그래서 이들과 계속 충돌했다. 예수님은 이들에게 이렇게 질문하신다.

막 3:4 그들에게 **이르시되** (...하시니)
/어느 것이 —— 옳으냐
/안식일에 선을 행하는 것과 악을 행하는 것,
/생명을 구하는 것과 죽이는 것,

엑세스티, ἔξεστι
가능하다, 합법적이다, 타당하다

• 눅 13:14-16 "회당장이 예수께서 **안식일에 병 고치시는 것을 분 내어** 무리에게 이르되 일할 날이 엿새가 있으니 그 동안에 와서 고침을 받을 것이요 안식일에는 하지 말 것이니라 하거늘"

15 주께서 대답하여 이르시되 외식하는 자들아 너희가 각각 **안식일에 자기의 소나 나귀를 외양간에서 풀어내어 이끌고 가서 물을 먹이지 아니하느냐**

16 그러면 열여덟 해 동안 사탄에게 매인 바 된 이 **아브라함의 딸을 안식일에 이 매임에서 푸는 것**이 합당하지 아니하냐."

(2) "그들이 잠잠하거늘" 예수님의 물음에 이들은 침묵으로 일관했다. 누가복음 13:14-16*에서는 안식일에 회당에서 병고친 일로 논쟁하셨다. 누가복음 14:1-6에서도 안식일에 병고친 일로 바리새인과 서기관들과 논쟁하신다.

2. 주님께서는 하나님께서 주신 안식의 날의 성격과 특징을 설명하셨다.

결국 안식일은 생명을 억압하거나 파괴하기 위하여 주신 것이 아니라 생명을 구원하기 위해 주셨다는 것이다(막 2:27). 마태복음 12:1-8의 사건도 안식일에 관한 논쟁이었음을 살펴보았다. 안식일과 관련하여 다음과 같은 말로 요약할 수 있다("인자는 안식일의 주인이니라", 마 12:8). 마가는 인자는 '안식일에도'(***also*** of the sabbath, καὶ τοῦ σαββάτου) 주인이니라(막 2:28)고 했다.

3. 안식일 논쟁에서 결정타를 맞은 바리새인들이 어떤 태도로 나왔을까?(6절)

(1) "그들의 마음이 완악함을 탄식하사" - 바리새인들은 예수님과 안식일 논쟁에서 할 말이 없게 되자 그 마음이 '완악해졌다'(πωρώσει).[1] 마음이 완악해졌다, 마음이 굳어졌다는 말에서 볼 수 있듯이 '마음'(카르디아, καρδία)은 인간의 외적 행위를 결정하는 인간의 내적 존재를 의미한다. 즉 인간의 마음이란 인간 존재의 핵심이다.

(2) 따라서 반드시 변화되어야 한다. 마음은 하나님의 말씀이 뿌리를 내리는 곳이기 때문이다. 그러나 바리새인들은 주님의 말씀을 듣고도 마음의 변화가 없었다. 그래서 탄식하셨다(쉴루페오, συλλυπέω, '함께 슬퍼하다'라는 뜻). 따라서 주님은 "노하심으로(with anger, μετ' ὀργῆς분노, 분개) 그들을 둘러 보셨다고 했다. 손 마른 사람은 즉시 회복되었다(5절).

(3) 바리새인들은 못내 못마땅해 했다. 이들은 이들은 즉시(immediately, εὐθὺς, 곧) 헤롯당(Ἡρῳδιανοί)[2]과 함께 어떻게 하여 예수님을 죽일까 의논했다.

[헤롯당]

- 사두개파는 고위층의 사람들로 귀족들이었다. 이들은 정치적 영향력을 끼친 사람들이지만 본질적으로 종교적 집단이었다. 그러나 헤롯 당원은 헤롯 안티파스와 그의 가족을 열렬히 지지하며 로마 정부의 이익을 대변하여 자신들의 정치적 기반을 구축하려했던 정치 집단들이었다.[2]
- 복음서에는 헤롯당이 항상 바리새파 사람들과 같이 언급되었지만 바리새파가 주도권을 잡았던 것으로 보인다.

1) 프로시스(πώρωσις) - 굳음, 완고함

2) 다음 성경 구절을 읽어보자. (마 22:16; 막 3:6, 8:15, 12:13)

- 마 22:16 "자기 제자들을 **헤롯 당원들**과 함께 예수께 보내어 말하되 선생님이여..."
- 막 3:6 "바리새인들이 나가서 곧 **헤롯당**과 함께 어떻게 하여 예수를 죽일까 의논하니라."
- 막 12:13-14 "그들이 예수의 말씀을 책잡으려 하여 바리새인과 **헤롯당** 중에서 사람을 보내매 와서 이르되 선생님이여 우리가 아노니 당신은 참되시고 아무도 꺼리는 일이 없으시니.... 가이사에게 세금을 바치는 것이 옳으니이까 옳지 아니하니이까."

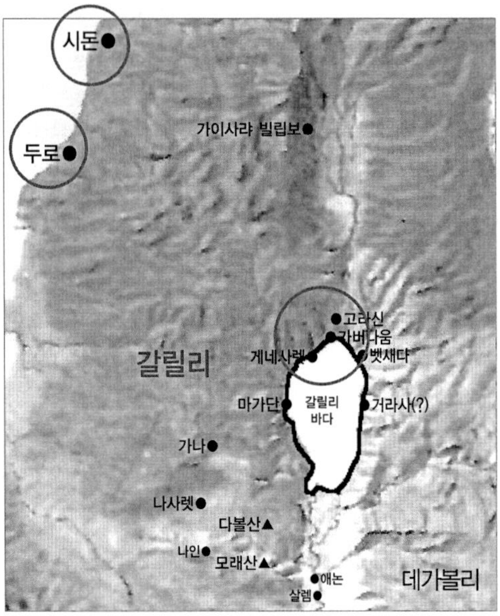

많은 무리가 나아오다(막 3:7–12)

7 예수께서 제자들과 함께 바다로 물러가시니
갈릴리에서 큰 무리가 따르며

8 유대와 예루살렘과 이두매와
요단 강 건너편과 또 **두로와 시돈 근처에서**
많은 무리가 그가 하신 큰 일을 듣고 나아오는지라

9 예수께서 무리가 에워싸 미는 것을 피하기 위하여
작은 배를 대기하도록 제자들에게 명하셨으니

10 이는 **많은 사람을 고치셨으므로**
병으로 고생하는 자들이
예수를 만지고자 하여 몰려왔음이더라

3:11 더러운 귀신들도 — 어느 때든지 예수를 보면
엎드려
/그 앞에
부르짖어 이르되(...하니)
/당신은 — 하나님의 아들이니이다

unclean spirits
τὰ πνεύματα τὰ ἀκάθαρτα

사탄의 통치가 결판된 거대한 순간이 다가왔다. 이는 동시에 천국이 임했다는 증거가 된다.

σὺ εἶ ὁ υἱὸς τοῦ θεοῦ. You are the Son of God!

▲ 마 8:28 또 예수께서 건너편 가다라 지방에 가시매 **귀신 들린 자 둘이 무덤 사이에서 나와 예수를 만나니** 그들은 몹시 사나워 아무도 그 길로 지나갈 수 없을 지경이더라

예수님은 사역 초기부터 귀신을 내쫓으며 그의 능력을 드러내셨다. 귀신들린 사람이 예수님의 면전에서 행한 태도를 보면 그가 하나님의 아들이심을 알 수 있다. 예수님께서 가까이 다가서자 귀신들린 사람들은 소리를 지르며 두려워 떨었다(마 8:9; 막 1:24, 5:7; 눅 4:34, 8:28, 31). 귀신들은 예수님의 인격과 그의 오심에 대한 초자연적 지식이 있었음을 볼 수 있다(막 1:34, 3:11).

악한 영들(귀신들)은 예수님을 어떻게 불렀는가?

"하나님의 거룩한 자",
"하나님의 아들",
"지극히 높으신 하나님이 아들" 등.

그들은 예수님께서 오신 이유가 자신들을 파멸시키려 함에 있다고 생각했다(막 1:24; 눅 4:34). 그들에게 예수님의 오심은 고통스러운 것이었다(마 8:29; 막 5:7; 눅 8:28). 그래서 귀신들은 예수님에게 '무저갱'으로 던져 넣지 말도록 간구하기도 했다(눅 8:31; 계 20:3ff).

열두 제자를 세우심(막 3:13–19)

같이 읽을 곳(마 10:1–4; 눅 6:12–16)

1. 예수님은 열두 제자를 세워 자기와 함께 있게 하시고 또 전도도 하게 하시며 귀신을 내쫓는 권능(authority, ἐξουσίαν)도 주셨다.

(1) 열두 사도로 부름을 받은 제자들을 언급하고, 그들에게 복음 전파의 사명이 주어졌음을 말한다. 왜 열두 명을 제자로 삼으셨을까? 열둘은 이스라엘 열두 지파들과 관계가 있다. 행 1:15-26에서 볼 수 있듯이 가룟 유다를 대신해서 맛디아를 선출하면서까지 열둘이라는 숫자를 보존하려고 하는 열심을 본다. 열두 지파는 야곱의 열두 아들에서 유래했다(창 29:32-30:24, 35:18).

(2) 열두 아들, 열두 지파들이 해야 할 일은 이방 민족들을 대상으로 제사장의 역할을 하여 언약 공동체로 들어오게 하는 일이었다(출 19:5-6, "세계가 다 내게 속하였나니 너희가 내 말을 잘 듣고 내 언약을 지키면 너희는 모든 민족 중에서 내 소유가 되겠고 6너희가 내게 대하여 **제사장 나라**가 되며 **거룩한 백성**이 되리라.") 물론 이스라엘은 이 부분에서 모두 실패했다. 그들은 반복적으로 언약을 위반했으며, 열방을 언약 공동체로 이끄는 일을 거부했다.

(3) 이스라엘이 실패한 것을 이제 참된 이스라엘이신 예수님 안에서 그 성취를 보게 될 것이다. 열두 제자를 세우시면서 이스라엘을 재건하실 것이다. 따라서 예수님의 제자가 된다는 것은 무엇을 의미할까? 이는 단순히 그를 따른다는 것 이상의 의미를 갖는다. 모세가 시내산에서 이스라엘 백성에게 부여했던 책임과 의무를 열두 제자에게 주실 것이다. 이들 제자들을 통해서 하나님 나라의 영광과 메시지가 전파될 것이다.

2. 그래서 제자들에게 예수님이 행하시는 권능을 주신다. 예수님의 사역은 결국은 사탄과의 투쟁에 있음을 알 수 있다.

(1) 주님은 제자들에게 "더러운 귀신을 쫓아내며 모든 병과 모든 약한 것을 고치는 권능을" 주셨다(막 3:15, 6:7-13). 물론 귀신들린 것과 병이 드는 것을 분명하게 구분하고 있기도 하지만, 그러나 육체의 모든 질고가 결국은 사탄으로 기인했다는 것을 본문을 통해 알 수 있다.

(2) 이제 사람들은 예수님 안에서 하나님 자신과 대면한다. 물론 이들이 복음 전파를 할 때 많은 고난과 핍박이 있을 것임을 말씀하신다.

1) **왜 제자의 숫자가 열둘일까?**

열둘의 숫자는 열두 족장이 구약시대의 이스라엘의 열두 지파를 대표한 것처럼(창 49:28), 이 열두 명은 새로 존재할 그리스도의 공동체인 하나님의 새 백성을 대표한다.

열두 사도는, 말하자면 하나님의 새로운 백성의 열두 족장인 셈이다. "예수께서 이르시되 내가 진실로 너희에게 이르노니 세상이 새롭게 되어 인자가 자기 영광의 보좌에 앉을 때에 나를 따르는 너희도 열두 보좌에 앉아 이스라엘 열두 지파를 심판하리라"(마 19:28, 눅 22:30 참조).

Close up

from 동교재, 마태복음 10장

12사도 프로필

• 베드로(Peter) : (헬라名 - '반석'이라는 뜻) 시몬은 히브리명으로 '들음'이라는 뜻이며, 게바(Cephas)는 아람명이다(요 1:42). 베드로라는 이름은 그 유명한 신앙고백 후(마 16:18) 받은 것이다. 제자들의 명단이 기록될 때는 언제나 처음에 거명되었다.

• 안드레(Andrew) : (헬라명 - '남자'라는 뜻) 원래 세례 요한의 제자였으나 주님을 따랐다. 전설에 의하면 70년경 파트라에서 순교하였다고 한다.

• 야고보(James) : 세베대(Zebedee) 아들로 '발꿈치를 잡음'(창 25:26)이라는 뜻. 그의 형제 요한과 함께 성격이 급했던 것 같다(보아너게, 우레의 아들이라는 별명을 갖고 있다. 막 3:17). 44년 헤롯 아그립바에게 목베임을 당해 최초의 순교자가 되었다(행 12:1-2).

• 요한(John) : 야고보의 형제로 '여호와는 자비하시다'라는 뜻. 95년경 도미시안 황제 때, 밧모섬으로 귀양 가 계시록을 기록했다. 다음 해 넬바 황제 때 에베소에 돌아와 천수를 누리다 죽었다는 전설이 있다.

• 빌립(Philip) : 헬라명 - '말(馬)을 사랑하는 자'라는 뜻. 안드레, 베드로와 같은 동네(벳새다)에 살았다. 나다나엘을 인도했다(요 1:45). 다락방 강화시 '아버지를 우리에게 보여주옵소서'라는 성급한 질문을 던지기도 했다.

• 바돌로매(Bartholomew) : 히브리(아람)명으로 '돌로매의 아들'이라는 뜻. 그의 이름이 거의 대부분 빌립과 연이어 기록되어 있기에 빌립이 전도했던 나다나엘과 동일한 사람으로 보는 학자들이 많다(요 1:45-51). 물론 다른 사람일 가능성도 있다. 전설에 그는 인도에 가서 복음을 전하다 물에 빠뜨림을 당하는 순교를 했다고 한다.

• 도마(Thomas) : 아람어 테오마('쌍둥이'의 한 사람이라는 뜻)에서 음역한 것이다. 그는 예수님의 부활 사건에 강한 의구심을 표명하기도 했지만, 예수님의 십자가의 흔적을 본 후 "나의 주시며 나의 하나님이시니이다"(요 20:28, My Lord and my God!)라는 고백을 했다. 인도에 가서 전도하다 순교했다 한다.

• 마태(Matthew) : 막 2:14, 눅 5:27, 29에서는 '레위'로 기록되어 있다. 레위의 아버지는 알패오인데(막 2:14), 물론 다른 제자인 야고보의 아버지 알패오와는 다른 인물이다(야고보와 요한은 형제이다). 마태는 세리(稅吏)였다. 세관에 앉아 있을 때 부름을 받았다(눅 5:27). 물론 다시는 세리 노릇을 하지 않았다(눅 5:28 참조).

• 알패오의 아들 야고보(James son of Alphaeus) : 그의 사적이 미미하다. 세베대의 아들 야고보와 구별하여 '작은 야고보'로 불린다(마 27:56; 막 15:40).

• 다대오(Thaddaeus) : 일반적으로 야고보의 아들(또는 형제) 유다와 동일인으로 간주된다(마 10:3; 막 3:18; 눅 6:16; 요 14:22; 행 1:13 참조)

• 가나나인 시몬(Simon) : 눅 6:15; 행 1:13에는 '셀롯(Zealot)이라 하는 시몬'으로 되어 있다. 그는 열심당원이었던 것 같다. 열심당원은 폭력으로 로마에 대항했던 국수주의자(國粹主義者)의 단체이다.

• 가룟 유다(Judas Iscariot) : 유다는 '찬송함'이라는 뜻이다(창 29:35). 12제자 중에서 유일하게 남방 사람이다. 지방적 고독감과 재물의 욕심 때문에 주님을 은 30에 판다. 그는 결국 자살하였다(마 27:5). 막 3:19 -" 가룟 유다니 이는 예수를 판 자더라."

하나님의 나라와 사탄의 나라(막 3:20-30)

같이 읽을 곳 (마 12:22-32; 눅 11:14-23, 12:10)

1. 예수님은 귀신을 내쫓고 병든 자를 고쳐주시면서 말씀을 증거하셨다. 따라서 많은 무리들이 예수님 일행을 따라다녔다.

(1) "집에 들어가시니 무리가 다시 모이므로 식사할 겨를도 없는지라"(20절). 그리스도와 그의 제자들은 식사할 겨를도 없었다고 했다. 그렇다고 이들을 제지할 수는 없었다. 이 소식을 들은 가버나움에 있는 예수님의 친척들(His own people)은 예수님을 붙들러 왔다. 왜냐하면 예수님이 미쳤다(ἐξέστη)[1]는 소문이 들려 왔기 때문이다.

1) 엑시스테미(ἐξίστημι) - 제 정신을 잃다, 미치다 / 직설법 과거

막 3:22 서기관들은 ——— **[말]하며**(...하니)
/예루살렘에서 내려온 /그가 ┬ 바알세불이 지폈다 하며 (사로잡혔다)
예수님은 어떤 자들을 고쳐 주셨나? └ 또 귀신을 쫓아낸다 하니
/귀신의 왕을 힘입어

(2) 바리새인들은 예수님을 고소하기 위해 끝없는 고소거리를 찾아냈다. 예루살렘에서 이곳까지 와서 예수님께서 행하시는 일들을 체크했다. 이번에 온 병자는 귀신 때문에 눈이 멀고 말 못하는 자였다(마 12:22). 따라서 이 병자는 귀신만 내쫓으면 낫는 병이었다. 예수님은 귀신을 내쫓으셨다. 이 기적을 보고 있던 무리들은 다 놀랐다(ἐξίσταντο)[2]고 했다(마 12:23).

2) 여기서 '놀랐다'는 말은 [바알세불]이 '지폈다'(ἐξίστημι)라는 말과 같은 단어이다. 정신이 나갔다는 말이다. / 미완료 중간태.

마 12:23 무리가 다 놀라 **이르되**
/이는 다윗의 자손(ὁ υἱὸς Δαυίδ)이 아니냐 하니

(3) "이는 다윗의 자손이 아니냐?"(마 12:23) 즉, 이런 일은 다윗의 자손, 즉 "메시야가 아니면 이런 이적을 행할 자가 누구이겠는가?"라는 생각을 하게 했다. 그러나 순간적으로 바리새인들은 엉뚱한 생각을 했다. 어떤 생각? (마 12:24) 바리새인들의 태도를 보라. 이들은 예수님의 능력에 입을 다물지 못하고 놀라워하면서도 예수님의 메시야되심은 인정치 아니했다. 그들은 예수님이 "귀신의 왕, 바알세불(Beelzebub)을 힘입어" 귀신을 쫓아냈다고 주장했다. 물론, 예수님은 그들의 악한 생각을 아셨다.

- 마 12:24 "바리새인들은 듣고 이르되 이가 귀신의 왕 바알세불을 힘입지 않고는 귀신을 쫓아내지 못하느니라 하거늘"
- 바알세불 - 악한 영들의 두목인 사탄의 이름

마 12:27 "또 내가 바알세불을 힘입어 귀신을 쫓아내면 **너희의 아들들은** 누구를 힘입어 쫓아내느냐 그러므로 그들이 너희의 재판관이 되리라."

여기서 '너희의 아들들'은 귀신 축출자(귀신을 내쫓는 사람)를 가리킨다(행 19:13 참조). 즉 "내가 사탄의 도움으로 귀신을 쫓아낸다면 너희를 따르는 사람들은 누구의 도움으로 귀신을 쫓아내느냐?"라는 말이다(현대인의 성경)

"그러므로 그들이(=귀신 축출자들) 너희의 재판관이 되리라." // 바리새인들은 아마도 귀신 축출행위를 긍정적으로 인정했던 것 같다. 그러니까 귀신 축출자들이야말로 너희의 말이 그르다는 것을 지적할 것이라는 말이다. (너희의 재판관)

막 3:23 예수께서 그들을 불러다가 비유로 **말씀하시되**
/사탄이 — **어찌 쫓아낼 수 있느냐**
/사탄을

막 3:24 또 만일 나라가(어느 나라든지) 스스로 분쟁하면 그 나라가 설 수 없고
25 만일 집(안)이 스스로 분쟁하면 그 집이 설 수 없고
26 만일 사탄이 자기를 거슬러 일어나 분쟁하면 설 수 없고 망하느니라
(사탄이 사탄을 쫓아내면)

(4) 질서가 잘 잡히고 잘 조직된 사탄의 왕국이라면 어찌 바리새인들이 생각하는 일들이 일어나겠는가? 만약, 바리새인들의 생각대로 한 귀신이 다른 귀신을 쫓아내야 한다면, 귀신들의 왕국이 어떻게 서겠는가? 결국, **예수님이 귀신을 쫓아내신 사건은 오직 성령으로 가능한 것이었음**을 말씀하신다. 그것은 사탄과 그의 왕국을 파괴할 하나님의 나라가 임하였다는 것을 말해준다. 마치 강한 자의 집을 강탈(强奪)하기 위하여는 먼저 강한 자를 결박해야 된다는 것이다(막 3:27). 예수님은 하나님 나라의 왕으로 오셔서 사탄을 먼저 묶어 놓으셨다.

2. 따라서, 귀신들이 내어쫓김을 당하는 일은 무엇을 증거하는 것인가? 마태복음의 설명을 들어보자. (동교재, 마태복음에서 설명을 가져옴)

마 12:28 그러나
[만일, εἰ, if]
내가 (ἐγὼ) —— 쫓아내는 것이면(ἐκβάλλω)
/귀신을(τὰ δαιμόνια)
/하나님의 성령을 힘입어(ἐν πνεύματι θεοῦ)
하나님의 나라가 — 임하였느니라(ἔφθασεν)
/너희에게(ἐφ᾽ ὑμᾶς)
/이미(ἄρα)

(1) 자, 그렇다면, 귀신을 축출한 예수님의 권능의 원천을 따져보자. 예수님이 사탄의 왕국을 지배할 능력을 가진 것이 분명하다면 "하나님의 나라가 '이미'(already) 임하였다"는 것이다. 귀신들이 내어쫓김을 받았다는 것은 예수님께서 귀신에게 승리했고, 천국이 침입해 왔다는 증거가 되는 것이다.

(2) 사탄은 누구인가?[1] 성경은 그를 이 "세상의 통치자"로 말하고 있다(요 12:31*, 14:30*, 16:11). 물론, 하나님의 나라를 대적하는 자이다. 그는 예수님이 이 땅에 메시야로 오신다면 그가 가지고 있던 세상 권세를 빼앗길 것을 잘 알고 있었다. 사탄은 메시야가 이 땅에 탄생하는 것을, 또한 그가 십자가에 달려 피흘려 구속을 완성하려 하는 모든 길을 차단하려고 발버둥친다.

1) **사탄은 누구인가?**
사탄은 하나님을 반역한 천사들의 무리이다. 이들도 하나님의 왕국을 본따서 사탄의 나라를 만들었다. 인류가 죄중에 떨어진 후, 이 세상은 사탄의 권세 아래 있게 되었다. 주님께서 오셔서 자기 백성들에게서 사탄의 무리를 쫓아내시고 자기 백성을 건져내신다. 이것을 구원이라고 한다. 사탄은 귀신들이라고 불리는 더 열등한 악령들의 우두머리로서 초자연적인 존재이다. 그래서 '귀신의 왕'이라고도 한다(막 3:23). 예수님은 바리새인들에게 대답하실 때 '바알세불'을 '사탄'이란 말로 바꿔 사용하셨다.

• 요 12:31 "이제 이 세상에 대한 심판이 이르렀으니 이 세상의 임금이 쫓겨나리라."

• 요 14:30 "이후에는 내가 너희와 말을 많이 하지 아니하리니 이 세상의 임금이 오겠음이라 그러나 그는 내게 관계할 것이 없으니."

(3) 만약, 그것을 막지 못한다면 그것은 곧 사탄 왕국의 파멸을 의미하는 것이기 때문이었다(막 1:24; 눅 4:34). 그래서 귀신들린 사람이 예수님의 면전에서 소리를 지르며 두려워 떨었던 것이다(마 8:29; 막 1:24; 눅 8:28).

(4) 주님은 사탄의 요새를 깨뜨리시고, 그 사탄을 결박하셨다. 이렇게 하나님의 나라가 확실히 왔음에도 불구하고, "나와 함께 아니하는 자"가 있다고 하셨다(마 12:30). 그렇다면 우리가 사탄에게 대항할 방법이 있는가? 그것은 사탄을 결박하신 주님 편에 서는 것이다. 따라서 예수님과 상관없이 살아가는 사람이 있다면, 그는 사탄 편에 서 있는 것이다. 특히 당시의 바리새인들은 자기도 모르는 사이에 사탄의 나라에 동조하고 있었다.

성령을 모독하는 죄(막 3:28-30; 마 12:31)

1. 그래도 주님께서 하시는 일을 사탄의 일이라고 말하는 자가 있다면?

12:31 그러므로 내가 너희에게 **이르노니**
/사람에 대한 모든 죄와 모독은 — 사하심을 얻되
/성령을 모독하는 것은 ——— 사하심을 얻지 못하겠고

(1) 어떤 죄는 용서를 받을 수 있는가?

사람의 모든 죄와 모독 : 여기서 '죄'(sin, ἁμαρτία)란 일반적인 죄를 가리키지만 '모독'(blasphemy, βλασφημία)이란 예수님을 대항하던 바리새인들의

1) 바리새인들은 속에 악한 생각을 품고 있었고, 이제 그것이 음성으로 표출된 것이다. 사람의 본성과 생각이 악하면, 그의 입술의 말도 악할 수밖에 없다. 입술 밖으로 나타난 말이, 그의 본성품을 드러낸 것이라면, 심판날에 행위 못지 않게 그의 말에 의해서도 심판을 받을 것은 당연한 일이라는 것이다.

비난을 가리킨다(성령 하나님에 대한 불경). 이는 하나님의 권위와 엄위에 대한 명예훼손이다. 그럼에도 이런 모독들은 다 '사함을 받는다'고 했다. 누구든지 이 죄들을 계속해서 짓지 아니하고 용서를 구하면 사죄함을 받을 수 있다.

(2) 그러나 **성령을 모독하는 죄**는 사함을 받지 못한다고 했다.[1)]
이 본문에서 보는대로 귀신 들린 자가 고침을 받는 일에 성령님의 역사가 있었음을 명백히 보고도 고의로 성령님의 사역으로 보지 않고 사악한 말로 부인하는 사람은 용서받을 수 없다는 것이다.

(3) 예수님이 귀신을 쫓아내신 일을 바알세불에게 돌렸던 바리새인들의 행동은 분명히 의도적인 고집이었다. 사람이 인자이신 예수님을 의심한 일에 대해서는 용서를 받을 수 있다. 그러나 예수님께서 귀신을 쫓아내신 행동이 명명백백히 하나님의 일로 드러났는데도 그것을 부인하는 것과 같은 행동은 결코 용서 받을 수 없다는 것이다. 이런 행동을 성령을 모독하는 죄라고 하셨다.

예수님의 어머니와 형제 자매(막 3:31–35)

같이 읽을 곳(마 12:46–50; 눅 8:19–21)

1. 예수님의 어머니와 동생들이 무리에게 말씀하실 때에 도착하였다. 그렇지만 이들이 동생들이 예수님이 계신 곳으로 들어가 그에게 접근하기가 어려웠을 것이다. 이때 예수님의 대답이 어떠했나?

막 3:33 누가 내 어머니이며 내 동생들이냐 하시고

눅 2:49
손을 내밀어 제자들을 가리켜 이르시되 나의 어머니와 나의 동생들을 보라 **누구든지 하늘에 계신 내 아버지의 뜻대로 하는 자가** 내 형제요 자매요 어머니이니라 하시더라

(1) 아마, 가족들은 예수님께서 바알세불을 섬기고 있다는 바리새인들의 중상모략을 듣고 당황했을 것이다. 그래서 급히 예수님을 만나려고 왔을 것이다. 그렇다면 예수님이 모든 것을 중단하고 어머니 일행과 대화를 해야 했을 것이다. 그러나 예수님은 영적 인연이 혈육보다 더욱 중요함을 지적하신다. 주님께서는 혈육관계보다, 어머니에 대한 충성보다 더욱 중요한 것은 하늘에 계신 아버지께서 맡기신 사명이었다(눅 2:49*을 읽어보자).

(2) 누가 "내 어머니요, 내 동생들"인가? 그리스도의 피로 한 형제가 된 사람들이야말로 진정한 가족이다. 그렇다고, 예수님이 가족에 대해서는 전혀 무관심하셨다고 볼 수 없다.

적용을 위한 묵상

누가 진정 하나님의 자녀인가?

• 많은 사람들이 예수님이 계신 곳으로 몰려들었다.
왜 그렇게 예수님을 보려했을까?
대부분 육신의 병으로 고생하는 사람들이었다.
누구든지 예수님 앞에 가면 고침을 받을 수 있었기 때문이다.
말씀에 귀를 기울이는 것은 그 다음의 일이었을 것이다.

• 이 광경을 바라보는 종교지도자들은 마음이 편치 못했다.
자신들이 받아야 할 존경과 영예를
무명의 랍비에게 빼앗겨버렸기 때문이다.
그들은 오히려 병든 자들이 치유되는 것을 방해했다.

• 종교지도자들은 병자가 치유받는 것에는 관심이 없었다.
오직 이 새로운 랍비의 인기가 상승되는 것에만 신경이 쓰였다.
그래서 손 마른 자를 등장시킨다. 그것도 성전 안에서.
그날은 안식일이다.
과연 안식일인데 병을 고친다면, 이는 분명이 율법을 어기는 행동이다.
예수님을 고소할 증거를 얻을 수 있다.

• 안식일에 선을 행하는 것과 악을 행하는 것
생명을 구하는 것과 죽이는 것 중 어느 것이 옳으냐?
이 질문에 잘못 대답하면 자신들의 입장이 난처해 진다.
그래서 잠잠했다. 예수님은 이들의 마음의 완악함에 탄식하신다.

• 하나님이 정하신 때가 차서 이제 하나님의 통치가 나타나기 시작했다.
예수님의 말씀을 듣는 청중에게는
이 선포가 좋은 소식이었다.
그러나 이 복음을 듣는 자들은 결정적인 도덕적 선택을 해야 한다.
그것은 회개하고, 하나님의 복음을 믿어야 한다는 것이다.

• 그러나, 바리새인들은 헤롯당과 함께
어떻게 하면 예수님을 죽일까 의논하기 시작한다(3:6).
예수님의 말씀과 그가 행하는 모든 사역들이
하나님의 아들임이 명명백백한데
이들은 고의적인 방해 공작을 펼친다.
"내가 진실로 너희에게 이르노니 사람의 모든 죄와
모든 모독하는 일은 사하심을 얻되
누구든지 성령을 모독하는 자는 영원히 사하심을 얻지 못하고..."

• 진액을 빼면서 하나님의 일을 한다고,
그 일이 모두 하나님의 뜻대로 하는 것이라고 볼 수는 없다.

• 열심은 모두 칭찬받아야 할 덕목일까? 하나님의 뜻을 아는 것이 먼저다. 열심은 그 다음에 있어야 한다.

• 이단들이 더 열심이고 충성스러울 수 있다. 예수님 당시의 종교지도자들은 얼마나 특심이었을까? 평민은 그들을 존경의 눈으로 보았을 터이지만 거기에 구원은 없었다.

• 종교지도자들이 예수님의 사역에 오히려 걸림돌이 되었다. 열심이 곧 믿음이 아닐까 생각하기 십다. 열메기 없다면 이는 피곤한 일일 뿐이다.

Outline 108

Outline은 본문 설명을 요약 정리한 것입니다. 간단하게 설명을 할 경우 이용하세요. 그렇지 않으면 본문으로 바로 들어가셔도 됩니다.

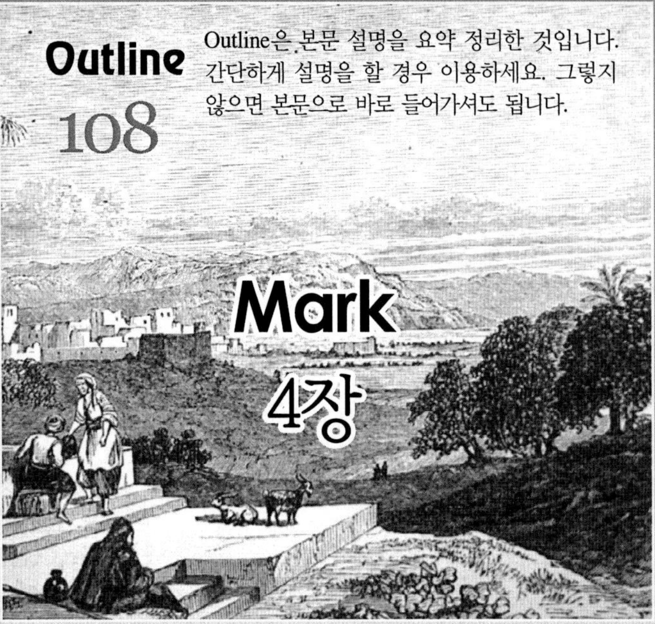

Mark 4장

비유로 말씀하심

하나님 나라가 가까이 왔으니 회개하고 복음을 믿으라
세례 요한의 광야에서의 외침이었다.

예수님은 백성들에게
하나님의 나라는 이미 너희 안에 있다고 선포하신다.
예수님의 사역은 그 중심 메시지가 하나님 나라였다.
기다리던 시간이 지나갔고 성취의 시간이 도래했다.

그러나 그를 따라다니던 제자들에게는
아직도, 하나님 나라의 개념이
체계 있게 정리되지 못했다.
예수님의 치유 사역과 귀신 축출의 역사가 있었지만
백성들은 좀처럼 반응하지 않는다.
그렇다면, 하나님 나라가 이미 도래했다는 것은
무엇을 의미하는가?

따라서 예수님은
하나님 나라의 특성을 더 잘 이해시키기 위해
비유로 말씀하신다.
하나님 나라의 특성을 보다 잘 이해하기가
쉽기 때문이다.

메시지의 선포는 마치 농부가 씨를 뿌린 것과 같다.
그렇다고 씨를 뿌린 것이 당장 열매로 나타나지 않는다
지금은 그 나라가 그들 눈에 숨겨져 있는 것과 같다.

비유를 들어 말씀하심(막 4:1-20)

(1) 예수님의 말씀을 들으려고 많은 무리들이 늘 몰려 다녔다(1절). 예수님의 치유 사역과 귀신 축출 등 강력한 행위 안에서 하나님 나라가 이미 현재하고 있다. 천국은 과연 어떻게 도래하는가?

(2) 하나님 나라의 현재적인 면과 미래적인 면을 어떻게 이해시키실까? 비유는 또한 천국이 **현재적 실재**라는 사실을 알리는 요소들이 담겨 있다.

(3) 천국의 특성을 이해시키기 위해 제일 먼저 씨 뿌리는 자의 비유를 드셨다. 왜, 비유로 말씀하셨을까? 하나님의 나라는 예수님의 오심과 함께 이미 도래하였다(현재적). 그러나 그러함에도 천국은 여전히 미래적이다. 제자들에게도 아직은 이런 문제가 정리되어 있지 아니했을 것이다. 비유들은 바로 이런 문제를 다루기 위해 주어졌다.

(4) 사람들은 제자들과 함께 예수님께로 다가갔다. 천국의 비밀을 알기 시작한 사람에게는 이 비유를 통해 '천국의 비밀'을 더욱 깊이 알게 될 것이나 그렇지 못한 자에게는 있는 진리까지도 빼앗기게 될 것이라는 것이다.

(5) 마가는 이런 사실을 이사야 선지가 (이스라엘 백성이 회개하기를 거절한 것에 대해) 예언했던 그 예언이 성취된 것으로 간주했다(마 13: 14-15을 보라). 이사야 6:10의 진정한 의미는 무엇인가?

"여러 가지를 비유로 가르치시니" (막 4:2-9)

(1) 씨 뿌리는 자의 비유 - 이 비유의 해석은 주님이 직접하셨다. 이 비유를 해석할 때 강조점이 어디에 있느냐에 주목해야 한다.

(2) 그러니까 세상이 현 상태로 있는 한 천국과 사탄의 나라는 둘 다 세상 안에 함께 있을 것이다. 따라서 복음 전파자들은 가라지를 뽑으려 하기 전에 세상의 종말이 올 것을 기다려야 한다는 것이다. 그러면 추수는 누가 할까? (마 24:31, 36; 계 14:17-20을 잠깐 보자.)

(3) 주님은 하나님의 아들의 권위와 능력을 가지고 똑같이 천국의 씨를 뿌렸다. 그런데도 불구하고 사역의 결과는 어떻게 다르게 나타났는가? 주님

은 이제 '씨 뿌리는 자'의 비유를 들어 설명하신다.

(4) 이 비유의 중심점은 어디에 있을까? 여러 가지 해석이 있지만 분명한 것은 위에서 보는 것처럼 복음은 배척을 당하는 것이 사실이지만, 또한 복음을 받아들이는 사람들이 있음을 말하고 있다. 모든 방해에도 불구하고, 손실에도 불구하고 넘치는 추수를 가져왔다. 하나님 나라의 시작은 많은 방해와 실패와 좌절 가운데서 시작되지만, 즉 미약한 시작이었지만 모든 사람의 기대를 넘어서 풍성한 결과를 나타낸다는 것이 이 '씨뿌리는 자의 비유'의 핵심이다.

등불은 등경 위에 두려 함이 아니냐? (막 4:21-25)

(1) 복음을 전하는 자는 어떻게 해야 할까? 결실이 적다고 해서 낙심해서는 안 된다.

(2) 비추임을 받은 사람은 다른 사람을 비추는 자가 되어야 한다. 등불을 켠다면 등경(lampstand) 위에 두는 것이 당연하다. 누가 그것을 말(a peck-measure) 아래에 두겠는가? 유대인들은 등불을 켜지 않을 때에는 그릇들로 덮거나 침상 아래에 넣어두었다.

(3) 등불을 밝히는 목적은 무엇인가? 그것은 언제든지 빛을 비추이는데 있다. 즉 등불은 비추기 위한 것이지 숨기기 위한 것이 아니다(21절). 어느 때엔가 천국은 그 숨기어졌던 것처럼 보이는 것이 충만히 계시되어 나타나게 될 것이다.

자라나는 씨 비유(막 4:26-29)

(1) 당장 열매가 나타나지 않는다고 조급해 하지 말아야 한다. 땅에 뿌려진 씨앗은 추수 때가 되면 저절로 자라나며 열매를 맺게 된다.

(2) 농부는 땅에 심은 씨앗에 대하여 지나치게 노심초사하지 않는다. 복음의 전파 과정도 이와 같다는 것이다. 하나님 나라가 도래했는데도 여진히 악이 물러나지 않고, 사탄의 역사도 만만치 않기에 제자들은 조금은 조급해 있었을 것이다.

(3) 메시야이신 예수님이 오셨다고 해서 하나님 나라가 단번에 세워지는 것이 아니라는 것이다. 악한 자의 심판과 그들의 완전한 멸망은 지금 당장 일어나지 않는다. 하나님 나라는 이미 도래했으나 그 완전한 성취는 아직 과정 중에 있다는 것이다. 예수님의 출현과 더불어 세상의 종말이 참으로 가까이 왔다. 그러나, 그것이 아직 완성된 것은 아니다.

겨자씨 비유(막 4:30-32)

(1) 이 비유에서 주님께서 말씀하시는 천국의 비밀을 이해하려면 밭에 뿌려진 '겨자씨'에 초점을 맞추어야 한다. 이 겨자씨(mustard seed)는 큰 씨와 대조하기 위하여 채택된 개념이다. 천국의 시작도 이 겨자씨와 같이 미세(微細)하게 시작된다는 것이다.

(2) 천국의 임함으로 그리스도의 말씀이 전파된다. 그 말씀은 땅에 떨어지지 않는다. 복음 전파는 그 자체가 천국 도래의 보장이 된다.

(3) 씨는 그리스도께서 권위를 가지고 말씀하신 하나님의 말씀이다. 이 능력이 언젠가 만물을 새롭게 할 것이다. 그러나 처음과 끝 사이에 역사가 있다. 이 역사 속에서 말씀은 진전(하나님의 사역과 사역의 진전)되며, 그 효과를 발휘하게 된다.

바람과 바다를 잔잔하게 하심(막 4:35-41)

(1) 바다 가운데서 큰 광풍이 일어났다. 이에 바다 생활에 익숙했던 제자들까지도 당황하게 되었다. 제자들은 어떻게 반응했으며 이에 대한 예수님의 책망(?)이 어떠했나? (마 8:25-26)

(2) "믿음이 작은 자들아 : 이런 상황에서 불안에 떠는 제자들의 태도는 결국, 그들의 믿음이 작다는 것을 드러낸 것뿐이었다. 그들은 아직도 예수님에 대한 신뢰가 깊지 못했음을 본다(막 4:40 참조). 예수님은 질병을 고치실 뿐만 아니라 자연까지도 다스리시는 분임을 깨닫게 되었다.

비유를 들어 말씀하심(막 4:1-20)

같이 읽을 곳(마 13:1-9; 눅 8:4-8)

▶ 이 부분의 이해를 위해서 동교재, 마태복음 13장을 같이 보세요. 그곳의 설명을 가져와 안내했습니다.

복음 전파 사역에 바쁘신 예수님(막 3:20). 때로는 예수님과 그의 제자들은 식사할 겨를도 없었다고 했다. 예수님께서 이 땅에 오신 목적 중 하나는 하나님 나라의 선포였다. 예수님은 부지런히 천국(하나님 나라)에 대해서 말씀을 전하셨지만 그 애쓰심에 비해 천국에 대한 이해가 아직은 별로 없었다. 이제, 주님은 천국의 바른 이해를 위해 비유로 말씀하기 시작하신다. 백성에게 아무리 천국을 소개해도 그들은 다분히 지상주의적인 천국으로 이해하고 있었기 때문이다.

1. 예수님의 말씀을 들으려고 많은 무리들이 늘 몰려 다녔다. "예수께서 다시 바닷가에서 가르치시니 큰 무리가 모여들거늘"(1절)

막 4:1 "예수께서 바다에 떠 있는 배에 올라 앉으시고 온 무리는 바닷가 육지에 있더라"

(1) 예수님의 치유 사역과 귀신 축출 등 강력한 행위 안에서 하나님 나라가 이미 현재하고 있다. 천국이 과연 어떻게 도래하는가? 그를 따라 다니는 제자들조차도 그에 대한 확실한 지식이 아직은 없었다. 비유들을 통해, 예수님이 전하신 계명들이 그 의미가 더욱 명료해질 것이며, 또한 예수님을 반대하던 무리들의 생각이 얼마나 잘못되었는가를 알려주게 될 것이며, 제자들에게는 경성하며 예비하는 계기가 될 것이다.

(2) 하나님 나라의 현재적인 면과 미래적인 면을 어떻게 이해시키실까? 비유는 또한 천국이 현재적 실재라는 사실을 알리는 요소들이 담겨 있다. 하나님 나라의 임함의 양태(樣態)들에 관해서 더욱 많은 교훈을 하고 있다. 또 비유는 우리의 마음을 거기에다가 집중시킬 것을 묘사하기도 한다(마 6:19-21; 19:21). 천국은 미래에 속한 것으로 언급되기도 하지만 그렇다고, 전적으로 미래에 속한 것만은 아니다. 현재적 실재로 주어졌다(마 13:16, 17).[1] "제자들이 지금 보고 듣는 까닭에 복이 있다"는 칭찬을 들었다.

1) 삭개오 (눅 19:9) / "오늘"(this day) 구원이 이 집에 이르렀다.

• 눅 10:20 "너희들의 이름이 하늘에 기록되었으므로(ἐγγέγραπται - 완료수동태) 기뻐하라."

(3) 예수님을 따라다니는 사람들 중에는 다양한 사람들이 있었다. 모든 것을 다 버리고 예수님의 제자가 된 사람, 제자보다는 못하지만 호감을 가지고 따라다니던 사람들, 그리고 예수님의 말씀과 행적에는 전혀 관심이 없고 어떻게 하면 예수에게 올무를 씌울까 생각하는 적대자들 등 계층이 다양했다.

하나님 나라의 시작은 많은 방해와 실패와 좌절 가운데서 시작되지만, 즉 미약한 시작이겠지만 모든 사람의 기대를 넘어서 풍성한 결과를 가져올 것이다. 결국 결실을 맺지 못하는 일도 있겠지만 좋은 땅에 뿌려진 씨앗처럼 복음을 전하는 일에 풍성한 열매가 분명 있을 것이다. 그러므로 너희들은 복음을 전하는 일에 결코 낙심해서는 안 된다.

2. 천국의 특성을 이해시키기 위해 제일 먼저 씨 뿌리는 자의 비유를 드셨다.

(1) 왜, 비유로 말씀하셨을까? 그리고 비유의 소재를 어디에서 가져오셨는가? 우선 주님께서 이 비유를 사용하실 때, 지금까지 주님이 행하신 사역과 설교들이 구속사적 특성과 밀접하게 연관되어 있다는 것을 알 수 있다. 하나님의 나라는 예수님의 오심과 함께 이미 도래하였다(현재적). 그러나 그러함에도 천국은 여전히 미래적이다. 천국은 아직 대망해야 하는 나라이다. 제자들에게도 아직은 이런 문제가 정리가 되어 있지 아니했을 것이다. 비유들은 바로 이런 문제를 다루기 위해 주어졌다.

(2) 비유(parable)는 히브리어 마샬(mashal, מָשָׁל)이라는 말로 모든 종류의 '시나 상징적인 말, 우화, 이야깃거리, 조롱, 강화(講話)' 등의 뜻으로 사용되었다. 때로는 수수께끼를 가리키기도 했다. 이 방법은 고대로부터 잘 알려진 방법 중 하나였다.[1)]

(3) 사람들은 제자들과 함께 예수님께로 다가갔다. 그리고 그 비유의 뜻을 묻는다 : "예수께서 홀로 계실 때에 함께한 사람들이 열두 제자와 더불어 그 비유들에 대하여 물으니"(막 4:10)

1) 사사기 9:8-15과 사무엘하 12:1-4을 꼭 읽어보자. 따라서 이런 비유의 방법이 그들에게 전혀 낯선 것은 아니었다.

예수님이 이 비유로 가르치신 것은 천국의 성격과 도래(到來)의 방식에 관하여 설명하기가 초기 사역의 선포보다 훨씬 적합했기 때문이었다.

원래 이스라엘 백성에게 쉬운 설교형식으로 하나님의 명령을 전달했으나(모세나 엘리야처럼) 이를 잘 듣지 않자, 하나님은 비유와 상징적 행동과 같은 예언적 소통방식을 사용하라고 명령하신다(에스겔서 24:3 참조 - 에스겔서에서는 특히 이런 비유를 통해 하나님의 뜻을 전달케 하셨다.)

3. 왜 비유로 말씀하시는가에 대해 주님은 어떻게 말씀하셨나?

4:11 [그가] —— **이르시되**(...하시고)
/[그들에게]
/비밀을(=이) ——— 주었으나(=주어졌나니)
/하나님 나라의 /너희에게는[1])
모든 것을(=이) —— 비유로 하나니
/외인에게는[2]) **外人**

(3) 그렇다면 이런 비유로 가르치신 의도가 어디 있을까? 천국의 비밀을 알기 시작한 사람에게는 이 비유를 통해 '천국의 비밀'[3])을 더욱 깊이 알게 될 것이나 그렇지 못한 자에게는 아는 진리까지도 빼앗기게 될 것이라는 것이다. 따라서 잘 깨닫는 자들은 더욱 잘 받아들여서 풍성하게 자랄 것이고, 반면에 믿지 않는 자들은 보아도 보지 못하며 들어도 듣지 못하며 깨닫지 못하게 될 것이다. 따라서 그들이 죄 사함을 얻지 못하게 하려 함이라 하셨다(막 4:13).

3. 마가는 이런 사실을 이사야 선지가 (이스라엘 백성이 회개하기를 거절한 것에 대해) 예언했던 그 예언이 성취된 것으로 간주했다(마 13:14-15을 보라).[4])

사 6:9 여호와께서 **이르시되**
/[너는] —┬— 가서(לֵךְ) - 칼 동사 명령법
└— '이 백성'[4])에게 **이르기를**
/너희가 듣기는 들어도 '깨닫지' 못할 것이요
/보기는 보아도 알지 못하리라 하여

빈(בִּין)의 칼 동사 미완료
분별하다, 이해하다

10 /[너는] —┬— 이 백성의 마음을 **둔하게 하며**(הַשְׁמֵן) [5])
├— 그들의 귀가 **막히고** - 히필 동사 명령법 / 막히게 하라
└— 그들의 눈이 **감기게 하라** - 히필 동사 명령법

염려하건대(lest, פֶּן)
그들이 눈으로 보고 귀로 듣고 마음으로 깨닫고
다시 돌아와 고침(라파, רָפָא)을 받을까 하노라

사 29:9,42:18, 43:8에서도 언급되었다.

▲ 본문의 내용을 따로 떼어서 읽는다면 얼른 이해가 안 되는 명령이다(원문에는 명령형으로 되어 있다). 이는 명령문으로 되어 있지만 풍자적이다. 다음과 같은 내용으로 풀어 쓸 수 있다.[6])

> "너희는 계속해서 들으나 결코 이해하지 못한다(שִׁמְעוּ שָׁמוֹעַ[7]) וְאַל־תָּבִינוּ).
> 너희는 계속해서 보지만 결코 깨닫지 못한다."

---

1) 너희 : 12제자를 포함한 주를 따르는 자

2) **외인(外人)**: 일반 대중(바리새인, 서기관을 포함한 큰 무리)

따라서 외인들이 하나님 나라의 비밀을 받지 못하는데 반하여(마 13:11 이하; 마 13:34), **제자들은 어떻게든 적절한 깨달음에 이르게 된다**(마 13:51; 막 4:11).

3) '천국의 비밀' (τὰ μυστήρια τῆς βασιλείας τῶν οὐρανῶν)이란 말은 하늘나라와 그 나라에 속한 모든 것들이 현 단계에서는 주로 감추어진 채 임재할 것이라는 것을 뜻한다.

이사야 6:9

4) '이 백성' - 사 1:3, 2:6, 3:12, 15, 5:13, 25에 이미 언급된 대상이다. 언약 백성을 가리키는 말로 이스라엘을 지칭한다. '나의 백성'(암미)이라 하지 않고, '이 백성'이라는 표현 속에서 하나님의 불쾌함이 드러난다.

5) 샤만(שָׁמֵן)의 히필 동사 명령법 / 기름지다, 살이 찌다, 살찌우다 / 히필(사역 능동)형에서는 '살찌게 하다'라는 의미이다.

6) R. B. Chisholm Jr. 강성열 역, 「예언서개론」(서울 : 크리스찬다이제스트), 31.

7) 칼 부정사 절대형 / 계속해서 들어라! 그러나 깨닫지 못할 것이다

(1) 즉, 이사야가 그의 사역을 시작했을 때 하나님은 사람들이 그의 메시지를 깨닫지 못할 것이라고 하셨다. 그러면 당연히 영적으로 둔감해 질 것이다. 그래서 고침을 받지 못할 것이라는 것이다. 하나님은 이 백성을 당분간은 영적 흑암 가운데 두시겠다는 것이다. 그래서 회개할 기회조차 막으시겠다는 것이다. 그만큼 하나님의 심판의 엄격함을 보여주신다. 하늘 궁정회의에서는 심판하기로 이미 결정되었기 때문이다. 이 백성들의 죄악을 적당히 눈감지 않으시겠다는 것이다.[1] 그러므로 막 4:11에서 외인(外人)이란 이사야 당시의 사람들이 그랬던 것처럼 주님의 말씀을 받아들이지 않는 사람들을 가리킨다.

1) 사 6:10의 말씀과 같이 정말로 하나님은 자기 백성의 깨달음과 회개와 치유를 막으려 하셨을까? 10b 절은 분명하게 풍자와 반어법적인 요소를 가지고 있다. 지금까지 살펴본 바와 같이 백성들은 회개할 준비가 되어 있지 않거나 그럴 의사가 거의 없었다.

(2) 그러므로 이사야 6:10절은 이런 뜻으로 풀어 설명할 수 있다. "…그렇지 않으면 그들이 눈으로 보고 귀로 듣고 마음으로 깨닫고 회개함으로 회복함을 얻을 것이다. 그러나 그들에게는 그렇게 하려는 의사가 없음이 분명하다. 그렇지 않은가?"[2]

2) R. B. Chisholm Jr., 「예언서개론」, 32.

• 하나님 자신께서 완전히 새로운 시작을 가능하게 하기 위해 그의 백성들에게 이해와 통찰력을 허락하지 않으신 것처럼(사 6:9, 9:10), **막 4:12에 따르면** 예수님께서도 외인들에게는 "비유"로 말씀하시는데 이는 그들이 그것을 듣기는 들어도 (하나님의 나라의 비밀을) 깨닫지 못하게 하기 위해서라고 하셨다. 그러나 이사야 6:10의 진정한 의미는 무엇인가? 정말로 하나님은 자기 백성의 깨달음과 회개와 치유를 막으려 하셨을까?

"여러 가지를 비유로 가르치시니" (막 4:2-9)

씨 뿌리는 자의 비유(마 13:3-8, 18-23절 참조)

1. 이 비유의 해석은 주님이 직접하셨다. 이 비유를 해석할 때 강조점이 어디에 있느냐에 주목해야 한다.[3] 우선, 본문을 자세히 읽어보자(막 4:3-9).

3) 정훈택, 천국은 어떻게 오는가, 대장간, 28면 참조.

• '씨'에다 강조점을 두는 경우 : 천국의 말씀인 씨가 서로 다른 결과를 초래하게 된다.

• '씨 뿌리는 자'에다 두는 경우 : 이 비유는 예수님께서 천국의 말씀을 뿌리시는 데도 그 사역의 결과가 다르게 나타난다는 것으로 해석해야 한다.

• '밭'에다 두는 경우 : 밭의 종류에 따라 결실이 달라지듯이 사람들의 마음의 상태에 따라 천국의 말씀은 효과를 가져온다는 것으로 해석되어야 한다.

막 4:3 들으라 씨를 뿌리는 자가 뿌리러 나가서
4 뿌릴새 더러는 **길 가에** 떨어지매 새들이 와서 먹어 버렸고
5 더러는 흙이 얇은 **돌밭에** 떨어지매 흙이 깊지 아니하므로 곧 싹이 나오나
6 해가 돋은 후에 타서 뿌리가 없으므로 말랐고
7 더러는 **가시떨기에** 떨어지매 가시가 자라 기운을 막으므로 결실하지 못하였고
8 더러는 **좋은 땅에 떨어지매** 자라 무성하여 결실'하였으니'(ἐδίδου 미완료, 생명이 있기에 계속된 성장으로) 삼십 배나 육십 배나 백 배가 되었느니라 하시고

(1) 마태복음은 조금 더 상세하게 기록하고 있다. 마태복음 13:3-8을 읽고 몇 가지 종류의 밭이 있는가 써보자.

• 인자(人子) : 다니엘 7:13, 14을 읽어보자. 이 인자는 "옛적부터 항상 계신 이"에게 만물을 다스리는 영원한 권세를 받을 분이고, 그는 온 세상의 재판장이시다. 이 분이 진정으로 씨를 뿌리는 자이시다.

마 13:3 예수께서 비유로 여러 가지를 그들에게 말씀하여 이르시되 씨를 뿌리는 자가 뿌리러 나가서
4 뿌릴새 더러는 **길 가에** 떨어지매 새들이 와서 먹어버렸고
5 더러는 흙이 얕은 **돌밭에** 떨어지매 흙이 깊지 아니하므로 곧 싹이 나오나
6 해가 돋은 후에 타서 뿌리가 없으므로 말랐고
7 더러는 **가시떨기 위에** 떨어지매 가시가 자라서 기운을 막았고
8 더러는 **좋은 땅에** 떨어지매 어떤 것은 백 배, 어떤 것은 육십 배, 어떤 것은 삼십 배의 결실을 하였느니라

1) 좋은 씨 : '천국의 아들들'이라고 하셨다. 물론 좋은 씨는 우선 온 세상에 전파되어야 할 하나님의 말씀을 가리킨다. 이 씨의 열매가 천국의 아들들 가운데 나타날 것이다. 그렇다면 천국의 아들들은 이 씨 자체와 동일하게 여겨질 수 있다.

• 씨 뿌리는 자는 누구인가? (마 13:37)
• 밭은? (38절, 세상)
• 씨는? (좋은 씨[1] : 천국의 아들들 / 가라지는? :)
• 가라지를 심은 원수는? ( )
• 추수 때는? (세상 끝)
• 추수꾼은? ( )

(2) 그러니까 세상이 현 상태로 있는 한 천국과 사탄의 나라는 둘 다 세상 안에 함께 있을 것이다. 따라서 복음 전파자들은 가라지를 뽑으려 하기 전에 세상의 종말이 올 것을 기다려야 한다는 것이다. 그러면 추수는 누가 할까? (마 24:31, 36; 계 14:17-20을 잠깐 보자.)

3. "또 이르시되 너희가 이 비유를 알지 못할진대 어떻게 모든 비유를 알겠느냐"(막 4:13)

1) 씨 뿌리는 사람은 누구일까? 예수님과 모든 전도자들이다. 14절 "뿌리는 자는 말씀을 뿌리는 것이라." 마태복음13:19이하; 누가복음 8:11이하를 읽어보자.

(1) 주님은 하나님의 아들의 권위와 능력을 가지고 똑같이 천국의 씨를 뿌렸다.[1] 그런데도 불구하고 사역의 결과는 어떻게 다르게 나타났는가? 주님은 이제, 이 점을 설명하기 위해 '씨 뿌리는 자'의 비유를 말씀하신다.

① **길가에 뿌려진 씨** (마 13:15 새들이 와서 먹어버렸다 / 막 4:15 말씀을 들었을 때에 사탄이 즉시 와서 그들에게 뿌려진 말씀을 빼앗는 것이다)

예수님의 말씀과 행적에는 전혀 관심이 없는 사람들을 가리킨다. 그들이 만난 예수님은 그들에게는 아무 상관도 없었다. 천국의 말씀은 들었지만 사탄이 와서 이내 그 말씀을 빼앗아갔기 때문이다(막 4:15).

② **돌밭에 뿌려진 씨** (막 4:16 말씀을 들을 때에 즉시 기쁨으로 받으나 17 그 속에 뿌리가 없어 잠깐 견디다가 말씀으로 인하여 환난이나 박해가 일어나는 때에는 곧 넘어지는 자요)

처음에는 말씀을 받아들이고 기뻐했으나, 그 말씀이 화근이 되어 세상으로 나가는 자들이 있다. 예수님의 제자가 되면 세상과 너무 이질적인 것 때문에 핍박과 환란이 오게 된다. 이런 사람들은 열매는커녕 성장도 못하고 마치 자갈밭에 떨어진 씨처럼 되고 만다.

③ **가시떨기에 뿌려진 씨** (막 4:18 말씀을 듣기는 하되 19 세상의 염려와 재물의 유혹과 기타 욕심이 들어와 말씀을 막아 결실하지 못하게 되는 자요)

기쁨으로 말씀을 받고 환란과 핍박을 받아 흔들리지 않았지만 물질의 유혹과 세상의 염려가 다시 그를 세상으로 내몰아간다. 예수님의 말씀대로 살아가야 된다는 것을 알고 있지만 그는 세상적인 방법과 세상적인 출세와 명예 때문에 되돌아간다. 즉, 싹이 나고 꽃은 피지만 열매를 맺지 못한다.

이와 같이
첫 번째의 경우를 불신자의 경우라면,
두 번째, 세 번째의 경우는 어떤 모양으로든지 교회생활을 하는 사람들이라고 볼 수 있다. 이들은 스스로 하나님의 자녀라고 생각할지도 모른다.

그러나 주님이 인정하시는 것은 다음 네 번째 사람뿐이다.

④ **좋은 땅에 뿌려진 씨** (23절 100배, 60배, 30배의 결실을 맺었다)

위와 같은 조건 속에서도 열매를 맺혀가는 사람들이 있다. 이들은 '**듣고 깨닫는 자들**'이라고 불렸다. 세상의 환란과 핍박을 견디고 또 세상의 염려와 재물의 유혹을 담대하게 물리친 사람은 당연히 천국의 열매들을 맺을 수 있는 사람들이다.

▲ 자, 여러 가지 해석이 있지만 분명한 것은 위에서 보는 것처럼,
복음은 배척을 당하는 것이 사실이지만, 또한 복음을 받아들이는 사람들이 있음을 말하고 있다. 모든 방해에도 불구하고, 손실에도 불구하고 넘치는 추수를 가져왔다.

이 비유의 중심점은 어디에 있을까?

하나님 나라의 시작은 많은 방해와 실패와 좌절 가운데서 시작되지만,
즉 미약한 시작이었지만 모든 사람의 기대를 넘어서 풍성한 결과를 나타낸다는 것이 이 '씨뿌리는 자의 비유'의 핵심이다.

마태복음의 설명

- 마 13:19 아무나 천국 말씀을 듣고 깨닫지 못할 때는 악한 자가 와서 그 마음에 뿌려진 것을 빼앗나니 이는 곧 **길 가에 뿌려진 자요**
- 20 **돌밭에 뿌려졌다는 것**은 말씀을 듣고 즉시 기쁨으로 받되 21 그 속에 뿌리가 없어 잠시 견디다가 말씀으로 말미암아 환난이나 박해가 일어날 때에는 곧 넘어지는 자요
- 22 **가시떨기에 뿌려졌다는 것**은 말씀을 들으나 세상의 염려와 재물의 유혹에 말씀이 막혀 결실하지 못하는 자요
- 23 "**좋은 땅에 뿌려졌다는 것**은 말씀을 듣고 깨닫는 자니 결실하여 어떤 것은 백 배, 어떤 것은 육십 배, 어떤 것은 삼십 배가 되느니라 하시더라."

동교재, 마태복음 13장을 같이 보기로 하자. 그곳의 내용을 가져와 설명했기 때문이다.

등불은 등경 위에 두려 함이 아니냐(막 4:21-25)

같이 읽을 곳 (눅 8:16-18)

1. 제자들은 처음에는 예수님이 비유로 말씀하시는 바를 잘 이해하지 못했다. 그래서 예수님은 제자들에게 자세히 그 의미를 가르치셨다.

(1) 앞의 3장까지 살펴보았지만 예수님이 그렇게 열심히 말씀을 전파하고 기적을 베푸셨지만 반항하는 무리들이 적지 않았다. 하나님의 나라가 이미 왔다고 선포되었지만, 크게 달라진 것은 아직 없었다. 말씀이 전파되지만 많은 사람이 받아들이지 않았다.[1)]

(2) 하나님의 나라는 예수님의 오심과 함께 이미 도래하였다(현재적). 앞에 '씨 뿌리는 자'의 비유에서 볼 수 있듯이 씨를 뿌린다고 해서 모두 결실을 맺지 못한다. 그러나 좋은 땅에 뿌려진 씨는 100배, 60배, 30배의 결실을 맺는다는 것이다. 복음을 전하다가 열매가 없다고 중단할 수 없다. 해서는 안 된다는 것이다. 여러 악 조건 속에서도 열매를 맺혀가는 사람들이 있기 때문이다. 이들을 '듣고 깨닫는 자들'이라고 불렀다. 이렇게 천국은 이미 도래했지만 또한 여전히 미래적이다. 천국은 아직 대망해야 하는 나라이다.

1) 당시 유대인들은 이스라엘의 실질적인 적은 이방 나라를 세상권력으로 통치하던 로마였다고 생각했다. 그러나 메시야로 오셨다는 예수님의 사역은 그들이 기대했던 것과는 전혀 다른 것이었다. 하나님의 나라가 도래하자 그동안 모습을 드러내지 않던 (하나님이 백성 가운데 도사리고 있던) 사탄과의 교전(交戰)이 시작되었다. 물론 유대인들이 기대했던 것과는 전혀 다른 유형이었다. 예수님은 사탄을 이겨내는 능력을 소유하셨다. 사탄이 쫓겨나기 시작한 것이다.

2. 따라서 복음을 들은 자는 어떻게 해야 할까? 결실이 적다고 해서 낙심해서는 안 된다. 그래서 등불 비유를 드신다.

막 4:21 또 그들에게 **이르시되**
/사람이 등불을 가져오는 것은
① 말 아래(under a peck-measure, ὑπὸ τὸν μόδιον)에나
평상(bed) 아래에(ὑπὸ τὴν κλίνην) 두려 함이냐
② 등경(lampstand, 등잔대) 위에 두려 함이 아니냐[2)]

2) "등불을 켜서 그릇이나 침대 아래 둘 사람이 있겠느냐?"

(1) 비추임을 받은 사람은 다른 사람을 비추는 자가 되어야 한다. 등불을 켠다면 등경(lampstand, 등잔대, λυχνία[뤼크니아]) 위에 두는 것이 당연하다. 누가 그것을 말(a peck-measure, μόδιος[모디오스]) 아래에 두겠는가? 유대인들은 등불을 켜지 않을 때에는 그릇들로 덮거나 침상 아래에 넣어두었다.

(2) 백성들은 물론 제자들까지도 아직은 천국의 특성을 잘 이해하지 못하고 있다. 등불을 밝히는 목적은 무엇인가? 그것은 언제든지 빛을 비추이는데 있

다. 즉 등불은 비추기 위한 것이지 숨기기 위한 것이 아니다(21절). 어느 때엔가 천국은 그 숨기어졌던 것처럼 보이는 것이 충만히 계시되어 나타나게 될 것이다. 그래서 이렇게 말씀하신다.

막 4:22 //((이유: γάρ, for) 21절의 이유를 말한다.
숨긴 것이 ———— 없고
/드러내려 하지 않고는
감추인 것이 ———— 없느니라
/나타내려 하지 않고는

"숨겨 둔 곳은 드러나게 마련이고 감추어 둔 것은 나타나기 마련이다."(새번역) 즉 등불을 밝히는 목적은 언제든지 퍼뜨림에 있다. 따라서 아무리 오랫 동안 숨기어 있던 것도 빛 앞에 드러날 수밖에 없다는 것이다.

결국 복음은 온 사방으로 전파되어져야 한다. 제자들만 은밀히 알도록 전해진 것이 아니다. 언젠가는 제자들이 비유의 형태로 베일에 싸였던 것을 사람들 앞에 드러나게 할 때가 있을 것이다. (마 10:26, 27, "그런즉 그들을 두려워하지 말라 감추인 것이 드러나지 않을 것이 없고 숨은 것이 알려지지 않을 것이 없느니라 27 내가 너희에게 어두운 데서 이르는 것을 광명한 데서 말하며 너희가 귓속말로 듣는 것을 집 위에서 전파하라.")

(3) "들을 귀 있는 자는 들으라."(23절) 이 말씀은 현재는 예수님이 그리스도라는 사실을 스스로 감추고 있다는 사실과 밀접한 관계가 있다. 어느 때엔가 천국은 그 은폐된 것이 완전히 드러날 때가 있을 것이다. 주님께서 부활하시면 천국이 전파되는 양상이 크게 달라질 것이다. 그래서 그 비밀이 공개되기 위해서는 듣는 것이 대단히 중요하다. "누구든지 들을 귀가 있는 사람은 알아들어라." 듣는 것이 왜 중요할까? 하나님 나라에서 궁극적으로 받게 될 것이 전파된 말씀을 지금 소유하느냐 않느냐에 달려 있기 때문이다.

막 4:24 또 [그들에게] **이르시되**
/너희가 —— 무엇을 듣는가 스스로 **삼가라**
/[그것이] —— 너희가 헤아림을 **받을 것이며**
/너희의 헤아리는 그 헤아림으로
—— 또 더 **받으리니**
/[너희에게]
//(이유: γάρ, for)
25 있는 자는 —— 받을 것이요
없는 자는 —— 빼앗기리라
/그 있는 것까지도

"너희가 듣는 것을 마음에 새겨라. 너희가 다른 사람에게 주는 만큼 너희가 받을 것이며, 그 외에도 더 주실 것이다."(쉬운성경)

헤아림(μέτρον 메트론) : 시장에서 사용하는 측량하는 도구로서의 '도량형'을 가리킨다. 여기 이 구문은 속담이었을 것이다. 즉 '사람이 갖고 측량하는 그 측량 표준으로 그가 다시 측량될 것'이라는 말이다. 유대문서에는 때대로 이 말이 하나님이 마지막 날에 외로운 심판을 행하신다는 것을 나타날 때 사용한다.

▲ 25절은 24절의 이유를 설명한다. 진리를 깨닫고 그것을 활용하는 사람은 더 많은 지혜와 지식을 얻게 될 것이고, 그렇지 못한 자는 원래 가졌던 진리조차도 이해하지 못하게 될 것이다.

자라나는 씨 비유(막 4:26-29)

같이 읽을 곳(마 13:31-32; 눅 13:18-19)

1. **그러므로 당장 열매가 나타나지 않는다고 조급해 하지 말아야 한다. 땅에 뿌려진 씨앗은 추수 때가 되면 저절로 자라나며 열매를 맺게 된다.**

농부가 씨를 뿌리고나면 매일 아침 저녁으로 체크하지 않는다. 어떤 사람이 땅에 씨를 뿌려 놓고 하루하루 일어나고 하는 사이에 씨는 싹이 트고 자라나지만 그 사람은 어떻게 그렇게 되는지는 알지 못한다.

막 4:26 또 **이르시되**
/하나님의 나라는 — 같으니
/사람이 씨를 땅에 뿌림과
27 /그가 —자고 깨고 하는 중에
/밤낮
/씨가 ———— 나서 자라되(=자라느니라)
/[그[가] - 어떻게 그리 되는지를 알지 못하느니라

(1) 싹이 나고 자라지만 어떻게 그렇게 되는지를 농부는 알지 못한다. "28땅이 스스로 열매를 맺되 처음에는 싹이요 다음에는 이삭이요 그 다음에는 이삭에 충실한 곡식이라." 열매가 익으면 농부가 와서 낫으로 그것을 거두어 들인다. 추수 때가 되었기 때문이다.

(2) 따라서 적당한 환경과 조건만 맞으면 발아하고 성장한다. 씨는 생명을 갖고 있기 때문이다. 따라서 농부는 땅에 심은 씨앗에 대하여 지나치게 노심초사 하지 않는다. 복음의 전파 과정도 이와 같다는 것이다. 하나님 나라가 도래 했는데도 여진히 악이 물러나지 않고, 사탄의 역사도 만만치 않기에 제자들은 조금은 조급해 있었을 것이다.

(3) 메시야이신 예수님이 오셨다고 해서 하나님 나라가 단번에 세워지는 것이 아니라는 것이다. 악한 자의 심판과 그들의 완전한 멸망은 지금 당장 일어나지 않는다. 하나님 나라는 이미 도래했으나 그 완전한 성취는 아직 과정 중에 있는 것이다. 예수님의 출현과 더불어 세상의 종말이 참으로 가까이 왔다. 그러나, 그것이 아직 도착한 것은 아니다. 그러므로 예수는 항상 미래를 지향하셨다. 천국의 임시적 도래와 최종적 도래의 불가분리적 연관이 있다는 말이다. 학자들은 이러한 개념의 틀을 "**이미 그러나 아직**'이라고 규정한다. 그래서 이를 "시작된 종말론"으로 부른다.

겨자씨 비유(막 4:30-32)

같이 읽을 곳(마 13:31-32; 눅 13:18-19)

(1) 여기에 언급된 겨자씨 비유에서 '씨'는 '천국'을 의미한다. 이 비유에서 주님께서 말씀하시는 천국의 비밀을 이해하려면 밭에 뿌려진 '겨자씨'에 초점을 맞추어야 한다. 이 비유의 특별한 의미는 그것이 가장 작은 씨 중의 하나라는 것이다.[1] (동교재, 마태복음에서 설명을 가져옴)

막 4:30 또 **이르시되**
/우리가 **하나님의 나라를 어떻게 비교하며 또 무슨 비유로 나타낼까**

31 /[그것은] **겨자씨 한 알**과 같으니
땅에 심길 때에는
땅 위의 모든 씨보다 작은 것이로되

32 **심긴 후에는**
자라서 모든 풀보다 커지며 큰 가지를 내나니
공중의 새들이 그 그늘에 깃들일 만큼 되느니라

(2) 이 겨자씨(mustard seed)[2]는 큰 씨와 대조하기 위하여 채택된 개념이다. 천국의 시작도 이 겨자씨와 같이 미세(微細)하게 시작된다는 것이다(단 4:20, 21*을 읽어보자). 그러므로, 이 비유의 강조점은 어디에 있는가?

씨의 작음(미미한 시작) ⇨ 큰 나무로 성장 (성장한 결과)

(3) 이 유대인들이 가지고 있던 천국의 개념은 어떤 것이었을까? 하늘의 천군천사와 함께 강림하시는 화염과 우레의 하나님, 감히 인간의 머리 속에는 담을 수 없는 어마어마한 단어였다. 그러나 예수님이 소개하는 천국의 비밀은 어떤 것이었나? 정반대가 아닌가? 예수님께서 시작하신 천국은 갈릴리 한구석에서 초라하게 시작된 행렬이었다. 나팔소리도 없는, 함께 다니던 제자들의 모습, 반응없는 무리들... 오직 믿음이 없이는 아무도 인식할 수 없었던 천국의 시작이었다. 예수님을 따라다니던 제자들에게도 그들이 가지고 있던 천국관을 송두리째 무산시키는 일이었다.

(4) 그러나 이 미세한 씨는 어느 정도 자란다고 했는가? (막 4:32; 마 13:31-32)

1) 이렇게 천국의 시작은 자고 보잘것없는 것처럼 보일 수도 있다. 언젠가 천국은 그 영광에 있어서 지상의 나라들(단 4장)을 초월할 것이다.

2) 겨자씨(mustard seed) : 겨자씨가 가장 작은 씨앗은 아니라고 한다. 그러나 "겨자씨처럼 작은 것"이란 유대의 격언이 있다. 그런데 이 겨자가 자라면 말탄 사람의 키만큼 커져 관목(灌木)이 된다. 이렇게 천국의 시작이 미미했으니 유대 지도자들이 웃을 수밖에 없었을 것이다. 발로 비벼도 없어질 것 같은 적은 무리들, 이들이 어떻게 세례요한이 외치던 그 천국이란 말인가? 그러나 이 작은 천국이 세상을 뒤엎을 것이다. 백성들은 이 천국의 비밀을 알지 못했다.

• 단 4:20 "왕께서 보신 그 나무가 자라서 견고하여지고 그 높이는 하늘에 닿았으니 땅 끝에서도 보이겠고 21그 잎사귀는 아름답고 그 열매는 많아서 만민의 먹을 것이 될 만하고 들짐승은 그 아래에 살며 공중에 나는 새는 그 가지에 깃들었나이다."

120

from 동교재, 마태복음

마태복음 13:31-32

31 [그가] —— **들어 이르시되**
/비유를
/또(=다른)
/[그들에게]
/천국은 —— 마치 겨자씨 한 알 같으니
ὁμοία ἐστὶν(is like)
κόκκῳ σινάπεως
a grain of mustard seed
/[그것을]
사람이 —— 심은(=심느니라)
/갖다(과거분사)
/자기 밭에
(겨자씨는)
32 /이는 —— 작은 것이로되 (μικρότερον)
/모든 씨보다
[그것이] —— 자란 후에는(when)
커서
/풀보다
나무가 되매
2) 여기 공중의 새가 무엇을 가리키느냐 하는 설명은 의미가 없다.
//(결과: ὥστε, so that)
새들이 —— 와서
/공중의
깃들이느니라
/그[의] 가지에

- 성장이나 발전을 말하는 면도 있지만 천국의 시작과 끝의 차이점에 강조점이 있음을 본다. 누룩 비유가 천국의 내적 성장을 말했다면, 겨자씨 비유는 천국의 외적 성장을 나타내고 있다.

- 예수님의 치유 사역과 귀신 축출 등의 강력한 행위 안에 하나님 나라가 이미 현재한다. 예수님이 전파하시는 하나님의 나라는 실재하지만 그러나 숨겨진 현실이다. 그것은 마치 농부들이 씨를 뿌리고, 그것이 어떻게 열매를 맺히게 되는가를 알 수 없는 것과 같다. 땅은 추수 때에 이르러 저절로 열매를 맺는다. 그래서 하나님 나라도 마치 이와 같다는 것이다.

- 하나님 나라는 마지막 추수 때까지 은밀하게 저절로 자라난다. 하나님 나라는 마치 아주 작은 겨자씨 같이 미미하지만 어느 날 그것은 공중의 새들이 깃들일만큼 된다는 것이다(막 4:30-32).

- 예수님이 복음을 증거하지만 제자들까지도 의아해 했다. 하나님 나라는 어떻게 이루어져 가는가? 지금은 그들의 눈에 숨겨져 있는 것처럼 미미해 보이지만, 오직 믿는 자들만 감지하는 하나님 나라가 가까이 있다고 선포하신다.

(5) 천국의 임함으로 그리스도의 말씀이 전파된다. 그 말씀은 땅에 떨어지지 않는다. 복음 전파는 그 자체가 천국 도래의 보장이 된다. 이 비유가 단지 시작과 끝의 대조만 지적되었는지, 아니면 처음과 끝 사이에 일어날 천국의 발전 과정 역시 지적되었는가는 아직 논쟁이 있다.

(6) 그러나 이 비유의 핵심을 단지 처음과 끝에만 두려는 것은 자연스럽지 못하다. 모든 것이 처음의 작은 것이 훌륭한 결말에 이르는 과정을 통해서 이루어지기 때문이다.

(7) 씨는 그리스도께서 권위를 가지시고 말씀하신 하나님의 말씀이다. 이 능력이 언젠가 만물을 새롭게 할 것이다. 그러나 처음과 끝 사이에 역사가 있다. 이 역사 속에서 말씀은 진전되며(하나님의 사역과 사역의 진전), 그 효과를 발휘하게 된다.

(8) 이렇게 예수님은 "33많은 비유로 그들이 알아 들을 수 있는 대로 말씀을 가르치시되 34 비유가 아니면 말씀하지 아니하시고 다만 혼자 계실 때에 그 제자들에게 모든 것을 해석하시더라."

바람과 바다를 잔잔히게 하심(막 4:35–41)

같이 읽을 곳 (마 8:23–27; 눅 8:22–25)

1. 예수님은 지금 어디를 향해 가시고 있나? 왜 배에 오르셨는가?

막 4:35 그 날 저물 때에
제자들에게 **이르시되**
/우리가 저편으로(=거라사 지방) 건너가자 하시니

마 8:28 - 가다라 지방에 가시매

(1) 예수님이 배에 오르실 때, 다른 배들도 같이 떠났음을 본다(막 4:36, "그들이 무리를 떠나 예수를 배에 계신 그대로 모시고 가매 다른 배들도 함께 하더니.")

▶ 마태복음에서는 **가다라** 지방(마 8:28)이라고 표현되었고, 막 5:1과 눅 8:26에서는 **거라사**인의 지방이라고 표현되었다. 가다라는 인접한 지역의 주요 도시이고, 반면에 **거라사**는 작은 마을을 포함하는 보다 넓은 지역을 가리키는 것이었을 것이다.

막 4:37 큰 광풍이 일어나며
물결이 배에 부딪쳐 들어와
배에 가득하게 되었더라
38 예수께서는 고물에서 베개를 베고 주무시더니
제자들이 깨우며 이르되
/선생님이여 우리가 죽게 된 것을 돌보지 아니하시나이까

• **마 8:23-24** "배에 오르시매 제자들이 따랐더니 바다에 큰 놀이 일어나 배가 물결에 덮이게 되었으되 예수께서는 (주무시는지라)

(2) 지금까지 제자들의 가는 길이 결코 평탄치 않다는 말씀을(마 8:19-22) 들었을 터인데도 주님을 따르기로 작정한 제자들은 배에 올라탔다. 예수님은 너무 지친 나머지 쉬고 싶으셨을 것이다(38절). 그런데 갑자기 바다 가운데서 큰 광풍(거센 바람, a fierce gale of wind, 막 4:37)이 일어났다. 이에 바다 생활에 익숙했던 제자들까지도 당황하게 되었다. 제자들은 어떻게 반응했으며 이에 대한 예수님의 책망(?)이 어떠했나? (마 8:25-26*)

(3) 바다에서 자란 어부 출신 제자들에게도 어찌할 수 없는 상황이었다.[1] 너무 심각했기에 제자들은 몹시 당황했다. 결국 제자들은 곤히 주무시는 예수님을 깨운다. 처음부터 깨우지는 아니했을 것이다. 그러나 지금 죽게 될 지경에 이르자, 배의 고물(船尾, stern, 배의 뒷부분)에서 베개를 베고 주무시는 주님을 찾는다(막 4:38). 그에게 능히 구원할 능력이 있음을 알고 있었기 때문이다.

• 마 8:25 그 제자들이 나아와 깨우며 이르되 주여 구원하소서 우리가 죽겠나이다 26 예수께서 이르시되 **어찌하여 무서워하느냐 믿음이 작은 자들아** 하시고 곧 일어나사 바람과 바다를 꾸짖으시니 아주 잔잔하게 되거늘 27 그 사람들이 놀랍게 여겨 이르되 이이가 어떠한 사람이기에 바람과 바다도 순종하는가 하더라."

1) 갈릴리 바다는 길이 13마일, 폭 7.5마일로, 지중해 수면보다 204m가 더 낮다고 한다. 그런데 이곳은 가끔 돌풍이 일어나곤 한다.

막 4:40 이에
[그가] —— 제자들에게 **이르시되**(...하시니)
/[너희가] — 어찌하여 이렇게 무서워하느냐
너희가 —— 어찌 믿음이 없느냐

("Why are you so timid? How is it that you have no faith?")

1) 올리고피스토이 - 쉽사리 믿지 않는, 신뢰가 부족한

• 믿음이 작은 자 (ὀλιγόπιστος) - 마태복음 5회 누가복음 1회(눅 12:8) (마 6:30, 14:31, 8:26, 16:8, 17:20)

(4) 마태복음에는 "믿음이 작은 자들아"(you men of little faith, ὀλιγόπιστοι)[1] 라고 했다: 이런 상황에서 불안에 떠는 제자들의 태도는 결국, 그들의 믿음이 적다는 것을 드러낸 것뿐이었다. 그들은 아직도 예수님에 대한 신뢰가 깊지 못했음을 본다(막 4:40 참조*). 주님이 함께 계시는 동안, 결코 그들에게는 어떤 어려움도 있을 수 없다는 사실을 믿었어야 했다. 예수님은 이렇게 아직은 나약한 제자들과 함께 하나님의 나라를 선포하셔야 한다.

(5) 예수님은 이들 제자들에게, 즉 모든 것을 다 버리고 오직 주님만을 따르겠다고 따라 나선 이 제자들에게 아직 믿음이 어리다는 것을 보신다. 이들은 아직도 주님이 누구이신가를 깊게 알지 못했다. 주님은 그의 결정적 사역을 위하여 아직은 그의 전부를 드러내지 아니하셨을 것이다.

2. 주님은 바람과 바다를 꾸짖으신다. 어떤 일이 일어났나? 그리고 제자들의 태도가 어떻게 달라졌나? (마 8:26)

8:26 곧 일어나사
'바람과 바다'를 **꾸짖으신대** (**rebuked** the winds and the sea)
아주 (잔잔)하게 되거늘(became perfectly calm)
(καὶ ἐγένετο γαλήνη^calm μεγάλη^great)

• 마 8:27 "그 사람들이 놀랍게 여겨 이르되 이이가 어떠한 사람이기에 바람과 바다도 순종하는가 하더라."

(1) 예수님은 질병을 고치실 뿐만 아니라 자연까지도 다스리시는 분임을 깨닫게 되었다. 이 기적을 본 자들은 예수님이 그전에 생각했던 것보다 훨씬 위대하신 분이심을 깨닫기 시작했다(그 사람들이 **놀랍게 여겨**, 8:27절*). 자연법칙이라고 해서 그리스도의 세력권에서 예외가 되는 것은 아니다. 이제 하나님의 왕국이 여기에도 나타나고 있음을 본다. 예수님은 바람과 바다를 꾸짖으셨다.

(2) 비록 이것을 마귀의 직접적 공격으로 간주할 필요는 없으나 예수님은 사역을 반대하는 세력으로 보시고 꾸짖으셨다(rebuked, ἐπετίμησεν).

적용을 위한 묵상

하나님 나라가 이미 도래했다는데... 왜 세상은?

- 제자들에게는, 그리고 백성들에게는
  하나님 나라가 이해하기 어렵게 전달되는 것 같았다.
  그래서 예수님은 비유를 들어 하나님 나라의 개념을 전달하신다.
  그렇지만 그것 또한 이해하기가 쉽지 않았다.

  예수님은 말씀 전파와 치유 사역, 귀신 축출 등을 통해서
  하나님의 통치가 이미 도래했음을 드러내셨다.
  그러나 그 나라는 현재에는 숨겨져 있다.
  그 나라는 오직 믿음으로만 감지할 수 있다.

  예수님의 말씀은 우리의 많은 주의를 요한다.
  경청해야 된다는 말이다.
  비유를 들어 설명하셨지만
  여전히 잘 이해하지 못하는 제자들에게
  주님은 이렇게 말씀하신다.
  "너희가 (이런 평범한) 비유를 알지 못한다면
  어떻게 모든 비유를 알겠느냐?"(막 4:13)

  우리는 때로는 주님의 말씀을 잘 안다고 생각하지만
  생각보다는 복음의 본질을 잘 이해하지 못하고 전할 때가 많다.
  우리는 (복음에 대한) 무지(無知)에 민감해야 한다.
  우리의 잘못으로 복음이 변질되어 전파되어서는 안 된다.
  그 무지가 오히려 하나님 나라에 해를 가져올 수도 있기 때문이다.

- 우리가 복음을 받아들였다면,
  또한 이웃에게 전해야 한다. 반드시. 또 정확하게...
  등불을 켜서 말 아래나 평상 아래 두는 사람이 없는 것처럼
  등불처럼 불 붙여진 사람은 그 등불을 등경 위에 두어야 한다.
  내가 받은 은사가 무엇인가?
  그 은사를 사용해 복음을 바르게 증거해야 한다.
  제자들은 결국 남을 가르치기 위해 부름을 받은 자들이 아닌가!

- 우리 모두에게 주신 달란트를 잘 사용하자.
  그런 사람에게 더 많은 달란트를 주실 것이다.
  그것을 사용하지 않는 사람은 있는 것까지 빼앗길 것이다.

- 내가 뿌린 (복음의) 씨앗은 분명히 열매를 맺힐 것이다(4:26-29).
  그것이 처음에는 아주 미미하게 보일지라도
  결코 낙심해서는 안 된다.

- 복음을 증거할 때때로 낙심할 때가 많다. 열매가 없어보이기 때문이다. 그러나 땅에 떨어진 씨앗은 우리도 모르는 사이에 열매를 맺게 된다.
- 비유를 통해 하나님 나라의 특성을 잘 이해하자.
- 복음에 대한 정확하고 바른 이해가 반드시 필요하다. 그래서 일반 성도들이라도 모두 신학자(?)가 되어야 한다. 복음의 변질은 하나님 나라의 막대한 피해를 끼치기 때문이다.

Outline

124

Outline은 본문 설명을 요약 정리한 것입니다. 간단하게 설명을 할 경우 이용하세요. 그렇지 않으면 본문으로 바로 들어가셔도 됩니다.

Mark 5장

믿는 자들이 치유함을 받음

마가는 당시 그리 중요하지 않게 여기는 사람들의
믿음을 소개한다.

예수님은
중풍병자의 죄를 용서해 주시고 치유해 주신다(2:5).
그들을 데리고 온 사람들과
중풍병자의 믿음을 보셨기 때문이다.

혈루증을 12년 동안이나 앓았던 여인도
치유함을 받았다
"네 믿음이 너를 구원했다"(5:34).

회당장 야이로에게는
두려워말고 믿기만 하라(5:36)고 말씀하셨다.
그의 딸을 죽음에서 일으키셨다.

이렇게 고침을 받은 사람들은
예수님에게 다가가기 위해
모든 장애를 극복하고나서 치유함을 받았다.
중풍병자는 지붕을 뚫고,
혈루증을 앓은 여인은 예수님을 만지기 위해,
야이로는 두려움을 극복했다.
이들은 모두 자신의 믿음을 지켰다.
우리에게는 이런 믿음이 있는가!

귀신 들린 사람을 고치심 (막 5:1-20)

(1) 예수님은 거라사인의 지방에서 더러운 귀신 들린 자를 만나셨다(2절). 마가, 누가복음에서는 한 사람이라고 했고, 마태복음에서는 둘로 말했고 그 중에 하나가 더 난폭했다고 했다. 이 귀신들린 자들의 행동이 얼마나 거칠었는가?

(2) 귀신 들린 그 사람은 아주 난폭했다. 여러 번 고랑과 쇠사슬에 매였어도 쇠사슬을 끊고 고랑을 깨뜨렸다고 했다. 밤낮 무덤 사이에서나 산에서늘 소리지르며 돌로 제 몸을 상하고 있었다(눅 8:27).

(3) 그 귀신 들린 사람은 멀리서도 예수님이 누구이신가를 즉시 알아보았다. 그는 예수님께로 달려왔고 엎드려 절했다. 왜 절을 했을까?

(4) "때가 이르기 전에"(29절) : 귀신들은 마지막 심판에 이르기 전에 무저갱(계 20:3)에 던져질까봐 두려워했다(눅 8:31).

"때가 이르기 전에"(before the time) - 여기서 '때'(καιρός)는 사탄의 세력이 끝날 순간이요, 동시에 그의 숙적인 메시야의 때가 시작될 때를 가리킨다.

(5) 사탄과 귀신들은 영원한 불과 유황 못에 던져짐을 당할 것이다(계 20:10, "또 그들을 미혹하는 마귀가 불과 유황 못에 던져지니 거기는 그 짐승과 거짓 선지자도 있어 세세토록 밤낮 괴로움을 받으리라."). 귀신들은 이런 사실을 잘 알고 있었다. 즉, 자기의 멸망의 때를 알고 있었다.

(6) 이 귀신들은 예수님이 하나님의 아들이심을 즉시 알아차렸다(막 1:34, 3:11). 귀신들은 예수님께서 오신 이유가 자신들을 파멸시키기 위함이라고 생각했다(막 1:24; 눅 4:33-34).

(7) 이 황당한 제안(?)에 주님은 귀신에게 어떻게 명령하셨나? (막 5:8) "내 이름은 군대(λεγιών)니 우리가 많음이니이다."

(8) 예수님은 어떤 명령을 내리셨나? (막 5:8b)
"그 사람에게서 (ἔξελθε, 나오라)." – 주님은 귀신 들린 자의 몸에서 귀신을 축출시키셨다.

(8) 상황이 급하게 되자 귀신들은 예수님께 어떻게 간구했나? (마 8:30 참조) "우리를 돼지에게로 보내어 들어가게 하소서."

(9) 최후에 마귀의 세력은 정복된다. 승리는 기정사실이지만 그것은 단지 표적으로만 제시될 뿐이다. 승리는 아직 완전히 이루어지지 않았다. 또 철저하게 수행될 수도 없다. 완전한 실현은 하나님께서 정하신 때를 기다려야 한다. 그러나 최후의 날이 오기까지는 마귀의 파괴적 활동을 허용하실 것이다(계 12:12 참조).

야이로의 딸을 고치심(막 5:21-24, 35-43)

(1) 회당장 중의 하나인 야이로라 하는 이가 와서 예수를 보고 발 아래 엎드렸다. 어린 딸이 죽게 되었기 때문이었다.

(2) 회당장은 어떤 믿음을 가졌는가? (마 9:18 참조)
그의 딸이 "방금 죽었다"(has just died)고 했다. 회당장은 예수님 앞에 무릎을 꿇어 경배했다. 예수님은 즉시 일어나 회당장과 동행하신다. 물론 제자들도 따라 나선다. 가는 도중에 열 두 해를 혈루증을 앓는 여자를 만나셨다(23절).

(3) 그곳에 도착하니 어떤 상태였나? 사람들은 무엇을 준비하고 있었나? (막 5:35-39) 혈루증을 앓던 여인을 치료하시고 돌아서려는데, 회당장 집에서 전갈이 왔다. 무엇이라고? 막 5:35 "당신의 딸이 죽었나이다(ἀπέθανεν과거 능동태, has died)."

(4) "두려워하지 말고 믿기만 하라." "믿는 자에게는 능치 못할 일이 없느니라"(막 9:23). 이러한 믿음은 하나님의 능력과 선하심, 그리고 완전한 신뢰가 있어야 한다.

달리다굼(Talitha kum! ταλιθα κουμ)

(1) 예수님은 이렇게 소란스러운 무리들을 향하여 무엇이라고 외치셨나? "이 아이가 죽은 것이 아니라 잔다 하시니" 이 말을 들은 사람들은 물론 비웃었다(they began laughing at Him), 이 소녀는 정말로 자고 있었는가? 그렇다면 혼수상태에 있었단 말인가?

(2) 우리는 이런 비슷한 예를 요 11:11-14에서 볼 수 있다. 지금까지 주님은 육신적으로 병들고 정신적, 도덕적으로 병든 자를 고치셨다. 그러나, 본문에서는 죽음을 정복하시는 생명의 왕으로서, 그의 능력을 나타내며 이적을 행하셨다.

열두 해를 혈루증으로 앓는 여자(막 5:25-34)

(1) 회당장 야이로(Jairus)의 집으로 가는 도중 주님 일행은 열두 해를 혈루증으로 고생하던 여인을 민난다(마 9:20, 21).

(2) 마가는 이 여인을 어떻게 설명하고 있나? (5:26)

- 많은 의사에게 많은 (괴로움)을 받았고
- 가진 것도 다 허비하였으되 아무 (효험)이 없고
- 도리어 더 중하던 중이었다.

(3) 그녀는 공개적으로 사람 앞에 나타나기를 꺼려했을 것이다. 그러나 그 여인은 믿음이 있었다. 혈루증을 앓는 이 여인의 믿음은 어떤 점이 훌륭했나? (마 9:21)

(4) 그녀는 12년을 혈루증으로 고생하고 있었다. 혈루증을 앓고 있는 여인은 부정(不淨)한 자로 여겼으며, 그를 만지는 자 또한 부정하게 되었다. 그는 성전에도 가지 못했다(레 15:25-30).

(5) 마지막 남은 희망이라고 생각했다. 따라서 사람들 사이를 비집고 들어가 어떻게 하든지 예수님의 옷가(fringe)라도 만지려 했다.

(6) 그녀의 혈루(血漏)의 근원이 마르고 병이 나은 줄을 몸에 깨닫게 되었다(막 5:29). 그녀는 즉시 치유되었고, 주님 앞에서 새로운 삶을 시작할 수 있었을 것이다.

귀신 들린 사람을 고치심(막 5:1-20)

같이 읽을 곳 (마 8:28-34; 눅 8:26-39)

逐邪

축사

"예수께서 바다 건너편 거라사인의 지방에 이르셨다"(5:1)고 했다. 마태복음에서는 **가다라**((Gadara) 지방(마 8:28)이라고 표현되었다. 갈릴리 바다에서 남동쪽으로 약 55km 지점에 위치한 곳이다. 데가볼리 지역의 한 중심 도시로 보고 있다. 이곳에서 더러운 귀신 들린 사람이 무덤 사이에서 나와 예수님을 만난다.

1. 예수님은 거라사인의 지방에서 더러운 귀신 들린 자를 만나셨다(2절).

(1) 마가, 누가복음에서는 한 사람이라고 했고, 마태복음에서는 둘로 말했고 그 중에 하나가 더 난폭했다고 했다. 이 귀신들린 자들의 행동이 얼마나 거칠었는가?

막 5:3 그 사람은 무덤(므네메이온, μνημεῖον) 사이에 거처하는데
이제는 아무도 쇠사슬로도 맬 수 없게 되었으니[1)]

//이유(διά + 목적격, because)
4 여러 번 고랑과 쇠사슬에 매였어도
쇠사슬을 끊고 고랑을 깨뜨렸음이러라
그리하여
아무도 그를 제어할[2)] 힘이 없는지라

얼마나 힘이 센지 밧줄로도 안 되어서 고랑과 쇠사슬로 묶었지만 그것도 끊어버릴만한 괴력을 갖고 있었다. 그리하여 아무도 그를 제어할 수 없었다.

1) 이 사람은 죽은 자들이 묻힌 무덤 사이에 거처했다. 무덤들은 도시에서 떨어진 곳이었다. 귀신들이 그를 무덤으로 몰아냈을 것이다. 그래서 무덤을 만진 사람은 부정하게 된다. 이 사람은 귀신에 들렸기에 힘이 많아 아무도 그를 제어할 수 없었다.

2) 다마조(δαμάζω) - 길들이다, 억제하다, 자제하다.

(2) 그들은(마태복음에서는 두 명) 몹시 사나워(칼레포스, χαλεπός, 거친, 난폭한) 아무도 그 길로 지나갈 수 없었다고 했다(마 8:28). 귀신 들린 그 사람은 아주 난폭했다(so exceedingly violent). 오늘 본문에서는 여러 번 고랑과 쇠사슬에 매였어도 쇠사슬을 끊고 고랑을 깨뜨렸다고 했다. 아무도 이들을 제어할 수 없었다. 그리고 밤낮 무덤 사이에서나 산에서나 늘 소리지르며 돌로 제 몸을 상하고 있었다. 눅 8:27의 기록도 보자.*

- 눅 8:27 "예수께서 육지에 내리시매 그 도시 사람으로서 귀신 들린 자 하나가 예수를 만나니 **그 사람은 오래 옷을 입지 아니하며 집에 거하지도 아니하고 무덤 사이에 거하는 자라**."

2. 그러나 이 귀신 들린 사람들은 예수님을 보자 격렬한 반응을 나타냈다.

막 5:6 그가 ┬ 멀리서 예수를 보고
└ **달려와 절하며**

(1) 그 귀신 들린 사람은 멀리서도 예수님이 누구이신가를 즉시 알아보았다. 그

래서 달려왔다. 여기 '달리다'는 말 '트레코'(τρέχω)는 '달음질하다'(move quickly, run)라는 의미로 경주장의 경주하는 것(고전 9:24), 병거나 말들이 전장으로 달려들어가는 것(계 8:8) 등에서 같은 의미로 쓰였다. 귀신 들린 사람이 예수님께로 달려 왔음을 알 수 있다. 그리고 엎드려 절했다.[1] 왜 절을 했을까? 그 사람 안에 들어와 있는 그 귀신이 예수님을 하나님의 아들로 알아보았기 때문이다.

1) 프로스퀴네오 (προσεκυνέω) 경의를 표하다, 경배하다.

5:7 **이르되**(...하니)
/큰 소리로 부르짖어(과거분사)
/예수여!
/지극히 높으신 하나님의 아들
무슨 상관이 — 있나이까?
/나와 당신과(=에게)
/[내가] ——— 원하건대
/[당신에게]
/하나님 앞에 맹세하고
/[당신은] — 나를 괴롭게 마옵소서

τί ἡμῖν καὶ σοί
What do we have to do with You

마태복음 8:29에서는
"**때가 이르기 전에** (before the time)
우리를 괴롭게 하려고 오셨나이까"라고 했다.

• 예수께서 가까이 다가서자 귀신들린 사람들은 소리를 지르고 두려워 떨었다. 그들은 예수의 인격과 그의 오심에 대한 초자연적인 지식을 갖고 있었음을 본다(막 1:34, 3:11 참조).

(1) "**때가 이르기 전에**"(29절) : 귀신들은 자기의 마지막 때를 알고 있었을 것이다. 마지막 심판에 이르기 전에 무저갱(계 20:3)에 던져질까봐 두려워했다(눅 8:31, "무저갱으로 들어가라 하지 마시기를 간구하더니"). 무저갱으로 들어간다는 말은 귀신들을 강제로 심판의 자리로 내던지는 것을 의미하기 때문이다. 거기에 빠지면 귀신들은 더 이상 활동할 정상적인 자유를 소유할 수 없을 것이다. 무저갱(아뷔소스, ἀβύσσος)은 불못(=귀신들이 최후의 심판 후에 던져질 곳)과는 구별된 곳으로 본다.

"**때가 이르기 전에**"(before the time, πρὸ καιροῦ) - 여기서 '때'(καιρός)는 사탄의 세력이 끝날 순간이요, 동시에 그의 숙적인 메시야의 때가 시작될 때를 가리킨다. 사탄과 귀신들은 영원한 불과 유황 못에 던져짐을 당할 것이다(계 20:10, "또 그들을 미혹하는 마귀가 **불과 유황 못**에 던져지니 거기는 그 짐승과 거짓 선지자도 있어 세세토록 밤낮 괴로움을 받으리라."). 귀신들은 이런 사실을 잘 알고 있었다. 즉, 자기의 멸망의 때를 알고 있었다. 귀신들은 그 때가 아직 오지 않았는데, 왜 지금 나타나서 자기들을 쫓아내느냐고 항변(?)하고 있는 것이다. "우리를 괴롭게 하려고" 하는 말은 귀신들이 아직은 떨어지기를 무서워하는 지옥의 영원한 심판을 의미한다고 할 수 있다(계 20:10, 14).

무저갱(bottomless pit)에 던져진 천사들

하나님은 타락한 천사들 가운데 어떤 자들을 지옥 어두운 구덩이에 던지셨으며 심판 때까지 그곳에 있게 하였다. "하나님이 범죄한 천사들을 용서치 아니하시고 **지옥에 던져** 어두운 구덩이에 두어 **심판 때까지** 지키게 하셨으며"(벧후 2:4). "또 자기 지위를 지키지 아니하고 자기 처소를 떠난 천사들을 큰 날의 심판까지 영원한 결박으로 흑암에 가두셨으며"(유6)

아무도 그를 제어할 힘이 없는지라

귀신은 예수님을 보자 즉각적으로
하나님의 아들로 알아보았다.
이러한 일은 예수님의 말과 행실에 대해
관찰해서 얻어낸 결론이 아니다.
그것은 오히려 초자연적이고
직관적인 지식이었다.
귀신은 예수님 안에서
초자연적인 인격의 현존을 인식하였다.

주님의 오심으로
이미 하나님의 나라가 도래했지만,
그래서
귀신들이 쫓겨나가는 기적이 나타나지만,
최종적인 완성의 때는
아직 도래하지 않았다.
그 때까지 사탄은
하나님 나라의 파괴 공작을 위하여
여전히 발호(跋扈)할 것이다.

(2) 이 귀신들은 예수님이 하나님의 아들이심을 즉시 알아차렸다(막 1:34, 3:11을 읽어보자). 귀신들은 예수님을;

- "하나님의 거룩하신 자",
- "하나님의 아들",
- "지극히 높으신 하나님의 아들"이라고 불렀다.

따라서 두려움이 있었을 것이다. 그들은 예수님께서 오신 이유가 자신들을 파멸시키기 위함이라고 생각했다(막 1: 24; 눅 4:33-34). 그래서 귀신들은 무기력함을 느끼고 단지 이 땅 위에서 생존만이라도 연장하려고 분투 노력한다(막 5:10 "자기를 그 지방에서 내보내지 마시기를 간구하더니").

3. 이 황당한 제안(?)에 주님은 귀신에게 어떻게 명령하셨나? (막 5:8)

(1) 더러운 귀신아(you unclean spirit!) - 귀신의 속성 중 하나는 불결하다는 것이다.

네 이름이 무엇이냐 **이르되**
/내 이름은 **군대**(λεγιών)니 우리가 많음이니이다.

(2) 군대(레기온, **λεγιών**) - 군단을 가리킨다. 로마의 군단은 약 6,000명의 보병, 120명의 기병, 지원 특수 부대로 구성되었다. 1개의 레기온에는 10개의 연대가 있다. 그 연대에는 6개의 백인대(百人隊, century)가 있었다. 백인대에는 백부장이 있었다. A.D 9년부터 2세기에 걸쳐 대체로 25-30개의 레기온이 있었다. 여기서 '군대'는 많은 숫자의 사람을 가리키는 비유적 표현이다. "우리가 많음이니이다"(for we are many).

(3) 예수님은 어떤 명령을 내리셨나? (막 5:8b)

"그 사람에게서 (ἔξελθε, 나오라) 하셨음이라." - 귀신 들린 자의 몸에서 귀신을 축출시키셨다.

4. 상황이 급하게 되자 귀신들은 예수님께 어떻게 간구했나? (마 8:30* 참조)

막 5:11 마침 거기 돼지의 큰 떼가 산 곁에서 먹고 있는지라
12 이에 간구하여 **이르되**
/우리를 돼지에게로 보내어 들어가게 하소서 하니

(1) 귀신들은 돼지 떼에게 들어가기를 원한다. 주님은 이를 허락하신다. 이 일을 주님이 악한 영들에게 일종의 양보를 하셨다고 이해해서는 안 된다. 주님은 귀신들의 종말을 아신다. 따라서 귀신 축출은 사탄 세력의 종지부를 찍자는 것이 아니라 확정적인 승리의 보장과 상징을 보여주자는 것이다.

(2) 최후에 마귀의 세력은 정복된다. 승리는 기정사실이지만 그것은 단지 표적으로만 제시될 뿐이다. 승리는 아직 완전히 이루어지지 않았다. 또 철저하게 수행될 수도 없다. 완전한 실현은 하나님께서 정하신 때를 기다려야 한다(H. 리델보스, 하나님의 나라, 제4장). 그러나 최후의 날이 오기까지는 마귀의 파괴적 활동을 허용하실 것이다(계 12:12* 참조). 그 과정에서 우리 신자들은 사탄에게 어려움을 당할 것이다. 그러나 이는 믿는 자들로 하여금 훈련의 과정일 뿐이다.

(3) 갑자기 돼지 떼들이 비탈로 내리달아 물에 들어가 몰사했다. 귀신들린 자의 영혼이 돼지들보다 훨씬 귀중함을 볼 수 있다. 자, 그런데 이 사건은 온 시내 사람들의 간담을 서늘케 했다. 이들의 반응이 어떻게 나타났나? (마 8:33-34).[1]

5. 이들은 주님께 빨리 이 동네를 떠나시기를 간청한다. 왜 그랬을까?

(1) 예수님의 권세에 대한 두려움, 아니면 수많은 돼지를 잃은 분함 때문에? 아마 후자였을 것이다. 그들은 귀신들린 사람들이 치료함을 받았다는 기쁨보다 예수로 인한 또 다른 물질적 손해에 더 관심이 컸을 것이기 때문이다. 귀신의 권세에서 풀려난 사람은 얼마나 기뻤을까?! 그가 이 사실을 잠잠하고 있었을까? 눅 8:38, 39*을 보고 설명해 보라.

(2) 그는 완전한 선교사(?)가 되었을 것이다. 많은 사람들에게 이 사실을 두고두고 증언하지 않았겠는가! "**데가볼리**에 전파하니 모든 사람이 놀랍게 여기더라"(20절)고 했다. 하나님의 나라는 이런 증언들을 통해 더욱 빨리 확장된다.

• 마 8:30 "마침 멀리서 많은 돼지 떼가 먹고 있는지라 31귀신들이 예수께 간구하여 이르되 만일 우리를 쫓아 내시려면 (돼지 떼) 에 들여 보내 주소서 하니"

• 계 12:12 "그러므로 하늘과 그 가운데에 거하는 자들은 즐거워하라 그러나 땅과 바다는 화 있을진저 이는 **마귀가 자기의 때가 얼마 남지 않은 줄을 알므로 크게 분내어 너희에게 내려갔음이라** 하더라."

1) 돼지를 치던 사람들은 예수님이 귀신을 내쫓는 현장을 목격했다. 그리고 순식간에 돼지들이 몰사하는 것을 보았다. 입이 벌어져 다물어지지 않았을 것이다. 그리고 시내로 달려간다. 그리고 지금까지 일어난 일을 알린다. 온 시내 사람들이 달려나온다.

• 눅 8:38 "귀신 나간 사람이 함께 있기를 구하였으나 예수께서 그를 보내시며 이르시되 39**집으로 돌아가 하나님이 네게 어떻게 큰 일을 행하셨는지를 말하라 하시니** 그가 가서 예수께서 자기에게 어떻게 큰 일을 행하셨는지를 **온 성내에 전파하니라**."

▶ 이 부분은 다른 복음서보다 마가복음이 더 자세하게 언급하고 있다.

야이로의 딸을 고치심(막 5:21-24, 35-43)

같이 읽을 곳 (마 9:18-26; 눅 8:40-56)

1. 예수님은, 가다라 지방에서, 무덤 사이에 거하던 귀신들린 자들을 치료해주셨다. 그러나 그 지방 사람들이 떠나기를 간청함으로 오래 계시지 못하고 그 곳을 떠나 본 동네(=가버나움)로 오셨다. 물론 이곳에서도 예수님에 대한 소문은 널리 퍼져 있었다.

"가버나움으로 돌아가자"

▶ **가버나움(Capernaum)**은 갈릴리 북쪽 해변에 위치하고 있던 마을로 예수님은 많은 시간을 이곳에서 사역하셨다. 이곳에 세관이 있었으며(마 9:9), 로마의 백부장이 주둔하고 있었다(마 8:10). 예수님께서는 가버나움을 '그 자신의 마을'(본 동네)이라고 부르셨다. 회당 부근에는 베드로의 집이 있었다(마 8:14; 막 1:29). 물론 세리 마태도 살았다. 이곳에서 이적도 많이 베푸셨다. 그러나 권능을 가장 많이 베푸신 마을들이 회개하지 않았다. 가버나움은 비참 가운데 처하게 될 것이며 심판날에는 소돔보다 견디기 힘들 것이라는 책망을 받는다(마 11:20-24).

2. 회당장 중의 하나인 야이로라 하는 이가 와서 예수를 보고 발 아래 엎드렸다. 어린 딸이 죽게 되었기 때문이었다.

(1) 마태복음에서는 **한 관리**(알콘, ἄρχων)가 와서 절했다고 했다. 아마 회당의 관리(synagogue official)였을 것이다. 막 5:22에서는 그를 누구라고 했는가? (눅 8:41 회당장인 야이로[1])로 하는 사람)

1) 이아이에이로스 (Ἰάϊρος) Jairus 구약에서 야이로에 해당하는 이름은 **야일**이다(민 32:41; 신 3:14; 수 13:30; 삿 10:3-5 등).

언제부터 회당제도가 생겼을까?

분명치 않으나 바벨론 포로기부터 시작되었을 것이다. 지금까지 성전 중심의 생활을 해왔던 유대인들은 바벨론 포로로 잡혀가서, 회당을 중심으로 신앙생활을 하게 된다. 제사장과 레위인 지도 체제에서 서기관 지도 체제로 넘어가게 되는 과도기였다. 이 회당은 마을이 있는 곳이면 어디든지 있었다. 회당은 유대인의 예배처요, 재판소요(마 10:17), 또한 학교요, 신학교였다. 회당에는 10명의 관리자가 있었고, 그 중 3인의 회당장이 재판을 포함한 중요한 임무를 행했다. "회당의 천사"라 불리는 성경을 읽는 한 사람이 있었고, 세 사람은 시제하는 집사, 한 사람은 신학교사, 두 사람은 통역자였다. 예배는 안식일에 드리며 주간에 제2, 제5일에도 모였다. 오늘 본문에 나오는 회당장은 그 중의 한 명이었다.

(2) 회당장은 어떤 믿음을 가졌는가? (마 9:18 참조)
그의 딸이 "방금 죽었다"(has just died)고 했다. 회당장은 예수 앞에 무릎을 꿇어 경배했다. 그의 위치로 보아 거만했을 수도 있었을 것이다. 그러나 그는 예수님이 누구이신가를 알았다. 이 회당장은 가버나움에 살았을 것이고, 이적을 베푸시는 역사를 목격할 수 있었을 것이다.[1)]

(3) 예수님은 즉시 일어나 회당장과 동행하신다. 물론 제자들도 따라 나선다. 가는 도중에 열 두 해를 혈루증으로 앓는 여자를 만났지만 나중 이야기 하기로 하고, 이제 주님은 그 회당장의 집에 도착하셨다(23절). 아마 혈루증 여인을 치료하는 사건 때문에 많이 지체되어 도착하셨을 것이다.

(3) 주님은 특히 세 제자만 데리고 회당장 집에 도착하신다. 누구 누구? (막 5:37) 회당장 집에 막 도착해 보니, 난리(?)가 났다. 울고, 심히 통곡하고 있었다. 벌써 피리 부는 자들과 떠드는 무리(noisy crowd)가 와 있었다(마 9:23). 이들은 관례적인 조문의식을 행하는 무리들이었다. 피리 부는 자들뿐 아니라 곡하는 여인들이 통곡하고 있었다.[2)]

1) 예수님은 회당에 들어가셔서 말씀을 가르치시며 이적을베푸셨다(막1:21-26 참조). 물론 처음에는 예수님에 대한 '믿음'이 크게 없었던 것 같다. 그저 죽어가는 딸을 고쳐주시기만을 기대했던 것을 본다.

2) 곡하는 자는 북 소리에 맞춰 슬픈 노래를 부른다. 이들은 직업적으로 통곡하는 무리들이다. 더욱이 회당장의 딸이었기에 더 많은 무리들이 모여와서 시끄럽게 떠들고 있었을 것이다.

3. 그곳에 도착하니 어떤 상태였나? 사람들은 무엇을 준비하고 있었나? (막 5:35-39)

막 5:36 예수께서 — **이르시되** (...하시고)
/그 하는 말을 곁에서 들으시고(분사)
/회당장에게
/[너는] ┬ 두려워하지 말고
└ 믿기만 하라

(1) 이미 그의 딸은 죽었고, 그래서 통곡하며 장사를 준비하고 있었다. 혈루증을 앓던 여인을 치료하시고 돌아서려는데, 회당장의 집에서 전갈이 왔다. 무엇이라고? (막 5:35 "당신의 딸이 죽었나이다") 일순간 회당장은 초조해진다. "아이고, 내 사랑하는 딸이 죽었다니!!" 초조해 하는 회당장에게 주님은 이렇게 위로하고(?) 확신을 주신다.

(2) "두려워하지 말고 믿기만 하라." "믿는 자에게는 능치 못할 일이 없느니라"(막 9:23). 이러한 믿음은 하나님의 능력과 선하심, 그리고 완전한 신뢰를 의미한다.

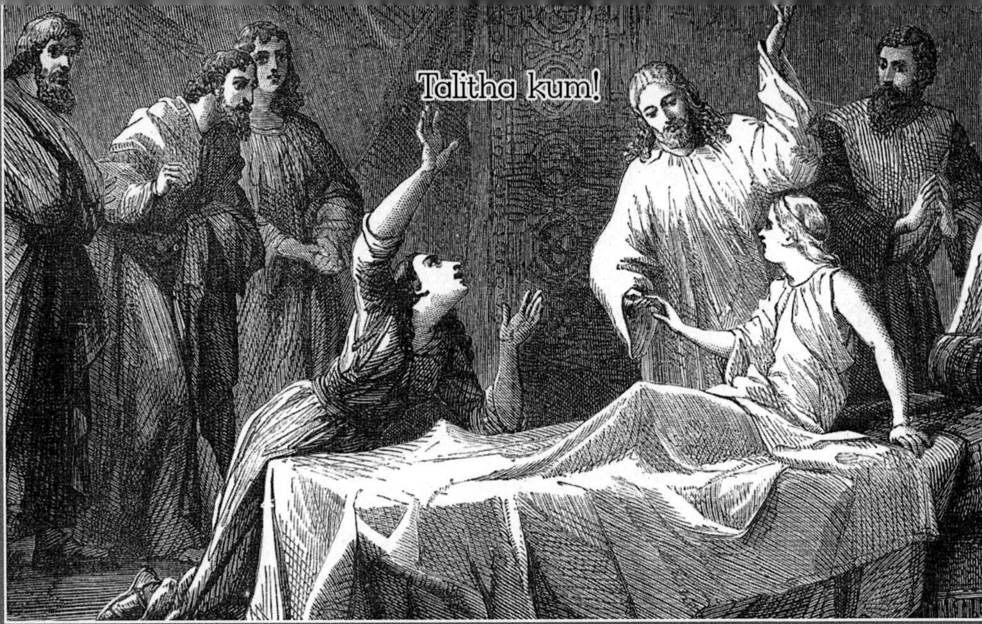

• 막 5:41 "그 아이의 손을 잡고 이르시되 **달리다굼** 하시니 번역하면 곧 **내가 네게 말하노니 소녀야 일어나라** 하심이라."

• 달리다굼 - 원래는 아람어 구절 '탈레타(또는 텔리다) 쿠미'인데 마가가 헬라어로 음역하는 가운데 달리다굼이 되었다. 직역하면 "귀여운 소녀야 일어나거라"이다.

• 막 5:37 "**베드로와 야고보와 야고보의 형제 요한** 외에 아무도 따라옴을 허락하지 아니하시고."

• 막 5:42 "소녀가 곧 **일어나** 서 걸으니 나이가 열두 살이라 사람들이 곧 크게 놀라고 놀라거늘"

달리다굼(Talitha kum! ταλιθα κουμ)

(Little girl, I say to you, get up!)

1. 예수님은 이렇게 소란스러운 무리들을 향하여 무엇이라고 외치셨나?

막 5:38 회당장의 집에 함께 가사
떠드는 것(도뤼보스, θόρυβος, 소요, 소동, 혼란)과
사람들이 울며 심히 통곡함을 보시고

(1) 이 어린 소녀는 12살이었다. 사람들이 울며 심히 통곡했다는 것으로 보아 많은 사랑을 받았던 아이로 보인다.

막 5:39 들어가서 그들에게 **이르시되**
/너희가 어찌하여 떠들며 우느냐
이 아이가 죽은 것이 아니라 잔다 하시니
(The child has not died, but is asleep.)

마 9:24에서는 "이르시되 **물러가라**" 고 했다.

(2) 이 말을 들은 사람들은 물론 비웃었다(they began laughing at Him, κατεγέλων αὐτοῦ). "아니 이 소녀가 자고 있다니!!" 분명 죽어서 장례 절차를 밟고 있는데. 예수님의 '달리다굼'이라는 말은 분명 비웃음을 가져오기에 충분했다. 곡하는 사람들은 이 소녀가 분명히 죽은 것을 잘 알고 있었기 때문이었다.

막 5:42 소녀가 (곧, immediately, εὐθὺς) (ἀνέστη) 걸으니
나이 열두 살이라

사람들이 곧 크게 놀라고(ἐξέστησαν)[1] 놀라거늘(ἐκστάσει)[2]
they were astonished with a great astonishment. - KJV

(3) 이 소녀는 정말로 자고 있었는가? 우리는 이런 비슷한 예를 요 11:11-14에 시 볼 수 있다. "우리 친구 나사로가 '잠들었도다'(κεκοίμηται)[3] 그러나 내가 (깨우러) 가노라" 하셨다(11절). 그렇다면 나사로는 혼수상태에 있었다는 말인가? "이에 예수께서 '밝히' 이르시되 나사로가 죽었느니라(ἀπέθανεν - 과거 능동태)[4]"(요 11:14).

2. 지금까지 주님은 육신적으로 병들고 정신적, 도덕적으로 병든 자를 고치셨다. 그러나, 본문에서는 죽음을 정복하시는 생명의 왕으로서, 그의 능력을 나타내며 이적을 행하신다.

이런 이적은 하나님 나라의 오심이란 범위 내에서만 고찰될 수 있다. 이는 구약의 예언의 성취였다고 증거한다(마 8:17, 11:5참조). 이제 이 기적의 소문이 온 땅에 퍼졌다고 했다(마 9:26). 부모에게는 이 기적의 사실을 아무에게도 말하지 말라고 경계하셨지만(막 5:43; 눅 8:56 참조) 소용없는 일이었다. 만약 우리가 이런 경우에 있었다면 입다물고 가만히 있었겠는가?

1) 엑시스테미(ἐξίστημι) 의식을 잃게 하다, 혼란하게 하다, 정신을 잃다. / 과거 능동태

2) 엑스타시스(ἔκστασις) 얼빠짐, 놀람, 무아경, 황홀, 무서움

3) 직설법 완료수동(중간)태. 디포넌트
κοιμάω - 잠들게 하다, 재우다

4) ἀποθνήσκω - 죽다 / 죽음에 직면하다, 죽기 마련이다. / 직설법, 과거 능동태

적용을 위한 묵상

• 주님이 오셔서 복음이 선포된 이후,
하나님의 백성 가운데 도사리고 있던
사탄과의 전투가 벌어진다.
예수님은 사탄을 향해 명령하신다.
"더러운 귀신아,
그 사람에서 나오라."(막 5:8)

• 마귀는 하나님의 형상대로 창조된 인간을 괴롭히고 멸망시키려고 날뛴다. 바울은 사탄을 이 세상의 신이라고 했다(고후 4:4). 그의 부하들은 초보적인 영들이다(갈 4:3; 골 2:8. 20). 이 악한 영들은 다양한 외부적인 영향들(세상)을 통해서 신자들을 시험한다.

• 지금도 어둠의 세력들은 끊임없이 그리스도인들에게 지배력을 행사하려고 활동한다. 우리가 조금이라도 마귀에게 틈을 보인다면 우리의 삶의 통제권을 양도당할 수 있다. 사탄은 패배한 적이지만 여전히 활동중인 원수이다.

• 사탄은 인간의 육체의 만족을 얻으려는 욕망을 부채질해 죄악으로 끌고가려 한다. 육체의 만족에 대한 욕망은 그 자체만으로도 큰 유혹이다. 이 욕망을 억제하는 유일한 길은 오직 성령의 역사를 통해서만 가능하다. 그리스도께서 십자가를 통해 영적 세력들에게 결정적 승리를 거두셨지만, 우리는 그리스도와의 연합을 통해서만 영적 전투에서 승리할 수 있다.

열두 해를 혈루증으로 앓던 여자 치유(막 5:25–34)

같이 읽을 곳 (마 9:20–22)

1. 회당장 야이로(synagogue rulers, Jairus)의 집으로 가는 도중 주님 일행은 열두 해를 혈루증으로 고생하던 여인을 만난다(마 9:20, 21*). 마가는 이 여인을 어떻게 설명하고 있나?

막 5:26 많은 의사에게 많은 (**괴로움**)을 받았고
가진 것도 다 허비하였으되 아무 (**효험**)이 없고(좋아진 것이 없고)
도리어 더 중하여졌던 차에

(1) 따라서 그녀는 공개적으로 사람 앞에 나타나기를 꺼려했을 것이다. 그러나 그 여인은 믿음이 있었다. 혈루증을 앓는 이 여인의 믿음은 어떤 점이 훌륭했나? (마 9:21을 보라)

9:21 이는(for, γὰρ) - 20절의 이유를 말한다.
[그녀가] —— [말]함이라
/제 마음에 [만일, ἐὰν] 그 겉옷만 만져도 구원을 받겠다

(2) 예수님에게 조심스럽게 접근하는 여인(막 5:27, "예수의 소문을 듣고 무리 가운데 끼어 뒤로 와서 그의 옷에 손을 대니") 그녀는 12년을 혈루증(하혈증)으로 고생하고 있었다. 혈루증을 앓고 있는 여인은 부정(不淨)한 자로 여겼으며, 그를 만지는 자 또한 부정하게 되었다. 그는 성전에도 가지 못했다(레 15:25-30).

(3) 그녀는 그 병을 고쳐보려고 수많은 의사를 찾아다녔고, 이로 인해 가산을 다 탕진했다. 물론 아무 효험이 없었다. 결국 가진 돈도 바닥이 나버렸다(26절). 병은 더 깊어만 갔고, 이제는 그 어떤 희망도 없었다. 그런데 예수님에 대한 소문을 들었다. 그래서 남은 힘을 다해 마지막 시도를 한 것이리라.

(4) 그녀는 이번이 마지막 남은 희망이라고 생각했다. 따라서 사람들 사이를 비집고 들어가 어떻게 하든지 예수님의 옷가(fringe)[1]라도 만지려 했다. 아마, 예수님도 이렇게 몰래 옷가에 손을 대는 것은 알지 못하리라고 생각했을 것이다. 그러나 이 여인은 그 "마음에 그 겉옷만 만져도 구원을 받을 것"이라

• 막 5:26 "많은 의사에게 많은 **괴로움**을 받았고 가진 것도 다 허비하였으되 아무 **효험**이 없고 도리어 더 중하여졌던 차에"

• 마 9:20 "열두 해 동안이나 혈루증으로 앓는 여자가 예수의 뒤로 와서 그 겉옷 가를 만지니

• 21 이는 제 마음에 그 겉옷만 만져도 구원을 받겠다 함이라

• 22 예수께서 돌이켜 그를 보시며 이르시되 딸아 안심하라 네 믿음이 너를 구원하였다 하시니 여자가 그 즉시 구원을 받으니라."

1) '겉옷 가'(edge) 혹은 '옷가'(fringe) : 겉에 입는 이 의복은 오른편 어깨와 오른편 팔이 덮이지 않는 방식으로 몸을 둘러싸는 큰 사각형 천 조각이었다. 이 겉옷은 정통 유대인들이 겉옷 아래에 입고(약간 작은 규모로), 아침 예배용 어깨 걸이로 사용한다. 완전한 규모의 '탈릿'은 회당에서 예배 때 입는다.

는 믿음이 있었다(마 9:21). 그녀는 예수님께서 그런 능력을 가지신 분으로 믿었다. 물론, 여기서의 구원은 병에서의 구원, 즉 치유(治癒)를 의미한다.

2. 그녀는 결국, 마지막 희망으로 예수에게로의 접근을 시도한다. 그리고 마침내 고침을 받았다.

(1) 그의 혈루(血漏)의 근원이 마르고 병이 나은 줄을 몸에 깨닫게 되었다(막 5:29). 예수님은 즉시 그의 몸에서 능력이 나간 것을 아셨다. 다른 사람들은 이 여인의 행동을 눈치 채지 못했지만 주님은 아셨다.

막 5:30 예수께서 ── **말씀하시되**(...하시니)
/곧 스스로 아시고(과거분사)
/그 능력이 자기에게서 나간 줄을
/무리 가운데서 돌이켜
/누가 ── **손을 대었느냐**
/내 옷에

능력(뒤나미스, δύναμις) - 그녀는 예수님께서 자신을 치료하실 수 있다는 확신을 가졌다. 그래서 많은 사람들 가운데를 비집고 들어가 간신히 예수님 옷가에 손을 대었다. 예수님은 즉시 자신에게서 능력이 나간 것을 아셨다.

(2) 주님은 옷가를 만진 사람이 누구인가를 물으셨다. 물론 제자들은 그런 일이 없었디고 했다. 다만 사람이 많아시 그랬을 깃이라고 했다. 그러나 그녀는 알았다. 그녀는 대단한 믿음을 가졌다. "예수께서 이 일 행한 여자를 보려고 둘러 보시니" 물론 예수님은 이 여인을 책망하려고 물으신 것이 아니었다. 오히려 그녀의 행동을 칭찬하고 격려하기 위해서 그녀를 둘러 보셨을 것이다. 그녀는 주님 앞에 엎드려 고백한다. 순간 두려워했을 여인, 그러나 주님은 이 여인을 안심시키신다. 그녀는 즉시 치유되었고, 주님 앞에서 새로운 삶을 시작할 수 있었을 것이다.

묵상

- 그리스도인들도 질병에 걸릴 수 있는가? 그렇다. 악령이 특정한 질병을 일으키도록 허용하신다. 물론 이때 신자가 범한 죄와는 아무 관계가 없다. 도리어 이 일을 통해 더욱 하나님을 의지하도록 하시려는 섭리의 일부이다. 물론 모든 질병이 다 그렇다는 것은 아니다.
- 내가 지금 죽을 지경에 있는가? 내 자신의 영육이 지금 죽어가고 있는데도 아직도 주님의 도움을 간구하지 않고 있는가?

Outline

Outline은 본문 설명을 요약 정리한 것입니다. 간단하게 설명을 할 경우 이용하세요. 그렇지 않으면 본문으로 바로 들어가셔도 됩니다.

136

Mark 6장

목자 없는 양

제3차 갈릴리 사역을 소개한다.
예수님은 고향에서도 말씀을 전파하시고
기적을 베푸셨지만
오히려 배척을 받으셨다고 전한다.
고향 나사렛에서는 아무 권능도 행하실 수가 없어
다만 소수의 병자에게만 안수하여 고치셨다.
믿음이 없는 곳에서는
이적을 나타내지 않으셨다(막 6:5; 마 13:58).

그러나 예수님의 대적자들은
예수님이 행하신 이적들이 메시야임을 증명하기에는
불충분하다고 생각했다.

예수님은 열두 제자들을 부르셔 둘씩 둘씩 파송하셨다.
그리고 더러운 귀신을 제어하는 권세도 주셨다.
그렇지만 양식이나 돈이나
아무것도 가지고 가지 말라고 하셨다.

떡 다섯 개, 물고기 두 마리(막 6:30-44)
예수님께로 나아오는 큰 무리들,
주님은 그들을 목자 없는 양 같음을 인하여
불쌍히 여기셨다(34절).

고향에서 배척을 받으심(막 6:1-6)

(1) "예수께서 거기를 떠나사 고향으로 가시니 제자들도 따르니라"(1절). '거기' 곧 거라사 지방을 떠나서 고향, 즉 가버나움으로 돌아오셨다는 것이다. 예수님은 고향에서 많은 이적을 베푸셨으나 오히려 이들은 예수님을 배척한다.

(2) 표적(σημεῖον, sign)은 어느 때 사용하셨나? 예수님은 왜 표적을 베푸시는가? 예수님은 신적 능력과 메시야적 권능을 가지고 행동했음을 확실하게 증명하기 위해(= 즉 "하늘로부터 온 자") 표적을 나타내셨다.

(3) 그러나 예수님의 대적자들은 예수님이 행한 표적들이 (메시야나, 신적 능력을 증명하기에는) 늘 불충분하다고 생각했다. 일반 군중들도 거의 그렇게 생각했다. 의심도 했다(마 12:22, 23). 특히 고향에서는 더욱 배척을 받으셨다. 이적의 진정한 의미는 믿음이 있어야만 인식될 수 있다.

열두 제자를 부르사 둘식 둘씩 보내심(막 6:7-13)

(1) 주님은 열두 제자들을 부르신다. 그들에게 어떤 권능을, 왜 주셨는가? 열둘의 숫자는 열두 족장이 구약시대의 이스라엘의 열두 지파를 대표한 것처럼(창 49:28), 이 열두 명은 새로 존재할 그리스도의 공동체인 하나님의 새 백성을 대표한다. 열두 사도는, 말하자면 하나님의 새로운 백성의 열두 족장인 셈이다.

(2) 예수님의 사역은 결국은 사탄과의 투쟁에 있음을 알 수 있다. 주님은 제자들에게 "더러운 귀신을 쫓아내며 모든 병과 모든 약한 것을 고치는 권능을" 주신다.

(3) 주님은 이들을 보내시되 그 대상 지역을 어디로 제한하셨나? (막 6:7-13; 눅 9:1-6) 주님은 그의 행동의 반경을 유대 땅 경계 내로 한정하셨지만, 그러나 이들의 불신앙으로 그 나라의 본 자손들은 쫓겨나게 될 것이고, 동서로부터 많은 사람이 와서 이삭과 야곱과 함께 천국에 앉을 것이라고 선언하신다(마 8:10-12, 21: 40-41). 이스라엘 사람들은 대부분이 그리스

도를 배척했다.

이들에게 가서 무엇이라고 전파하라고 하셨나?

(1) 예수님은 사도들에게 귀신을 내쫓고 모든 병과 약한 것을 고치는 권능을 주셨다(마 10:1). 사도들의 임무가 단순히 병든 자를 치료해 주는데 있었을까? 아니다. 사도들도 예수님처럼 죄에 매인 사람들을 돌아보아야 했다. "천국이 가까이 왔다"(The kingdom of heaven is near)고 전파할 책임을 갖고 부름을 받았다.

(2) 사도들은 가서 구체적으로 어떤 일을 해야 하는가? (8절)

① 병든 자를 고치며 ② 죽은 자를 살리며 ③ 나병환자를 깨끗하게 하며 ④ 귀신을 쫓아내되 너희가 거저 받았으니 거저 주어라

(3) 이 사도들이 복음을 전파하러 갈 때 어떤 자세를 가져야 하는가? (막 6:8-9; 마 10:9) 사도들은 개인의 사사로운 이익 때문에 복음을 전하는 일에 한눈을 팔아서는 안 된다. 사람들에게도 그들이 영업적으로 일하고 있다는 인상을 주어서는 안 되기 때문이다. 사도들이 예수님을 대신하여 행동하는 최선의 목적은 하나님의 백성을 함께 모으는 일이었다.

(4) 하나님의 나라의 메시지가 전파될 때, 어떤 사람들은 영접하지 않을 것이다. 아마 심각한 반대에 직면하게 될 때도 있을 것이다.

세례 요한의 죽음(막 6:14-29)

(1) 예수님의 사역으로 그 이름이 드러나자 그 지역을 통치하던 헤롯은 어떤 태도를 가졌을까?

(2) 여기에 언급된 헤롯 왕은 누구인가? 물론 이 헤롯은 대헤롯이 아니고 그 아들 중 한 사람이다(안티파스, Antipas / '안디바'). 헤롯 안디바가 어떤 일로 세례 요한을 죽였는가?

떡 다섯 개, 물고기 두 마리(막 6:30-44)

(1) 이 기적은 어디에서 일어난 일인가? 요한복음 6:1에서는 "예수께서 디베랴의 갈릴리 바다 건너편으로 가시매"라고 하셨다.

(2) 많은 사람들이 몰려 들었다. 그들은 예수님보다 더 먼저 그곳에 도착해 있었다(막 6:33). 예수님은 많은 사람들을 보고 불쌍히 여기셨다고 했다. 왜? 그들은 '목자 없는 양' 같았기 때문이다.

(3) 다시 본문을 살펴보자(막 6:35). 그 때의 상황이 어떠했나? "이 곳은 빈 들이요 날도 저물어가니" 이 상황에서 제자들의 태도는 어떠했나?

"무리를 보내어 두루 촌과 마을로 가서 무엇을 사 먹게 하옵소서"(막 6:36). 이런 제자들에게 예수님은 어떻게 명령하셨나? **'너희가 먹을 것을 주라'**

(4) 주님은 제자들의 믿음에 대해 책망하지 않으시고 "제자들에게 명하사 그 모든 사람으로 떼를 지어 푸른 잔디 위에 앉게" 하셨다. 주님은 그들이 평생 잊을 수 없는 기적을 행하심으로써 제자들의 믿음을 굳게 하셨다. 주님은 이 세상에 오신 바로 그 생명의 떡이시다(요 6:27). 이 표적을 통해 어떤 결과를 가져왔을까?

바다 위를 걸으심(막 6:45-52)

(1) 예수님께서는 무리를 해산시키시고(요 6:22), 제자들을 불러 건너편으로 가게 하신 후 따로 기도하러 산으로 올라가셨다(요 6:23). 그때 제자들은 그리 멀지 않은 곳에서 풍랑을 인하여 어려움을 겪고 있었다.

(2) 이때 주님은 자연을 거스르며, 물 위로 걸어오셨다. "제자들이 노를 저어 십여 리쯤 가다가 예수께서 바다 위로 걸어 배에 가까이 오심을 보고 두려워하거늘"(요 6:19). 제자들은 그를 진짜 유령이라고 생각했을 것이다("It is a ghost!").

(3) 마태복음 14:26에 보면, 이 숨막힐듯한 환경에서 제자들은 무서워 소리를 질렀다(they cried out).

(4) 마 14:27 "안심하라"(Take courage, θαρσεῖτε - 현재 명령법) - 용기를 가져라 "나니"(it is I, ἐγώ εἰμι·)(26절)라는 주님의 음성은 온갖 두려움에서 벗어나는 기쁨이 되었을 것이다.

고향에서 배척을 받으심(막 6:1–6)

같이 읽을 곳(마 13:53–58; 눅 4:16–30)

"예수께서 거기를 떠나사 고향으로 가시니 제자들도 따르니라"(1절). '거기' 곧 거라사 지방을 떠나서 고향, 즉 가버나움으로 돌아오셨다는 것이다. 마가는 3회에 걸친 주님의 갈릴리 여행에서 두 차례의 사건만을 기록하고 있다. 오늘 본문은(6:1-30) 세 번째 여행을 기록한다. 갈릴리에서 예수님의 사역의 마지막 부분에서는 더 많은 이적을 행하신다. 따라서 더 극심한 반대에 직면하시게 된다. 그래서 열두 제자를 지명하여 악의 세력에 맞서게 하시는 것이다(막 6:7-13, 30-32).

1. 예수님은 고향에서 많은 이적을 베푸셨으나 오히려 이들은 예수님을 배척한다.

▶ 누가복음 4:16-30과 마가복음 6:1-6을 보면, 예수님은 고향에서 많은 기적을 베푸셨으나 배척 받으셨음을 알 수 있다. 여기 본문에서도 "친히 증언하시기를 선지자가 고향에서는 높임을 받지 못한다"(요 4:44)고 하셨다.

막 6:2 안식일이 되어 회당에서 **가르치시니**
많은 사람이 —— 듣고 **놀라 이르되**
/이런 것을 — 어디서 얻었느냐?(=어디서 얻어졌느뇨?)
/이 사람이(=에게)
/이런 권능이 – **어찌됨이냐?**
/이 사람이 받은 지혜와 그 손으로 이루어지는

예수님은 주로 갈릴리 지역에서 어부들과 함께 하나님 나라의 일을 시작하셨다. 복음을 전파하고, 병자를 고치심으로써 절망 속에 있던 자들에게 빛을 비추셨다. 흑암(마귀의 권세) 아래서, 가장 어두운 곳에서, 그리스도의 대대적인 사역이 시작되고 있다. 이는 이사야의 예언(사 9:1-7)이 성취되었다고 말하고 있다. 믿음이 없는 곳에는 이적이 있을 여지가 없다. 불신앙만을 드러냈을 뿐이다.

• 막 6:5 "거기서는(나사렛에서는) 아무 권능도 행하실 수 없어 다만 소수의 병자에게 안수하여 고치실 뿐이었다."

• 막 8:12 "내가 진실로 너희에게 이르노니 이 세대에게 표적을 주시지 아니하리라."

2. 표적(σημεῖον, sign)은 어느 때 사용하셨나?

예수님은 왜 기적을 베푸시는가? 예수님은 신적 능력과 메시야적 권능을 가지고 행동했음을 확실하게 증명하기 위해(= 즉 "하늘로부터 온 자") 표적을 나타내셨다. 그러나 예수님의 대적자들은 예수님이 행한 이적들이 (메시야나, 신적 능력을 증명하기에는) 늘 불충분하다고 생각했다. 일반 군중들도 거의 그렇게 생각했다. 의심도 했다(마 12:22, 23). 특히 고향에서는 더욱 배척을 받으셨다. 이적의 진정한 의미는 믿음이 있어야만 인식될 수 있었다. 그것이 예수님의 설교의 비밀이었다(막 8:12*; 마 16:2, 3*).

• 마 16:2, 3 "시대의 표적"을 분별할 눈이 없다고 책망하셨다. 그래서 믿음이 필요하다. 예수님 자신과 하나님 나라의 도래는 믿음으로만 분별이 가능하다.

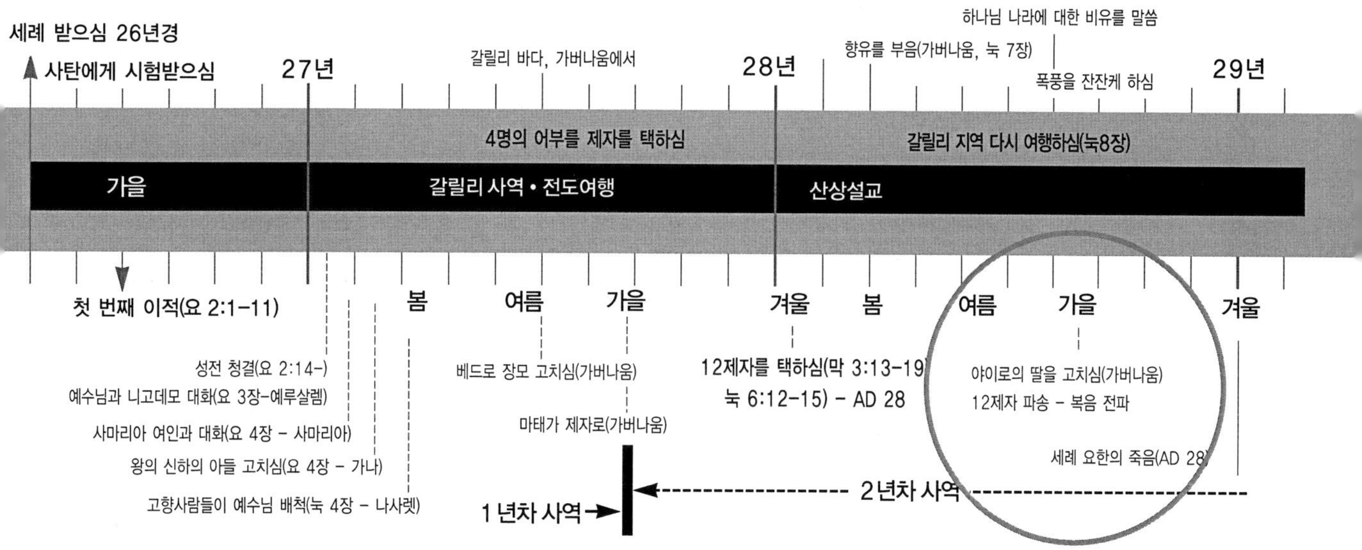

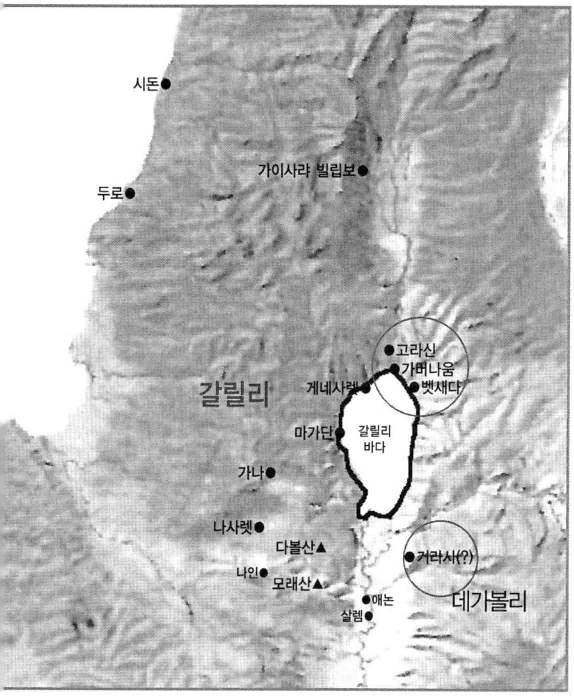

(1) 예수의 초기 사역은 갈릴리 중심이었다. **갈릴리 지방**은 헤롯 안디바(안티파스)가 다스리고 있던 영토였다(마 2장에 나오는 헤롯 대왕은 기원전 4년에 죽었고, 그의 영토는 세 아들에게 분할되었다). 갈릴리는 주로 병들고 가난한 사람들이 살고 있는 곳으로서 야만적이고 촌스러운 지방으로 멸시를 받았던 곳이다.

(2) 이 지역은 여호수아가 정복한 이후 스불론과 납달리 족속들이 살고 있었다. 그런데 이사야 선지자는 이 지역에 빛이 머물 것이라고 예언했다. 사 9:1-2을 읽어보라.

23 갈릴리에서 거라사까지

(마 8:18, 23-24; **막 4:35-5:20**; 눅 8:22-39)

(1) **풍랑을 잔잔케 하심**(마 8:26; **막 4:39**; 눅 8:24)

(2) 거라사에서 귀신 들린 사람을 고치신다(마 8:32; 막 5:8; 눅 8:33) - 귀신 들린 자의 행동 - 사람들 앞에서 벌거벗은 채로 소리를 지름 - 쇠사슬이나 쇠고랑으로도 어거하지 못함. 무덤 사이에 살면서 몸을 상하게 함 - 귀신은 때가 이르기 전에 우리를 괴롭게 하지 말아 달라고 함 - 예수님은 그 많은 귀신(군대)이 그 사람에게서 나와서 근방에 있는 돼지 떼 속에 들어가도록 허락하신다. (2,000마리나 되는 떼지 떼 속으로 들어가 바디에 빠져 죽는다.) - 온 동네가 이 지역을 떠나기를 바람 - 고침을 받은 사람이 동행하기를 원하나 예수님은 그들에게 간증하라고 하신다.

24 거라사에서 가버나움까지

(마 9:1, 10-34, 11:2-19; **막 2:15-22, 5:21-43;** 눅 5:29-39, 7:18-35, 8:40-56, 16:16)

(1) 바리새인들 - 죄인들과 함께 식사하는 것을 비난한다. - 예수님은 죄인들을 회개시키기 위해 오셨다.

(2) 낡은 옷과 낡은 부대 비유(마 9:16-17; 막 2:21-22; 눅 5:36-39)

(3) **혈루병 앓던 여인을 고치심**(마 9:22; **막 5:29**; 눅 8:44)

(4) **야이로의 딸을 고치심**(마 9:25; **막 5:41**; 눅 8:54)

(5) 두 맹인을 고치심(마 9:29)

(6) 귀신들려 말 못하는 사람을 고치심(마 9:33)

(7) 세례 요한에 관하여(마 11:7-15; 눅 7:24-30)

열두 제자를 부르사 둘식 둘씩 보내심(막 6:7-13)

▶ 동교재, 마태복음에서 설명을그대로가져온 부분이 많습니다. 같은 내용이기 때문입니다.

같이 읽을 곳 [마 10:1, 5-15; 눅 9:1-6]

1. 주님은 열두 제자들을 부르신다. 그들에게 어떤 권능을, 왜 주셨는가?

1) 둘씩 둘씩 제자를 파송하신다. 예수님과 같이 동행하신 것이 아니라 제자들끼리만 사역을 하게 하셨다. 훈련의 강도를 높이신 것이다.

> 막 6:7 열두 제자를 **부르사**
> 둘씩 둘씩[1] **보내시며**
> 더러운 귀신을 제어하는 권능(authority, ἐξουσίαν)을 **주시고**
>
> 어떤 권능을 주셨는가?

(1) 누가복음 6:13*에서는 제자들을 어떻게 부르고 있는가?

"그 제자들을 부르사 그 중에서 열둘을 택하여 (사도)라 칭하셨으니"

• 눅 6:13 "밝으매 그 제자들을 부르사 그 중에서 열둘을 택하여 **사도**라 칭하셨으니."

열둘의 숫자는 열두 족장이 구약시대의 이스라엘의 열두 지파를 대표한 것처럼(창 49:28), 이 열두 명은 새로 존재할 그리스도의 공동체인 하나님의 새 백성을 대표한다.

제자와 사도를 구분하여 말한다면

• 제자(마테테스)는 스승으로부터 배우는 사람이라는 뜻이 강하다. 오늘날 제자라는 말은 신자나 성도라는 말과 같은 의미로 사용되고 있다.

• 사도(아포스톨로스)는 사명을 위하여 '보냄을 받은자'라는뜻이 더 강하다. 사도는 예수님 당시의 12제자와 바울만을 가리켜 사용되고 있다. 오늘날 복음을 전하는 자는 사도가 될 수 없으나 사도직을감당하는사람이라 할 수 있다.

(2) 사도란 위임 받은 대리자로서 그를 보낸 자를 대신하는 대사(大使)와 같은 자다. 예수님도 하나님께서 보내셨다. 제자들은 예수님이 보내심으로 이 직무를 수행해야 하며, 따라서 그런 권능도 부여 받았다(마 10:1). 예수님은 자신이 가르치신 진리, 즉 자신이 하나님의 새 교회인 새 이스라엘 집을 세우기 위해 왔다는 진리를 강조하기 위하여, 자신을 따르는 자들 속에서 실제로 열두 제자를 임명하셨다.

(3) 열두 사도는, 말하자면 하나님의 새로운 백성의 열두 족장인 셈이다.

"예수께서 이르시되 내가 진실로 너희에게 이르노니 세상이 새롭게 되어
인자가 자기 영광의 보좌에 앉을 때에
나를 따르는 **너희도 열두 보좌에 앉아**
이스라엘 열두 지파를 심판하리라"(마 19:28; 눅 22:30 참조).

(4) 예수님의 사역은 결국은 사탄과의 투쟁에 있음을 알 수 있다. 주님은 제자들에게 "더러운 귀신을 쫓아내며 모든 병과 모든 약한 것을 고치는 권능을" 주신다. 물론 귀신 들린 것과 병이 드는 것을 분명하게 구분하고 있기도 하지

만, 그러나 육체의 모든 질고가 결국은 사탄으로 기인했다는 것을 본문을 통해 알 수 있다.

• **사마리아인** : 북쪽 이스라엘은 주전 722년에 앗수르 왕 살만에살에게 망하여 포로로 끌려간다(왕하 17:1-6). 이 때 앗수르왕은 타 민족을 이곳에 이민시켜 남은 이스라엘과 동거하게 하였다(왕하17:24). 유대인들과 이방인들 사이에 혼혈아들이 생겨났는데, 이들을 사마리아인이라고 불렀다.

2. 주님은 이들을 보내시되 그 대상 지역을 어디로 제한하셨나? (막 6:7-13; 눅 9:1-6) 마태복음의 설명을 들어보자.

마 10:5 예수께서 이 열둘을 **내보내시며** 명하여 **이르시되**
/[너희는] ─ 이방인의 길로도 **가지 말고**
├ 사마리아인의 고을에도 **들어가지 말고**
6 └ 오히려 이스라엘 집의 잃어버린 양에게로 **가라**

(1) 왜, 이방인의 길과 사마리아인의 고을에도 가지 말라고 하셨을까? 사도들은 먼저 유대 백성들을 부르기 위해 보내졌다. 약속의 백성인 이스라엘이 이 혼인잔치에 초대 받아야 했다. 물론 복음은 온 세계에 전파되어야 할 것이었다(행 1:8). 이들이 전해야 할 메시지도 세례 요한이나(마 3:1), 예수님이(마 4:17) 전하신 메시지와 동일한 내용이다.

(2) 그러나, 이 복음은 먼저는 유대인에게서 시작될 것이었다(행 3:26, 13:46과 롬 1:16 참조). 그래서 제자들에게 이방인의 길로도, 사마리아인의 고을에도 가지 말라고 명하신다. 이스라엘 집의 잃어버린 양들에게 가라고 명하신다. 이방인에게 복음을 전파하는 일은 훗날 제자(사도)들에게 맡겨진다. 물론, 예수님이 이방인이나 사마리아인을 구원의 대상에서 제외시키셨다는 말은 아니다. 예수님은 이방인의 믿음을 칭찬하기도 하셨고(마 8:10, 15:28; 눅 17:18 등), 또 친히 사마리아에 가셔서 전도도 하셨다(요 4:5이하). 여기서는 복음 전도의 순서를 말하고 계신 것이다(행 1:8 참조).

• 하나님의 통치가 유대인의 구원만을 위해서만 행해지는 것은 아니다. 사마리아인도 이방인도 '수많은 사람들이 동에서 서에서' 초대받게 될 것이다(마 8:11). 하나님께서 어떤 방식으로 그것을 행하실 것인가는 제자들에게 아직은 말씀하지 않으신다. [지금은] 이스라엘의 길 잃은 사람들에게 봉사하기 위하여 그들을 파견하고 계신 것이다. 마태복음은 "모든 민족을 제자로 삼아 아버지와 아들과 성령의 이름으로 세례를 베풀라"고 끝을 맺고 있지 않은가! (마 28:19).

(3) 주님은 그의 행동의 반경을 유대 땅 경계 내로 한정하셨지만, 그러나 이들의 불신앙으로 그 나라의 본 자손들은 쫓겨나게 될 것이고, 동서로부터 많은 사람이 와서 이삭과 야곱과 함께 천국에 앉을 것이라고 선언하신다(마 8:10-12, 21:40-41). 이스라엘 사람들은 대부분이 그리스도를 배척했다.

3. 이들에게 가서 무엇이라고 전파하라고 하셨나? (마 10:7)

10:7 가면서 전파하여 **말하되**(... 하고.)
/(천국)이 가까이 왔다(ὅτι ἤγγικεν[1] ἡ βασιλεία τῶν οὐρανῶν)

1) ἤγγικεν
직설법 완료 능동태
ἐγγίζω(엥기조) - 가까이 가져가다, 가까이 끌다(오다), 접근하다

(1) 예수님은 사도들에게 귀신을 내쫓고 모든 병과 약한 것을 고치는 권능을 주셨다(마 10:1). 사도들의 임무가 단순히 병든 자를 치료해 주는데 있었을까? 아니다. 사도들도 예수님처럼 죄에 매인 사람들을 돌아보아야 했다. "천국이 *가까이 왔다*"(The kingdom of heaven *is near*)고 전파할 책임을 갖고 부름을 받았다.

(2) 사도들은 가서 구체적으로 어떤 일을 해야 하는가? (8절)
① 병든 자를 고치며 ② 죽은 자를 살리며 ③ 나병환자를 깨끗하게 하며
④ 귀신을 쫓아내되 너희가 거저 받았으니 거저 주어라

• 마 10:9 "너희 전대에 금이나 은이나 동을 가지지 말고 [10] 여행을 위하여 배낭이나 두 벌 옷이나 신이나 지팡이를 가지지 말라 이는 일꾼이 자기의 먹을 것 받는 것이 마땅함이라."

3. 복음을 전파하러 갈 때 사도들은 어떤 자세를 가져야 하는가? (막 6:8-9; 마 10:9)*

막 6:8 "명하시되 여행을 위하여 지팡이 외에는 양식이나 배낭이나 전대의 돈이나 아무 것도 가지지 말며 [9]신만 신고 두 벌 옷도 입지 말라 하시고"

(1) 또 이 말씀(막 6:8-9; 마 10:9-10)은 사도들이 특별한 고생을 인내하라는 말일까? 주님은 이들에게 육신의 필요한 모든 것을 위해 근심할 필요가 없다는 것을 말씀하셨다. **그들을 파송하시는 이가 이미 준비할 것이기 때문이다.** 이제 사도들은 개인의 사사로운 이익 때문에 복음을 전하는 일에 한눈을 팔아서는 안 된다. 사람들에게도 그들이 영업적으로 일하고 있다는 인상을 주어서는 안 되기 때문이다. 사도들이 예수님을 대신하여 행동하는 최선의 목적은 하나님의 백성을 함께 모으는 일이었다.

• 눅 10:7 "그 집에 유하며 주는 것을 먹고 마시라 일꾼이 그 삯을 받는 것이 마땅하니라 이 집에서 저 집으로 옮기지 말라."

(2) 사도들은 어떤 곳에 가든지 그곳에 가서 합당한 사람을 찾아내어 거기를 떠날 때까지 그 집에 머무르면서 전도하라고 말씀하신다(막 6:10; 마 10:11). 그 집에 유(留)하되 이 집 저 집으로 옮겨다녀서는 안 된다는 것이다(눅 10:7*). 그 당시에는 이런 자들을 위해 환영하는 것이 오랜 전통이 되어 있었다.

(3) 이들이 복음을 전하러 나가서, 어떤 집에 들어갈 때, 평안을 받을 사람이 거기 있다면(눅 10:6) "평안하기를 빌라"고 했다. 그들이 복음을 기꺼이 영접한다면, 그들은 참으로 왕국에 합당한 자들이기 때문이다. 이제 이들의 전도로 이스라엘의 참된 양들이 함께 모아지게 된다. 복음을 전할 때 사람들과 타협해서는 안 된다. 하나님의 구속의 사랑과 심판을 그대로 선포해야 한다.

예수께서 그의 열두 제자를 부르사...

4. **하나님의 나라의 메시지가 전파될 때, 어떤 사람들은 영접하지 않을 것이다. 아마 심각한 반대에 직면하게 될 때도 있을 것이다.**

(1) 사도들은 복음을 전파할 때 영접치 않으므로 실망할 수도 있을 것이다. 그러나, 그들이 "영접하지도 아니하고 너희 말을 듣지도 아니하거든" 그 집이나 성에서 떠날 때 발의 "(먼지, dust)를 떨어버리라"고 했다(막 6:11; 마 10:14-18*).

(2) 이 말은 무슨 뜻일까? 유대인들은 이방지역을 여행한 후 성지에 들어오기 전에는 그들의 신과 옷의 먼지를 떨어버리는 습관이 있었다. 복음을 거절하는 이스라엘의 이 지역은 이방의 흙같이 더러운 것으로 간주해야 된다는 것이다. 바리새인들은 부정한 이방인의 지역을 떠날 때에는 이러한 습관을 가졌던 것처럼 하나님의 복음을 거절하는 자들에게는 엄중한 경고를 나타내라는 것이다.

(3) 행 13:50, 51*을 읽어보자. 바울과 바나바는 어떤 행동을 취했나? 행 18:6*도 읽어 보라. 복음 듣기를 거절하는 자들에게 바울은 어떻게 이야기 했나?

- 행 13:50 "이에 유대인들이 경건한 귀부인들과 그 시내 유력자들을 선동하여 바울과 바나바를 박해하게 하여 그 지역에서 쫓아내니 51 두 사람이 그들을 향하여 발의 **티끌을 떨어 버리고** 이고니온으로 가거늘"

(4) 이들이 복음을 영접하지 않는 것은(15절) 마치 소돔과 고모라의 죄책도 크지만, 사도들이 전하는 복음을 거절하는 사람들의 죄책은 더욱 클 것이라는 의미이다. 고모라는 극도로 악한 것의 상징인 동시에, 최후 심판의 예비적 실례이다.

- 마 10:14 누구든지 너희를 영접하지도 아니하고 너희 말을 듣지도 아니하거든 그 집이나 성에서 나가 **너희 발의 먼지를 떨어 버리라**
- 17 사람들을 삼가라 그들이 너희를 공회에 넘겨 주겠고 그들의 회당에서 채찍질하리라
- 18 또 너희가 나로 말미암아 총독들과 임금들 앞에 끌려 가리니 이는 그들과 이방인들에게 증거가 되게 하려 하심이라.

- 행 18:6 "그들이 대적하여 비방하거늘 바울이 **옷을 털면서** 이르되 너희 피가 너희 머리로 돌아갈 것이요 나는 깨끗하니라 이후에는 이방인에게로 가리라 하고"

144

▶ 이 부분은 다른 복음서보다 마가복음이 더 자세하게 언급하고 있다.

세례 요한의 죽음(막 6:14-29)

같이 읽을 곳 (마 14:1-12; 눅 9:7-9)

▲ 헤롯 대왕이 죽자 로마 황제 아우구스투스(Augustus)는 심사숙고 끝에 B.C. 4년에, 세 아들에게 분할하여 주기로 결정한다. ① 아켈라오를 유대와 이두매, 그리고 사마리아를 통치하게 될 분봉왕으로 임명했다. 그리고 ② **안디바**는 갈릴리 지역과 베레아 지역을, 그리고 ③ 빌립은 갈릴리 바다 북동쪽을 다스리게 되었다.

1. 예수님의 사역으로 그 이름이 드러나자 그 지역을 통치하던 헤롯은 어떤 태도를 가졌을까?

막 6:14 이에 헤롯 왕이 ― **듣고**
//(이유: γάρ, for)
예수의 이름이 ― 드러난지라
[그가] ――― **이르되**(...하고)
/이는
/세례 요한이 ― 죽은 자 가운데서 **살아났도다**
/그러므로
이런 능력이 ― 그 속에서 **일어나느니라**

예수님께서 기적을 베푸신다는 소문이 헤롯이 귀에 들어갔다. "그렇다면 이미 죽었던 세례 요한이 살아난게 분명해!!"

(1) 여기에 언급된 헤롯 왕은 누구인가?
물론 이 헤롯은 대헤롯이 아니고 그 아들 중 한 사람이다(안티파스, Antipas / '안디바'). 이 사람은 헤롯의 세 아들 중 가장 유능했으며, 문화를 장려했고, 건설에도 치중했다. 그는 갈릴리 바다 서해안에 있는 공동묘지 위에 황제 디베료(AD 22년)를 축하하기 위하여 [디베료 도성]을 건축하기도 했다. 그는 로마 여행 중 빌립의 아내였던 '헤로디아'에게 반하여 청혼을 했고, 이 여자는 현재 부인인 '나바티안'을 물리칠 것을 조건으로 승인했다.

(2) 세례 요한이나 예수님은 위의 이 사실을 옳지 못한 것이라고 책망했고(막 10:11 참고), 이 일로 앙심을 품고 있던 헤로디아에게 세례 요한은 미움을 사게 되었고(막 6:14), 마침내 목숨을 잃게 되었다.

막 6:15 어떤 이는 그가 엘리야라 하고
또 어떤 이는 그가 선지자니 옛 선지자 중의 하나와 같다 하되
16 헤롯은 듣고 **이르되**
/내가 목 벤 요한 그가 살아났다 하더라

(3) 예수님이 사역하시던 지역과 헤롯 안디바가 자주 거주했던 궁전(베레아 남쪽에 있는 마카에루스 성채)은 멀리 떨어져 있었다. 그런 이유로 예수님에 대한 소문을 늦게 들었던 것 같다. 예수님은 이미 세례 요한이 죽기 훨씬 전부터

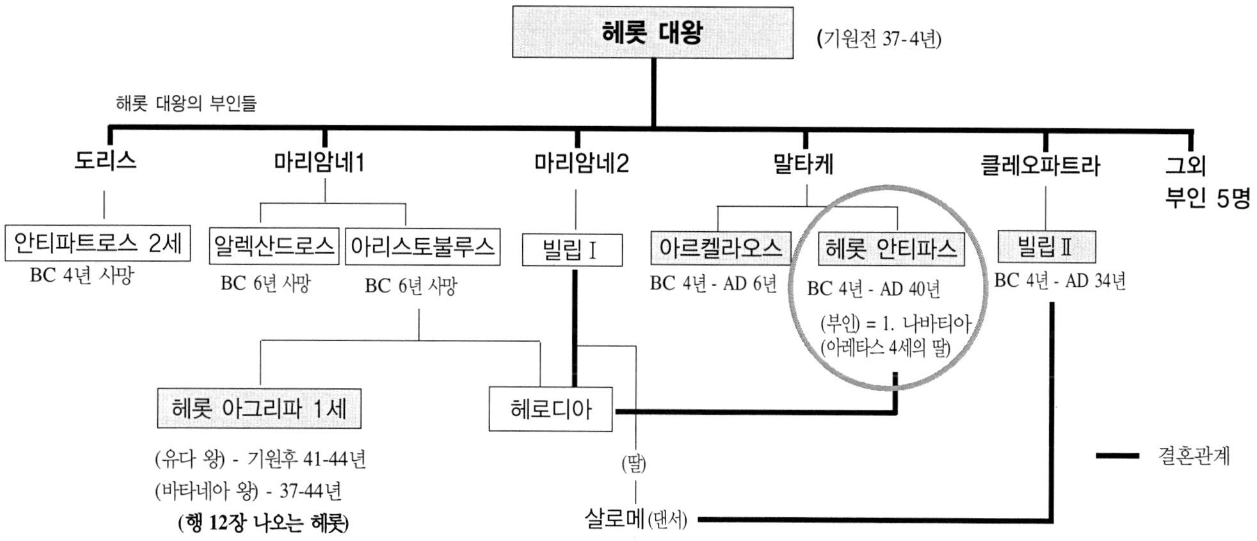

▲ 헤롯 안티파스(Antipas)는 나바티아의 아리비아 왕 아레타스 4세의 딸과 결혼했다. 그런데 그가 동생 빌립을 방문하고서, 그 빌립의 아내 헤로디아와 눈이 맞았다. 로마 여행 중 (서민이 된 빌립 I 의 아내) 헤로디아에게 반하여 청혼을 했고, 헤로디아는 현 부인인 나바테아를 물리칠 것을 조건으로 허락했다. 세례 요한은 헤롯 안티파스가 동생 빌립의 아내를 취한 사실을 보고 옳지 않은 일이라고 책망했고 이 일로 인해 옥에 갇히게 되었었다(마 14장, 막 6:14-29 참조).

갈릴리에서 활동하고 있던 것을 몰랐던 것 같다. 그런데 갑자기 예수님의 활동 소식을 듣자 얼른 세례 요한의 일을 생각해 냈을 것이다. 왜? 그가 세례 요한에게 어떤 일을 했길래?

2. 헤롯 안디바가 어떤 일로 세례 요한을 죽였는가?

(1) 위의 도표와 설명에서 보듯이 헤롯 안디바가 취한 행동을 불법으로 여기고 세례 요한은 강력하게 규탄했다. 이 일로 요한은 옥에 갇혔고, 수감 중에 예수님의 활동 소식을 듣게 된다. 그는 제자들을 보내어 예수님이 자기가 증언한 메시야인가 진위 여부를 묻는다.

(2) 헤롯 안디바는 자신을 비판한 세례 요한을 즉시 잡아 죽이려 했으나 폭동이 일어날 것을 두려워하여 오랫동안 감금해 두고 있었다.[1] 만약 그를 처단하면 백성들이 들고 일어날 것이다. (백성들이 세례 요한을 선지자로 믿고 있었기 때문이다.) 그러지 않아도 유대 지역을 다스리던 아켈라오도 이런 일로 로마로부터 축출 당했다.

• 그러니 헤롯의 생일 날, 왕궁에서 여러 날 잔치가 벌어졌는데, 헤로디아의 딸 살로메가 춤을 추어 헤롯을 기쁘게 했다. 헤롯은 맹세하며 살로메에게 무엇이나 들어주겠다고 약속한다. 어린 살로메(당시 대략 12-13세)는 어머니 헤로디아에게 물었고, 헤로디아는 그러지 않아도 자신들을 욕하고 있는 요한의 목을 요구하였다.[2]

1) 이 위험천만한 순간에 헤롯은 그 맹세를 취소시키지 못했다. 그는 사람들 앞에서 위신을 더 중히 여겼다(10절, "왕이 근심하나"). 헤로디아의 딸, 살로메(Salome)는 위의 도표에서 보는대로 헤로디아와 빌립 1세 사이의 딸이다. 여기 빌립 1세는 헤롯 대왕의 다른 아들로서 어머니 마리암네(대제사장 시몬의 딸)에게서 태어난 이복 형제 가운데 한 사람이었다.

2) 이 분별없는 분봉 왕 안디바의 행동으로 어떤 일들이 벌어졌을까? 많은 유대인들의 불만을 가중시켰고, 헤롯 안티파스(Antipas)에게서 강제로 버림받은 그의 부인의 아버지, '아레타스'의 분노를 가져왔다. 후일 아레타스(아랍족) 왕은 A.D. 36년 베레아를 침공, 안티파스의 군대를 박살냈다.

146

▶ 이 부분은 다른 복음서보다 마가복음이 더 자세하게 언급하고 있다.

떡 다섯 개, 물고기 두 마리(막 6:30–44)

같이 읽을 곳 (마 14:13–21; 눅 9:10–17; 요 6:1–14)

1. 계속 갈릴리 지역에서의 사역을 소개하고 있다. 오병이어의 사건(막 6:30-44)과 바다 위로 걸어오시는 사건(막 6:45-52), 게네사렛에서 병자를 고치는 사건(막 6:53-56). 특히 오병이어의 기적 사건은 네 복음서 모두에 기록된 유일한 기적이다.

(1) "사도들이 예수께 모여 자기들이 행한 것과 가르친 것을 낱낱이 고하니." 열두 제자들을 불렀다는 말은 3:14에 등장한다. 그리고 여기서 '사도들'이라고 언급되었다. 예수님은 제자들에게도 이적을 베푸는 능력을 주셨다(마 10:1; 눅 9:2; 막 9:28, 29). 예수님께서 행하신 이적들은 메시야적 구원 행위이다. 제자들은 예수님께서 가르치신 내용대로 복음을 증거해야 했다. 제자들은 세례 요한이 죽었다는 소식도 전해드렸으리라.

(2) 예수님은 이런 제자들에게 "따로 한적한 곳에 가서 잠깐 쉬어라"라고 하셨다. 그 이유는 "오고 가는 사람이 많아 음식 먹을 겨를도 없었기" 때문이었다(막 6:31). 그래서 사람이 따라오지 못하게 "배를 타고 따로 한적한 곳으로 가셨다.

요한복음 6:1에서는 "예수께서 디베랴[1]의 갈릴리 바다 건너편으로 가시매"라고 했다. 건너편으로 가셨다고 하니까, 요단 동편으로 가셨다는 말이다. 이곳을 누가복음에서는 '게네사렛'이라고 했다. 게네사렛은 가버나움과 막달라 사이에 있는 (갈릴리 바다 서쪽 해안에 접해 있는) 작은 평야이다. 누가는 갈릴리를 '게네사렛 호수'라고 했다(눅 5:1).

막 6:33 그들이 가는 것을 보고 많은 사람이 그들인 줄 안지라
모든 고을로부터 도보로 그 곳에 달려와
그들보다 먼저 갔더라

(3) 많은 사람들이 몰려 들었다. 그들은 (호수 가장자리를 따라) 예수님보다 더 먼저 그곳에 도착해 있었다(막 6:33 "그들이 가는 것을 보고 많은 사람이 그들인 줄 안지라 **모든 고을로부터 도보로 그 곳에 달려와 그들보다 먼저 갔더라**").

1) 디베랴(Tiberias) - 갈릴리 바다. 서부 해안에 위치한 도시이다 이 도시는 헤롯 안디바(H. Antipas)가 A.D. 18-22년에 건설하여 수도로 삼았다. 당시 로마의 황제 디베료의 이름을 따서 디베랴라고 했다. 예수님 당시의 유대인들은 디베랴가 옛 성밖 함맛(수 19:35)의 묘지 터를 잡았으므로 그 도시를 더러운 곳이라 하여 피했다고 한다.

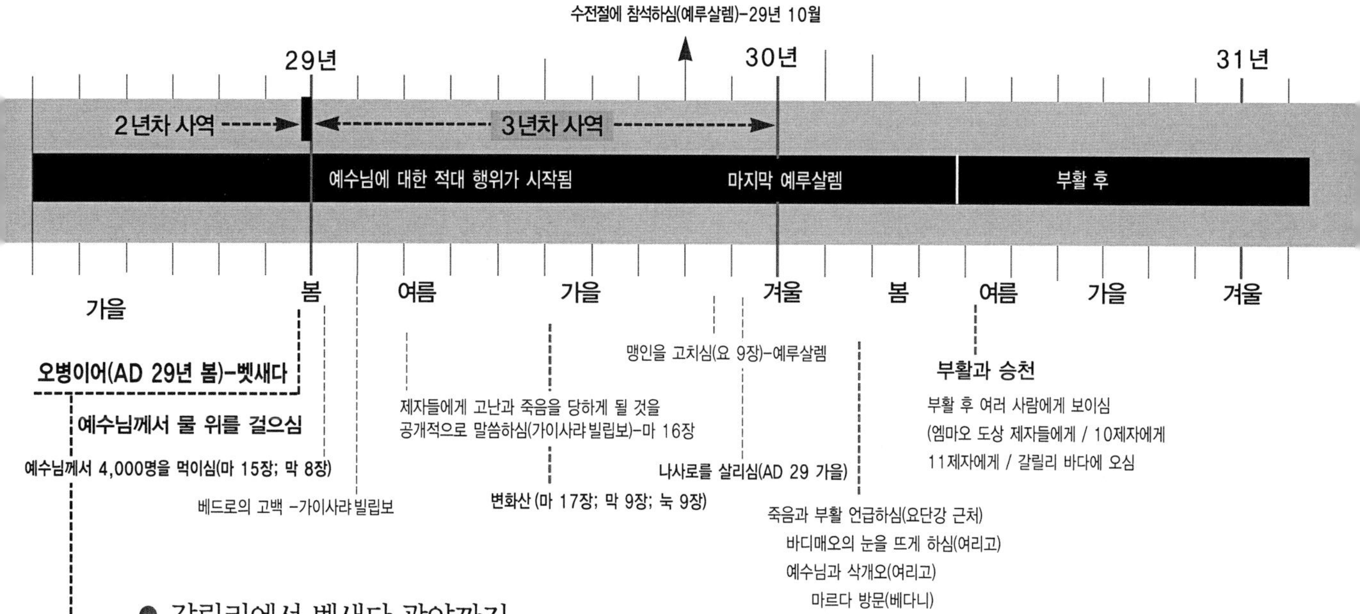

● 갈릴리에서 벳새다 광야까지
(마 14:13-23; **막 6:30-47;** 눅 9:1-10:17; 요 6:1-18)

(1) 5,000명을 먹이심(마 14:19; 막 6:41; 눅 9:16; 요 6:11) - 5,000명을 먹이신 후 바다 근처의 산에서(마 14:23; **막 6:46**; 요 6:15)

(2) 예수님을 억지로 왕으로 되게 하려는 계획 / 그래서 제자들을 먼저 떠나게 하시고 혼자 산으로 기도하러 올라가심

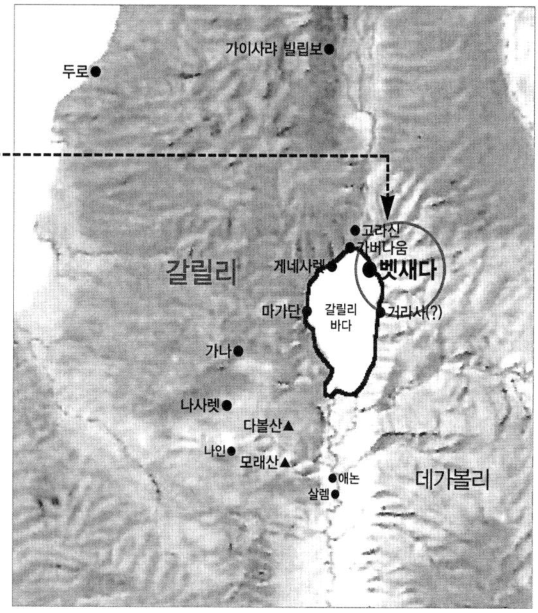

● 벳새다에서 게네사렛 광야까지(마 14:24-36; **막 6:48-56;** 요 6:19-21)

바다 위를 걸으심(마 14:25; 막 6:48; **요 6:19**) / 베드로는 물 위를 걷다가 빠져듬 - "믿음이 작은 자여 왜 의심하였느냐?" "진실로 하나님의 아들이로소이다."

● 게네사렛에서 가버나움까지(마 15:1-20; **막 7:1-23;** 요 6:22-71, 7:1)

(1) **생명의 떡에 관하여**(요 6:26-59)

(2) 예수님의 설교를 듣고 청중들은 혼동하고 반대하여 예수님을 떠나 다시는 그를 따르지 않는다(요 6:60-66). / 주님은 열두 제자들도 떠나기를 원하느냐고 물으신다. 베드로가 즉각 대답한다(요 6:67-69) "주여 영생의 말씀이 주께 있사오니 우리가 누구에게로 가오리이까?" "우리가 주는 하나님의 거룩하신 자이신 줄 믿고 알았사옵나이다."

(3) 배신자에 대하여(요 6:70-71) - '멸망의 자식'이라는 명칭(가룟 유다에게 / 살후 2:3 - 적그리스도를 가리킬 때 사용)

(4) 부정(不淨)의 근원에 관하여(마 15:1-20; **막 7:1-23**) 참으로 부정한 것은 마음에서부터 나온다고 하심(더러운 마음이 근원이다. / 살인, 간음, 음란, 도둑질, 거짓 증언, 탐욕, 악독, 음탕 등등).

● 가버나움에서 두로와 시돈 지방까지
(마 15:21-28; 막 7:24-30)

2. 예수님은 많은 사람들을 보고 불쌍히 여기셨다고 했다. 왜? 그들은 '목자 없는 양' 같았기 때문이다.

ὡς πρόβατα(sheep)
μὴ ἔχοντα
ποιμένα(shepherd)

막 6:34 예수께서 ── 나오사(=나왔을 때, 상황절, when)
── 큰 무리를 **보시고** ──── 큰 무리(ὄχλος오클로스) - 사람들이 모여 형성한 '무리나 군중'을 말한다.
── **불쌍히 여기사**
//(이유: ὅτι, because)
---- 그 목자 없는 양 같음으로 인하여
이에
[그가] ──── 여러 가지로 **가르치시더라**

---→ **목자 없는 양 같음으로 인하여**
they were like sheep without a shepherd

▶ 아래 설명은 동교재, 요한복음에서 가져왔습니다.

(1) **길 잃은 양의 비유**(마 18:12-14; 눅 15:3-7) - 예수님은 제자들을 이스라엘의 집의 잃은 양들에게 보내신다(마 10:6, 15:24). 예수님은 목자 없는 양 같은 무리들을 불쌍히 여기신다(마 9:36; 막 6:34).

(2) 예수님은 구약의 용례를 들어 자기 백성을 목자 없는 양떼로 비유하셨다(막 6:34).
여기서 '프로바톤'(πρόβατον)은 떼지어 사는 동물인 양(sheep)을 의미한다(창 30:38; 사 7:21; 암 7:15). 이 단어는 은유적으로 '백성'(삼하 24:17), 특히 '하나님의 백성'(시 74:1), '회중'(시 77:20, 78:52)에 대해 사용되었다. 여기서 중요한 점은 양에게는 반드시 보호가 필요하다는 것이다.

1) 요한복음에서 '양'은 그리스도께서 택하신, 즉 그의 백성을 뜻한다(요 10:14). 양들은 그들의 목자의 음성을 알고, 그 부르는 소리를 듣고 그를 따른다. 마태복음에서는 목자와 양떼의 관계가 하나님의 백성에 대한 왕의 관계인 반면, 요한복음에서는 하나님을 계시하려고 하나님께로부터 오신 아들이요, 양떼는 그의 음성에 귀를 기울이는 교회이다.

(3) 양들은 목자에 의해 올바른 초장으로 인도되어야 한다(시 23편). 광야에서 지도자가 없던 이스라엘은 "목자 없는 양"과 같다고 표현했다(민 27:17 "그로 그들 앞에 출입하며 그들을 인도하여 출입하게 하사 여호와의 회중이 **목자 없는 양과 같이** 되지 않게 하옵소서").

물론 개인도 하나님의 인도하심이 없다면 "잃은 양 같이 유리"한다(시 119:76). 예수님도 비유에서 양을 들어 교훈하셨다(눅 15:4). 목자가 없는 양은 고생하며, 유리하며(마 9:36), 길을 잃고, 결국 잃어버린 바 된다(마 10:6, 15:24).

예수님은 자신을 양의 목자라고 하셨다.

(1) 예수님은 이스라엘 백성을 자신들을 하나님의 양(쩨온, צֹאן, 시 74:1*)이라고 부름으로써 자신들의 힘만으로는 보호할 수 없음을 인정하였다. 따라서 선한 목자이신 여호와의 인도하심을 신뢰하고 있었다는 것을 인정하였다(시 23편, 95:7*, 100:3). 양떼는 목자의 인도가 없으면 흩어지며(겔 34:5, 6), 각자 제길로 간다(사 53:6). 양들은 결국 짐승의 밥이 되기도 한다(겔 34:5).

• 시 74:1 "하나님이여 주께서 어찌하여 우리를 영원히 버리시나이까 어찌하여 **주께서 기르시는 양을 향하여** 진노의 연기를 뿜으시나이까"

(2) 예수님은 새로운 양무리들을 형성시켰고, 자신을 그 **양의 문**이라고 하셨다(요 10:9). "**내가 문이니**(ἐγώ εἰμι ἡ θύρα·) 누구든지 나로 말미암아 들어가면 구원을 받고 또는 들어가며 나오며 꼴을 얻으리라." 또한 예수님은 선한 목자(포이멘, ὁ ποιμήν)이시다(요 10:14).

• 시 95:7 "그는 우리의 하나님이시요 우리는 그가 기르시는 백성이며 **그의 손이 돌보시는 양이기 때문이라**"

(3) 종교지도자들은 하나님의 백성을 오히려 사지(死地)로 몰아 넣었다. 예수님 당시에는 순박한 양들을 속여 자신들의 부를 쌓는 양의 탈을 쓴 이리들이 많이 있었다(마 7:15, 24:23). 예수님은 자신이 양을 위해 목숨을 버리는 '선한 목자'라고 말씀하신다(요 10:11 "나는 선한 목자라 선한 목자는 양들을 위하여 목숨을 버리거니와").

직무유기를 한 목자들(에스겔서 34장)

에스겔34

(1) 에스겔서 34장은 타락한 지도자[1])로 말미암아 약속의 땅이 몰수되고 백성들이 포로가 되었다고 비평한다. 왜 목자를 세우셨는가? 그것은 하나님의 양떼를 기르시기 위해서이다. 그러나 이들 지도자들은 양 떼를 몰아내고 돌보지 않았다. 이들 목자들은 그 태만함 때문에 여호와께서 벌하실 것이다(겔 34:1-11).

1) 당시 목자들은 누구인가? 목자들은 선지자들과 제사장들이 포함된다(호 4:4, 6; 암 7:12-17; 사 24:2, 28:7). 여기서는 특별히 유다 말기에 통치하였던 왕들을 가리킨다.

겔 34:2 인자야
너는 —— 이스라엘 목자들에게 예언하라
[너는] — 그들 곧 목자들에게 예언하여 이르기를
/주 여호와께서 이같이 말씀하시되
/화 있을진저
/자기만 먹는 이스라엘 목자들은(=에게)
/목자들이 — 먹이는 것이 마땅하지 아니하냐
/양 떼를

양떼의 행복보다는 자신들의 이익만을 추구하는 직무유기의 공동체의 지도자들, 이스라엘은 이런 목자들 때문에 멸망한다.

에스겔은 이들을 직무유기로 고발한다(겔 34:3-5을 보라).

에스겔 34:3-5

- 3절 "살진 양을 잡아 그 기름을 먹으며 그 털을 입되 **양 떼는 먹이지 아니하는도다** 4연약한 자를 강하게 아니하며 병든 자를 고치지 아니하며 상한 자를 싸매 주지 아니하며 쫓기는 자를 돌아오게 하지 아니하며 잃어버린 자를 찾지 아니하고 다만 포악으로 그것들을 다스렸도다 5목자가 없으므로 그것들이 **흩어지고 흩어져서** 모든 **들짐승의 밥이 되었도다**."

3. 다시 본문을 살펴보자(막 6:35). 그 때의 상황이 어떠했나?

막 6:35 때가 저물어가매1)
제자들이 예수께 나아와 **여짜오되**
/이 곳은 빈 들이요 날도 저물어가니

(1) 이 상황에서 제자들의 태도는 어떠했나?
"무리를 보내어 두루 촌과 마을로 가서 무엇을 사 먹게 하옵소서"(막 6:36). 이런 제자들에게 예수님은 어떻게 명령하셨나?

막 6:37 대답하여 이르시되 '**너희가 먹을 것을 주라**'
여짜오되 우리가 가서 이백 데나리온의 떡을 사다 먹이리이까? - 이런 물음을 제기한 제자는 빌립이라고 했다(요 6:7).

- 빌립 : "뭐라고요, 주님! 여기 모인 사람들에게 조금씩 나눠준다 해도 이백 데나리온 가지고도 부족할 텐데요?" (한 데나리온은 노동자 하루 품삯에 해당하는 금액이다).2)

(2) 이때 "시몬 베드로의 형제 안드레가" 예수님께 긴급뉴스(?)를 전한다. "여기 한 아이가 있어 보리떡 다섯 개와 작은 물고기(ὀψάριον옵사리온) 두 마리를 가지고 있습니다만 그러나 그것이 이 많은 사람에게 무슨 소용이 있겠습니까?"(요 6:8-9) 안드레 역시 신통한 방법을 제안한 것은 아니다. 모두가 인간의 계산으로 생각했다. 제자들은 아직까지 주님께서 이적을 행하시려 한다는 것을 깨닫지 못하였다.

(3) 주님은 제자들의 믿음에 대해 책망하지 않으시고 "제자들에게 명하사 그 모든 사람으로 떼를 지어 푸른 잔디 위에 앉게" 하셨다. "그 곳에 잔디가 많은지라 사람들이 앉으니 수가 오천 명쯤 되더라." '떼로 백 명씩 또는 오십 명씩 앉은지라.' 이들은 모두 배불리 먹었다고 했다(마 14:20).

1) 마태복음(14:23)에서는 '저녁이 되매' 라고 했다. 여기서 저녁은 오후 3시경을 말할 것이다. 요한복음은 6:16은 "저물매" / 누기복음에서는"저물기 시작했다"라고 했다.

2) 요 6:6은 "이렇게 말씀하심은 친히 어떻게 하실지를 아시고 빌립을 시험하고자(to test, πειράζω) 하심이라"고 했다. 예수님은 자신이 하실 일을 잘 알고 계셨다. 단지 빌립을 시험해 보시고자 하신 것이었다. 빌립은 "각 사람으로 조금씩이라도 먹게 하려면 이백 데나리온의 떡이라도 모자를 것"이라고 대답했다. 그렇다고 그가 정확한 계산을 하고 답한 것도 아니다. 물론 주님은 빌립이 어떻게 대답할런지도 알고 계셨다.

• 아나블레포(ἀναβλε'πω) - look up, look at, see again
  ἀνα(아나) ~를 향하여, 위로

• "하늘을 **우러러**(looking up toward heaven) 축사하시고"(He blessed)[1]
  (마 14:19; 막 6:41; 눅 9:16)

(4) 주님은 그들이 평생 잊을 수 없는 기적을 행하심으로써 제자들의 믿음을 굳게 하셨다. 주님은 자기 백성들에게 먹을 것을 주실 수 있는 능력이 있고, 또 먹여주시는 분이시다. 그는 광야에서 매일 만나를 내려주셨던 분이 아니신가? 주님은 이 세상에 오신 바로 그 생명의 떡이시다(요 6:27).

(5) 이 기적의 대단함을 강조하기 위해 그 무리의 숫자를 말하고 있다. "그들이 배부른 후에 예수께서 제자들에게 이르시되 남은 조각을 거두고 버리는 것이 없게 하라 하시므로(12절) 이에 거두니 보리떡 다섯 개로 먹고 남은 조각이 열두 바구니(baskets)에 찼더라"(13절). 이 기적은 4복음서에 모두 기록된 유일한 기적이다. 따라서 이 기적이 군중들을 속였다는 생각은 불가능하다.

4. 이 표적을 통해 어떤 결과를 가져왔을까? 요한복음의 설명을 참고해 보자.

요 6:14 그 사람들이 — **보고 말하되**(...하더라)
/예수께서 행하신 이 표적을
/이는 참으로 세상에 오실 **그(ὁ)** 선지자라
the Prophet who is to come into the world

이 사람들은 예수님의 어떤 것을 보고 좇아다녔을까? (요 6:26을 보라.) 오병이어(五餠二魚) 사건 이후 많은 사람들이 예수님을 향해 "이는 참으로 세상에 오실 **그(ὁ)** 선지자"라고 고백했다. 물론 이들의 고백이 참된 믿음까지 간 것은 아니다. "그의 제자 중에서 많은 사람이 떠나가고 다시 그와 함께 다니지 아니하더라"(6:66 참조)는 말씀을 보면 12제자 외에는 진정으로 그를 영접한 것은 아니었음을 본다. 주님은 이들을 향해 "너희가 나를 찾아온 것은 표적을 본 까닭이 아니요 떡을 먹고 배부른 까닭"이라고 하셨다.[2]

요 6:15 그러므로
예수께서 — **아시고**
/그들이 와서 자기를 억지로 붙들어
임금으로 삼으려는 줄
— **떠나 가시니라**
/다시 혼자 산으로[3]

십자가에 달리시기 일년 전쯤 일어난 사건이다.

요 6:41이하를 보면 군중들의 분위기를 알 수 있다. 이들은 로마 정부에 대항하여 혁명을 일으킬 수 있다고 보기 시작했다.

1) 이 기도는 보통 식사 기도하고는 다른 것이었다. 그것은 하늘 아버지와 특별한 교통의 행위였다(요 11:41을참조할것,"돌을옮겨 놓으니 예수께서 눈을 들어 우러러 보시고 이르시되 아버지여 내 말을 들으신 것을 감사하나이다").

2) 유월절이 멀지 않았다고 했다(요 6:4). 만약 예수님이 이 무리들의 요구대로 왕으로 등극을 허락하셨다면, 이 무리들은 언제라도 예루살렘으로 달려갈 수 있었으리라. 아마 예수님을 강제 납치하려고 했을지도 모른다. 그를 왕으로 삼아 로마의 악정(惡政)을 무너뜨리고 이 땅에서 하나님의 나라를 세우려고 했을 것이다. 예수님에게서 그런 능력을 보았기 때문이다.

3) 하지만 예수님은 이 무리들의 이런 생각을 차단하신다. 그들의 생각을 잘 아셨기에 다시 혼자 산으로 피해 가셨다. 그의 나라는 이 세상에 속한 것이 아니기 때문이다(요 18:36).

바다 위를 걸으심(막 6:45-52)

같이 읽을 곳 (마 14:22-33; 요 6:15-21)

• 요 6:4 "마침 유대인의 명절인 유월절이 가까운지라."

1. 유월절이 가까워 오자(요 6:4*), 무리들은 예수님을 왕으로 삼아 예루살렘으로 데려가려 했을 것이다. 여기 건너편을 마가는 "건너편 벳새다"로, 요한은 "가버나움으로 가는데"라고 기록하고 있다. 아마, 벳새다 가버나움의 교외였을 것이다.

• 요 6:15 "그러므로 예수께서 그들이 와서 자기를 **억지로 붙들어 임금으로 삼으려는 줄 아시고** 다시 혼자 산으로 떠나 가시니라."

(1) 만약, 주님이 무리들이 제의(提議)하는 대로 왕으로 삼고자 하는 것에 대해 허락하셨다면? 물론, 주님은 사탄에 지고 마는 것이다. 그러나 주님은 어떻게 하셨나? 주님은 무리를 보내신 후 혼자 기도하러 산으로 가셨다고 했다(마 14: 23). 기도하시는 것, 기도를 드리심으로 그는 점차 다가오는 그 날을 준비하셨을 것이다. 예수님은 자신이 이 땅에 오신 목적을 분명히 잊지 않으셨다.

(2) 예수님께서는 무리를 해산시키시고(요 6:22), 제자들을 불러 건너편으로 가게 하신 후 따로 기도하러 산으로 올라가셨다(요 6:23). 왜 예수님은 무리를 보내고자 하셨을까? (요 6:15*)

2. 제자들은 그리 멀지 않은 곳에서 풍랑을 인하여 어려움을 겪고 있었다.

(1) 배를 타고 바다를 건너 가버나움으로 가야 하는데 산에 올라가신 예수님은 아직 그들에게 오시지 않으셨다(요 6:17). 마태복음의 설명을 읽어보자. 바람은 반대방향에서 불어오고, 날은 이미 어두워졌고, 파도는 높고, 주님은 계시지 않고, 때는 밤 4경(새벽 3-6시 사이).[1] 주님은 산에서 계속 기도하셨을 것이고 제자 일행은 수 시간 동안 성난 파도와 사투(死鬪)를 계속하고 있다.[2]

(2) 이때 주님은 자연을 거스르며, 물 위로 걸어오셨다. "제자들이 노를 저어 십여 리쯤 가다가 예수께서 바다 위로 걸어 배에 가까이 오심을 보고 두려워하거늘"(요 6:19). 그렇게 오랜 시간을 파도와 씨름하던(요 6:18, '큰 바람'이라고 했다) 그들에게는 그가 예수님이라고는 미처 생각하지 못했을 것이고, 그를 진짜 유령이라고 생각했을 것이다("It is a ghost!"). 마태복음 14:26에 보면, 이 숨막힐듯한 환경에서 제자들은 무서워(for fear, ἀπὸ τοῦ φόβου, 공포, 놀람, 경악) 소리를 질렀다(they cried out). "제자들이 그가 바다 위로 걸어 오

1) 제1경 - 저녁 6시부터 9시까지
제2경 - 저녁 9시부터 12시까지
제3경 - 저녁 12시부터 새벽3시까지
제4경 - 새벽3시 아침6시까지

2) 이때 주님은 제자들의 잘못된 메시야 개념을 바로 알려주시고자 깊이 기도하고 계셨을 것이다. 아마, 제자들은 예수님을 왕으로 삼고자 하는 백성들의 제의(提議)에 흡족했을 것이다. 제자들은 어떤 생각을 갖고 있었을까?

판타스마(φάντασμα)
"It is a ghost!"
It is a spirit - KJV

마 14:25 밤 사경에 예수께서 바다 위로 걸어서 제자들에게 오시니
26 제자들이 그가 바다 위로 걸어오심을 보고 놀라 유령이라 하며
무서워하여 소리 지르거늘 (막 6:49)

오병이어 기적을 체험한 무리들은 억지로 예수님을 왕으로 삼고자 했다. 그러나 예수님은 무리들을 흩으셨다. 그리고 따로 기도하기 위해 산으로 가셨고, 그 시간 제자들은 예수님과 헤어져 배를 타고 바다를 건너가고 있었다. 밤 4경(in the fourth watch of the night)이라면 대략 새벽 3-6시를 가리킨다. 새벽이 밝아오는 무렵은 더욱 캄캄하다. 그런데 어떤 검은 물체가 바다 위로 걸어오고 있는 것이 아닌가! 이 시간에 도대체 누가 바다 위를 걸어오겠는가? 이는 유령(幽靈, 환타스마, φάντασμα)이 분명했다. 제자들은 겁에 질려 소리쳤다. 그러나 가까이 보니 예수님이었다. "안심하라 나니 두려워하지 말아라."

그래도 베드로는 불안하다. 성미가 가장 급한 제자는 역시 베드로였다. '만일 주님이시거든 나를 명하사 물 위로 오라 하소서.' '오라.' 예수님의 명령에 그는 급하게 바다로 뛰어내렸고, 예수님을 향해 걸어나갔다. 그러나 바람이 세차다. 베드로는 두려워했고 그만 물속으로 가라앉기 시작한다. "주~님!, 살려 주십시오." - 예수님은 손을 내밀어 그를 붙잡으신다. "믿음이 작은 자여 왜 의심하였느냐?"

물론 예수님과 함께 배에 오르자 바람은 그쳤다. 제자들은 주저하지 않고 예수님께 절하며 놀라운 고백을 한다. "**참으로 당신은 하나님의 아들이십니다.**" 이 사건은 예수님이 진정 하나님의 아들이심을 더욱 확신하는 계기가 되었다. 마태복음 8:23-27도 읽어보자. 그때에도 제자들은 예수님에 대한 새로운 인식을 가졌다. (*from*, 동교재, 요한복음)

1) "제자들이 그가 바다 위로 걸어 오심을 보고" '놀랐다'(ἐταράχθησαν - 과거 수동태)고 했다. 여기 '놀랐다'는 말 '타랏소'(ταράσσω)는 '함께 뒤흔들다, 불안하게 하다'라는 뜻으로 수동태로는 '혼란(무질서)에 빠뜨리다'를 의미한다. 마가복음에만 나온다.

심을 보고" '놀랐다'(ἐταράχθησαν - 과거 수동태)고 했다.[1)]

(4) 마 14:27 "안심하라"(Take courage, θαρσεῖτε - 현재 명령법) - 용기를 가져라 "나니"(it is I, ἐγώ εἰμι·)(26절)라는 주님의 음성은 온갖 두려움에서 벗어나는 기쁨이 되었을 것이다.

2. 마태복음의 설명을 더 들어보자. 특히 베드로의 용기를 보라.

(1) 베드로는 주님이 물 위를 걸을 수 있다면, 자신도 걸을 수 있다고 확신했고, 주님은 이를 허락하셨다(마 14:28, "베드로가 대답하여 이르되 주여 만일 주님이시거든 나를 명하사 물 위로 오라 하소서 하니"). 그러나 어떤 일이 벌어졌나?

마 14:29 오라 하시니(ὁ δὲ εἶπεν· ἐλθέ.)
베드로가 배에서 내려 물 위로 **걸어서**
예수께로 **가되**
30 바람(ἄνεμος)을 보고 **무서워** '빠져 가는지라'
소리 질러 이르되
/주여 나를 구원하소서 하니

▶ 두려움, 그 두려움을 느끼는 순간, 베드로의 신앙은 무너져내렸다. 베드로의 장점과(28절) 단점은(30절) 무엇일까? "믿음이 작은 자여 왜 의심하였느냐?"

그러나 마가는 베드로가 물 위로 걷다가 빠지기 시작한 일을 언급하지 않는다.

(2) 이 모든 사실을 목격했던 배에 있던 사람들은 어떤 반응을 보였나?

마 14:33 배에 있는 사람들이 예수께 **절하며 이르되**(...하더라)
/진실로 **하나님의 아들**이로소이다(ἀληθῶς **θεοῦ υἱὸς** εἶ)

(3) 이들은 바람 때문에 벳새다에서 남쪽으로 수 마일 떨어진 게네사렛 평야에 닿았다(막 6:53). 예수님께서 이곳에 계시다는 소문이 나오자 엄청난 환자들이 몰려들었다. 병든 자를 침상째로 메고 나아오기도 했다(막 6:55-56).

적용을 위한 묵상

- 세찬 파도, 비바람까지 몰아친다. 노 젓기가 힘들다.
  지금 제자들은 모두 지쳐 있다.
  아직 우리가 세상에 살고 있기 때문이다.
- 주의 일을 하다가 피곤하고 지칠 때가 있다.
  주여, 나를(우리를) 구원하소서!
- 물 위를 걸어서 지친 제자들을 찾아오신 주님,
  오늘도 사역에 지친 종들을 찾아오신다.
  반드시. 혹 주님의 위로가 늦어질 수는 있어도...

큰 무리(ὄχλος 오클로스)가 예수님을 따랐는데, 그 이유는(ὅτι) 예수님께서 병자들에게 행하시는 표적(σημεῖον 세메이온)을 보았기 때문이었다.

막 6:34 예수께서 ─┬─ 나오사(=나왔을 때, 상황절, when)
　　　　　　　　 └─ 큰 무리를 **보시고**
　　　　　　　　　　 불쌍히 여기사

　　　　　//(이유: ὅτι, because)
　　　　　　그 목자 없는 양 같음으로 인하여

이에
[그가] ──── 여러 가지로 **가르치시더라**

큰 무리(ὄχλος 오클로스) - 사람들이 모여 형성한 '무리나 군중'을 말한다.

Outline은 본문 설명을 요약 정리한 것입니다. 간단하게 설명을 할 경우 이용하세요. 그렇지 않으면 본문으로 바로 들어가셔도 됩니다.

마지막 갈릴리 사역

예수님의 갈릴리 사역이 정점을 향해 간다.
예수님은 더 많은 이적을 행하셨으나
이에 대한 반대 또한 더 극심해졌다.
예수님은 12제자를 세워 악의 세력을 제어하신다.

반대 세력은 이방인들이 아니었다.
종교지도자들이 예수님의 사역에 정면으로 맞섰다.
특별히 예수님의 제자들이 음식을 먹을 때
손을 씻지 않았다는 점을 들어 공박했다.
그들이 볼 때 이는 율법을 어긴 것이었다.
물론 예수님은 이들의 억지에 제동을 거셨다.
율법을 어긴 것은 제자들이 아니라
종교지도자들임을 분명히 하셨다.
예수님은 "모든 음식물은 깨끗하다"라고 선언하신다.
인간들의 죄악은 악한 마음에서 나온다는 것이다.

예수님은 이방인을 향해서도 큰 관심을 두셨다.
이는 수로보니게 여자의 믿음에서 절정에 달한다.
에바다(Ἐφφαθα) - 열려라

예수님의 신적인 능력에
사람들은 심히(utterly, 대단히, 굉장히) 놀랐다고 했다.

장로들의 전통(막 7:1-23)

(1) 예수님의 사역이 본격화되자 그에게 반감을 가진 무리들이 등장했다. 누구일까? 동족 유대인들이었다.

(2) 바리새인과 율법 학자인 서기관까지 예수님을 고소하기 시작한다. 이들이 가지고 온 문제는 어떤 것이었을까? 그들은 제일 먼저 정결(淨潔) 문제를 들고 나왔다.

(3) 이들이 주의 제자들을 고소한 근본적인 의도는 장로들의 전통을 범했다는 것이었다(막 7:1-). 직접적인 원인은 그들이 떡을 먹을 때, 손을 씻지 않고 먹었다는 것이었다.

(4) 장로들의 전통이란 무엇인가?
그 당시 과거부터 전통되어서 내려온 많은 규례들이 집대성 되어 있었고, 이런 규례들은 하나님의 율법 자체와 동일한 구속력을 가지고 있었다. 물론 이런 전통들이 모두가 잘못되었다고 볼 수는 없다(마 23:2, 3 참조).

(5) 이 사람들은 장로들의 전통에 너무 집착한 나머지 하나님의 말씀보다 그 전통을 더욱더 고집했다. 바리새인들과 서기관들이 항의적 질문을 했다. 예수님의 제자들이 손을 씻지 않고 식사를 했다는 것이었다.

(6) 예수님은 실제적인 예로서 구약의 말씀을 인용하신다(막 7:10; 마 15:4). 이들은, 부모님을 섬기기 싫으면 부모님에게 "고르반" (Corban, κορβᾶν) 즉 "부모님 공경할 것으로 하나님께 드렸습니다"라고 말하기만 하면, 이제는 더 부모를 공경하지 않아도 된다고 말하고 있다는 것이다.

(7) 따라서 이것은 분명히 "전통(tradition)으로 하나님의 말씀을 어기는 것이 아니냐?"고 주님은 그들에게 따져 물으셨다(6절). 이들은 율법의 표준을 하나님의 수준에서 인간의 수준으로 격하시켰다. 그러니까, 그들은 하나님의 계명은 버리고, 사람의 전통은 지키는 자들이었다(막 7:8).

무엇이 사람을 더럽게 하는가?(막 7:16-23)

(1) 주님께서는 무리를 부르시고, 이렇게 말씀하신다. 즉, 사람을 더럽히는 것은 어디에서 나올까? 예수님은 장로들의 전통을 지킨다고 해서 정결하게 되는 것이 아니며, 그것을 어겼다고해서 사람을 더럽히지도 않는다고 말씀하신다.

(2) 그렇다면 정작 우리를 더럽히는 것은 어디로부터 오는 것인가? 우리 마음 속에 있는 악한 것으로부터 나오는 것이 우리를 더럽게 한다. 마음, 곧 악한 마음으로부터 나오는 것이 우리를 더럽힌다.

악한 생각

• 음란	• 도둑질	• 살인	• 간음	• 탐욕
• 악독.	• 속임	• 음탕	• 흘기는 눈	
• 비방	• 교만	• 우매함 등등.		

(3) 예수님은 이 모든 악한 것에 대해 다음과 같이 두 가지로 결론을 내린다.

막 7:23 "이 모든 악한 것이
다 속에서(*from* within) 나와서
사람을 더럽게 하느니라."

① 하나는 이 모든 악한 것이 '속에서' 곧 타락한 본성에서 나온다는 것이다.

② 다른 하나는 이 모든 악한 것이 사람을 더럽게 하여 하나님과 교제하는 일에 합당치 못하도록 하며 양심을 혼탁하게 한다는 것이다.

수로보니게 여자의 믿음 (막 7:24-30)

(1) 예수께서 일어나사 거기를(게네사렛, 아니면 가버나움의 집) 떠나 두로 지방으로 가셨다. 그곳에서 어떤 한 여자가 어떻게 알았는지 예수님에 관한 소문을 듣고 그의 발 아래 엎드려 간구했다.

(2) 그녀의 딸이 더러운 영에 사로잡혀 있어 그 귀신을 쫓아내달라는 것이었다.

(3) 그녀의 간청에 주님은 즉시 응답치 않으셨다. 그러나, 주님은 실로 그녀와 말씀하고 계셨다. 그녀는 계속해서 절하며, 애원했을 것이다(25절). "저를 도우소서(κύριε, βοήθει μοι.)."

(4) 주님은 이 여자의 믿음이 놀랍게 표현될 기회를 주셨다. 이제, 그 여자의 태도를 살펴보라. 개(퀴나리온, κυνάριον - 강아지, 작은 개)라는 표현에도 그녀는 조금도 화를 내지 아니했다. 그녀의 믿음이 흔들림이 없이 예수님을 자기의 주인이며, 약속하신 메시야로 고백하고 있음을 본다(다윗의 자손).

(5) 또 그녀의 인내를 보라. 주님은 그녀의 소원을 들어 응답하셨다. 물론, 그녀의 딸은 즉시로, "그 때로부터" 완전하게 치료함을 받았다. "여자야, 네 (믿음)이 크도다."

듣지 못하고 말 더듬는 사람을 고치심(막 7:31-37)

(1) 예수님께서는 갈릴리 호수로 직접 가지 않으시고 데가볼리 지방을 경유하여 돌아오셨다. 이때 사람들이 '귀 먹고 말 더듬는 자'를 데리고 예수님께 나아와 안수하여 주시기를 간구하했다.

• 막 7:33 "예수께서 그 사람을 따로 데리고 무리를 떠나사 손가락을 그의 양 귀에 넣고 침을 뱉어 그의 혀에 손을 대시며 하늘을 우러러 탄식하시며 그에게 이르시되(...하시니) **에바다**(Ἐφφαθα) 이는 '열리라'는 뜻이라.

(2) 이렇게 예수님은 환자의 혀 맺힌 것을 풀어주셨다. "곧 풀려 말이 분명하여졌더라."

(3) 예수님은 자신이 이적만을 베푸는 자로 알려지기를 원치 않으셨다(막 1:44, 3:12, 5:43 참조).

"사람들이 심히 놀라 이르되 그가 모든 것을 잘하였도다."

예수님의 신적인 능력에
심히(utterly, ὑπερπερισσῶς, 대단히, 굉장히) 놀랐다고 했다.

장로들의 전통(막 7:1-23)

같이 읽을 곳(마 15:1-20)

傳統

전통 traditions

▶ 전통(유전) - 파라도시스(παράδοσις) - 전승 또는 교훈, 교리를 가리킨다.

예수님의 사역이 본격화되자 그에게 반감을 가진 무리들이 등장했다. 누구일까? 그들은 헤롯과 로마인들이 아니었다. 동족 유대인들이었다. 유대 지도자들이 정면에 서서 공격을 가하기 시작했다. 지금까지는 바리새인들이 예수님과 제자들을 걸고 넘어졌다. 그러나 이제는 바리새인과 율법 학자인 서기관까지 예수님을 고소하기 시작한다. 그들은 제일 먼저 정결(淨潔) 문제를 들고 나왔다.

1. 어느 날 바리새인들과 서기관들이 예루살렘으로부터 예수님께 나아왔다. 이들이 가지고 온 문제는 어떤 것이었을까?

(1) "바리새인들과 또 서기관 중 몇이 예루살렘에서 와서 예수께 모여들었다가 그의 제자 중 몇 사람이 부정한 손 곧 씻지 아니한 손으로 떡 먹는 것을 보았다"(막 7:1-2)고 했다.

• 마 15:1-2 "그 때에 바리새인과 서기관들이 예루살렘으로부터 예수께 나아와 이르되 2 당신의 제자들이 **어찌하여 장로들의 전통을 범하나이까** 떡 먹을 때에 손을 씻지 아니하나이다."

막 7:5 바리새인들과 서기관들이 예수께 **묻되**
/당신의 제자들은 ┬ 어찌하여 준행하지 아니하고
/장로들의 전통을
└ 먹나이까?
/부정한 손으로 떡을

(2) 이들이 주의 제자들을 고소한 근본적인 의도는 장로들의 전통을 범했다는 것이었다(막 7:1-). 직접적인 원인은 그들이 떡을 먹을 때, 손을 씻지 않고 먹었다는 것이었다. 장로들의 전통에는 식사 전과 식사 도중에 손을 깨끗이 하는 의식규정이 있었다. 그렇지 못할 때 대단한 죄가 된다고 생각했다.

2. 장로들의 전통(the tradition of the elders)이란 무엇인가?

• 마 23:2, 3 "서기관들과 바리새인들이 모세의 자리에 앉았으니 3 그러므로 무엇이든지 **그들이 말하는 바는 행하고 지키되 그들이 하는 행위는 본받지 말라** 그들은 말만 하고 행하지 아니하며."

(1) 그 당시 과거부터 전통되어서 내려온 많은 규례들이 집대성 되어 있었고, 이런 규례들은 하나님의 율법 자체와 동일한 구속력을 가지고 있었다. 물론 이런 전통들이 모두가 잘못되었다고 볼 수는 없다(마 23:2, 3* 참조). 이들 바리새인들은 전통을 통해 하나님의 율법이 요구한 이상으로 지나친 요구를 하거나 그렇지 않으면 하나님의 율법이 요구하는 바를 바로 파악하지 못했다.

(2) 물론 하나님의 율법이 백성의 거룩을 말씀하고 있지만 (레 19:2; 출 19:10; 레 16:26, 28; 출 30:17-21), 그러나 모든 사람들이 식사 때마다 그렇게 해야 한다는 규례는 율법 그 어디에도 정해놓지 않았다. 이것은 "장로들의 전통"일 뿐이었다. 그러나 이들은 전통과 계명이 충돌했을 때는, 그들의 전통 때문에 하나님의 계명을 어겼다(막 7:8, "너희가 하나님의 계명은 버리고 사람의 전통을 지키느니라."). 그 실제적인 예를 설명하고 있다(막 7:2-3).

이 미쉬나(율법에 대한 주석)는 크게 6부분으로 나누어져 있다.

- 제라임 -- 농토의 경작과 산물
- 모에드 -- 절기에 대한 해설
- 나심 -- 결혼과 이혼에 대한 주석
- 네지컨 -- 이웃의 재산에 손해를 주었을 때 배상에 대한 것
- 코다심 -- 제물을 드리는 일과 예배에 대한 것
- **테하롯 -- 정결한 것, 즉 부정한 것과 정한 것에 대한 것**

3 "바리새인들과 모든 유대인들은
장로들의 전통을 지키어 손을(또는 팔뚝까지)
잘 씻지 않고서는 음식을 먹지 아니하며
4 또 시장에서 돌아와서도
물을 뿌리지 않고서는 먹지 아니하며
그 외에도 여러 가지를 지키어 오는 것이 있으니
잔과 주발과 놋그릇을 씻음이러라"

(3) 이 사람들은 장로들의 전통에 너무 집착한 나머지 하나님의 말씀보다 그 전통(파라도시스, παράδοσις)을 더욱더 고집했다. 즉, 그들은 장로들의 전통(테하롯 - 정결케 하는 부분)에 얽매여 손이 깨끗하더라도 식사할 때(떡을 먹을 때) 손을 헹구는 의식을 행하였다.

3. 이런 바리새인들과 서기관들의 항의적 질문에 어떻게 대답하셨는가?

(1) 이제, 주님은 전통들이 제 5계명을 어떻게 깨뜨리고 있는지를 실제로 설명하셨다. 예수님은 무엇을 예로 들어 그들의 부당함을 지적하셨나? 예수님은 이사야의 말씀을 인용하여 그 부당함을 지적하신다(사 29:13).

막 7:6 [그가] — **이르시되**
/이사야가 — 잘(=적절하게) 예언하였도다
/너희 외식하는 자에 대하여
/기록하였으되(...하였느니라)
/이 백성이 입술로는 나를 공경하되 마음은 내게서 멀도다(사 29:13)

▶ 막 7:7 "**사람의 계명**으로 교훈을 삼아 가르치니 나를 헛되이 경배하는도다 하였느니라 8 **너희가 하나님의 계명은 버리고 사람의 전통을 지키느니라.**"

이 백성이 입술로는 나를 공경하나(사 29:9-16)

(1) 이사야 당시 하나님의 백성들이 여전히 영적인 불감증에 빠져있음을 질타하신다(사 29:9-16). 지금 유다 백성들의 영적인 우매함을 마치 술취한 자들의 모습과 같음을 보여주고 있다. 사 28:7-8도 함께 읽어보자.

(2) 유다 백성들의 영적인 모습은 어떤가? 물론 겉으로는 경건했다. 하나님은 이렇게 말씀하신다. 13절을 보라. "**이 백성이 입으로는 나를 존경한다고 말하지만 그 마음은 내게서 멀리 떨어져 있다**"(쉬운성경). 그들의 예배는 헌신이 없는 무의미한 의례 행위만 있었을뿐이었다(13절). 단지 예배(제사)만 잘 드리고 종교적인 헌신으로만 달려간다면 그것으로 만족했다.

• 전통(유전, παράδοσις, 파라도시스) - 율법에 덧붙여지는 전승을 가리킨다.

막 7:9 [그가] —— 또 [그들에게] **이르시되**
/너희가 — 잘 저버리는도다
/하나님의 계명을
//(목적: ἵνα, that...may)
너희 전통을 지키려고

• 계명(엔톨레, ἐντολή) 하나님의 명령, 계명, 훈령 - 법적 명령의 총체를 나타낸다.

(2) 예수님은 실제적인 예로서 구약의 말씀을 인용하신다(막 7:10; 마 15:4).

• 출 20:12; 신 5:16
출 20:12 "네 부모를 공경하라 그리하면 네 하나님 여호와가 네게 준 땅에서 네 생명이 길리라."

막 7:10 //(이유: γάρ, for) - 9절에 연결되는 이유
10 모세는 —— [말]하였거늘
/[너는] ——네 부모를 공경하라
또 모욕하는 자는 —죽임을 당하리라
/아버지나 어머니를

• 출 21:17; 레 20:9
출 21:17 "자기의 아버지나 어머니를 저주하는 자는 반드시 죽일지니라."

(3) 옆의 구절들을 읽어보자. 이 말씀은 하나님의 율법이다. 십계명 가운데 인간의 공동 생활을 규정하는 첫 계명이다. 하나님께서 이 계명을 얼마나 철저히 지키기를 원하시는지 잘 알 수 있다. 율법은 자기 부모를 모욕하는 자에게는 사형에 처해야 한다고 말하고 있다. 그러나 율법학자들은 수많은 항목을 필요에 따라 만들어 놓기를 좋아했다. 어떻게 변개시켰을까?

• 하나님의 말씀은 얼마든지 인간들에 의해 변경될 수 있었다.

막 7:11 너희는 **이르되**
/사람이 아버지에게나 어머니에게나 말하기를
/내가 드려 유익하게 할 것이 고르반(κορβᾶν)[1]
곧 하나님께 드림이 되었다고 하기만 하면 그만이라 하고

"하나님께 바쳤다" 하고 말만 하면

(4) 그런데 이들은, 불효한 아들이 부모님을 섬기기 싫으면 부모님에게 '고르반'(Corban) 즉 "부모님 공경할 것으로 하나님께 드렸습니다"라고 말하기만 하면, 이제는 더 이상 부모를 공경하지 않아도 된다고 말하고 있다는 것이다(마 15:5이하를 보라). 즉 이들은 "내가 아버지께 드리기로 되어 있는 것은 전부 다 성전 소유로 귀속되게 됩니다."하고 맹세로써 강조한다. 이런 경우에 하나님의 계명을 범하는 것은 허용되어 있다는 것이다. 복잡한 수속도 필요 없다. 그러니까 자기의 악한 의도에 하나님의 이름을 붙이기만 하면 되는 것이다. 하나님의 이름으로 맹세했기에 반드시 지켜야만 한다는 것이다.

(5) 따라서 이것은 분명히 "전통(tradition)[1]으로 하나님의 말씀을 어기는 것이 아

1) 고르반 - '드려진 것', 특별히 하나님께 드려진 것을 가리킨다(민 7:3).

2) 전통(παραδόσις) - 전달되거나 전수된 것이라는 의미로서 '전승' 또는 교훈, 교리를 의미한다. 장로들의 전통(막 7:3, 5)이나 사람들의 전통을 말한다(막 7:8).

니냐?"고 주님은 그들에게 따져 물으셨다(6절, "그 부모를 공경할 것이 없다 하여 너희의 전통으로 하나님의 말씀을 **폐하는도다**[1]"). 이들은 율법의 표준을 하나님의 수준에서 인간의 수준으로 격하시켰다. 그러니까, 그들은 하나님의 계명은 버리고, 사람의 전통은 지키는 자들이었다(막 7:8).[2] 비록 부모들이 굶어죽는다 해도 그 서약은 깨뜨려질 수 없었다. 고르반 된 재산은 서기관이나 바리새인이 그의 일이 하나님의 일이란 구실 하에 자신의 평안과 즐거움을 위해 사용할 수 있다는 생각에까지 미치게 하였다(출 21:15, 17; 레 20:9 참조).

(1) 이사야가 살던 시대의 사람들이나, 지금의 정죄 받은 자들은, 입술로는 하나님을 공경하지만 실제로는 하나님에게서 멀리 떠나 있다는 것이다. 하나님이 원하시는 종교적 예배는 마음의 예배이다. 바리새인들과 서기관들은 외적으로는 항상 하나님을 찬양했지만 내적으로는 부패해 있었고 마음으로는 그분을 멀리 떠나 있었다(눅 18:11*을 보자). 하나님이 기뻐하시는 참된 예배는 무엇일까? 시 51:16, 17과 요 4:24*을 읽어보자.

무엇이 사람을 더럽게 하는가? (막 7:16–23)

1. 주님은 무리를 부르셨다. 정말로, 사람을 더럽히는 것은 어디에서 나올까?

마 15:11 입에 들어가는 것이 사람을 더럽히는 것이 아니라
(입에서 나오는) 그것이 사람을 더럽게 하는 것이니라

(1) 이런 논쟁(정결 예법)을 통해 사람의 전통을 위해 하나님의 계명을 버렸다고 비난하신다. 예수님이 지킨 하나님의 계명(또는 율례)과 종교 지도자들이 지킨 장로들의 전통을 뚜렷하게 대립시켜 설명하신다. 여기서 '더럽히다'(코이노오, κοινόω)는 의식적 부정에서가 아니라 개인적인 죄에 의해 '더럽히는' 것을 의미한다(마 15:11, 18, 20; 막 7:15, 18). 예수님의 이런 대답에 제자들은 여전히 그 뜻을 이해하지 못했다.

막 7:17 무리를 떠나 집으로 들어가시니[3]
제자들이 그 비유(파라볼레, παραβολή)를 묻자온대

(2) 예수님은 제자들에게 "너희도 이렇게 깨달음이 없느냐?"고 우둔함을 책망하신다(마 15:16-20을 보라).[4]

---

1) ἠκυρώσατε-과거 능동태 ἀκυρόω -폐하다, 무효로 만들다 / 여기서는 법적인 의미를 지닌다. 인간의 결정을 선호하여 하나님의 말씀을 아무런 효력도 없게 만드는 것을 말한다.

2) 탈무드에는 성경의 말씀을 거스르는 것보다 서기관들의 말을 거스르는 것이 더 죄가 크다라는 말이 있다. 무엇인가 한참 잘못되었다. 이는 하나님의 말씀을 폐하는 일이다.

• 눅 18:11 "바리새인은 서서 따로 기도하여 이르되 하나님이여 나는 다른 사람들 곧 토색, 불의, 간음을 하는 자들과 같지 아니하고 이 세리와도 같지 아니함을 감사하나이다 12 나는 이레에 두 번씩 금식하고 또 소득의 십일조를 드리나이다 하고."

• 요 4:24 "하나님은 영이시니 예배하는 자가 영과 진리로 예배할지니라."

3) 이 구절도 마가복음에만 나오는 상세한 묘사이다. 아마 가버나움에 있는 베드로의 집에 들어가셨을 것이다.

4) 제자들도 유대교에서 교육을 받았다. 거기서 정결과 부정한 것이 무엇인지 배웠을 것인데, 그것을 폐지하는 듯한 예수님의 말씀을 이해하지 못했다.

Torah(토라)의 교육 목적

(1) 하나님이 행하신 놀라운 역사(출애굽, 만나 등등)를 후손에게 전해 주어 조상들의 신앙을 소유하고, 언제나 새로운 용기를 갖도록 했다.

(2) 토라 교육을 통해서 윤리적 교훈을 습득케 하여 하나님의 백성다운 깨끗한 삶을 갖도록 하기 위해.

* 그러므로, "우리는 하나님의 백성들이다"라는 '확신'을 유지하는 데 있었다.

장로들의 전통

1. 탈무드는 구약 성경의 주석이다. (탈무드 - "가르치는 일, 공부, 배우는 일") 팔레스타인 탈무드(예루살렘 탈무드라고도 함)와 바벨론 탈무드로 크게 나눌 수 있다.

2. 양(量) : 소가 끄는 우마차에 가득 가득 실어서 12마차나 되었다고 한다.

   • Talmud = Mishina(구약 성경의 주석) + Gemara (Mishina의 주석)

3. **미쉬나**(Mishina, 구약 성경의 주석)

(1) 두 번째라는 뜻을 가진 히브리말 mishne에서 왔다는 설과 '반복하다, 말하다, 가르치다, 입으로 전하다'라는 뜻을 가진 shana에서 왔다는 설. 어쨌든 유대인은 미쉬나를 탈무드 다음 가는 책으로 생각했다. 여섯 부분으로 분류했다.

⑥ 테하롯 = 정결한 것(purification)

바리새인들이 제자들이 부정한 손으로 먹음으로써 전통을 어겼다고 주장하는 것은 **테하롯**의 규례를 어겼다는 것이다.

▶ **율법학자** - 율법학자들의 활동은 언제부터 시작되었을까? 에스라 이후, 전승에 따르면 에스라와 (에스라가 세웠다고 하는) 대회당의 남자들로부터 율법학자의 계열이 이어졌다고 한다. 원래 하나님의 말씀을 전달하고 가르치는 일은 제사장의 임무 중 하나였다. 그후 헬라주의가 팽배했던 환경에서 독자적인 교훈을 율법 속에서 찾으려 했을 때 옛 제사장의 가르침만으로는 충분하지 않았다.

(1) 유대사회에서는 율법이 모든 생활 영역을 규제하고 있었기 때문에 신학적인 질문은 물론 법률적인 문제에도 결정을 내려야 했다. (예 - 안식일 노동의 금지가 어느정도까지인가, 혼인 서약, 이혼 문제, 토지나 가옥 매매 등)

(2) 사두개인들과는 달리 **바리새인**은 구전상의 내용 속에 내포된 사실과 그에 대한 해석과 보충 자료 등 일체를 영감적이며 권위 있는 것으로 받아들였다.

(3) 그렇다면 구전 율법은 어떻게 해서 생겨나게 되었을까? 이스라엘이 포로로 끌려간 것은 (하나님의 율법에 대한 무관심에 대한) 하나님의 심판임을 깨닫고 포로기간 동안 다시 율법에로 돌아가기로 결심했다. 따라서 율법에 대한 상세한 연구가 일어났다. 성문 율법인 토라를 부지중에나 우발적으로 범하지 않기 위해 잡다하고 고도로 세분화된 여러 금지 조항이 나타나기 시작했다.

(3) 이렇게 하여 생겨난 구전 율법은 신구약 중간기와 신약시대에는 엄청난 양의 부피로 불어났다. 그래서 AD. 200년경에는 마침내 '미쉬나'라는 성문 형태로 발전했다. 바리새인들은 구전 율법을 높이 평가하여 존중했다. 이 구전 율법은 모세에게서 유래된 성문 율법과 평행을 이룬다고 여겼다.

(3) 옆면에서 간단하게 살펴본 대로 이 미쉬나(Mishina, 구약 성경의 주석)는 백과사전과 같아서 율법주의에 대한 상세한 율법 조항이 나타나 있다. 신약 성경 여러 곳에서는 '**장로들의 전통**' 또는 '**사람의 전통**'이라고 언급되어 있다(마 15:1-19; 막 7:1-23).

(4) 이렇게 구전율법(口傳律法)에는 인간이 이해 가능한 모든 행동 영역에 대한 율법주의적 설명 조목이 나와 있는데, 읽는 사람으로 하여금 그 세세함에 압도 당한다. 이렇게 종교적, 사회적, 시민적인 모든 유대인의 생활 방식을 규정해 놓은 랍비들의 율법과 규례와 그 법적인 결정 사항들을 '할라카' 라고 한다.

구전(口傳) 율법

구전(口傳) 율법(Oral Torah)은 성문 율법(=모세오경)에 기록되지 않은 법이나 해석을 말한다. 구전율법은 말과 입으로 전달되어 기억하였다. 바리새인들은 구전 율법의 신성과 권위를 받아들였다. 물론 사두개파는 구전 전통을 거절했다.

2. 이렇게 예수님의 비유적인 말씀(막 7:17)은 장로들의 전통을 지키는 바리새인들과 서기관들의 비판을 받았다.

(1) 예수님은 장로들의 전통을 지킨다고 해서 정결하게 되는 것이 아니며, 그것을 어겼다고해서 사람을 더럽히지도 않는다고 말씀하신다.

막 7:18 무엇이든지 밖에서 (몸 안으로) 들어가는 것이
능히 사람을 더럽게 하지 못함을 알지 못하느냐
19 //이는(이유: ὅτι, because)
[그것이] ┬ 마음으로 들어가지 아니하고
└ 배로 들어가 뒤로 나감이라

(2) "이러므로 모든 음식물을 깨끗하다 하시니라."(19절)[1] 물론 그렇다고 예수님께서 레위기 11장의 음식물에 대한 규례를 전부 거부했다고 볼 수 없다. 오히려 예수님은 정결 규례를 지키셨으며, 타인들에게도 이를 지키기를 요구하셨다(마 8:4*, 23:23*; 눅 2:22 참조).

(3) 그러므로 예수님께서 말씀하시는 의도는 죄인이 이런 식으로 하나님 앞에서 참된 정결을 얻을 수 있다는 망상을 버려야 한다는 것이다. 결국 인간의 모든 행동을 결정하는 것은 마음임을 보여주려 하셨다. 왜냐하면 여기 음식과 마음은 서로 상관이 없는 것들이기 때문이다. 이런 정결 규례를 철저히 지키는 것으로는 인간의 근본 정결 문제를 해결할 수 없다는 것이다. "사람에게서 나오는 그것이 사람을 더럽게 하느니라." "사람을 더럽히는 것, 그것이 사람을 더럽힌다"(20절). 예수님께서 지적하신 것은 근본 정신은 없어지고 오로지 외형적인 형태만 남은 의식(cultus)만을 지키려는 종교를 정죄하고 계신 것이다.

1) 그렇다면 진짜 율법을 지킨 사람은 누구인가? 율법을 지킨 쪽은 예수님이고 그것을 어긴 사람은 종교 지도자들이다.

• 마 8:4 "예수께서 이르시되 삼가 아무에게도 이르지 말고 다만 가서 제사장에게 네 몸을 보이고 모세가 명한 예물을 드려 그들에게 입증하라 하시니라."

• 마 23:23 "화 있을진저 외식하는 서기관들과 바리새인들이여 너희가 박하와 회향과 근채의 십일조는 드리되 율법의 더 중한 바 정의와 긍휼과 믿음은 버렸도다 그러나 이것도 행하고 저것도 버리지 말아야 할지니라."

3. 그렇다면 정작 우리를 더럽히는 것은 어디로부터 오는 것인가? (21절)

(1) 우리 마음 속에 있는 악한 것으로부터 나오는 것이 우리를 더럽게 한다. 마음, 곧 악한 마음으로부터 나오는 것이 우리를 더럽힌다. 속에서 곧 사람의 마음에서(21절) 사람을 더럽게 하는 것이 나와 모든 악을 일으킨다.

(2) 악한 생각 곧 음란과 도둑질과 살인

• 음란(πορνεία, 포르네이아) : 일반적으로 부정한 성교(행 15:20, 29; 21:25)를 말한다. 사도 회의에서 이방인 신자들이 피해야할 네 가지 규정을 명하는데 그 중에 하나가 '간음'이다(고전 6:13 이하). 이 단어는 간통에 대해서도 사용되었다(참조: 호 2:2). '포르네이아'가 은유적으로 우상 숭배에 대해 사용되었다(계 14:8, 17:2, 4, 18:3, 19:2).

• 도둑질(κλοπή, 클로페) : 신약성경에서 2회 나오며 마 15:19; 병행구, 막 7:21에만 사용되었다.

• 살인(φόνος, 포노스) : '살해'(murder, slaughter)를 의미한다. 바울이 열거한 악덕 목록에 나온다: "곧 모든 불의, 추악, 탐욕, 악의가 가득한 자요 시기, **살인**, 분쟁, 사기, 악독이 가득한 자요 수군수군하는 자요"(롬 1:29).

• 간음(μοιχεία, 모이케이아) : 마 15:19; 막 7:21; 요 8:3; 갈 5:19.

• 탐욕(πλεονεξία, 플레오넥시아) : 복수형으로 쓰였으며 세상의 부와 육신의 만족을 더 얻으려는 무절제한 욕망을 뜻한다('탐심, 탐욕, 탐냄, 탐욕스러움'). 이 단어는 하나님에 관한 지식(롬 1:29), 믿음과 순종(엡 5:3)이 없는 삶 및 부도덕한 삶(막 7:22)의 표시로 제시된다. 하나님과의 관계가 끊어지면 사람은 자기 자신, 자신의 소유, 취득 능력에서 만족을 구한다. 이러한 이유로 골 3:5은 탐욕을 우상숭배와 동일시하고 있다. 엡 4:19에서 돈이나 성욕이나 항상 자기 몫보다 더 많이 차지하려는 욕망을 표현한다.

• 악독(πονηρία, 포네리아) :악(evil), 나쁨(badness), 사악(wickedness). 이 악독은 악, 증오, 악의, 악을 행하려는 욕망, 악을 기뻐하는 것 등의 뜻을 가지고 있다. 롬 1:29에서 탐욕의 결과로서 도덕적 비행이나 부정을 의미한다: 막 7:22에서 포네리아는 '악한 의도와 요구들'을 나타낸다.

• 속임(δόλος, 돌로스) : 미끼, 올가미, 기만, 계략을 가리킨다. 이 속임은 악이 더욱더 확실하고 효과적으로 수행되도록 그 악을 감추고 숨기는 것을 뜻한다. 돌로스는 특히 개인들간의 관계를 흐리게 하고 "거룩한 제사장"으로서(벧전 2:5), "택하신 족속"(벧전 2:9)으로서, 그리고 "하나님의 백성"으로서 함께 하는 교회 생활을 방해하는 행위의 특징의 하나이다.

• 음탕(ἀσέλγεια, 아셀게이아) : 방탕, 방종, 호색. 아셀게이아는 '성적 도착'에 대해 사용되었다(롬 13:13; 고후 12:21; 갈 5:19, "육체의 일은 현저하니 곧 음행과 더러운 것과 호색과").

(벧후 2:2, 18; 유 1:4, "이는 가만히 들어온 사람 몇이 있음이라 저희는 옛적부터 이 판결을 받기로 미리 기록된 자니 경건치 아니하여 우리 하나님의 은혜를 도리어 **색욕거리**로 바꾸고 홀로 하나이신 주재 곧 우리 주 예수 그리스도를 부인하는 자니라").

• 흘기는(πονηρός, 포네로스) 눈 : '나쁜 상태에 있는, 병든, 나쁜, 악한, 사악한.' 이것은 시기심과 탐욕의 눈으로서 우리가 다른 사람들에게 선을 베풀 때 인색해하거나 또는 그들이 누리는 선을 보고 마음 아파하는 것을 말한다(막 7:22; 마 20:15, 질투). 사람에 대해 사용되는 경우, 인간들은 도덕적으로 악하다(마 7:11). 인간과 대조적으로 하나님만이 홀로 선하시다(막 10:18). 교회는 악한 사람을 축출해야 한다(고전 5:13). 그러나 하나님의 선하심은 악한 자들이 지상에 사는 동안 그들에게도 임하므로 기독교인들은 그들에게 사랑을 보여 주어야 한다(눅 6:35).

• 비방(βλασφημία, 블라스페미아) : 사람과 관련하여 사용될 때, '중상, 비방, 욕설, 험담'이란 의미를 지닌다(계 2:9; 막 7:22 및 병행구 골 3:8; 엡 4:31; 딤전 6:4). 블라스페미아는 종교적 의미로 사용되었다. 이 명사는 여러 구절에서 하나님에 대한 모독(훼방)을 나타낸다(막 3:28, 12:31; 막 14:64; 눅 5:21; 요 10:33; 계 13:1, 5).

• 교만(ὑπερηφανία, 휘페레파니아) : 교만은 자기가 남보다 높다는 생각 때문에 자기 자신을 남보다 높이고 남들을 비웃음과 경멸로 바라보는 것이다.

• 우매함(ἀφροσύνη, 아프로쉬네) : '어리석음'(고후 11:1, 7, 21)을 나타낸다. 아프로쉬네는 막 7:22에서 '무분별한 짓'을 나타낸다. 이 말은 뻔뻔스러움과 경솔함을 뜻한다. 어떤 사람은 이 말을 특별히 허영심에 찬 자랑으로 이해하고 있다. 적극적인 죄의 원천이 되는 것으로서 제일 먼저 놓인 것이 악한 생각이라면 소극적인 죄의 원천으로서 마지막으로 놓인 것은 우매함이다.

▶ 예수님은 이 모든 악한 것에 대해 다음과 같이 두 가지로 결론을 내린다.

막 7:23 "이 모든 악한 것(τὰ πονηρά, evil things)이 다 속에서(*from* within, ἔσωθεν) 나와서 사람을 더럽게 하느니라."

① 하나는 이 모든 악한 것이 '속에서' 곧 타락한 본성에서 나온다는 것이다.

② 다른 하나는 이 모든 악한 것이 사람을 더럽게 하여 하나님과 교제하는 일에 합당치 못하도록 하며 양심을 혼탁하게 한다는 것이다.

마 음 (카르디아)

1. 카르디아(καρδία)는 신약성경에서 148회 나온다. 어떤 뜻으로 쓰였는가?

(1) 신약에서는 카르디아가 신체의 중심기관이며, 육체적 활력의 자리를 가리킨다(눅 21:34; 행 14:17; 약 5:5).

(2) 카르디아는 인간의 내부 생명과 영혼의 모든 힘과 기능의 근원과 자리이다.

① 카르디아는 느낌과 감정, 욕망, 정욕의 자리이다. 기쁨(행 2:26; 요 16:22; 행 14:17), 고통과 슬픔(요 16:6, 14:1; 롬 9:2; 고후 2:4; 행 2:27, 7:54 , 21:13; 눅 4:18), 사랑(고후 7:3; 고후6:11; 빌1:7), 욕망(롬10:1; 눅 24:32), 정욕(약 3:14; 마 5:28, 6:21 등).

② 카르디아는 이해와 사고와 반성의 자리이다(마 12:34, 13:15; 막7:21; 눅1:51, 2:35, 9:47; 행 8:22; 히 4:12; 고전 2:9; 눅 2:51; 마 9:4; 막 11:23; 롬 10:6; 계 18:7; 롬 1:21; 눅 24:25).

③ 카르디아는 의지와 결정의 자리이다(고후 9:7; 행 11:23; 고전 4:5, 7:37; 눅 21:14; 행 5:4; 골 4:8; 고후 5:12, 6:11; 골 2:2; 요일 3:19

④ 카르디아는 하나님을 향하여 가는 종교적 중심지이며, 종교적 생활의 뿌리이며 도덕적 행위를 결정하는 곳이다(예: 눅 16:15; 롬 5:5, 8:27; 엡 3:17; 히 8:10; 요 12:40; 엡 4:18; 약 1:26; 마 11:29; 딤전 1:5; 골 3:22; 벧전 3:15; 약 4:8 등).

수로보니게 여자의 믿음 (막 7:24-30)

같이 읽을 곳 [마 15:21-28]

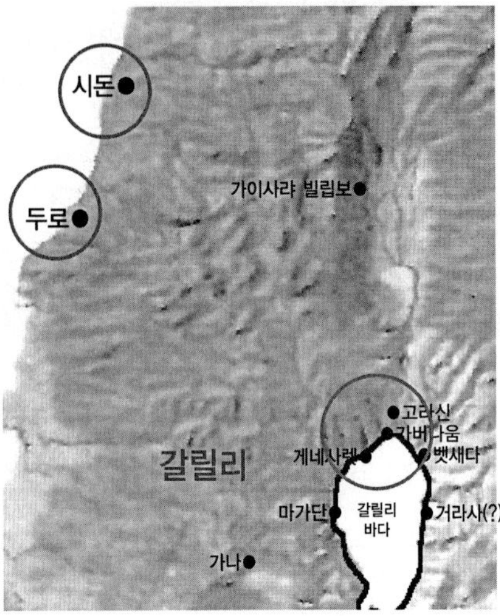

▲ 두로와 시돈은 이스라엘 북쪽에 있는 항구 도시로서 가나안 사람들이 살고 있었다.

1. 예수께서 일어나사 거기를(게네사렛, 아니면 가버나움의 집) 떠나 두로 지방으로 가셨다. 어떤 한 집에 들어가 아무도 모르게 지내기를 원하셨다.

(1) 그곳에서 예수님은 아무에게도 알려지기를 원치 않으셨으나(갈릴리의 사역이 너무 힘드셨을 것이다) 숨어 계실 수는 없으셨다. 왜냐하면 어떤 한 여자가 어떻게 알았는지 예수님에 관한 소문을 듣고 그의 발 아래 엎드려 간구했기 때문이다. 그 여인은 마태복음에서는 '가나안 여자'라고 했고 마가복음에는 '헬라인이요 **수로보니게 족속**(Syrophenician)' 이라고 했다(26절). 두로와 시돈은 어디쯤 있는가?

• 수로보니게(쉬롭호이닛사, Συροφοινίκισσα) : 이방 영토인 페니키아 남부에 있는 고대의 유명한 도시인 두로를 중심으로 절반은 페니키아이며, 절반은 수리아인인 혼혈민족의 이름이다. (페니키아 연안 지방으로 지금의 레바논이다).

(2) 수로보니게(시로페니키아) 여인 하나가 그 지경에서 나와 소리를 질렀다고 했다(마 15:22). 예수님에 대한 소문이 이방지역인 이곳까지 알려졌다(눅 6:17).

(1) 그 여자는 주님을 "**다윗의 자손**"이라고 불렀다. 이 일은 예수님을 약속된 메시야로 인정하는 믿음이다. 유대인들의 불신과 비교해보라(15:1-20). 물론 유대인들은 그런 칭호 부르기를 꺼려했다. '다윗의 자손'이라는 말은 메시야에 대한 칭호이다(마 1:1, 9:27).

마 15:22 가나안 여자 하나가 그 지경에서 나와서 **소리 질러 이르되**
/주 다윗의 자손이여[1] ─┬─ 나를 불쌍히 여기소서
　　　　　　　　　　　　└─ 내 딸이 흉악하게 귀신 들렸나이다

(3) 그녀의 간절함을 보라(24, 25절). 그녀는 소리 지르며, 애원했다. '소리 지르다'(κράζω, 크라조, 부르짖다, 고함치다, 외치다)

(4) 한참 실랑이가 오갔겠다. 제자들은 그녀가 시끄럽게 하니 돌려보내라고 했다. 그래도 이 여자는 끝까지 늘어진다. 우리가 기도할 때 즉각 응답하시지 않을 때도 있다. 여러 가지 이유가 있겠지만, 우리의 믿음을 시험해보시려고 그럴 때가 많다. 그러나, 주님은 실로 그녀와 말씀하고 계셨다. 주님은 그 여자의 마음을 떠보기 위해 이렇게 말씀하셨던 것 같다. 그러면서 느닷없이 이렇게 말씀하시는 게 아닌가!

예수님 : "나는 (이스라엘) 집의 잃어버린 양 외에는 다른 데로 보내심을 받지 아니하였노라"(24절)

(4) 그렇다고 이 여자가 그냥 물러설 줄 알고? 그녀는 계속해서 절하며(began to bow down before Him), 애원했을 것이다(25절). "저를 도우소서(κύριε, βοήθει μοι.)." 아, 이 울부짖음(κράζω 〈까마귀처럼〉소리지르다). 그녀에게 자기의 딸이 죽는다는 것은 자기 자신의 죽음을 의미하는 것이었다.

- 마 15:23 "예수는 한 말씀도 대답하지 아니하시니 **제자들이 와서** 청하여 말하되 그 여자가 우리 뒤에서 소리를 지르오니 **그를 보내소서**
  - 24 예수께서 대답하여 이르시되 나는 이스라엘 집의 잃어버린 양 외에는 다른 데로 보내심을 받지 아니하였노라 하시니
  - 25 **여자가 와서 예수께 절하며** 이르되 **주여 저를 도우소서**

"상 아래 개들도 아이들이 먹던 부스러기를 먹나이다."

개 : "있잖아, 수로보니게 여인, 우리와 수준이 비슷해. 그치?"

2. 대화는 계속된다. 이 여인의 끈질김 속에 구원이 나타나고 있다. 주님의 대답을 들어보라.

예수님 : "자녀의 떡을 취하여 (개)에게 던짐이 마땅하지 아니하니라."

막 7:28 여자가 **대답하여 이르되**
/주여 옳소이다마는
상 아래 개들도 — 아이들이 먹던 부스러기를 **먹나이다**

(1) 왜, 주님은 이런 간청에 즉시 응답치 않으시고 지체하시는 것일까? 우리는 성경에서 그렇게 간절하게 기도했음에도 불구하고 응답이 지체된 사실을 얼마든지 볼 수 있다. 예를 들어볼까![1]

(2) 주님은 이 여자의 믿음이 놀랍게 표현될 기회를 주셨다. 이제, 그 여자의 태도를 살펴보자. 개(퀴나리온, κυνάριον - 강아지, 작은 개)라는 표현에도 그녀는 조금도 화를 내지 아니했다. "여자가 이르되, 주여, 옳소이다마는 개들도 제 주인의 상에서 떨어지는 부스러기를 먹나이다."[2]

(3) 그녀의 믿음이 흔들림이 없이 예수님을 자기의 주인이며, 약속하신 메시야로 고백하고 있음을 본다(**다윗의 자손**). 또 그녀의 인내를 보라. 주님은 그녀의 소원을 들어 응답하셨다. 물론, 그녀의 딸은 즉시로, "그 때로부터" 완전하게 치료함을 받았다(귀신이 나갔더라). "여자야, 네 (πίστις)이 크도다."

1) 例 :
- 아브라함이 이삭을 얻기까지 (창 21:1-5)
- 다윗의 기도 (시 22:2)
- 나사로의 다시 살아남 (요 11:6)

2) 그녀는 자신의 부족을 철저히 인정하고, 예수님의 능력으로 역사해 주시기를 구했다

168

듣지 못하고 말 더듬는 사람을 고치심(막 7:31–37)

1. 예수님께서는 "다시 두로 지방에서 나와 시돈을 지나고 데가볼리 지방을 통과하여 갈릴리 호수에" 이르셨다.

(1) 갈릴리 호수로 직접 가지 않으시고 데가볼리 지방을 경유하여 돌아오셨다. 이때 사람들이 '귀 먹고 말 더듬는 자'를 데리고 예수님께 나아와 안수하여 주시기를 간구했다. 이 병자의 처지를 보라. 귀가 안들리는데 말까지 더듬었다. 이 치유의 기적은 다른 복음서에는 기록이 없다.

치료 방법 : 손가락을 그의 귓속에 넣으셨다가 침을 발라 그의 혀에 대셨다. 예수님의 병 고치는 방법은 다양했다. 손을 대시는 때도 있었고(마 8:3), 진흙을 눈에 바르시기도 하셨고(요 9:6), 말씀으로만 하시는 경우도 있었다(요 4:50). 이는 병자들의 믿음의 상태에 따른 조처였을 것이다.

막 7:33 예수께서 ── 그 사람을 따로 데리고 무리를 떠나사
├ 손가락을 그의 양 귀에 **넣고**
├ 침을 뱉어 그의 혀에 **손을 대시며**
34 ├ 하늘을 우러러 **탄식하시며**
└ 그에게 **이르시되**(...하시니)
/에바다(Ἐφφαθα)
/이는 열리라는 뜻이라

'엡파다'- 기원은 아람어로서 '열리다'라는 뜻이다.

(2) 이렇게 예수님은 환자의 혀 맺힌 것을 풀어주셨다. "곧 풀려 말이 분명하여졌더라." '맺혔다'(데스모스, δεσμός)는 말은 '올가미, 사슬, 감금'이라는 말이다. 이 말이 비유적인 의미로 사람이 벙어리가 되거나(막 7:35), 마비되는 것(눅 13:16)을 그들을 묶고 있는 사슬이라고 불리어지기도 했다. 그 속박은 신체적인 것일 수도 있고, 그 원인이 악마의 세력에 있었다고 볼 수 있다.

(3) 그런데 그 속박이 예수님의 기적에 의해 풀렸다(was removed, ἐλύθη). 이러한 언어 장애가 마귀의 영향 때문이었다고 주장하는 사람도 있다.

2. 예수님은 자신이 이적만을 베푸는 자로 알려지기를 원치 않으셨다(막 1:44, 3:12, 5:43 참조).

막 7:36 예수께서 — 그들에게 **경고하사** (...하시되)
/아무에게도 이르지 말라[1]
그들이 — 더욱 널리 **전파하니**
/경고하실수록

"사람들이 심히 놀라 이르되 그가 모든 것을 잘하였도다." 예수님의 신적인 능력에 심히(utterly, ὑπερπερισσῶς 대단히, 굉장히) 놀랐다고 했다.

1) 만약 이렇게 경고하지 않으면 예수님이 이 땅에 오신 근본 목적이 흐려질 것이기 때문이다. 또 잘못하면 폭동이 일어날 수도 있기 때문이다. 그러나 그러함에도 이 기적을 본 사람들에 의해 더욱 널리 퍼져나갔다.

• 바리새인과 서기관들,
이들은 백성들의 존경을 받는 위치에 있는 사람들이다.
외형적으로 조금도 흠 잡을 수 없을 만큼
거룩하고 깨끗한 생활을 했다.

• 종교지도자들은 예수님을 걸고 넘어질 조건을 찾고 있었다.
장터에서 돌아와서 물을 뿌리지 않으면 먹지도 않으며
그릇들도 깨끗이 씻는 등 많은 성결 결례들을 지키려고 노력했다.
마침, 예수님의 제자들이 손을 씻지 않고 빵을 먹는 것을 보았다.
그들의 눈에 제자들의 행동은 다분히 본쟁거리였다.

• 불똥은 예수님께로 향했다.
예수님은 종교지도자들을 향해 직격탄을 날리셨다.
먹는 음식 때문에 더러운 것이 아니라
마음 속에 있는 악한 것으로부터 나오는 것이
우리를 더럽게 한다고 하셨다.

• 정작 우리를 더럽히는 것은 어디로부터 오는 것인가?
사람을 더럽게 하는 것은 악한 마음에서 나온다.
악한 마음으로부터 나오는 것이 우리를 더럽힌다.

• 예수님은 바리새인들의 외식을 책망하셨다.
바리새인들이 형식적으로 매일 제물을 드렸을지라도
그들의 마음이 죄악으로 가득 차 있었기 때문에
결코 하나님을 경외하는 삶이 아니라고 하셨다.

• 우리는 종교적 열심에 모든 힘을 쏟는다.
그것이 하나님을 잘 섬김의 표지라고 생각하기 때문이다.
그러나, 정결한 마음으로 살아갈 때만이
우리가 드리는 예배가 진실한 예배가 된다.

• 수로보니게 여인의 믿음
그녀는 이방인임에도 불구하고 끝까지 예수님께 매달린다.
제자들은 그녀가 시끄럽게 하니 돌려보내라고 했다.
그러나, 주님은 실로 그녀와 말씀하고 계셨다.
"자녀의 떡을 취하여 (개)에세 던짐이 마땅하지 아니하니라."
예수님은 그녀의 믿음을 시험하고 계신다.
그녀의 딸은 치료함을 받았다.
복음은 유대인들뿐만 아니라 이방인에게도 전해져야 했다.

• 형식적인 믿음 - 왜 우리는 믿음이 자꾸만 형식화 되어갈까?

• 종교적 열심을 내는 것에 비해 삶의 열매는 없다. 누가?

• 우리의 마음은 어떻게 해야 정결한 마음이 될 수 있을까?

Outline Outline은 본문 설명을 요약 정리한 것입니다. 간단하게 설명을 할 경우 이용하세요. 그렇지 않으면 본문으로 바로 들어가셔도 됩니다.

170

Mark 8장

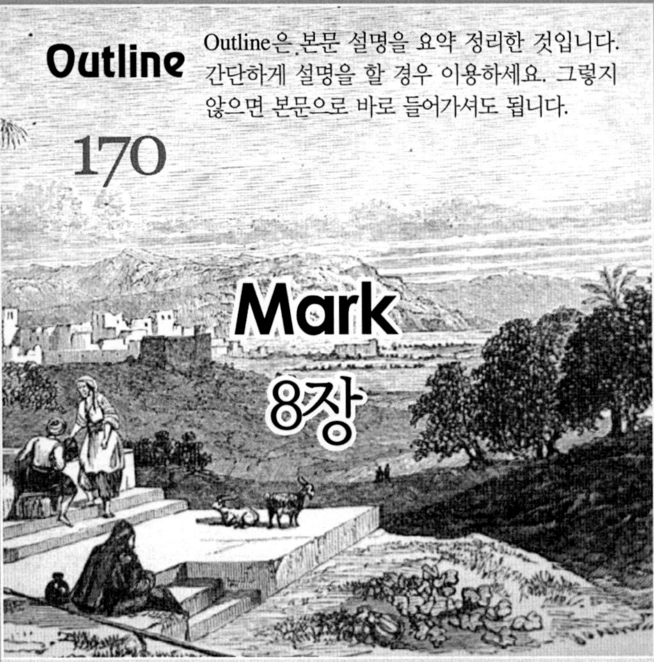

"너희는 나를 누구라 하느냐"(8:27-38)

예수님은 마지막 사역을 향해 정점을 달리신다.
예수님과 제자들은 북쪽 지역인
가이사랴 빌립보 여러 지역을 다니셨다.
"너희는 나를 누구라 하느냐?"
사람들은 예수님을 특별한 인물로
인정하고 있었다.
병자를 치유하고, 귀신을 쫓아내고...
그래서, 그들은 예수님을
죽었던 세례 요한이 다시 살아났다고,
어떤 사람들은 엘리야로
아니면, 선자 중의 한 사람으로 이해했다.
백성들이 그를 비범한 인물로 바라보았지만
그렇다고 메시야로는 인정하지 않았다.

그런데 베드로를 포함한 제자들은
주는(당신은) 그리스도요, 하나님의 아들이라는
신앙을 고백한다.

이런 신앙고백을 들으신 이후
비로소 자신이 어떤 길을 걸어갈 것인가를 알리셨다.
종교지도자들에게 많은 고난을 받고
결국, 십자가에서 죽으실 것임을 선언하셨다.
당황한 것은 제자들이었다.
베드로가 예수님을 붙잡고 항변한다.....

사천 명을 먹이심(막 8:1-10)

(1) 유대인들에게도 (광야에서) 5,000명을 먹이신 사건이 있었다(마 14장). 이번에는 이방지역에서였다. 하나님의 말씀에 목말라 했던 무리들, 그들은 단순히 떡(빵)을 먹기 위해서 남아 있지 않았다. 굶주림에도 불구하고 자리를 떠나지 않고 말씀을 사모했다. 이번에는 떡 일곱 덩어리로 사천 명을 먹이셨다.

(2) "배불리 먹고 남은 조각 일곱 광주리를 거두었다"고 했다(8절). 풍성함을 강조하기 위해 배불리 먹고 남은 숫자까지 기록했다.

이 세대가 표적을 구하다(막 8:11-13)

(1) 4,000명을 먹이신 사건 이후 예수님은 제자들과 함께 달마누다 지방으로 가셨다. 마태복음에서는 그때 바리새인과 사두개인들이 왔다고 했다(마 16:1). 이 두 부류들은 서로 화합할 수 없는 사이였다. 서로 극심하게 증오했던 두 당파였다. 그러나 예수님을 없애려고 하는 목적에는 하나가 되었다.

(2) 그런데 이들이 지금 예수님을 시험하려(페이라조, πειράζω) 한다. "네가 참 하나님의 아들이라면" 그것을 증명할 수 있는 '표적'을 보이라고 요구하고 나섰다. 예수님은 자기 자신이 메시야라는 사실을 여러 증거로 보여주셨지만 이들은 더욱 큰 표적을 요구했다.

(3) 주님은 이 땅에 오셔서 왜 이적을 베푸셨을까? 예수님께서 행하신 이적들은 어느 곳에서도 그것 자체가 목적이 되지 않았다. 그것은 항상 그의 활동의 수단으로서, 또한 복음 선포의 보조적인 것으로서의 역할만을 했을 뿐이다. 주님은 사람들의 환심을 사려고 이적을 베푸신 적이 없으시다.

(4) 그런데 마귀도 그랬고, 지금 바리새인들과 서기관들도 세상이 깜짝놀랄 만한 표적을 요구하고 있다. 지금 당장 메시야라는 사실을 엄청난 표적으로 입증하라는 것이었다. 물론 예수님은 분명하게 거절하셨다(눅 9:54, 55도 참고).

바리새인들과 헤롯의 누룩(막 8:14-21)

(1) 제자들이 예수님을 따라왔다. 그러나, 떡(빵) 가져오는 것을 그만 깜빡 잊어버렸다. 그래서 배에 떡 한 개밖에 없었다(막 8:14). 주님은 제자들에게 "바리새인과 사두개인들의 '누룩'을 주의하라"고 경고하셨다. 제자들은 이 누룩이라는 말을 어떻게 이해했을까? (마 16:7)

(2) 제자들은 미쳐 떡(빵)을 챙겨오지 못한 것을 책망하시는 줄 알고 서로 수군거렸다. '어떻게 하지?' 제자들은 예수님이 말씀하시는 '누룩'이라는 말을 문자 그대로 이해했고, 바리새인과 사두개인들로부터 나오는 떡을 받지 말라는 뜻으로 이해했다.

(3) 예수님께서 제자들에게 '믿음이 작은 자들아 어찌 떡이 없으므로 서로 논의하느냐'고 책망하신다. 그들은 떡 다섯 개로 오천 명을 먹이고 또 떡 일곱 개로 사천 명을 먹인 기적을 기억하지 못했다. 그제서야 제자들이 떡의 누룩이 아니요 바리새인과 사두개인들의 '교훈'을 삼가라고 말씀하신 줄을 깨달았다(마 16:12)고 했다.

(4) 헤롯(=헤롯당을 말함)의 누룩 : 헤롯 당원은 헤롯 안티파스와 그의 가족을 열렬히 지지하며 로마 정부의 이익을 대변하여 자신들의 정치적 기반을 구축하려했던 정치 집단들이었다.

벳새다에서 맹인을 고치심(막 8:22-26)

(1) 예수님은 여러 고을을 다니시면서 복음을 전파하셨으나 오히려 권능을 가장 많이 베푸신 고을들이 회개하지 아니했다(마 11:20). 어떤 도시들이 책망의 대상이었나? "화 있을진저 **고라신**아 화 있을진저 **벳새다**야 너희에게 행한 모든 권능을 두로와 시돈에서 행하였더라면 그들이 벌써 베옷을 입고 재에 앉아 회개하였으리라."

(2) 예수님은 이 맹인을 마을 밖으로 데리고 나가셨다. 주님은 맹인의 눈에 침을 뱉으시며 그에게 안수하셨다(23절). 왜 다른 맹인처럼 한 마디 말씀으로만 고치시지 않고 이런 방법으로 치유하셨을까? (24-25절) 아마 이 과정에서 맹인에게 믿음을 주려하셨을 것이다.

베드로의 신앙고백(막 8:27-38)

(1) 예수님과 그의 제자들이 빌립보 가이사랴 여러 마을로 길을 떠나셨다. 도중에 예수님은 제자들에게 "사람들이 나를 누구라고 하느냐"고 물으셨다.

(2) 당시 사람들은 예수님을 오실 메시야라고 고백은 하지 않았지만 그리스도의 기적을 통해, 그가 하나님께로부터 특별한 위임을 받은 분이라고 믿고 있었다. 어떤 사람들은 죽었던 세례 요한이 다시 살아난 것이라고 했다.

(3) 마태복음 16:16에서는 이렇게 기록되어 있다.

16:16 시몬 베드로가 **대답하여 이르되**
/주는 ── 그리스도시요
└ 하나님의 아들이시니이다
/살아 계신

(4) 물론, 베드로는 예수님께서 메시야라는 의미를 아직 충분하게 이해하지는 못했지만 희미하게나 그 뜻을 알게 되었을 것이다. 예수님은 베드로의 신앙고백 후에 **비로소** 자신이 장로들과 대제사장들과 서기관들에게 많은 고난을 받고 죽임을 당하고 부활하실 것을 선포하신다.

(5) 예수님의 생애에 있어서 제일 중요한 사건, 주님은 이 일을 하러 오셨다. 십자가의 피흘리심, 십자가에 죽으심과 그리고 다시 부활로, 그렇게 하심이 바로 사탄을 정복하고, 우리를 사탄과 죄의 속박에서 건져내실 수 있는 유일한 길이다. 제자들까지도 아직 이 사명을 이해하지 못했다.

(6) 얼마 후에 예수님은 베드로를 책망하셨다. 왜 책망하셨을까? (사탄아! 내 뒤로 물러 가라) 물론, 베드로는 선의로 한 말이었지만, 베드로의 경솔을 볼 수 있다. 그들은 영광과 면류관만 있는 그런 메시야를 고대했을 것이다.

(7) 주님을 따른다는 것은 때로는 생명을 잃을 수도 있는 길이지만, 거기에는 영생의 축복이 있다. "누구든지 예수님과 복음을 위하여 목숨을 잃는 일이 있다면" 그는 반드시 구원을 받을 것이다(35절).

사천 명을 먹이심(막 8:1–10)

같이 읽을 곳 [마 15:32–39]

生命糧食

생명양식

"그 무렵에", 즉 얼마 전에 5000명을 먹이신 사건이 있었다(막 6:34-44; 마 14:13-21). "또 큰 무리가 있어 먹을 것이 없는지라." '또'(팔린, πάλιν, again)라는 말에서 볼 수 있듯이 '다시 한 번' 5,000명을 먹이신 사건을 기록하고 있다. 이번에도 큰 무리가 모였는데, 이들이 예수님 일행과 있은 지 이미 사흘이 지났다는 것이다. "예수께서 제자들을 불러 이르시되 내가 무리를 불쌍히 여기노라."

(1) 유대인들에게도 (광야에서) 5,000명을 먹이신 사건이 있었다(마 14장). 이번에는 이방지역에서였다. 무리들은 주님의 곁을 떠나려 하지 않았다. "나와 함께 있은지 이미 사흘"이 되었다고 했다. 더 이상 먹을 것도 없었고, 또 돌아가다가는 기진하여 죽을 것 같았다. "만일 내가 그들을 굶겨 집으로 보내면 길에서 기진하리라 그 중에는 멀리서 온 사람들도 있느니라"(3절).[1)]

1) 마가복음에만 기록되어 있는 생생한 표현이다.

• 그때나 지금이나 진리에 목말라 하기는 마찬가지이다. 한 마디라도 더 들으려고 끝가지 흩어지지 않고 모여 있는 무리들, 그들은 길 잃은 양들이다. 누가 그들을 버렸는가? 예수님은 그런 무리를 불상히 여기셨다.

막 8:4 제자들이 — **대답하되**
/[사람이] —— **배부르게 할 수 있으리이까**
/이 광야 어디서 떡을 얻어
/이 사람들로
5 예수께서 — **물으시되**
/너희에게 떡 몇 개나 있느냐
[그들이] — **이르되**(...하거늘)
/일곱이로소이다

• 예수님과 같이 있은지 사흘이나 되었는데, 먹을 것도 없었다. 그래도 누구하나 떠나려 하지 않았다. 왜 그랬을까? 생명을 살리는 진리가 선포되고 있기 때문이다.

(2) 제자들은 그전이나(마 14:13), 지금이나 별로 신앙이 크게 진전되지 않았나 보다(막 8:4). 그러나 주님은 얼마든지 기적을 행하실 수 있는 분이심을 이미 보여주셨다(막 6:42-44 "다 배불리 먹고 남은 떡 조각과 물고기를 열두 바구니에 차게 거두었으며 떡을 먹은 남자는 오천 명이었더라"). 충분히 먹고도 아직 분배되지 안고 남은 음식이 많았다는 것이다. 예수님은 이 무리를 보시고 불쌍히 여기셨다(σπλαγχνίζομαι[스플랑크니조마이]). 이들은 목자 없는 양과 같았기 때문이다.

2) 감사의 기도를 드리시다
He gave thanks

막 8:6 예수께서 무리를 **명하여** 땅에 앉게 하시고
떡 일곱 개를 가지사 축사하시고(εὐχαριστήσας[과거분사])[2)]
떼어 제자들에게 주어 나누어 주게 하시니
제자들이 무리에게 **나누어 주더라**

주님과 함께 동행하는 자는
결코 핍절함을 당하지 않는다.
그 많은 무리가
배불리 먹고도
일곱 광주리가 남았다고 했다.
예수님은 얼마든지
풍족하고도 남게 공급할
능력이 있으시다.

배고픔을 잊으면서까지
주님의 말씀에 갈급했던
무리들…

그러나
우리는 늘 먹고 사는
양식에만 관심을 둔다

막 8:8 "배불리 먹고 남은 조각 일곱 광주리(쉬프리스, σπυρίς)를 거두었으며"

(3) 하나님의 말씀에 목말라 했던 무리들, 그들은 단순히 떡(빵)을 먹기 위해서 남아 있지 않았다. 굶주림에도 불구하고 자리를 떠나지 않고 말씀을 사모했다. 이번에는 떡 일곱 덩어리로 사천 명을 먹이셨다. 더많은 사람이 모였다면 더 많은 떡(빵)을 제공하셨을 것이다. 하나님 아버지에게는 나누어 줄 떡이 충분하기 때문이다. 주님과 동행하는 사람들에게 필요한 것은 빵이 우선이 아니라 주님과 동행하는 것이다. 주님을 위해, 주님의 말씀을 듣기 위해 그의 곁에 머문다면 먹을 것을 걱정할 필요가 없다.

(4) "배불리 먹고 남은 조각 일곱 광주리를 거두었더라"고 했다(8절). 풍성함을 강조하기 위해 배불리 먹고 남은 숫자까지 기록했다. 여기 '광주리'(쉬프리스, σπυρίς)[1]라는 단어는 5,000명을 먹이실 때 남은 '바구니'(코피노스, κόφινος)와는 다른 단어이다. '광주리'는 유대인의 '바구니' 보다 큰 것으로 이방인이 사용하는 것이었다.

1) 본문의 '광주리'(쉬프리스, σπυρίς)는 갈대로 만든 것으로 막 6:43에 나온 바구니(코피노스, κόφινος)와는 다른 단어이다.

- 바구니 - (마 14:20, 16:9; 막 6:43, 8:19; 눅 9:17, 요 6:13)
- 광주리 - 마 15:37, 16:10; 막 8:8, 20 / 쉬프리스(σπυρίς)는 사도 바울을 담아 내린 '광주리'에 대해 사용되었다(행 9:25).

174

이 세대가 표적을 구하다(막 8:11-13)

같이 읽을 곳 [마 16:1-4]

1) 마태복음 15:39에서는 "마가단(Magatan) 지역으로 가시니라"고 기록되어 있다. 현대의 메이델(막달라) 근처의 디베랴 북부 호수의 서쪽 해안에 있는 폐허가 그 장소일 것이다.

하늘로부터 오는 표적을 구함(마 16:1-4)

- 바리새인과 사두개인들이 연합전선을 펼치고 예수님을 시험하기 시작했다. 산헤드린에서 조사위원회가 결성되었을 것이다. 이들은 "예수가 하나님의 아들이라고 떠들고 다닌다는데, 그러면 하나님이 보내셨다"는 것을 증명할 수 있는 표적을 보여달라는 것이었다.

- 예수님은 이들에게 악하고 음란한 세대라고 규정하시고 그들의 악랄함을 질타하셨다. 주님은 요나의 표적 밖에는 보여줄 표적이 없다고 하셨다. 이들은 천기는 분별할 줄 알면서도 이미 이 땅에 하나님의 나라가 시작되었다는 시대의 표적은 구별할 줄 몰랐다. 예수님은 요나의 표적(결국은 자신의 죽음) 밖에는 보여줄 것이 없다고 하셨다.

1. "곧 제자들과 함께 배에 오르사 달마누다 지방으로 가시니라"(10절).

(1) 4,000명을 먹이신 사건 이후 예수님은 제자들과 함께 달마누다 지방으로 가셨다. 달마누다(Dalmanutha, Δαλμανουθά)가 어디일까? 정확한 위치는 확실하지 않으나 갈릴리 바다 서쪽 해안 근처에 있는 마을이다.[1)]

막 8:11 바리새인들이 ─┬ **나와서**
└ 예수를 **힐난하며**(쉬제테오, συζητέω, 논쟁하다)
/그를 시험하여(현재분사)
/표적을 구하거늘(=구하며, 현재분사)
/하늘로부터 오는(하나님으로부터 오는)

표적(세메이온, σημεῖον) - 눈에 보이는 표시(sign) / 하나님께서 보내신 구세주임을 확증해 주는 기적을 보이라는 것이다.

(2) 마태복음에서는 그때 바리새인과 사두개인들이 왔다고 했다(마 16:1). 이 두 부류들은 서로 화합할 수 없는 사이였다. 서로 극심하게 증오했던 두 당파였다. 그러나 예수님을 없애려고 하는 목적에는 하나가 되었다. 이들은 종교적인 지도자들이요, 신학적으로는 전문가라고 할 수 있는 자들이었다. 그들은 하나님에 대해서는 누구보다도 잘 안다고 자부했다.

(3) 그런데 이들이 지금 예수님을 시험하려(페이라조, πειράζω) 한다. "네가 참 하나님의 아들이라면" 그것을 증명할 수 있는 '표적'을 보이라고 요구하고 나섰다. 지금까지 병자를 고치고 오병이어의 기적을 베풀고, 하여튼 보통 인물은 아닌데, 그러나 아직은 예수님을 가리켜 메시야라고 부를 수 없다는 것이었다. 따라서 이들은 특별히 "하늘로부터 오는" 표적을 요구했다.

막 8:12 예수께서 — **이르시되** (...하시고)
/마음속으로 깊이 탄식하시며(과거분사)
/이 세대가 — 어찌하여 표적을 구하느냐
/내가 진실로 너희에게 이르노니
/이 세대에 표적을 주지 아니하리라

(4) 예수님은 자기 자신이 메시야라는 사실을 여러 증거로 보여주셨지만 이들은 더욱 큰 표적을 요구했다. 물론 어디까지나 악의적으로 예수님을 시험하고 그를

제거하기 위한 고소거리를 확보하려는 것이었다. 따라서 예수님은 강력하게 거부하신다(마 16:1; 눅 11:16; 참조: 마 12:38). 이 세대에게는 요나의 표적밖에 보일 것이 없다고 하셨다(막 8:12; 마 16:4; 눅 11:29).

2. 주님은 이 땅에 오셔서 왜 이적을 베푸셨을까?

(1) 예수님께서 행하신 이적들은 어느 곳에서도 그것 자체가 목적이 되지 않았다. 그것은 항상 그의 활동의 수단으로서, 또한 복음 선포의 보조적인 것으로서의 역할만을 했을 뿐이다. 주님은 사람들의 환심을 사려고 이적을 베푸신 적이 없으시다. 만약 하나님의 뜻과 다른 방도로 이적을 베푸신다면 그것은 곧 "주(하나님)를 시험하는 것"이 된다(마 4:7을 보라). 우리는 점차로 주님의 이적들이 그의 설교와 비교해서 점점 그 수효가 줄어든다는 것을 발견하게 된다.[1)]

(2) 이적이 일어난 사람은 무조건 천국에 갈 수 있을까? 천만에!! 눅 17:17-19을 보라. 이 중의 아홉 명은 하나님께 영광을 돌리지 아니했다. 능력을 행한다고 무조건 천국 시민이 되지 않는다. 그러면 뭐가 필요할까? 그것은 곧 **복음 선포를 믿는 믿음과 예수 그리스도를 그리스도라고 신앙하는 데에 있다**고 성경은 강조하여 말하고 있다(눅 10:21이하).

- 눅 10:21 "그 때에 예수께서 성령으로 기뻐하시며 이르시되 천지의 주재이신 아버지여 이것을 지혜롭고 슬기 있는 자들에게는 숨기시고 어린 아이들에게는 나타내심을 감사하나이다 옳소이다 이렇게 된 것이 아버지의 뜻이니이다
22 내 아버지께서 모든 것을 내게 주셨으니 아버지 외에는 아들이 누구인지 아는 자가 없고 아들과 또 아들의 소원대로 계시를 받는 자 외에는 아버지가 누구인지 아는 자가 없나이다 하시고
23 제자들을 돌아 보시며 조용히 이르시되 너희가 보는 것을 보는 눈은 복이 있도다
24 내가 너희에게 말하노니 많은 선지자와 임금이 너희가 보는 바를 보고자 하였으되 보지 못하였으며 너희가 듣는 바를 듣고자 하였으되 듣지 못하였느니라."

(3) 그런데 마귀도 그랬고, 지금 바리새인들과 서기관들이 세상이 깜짝놀랄 만한 표적을 요구하고 있다. 지금 당장 메시야라는 사실을 엄청난 표적으로 입증하라는 것이었다. 물론 예수님은 분명하게 거절하셨다(눅 9:54, 55*도 참고). 이와 같은 시험은 성부께서 정하신 정도에서 벗어나는 것이었다.

1) 이적들은 그것 자체에 목적이 있는 것이 아니기 때문이었다. 또한 주님은 믿음이 없는 곳에서는 이적을 행치 않으셨다. 물론 이적은 예수님께서 악한 자보다는 우월한 능력뿐만 아니라, 하나님의 나라가 이미 도래하였음을 지시하고 있다. 이적은 복음 증거와 관계하고 있지, 복음 전파와 분리되어 초월적인 기능을 담당한다고 말하고 있지 아니하다.

- 눅 9:54 제자 야고보와 요한이 이를 보고 이르되 주여 우리가 불을 명하여 하늘로부터 내려 저들을 멸하라 하기를 원하시나이까
55 예수께서 돌아보시며 꾸짖으시고 이르시되 너희는 무슨 정신으로 말하는지 모르는구나 인자는 사람의 생명을 멸망시키러 온 것이 아니요 구원하러 왔노라 하시고"

바리새인들과 헤롯의 누룩(막 8:14-21)

같이 읽을 곳 (마 16:5-12)

酵母

효묘(누룩)

1) 경고하다(디아스텔로마이, διεστέλλομαι) : 분명하게 설명하다, 명령하다, 지시하다.

2) 삼가(호라테, ὁρᾶτε명령법) Watch out! -- 주의하라

3) 주의하라(블레페테, βλέπετε명령법) - Beware

4) 여기서 '누룩'은 악한 가르침이나 세력의 강력하고 지속적인 영향력을 상징한다(출 12:15 참조). 물론 마태 13:33에서의 누룩 비유는 이런 뜻으로 쓰이지 아니했다.

1. 제자들이 예수님을 따라왔다. 그러나, 떡(빵) 가져오는 것을 그만 깜빡 잊어 버렸다. 배에는 떡 한 개밖에 없었다(막 8:14).

막 8:15 예수께서 — **경고하여**[1] **이르시되** (...하시니)
/[그들에게]
/삼가[2] 주의하라[3]
/바리새인들의 누룩과 헤롯의 누룩을
16 제자들이 — 서로 수군거리기를 (...하거늘)
//이는(ὅτι)
우리에게 떡이 없음이로다

누룩 - '쥐메'는 제오(ζέω, 끓이다, 뜨겁다)에서 유래했으며, '누룩, 효모'를 의미한다.

수근거리다 - 예수님이 경고하니가 제자들은 피상적으로 논의했다.

(1) 주님은 제자들에게 "바리새인과 사두개인들의 '누룩'(쥐메, ζύμη)[4]을 주의하라"고 경고하셨다. 제자들은 이 누룩이라는 말을 어떻게 이해했을까? (마 16:7) 이들 제자들의 대답이 아주 동문서답이 아닌가!

제자들 : "아, 예. 그런데 깜박 잊고 떡을 안 가져왔는데요. 주님."

(2) 제자들은 미처 떡(빵)을 챙겨오지 못한 것을 책망하시는 줄 알고 서로 수군거렸다. '어떻게 하지?' 제자들은 예수님이 말씀하시는 '누룩'이라는 말을 문자 그대로 이해했고, 바리새인과 사두개인들로부터 나오는 떡을 받지 말라는 뜻으로 이해했다. 아직도 제자들이 물질적이며, 육신적인 수준에 머물러 있었기 때문일까? 부지런히 배우지 않고... 예수님은 제자들을 책망하신다(마 16:7, 9).

막 8:17 예수께서 아시고 **이르시되**
/너희가 어찌 떡이 없음으로 수군거리느냐
아직도 알지 못하며 깨닫지 못하느냐 너희 마음이 둔하냐
18 /너희가 눈이 있어도 보지 못하며
귀가 있어도 듣지 못하느냐 또 기억하지 못하느냐

(3) 예수님께서 제자들에게 '믿음이 작은 자들아 어찌 떡이 없으므로 서로 논의하느냐'고 책망하신다. 그들은 떡 다섯 개로 오천 명을 먹이고 또 떡 일곱 개

로 사천 명을 먹인 기적을 기억하지 못했다.

"어찌 내 말한 것이 떡에 관함이 아닌 줄을 깨닫지 못하느냐?"
"오직 바리새인과 사두개인들의 누룩을 주의하라"

(4) "그제서야 제자들이 떡의 누룩이 아니요 바리새인과 사두개인들의 교훈을 삼가라고 말씀하신 줄을 깨달았다"(마 16:12)고 했다. 물론 이들 바리새인들은 모세의 율법의 지지자들이었지만 이들의 누룩, 즉 이들의 교훈은 유해한 사상이었다. 이들은 진정한 회심이 없고(=마음이 하나님으로부터 멀리 떨어져 있음을 말함) 율법을 위한다는 것이 외식(의 정신)으로 떨어져 있었다. 이것이 예수님과 서기관들 사이의 관계를 좌우했던 커다란 종교적 대립이었다.

2. 이들 바리새인이나 사두개인들의 교훈이나 사상이 당시 그 사회에 깊숙이 스며들어 있었다.

(1) 가루 서 말 속에 넣어 반죽 모두를 부풀게 한 누룩의 비유(마 13:33)에서 설명하셨던 것을 보면, 제자들은 이 누룩이 의미하는 뜻을 바로 이해할 수 있었을 것이다. 믿음을 부패케 하는 이들의 교훈(그릇된 정치, 그릇된 위선)을 제자들은 예수님의 설명을 듣고난 후에야 이해할 수 있었다.

(2) 헤롯(=헤롯당을 말함)[1)]의 누룩 : 헤롯 당원은 헤롯 안티파스와 그의 가족을 열렬히 지지하며 로마 정부의 이익을 대변하여 자신들의 정치적 기반을 구축하려했던 정치 집단들이었다. 옆의 구절에서 볼 수 있듯이 복음서에는 헤롯당이 항상 바리새파 사람들과 언급되었지만 바리새파가 주도권을 잡았던 것으로 보인다.

(3) 바리새인들은 처음에는 예수님의 사역을 흥미를 가지고 지켜보았다. 그러나 예수님이 전하는 말씀이 자신들의 가르침과 다르자 노골적으로 반대하기 시작했다. 하나님의 계명을 철저히 지킨다고 자만했던 바리새인들이 예수님의 책망과 비난에 심한 모욕감을 받았을 것이다. 이들은 점차 예수님을 죽이려는 계획을 모의하기 시작했다. 비록 바리새인들이 구전 율법에 따라 이론적으로 성공적 삶의 생활이 가능하다 해도 그들은 하나님 앞에 자랑할 것이 없었다는 사실이 중요하다(눅 17:10 참조). 사람의 의라는 것은 하나님 앞에 무익하다. 그러나 바리새인들은 이런 점에서 기만했다. 이들에게 필요한 것은 하나님 앞에 올바른 회개였기 때문이다.[2)]

1) **헤롯당**

- 마22:16 "자기 제자들을 **헤롯 당원들**과 함께 예수께 보내어 말하되 선생님이여..."
- 막 3:6 "바리새인들이 나가서 곧 **헤롯당**과 함께 어떻게 하여 예수를 죽일까 의논하니라."
- 막 12:13-14 "그들이 예수의 말씀을 책잡으려 하여 바리새인과 **헤롯당 중에서** 사람을 보내매 와서 이르되 선생님이여 우리가 아노니 당신은 참되시고 아무도 꺼리는 일이 없으시니.... 가이사에게 세금을 바치는 것이 옳으니이까 옳지 아니하니이까."

2) 바리새인과 사두개인들의 누룩(그들의 가르침, 위선, 눅 12:1)

178

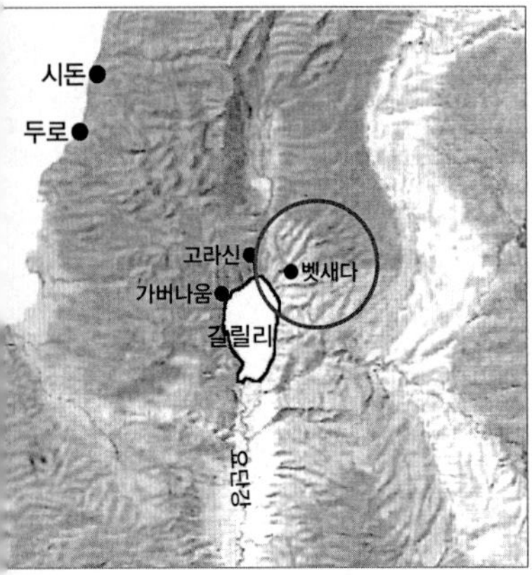

• 벳새다(Bethsaida) : 갈릴리 바다 동북 연안에 위치하며 베드로, 안드레, 빌립의 고향이다(요 1:44). 가버나움에 인접해 있다. 오병이어의 기적이 이곳에서 있었고(눅 9:10), 눈에 침을 발라 맹인을 고친 곳도 이곳이었다(막 8:22-26). 이곳은 분봉왕 빌립에 의하여 확장, 재건되었다. 오늘날의 에트 텔(Et Tel)로 믿어진다.

1) 두로와 시돈, 이 두 도시는 이방 종교와 불경(不敬)으로 그 악명이 높았던 곳이다(22 "내가 너희에게 이르노니 심판 날에 두로와 시돈이 너희보다 견디기 쉬우리라."). 만약 두로와 시돈에서 예수님의 천국의 능력 있는 역사를 보았다면 아마 그들은 벌써 베옷을 입고 재에 앉았을 것이다(욘 3:6 참조).

벳새다에서 맹인을 고치심(막 8:22-26)

1. 사람들이 맹인 하나를 데리고 예수님께로 나와와 손대시기를 구하였다. 이 사건은 마가복음서에만 기록되어 있다.

막 8:22 [그들이] —— 벳새다에 **이르매**
사람들이 — 맹인 한 사람을 **데리고**
예수께 **나아와**
손 대시기를(ἅψηται)[1] [그에게] **구하거늘**

막 8:23 예수께서 – 맹인의 손을 붙잡으시고(과거분사)
– 마을 밖으로 **데리고 나가사**
– **물으시니**
/눈에 침을 뱉으시며(과거분사)
/그에게 안수하시고(과거분사)
/[네가] —— 무엇이 보이느냐

1) ἅπτω(합토)의 가정법 과거 중간태 / 손대다(ἅπτω)- 예; 예수의 옷가에라도... 손을 대는 자는...(막 6:56)

(1) 예수님은 여러 고을을 다니시면서 복음을 전파하셨으나 오히려 권능을 가장 많이 베푸신 고을들이 회개하지 아니했다(마 11:20). 어떤 도시들이 책망의 대상이었나? "화 있을진저(οὐαί σοι) **고라신**아 화 있을진저 **벳새다**야 너희에게 행한 모든 권능을 **두로**와 **시돈**에서[1] 행하였더라면 그들이 벌써 베옷을 입고 재에 앉아 회개하였으리라." 벳새다 역시 기적을 많이 베푸셨으나 회개하지 않은 곳이었다. 이곳은 베드로, 안드레, 빌립의 고향이다(요 1:44).

(2) 예수님은 이 맹인을 마을 밖으로 데리고 나가셨다. 주님은 맹인의 눈에 침을 뱉으시며 그에게 안수하셨다(23절). 왜 다른 맹인처럼 한 마디 말씀으로만 고치시지 않고 이런 방법으로 치유하셨을까? (24-25절) 아마 이 과정에서 맹인에게 믿음을 주려하셨을 것이다. 주님은 모두 병자를 똑같은 기계적인 방법으로 치유하지 않으셨다. 병자의 믿음과 연관시켜 여러 방법으로 고치셨다.

2. 예수님은 이 맹인을 치료해 주시고 "마을에는(벳새다) 들어가지 말라"고 하셨다.

변화산 사건 때에도 세 제자들에게 그들이 본 것을 인자가 죽음에서 살아나기 전에는 아무에게도 알리지 말라고 하셨다. 예수님은 이 세상의 외적인 화려함이나 백성의 인기로 인해 사람으로부터 총애를 한 몸에 누리려고 하지 않으셨다. 그는 **여호와의 종**으로서 그가 '존귀히 되기 전에' 많은 고난을 받아 마침내는 대속의 죽음을 죽으셔야만 했기 때문이다.

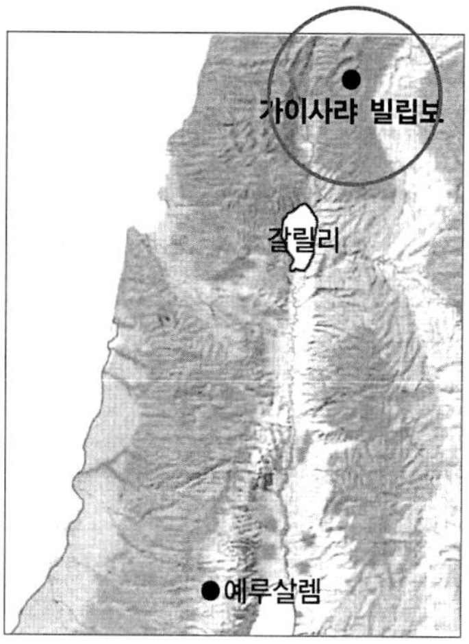

베드로의 고백(막 8:27–38)

같이 읽을 곳 [마 16:13–28; 눅 9:18–27]

앞에서 이미 보았듯이 주님은 지금까지는, 예수님 자신이 메시야라는 사실을 숨겨진 행태로 전하셨다(메시야의 자기 은익). 그러나, 이제는 예루살렘에 올라가, 그리스도로서 수난을 당하며, 죽임을 당하고, 부활하실 것을 공개적으로 말씀하기 시작하신다(막 8:11이하; 마 16:1-4). 그의 사역을 완성하실 시점이 점차 다가오기 때문이었다.

1. 예수님과 그의 제자들이 빌립보 가이사랴 여러 마을로 길을 떠나셨다. 다니는 도중에 예수님은 제자들에게 "사람들이 나를 누구라고 하느냐"고 물으셨다.

(1) 바리새인들과 사두개인들은 끈질기에 예수님에게 **표적**을 요구했다. 예수님이 메시야라는 사실을 인정할 수 없다는 것이었다. 물론 예수님을 시험하기 위해서였다(마 16:1). 예수님은 그들을 책망하셨다. 예수님은 이들에게 "너희가 천기를 분별할 줄 알면서도 표적은 분별할 수 없더냐"고 책망하셨다(마 16:3). 그러시면서 "악하고 음란한 세대가 표적을 요구한다"고 하셨다. 물론 예수님은 얼마든지 표적을 나타낼 수 있으시나 그렇게 하지 않으셨다. 표적, 그것 자체가 목적이 아니었기 때문이다. 표적은 복음 선포의 보조적인 수단이다(마 4:7 비교 참조).

(2) 주님은 요나의 표적 밖에는 보여 줄 표적이 없다고 하셨다(마 16:4). 그후 예수님은 제자들에게 그분 자신이 누구인가를 물으셨다.

막 8:27 예수와 제자들이 빌립보 가이사랴 여러 마을로 **나가실새** 길에서 제자들에게 **물어 이르시되** /사람들이 — [말]하느냐 /나를 누구라고	τίνα με λέγουσιν οἱ ἄνθρωποι εἶναι; Who do people say that I am?
28 제자들이 — **여짜와 이르되** /세례 요한이라 하고 더러는 엘리야, 더러는 선지자 중의 하나라 하나이다	

(3) 당시 사람들은 예수님을 오실 메시야라고 고백은 하지 않았지만 그리스도의 기적을 통해, 그가 하나님께로부터 특별한 위임을 받은 분이라고 믿고 있었

1) 가이사랴 빌립보(Caesarea Philippi), 지도를 한번 살펴보자. 어디쯤 있는가? 헬몬산 남쪽 기슭에 위치해 있다(갈릴리에서 북쪽으로 약 40km 정도). 원래는 파네아스(Paneas)라고 불렀다. B.C. 20년경에 로마는 이곳을 헤롯 대왕에게 주었다. 헤롯은 이곳에다 로마 황제 아구스도(Augustus)를 기념하는 흰 대리석 사원을 건축하고, 그 황제의 조상(彫像)을 세워 가이샤라(황제의 도시)라고 불렀다. 헤롯이 죽고, 분봉 왕 빌립이 그 도시를 정비하고, 지중해 연변에 자리잡고 있는 항구 도시 가이사랴(갈멜산에서 남쪽으로 약 37km, 예루살렘에서 북서쪽으로 약 105km)와 구별하기 위해, '가이사랴 빌립보'라고 이름지었다. 그 뒤에(A.D. 50년경) 헤롯 아그립바 2세는 네로에게 존경의 표시로 이 도시의 이름을 네로니아스(Neronias)로 개명했다.

음을 본다. 어떤 사람들은 죽었던 세례 요한이 다시 살아났다고까지 고백했다.

- 세례 요한 : 헤롯도 그리스도를 세례 요한이 다시 살아났다고 보았다(마 14:2).
- 엘리야 : 죽음을 보지 않고 승천한 선지자이다(왕하 2:21). 말 4:5을 읽어보자. "보라 여호와의 크고 두려운 날이 이르기 전에 내가 선지 **엘리야**를 너희에게 보내리니" 예수님은 세례 요한이 바로 말 4:5에서 말한 엘리야였다고 하셨다(마 11:14).
- 예레미야 : 이스라엘의 패망을 보며 애타했던 눈물의 선지자였다. 외경에는 그가 다시 온다는 말이 있다.
- 선지자 중의 하나 : 그밖에 모세나 에스라 등과 같은 선지자 중의 하나일 것이라고 생각했다.

1) 이 질문은 베드로 한 사람에게만 한 질문이었을까? 물론 아니다. 제자들 전체에게 던지신 질문이었다. 이때 베드로가 그의 성격상, 또 지도자의 위치로서(마 4:18-22, 10:2, 14:28, 29) 이렇게 대답했을 것이다. 그러므로 그의 대답은 자신의 대답이자 또한 제자들을 대표한 대답이다(마 15:15, 19:27 참조).

막 8:29 또
[그가] —— [그들에게][1] **물으시되**
/너희는 —— 나를 누구라 [말]하느냐?
베드로가 —— 대답하여 **이르되** (...하매)
/주는 —— 그리스도시니이다 / 마가의 기록은 베드로의 고백이 짧다.

(4) 마태복음 16:16에서는 이렇게 기록되어 있다.

16:16 시몬 베드로가 **대답하여 이르되**
/주는 —— 그리스도시요(Σὺ εἶ ὁ Χριστός)
└── 하나님의 아들이시니이다(ὁ υἱὸς τοῦ θεοῦ)
/살아 계신(τοῦ ζῶντος)

(5) 물론, 베드로는 예수님께서 메시야 되신다는 의미를 아직 충분하게 이해하지는 못했지만 희미하게나 그 뜻을 알게 되었을 것이다. 2년 이상 넘는 주님과의 교제를 통해서 위와 같은 대답을 가능케 했다. 오랫동안 예수님을 관찰하고, 그의 이적들을 목격했다. 특히 물위를 걸어오시는 주님을 만난 사건, 그리고 그의 교훈들을 종합할 때 위와 같은 고백을 할 수 있었을 것이다. 베드로는 예수님이 오랫동안 대망해 왔던 기름 부은 자임을 고백했다.

2. 베드로의 고백, 그 자체는 "메시야 비밀" (혹은 메시야의 자기 은익)을 드러내는데 있어 그 시작에 불과했다.

(1) 그때부터 예수님의 메시지를 듣는 자들은 일반 군중이 아니었다. 군중들은

너무나도 예수님을 다른 시각으로 보았다. 따라서 이제는 주님의 가르침을 받았던 선택된 제자들만이 그분의 메시지를 들을 수밖에 없었다. 그러므로 "메시야의 비밀"을 드러낸다는 말은 예수님 자신의 선교에 참된 본질을 밝히신다는 의미이다. (동교재, 마태복음에서 설명을 가져옴)

(2) 예수님의 오심의 목적이 무엇인가? 십자가의 죽으심, 이제 주님은 자신이 친히 십자가에 죽기 위해 왔다는 사실을 공개적으로 밝히시는 것이다. 따라서 그분의 인기는 점점 하락하기 시작한다. 물론, 군중은 예수님에게서 등을 돌리기 시작한다. "그러면 그렇지, 결국 예수는 우리가 바라는 메시야는 아니었군!!" 군중들의 소리였다. 자, 이제 역사는 지금 정점(頂点)을 향해 숨가쁜 행진을 계속한다.

(3) 예수님은 자기 백성의 대언자요(신 18:15,18; 사 55:4), 대제사장이시요(시 110:4; 히 6:20, 7:24), 영원한 왕이심(시 2:6; 슥 9:9; 눅 1:33; 계 11:15)을 공개적으로 드러내셨다. 그는 또한 살아계신 하나님의 아들임을 고백했다. 여기 베드로가 고백한 '하나님의 아들'이라는 개념은 '예수님도 하나님이시다'라는 의미를 갖는 것이다(요 5:17-18).

유대인들이 기다리는 메시야는 어떤 메시야였나?

그러니까 한마디로 묵시적 역전(apocalyptic reversal)을 일으킬 메시야, 그 메시야는 다윗 왕가에서 나올 왕인데, 이스라엘의 대적을 쳐부수는 능하신 정복자여야 한다는 것이다. 게다가 그분은 권세와 영광과 주권을 가지고 도래하실 초자연적인 분이어야 한다(Son of Man, 단 7:14). 물론 정치적 해방도 시켜야 할 분이다. 그래서 그들은 하나님의 왕국을 간절히 고대하고 있었고(비교: 눅 2:25, 38, 23:51), 세례 요한이 활동을 시작할 때 그 바람은 절정에(마 3:2) 달했다.

3. 마태복음에서는 이런 대답을 들으시고 베드로를 칭찬하셨다(마 16:17).

16:17 예수께서 **대답하여 이르시되**
/바요나 시몬아 —— 네가 복이 있도다
//이는(이유, for)
혈육[1]이 — 이를 네게 알게 한 것이 아니요
하늘에 계신 내 아버지(가) – <알게 하신 것>이시니라

마가는 베드로에 대한 모든 칭찬을 생략한다.

(1) "요나의 아들 시몬", 베드로가 어렸을 때부터 들어왔던 친숙한 이름, 시몬은 그의 히브리명(아람어)이었다. "주는 그리스도요 살아계신 하나님의 아들"이라는 시몬의 고백은 하나님께서 시몬에게 깨닫게 하신 하나님의 선물이었다. 이제, 그 무딘 제자들도 하나님의 비밀을 희미하게나마 깨달아 가고 있었다. 예수님의 오심과 함께 천국은 임하였고, 메시야가 계시되었다. 그러나, 일반 군중들은 아직도 그것을 깨닫지 못했다.

(2) 그러나, 지금 제자들이 이 신앙고백을 했다.[2] 주님의 기쁨은 너무 큰 것이었다. 베드로의 고백을 듣고, 이 고백이 결코 인간의 생각에서 나온 대답이 아니었다고 말씀하신다. 왜냐하면 그것은 하나님의 은혜로써만 인식될 수 있기 때문이었다.

1) 혈육(flesh and blood)
σὰρξ καὶ αἷμα
너에게 이것을 알려주신 분은 **사람**이 아니다.

2) 제자들은 전에 예수님을 메시야로 고백했었다(요 4:29, 6:69; 마 14:33). 그러나 그때에는 정치적인 이유로인해서 메시야라는 말의 사용을 금지하셨다.

• 눅 9:20-22 “20 예수께서 이르시되 너희는 나를 누구라 하느냐 베드로가 대답하여 이르되 하나님의 그리스도시니이다 하니 21 경고하사 이 말을 **아무에게도 이르지 말라 명하시고** 22 이르시되 인자가 많은 고난을 받고 장로들과 대제사장들과 서기관들에게 버린 바 되어 죽임을 당하고 제삼일에 살아나야 하리라 하시고”

4. 베드로의 신앙고백 후에 주님은 “자기의 일을 아무에게도 말하지 말라”고 경고하셨다(막 8:30).

(1) 본문에서와 같이 누가복음 9:21, 22에서도 베드로의 신앙고백 후에 이것을 아무에게도 알리지 말고 비밀로 하라고 신신당부하셨다. 그리고 주님은 아울러 인자가 고난과 죽임을 당할 것이라고 말씀하신다.

(2) 마가복음 9:30에서도 같은 내용이 언급도었다. “그 곳을 떠나 갈릴리 가운데로 지날새 예수께서 **아무에게도 알리고자 아니하시니**” 31절에 그 이유를 설명하고 있다.

(3) 예수님은 그의 공적 사역에서 물러나신 후에도 아무에게도 알리고자 하지 않으셨다. 제자들은 ‘인자가 죽은 자 가운데서 살아나기 전에는’ 아무에게도 알리지 말라는 명령을 받았다(마 17:9; 막 9:9; 눅 9:36). 왜냐하면 주님이 이 땅에 오신 목적은 그의 권세와 초자연적인 영광에만 근거하고 있는 것이 아니라 그의 낮아지심과 배척받으심에 근거하고 있기 때문이었다.

(4) 따라서 그의 천국 복음은 십자가에 초점이 맞추어져 있음을 본다. 그의 죽으심과 고난이 단순히 운명에 의해 결정된 것이 아니며, 또 막연히 하나님의 섭리에 따라 설정된 신적 작정에 따라 된 것만도 아니었다(H. 리델보스, 제4장).

(5) 그의 고난과 죽으심은 우리를 구원하시기로 미리 결정되어 여러 선지자들을 통해 알려지신 하나님의 뜻을 수행한 것이었다. 따라서 그의 고난과 죽으심에 관하여 반복하여 “~을 성취하려 하심이라”, “기록된 것 같이”라는 말이 자주 등장한다.[1]

(6) 예수님이 고난 받는 종이라는 사실은 특별히 이사야 53장에 자세하게 예언되었다. 이사야 42:1-4에는 그가 고난 받으시기 이전에도 온유하시고 겸손하신 행위가 여호와의 종의 사역의 특징임을 잘 보여주고 있다. 이스라엘 백성은 눈이 먼 종으로 표현되었다(사 42:19).

그래서 이들에게는 용서와 구원을 필요로 하지만 사 42:1-7에 묘사된 ‘여호와의 종’은 성령이 충만하며, 온유하고 겸손하며, 부드럽고 떠들석하게 하지 않으나 진리로 승리하시는 분이다. 이 종은 “눈먼 자들의 눈을 밝히며 갇힌

1) 막 14:21, 27; 슥 13:7; 막 14:34; 비교- 시42:6, 12; 막 15:34 / 비교 - 시 22:2; 눅 24:46; 시 31:6)

자를 감옥에서 이끌어 내며 흑암에 앉은 자를 감방에서 나오게" 하실 분이다. 결국 궁극적 메시야를 예언하고 있다.

5. 예수님은 베드로의 신앙고백 후에 비로소 자신이 장로들과 대제사장들과 서기관들에게 많은 고난을 받고 죽임을 당하고 부활하실 것을 선포하신다.

(1) 이렇게 예수님은 제자들에게 자기 자신을 알리지 말라고 금하신 것은 백성의 인기에 끌려 영광을 받으려는 것에 있지 않았기 때문이다. 그는 이사야의 예언과 같이(사 42, 53장) 여호와의 종으로 오셨다.

여호와의 종은 자신이 존귀히 되기 전에 많은 사람들의 죄를 속하고 고난을 받아 마침내 죽어야만 했기 때문이다. 따라서 베드로(와 제자들)의 신앙고백을 받으신 후에 '**비로서**'(And He began to teach them)[1] 그가 어떻게 죽음의 길을 걸어가실 것인가를 선포하신다.

1) Καὶ ἤρξατο διδάσκειν αὐτοὺς

ἤρξατο -ἄρχω(알코)의 과거 중간태 / 시작하다(to begin), 첫째이다.

막 8:31 [그가] —— **비로소**[2] 그들에게 **가르치시되**(=가르치기 시작하니라)
/인자가 ┬ 많은 고난을 받고
├ 버린 바 되어
│ /장로들과 대제사장들과 서기관들에게
├ 죽임을 당하고
└ 사흘 만에[3] 살아나야 할 것을

• 즉, 베드로의 신앙고백을 분기점으로 죽으심과 부활을 통하여 자신의 메시야이심을 입증하실 것이다.

2) 마 16:21 "이때로부터"

3) 마 16:21 "제 삼일에" (눅 9:22)

(2) 마태복음에 언급된 내용을 보면 베드로를 포함한 제자들은 예수님의 참된 메시야직에 대한 개념을 아직 정확히 이해하지 못하고 있음을 본다. 베드로가 생각하는 메시야는 모든 것을 정복하시는 메시야-왕의 개념으로 가득 차 있었다. 이들은, 만약 예수님이 고난과 죽음을 당한다면 자신들 역시도 동일한 운명으로 고난 당할 것이 분명했기 때문이다.

(3) 예수님의 생애에 있어서 제일 중요한 사건, 주님은 이 일을 하러 오셨다. 십자가의 피흘리심, 십자가에 죽으심과 그리고 다시 부활로, 그렇게 하심이 바로 사탄을 정복하고, 우리를 사탄과 죄의 속박에서 건져내실 수 있는 유일한 길이기 때문이다. 제자들까지도 아직 이 사명을 온전히 이해하지 못했다.

6. 이번에도 베드로가 앞장 섰다. 베드로는 이 일에 대하여 어떻게 반대하고 나섰나? (막 8:32; 마 16:22)

παρρησίᾳ / plainly, openly

마 8:32 [그가] ——— 드러내 놓고 이 말씀을 **[말]하시니**(ἐλάλει 미완료 과거)
베드로가 ——— 붙들고 **'항변하매'**(ἐπιτιμᾶν)[1]
/예수를

되풀이하여 말씀하셨다는 의미

(1) "주여 그리 마옵소서 이 일이 결코 주께 미치지 아니하리이다." 앞에서 신앙고백을 했을 때 '반석'과는 다른 말을 했다. (마 16:18을 보자)

16:18 또 내가 네게 **이르노니**
/너는 ——— 베드로라(σὺ εἶ Πέτρος, 페트로스)
/내가 ——— 세우리니(οἰκοδομήσω, I will build)
/내 교회를
/이 반석 위에
/음부의 권세가 — 이기지 못하리라
/[그것을]

18절하 "내가 이 반석 위에 내 교회를 세울 것인데, 죽음의 세력이 그것을 이기지 못할 것이다."

마 16:18에 대한 설명: 더 자세한 것은 동교재, 마태복음 16장을 참고해 보자.

(2) 마 16:18에 나타난 "**나의** 교회"[2]란 말과 19절의 "천국"이란 말을 비교해 보라. 이 둘은 서로 밀접한 관계는 있지만, 교회는 그 자체로서는 왕국이 아니다.[3] 따라서 천국(왕국)은 교회보다 더 광범위하다. **천국**이 그리스도가 그의 구원을 행사하는 전 영역을 가리킨다면, **교회**는 왕의 백성, 즉 왕국의 주인을 가리킨다. 누가 이 왕국의 백성들이 될 수 있는가? 예수 그리스도를 믿는 믿음이 교회를 함께 지지하는 결속이 된다(H. 리델보스).

(3) 누가 교회의 기초가 되는가? 제2차적인 의미로 베드로를 포함한 사도들을 교회의 기초라고 할 수 있다. 열두 사도를 대표하는 베드로나 다른 사도(요 20:23)들이 교회의 기초이다(엡 2:20, 계 21:14 참조). 이들은 예수님과 함께 있었고 예수님께서 하신 말씀과 하신 일과 그의 수난과 부활에 대한 모든 일에 증인이었다. **그러니까 주님은 이 증거들 위에 미래의 공동체를 세우실 것이다.** 이제, 지옥의 문과 그 파괴세력이 교회를 정복할 수 없다.[4]

7. 예수님은 이런 베드로를 책망하셨다.

(1) 물론, 베드로는 선의로 한 말이었지만, 베드로의 경솔을 볼 수 있다.[5] 그들은 영광과 면류관만 있는 그런 메시야를 고대했을 것이다. 제자들이라고 예외는

1) 항변하다(에피티마오 ἐπιτιμάω)의 부정사 잘못을 지적하다, 꾸짖다, 혼을 내다, 책망하다, 질책하다. (펄쩍 뛰었다 - 공동번역)

2) 주님은 교회를 '나의'(μου) 교회라고 하셨다. 그러므로 참 이스라엘인 교회는 그리스도 자신의 백성이다.

3) 교회는: 지상적인 면만을 나타나는데 반해서 천국은 지상적인 면과 천상적인 면을 모두 나타내고 있다(렌스키).

4) 왜냐하면, 사도들의 증거 속에서 교회는 죽음을 정복하신 주 되신 그리스도와 연결되어 있기 때문이다. 19절에서 나오는 '특권'은 후에 다른 제자들에게도 언급되었음을 본다(마 18:18을 보라. '너희'라는 복수형이 언급되어 있다). **베드로가 죄를 용서할 수 있다는 권한을 가졌다는 말이 아니다.**

5) 마가는 마 16:17, 19에 있는 찬사를 언급하지 않는다. 오히려 베드로에 대한 책망을 언급하고 있다.

아니었을 것이다. 베드로, 그는 아무리 생각해도 예수님이 메시야인데, 그래서 얼마 전 자기가 신앙고백한 것을 칭찬하셨는데, 그런데 어떻게 종교 지도자들의 손에 죽임을 당하신단 말인가? 그 말에 너무 충격을 받아, 그 뒤에 다시 삼일 만에 살아나신다는 말씀은 미처 듣지 못했나보다.[1]

막 8:33 예수께서 ── 베드로를 **꾸짖어**
/돌이키사(과거분사)
/보시며(과거분사)
/[그의] 제자들을
이르시되(...하시고)
/사탄아!
[너는] ── 내 뒤로 물러가라
//(이유: ὅτι, for)
네가 하나님의 일을 생각지 아니하고
도리어 사람의 일을 (생각하는도다)

물론 베드로만 특별히 구짖은 것은 아니다. 제자들을 둘러보시면서 베드로를 꾸짖었다.

베드로가 지금 사탄의 역할을 하고 있다는 것이다.

(2) 예수님은 베드로를 크게 책망하신다. 베드로가 지금 사탄의 역할을 하고 있었기 때문이다. 사탄은 베드로를 이용하여 예수님께서 십자가를 지지 않고 면류관을 얻도록 유혹했을 것이다. 우리는 마 4:8-9*에서도 사탄이 바로 이와 같은 유혹을 했음을 본다. 베드로는 하나님의 관점에서 이해하지 못했고, 인간의 관점에서 생각했다(마 16:23하). 인간의 관점에서는 메시야와 고난이라는 것은 전적으로 모순처럼 보인다. 고난을 통한 구속이 하나님 계시의 본질이 되기 때문에 인자가 당하는 고난은 하나님의 필연적 사건이다.

(3) 이제 주님은 주를 따르는 것은 나의 생각, 나의 인간적인 방법을 포기하며, 적극적으로는 나의 목숨까지 맡기는 것임을 깨우쳐 주셨다. 예수님을 따르는 제자의 길, 두 가지는 무엇이라고 말씀하시는가? (막 8:34-35)

① 막 8:34절 : (자기를 부인하고 자기 십자가를 지고 주님을 따르는 것)
② 35절 : ( )

(4) 이제, 베드로와 다른 제자들은, 십자가는 영광으로 인도하는 필수적인 길임을 배워야 했다. 자, 36절을 보라("사람이 만일 온 천하를 얻고도 제 목숨을 잃으면 무엇이 유익하리요 사람이 무엇을 주고 제 목숨과 바꾸겠느냐"). 앞에서 말씀한 명령에 대한 이유를 밝히고 계신다. 자기를 부인하지 않고 자기 십자가를 지고 주를 따른다는 것은 무서운 어리석음이라고 말씀하신다. 예수님의 제자가 된다는 것, 그의 길을 따른다는 것은 슬픔과 고난의 여정이다.

1) 그러나 훗날, 그가 성령의 놀라운 역사로 말미암아 십자가의 도를 누구보다도 분명하게 역설하는 자가 되었음을 우리는 안다(행 2:23, 3:18, 4: 11, 12:1; 벧전 1:11, 2:21-24).

• 마 4:8 "마귀가 또 그를 데리고 지극히 높은 산으로 가서 천하 만국과 그 영광을 보여 9 이르되 **만일 내게 엎드려 경배하면 이 모든 것을 네게 주리라.**"

자기를 부인하고 자기 십자가를 지고 주님을 따른다는 것은?

(5) 예수님의 제자가 된다는 것, 그의 길을 따른다는 것은 슬픔과 고난의 여정이라는 것을 알아야 한다. 목숨을 잃을 것도 각오해야 하는 길이다. 만약, 그 길을 버리고 세상의 모든 것을 얻었다고 하자. 세상의 모든 것을 얻고도(비교, 마 4:8, 9), 제 목숨을 잃는다면 그것보다 불행한 일은 없다. 주님을 따르는 길, 그것은 십자가를 져야 하는 길이지만 생명의 길이다.

8. 주님을 따르는 길은 죽음을 각오해야 길이지만, 그러나 그리스도가 자기를 위해 죽은 모든 사람에게 영생을 주신다는 것만큼 더 큰 보상이 어디 있겠는가?

1) 누가복음 9:25에서는 "사람이 만일 온 천하를 얻고도 **자기를 잃든지 빼앗기든지 하면** 무엇이 유익하리요" 라고 기록되어 있다.

막 8:36 //(이유: γάρ, for)
(사람이 만일)
무엇이 ── 유익하리요?
/온 천하를 얻고도
제 목숨을 잃으면(=잃는 것이)[1)]

자기를 부인하고 자기 십자가를 지고 주님을 따라야 할 타당한 이유를 설명한다.

(1) 주님을 따른다는 것은 때로는 생명을 잃을 수도 있는 길이지만, 거기에는 영생의 축복이 있다. 자신의 육신만을 위하여, 그래서 천하를 얻었다고 하자. 이 세상 사람들이 추구하는 궁극적인 영화를 누렸다고 치자. 그런데 만약, 자기 목숨을 잃는다면(구원을 얻지 못한다면), 그 영화가 무슨 유익이 있겠는가? 그 누가 "무엇을 주고 자기 목숨과 바꾸겠는가?"(37절) 그래서 "누구든지 예수님과 복음을 위하여 목숨을 잃는 일이 있다면" 그는 반드시 구원을 받을 것이다(35절).

주님을 따르는 길과 고난

예수님께서 돌아가시기 전에 제자들에게 당부하시는 중심 메시는 무엇일까? 예수님께 속하였다는 이유로 온갖 고난과 박해를 받게 되리라는 내용이다(마 10:7-25; 막 13: 9-13; 눅 21:12-17).

예수님은 제자들을 돌아보시면서 비록 자신이 십자가에 죽임을 당한다해도 그것으로 두려워하지 말 것을 권고하신다(막 8:38; 마 10:26-33; 눅 21:2-9).

(2) "누구든지 이 음란하고 죄 많은 세대에서 나와 내 말을 부끄러워하면", 즉 예수님을 따르는 길을 부끄러워한다면 "인자도 아버지의 영광으로 거룩한 천사들과 함께 올 때에 그 사람을 부끄러워하리라." 만약 우리가 주님을 따르는 길에서 부끄러움을 당하는 것으로, 다시 말해서 인간적인 조소에 대해 두려움을 갖게 된다는 것은 인자의 종말론적이며 우주적인 권위를 부정하는 행위가 되는 것이다.

(3) 사도 바울은 로마서에서(롬 1:16) "나는 복음을 부끄러워하지 않는다"고 했다. 또 디모데후서에서도 "그러므로 너는 내가 우리 주를 증언함과 또는 주를 위하여 갇힌 자 된 나를 **부끄러워하지 말고** 오직 하나님의 능력을 따라 **복음과 함께 고난을 받으라**"(딤후 1:8)고 했다. 베드로도 그의 서신에서 "만일 그리스도인으로 **고난을 받은즉 부끄러워 말고** 도리어 그 이름으로 하나님께 영광을 돌리라"(벧전 4:16)고 했다.

너희는 나를 누구나 하느냐? (막 8:28)

- 오병이어의 사건이 아직 잊혀지지 않았을 터인데
  제자들은 4,000명이 모인 자리에서
  여전히 믿음 없음을 드러냈다.
  이 광야 어디서 떡을 얻어
  이 사람들로 배부르게 할 수 있으리이까(8:4)

- 어제의 믿음이 오늘을 보장하지 못한다.
  과거에 믿음이 좋았다고 자랑하는 사람들이
  지금은 나락으로 떨어진 경우를 많이 본다.
  신앙생활이 어려운 것은 그것이 단거리 경주가 아니기 때문이다.
  신앙의 곡선이 상승을 그릴 때도,
  또 하강 곡선을 그릴 때도 있지만
  오늘이 전보다는 차원 높은 경지에 있어야 한다는 것이다.

- 베드로(나머지 제자들을 포함한)의 신앙고백
  그 고백을 들으시고 주님은 대단히 기뻐하셨다.
  "주는(당신은) 그리스도요 하나님의 아들이니이다."
  로마의 황제만이 '주'라고 불러야 하는 세상에서
  그의 고백은 놀라운 것이었다.
  이런 시몬 베드로의 고백은
  하나님께서 시몬에게 깨닫게 하신 하나님의 선물이었다.

- 나에게 예수님은 누구인가?
  나의 신앙고백은
  주님의 칭찬을 받을만한 고백일까?
  이런 고백을 한 사람들은 고난의 길을 각오해야 한다.
  그러나,
  나는(우리는) 너무 많은 것들을 요구한다.
  자신을 풍부로 채워달라고 끊임없이 간구하고 있다.

- 복음 속에는 고난이 숨겨져 있다.
  그런데 우리는 너무 영광에만 관심을 두는 것은 아닐까?
  아직도 하나님의 기쁘신 뜻을 발견하지 못해서일꺼다.

- 우리들은 그리스도의 고난과 죽음, 그리고 부활의 증인이 되어야 한다.
- 예수님의 고난과 죽음이 아직 실현되지 못하고 있는 동안에는 천국은 그 절정에 도달 할 수 없었다.
- 복음 선포는 예수님의 죽으심과 부활 이후에야 비로소 완전히 진작될 수 있었다.

Outline Outline은 본문 설명을 요약 정리한 것입니다. 간단하게 설명을 할 경우 이용하세요. 그렇지 않으면 본문으로 바로 들어가셔도 됩니다.

188

변화산 사건(9:1–13)

예수님께서 세례를 받으실 때
이미 하나님의 아들이라고 선포되었다.

예수님은 종교 지도자들의 많은 반대와
핍박 가운데서도 하나님의 나라가
이미 도래했음을 증거하셨다.
따라서 세상은 그의 메시지의 선포에
가부간 선택의 기로에 서야 한다.
회개하여 예수님을 영접하든지
아니면, 심판에 직면해야 한다.

예수님의 공생애 사역이 끝나갈 무렵,
유대 지도권과의 충돌은 도를 도해갔다.
이들의 반대는 간헐적이고,
점차적으로 한 것이 아니라 끊임없이
전생애에 걸쳐 나타났다.
대제사장들과 장로들이 예수님을 체포하기 위해
음모가 이미 꾸며지고 있었다.

이제 예수님은 수난을 앞두고,
변화산 사건을 통해, 예수님이 하나님의 아들이심을
확인시켜 주셨다.
물론 미쳐 생각치 못했던 선언에 제자들은 당황한다.
예수님께서 많은 고난을 받고 죽으실 것을
선포하셨기 때문이다.

영광스러운 모습으로 변형되심(막 9:2-13)

(1) 베드로의 신앙고백과 첫 번째 수난 예고가 있은 지 엿새 후에 예수님은 세 제자만을 데리고 높은 산에 오르셨다. 이른 바 변화산 사건이다.

(2) 예수님의 얼굴이 해처럼 빛나고 옷이 빛처럼 희어졌다. 그리고 갑자기 모세와 엘리야가 나타났다. 이들은 예수님과 대화했고, 빛난 구름이 그들을 덮었다. 그리고 하늘에서 소리가 들린다. "이는 내 사랑하는 아들이요 내 기뻐하는 자니 너희는 그의 말을 들으라."

(3) 예수님은 왜 이들에게 변화산 사건을 체험케 하려 하셨을까? 여러 해석이 있으나, 두 사람이 예수님과 함께 나타난 것은 주님의 죽음이(마 16:21) 메시야에 관한 구약 예언과 완전히 일치했음을 제자들에게 확신시키려 했다는 해석이 가장 정당한 것으로 받아들여지고 있다(마 5:17, 눅 24:25-).

마 17:5 "이는 내 사랑하는 아들이요"
(This is My beloved Son)
(οὗτός ἐστιν ὁ υἱός μου ὁ ἀγαπητός)

(4) 이 말은 사실 신명기 18:15의 말씀을 인용한 것이다. 따라서 구름 속에서 난 소리는 예수님께서 약속된 모세와 같은 선지자이시며, 백성은 그의 말을 들어야만 한다는 것을 입증해 준다.

(5) 그러면, 엘리야의 등장은 어떻게 설명될 수 있는가? 랍비들은 엘리야 자신이 둘째 모세로 율법을 위해 싸운 자요, 거룩한 산(호렙산: 왕상 19:8)에서 하나님을 만나는 것을 허락받은 자로 생각했다. 엘리야가 '다시 온 엘리야'(Eliajah-over-again)로 존재한 것과 마찬가지로 예수님은 '다시 온 모세'로 존재하신다. 모세와 엘리야는 둘 다 (랍비들의 견해로는) 죽지 않고 하늘로 옮기어졌다.

(6) 변화산의 경험은 그리스도인들이 소망하는 일들이 성취되고 있다는 것을 사도들에게 확신시켜 주는 하나의 방법이었다. 이제, 이 사건은 사도들의 증거를 믿는 자들에게 그리스도의 복음의 믿음과 소망이 환상이 아님을 보여주는

하나의 표적이었다.

(7) 베드로는 어떤 반응을 보였나? (마 17:4; 막 9:5)

어찌하여 서기관들이
엘리야가 먼저 와야 하리라 하나이까(막 9:10-13)

(1) 주님은 제자들에게 침묵을 명하신다. 왜 침묵하라고 명하셨을까? (비교; 마 16:21) 제자들은 아직도 주님께서 많은 고난을 겪으신 후에 죽임을 당한다는 말씀을 얼른 받아들일 수 없었다.

(2) 제자들은 이 부활에 대한 말씀도 이해할 수 없었다(막 9:10 "그들이 이 말씀을 마음에 두며 서로 문의하되 죽은 자 가운데서 살아나는 것이 무엇일까 하고"). 제자들은 아무래도 주님이 말씀하시는 메시야관을 이해할 수가 없었다. 서기관들의 주장에 의하면, 말 4:5에 있는 것같이, 만약 예수가 메시야라면, 어찌하여 엘리야가 아직 오직 않았느냐는 것이다.

(3) 예수님 자신이 고난을 받고 죽임을 당하는 것도 (표적을 보면서도) 이 땅에 천국이 시작되었음을 알지 못하는 사람들 때문이라는 것이다. 결국 자신이 이 백성을 구원하실 메시야라는 내용이 이 대답 속에 들어 있다. "그제서야(Then) 제자들이 예수께서 말씀하신 것이 세례 요한인 줄을 깨달았다"고 했다(마 17:13).

귀신 들린 아이를 고치심(막 9:14-29)

(1) 더러운 귀신이 들린 아이의 아버지가 무엇 때문에 제자들에게 왔는가? (막 9:22-24) 제자들은 능히 고치지 못했다(18절). 그래서 서기관들과 변론이 벌어졌다. 서기관들은 제자들의 무능을 비웃었을 것이다.

(2) 제자들의 믿음이 아직 온전치 못했다(막 9:28). 물론 제자들이 능력을 받고 승리한 적도 있었다(마 10:1; 막 6:13). 그런데 이번에는 왜 실패했나? 제자들은 누구를 더 의뢰했나? 제자들은 예수님만을 철저하게 의뢰해야 했고, 그렇게 의뢰하는 사람만을 통해 필요한 일들을 행하신다는 점을 알지 못했다. 능력의 원천이 자기 자신에게 있는 줄로 착각했다.

(3) 병을 고치신 후, 제자들 간에는 자기들의 무능함에 논란이 있었을 것이다. 왜, 우리는 귀신을 쫓아내지 못할까? 이에 대한 예수님의 대답은?

(4) 마태복음에서는 "너희의 믿음이 작은 까닭이라"고 그 이유를 설명하신다(마 17:20). 이 점은 앞으로 복음을 선포하는 일(천국의 열쇠를 매고 푸는 일)에도 똑같이 적용된다. 이 일의 성공여부는 인간의 능력이 아니라, 그리스도의 능력에 달려 있다는 것이다. 이 점을 대부분의 사람들이 오해하고 있다.

천국에서는 누가 클까? (막 9:30-32)

(1) 이제, 이들 제자들은 옛 질서를 초월하여, 새로운 공동체에 주어진 계율을 지켜야 한다. 그런데, 새로운 공동체인 교회의 본질과 사명이 무엇일까? 새로운 공동체의 계율은 그들의 기본 이해를 뛰어넘는 것이었다. "어린 아이들과 같이 되지 않으면 천국에 들어갈 수 없다"고 잘라 말씀하신다.

(2) "주님, 천국에서는 누가 제일 큰 자입니까?"

우리를 위하는 사람은? (막 9:38-40)

(1) 왜 제자들은 자신들과 함께 아니한 사람이 주의 이름으로 귀신을 내쫓는 행위를 계속해서 금하였을까?

(2) 이런 제자들의 질문에 예수님은 어떻게 대답하셨나? 막 9:40은 아마 속담이었을 것이다. 예수님은 그런 속담을 인용하시면서 요점을 설명하셨다. 41절에서 계속되는 이유를 말씀하신다.

(3) 주님은 이런 작은 자를 사랑하신다는 것이다. 주님을 믿는 작은 자 중의 하나를 실족시킨다면, 즉 한 나약한 사람의 신앙을 좌절케 하고, 죄를 짓게 한다면 그것은 곧 주님을 우습게 여기는 것으로 간주하시겠다는 것이다. 지금 이 작은 자는 주님을 믿고 있기 때문에 주님의 지극한 관심의 대상이다. 따라서 이 작은 자 중에 하나라도 잃어서는 안 된다는 것이다.

영광스러운 모습으로 변형되심(막 9:2–13)

같이 읽을 곳 (마 17:1–13; 눅 9:28–36)

變化山

변화산

엿새 후에(언제부터? 첫 번째 수난 예고가 있은 후에) / 누가는 여드레 후에(눅 9:28)라고 기록하고 있다. 세 제자(베드로와 야고보와 요한)만 데리고 높은 산으로 올라 가셨다. 장소가 어디인지 확실치 않으나 (다볼산으로 전해지기도 하나 가이사랴 빌립보와 가까운 곳이라면) 헤르몬 산이었을 것이다. 이 광경에서 하나님은 예수님이 자신의 사랑하고 가뻐하시는 아들임을 알려 주셨다. 이제 예수님은 고난과 죽음의 과정을 겪으셔야 한다.

1. "여기 서 있는 사람 중에는 죽기 전에 하나님의 나라가 권능으로 임하는 것을 볼 자들도 있느니라."(9:1)

1) 동교재, 마태복음 16장에서 설명을 가져옴.

(1) 마태복음에는 "여기 서 있는 사람 중에는 죽기 전에 하나님의 나라가 권능으로 임하는 것을 볼 자들도 있느니라"고 기록되어 있다(마 16:28). 이 구절은 다양한 해석이 있다. 인자의 영광은 재림 때에 비로소 충분히 드러나게 될 것이다. 그렇지만 그 영광의 시작(부활, 오순절, 초대교회의 신속하고 힘 있는 확장이라고 생각)은 바로 그 당시 예수님의 말씀을 듣고 있는 자들 중에서 볼 자도 있을 것이다(W. 헨드릭슨).[1)]

2) 에이도(εἰδῶ)의 가정법 과거 / '보다, 인지하다, 발견하다'

(2) 본문 막 9:1(마 16:28)의 언급과 같이 (시간과 관련하여 난제들이 있기는 하지만) 하나님의 나라가 권능으로(with power, ἐν δυνάμει) 임할 것이라는 점은 부인할 수 없다. 하나님의 나라가 임하는 것을 '볼 것이다'(ἴδωσιν)[2)]라는 말은 이미 온 어떤 것이라기보다는 여전히 올 것이라는 말이다. 그러나 종말 이전의 시기를 분명히 언급하는 듯한 의미이다. 어쨌든 그 때가 언제를 말한 것인가는 다소 모호하다(막 9:1을 포함하여 마 10:23; 막 13:30을 보라). 이 본문이 말하는 시간이 언제인지는 확실치 않지만 예수님의 종말론적 설교에서 시간적 개념인 임박성 기대를 떼어내야 한다(막 13:32을 읽어보자).

• 마 16:27 "인자가 아버지의 영광으로 그 천사들과 함께 오리니 그 때에 각 사람이 행한 대로 갚으리라 28 진실로 너희에게 이르노니 여기 서 있는 사람 중에 죽기 전에 인자가 그 왕권을 가지고 오는 것을 볼 자들도 있느니라."

(3) 그러나 주님께서는 부활에서 재림까지의 모든 영광의 상태를 하나로 간주하신다. 구약성경에서는 메시야 시대의 예언을 말할 때, 초림과 재림을 하나로 묶어 표현하고 있음을 본다. 마 16:27*에서는 영광의 마지막을, 28절에서는 그 시작을 말씀하고 계신다. 인자가 "그의 왕권을 가지고" 오는 것, 즉 왕으로 통치하시기 위해 위엄을 갖추고 오시는 것을 볼 자도 있다고 하셨다(참고,

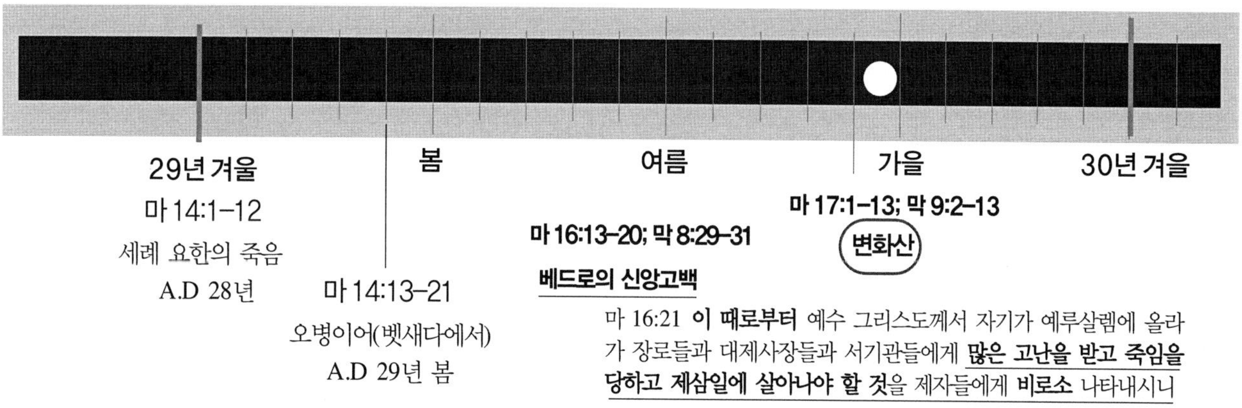

계 19:16, "그 옷과 그 다리에 이름을 쓴 것이 있으니 만왕의 왕이요 만주의 주라 하였더라").

(4) 따라서, 막 9:1과 마 16:28의 언급은,
그의 영광의 부활 ⇨ 오순절에 성령으로 다시 오심 ⇨ 아버지의 우편에서 통치하심과 오순절 후의 교회 역사의 통치자로서의 지위 등에서 그 실현을 보는 자가 있음을 말하고 있다.[1] 어쨌든 그 "고난"과 "영광"이 얼마나 밀접하게 연관되어 있는가는 지금 마가복음 9:2-13(마 17장)에서 언급하고 있다.

2. 베드로의 신앙고백과 첫 번째 수난 예고가 있은 지 엿새 후에 예수님은 세 제자만을 데리고 높은 산에 오르셨다. 이른 바 변화산 사건이다.[2]

막 9:2 엿새 후에 (언제부터?)
예수께서 베드로와 야고보와 요한을 **데리시고**
따로 높은 산에 **올라가셨더니** 그들 앞에서 **변형되사(μετεμορφώθη)**[3]
(지상적 형태에서 천상적 존재의 모습으로 변형된 것을 말한다.)
3 그 옷이 ─── 매우 **희어졌더라**
/광채가 나며(현재분사)
/빨래하는 자가 ─ **희게 할 수 없을 만큼**
/그렇게
/세상에서
빛과 같이(ώς τὸ φῶς) 희어졌다.

(1) 예수님의 얼굴이 해처럼 빛나고 옷이 빛처럼 희어졌다. 그리고 갑자기 모세와 엘리야가 나타났다. 이들은 예수님과 대화했고, 빛난 구름이 그들을 덮었다. 그리고 하늘에서 소리가 들린다. "이는 내 사랑하는 아들이요 내 기뻐하

1) 어떤 학자들은 변화산에서의 변모도(막 9:2-13; 마 17:1-8) 이 예언에 포함되어 있다고 말한다. 어쨌든, 그의 왕국은 그리스도의 죽음을 통해서만 분명히 볼 수 있게 될 것이었다. 그 고난을 지나서 영광으로 올려지실 것이었다.

2) 왜, 세 제자만 데리고 가셨을까? (참고: 막 5:37; 눅 8:51; 마 26:37; 막 9:2; 눅 9:28 비교) 이들 세 명의 제자들은(베드로와 요한과 야고보) 주님의 특별한 사역이 있을 때마다 언급되었다. 다른 제자들보다 주님의 사랑을 더 많이 받은 제자들인 것 같다. 다른 제자들은 산 밑에 머물러 있었다.

3) 메타몰포오(μεταμορφόω)의 과거 수동태 / 다른 형상으로 바꾸다, 변형하다

• 벧후 1:16-17 "지극히 큰 영광 중에서 이러한 소리가 그에게 나기를 이는 내 사랑하는 아들이요 내 기뻐하는 자라 하실 때에 그가 하나님 아버지께 존귀와 영광을 받으셨느니라 18 이 소리는 우리가 그와 함께 거룩한 산에 있을 때에 하늘로부터 난 것을 들은 것이라"

는 자니 너희는 그의 말을 들으라." 제자들이 듣고 엎드려 심히 두려워했다. 그 광경이 너무 황홀해 베드로는 영원히 그 산에 있고 싶어 했다. 그래서 그곳에다 천막을 치겠다고 제안했다. 베드로는 후일까지도 이때의 일을 회상했다(벧후 1:16-17*).

(2) 예수님은 왜 이들에게 변화산 사건을 체험케 하려 하셨을까? 여러 해석이 있으나, 두 사람이 예수님과 함께 나타난 것은 주님의 죽음이(마 16:21) 메시야에 관한 구약 예언과 완전히 일치했음을 제자들에게 확신시키려 했다는 해석이 가장 정당한 것으로 받아들여지고 있다(마 5:17, 눅 24:25-). 주님은 제자들에게 이 일을 자신이 죽었다가 살아나기까지 아무에게도 말하지 말라고 하셨다. 어쨌든 제자들은 아직도 예수님의 고난과 죽음과 부활에 대한 예고를 선뜻 받아들이지 못하고 있었다. 변화산 사건은 이들에게 이런 확신을 주고자 한 사건이었다.

3. 예수님과 함께 누가 나타났나? 왜 이 두 사람이 나타났을까? 또 어떻게 즉시 모세와 엘리야임을 알아볼 수 있었을까? (마 17:3)

17:3 그 때에(καί)
[보라!, behold, ἰδού]
모세와 엘리야가 — 그들에게 **보이거늘**
/말하는 것이 (=말씀하시면서, 현재분사)
/예수와 더불어

• 신 18:18 "내가 그들의 형제 중에서 **너와 같은 선지자 하나를 그들을 위하여 일으키고** 내 말을 그 입에 두리니 내가 그에게 명령하는 것을 그가 무리에게 다 말하리라."

• 벧후 1:18 "이 소리는 우리가 그와 함께 거룩한 산에 있을 때에 **하늘로부터 난 것을 들은 것이라**."

(1) 예수님은 진실로 모세와 같은 선지자였다(신 18:15, 18*). 이 예수님은 역사적 출애굽과 구원보다 더 위대한 구원을 성취하실 분임을 계시하고 있다. 세 사람은 인간의 언어 능력으로는 설명할 수 없는 일을 경험했다. 이들은 예수님이 하나님의 메시야라는 사실을 확신케 되었다. 그렇다면, 변화산은 새로운 시내산이다. 그래서 새 모세는 옛 모세처럼 거룩한 산에서 하나님의 음성을 듣는다(벧후 1:18을 보라).

(2) 하나님과 대화했기에 모세가 시내산을 내려올 때, 그의 얼굴에서 광채가 났다(출 34:29이하). 예수님도 변화산을 내려올 때 같은 경험이 있다(막 9:15). 구름 속에서 나는 소리가 있었다.

17:5 "이는 내 사랑하는 아들이요"(This is My beloved Son)
(οὗτός ἐστιν ὁ υἱός μου ὁ ἀγαπητός)

이 말은 사실 신명기 18:15*의 말씀을 인용한 것이다. 따라서 구름 속에서 난 소리는 예수님께서 약속된 모세와 같은 선지자이시며, 백성은 그의 말을 들어야만 한다는 것을 입증해 준다. 거기에다가 첨가되는 말이 있었다.

"너희는 그의 말을 들을지니라."(listen to Him!, ἀκούετε αὐτοῦ.)

• 신 18:15 "네 하나님 여호와께서 너희 가운데 네 형제 중에서 너를 위하여 **나와 같은 선지자 하나를 일으키시리니 너희는 그의 말을 들을지니라.**"

4. 그러면, 엘리야의 등장은 어떻게 설명될 수 있는가?[1)]

(1) 랍비들은 엘리야 자신이 둘째 모세로 율법을 위해 싸운 자요, 거룩한 산(호렙산: 왕상 19:8)에서 하나님을 만나는 것을 허락받은 자로 생각했다. 엘리야가 '다시 온 엘리야'(Eliajah-over-again)로 존재한 것과 마찬가지로 예수님은 '다시 온 모세'로 존재하신다. 모세와 엘리야는 둘 다 (랍비들의 견해로는) 죽지 않고 하늘로 옮기어졌다. 누가가 그 점을 이해했다. 말라기 4:4이하의 기록 때문에 모세와 엘리야는 유대인의 사고 속에서 일치되었다. 변화산 강화에서 모세와 엘리야는 이제 성취된 새 질서와 대조되는 옛 질서를 나타낸다. 하늘로부터 들린 음성이 증거한 후에, 모세와 엘리야는 사라졌다.

(2) 변화산의 경험은 그리스도인들이 소망하는 일들이 성취되고 있다는 것을 사도들에게 확신시켜 주는 하나의 방법이었다. 이제, 이 사건은 사도들의 증거를 믿는 자들에게 그리스도의 복음에 대한 믿음과 소망이 환상이 아님을 보여주는 하나의 표적이었다.[2)]

1) 앨런 리처드슨, 이한수역, 신약신학개론(크리스챤 다이제스트), 235-240면.

2) 어쨌든 여러 해석이 있으나, 두 사람이 예수님과 함께 나타난 것은 주님의 죽음이(16:21) 메시야에 관한 구약 예언과 완전히 일치했음을 제자들에게 확신시키려 했다는 해석이 가장 정당한 것으로 받아들여지고 있다(마 5:17; 눅 24:25-27, 44).

5. 누가복음 9:31, 32*에서는 무엇을 의논했다고 했나?

• 눅 9:31-32 "영광 중에 나타나서
장차 예수께서 예루살렘에서 (　　　　)하실 것을 말할새
베드로와 및 함께 있는 자들이 깊이 졸다가
온전히 깨어나 예수의 영광과 및 함께 선 두 사람을 보더니"

• 별세(엑소도스, ἔξοδος) - His departure

• 눅 9:30 문득 두 사람이 예수와 함께 말하니 이는 모세와 엘리야라
• 31 영광 중에 나타나서 장차 **예수께서 예루살렘에서 별세하실 것을 말할새**
• 32 베드로와 및 함께 있는 자들이 깊이 졸다가 온전히 깨어나 예수의 영광과 및 함께 선 두 사람을 보더니

메시야의 고난을 이해할 수 없었던 제자들에게, 예수님이야말로 우리가 기다리는 참메시야이며, 그가 십자가에 못박혀 죽으시려는 고난의 길은 하나님의 뜻에 부합하는 길임을 하나님께서 친히 보여주셨다. 이 변화산 사건으로 인하여 제자들은 예수님의 왕국에서 어떻게 고난과 영광이 서로 관계가 있는가를 배웠을 것이다.

6. 베드로는 어떤 반응을 보였나? (마 17:4; 막 9:5)

17:4 베드로가 예수께 **여쭈어 이르되**
/주여(κύριε)
/우리가 여기 있는 것이 좋사오니(καλόν ἐστιν ἡμᾶς ὧδε εἶναι·)
/만일(εἰ)
주께서 — 원하시면(θέλεις,)
내가 — 여기서 초막 셋을 짓되(ποιήσω ὧδε τρεῖς σκηνάς)
/하나는 주님을 위하여,
/하나는 모세를 위하여,
/하나는 엘리야를 위하여

• 마가 9:6에서는 왜 이런 말을 했는가의 이유를 말하고 있다.

6 "이는(이유: γάρ, for)) 그들이 몹시 무서워하므로 그가 무슨 말을 할지 알지 못함이더라."

1) 초막(tabernacle, σκηνή) - 천막, 초막

"초막(草幕)[1] 셋을 지읍시다." 베드로는 그가 보았던 그 영광스러운 분위기를 놓치고 싶지 않았을 것이다. 그러나, 만약 그렇게 된다면, 예수님이 고난 당해야 한다는 사실을 가로막는 일이 될 것이다. (물론, 베드로는 그런 생각을 가지고 그런 말을 하지 않았겠지만.) 메시야의 영광은 고난 뒤에 있을 것이었다. 그러나 아직도 제자들은 그런 메시야관을 이해할 수가 없었다. 누가복음에서는 베드로는 "자기가 하는 말을 자기도 알지 못하더라"(μὴ εἰδὼς ὃ λέγει)고 했다(눅 9:33).

• 벧후 1:16 "우리 주 예수 그리스도의 능력과 강림하심을 너희에게 알게 한 것이 교묘히 만든 이야기를 따른 것이 아니요 **우리는 그의 크신 위엄을 친히 본 자라** 17 지극히 큰 영광 중에서 이러한 소리가 그에게 나기를 **이는 내 사랑하는 아들이요 내 기뻐하는 자라 하실 때에** 그가 하나님 아버지께 존귀와 영광을 받으셨느니라 18**이 소리는 우리가 그와 함께 거룩한 산에 있을 때에 하늘로부터 난 것을 들은 것이라**

• 19 또 **우리에게는 더 확실한 예언이 있어** 어두운 데를 비추는 등불과 같으니 날이 새어 샛별이 너희 마음에 떠오르기까지 너희가 이 것을 주의하는 것이 옳으니라."

7. 이런 베드로의 제의에 대해 하나님은 어떤 음성을 들려주셨나? 또 이 말씀은 언제 들려졌던 음성의 내용인가? (마 3:17 참조)

17:5 말할 때에(While he was still speaking, 베드로의 말이 채 끝나기도 전에)
[보라!, behold, ἰδοὺ]
빛난 구름이 — 그들을 (홀연히) **덮으며**
(빛난 구름 - 하나님의 은혜로운 임재를 상징한다.)

(1) 이때 들려오는 하나님의 음성, "이는 내 사랑하는 아들이요 내 기뻐하는 자니 너희는 그의 말을 들으라 하시는지라." 얼마 전에 베드로는 가이사랴 빌립보에서 예수님을 그리스도라고 고백했었다. 하나님께서도 그의 고백을 옳은 것으로 확인하신 것이다. 훗날 베드로가 성숙한 믿음을 가졌을 때 이 사건을 어떻게 생각하고 있었는지 살펴보라(벧후 1:13이하*). 베드로는 그의 서신을 읽는 독자에게 예수님에 대한 허황된 이야기를 전하는 것이 아니라고 힘주어 말한다. 베드로는 "더 확실한" 성경의 예언의 말씀을 성도들이 가졌

막 9:5
베드로가 예수께 고하되
랍비여 우리가 여기 있는 것이 좋사오니
우리가 초막 셋을 짓되
하나는 주를 위하여,
하나는 모세를 위하여,
하나는 엘리야를 위하여 하사이다

지금까지는 말씀과
행적들을 통하여
군중들에게
자신의 메시아이심을
드러내셨다.

그러나 베드로의 고백 후,
즉 마가복음 8:27부터부터는
그의 가르침을
제자들만을 위하여
집중하신다.

그리고
종교재판과 수난을 통하여
십자가로 향하신다.

변형하다(μετεμορφόω 메타몰포오)

1. 베드로, 야고보, 그리고 요한은 변화산에 올라간다(막 9:2). <비교> (출 24:1 아론과 나답과 아비후과 이스라엘 70명과 시내산에 올라감 - 시내산에서 언약을 세움) - 모세만 여호와께 나감, 그리고 여호와의 영광을 보고 광채가 났다(출 24:2, 34:29-35).

(1) 변화산에서 예수님만 홀로 변형되셨다. 지상적 형태에서 천상적 형태로 변형되셨다. "그 옷이 광채가 나며 세싱에서 빨래하는 자가 그렇게 할 수 없을 만큼 메우 희여졌다"(마태, 누가에서는 얼굴의 광채도 언급했다).

(2) 막 9:7에서 구름 속에서 소리가 들렸다. "마침 구름이 와서 저희를 덮으며 구름 속에서 소리가 나되 이는 **내 사랑하는 아들이니 너희는 저의 말을 들으라** 하는지라."

2. 이 사건은 종말론적 실재에 대한 예견이자 보증이다. 예수님은 제자들에게 인자로서 구원의 소망을 명백히 보여주신 것이다.

(1) 가이샤랴 빌립보에서 신앙고백을 들으신 후, 예수님은 공개적으로 예루살렘에 올라가서 고난과 핍박을 받으며 십자가에서 죽으실 것을 말씀하셨다.

(2) 그들은 예수님께서 고난과 죽음을 이해할 수 없었다. 그러나 예수님의 영광은 고난과 죽음을 통해서 이루어진다는 점을 깨달아야 했다(막 8:38이하). 사도 바울은 세상 끝날에 있을 신자들의 육체적 변형에 대한 소망을 선언한다(고전 15:44이하, 15:51이하).

1) 순간 하늘의 황홀한 광경은 사라지고 예수님이 그들을 만지시며 위로하셨다. 이들은 언제까지나 그곳에 머물러 있을 수 없었다. 제자들은 산 아래로 내려와야 했다. 마 16:18, 19에서 말씀하신대로 아버지께서 구원하시기로 작정한 자들에게 복음을 전할 사명이 이들에게 있었다. 세상은 우리에게 어떤 곳인가?

다고 말한다(벧후 1:19). 그는 변화산 사건에서의 한순간의 감동보다 기록된 하나님의 말씀을 비할 수 없이 귀중한 것으로 여기고 있음을 본다.

(2) 그러나 이 엄청난 사건 앞에 제자들은 어떻게 했을까? "제자들이 듣고 엎드려 심히 두려워" 했다고 했다. "예수께서 나아와 그들에게 손을 대시며 이르시되 일어나라 (두려워하지 말라) 하시니"(7절).[1]

어찌하여 서기관들이 엘리야가 먼저 와야 하리라 하나이까(막 9:10-13)

1. 주님은 제자들에게 침묵을 명하신다. 왜 침묵하라고 명하셨을까? (비교; 마 16:21)

• 막 9:9 "그들이 산에서 내려올 때에 예수께서 경고하시되 인자가 죽은 자 가운데서 살아날 때까지는 본 것을 아무에게도 이르지 말라 하시니."

마 17:9 그들이 산에서 내려올 때에
예수께서 — **명하여 이르시되**(... 하시니)
/[너희는] — 아무에게도 **이르지 말라**
/본 것을
/인자가 살아나기 전에는
/죽은 자 가운데서

2) 그의 고난과 죽으심은 이미 구약에서 여러 선지자들을 통하여 예언된 것이고 이제 주님은 그 하나님의 뜻을 수행하기 위해 마지막 길을 걸어가시는 것이다. 구태여 그 진의를 알지도 못하는, 또 알기도 원치 않는 무리들에게까지 그의 수난과 죽으심과 부활 사건을 알릴 필요가 아직은 없으셨다.

(1) 예수님께서 행하신 이적들이 알려지는 것을 계속 금하셨다(비교: 막 1:43-45, 5:43, 7:36). 산 위에서 변화된 주님의 모습을 목격한 제자들, 그들은 아직도 주님께서 '많은 고난을 겪으신 후에 죽임을 당한다'는 말씀을 얼른 받아들일 수 없었다. 예수님에게 주어질 초자연적인 영광은 그의 지극히 낮아지심과 배척 받으신 후에 일어날 일이다. 천국복음은 결국 십자가의 복음이어야 하기 때문이다.[2]

(2) 제자들은 이 부활에 대한 말씀도 이해할 수 없었다(막 9:10 "그들이 이 말씀을 마음에 두며 서로 문의하되 죽은 자 가운데서 살아나는 것이 무엇일까 하고"). 제자들은 아무래도 주님이 말씀하시는 메시야관을 이해할 수가 없었다. 서기관들의 주장에 의하면, 말 4:5에 있는 것같이, 만약 예수가 메시야라면, 어찌하여 엘리야가 아직 오직 않았느냐는 것이다. "그렇다면, 서기관들이 그러는데, 메시야가 오기 전에 엘리야가 먼저 와야 한다는 말은 무슨 말입니까?"

2. 자, 완악한 서기관들은 무엇을 빌미로 예수가 그리스도가 아니라고 부인했나?

막 9:11 이에 묻자와 가로되
/예수께
/서기관들이 ── 어찌하여 [말]하나이까?
/엘리야가 ─ 먼저 와야 하리라

(1) 그러나 주님은 이미 세례 요한이 엘리야였음을 말씀하셨다(마 11:14 참조). 그러나 그 때는 그 의미를 잘 깨닫지 못하고 있다가 지금 딴 소리를 하고 있는 것이다. 따라서 주님은 다시 설명해 주신다. 예수님은 서기관들의 가르침이 잘못된 것이 아니라고 말씀하신다. "예수께서 대답하여 이르시되 엘리야가 과연 먼저 와서 모든 일을 회복하리라."

마 17:12 내가 너희에게 말하노니(…하시니)
엘리야가 ─── 이미 왔으되
사람들이 ─┬─ 알지 못하고
└─ 임의로 대우하였도다
인자도 ─── 고난을 받으리라
/이와 같이 그들에게

• '인자'라는 말은 예수님 자신이 선호 하신 칭호이다. 예수님은 다윗의 자손, 하나님의 아들, 주, 그리스도 등의 칭호로 불리셨지만 이 '인자'라는 칭호를 가장 선호하셨다.

3. 좀 더 자세한 것을 알기 위해 말라기 4:5을 다시 읽어보자. 여기서 "엘리야"는 누구를 가리키는가? (동교재, 말라기 4장에서 설명을 가져옴)

> 말 4:5 보라
> '여호와의 크고 두려운 날'이 이르기 전에
> 내가 ─── 보내리니
> /선지자 엘리야를(אֵת אֵלִיָּה הַנָּבִיא)
> /너희에게

(1) 선지자 엘리야를 '여호와의 크고 두려운 날이 이르기 전에' 보내실 것이라고 약속하셨다. 그는 '여호와의 날'(יוֹם יְהוָה)이 '이르기 전에'(לִפְנֵי) 올 것이지만, 그 엘리야는 메시야의 선구자이지 메시야 자신은 아니다.

(2) 여기서 '선지자'(나비, נָבִיא)라는 말은 엘리야의 직임(office)을 말하는 것이요, 그 역사적인 인격체를 말하는 것이 아니다. 이것은 마치 호 3:5; 겔 34:23, 37:24, 렘 30:9에서 볼 수 있는 것처럼, 장차 다윗이 이스라엘의

그렇다면, 왜 "엘리야"라고 했을까?

• 이 말은 눅 1:16, 17에서 말한 것처럼 "엘리야의 심령"(=그의 책망 교훈, 경고 및 예언)과 능력으로 나타날 그러한 선지자(=눅 1:13, 막 17:2에서 설명되었듯이, 세례 요한)를 가리킨 것이다.

• 5절에서 말하는 '엘리야'는 앞 절에서(말 3:1) 말한 '말아키'(나의 사자, מַלְאָכִי)를 반복 설명하고 있는 것처럼 보인다. 엘리야가 살던 시대는 어떠했는가? 그래서 엘리야는 어떤 메시지를 외쳤는가? 물론 그 당시 북이스라엘은 배신과 반역의 가장 암흑한 시기였다. 여호와의 종교가 바알의 종교로 대치되고 있었다. 그 혼란한 와중에 엘리야는 여호와의 종교를 다시 원위치로 돌려놓는 역할을 했다. 그는 불신앙의 타락한 세대를 하나님께로 돌이키게 한 선지자 중의 선지자였다. 그래서 하나님과 그의 백성을 화해시키는 역할을 감당했다. 엘리야는 후기 유대주의에서 영웅적인 인물이 되었다.

목자로 나타날 것을 말했으나, 이 일은 죽었던 다윗이 다시 부활하여 나타날 것을 의미한 것이 아닌 것과 같다.

(3) 그 선지자가 과거에 그 백성을 우상 숭배에서 돌이켰던 것 같이(왕상 18장), 이 새 엘리야가 성령과 권능 안에서(눅 1:17* 참조) 하나님의 자녀들의 마음을 돌아오게 할 것이라는 말이다. 이렇게 "엘리야가 벌써 왔다"고 선언하신 것은 제자들이 산 위에서 보았던 환상이나 엘리야의 부활을 가리키는 것이 아니고, "엘리야의 심령과 능력으로 주 앞에 먼저 와서" 활동했던 세례 요한을 가리키신 것이다. "내가 너희에게 말하노니 엘리야가 이미 왔으되 사람들이 알지 못하고 임의로 대우하였도다"는 것이다(마 17:12상).

(4) 문제는, "**인자도 이와 같이 그들에게 고난을 받게 될 것**"이라는 것이다. 예수님도 같은 대우를 받고 있으시다. 예수님 자신이 고난을 받고 죽임을 당하는 것도 표적을 보면서도 이 땅에 천국이 시작되었음을 알지 못하는 사람들 때문이라는 것이다. 결국 자신이 이 백성을 구원하실 메시야라는 내용이 이 대답 속에 들어 있다. "그제서야(Then, τότε) 제자들이 예수께서 말씀하신 것이 세례 요한인 줄을 깨달았다"고 했다(마 17:13).

▶ 제자들의 관심은
여전히 '하나님 나라의 '영광'의 도래(到來)였다.
그들에게 예수님은 복음 전파의 사명을 맡기려 하신다.
그러나, 그들은 아직도
예수님의 고난과 죽음에 대해서 이해하지 못하고 있었다(마 16:19-22).

막 9:12
엘리야가 과연 먼저 와서 모든 것을 회복하거니와
어찌 인자(人子)에 대하여 기록하기를
많은 고난을 받고 멸시를 당하리라 하였느냐

13
그러나 내가 너희에게 이르노니
엘리야가 왔으되 기록된 바와 같이
사람들이 함부로 대우하였느니라 하시니라

• 눅 1:13-17 "13천사가 그에게 이르되 사가랴여 무서워하지 말라 너의 간구함이 들린지라 네 아내 엘리사벳이 네게 아들을 낳아 주리니 그 이름을 요한이라 하라...

17그가 또 **엘리야의 심령과 능력으로 주 앞에 먼저 와서** 아버지의 마음을 자식에게, 거스르는 자를 의인의 슬기에 돌아오게 하고 주를 위하여 세운 백성을 준비하리라."

인자(人子, ben Adam)

• 신약에서 80여회 이상 사용 - 이로 보아 예수님은 단순한 일반적인 인간이 아니라 특이한 존재, 유일한 사람, 즉 예수 그리스도라는 것이 분명하다.

• 이 용어에 대한 참된 기원은 의심할 여지 없이 단 7:13이다.

"…인자 같은 이(כְּבַר אֱנָשׁ)가 하늘 구름을 타고 와서…"

• 마 26:64 "…이후에 <인자>가 권능의 우편에 앉아있는 것과 하늘 구름을 타고 오는 것을 너희가 보리라"

• "권능의 우편"이라는 말은 - 단 7:14에서 유래된 것이 분명하다. '인자 같은 이'가 하늘 구름을 타고 오시지만 '지극히 높으신 이의 성도들' (단 7:18, 21, 22, 25, 57)은 땅 위에 존재한다.

귀신 들린 아이를 고치심(막 9:14–29)[1]

같이 읽을 곳 (마 17:14–20; 눅 9:37–43상)

1) 마가는 마태나(17:14-20), 누가보다(9:37-43)보다 더 상세하게 기록했다.

1. 변화산상의 영광스러웠던 잔영(盞影)이 아직 남아 있었을 터인데, 예수님 일행이 산에서 내려와 다른 제자들이 있는 곳으로 돌아왔다.

(1) 이때 남아 있던 제자들이 큰 군중에게 둘러싸여 서기관들과 논쟁을 하고 있었다. 예수님은 제자들에게 무엇 때문에 논쟁하고 있는가 물으셨다. "온 무리가 곧 예수를 보고 매우 놀라며 달려와 문안하거늘"(15절)

> 막 9:16 예수께서 **물으시되**
> /너희가 무엇을 그들과 변론하느냐
> 17 무리 중의 하나가 [그에게] **대답하되**
> /선생님[이여!]
> [내가] ―선생님께 데려왔나이다
> /말 못하게 귀신 들린[2] 내 아들을

간질병을 앓고 있는 어린이의 상태는? (마 17:15; 막 9:18, 20, 26; 눅 9:39) 막 9:25도 읽어보고.

2) 마태복음에는 간질병을 앓고 있는아들이라고 했다. 막 9:25에서는 더러운 귀신이 들렸다고 했다(말 못하고 못 듣는 귀신). 마가복음은(9:14-29) 다른 복음서보다 아이의 아버지에 대한 인물묘사가 생생하다.

(2) 더러운 귀신이 들린 이 아이의 아버지는 무엇 때문에 제자들에게 왔는가? (막 9:22-24) "귀신이 그를 죽이려고 불과 물에 자주 던졌나이다"(22절). "귀신이 어디서든지 그를 잡으면 거꾸러져 거품을 흘리며 이를 갈며(=발작하며, 심한 경련을 일으키며) 그리고 파리해지는지라(=몸이 빳빳해지고 말았다)"(18절). 그래서 급하게 아들을 제자들에게 데려와 귀신을 내쫓아 달라 하였으나 그들이 능히 하지 못했다는 것이다(18절). 이런 과정을 지켜본 서기관들은 예수님을 공격할 수 있는 아주 좋은 기회를 포착한 것이다. 그래서 서기관들과 변론이 벌어졌던 것이다.

(3) 서기관들은 제자들의 무능을 비웃었을 것이다(마 17:16). 제자들의 믿음이 온전치 못했다(막 9:28*). 물론 제자들이 능력을 받고 승리한 적도 있었다(마 10:1*; 막 6:13). 그런데 이번에는 왜 실패했나? 제자들은 누구를 더 의뢰했나?

- 막 9:28 "집에 들어가시매 제자들이 조용히 묻자오되 우리는 어찌하여 능히 그 귀신을 쫓아내지 못하였나이까?"

(4) 제자들은 얼마 전에(마 10장 참조) 그분의 이름으로 귀신을 내쫓은 경험을 철저하게 잘못 이해하고 있었다. 그리스도께서는 병 고치는 능력을 지니셨다. 그러나, 제자들에게는 그러한 능력이 있지는 않았다. 그들은 예수님만을 철저하게 의뢰해야 했고, 그렇게 의뢰하는 사람만을 통해 필요한 일들을 행하신

- 마 10:1 "예수께서 그의 열두 제자를 부르사 더러운 귀신을 쫓아내며 모든 병과 모든 약한 것을 고치는 권능을 주시니라."

서기관 (γραμματεύς그람마튜스)

- 공관복음서에 서기관들(the scribes)의 이름이 자주 등장한다. 당시 그들은 유력한 인물들이었다. 단순한 사무원이나 필사자와는 달리 그들은 교사요(마 7:29; 막 1:22) 교법사요, 율법 박사였으며, 그들 중에서 몇몇 사람들은 산헤드린의 구성원이기도 하였다(마 16:21, 참조: 26:3).
- 시민법과 종교법의 연구 및 해석, 그리고 세목들의 일상생활에의 적용방법 결정 - 유명한 서기관들이 결정한 사항은 구전율법이나 전통이 되었다.
- 그들은 율법을 알고 있고 가르침과 설교와 재판을 통해 하나님의 뜻을 선포하는 자들로서 대단한 명성을 떨쳤다(막 12:38, 39). 그러나 예수님은 서기관들과 같은 방식으로 하나님의 뜻에 접근하는 것을 노골적으로 비난하셨다(마 23장).
- 마태가 예수님을 박해한 사람이 바리새인이었다고 분명하게 명시하고 있는 반면에, 마가는 "바리새인들"이라는 말 대신에 "바리새인의 서기관들"(마 9:11 막 2:16), "바리새인의 제자들"(마 9:14 막 2: 18) 혹은 오직 "서기관들"(마 9:34 마 12:24, 막 3:22 마 22:41, 막12:35)이라는 말로 표현하고 있다.
- 서기관들 중에는 그리스도의 가르침을 받아들인 사람들도 있다고 하지만(마 8:19), 대부분의 서기관들은 그리스도에 대해 편견을 갖고 있었다. 그들은 예수님이 율법 아래 있는 전통적인 규례에 순종치 않는다고 비난했고, 예수님과 제자들이 말하고 행하는 것, 예를 들어 전통을 무시하는 사람들과 함께 음식을 먹는 것과(막 2:16), 음식을 먹기 전에 먼저 손을 씻는 규례를 무시하는 것(마 15:2 막 7:5)을 맹렬히 비난했다(마 21:15).
- 그들은 죄를 사해주신다고 주장하는 예수님의 말씀을 신성모독적인 말이라고 속으로 의논함으로 모욕을 당하였다(마 9:3 막 2:7 눅 5:21). 치유의 기적을 무시하면서, 그들은 확실히 하늘로부터 오는, 즉 셈어의 관용적 표현에 의하면 하나님으로부터 오는 어떤 다른 표징을 구하였다(마 12:38).

다는 점을 알지 못했다. 능력의 원천이 자기 자신들에게 있는 줄로 착각했다.

5. 아버지의 간절한 모습과(14-16절) 그가 예수님을 '主'라고 하는 사실에서 그는 분명히 믿음이 있는 자였다. 예수님은 그의 아비의 신앙이 연약하다는 것을 간파하신다.

귀신 들린 자가 치료함을 받았다는 것은 천국의 임함 때문에 일어난 것이다. 그러나 자신을 위해서든, 타인을 위해서이든, 물질적인 것이든, 영적인 일이든 예수님 안에서는 모든 필요가 공급될 수 있다는 믿음이 있어야 한다. 예수님의 이적 가운데 믿음의 위치를 크게 강조하고 있다.

막 9:22 그러나 무엇을 하실 수 있거든 (ἀλλ᾽ εἴ τι δύνῃ)
(But if You can do anything,
우리를 불쌍히 여기사 도와 주옵소서 (βοήθησον ἡμῖν)
take pity on us and help us!)

보에데오(βοηθέω)의 명령법, 과거 / 돕다(help)

23 예수께서 이르시되
할 수 있거든이 무슨 말이냐 (τὸ εἰ δύνῃ)
믿는 자에게는 능히 하지 못할 일이 없느니라 하시니
"'If You can!' All things are possible to him who believes."

(1) 그 아이의 아버지가 예수님의 말씀을 듣고 뜨거워지기 시작한다.

막 9:24 그 아이의 아버지가 — **이르되** (...하더라)
/곧[1] 소리를 질러(과거분사)
/내가 믿나이다
[당신이] – **도와 주소서**(현재 명령형)
/나의 믿음 없는 것을

아버지는 여전히 믿음을 가지고 있었지만 더욱 더 열망한다. 그래서 은혜를 간구한다.

1) 곧(Immediately, 유뒤스, εὐθύς) - 비록 믿음이 연약해도 예수님의 말씀을 듣자마자 곧 불이 붙었다.

지금, 고난 중에 있다면 주님 앞에 나아가야 한다. 예수님에게는 그런 능력을 가지셨기 때문이다. 믿음이 없다고 생각하면 자신의 믿음 없음을 고백하고 은혜를 간구해야 한다. "도와주소소"(help my unbelief). 현재 명령법으로 계속적인 도움을 간구하고 있다.

막 9:25 예수께서 — 무리가 달려와 모이는 것을 보시고(when)
—**꾸짖어 이르시되**
/그 더러운 귀신을
/말 못하고 못 듣는 귀신아
내가 — 네게 **명하노니**
/그 아이에게서 나오고
다시 들어가지 말라

말 못하고 못 듣는 귀신아 - 귀신이 이 아이의 몸에 들어갔기 때문에 말도 못하고 듣지도 못하게 되었다. 따라서 귀신만 나간다면 이 아이는 정상아가 된다.

26 **귀신이 소리 지르며 아이로 심히 경련을 일으키게 하고 나가니** 그 아이가 죽은 것 같이 되어 많은 사람이 말하기를 죽었다 하나
27 예수께서 그 손을 잡아 일으키시니 이에 일어서니라

"***내가*** 네게 명하노니"(***I*** command you, ἐγὼ ἐπιτάσσω σοι)

예수님만이 명백히 견책(꾸짖는다)의 권리를 갖는다(막 8:33; 눅 9:55). 예수님은 귀신을 꾸짖으시며 그 아이에게서 나오라고 명령하셨다. 귀신을 쫓아내는 권세를 제자들에게도 주었지만, 제자들은 귀신을 제어하지 못했다. 왜, 능력이 나타나지 않았을까?

여호와께서 '나'(=여호와의 종)를 보내시는 목적은 무엇인가?(사 61:1) - "마음이 상한 자를 고치며 포로된 자에게(=주로 전쟁 포로들) 자유를, 갇힌 자에게 놓임을 선포"하기 위해서이다.

"우리는 어찌하여
능히 그 귀신을 쫓아내지 못하였나이까"(막 9:28)

귀신들린 사람이 예수님의 명령에 즉시 쫓겨난다. 예수께서 가까이 다가서기만 해도 귀신 들린 사람들은 소리를 지르고 두려워 떨었다. 예수께 오신 이유가 사탄을 파멸시키려 함에 있다(마 8:29; 막 1:24, 5:7; 눅 4:34, 3:11).

1. 병을 고치신 후, 제자들 간에는 자기들의 무능함에 논란이 있었을 것이다. 왜, 우리는 이 귀신을 쫓아내지 못할까? 이에 대한 예수님의 대답은?

막 9:29 [그가] —— **이르시되** (...하시니라)
/이런 종류가 — **나갈 수 없느니라**
/기도 외에 다른 것으로는

(1) 물론 기도(와 금식)는 주님의 뜻 안에서의 간구여야 한다. 제자들은 이런 기도의 중요성을 놓치고 있었다. 기도하는 일을 게을리하자 능력이 나타나지 않았다. 하나님의 능력은 끊임없는 기도 속에서 나타난다. 물론 이 일이 너무

어렵기 때문에 늘 실패로 끝난다.

작은 믿음

(2) 마태복음에서는 "너희의 믿음이 작은 까닭이라"고 그 이유를 설명하신다(마 17:20).

ὀλιγόπιστος(올리고피스토스) 믿음이 작은(the littleness of your faith) 쉽사리 믿지 않는, 즉 그리스도에 대한 신뢰가 부족한(lacking trust) 것을 의미한다.

여기서 "작은 믿음"이란 어떤 믿음을 가리키는가?

17:20 [그가] **이르시되**
/너희 믿음이 ― 작은 까닭이니라
//이유(γάρ, for)
진실로(ἀμήν)
[내가] ―너희에게 이르노니
/만일 너희에게 **믿음이 겨자씨 한 알 만큼만 있어도** 이 산을 명하여 여기서 저기로 옮겨지라 하면 옮겨질 것이요 또 너희가 못할 것이 없으리라

결국, 믿음은
그 근거를
인간의 능력 안에 있는 것에서 구하지 않고,
오직 주님을 바라보고,
그리스도 안에서 능력과 자비를 구해야 한다는 것이다.

겨자씨만한 믿음(faith as a mustard1) seed)이란? 이런 믿음을 가지고 그것이 질적으로 순수할 때 이것은 놀라운 성장과 능력을 나타낼 수 있다. 아주 작은 믿음이라 할지라도 참으로 하나님에 대한 신뢰가 있다면 "이 산을 명하여 여기서 저기로 옮겨지라 하면 옮겨질 것"이라는 것이다.

(3) 이 점은 앞으로 복음을 선포하는 일(천국의 열쇠를 매고 푸는 일)에도 똑같이 적용된다. 이 일의 성공여부는 인간의 능력이 아니라, 그리스도의 능력에 달려 있다는 것이다. 이 점을 대부분의 사람들이 오해하고 있다.

그러나, 우리는 주님을 바라보기 보다는
자기 자신의 확신을 믿음이라고 착각할 수 있다.
주님은 이 점을 책망하고 계신 것이다.

(4) 여기서 "작은 믿음"이란 어떤 믿음을 가리키는가?
예수님께서 이들을 꾸짖은 것은 이들이 귀신을 내쫓기에 충분한 믿음의 양(量)을 가지지 못했다는 뜻에서가 아니다. '작은 믿음'이란 역사(役事)하지 못하는 믿음(헛된 믿음, vain faith), 즉 주님을 의지하기 보다는 사람이나, 자기 자신을 의지하는 믿음을 가리킨다.

(5) 예수님은 반복해서 무엇을 가르치고 계셨나? 주님은 졸지에 돌아가신 분이 아니다. 제자들에게 자신의 죽으심에 대해 계속 상기시키셨음을 본다. 요 10: 11, 15, 17*을 읽어보자.

- 요 10:17 "**내가 내 목숨을 버리는 것은** 그것을 내가 다시 얻기 위함이니 이로 말미암아 아버지께서 나를 사랑하시느니라."

- 요 10:11 나는 선한 목자라 **선한 목자는 양들을 위하여 목숨을 버리거니와**
- 요 10:15 아버지께서 나를 아시고 내가 아버지를 아는 것 같으니 **나는 양을 위하여 목숨을 버리노라**

(6) 이제 겨우 그분이 그리스도이심을 믿었는데, 이들에게는 왜 예수님께서 죽으셔야만 하는지 이해할 수 없었다. 제자들의 반응을 보라(마 17:22-23*). 막 9:32을 보라. 그들은 "이 말씀을 깨닫지 못하고 묻기도 (두려워하더라)"라고 했다(눅 9:45 참조, "그들이 이 말씀을 알지 못하니 이는 그들로 깨닫지 못하게 숨긴 바 되었음이라 또 **그들은 이 말씀을 묻기도 두려워하더라**.") 이 작은 믿음은 주님을 전적으로 신뢰할 때, 성숙해지고 더욱 단단해 진다. 그와 같은 믿음은 그 힘의 근거를 자기 자신 안에 두어서는 안 된다. 하나님을 전적으로 신뢰한다면, 하나님께서 그 작은 믿음을 더욱 차원 높은 경지로 이끄실 것이다.

• 마 17:22 "갈릴리에 모일 때에 예수께서 제자들에게 이르시되 인자가 장차 사람들의 손에 넘겨져 23 죽임을 당하고 제삼일에 살아나리라 하시니 제자들이 매우 근심하더라"

천국에서는 누가 클까? (막 9:30–32)

같이 읽을 곳 (마 17:22–23; 눅 9:43하–45)

1. 헤르몬 산에서 가버나움으로 오는 도중에 제자들끼리 "누가 크냐?"라는 문제로 쟁론했다(막 9:34). 그래서 제자들에게 "너희가 길에서 서로 토론한 것이 무엇이냐?"고 물으셨다.

천국에서의 큰 자와 그 책임감 (18:1-35)

• 제자들 간에게는 아직까지도 곧 세워질 새로운 왕국에서 자기들에게 돌아올 제각기의 자리에만 관심이 집중되어 있었다. 그러나, 주님은 새로운 공동체, 곧 교회의 삶에 관계된 것을 말씀해 주신다.

막 9:35 예수께서 ─ 앉으사 열두 제자를 **불러서**
└ **이르시되** (...하시고)
/[만일, εἰ] 누구든지 첫째가 되고자 하면(조건절, if)
겸손에 관한 교훈 ─ [그는] ─ 뭇 사람의 끝이 되며(ἔσχατος)[1]
└ 뭇 사람을 섬기는 자가 되어야 하리라

(1) 이제, 이들 제자들은 옛 질서를 초월하여, 새로운 공동체에 주어진 계율을 지켜야 한다. 그런데, 새로운 공동체인 교회의 본질과 사명이 무엇일까? 새로운 공동체의 계율은 그들의 기본 이해를 뛰어넘는 것이었다. "어린 아이들과 같이 되지 않으면 천국에 들어갈 수 없다"고 잘라 말씀하신다.

1) 예수님도 이 말씀을 반복하셔서 말씀하셨다(막 10:43이하; 마 23:8이하; 눅 22:24이하).

(2) 이제 주님이 떠나신 후 이 땅에는 믿는 사람들의 공동체, 곧 교회가 생기게 될 것이다. 어떤 공동체가 있다면, 자연 인간 관계간에 서열을 생각하지 않을 수 없었을 것이다. 그렇다면 누가 제일 높은 자리에 있게 될까? 제자들은 서로 수군거리기 시작한다. '베드로가 제일 높은 자리에 있게 될까?' '조금 전에 주님 앞에서 크게 책망을 받았는데!!' '그러면 누가 제일 큰 자일까!' 참다 못한 제자들은 드디어 주님 앞에 질문을 하기 시작한다.

from, 동교재, 마태복음

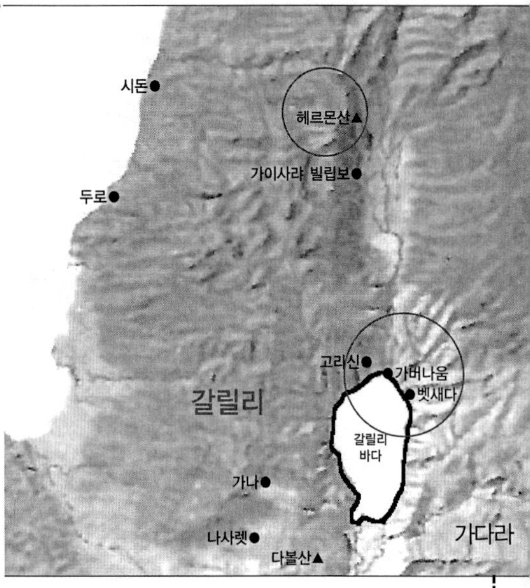

40 헤르몬에서 가버나움까지(마 17:24–18:35; **막 9:33–10:1**; 눅 9:46–50)

- 이적 - 입 안에 동전 한 세겔을 물고 있는 물고기(마 17:37)
- 설교 - 겸손과 지옥에 관하여(마 18:1-20; 막 9:33-10:1; 눅 9:46-50)
- 베드로가 용서에 대하여 물음(마 18:21-35)
- 비유 - 용서 받고 용서하지 않은 사람에 대해(마 18:23-35)

41 가버나움에서 베레아까지(마 8:19–22, 11:20–30, 19:1–2; 막 10:1; 눅 9:51–10:37)

- 많은 사람을 고치시고 가르치심(마 19:1-2; 막 10:1)
- 예수님께서 승천하실 기약이 차가매 예루살렘을 향하여 올라가기로 굳게 결심하신다(눅 9:52).
- 설교 - 칠십 명을 앞서 보내심(마 11:20-24; 눅 10:1-16). / 추수할 것이 많으나 추수할 일꾼이 적다. 세 성읍에 대하여 화(禍)를 선포하심 - 고라신과 벳새다와 가버나움
- 둘씩 둘씩 칠십 명을 보내심(마 11:28-30)
- 기도 - 70인이 돌아와 전도 보고(마 11:25-27; 눅 10:21-22)
- 비유 - "내 이웃이 누구이오니이까?" (여리고로 내려가는 사람들 중 누가 이 강도 만난 자의 이웃이냐?")

(3) "주님, 천국에서는 누가 제일 큰 자입니까?" (τίς ἄρα μείζων[1])

물론 이들이 묻는 천국은 지상천국을 의미했다. 이제 머지 않아 예루살렘에 올라가 그렇게 대망하던 메시야의 왕국을 선포하실 것이라는 기대 속에 제자들은 벌써 자기 자신들의 위치를 점치고 있었을지도 모른다. 주님이 얼마 후에 많은 고난을 당하신 후에 십자가에 죽으셔야 한다는 심각한 선언은 이들에게는 단순히 스쳐지나가는 말에 지나지 않았다. 정말로 그 일이 벌어지고 모든 제자들이 다 흩어지기 전까지는….

1) 메이존(μείζων) - 더 많은, (특히 나이와 관련하여) 더 연장의.

• 예수님을 따라다니던 제자들의 마음이 어떠했을까? 지금 제자들은 예루살렘으로 올라가면서, 나름대로 희망에 들떠 있었을 것이다. 이들은 예수님이 로마 세력에서 벗어나게 하고 직접 통치하지 않을까 하고 기대했을 것이다. 만약 그렇게만 된다면, '나는 어떤 직을 갖게 될까?'

2. 막 9:33이하를 읽어보고 길에서 토론의 장면을 연상해 보라.

(1) 천국에는 주님의 초청으로 들어갈 수 있다. 제자들은 그 문제만큼은 자신 있었다. 문제는 누가 천국에서 가장 큰가였다. 물론 이들 제자들은 그 어떤 백성들

보다는 고위급에 있을 것은 분명할 것이라고 생각했다. 천국이 무엇인가는 주님의 계속된 가르침으로 어느 정도 알고 있다고 자부했을 것이다. 곧 세워질 주님이 통치할 메시아 왕국, 백성들에게도 인정받고, 하나님 앞에서도 인정(?) 받을 것이고, 한껏 부풀어 있는 제자들에게 주님은 무엇이라고 말씀하셨는가?

막 9:36 [예수께서] ┬ **세우시고**
/어린아이 하나를 데려다가(눅 9:47)
/[그를]
/그들 가운데
└ **이르시되**
/[그를] 안으시며(과거분사)
/제자들에게
37 /누구든지 ── 영접하면(조건절, whoever)
/이런 어린아이 하나를
/내 이름으로
[그가] ── (곧)나를 **영접함이요**
/누구든지 ── 나를 영접하면(조건절, whoever)
[그가] ┬ 나를 **영접함이 아니요**
└ (**영접함이니라**)
/나를 보내신 이를

그렇다면 어린 아이와 같이 된다는 것을 무엇을 의미하는가?

마태복음 18:3
진실로 너희에게 이르노니
너희가 [만일] 돌이켜
(στραφῆτε, 바뀌어서)
어린 아이들(παιδία)과 같이
되지 아니하면
결단코
천국에 **들어가지 못하리라**

(οὐ **μὴ εἰσέλθητε** εἰς τὴν βασιλείαν τῶν οὐρανῶν)

문자적인 어린 아이 (παιδίον, 파이디온, 7세까지의 어린 아이, 갓난 아이)는 6, 10, 14절에서 누구로 바뀌는가? (작은 자, 소자, μικρός)

(2) 그렇다면, 여기서 '천국에 들어가지 못한다'는 말은 구원을 받지 못한다는 말일까? 여기서 하는 말의 의미는 현재 이루어져 가고 있는 하나님의 나라(통치)와 아무 상관이 없다는 의미일 것이다. 어쨌든 주님은 한 어린 아이를 불러 세우시고 잘못된 천국관을 수정하심으로써 제자들의 허황된 생각을 잠재우셨다.

▶ 당시 유대인 사회에서 어린 아이는 사회적 위치에서 중요 관심의 대상이 아니었다. 주님이 여기서 강조하시는 것은 어린 아이와 어른과의 성품의 비교보다는 사회적 지위에 관심이 있으셨음을 알 수 있다(마 18:4 참조).

• 그렇다면, 여기서 '어린 아이'는 사회적인 약자, 즉 소외된 계층이라고 볼 수 있다. '소외된 계층'은 누구일까? 마 18:5을 자세히 읽어보자. 그러므로 어린아이는 '작은 자들'로서 그의 동료 제자들 전체에 초점이 맞추어지고 있음을 본다. 이 제자들 간에는 약점들이 있고, 서로에게 책임이 있다(마 18:6-9). 그래서 주님은 거침돌들을 피하는 것이 중요함을 강조하고 있다. 주님은 이 공동체 안에서는 그 누구도 경시(輕視)될 수도 없고, 있어서는 안 된다고 강조하고 있으시다(마 18:10-14).

• 그러므로 공동체 안에서는 신분 의식이 있어서는 안 된다. 교회 공동체 안의 전 회원 모두는 자신들을 단지 '작은 자들'로 여겨야만 한다. 하나님의 나라는 결국 이런 것이다. 주님을 따르는 자들은 '산상설교'에서도 이미 살펴본 것처럼, 오직 하나님께만 소망을 두는 사람들이다. 이런 자들이 복된 자들이라고 했다(마 5장).

206

작은 자 중 하나도 업신여기지 말라 (마 18:7–14)

우리를 위하는 사람은? (막 9:38–40)

같이 읽을 곳 [마 18:6–9; 눅 9:49–50]

1. 주님은 위의 문제에 대해 부연 설명하고 있다. 주님은 이렇게 작은 자들(=오직 하나님께만 소망을 두는 자들)에게 행한 봉사가 곧 예수님 자신에게 행한 것이라고 말씀하신다(마 18:5).

막 9:38 요한이 — 예수께 **여짜오되**
/선생님[이여!]
/우리가 ┬ 보고
/어떤 자가 – 주의 이름으로 귀신을 내쫓는 것을
/우리를 따르지 않는
└ [그를] 금하였나이다(막다, 제지하다)[1)]
//(이유: ὅτι, because)
[그가] — 우리를 따르지 아니하므로

1) ἐκωλύομεν(콜뤼오, κωλύω)의 미완료 계속 금지시켰다는 의미이다.

마태복음 12:30 "**나와 함께 아니하는 자는 나를 반대하는 자요** 나와 함께 모으지 아니하는 자는 헤치는 자니라."

막9:40에서 강조하시는 것은 비록 선을 행하는 일에 있어 제자들과 다소 변칙적인 모습이 있다고 해서 선을 행하는 일이 금지되어서는 안 되는 것이다. 혹 종교단체가 다르더라도 그리스도의 깃발 아래 사탄과 대항하여 싸우기로 했다면 서로 같은 편이라고 생각해야 된다는 것이다.

그러나 마 12:30과 같은 경우에는 그리스도와 바알세불의 상반된 입장에 대해 크게 논쟁하시는 가운데 나온 말씀이다.

(1) 왜 주의 이름으로 귀신을 내쫓는 행위를 계속해서 금하였을까? 그 이유를 그 사람은 '우리를 따르는 사람'이 아니기 때문이라고 했다. 제자들은 그 사람이 자신들과 같이 예수님을 따르지 않고 치유 역사를 행한다는 것을 이상하게 여겼다. 따라서 예수님을 따르지 않으면서 그리스도의 이름을 사용하지 못하도록 금했을 것이다. 자신들과 함께 그리스도를 따르는 사람은 전혀 그리스도를 따르는 것이 아니라고 생각했던 것 같다. 당시 유대교에서 종파적 갈등은 아주 흔한 일이었다. 아주 사소한 견해 차이로 다른 집단들과 갈라서곤 했다.

(2) 이런 제자들의 질문에 예수님은 어떻게 대답하셨나?

막 9:39 예수께서 **이르시되**(...하시니라)
/[너희는] — 금하지 말라
//(이유: γάρ, for)
[아무도] ┬ 능한 일을 행하고
/내 이름을 의탁하여
└ 비방할 자가 없느니라
/나를 즉시로
40 //(이유: γάρ, for)
하지 않는 자는 — 자니라
/우리를 반대 /우리를 위하는

왜 금하지 않으시는가? 예수님은 "우리를 반대하지 않는 자는 우리를 위하는 자라"고 하셨다.

말리지 말라. 왜냐하면, 내 이름으로 기적을 행한 사람이 그 자리에서 나를 욕하지 못할 것이기 때문이다.

반대로 '나와 함께 아니하는 자는 나를 반대하는 자라'고 하셨다(마 12:30)

그러면 여기 40절의 말씀은 마 12:30의 내용과 상충되는가?

(3) 40절은 아마 속담이었을 것이다. 예수님은 그런 속담을 인용하시면서 요점을 설명하셨다. 41절에서 계속되는 이유를 말씀하신다.

막 9:41 //(이유: γάρ, for) - 계속되는 이유
누구든지 —— 주면(조건절, whoever)
/물 한 그릇을 [너희에게]
/너희를 그리스도에게 속한 자라 하여
진실로
내가 —— 너희에게 이르노니
저가 —— 결단코 잃지 않으리라
/[그의] 상을

"너희가 그리스도의 사람이라고해서 너희에게 물 한 잔이라도 주는 사람은 절대로 자기가 받을 상을 잃지 않을 것이다"(새번역)

그러므로 그리스도를 인정하고 그를 따르는 사람이 우리와 함께 하지 않는다해도 우리를 반대하지 않는다면 그들은 우리 편으로 생각해야 한다.

(4) 위의 말씀과 계속 이어지는 내용이다. "또(Καί, And) 누구든지 나를 믿는 이 작은 자들 중 하나라도 실족하게 하면 차라리 연자맷돌이 그 목에 매여 바다에 던져지는 것이 나으리라."(42절) 마태복음 18:6의 말씀을 살펴보자.

18:6 누구든지 ┬ 나를 믿는 이 작은 자 중 하나를 실족하게[1] 하면(if)
└ 차라리... 나으니라(συμφέρει, it is better for him)
/연자맷돌이 —— 그 목에 달려서
/[그가] —— 깊은 바다에 '빠뜨려지는 것이'[2]

(5) 그런데 주님은 이런 작은 자를 사랑하신다는 것이다. 이 주님을 믿는 작은 자 중의 하나를(one of these little ones who believe in Me) 실족시킨다면, 즉 한 나약한 사람의 신앙을 좌절케 하고, 죄를 짓게 한다면 그것은 곧 주님을 우습게 여기는 것으로 간주하시겠다는 것이다. 지금 이 작은 자는 주님을 믿고 있기 때문에 주님의 지극한 관심의 대상이다. 따라서 이 작은 자 중에 하나라도 잃어서는 안 된다는 것이다. 하나라도 잃는 것은 하늘에 계신 너희 아버지의 뜻이 아니다(마 18:14). 따라서 그를 업신여기지 말라는 것이다(마 18:10). 남을 범죄케 하여 그 영을 멸망케 하는 일이 어찌 작은 일인가!

(6) 만약, 그렇게 되었다면 그렇게 한 장본인은 연자맷돌(millstone)을 메고 바다에 던져서 죽는 것이 더 낫다는 말이다. 그걸 매고 바다에 빠지면 어떻게 될까? 그런데, 문제는 '실족케 하는' 일이 있을 수 있다는 것이다. 자, 어떤 일들이 이들로 하여금 실족케 할 수 있는 경우일까? 그 예를 들어보자.

1) σκανδαλίση - 가정법 과거 능동태
σκανδαλίζω스칸달리조 - 걸려 넘어지다, 함정에 들다, 죄를 범하게 되다. 수동태로는 '믿음을 저버리다, 떨어져가다, 변절하다, 배반하다 등의 뜻으로 번역된다.

걸려 넘어지게 하면(=죄짓게 하면)

2) καταποντισθῇ - 가정법과거 수동태
(be drowned in)

• 소극적인 형태 : 무시하는 태도, 목회적 관심과 돌봄의 부족
• 적극적인 형태 : 비방, 유혹, 용서의 거절

2. 자, 그렇다면 내 자신이 타인에게 유혹을 주지않고, 또 실족케 하는 요인을 제공하지 않으려면 어떻게 해야할까? (막 9:43-47; 마 18:8-9)

실족케 하는 일이 있을 수 있다고 했다. 예수님 당시에는 더욱이 그러한 자들이 있었던 것이 분명하다. 그러한 사람들에게는 화가 있을 것이라고 했다. 어떤 화(woe)가? 이들은 작은 자들에게 죄에로의 요인에 올바로 대처하지 못했기 때문에 하나님의 심판을 받을 것이다(마 18:7 : 화 / 8절 : 영원한 불에 / 9절 : 지옥불에).

막 9:43 만일 네 손이 너를 범죄하게 하거든 찍어버리라 장애인으로 영생에 들어가는 것이 두 손을 가지고 지옥 곧 꺼지지 않는 불에 들어가는 것보다 나으니라

44 없음

45 만일 네 발이 너를 범죄하게 하거든 찍어버리라 다리 저는 자로 영생에 들어가는 것이 두 발을 가지고 지옥에 던져지는 것보다 나으니라

46 (없음)

47 만일 네 눈이 너를 범죄하게(또는 실족하게) 하거든 빼버리라 한 눈으로 하나님의 나라에 들어가는 것이 두 눈을 가지고 지옥에 던져지는 것보다 나으니라

48 거기에서는 구더기도 죽지 않고 불도 꺼지지 아니하느니라
49 사람마다 불로써 소금 치듯 함을 받으리라

그렇다면 문자적으로 정말 손이나 발을 잘라야 한다는 말인가? 물론 아니다. 만약 손, 발을 잘랐다고 해도 근본적인 마음의 변화가 없다면 소용이 없는 일이다.

(1) 주님은 지금까지 작은 자가 얼마나 주님의 관심의 대상인가를 설명하셨다. 그 작은 자를 우리의 잘못으로 실족시켜서는 안 된다. 거기에 따르는 화가 있을 것이기 때문이다. 따라서 작은 자로 하여금 죄로 이끄는 동기를 제공해서는 안 된다. 만약, 우리를 죄의 유혹으로 이끄는 것이 우리 몸의 지체라면 그 지체를 절단해서라도 온갖 유혹을 억누르라는 것이다. 이 말은 물론 문자적으로 이해해서는 안 된다.

우리는 죄를 '**반드시**' 피하여야 하며, 또 마음만 먹으면 **얼마든지 피할 수 있다**고 말한다. 만약 죄를 이기기 위하여 노력하기만 한다면, **성령의 도우심을 받아 얼마든지 죄의 유혹에서 벗어날 수 있다는 것이다.** 그러나 우리는 그러한 단호함을 보이고 있는가?

(2) 이렇게 주님은 작은 자들에 대한 배려를 교회에 부탁하신다. 아무도 거들떠보지 않을 수도 있는 작은 자에게 주님은 지대한 관심을 가지라는 것이다. 교회가 하나님의 영광을 위한답시고 온갖 행사에 정신이 팔려 있는 동안에, 교회가 대형화를 추구하려고 세상적인 방법을 다 동원하여 모두가 바쁘게 설치고 있는 동안에, 하나님의 지극한 관심의 대상자인 아주 작은 한 마리의 양이 영양실조로 실족할 수 있다는 말이다. 세상에서도 대접받지 못한 초라한 인생이 교회의 내로라 하는 사람들의 그 어줍잖은 명예심 때문에 잊힐 수 있다는 말이다.

적용을 위한 묵상 **변화산 사건을 통해, 자신의 메시야 되심을 다시 확증받으셨다**

• 베드로와 야고보와 요한, 이들은 예수님과 함께 높으산에 오른다.
그때 엘리야와 모세가 나타나 예수님과 더불어 대화를 나눈다.
그 모습을 본 베드로는 그 곳에서 영원히 살고 싶어
초막 셋을 짓겠다는 말을 한다.
너무 무서워 무슨 말을 해야 할지 알지 못했기 때문이다.

• 구름 속에서 소리가 들린다.
"이는 내 사랑하는 아들이니 너희는 그의 말을 들으라."
그리고 모세와 엘리야는 사라졌다.
그리고 예수님만 그 자리에 서 계셨다.

아, 세상으로 내려가기 싫다.
하나님 나라의 영광이 너무 좋기 때문이다.

• 우리가 사는 세상은 어떤 곳인가?
그곳은 우리가 복음을 전해야 하는 전선(戰線)이다.
왜, 나는(우리는) 세상으로 내려 가기를 싫어할까?
하늘의 영광만을 바라보다가 거기에 도취되어
세상에서 해야할 사명을 잊어버리는 것은 아닐까?

• 연구실에서의 평안함(?)
전투가 벌어지는 최전방으로 차출될까봐...
이는 나에게(우리에게) 벌어질 고난과 핍박 때문이리라.
우리가 영광만 얻고자 한다면
초막 셋을 짓고 여기서 살자던 베드로와 같은 생각을 갖는 것이다.

• 많은 무리가 제자들을 둘러싸고 있다.
귀신들린 자를 고치지 못하고 쩔쩔매는 제자들,
이 광경을 지켜보던 서기관들과 제자들 사이에 논쟁

• 제자들은 예수님께 다가와 조용히 묻는다(28절).
우리는 어찌하여 능히 그 귀신을 쫓아내지 못하였나이까?
주님은 이렇게 말씀하신다.
"기도 외에 다른 것으로는 이런 종류가 나갈 수 없느니라."
'기도의 능력'에 대한 책은 잔뜩 사다 놓았는데,
정작 기도는 하지 않는다.
왜, 나의 삶에서 기도가 중단되었을까?
'아냐, 나는 매일, 그리고 철저히 기도하는데...'
그래도 귀신을 쫓아내는 능력은 없다. 왜 그럴까?

• 제자들 간에 말다툼이 일어났다. 천국에서 누가 더 크냐 하는 문제 때문이었다.

• 우리가 어떤 자리에서 일하든 늘 자리다툼은 있다. 하나님을 믿는 것이 아니라 하나님이 만들어놓으신 물질에 더 많은 관심을 가지기 때문이리라.

• 나이가 들면 없던 명예심이 생긴다고 한다. 그래서 더 높고 화려한 자리 다툼을 한다. 그리고 자기 명함에 커다란 글씨로 자신의 위치를 소개한다. 아주 커다란 글씨로...

Outline Outline은 본문 설명을 요약 정리한 것입니다. 간단하게 설명을 할 경우 이용하세요. 그렇지 않으면 본문으로 바로 들어가셔도 됩니다.

유대와 유대 건너편 사역(10장)

마가복음에서는 다른 복음서보다
고난 받는 여호와의 종에 대해 반복 언급한다.
마가복음 10장은
예수님의 공적 사역을 갈릴리에서
유대와 요단 건너편(트랜스요르단)으로 옮긴다.

유대 땅에 들어선 예수님은
종교 당국자들과 충돌이 일어난다.
이야기의 논쟁점은
당시 논쟁이 분분했던 결혼과 이혼에 관한 문제였다.
그러나 이 모든 도전은
예수님을 시험에 빠뜨리게 하기 위한 모함이었다.
예수님은 결혼과 이혼에 대해 창조 목적까지
소급해 가신다.
창조시에 주어진 하나님의 뜻에 근거하여
결혼의 불가분리성을 선언하신다.

천국에서는 누가 더 클까?

부자 청년의 고민은 무엇이었을까?
그는 왜 슬픈 기색을 띠고 돌아갔을까?
이 청년에게 아직도 한 가지 부족한 것은 무엇이었을까?
부자는 천국에 들어가기가 어려운가?
이 말씀은 진의는 무엇인가?

이제, 예수님은 예루살렘에 입성하신다(11장).

이혼에 대한 가르침(막 10:1-12)

(1) '이혼'에 관한 문제는 예수님을 올무에 걸리게 할 수 있는 아주 좋은 자료였다. 바리새인들은 이들의 주장을 근거로 예수님을 시험하려 했다(막 10:2).

(2) 주님은 바리새인들에게 어떻게 책망하신다: 결혼제도는 예수님이 처음 명령하신 것이 아니요, 이미 하나님이 이 세상을 창조하실 때부터 세우신 창조질서라는 것이다. 그렇다면, 모세는 왜 이혼을 허락했는가?

(3) 그러나 이혼이 가능한 경우가 있다고 했는데, 신 24:1-4을 읽어보자. 그것은 명령인가, 아니면 허락인가? 모세의 근본 의도는 어디에 있었나? (마 19:8) 예수님은 이혼이 허락되었던 것은 완악한 남자로부터 여자를 보호하기 위해서라고 지적하신다.

(4) 말라기 시대에도 이혼의 문제로 시끄러웠다. 그 배경은 무엇인가?

(5) 하나님은 이렇게 결혼은 쌍방에 의해 존중되어야 할 구속력 있는 언약으로 보신다. 결혼은 개인적인 것이나 시민적인 것이나 세속적인 문제가 아니라 하나님께서 제정하시고 하나님에 의해 보호되는 언약이다.

(6) 기독교인에게는 특별한 경우를 제외하고는 이혼이 허용될 수 없다. 그러나 한 가지 이혼이 가능한 경우가 있다. 어떤 경우? (마 19:9, 마 5:17-20) 배우자에게 이혼을 청구할 수 있는 유일한 합법적 이유는 음행의 경우이다.

(7) 결혼은 하나님의 목적을 위해서 하나님에 의해 수립된 남성-여성의 언약적 동반자 관계다. 결혼은 남성과 여성이 한 몸을 이루는 (재)연합 안에서의 즐거운 교제이다. 결혼은 신실하고 영속적인 것으로 작정된 언약적 관계이다.

(8) 결혼은 일평생 헌신이다(영속성). 언약이란 기꺼운 마음으로 약속하고 약속한 대로 살고자 하는 두 당사자 사이의 성스럽고, 하나님께서 보증하시며, 공적이고, 상호 구속적이며, 취소할 수 없는 관계이다.

어린아이들을 축복하시다(막 10:13-16)

(1) 여기 나오는 아이들(파이디아, παιδία)은 안겨다니는 영아들인 것 같다(눅 18:15). 예수님은 제자들의 태도에 노하셨다고 했다. "어린 아이들이 내게 오는 것을 용납하고(permit) 금하지 말라(do not hinder them) 하나님의 나라가 '이런 자'의 것이니라."

(2) 이미 앞에서(막 9:30-32) '천국에서는 누가 클까?'란 문제에서 '작은 자'란 누구인가에 대해서 설명되었다. 그렇다면 어린 아이들은 무죄한가? 요 3:6을 읽고 설명해 보라. 주님은 천국이 오직 어린아이들에게만 속했다고 말씀하지 않으셨다. 천국은 "이런 자의 것"(such as these), 즉 어린 아이와 같은 종류의 태도를 취하는 모든 사람들의 것이라고 말씀하신다(막 10:14 참조). 하나님 나라에서는 이런 '어란아이 같은 영'(childlike spirit)을 가진 사람들에 의해 이해되고 또 그들에게 제시된다.

재물이 많은 사람(막 10:17-31)

(1) 한 부자 청년이 예수님께 나왔다. 그는 어떤 문제를 가지고 질문했나? (16절) 예수님은 이 청년을 어떻게 생각하셨나? (막 10:21) 주님은 그의 미덕(美德)과 선행(善行)에 대한 관심을 인정하시고 그를 동정하셨다.

(2) 그 청년은 영생을 어떻게 얻을 수 있다고 생각했나? 주님은 그 청년에게 <만약, If> 선을 행하여 영생을 얻을 수 있다면 계명을 지키라고 말씀하신다. 그러나, 이 청년(관리)은 예수님의 이런 질문의 의도를 깨닫지 못했다. 그래서 그는 더 구체적인 질문을 하고 있다. "내가 무슨 선한 일을 '하여야'(포이에오, ποιέω) 영생을 얻으리이까?"

(3) 이 청년은 영생을 선한 일(善, 아가도스, ἀγαθός)이라는 인간의 기준에서 측정하는 것이라고 생각하고 있었다. 따라서 주님은 영생을 얻는 길이 인간의 능력에 있지 아니함을 보여주려 하신다.

(4) "네게 아직도 한 가지 부족한 것이 있으니" 여기서 한 가지 '부족한 것' 이란 무엇일까? 그런데 예수님께서 이 부자 청년에게 말씀하시는 '부족한 것'이란 무엇일까? 그것은 "가서 네게 있는 것을 다 팔아 가난한 자들에게 주라"는 것이었다. 이 부자 청년에게는 이 말씀이 결정적인 부담으로 다가왔다. 그는 "이 말씀으로 인하여 슬픈 기색을 띠고 근심하며" 돌아갔다.

부자는 하나님 나라에 들어가기가 어려운가? (막 10:23-31; 마 19:23-24)

죽음과 부활을 세 번째로 언급하심(막 10:32-34)

세 번째 예언은 마태복음에서 보다 더 구체적으로 언급되었다. 십자가에 못 박히리라고 공공연히 말씀하신다. 핵심은 '제삼일에 살아나리라'는 것이다. 예수님은 앞장 서서 가시고 그 뒤를 따르는 열두 제자들은 놀라고 따르는 자들은 두려워했다고 했다(32절).

하나는 주의 우편에, 하나는 좌편에...(막 10:35-45)

(1) 주님께서 위와 같이 고난에 대하여 반복적인 예언을 하였음에도 불구하고 제자들은 무슨 생각을 하고 있었나? 특히 세베대의 아들 야고보와 요한이 예수님께 아주 특별한 요구를 해왔다. 마태복음에서는 이들의 "어머니가 그 아들들을 데리고 예수님께 와서 절하며 구했다"(마 20:20-23)고 기록하고 있다..

(2) 제자들은 어떤 점에서 무지했나? '내가 마시려는 잔'은 무엇을 의미하는가? 이 질문에 대한 제자들의 대답은 어떠했나? 그런데, 훗날 제자들의 모습은 어떠했나? (마 26:31, 56을 보라)

맹인 바디메오가 고침을 받음(막 10:46-52))

(1) 두 맹인의 태도에서 우리는 무엇을 배울 수 있을까? 그들의 기도가 어떠했기에 예수님의 걸음을 멈추게 하였을까?

(2) 예수님이 다윗 계통의 왕이시리는 시실은 단순히 그분이 다윗 가문에 속하셨다는 것보다 더 큰 의미를 갖고 있다. 어떤 뜻인가?

212

이혼에 대한 가르침(막 10:1-12)

같이 읽을 곳 [마 19:1-12]

離婚

이혼

'이혼'에 관한 문제는 예수님을 올무에 걸리게 할 수 있는 아주 좋은 자료였다. 그들은 예수님에게 어떤 내용을 근거로 책잡으려 했을까? 그 당시 유대인들은 신명기 24:1-4를 놓고 크게 두 가지 대립되는 의견이 있었다. 샴마이 학파는 이혼은 부정, 간통의 경우에만 해당한다고 주장했다. 이에 반해 힐렐 학파는 수치되는 일에 여러 가지를 다 포함시켰다. 예를 들어, 요리하다가 음식을 태워도 이혼사유가 된다고 주장했다. 그러니까 이유만 있으면 이혼할 수 있다고 했다.

1. 바리새인들은 이들의 주장을 근거로 예수님을 시험하려 했다(막 10:2).

▶ 마태복음에는 "사람이 **어떤 이유가 있으면** 그 아내를 버리는 것이 옳으냐?"라고 했으나(마 19:3) 마가복음에서는 이혼 자체에 대한 질문이다(막 10:2).

바리새인들이 —— **묻되**
/예수께 나아와(과거분사)
/그를 시험하여(현재분사)
/아내를 버리는 것이 — **옳으니이까?**
/사람이(=에게)

페라이조(περάζω) : 물론 바리새인들의 의도는 고소거리를 얻기 위한 질문이었다.

예수님 당시에 유명한 학파

(1) **힐렐 학파와 샴마이 학파** - 힐렐은 바빌론의 디아스포라 출신이었다. 팔레스타인에 와서 가난한 날품팔이꾼으로 생계를 유지하면서 공부했다. 그는 샴마이와 그의 제자들과 치열한 논쟁을 벌이며 학파를 이룰 수 있었다. 힐렐 학파는 융통성 있는 집단으로 샴마이파보다는 너그러웠다. 보다 개방적이고 진취적이며 대중적이었다. 반면 샴마이 학파는 엄격하고, 급하고, 엘리트 의식이 강했다.

(2) 예를 들어, 샴마이 학파는 여자가 도덕을 범하고 명예를 더럽혔을 때에는 이혼이 허용된다고 가르쳤다. 그러나 힐렐은 그와 반대로 부인의 어떤 점이 남편의 마음에 들지 않을 경우에도 이미 있었던 수치스러운 어떤 것과 더불어 이혼의 근거가 된다고 주장하였다. 이들에게는 이혼장을 합법적으로 써 준다는 것이 오직 중요한 것이기 때문이다. 힐렐은 그때까지 해결 못했던 문제들을 위한 규정들을 만들었다. 힐렐 학파는 인권에 역점을 두면서 융통성 있는 해석을 했다. 그래서 사람들은 힐렐을 칭찬하였다. 사도 바울은 가말리엘 학파라고 했다(행 22:3). 그런데 가말리엘의 스승이 힐렐이다.

(1) 예수님을 곤경에 빠뜨리기 위한 의도된 질문은 어떤 대답을 해도 함정에 빠질 수밖에 없다. 물론 예수님은 당시 샴마이 학파나 힐렐 학파가 주장하는 그 어떤 견해에도 치우치지 않으셨다. 예수님은 이들의 질문에 즉각적으로 대답하지 않으시고 바리새인들에게 되물으신다. "모세는 어떻게 너희에게 명하였느냐?"

(2) 바리새인들은 즉시 대답하였다. 성경에는 수준급의 사람들이었기 때문이다.

"모세는 **이혼증서**를 써주어 버리기를 허락하였나이다"(신 24:1, 3). 그러나 바리새인들은 모세가 왜 이런 명령을 내리게 되었는지 근본문적인 배경에는 관심이 없었다. 당시 **율법학자들도** 신명기 24:1, 3을 해석하는데 일치하지 못했다.

(3) 남자들은 어디까지나 멋대로 행동할 수 있었을까? (신 24:1) 얼마 전 헤롯(안디바)의 이혼(마 14:1-12) 문제로

한참 시끄러웠다. 바리새인들은 이런 사건을 염두에 두고 예수님을 시험하려 했을 것이다.

2. 주님은 바리새인들에게 이렇게 책망하신다:

막 10:5 예수께서 —그들에게 **이르시되**
/[그가] — 이 명령을 **기록하였거니와**
/너희 마음이 완악함으로[1] 말미암아
6 사람을 남자와 여자로 **지으셨으니**
/창조 때로부터

1) **완악함:** (σκληροκαρδία)
굳은 마음의, 완고함 / 하나님과 사람에 대한 자기 중심적인 인간의 배타성을 말한다. 인간은 하나님의 개입으로 그가 새롭게 순종적인 마음이 되기까지는 계속 완악할 수밖에 없다.

"율법에 능하다고 자처하는 너희들이 창 1:27, 2:24도 읽어 보지 못하였느냐?"

결혼제도는 예수님이 처음 명령하신 것이 아니요, 이미 하나님이 이 세상을 창조하실 때부터 세우신 창조질서라는 것이다.[2]

2) 결혼제도는 원래 누가 설정한 것인가? (창 2:18, 20-23)

그 결혼 제도는 인간이 타락하기 전에 이미 설정된 것이었다. 왜? 하나님의 창조 목적을 위해서. 따라서 창 2:24은 하나님의 명령이었다.

3. 예수님의 답변이 끝나기도 전에 바리새인들은 어떤 질문을 했는가? 또 그 질문의 근본 의도는 무엇이었나? (마태복음 19:7을 읽어보자.)

"그렇다면, 모세는 왜 이혼을 허락했는가?" 이들 바리새인들은 어떻게 하면 사람이 이혼할 수 있는가 하는 문제에만 몰두했다. 그들의 물음은 그 근본부터가 사악했다. 하나님이 결혼제도를 세우신 의도는 무엇인가? 그것은 부부가 하나되어 하나님의 문화명령을 잘 지키는 것이었다(창 2:15-17). 아내와 남편의 관계는 상하 종속적인 관계가 아니라 "돕는(상응하는) 배필"로서 하나님이 이 세상에서 맡기신 일을 더 잘하게 하기 위한 관계여야 한다는 것이다. 그래서 예수님은 하나님의 사역을 인간이 파괴해서는 안 된다고 하셨다. 하나님께서 짝지어 놓은 것을 사람이 분리해서는 안 된다는 것이다.

4. 그러나 이혼이 가능한 경우가 있다고 했는데, 신 24:1-4을 읽어보자. 그것은 명령인가, 아니면 허락인가? 모세의 근본 의도는 어디에 있었나? (마 19:8)

신 24:1 사람이 아내를 맞이하여 데려온 후에
그에게 수치되는 일이 있음을 발견하고 그를 기뻐하지 아니하면
이혼 증서를 써서
그의 손에 주고 그를 자기 집에서 내보낼 것이요

(1) 예수님은 이혼이 허락되었던 것은 완악한 남자로부터 여자를 보호하기 위해서

신명기 24장

2 "그 여자는 그의 집에서 나가서 다른 사람의 아내가 되려니와
3 그의 둘째 남편도 그를 미워하여 이혼 증서를 써서 그의 손에 주고 그를 자기 집에서 내보냈거나 또는 그를 아내로 맞이한 둘째 남편이 죽었다 하자
4 그 여자는 이미 몸을 더럽혔은즉 그를 내보낸 전남편이 그를 다시 아내로 맞이하지 말지니 이 일은 여호와 앞에 가증한 것이라 너는 네 하나님 여호와께서 네게 기업으로 주시는 땅을 범죄하게 하지 말지니라."

라고 지적하신다. "너희 마음이 완악함을 인하여" 허락했다는 것이다. 아내를 멸시하는 남편으로부터 아내를 보호하기 위하여 반드시 이혼증서를 써주어야 했다. 그러니까 그 당시 이혼증서는 전적으로 여자를 위한 것이었다.

(2) 이는 하나님의 배려였다. 이혼증서를 받은 여자는 재혼할 수 있었다(신 24:2). 그렇지 않으면 당시 여자에게 이혼은 곧 죽음을 의미했기 때문이다. 그러나 남자는 그렇지 않았다. 따라서 남자의 욕심을 채우기 위하여 제정한 것이 아님이 분명했다.[1)]

1) 바리새인들이 주장하는 것처럼 마음대로 재혼할 수 있는 근거로 이 구절을 합리화시켜서는 안 된다. 이 완악함은 모세 당시만이 아니라 지금 논쟁을 벌이고 있는 유대 사회에서도 역시 동일한 모습이었다.

5. 말라기 시대에도 이혼의 문제로 시끄러웠다. 그 배경은 무엇인가?[2)]

2) 동교재, 말라기에서 설명을 가져옴.

(1) **말라기 시대의 타락상**

말라기 시대에는 하나님의 제사장들이 바른 길에서 벗어났다. 지도자의 타락은 언약 공동체 내에 엄청난 파장을 불러 일으켰는데, 그들의 잘못된 가르침으로 백성들로 하여금 죄를 짓게 만들어버렸기 때문이다. 그래서 유다는 배신하였고, 이스라엘과 예루살렘에서는 '가증한 일'이 공공연하게 자행되었다. 이는 무엇보다 '여호와께서 사랑하시는' '성결'을 모독하는 일이었다.

(2) 유다 백성들은 거짓을 일삼게 되었고, 여호와께서 역겨워하시는 일을 서슴치 않았다. 즉 백성들은 여호와께서 사랑하시는 성전을 두려워 하지 않게 되었고, 무엇보다 남자들은 '이방 신의 딸'과 결혼하는 일이 많아졌다. '이방 신의 딸'은 이방 신을 섬기는 이방 여인을 가리키는데, 이는 하나님 앞에 크게 가증한 일이었다. 이런 과정에서, 즉 이방 여인과 결혼 문제로 야기된 것이 어려서 취한 아내와 이혼을 대수롭지 않게 여기게 되었다는 것이다.[3)]

3) 이 일은 결국 하나님의 진노를 가져왔다. 설령, 아내를 버린 그들이, 여호와께 제물을 바치고 눈물을 흘리면서 하나님의 진노에 대하여 탄식한다고 해도 소용이 없다고 단호하게 말씀하신다.

(3) 이혼을 당한 여인들의 울음소리가 하나님의 진노로 나타난다. 이혼 당한 여인의 눈물과 울음과 탄식이 여호와의 제단을 가리고 있다는 것이다. 무슨 이유 때문일까? 말라기 2:3을 읽어보자.

2:13 [And] 너희가 — [다시, again, שֵׁנִית] 행하나니
/이런 일도(זֹאת, this, 여성 복수)
— 여호와의 제단을 가리게 하는도다
/곧 눈물과 울음과 탄식으로

그러므로(because, מֵאֵין)
여호와께서 **다시는 너희의 봉헌물을 돌아보지도 아니하시며** 그것을 너희 손에서 기꺼이 받지도 아니하시거늘

(4) 그러니까, 첫 번째 죄악(=이방 여인과 결혼)에 이어, 두 번째로 '이런 일'을 다시 행하고 있다는 것이다(=어려서 취한 아내, 조강지처를 버린 일). 유다 언약 공동체 내에서는 여러 이유들로 인해 남편이 자기 아내를 학대하는 일이 있었다. 특히 이방 여인과 결혼하기 위해 자기가 어려서 취한 아내를 버리는 일이 있었다. 이는 곧 버림 받은 아내들의 눈물과 울음과 단식이 되어 여호와의 제단을 계속 가득히 덮었다는 것이다.

(5) 그러고도 아내를 버린 남편들은 이렇게 항의한다. "어찌 됨이니이까?" 이들은 아직도 아내를 학대하고도 그것을 큰 죄로 깨닫지 못했거나 알지도 못했다. '왜 하나님께서 우리가 드린 봉헌물을 받지 않으시는가?' (말 2:14)

그러므로(because, מֵאֵין)
설령 아내를 버린 그들이,
(여호와께 제물을 바치고
눈물을 흘리면서)
하나님의 진노에 대하여
탄식한다고해도
소용이 없다고 단호하게
말씀하신다.
그래서 그들이
드리는 봉헌물을
다시는(오드, עוֹד)
돌아보지도 않을 것이며,
그것을 너희 손에서
받아주지도 아니하실
것이라고 말씀하신다.

이는(for, כִּי) '왜 제물을 안 받는냐고?'
여호와께서 — 증인이 되시기 때문이라(=기 때문에)
/너와 **네가 어려서 맞이한 아내** 사이에

→ 그[녀]는 네 짝[1])이요 너와 '**서약한 아내로되**'
네가 그[녀]에게 거짓(궤사)을 행하였도다

1) 짝(하베레트, חֲבֶרֶת) - 배우자, 아내, 동료 / 이 단어는 구약에서 이곳에 단 한번 나온다.

(6) 특히 이방 여인들과 결혼하기 위해
조강지처를 버리는 자들은
하나님 앞에 너무 괘씸한 자들이다.
하나님은 "이혼하는 것과 옷으로 학대를 가리는 자를
미워하노라"고 결론삼아 경고하신다(16절).

(7) "너와 서약한"(בְּרִיתֶךָ - 2인칭 남성 단수) 아내
'베리트'(בְּרִית- 언약, 협정, 맹세)

네가 언약을 맺고 맞아들인 아내를 말한다.
이렇게 **결혼은 하나님의 숭엄한 언약(covenant)이다.**
그 언약의 증인은 하나님이시라고 했다.
그러므로 **언약을 버리는 것은 곧 '하나님의 언약'을 버리는 것이다**(잠 2:17*).

• 잠 2:17 "그는 젊은 시절의 짝을 버리며 그의 **하나님의 언약을 잊어버린 자라.**"

6. 하나님은 이렇게 결혼을 쌍방에 의해 존중되어야 할 구속력 있는 언약으로 보신다.

(1) 이렇게 결혼은 개인적인 것이나 시민적인 것이나 세속적인 문제가 아니라 하나님께서 제정하시고 하나님에 의해 보호되는 언약이다. 따라서 이 언약의

위반은 하나님과의 관계에 영향을 미친다. 만약에 이런 결혼이 내포하고 있는 하나님과의 언약을 깨뜨린다면, 그런 자들의 예배와 기도를 하나님은 받지 아니하신다는 것이다.

언약 의무, 율법, 법규 등을 준수하라는 의미이다. (신 11:32)

(2) 그러므로(Therefore, וְ)
[너희는] 네 심령을 '삼가 지켜'(נִשְׁמַרְתֶּם - שָׁמַר의 니팔 완료동사) 네가 어려서 맞이한 아내에게 거짓을 행하지 말라고 명령하신다. 이혼은 안정된 한 가정의 붕괴가 수반되는 황폐함을 가져오기 때문이다.

(3) 따라서 하나님은 이혼을 강하게 반대하시며, 그것을 폭력에 버금가는 것으로 간주하신다(말 2:16).

2:16 이스라엘의 하나님 여호와가 **이르노니**
나는 이혼하는 것과
'옷으로 학대(하마스, חָמָס - 폭력)[1]를 가리는 자'를 미워하노라
만군의 여호와의 말이니라

그러므로[וְ]
너희 심령을 삼가 지켜 거짓을 행하지 말지니라

1) '옷으로 학대를 가리는 자'라는 말은 상징적 어법이다. 아내에게 사랑 대신에(겔 16:8) 학대로 대우하는 것을 말한다. 당시 남편에게 내어 쫓김을 받는 여자는 곧 파멸을 의미했다. 그녀에게는 생존이 문제가 되기 때문이었다. 이렇게 말라기는 한 가정의 붕괴가 가져오는 엄청난 결과에 대해 잘 말해 주고 있다. 하나님은 이런 경우에 이혼을 극히 싫어하신다는 것을 보여주고 있다.

• 겔 16:8 "내가 네 곁으로 지나며 보니 **네 때가 사랑을 할 만한 때라 내 옷으로 너를 덮어 벌거벗은 것을 가리고** 네게 맹세하고 언약하여 너를 내게 속하게 하였느니라 나 주 여호와의 말이니라."

(4) 이혼하게 될 경우, 이 **결혼 파기가 하나님의 언약을 파괴하는 일**이라는 사실에 대해 둔감하다. 결혼 파기에 대한 하나님의 입장은 무엇인가 묻지 않는다. 말라기가 이렇게 남편과 아내 사이에 신실할 것을 요구하는 것은 **결혼은 남편과 아내 그리고 여호와 하나님 사이에 맺은 언약**이기 때문이다. 또한 하나님께서 한 남자와 아내가 한 몸이 되어 경건한 후손을 가져야 한다고 요구하시기 때문이다.

7. 특별히 말라기서는 창조 언약의 세 가지 커다란 명령(예배, 결혼, 노동)을 토대로 예언적인 호소를 하고 있다.[2]

2) 하나님은 창조 질서 속에서 인간이 지켜야 할 세 가지 규례를 주셨다. 즉 안식일(예배), **결혼**, 노동이다. 이는 하나님께서 정하신 것이어서 반드시 지켜야 할 책임이 인간에게 있다.

(1) 예배 명령과 같이 결혼 및 이혼 문제도 말라기서의 전개 가운데 중요 주제로 다루고 있다. 그래서 결혼과 이혼 문제 역시 창세기 1, 2장까지 소급하고 있는 것이다. 결혼은 창조 때에 세워진 제도로서 그 근본이 창조에 뿌리 박고 있으며, 하나님의 구속 언약에 기초를 두고 있고, 언약의 증인으로 행동하시는 여호와 자신에 의해 엄숙히 거행되었다. 그 어떤 인간의 권위에 의

해 이루어지는 것보다 훨씬 고상한 것이다. 그러므로 결혼 질서를 남용하는 것보다 더 전능자의 불쾌감을 불러 일으키는 행동은 없을 것이다("나는 이혼을 미워하노라", 말 2:16).[1] '미워하다'(שָׂנֵא사네)라는 말은 싫어하다, 혐오(증오)하다'라는 의미이다.

1) 앞에서 살핀대로 이런 하나님의 창조 원리를 무시하고 이혼에 대한 직접적인 정죄를 무시하고 다른 식으로 해석하려는 경향이 있어 왔다. 따라서 예수님도 이런 창조 원리에 근거해서 결혼과 이혼 문제를 다루셨다(마 5:31, 32; 19:4-9). 예수님의 제자들은 결혼의 신성불가침에 관한 주님의 가르침에 놀라워하고 있다(마 19:9-10). **결국, 유일한 해결책은 인간에게 명령하신 최초의 창조 명령으로 돌아가는 길뿐이다.**

8. 다시 본문으로 돌아가 보자(막 10:7-12).

막 10:7 이러므로 사람이 그 부모를 떠나서
8 그 둘이 한 몸이 될지니라 이러한즉 이제 둘이 아니요 한 몸이니
9 그러므로 하나님이 짝지어 주신 것을 사람이 나누지 못할지니라 하시더라
10 집에서 제자들이 다시 이 일을 물으니
11 이르시되 누구든지 그 아내를 버리고 다른 데에 장가 드는 자는 본처에게 간음을 행함이요
12 또 아내가 남편을 버리고 다른 데로 시집 가면 간음을 행함이니라

(1) 기독교인에게는 특별한 경우를 제외하고는 이혼이 허용될 수 없다. 그러나 한 가지 이혼이 가능한 경우가 있다. 어떤 경우? (마 19:9, 마 5:17-20) 배우자에게 이혼을 청구할 수 있는 유일한 합법적 이유는 음행의 경우이다. 만약 상대방이 음행을 저지르지 않았는데도 이혼하거나 재혼한다면 그는 간음을 행하는 것이 된다. 그러나 음행이라고 해서 무조건 이혼의 사유가 되어서는 안 된다. 성격, 학력, 생활고 등 그 어떤 조건이 있다 해도 그것이 이혼 사유가 되어서는 안 된다.

(2) 제자들까지도 아직 이 설명에 쉽게 동의하지 못하고 있었을 것이다. 그들도 바리새인들의 생각과 비슷한 생각을 가졌기 때문이었다. 뭐 그렇다면 아예 독신생활이 더 낫지 않느냐고 반문하고 있다(마 19:10*).

• 마 19:10 "제자들이 이르되 만일 사람이 아내에게 이같이 할진대 장가 들지 않는 것이 좋겠나이다."

마 19:11 예수께서 **이르시되**
사람마다 이 말을 받지 못하고 오직 타고난 자라야 할지니라
12 어머니의 태로부터 된 고자(鼓子)도 있고
사람이 만든 고자도 있고
천국을 위하여 스스로 된 고자도 있도다
이 말을 받을 만한 자는 받을지어다

(3) 독신은 은사이며 특정한 인간에게만 부여된 특별한 선물이다. 고자(eunuch, 鼓子) : 선천적인 경우, 거세된 자(내시), 성불구자가 아니면서 천국을 위한

- 하나님은 인간을 신의 형상으로 만드셨다. 남성과 여성은 모두 하나님을 대신해서 하나님의 명령을 따라 하나님의 목적을 성취하심으로써 하나님의 형상을 드러내는 존재이다.
- 하나님의 목적에는 출산도 포함된다(인간 종족 번성, 지구에 인간을 거주하게 하는 것, 자녀 양육 자체도 포함됨).
- 하나님의 목적에는 관계의 친밀성과 성적 결합도 포함된다(창 2:24). 이 모든 행위가 남편과 아내 사이에 언약적 관계를 심화하고 강화한다. - 긴밀한 유대 관계와 하나님의 뜻 성취
- 결혼의 중심 목적 - 먼저 하나님의 통치를 구하는 것이다(마 6:33).
- 결혼은 영원히 동등한 동반자 관계이다(10:6-9절).

독신생활자(고전 7:26 ; 하나님 나라 때문에 자발적 결심)를 말한다. 독신생활, 그것 때문에 신앙의 더 높은 거룩한 경지로 가는 것은 결코 아니다. 성공적인 결혼생활은 하나님의 큰 축복이라고 성경은 여러 곳에서 말씀하고 있다(창 1:27, 28, 2:24; 시 127: 3, 4; 128:3, 8; 요 2:1-11; 엡 5:22-33; 딤전 5:14 등을 찾아보라.).

(4) 고전 7:7-9에서는 어떻게 말하고 있는가?
하나님의 일을 하는데 반드시 부부생활이 더 좋은 방편은 아닐 것이다. 사도 바울처럼 혼자 사는 것이 더 좋을 수 있다. 그러나, 독신생활이 하나님 앞에 더 특별신용을 줄 수 있을까? 또한 독신생활은 누구나 감당할 수 있는 것이 아니다.

9. 결혼과 이혼에 대한 예수의 가르침이 있다는 것은 큰 행운이다. 문제는 그 본문을 해석하기가 지독히 어렵다는 것이다.

(1) 이 주제에 대한 교훈은 마 5:31-32; 19:3-12; 막 10:2-12; 눅 16:18; 비교 고전 7:10-16에 언급되어 있다. 어쨌든 이 구절에 대한 해석이 매우 다양하다는 것이다.

(2) 예수님은 이혼에 관한 신명기 법전에는 별 관심이 없으셨다. 이 법전은 잘해야 인간의 완악함을 어느 정도 허용하신 법전일 뿐이기 때문이다(막 10:5). 기타 수많은 허용들에 별관심이 없으셨다. 대신에 예수님은 청중에게, 특히 제자들에게 **결혼 관계에 대한 창조 목적**을 기억하라고 요구하셨다. 주님은 결혼 관계를 깨드리는 것이 얼마나 큰 비극인가를 깨닫기를 원하셨다. 주님은 그들이 새로운 하나님 나라의 시대 안으로 들어오기를 원하셨다.

여기의 설명은 동교재, 말라기에 소개된 것을 가져와 정리한 것이다. 아래 책은 위 내용들을 정리하는데 큰 도움이 된다.

글렌 스타센 · 데이비드 거쉬, 신광은 · 박종금 역, 「하나님의 통치와 예수 따름의 원리」, 363-388면(대장간, 2011)

(3) 결혼은 하나님의 목적을 위해서 하나님에 의해 수립된 남성-여성의 언약적 동반자 관계다. 결혼은 남성과 여성이 한 몸을 이루는 (재)연합 안에서의 즐거운 교제이다. 결혼은 신실하고 영속적인 것으로 작정된 언약적 관계이다.

(4) 결혼은 일평생 헌신이다(영속성). 언약이란 기꺼운 마음으로 약속하고 약속한 대로 살고자 하는 두 당사자 사이의 성스럽고, 하나님께서 보증하시며, 공적이고, 상호 구속적이며, 취소할 수 없는 관계이다. 예수님의 결혼과 이혼에 대한 가르침의 핵심은 무엇일까? [하나님께서 서로 짝을 지어 주셨으니, 함께 지키라!, 가서 화해하라!]

어린아이들을 축복하시다(막 10:13-16)

같이 읽을 곳(마 19:13-15; 눅 18:15-17)

1. 막 10:10을 보면, 이 내용은 이혼에 관한 말씀을 마치시고 바리새인들이 없는 데서 행해진 것 같다. 여기 나오는 아이들(파이디아, παιδία)은 안겨다니는 영아들인 것 같다(눅 18:15*).

• 눅 18:15 "사람들이 예수께서 만져 주심을 바라고 자기 어린 아기를 데리고 오매 제자들이 보고 꾸짖거늘."

(1) 막 10:14을 보라. 여기서 주님은 누구에게 분히 여기셨다고 했나?

막 10:13 사람들이 —— 어린 아이들을 **데리고 오매**
//(목적: ἵνα, that...might)
예수께서 —— 만져 주심을 바라고
제자들이 —— [그들을] **꾸짖거늘**

• 에피티타오(ἐπιτάω) - 비난하다, 견책하다. 여러 가지 의미로 쓰였지만 여기서는 제자들이 비난하다, 꾸짖다는 의미로 쓰였다.

(2) 예수님은 이런 제자들의 태도에 노하셨다(ἠγανάκτησεν, was indignant)[1] 고 했다. "어린 아이들이 내게 오는 것을 용납하고(permit) 금하지 말라(do not hinder them) 하나님의 나라가 '이런 자'(τοιούτος토이우토스)의 것이니라." '토이우토스'라는 말은 '이와 같은, 이러한, 이러한 종류'를 의미한다.

1) 아가나크테오(ἀγανακτέω)의 과거 - 분개하다, 화를 내다, 격분하다

(3) 이미 앞에서(막 9:30-32) '천국에서는 누가 클까?'란 문제에서 '작은 자'란 누구인가에 대해서 설명되었다. 그렇다면 어린 아이들은 무죄한가? 요 3:6을 읽고 설명해 보라. 주님은 천국이 오직 어린아이들에게만 속했다고 말씀하지 않으셨다. 천국은 "이런 자의 것"(such as these), 즉 어린 아이와 같은 종류의 태도를 취하는 모든 사람들의 것이라고 말씀하신다(막 10:14* 참조).

• 막 10:14 "예수께서 보시고 노하시어 이르시되 어린 아이들이 내게 오는 것을 용납하고 금하지 말라 하나님의 나라가 이런 자의 것이니라."

(4) 하나님 나라에서는 이런 '어린아이 같은 영'(childlike spirit)을 가진 사람들에 의해 이해되고 또 그들에게 제시된다. 어린아이들은 하나님 나라를 단순함과 감사 그리고 신뢰성과 함께 받아들인다. 하나님 나라는 어떠한 경쟁 상대를 이기고 들어가는 곳이 아니다.

고전 14:20 형제들아 ( )에는 아이가 되지 말고
( )에는 어린아이가 되라 지혜에는 장성한 사람이 되라.

• 고전 14:20 "형제들아 **지혜**에는 아이가 되지 말고 **악**에는 어린 아이가 되라 지혜에는 장성한 사람이 되라."

재물이 많은 사람(막 10:17-31)

같이 읽을 곳 [마 19:16-30; 눅 18:18-30]

財物

재물

1. 한 부자 청년이 예수님께 나왔다. 그는 어떤 문제를 가지고 질문했나? (16절)

(1) 우선, 부자 청년의 주변을 살펴보자. 그는 예수님을 무엇이라고 불렀나?
(막 10:17 "예수께서 길에 나가실새 한 사람이 달려와서 꿇어 앉아 묻자오되 선한 선생님이여 **내가 무엇을 하여야 영생을 얻으리이까**)

막 10:17 예수께서 —— 길에 나가실새(=나갔을 때, when)
한 사람이 — [그에게] **묻자오되**
/달려와서
/[그에게] 꿇어 앉아
/선한 선생님이여
/내가 — 무엇을 하여야(=행하리이까?)
//(목적: that...may-NKJV)
[내가] —— 얻으리이까(=얻도록)
/영생(eternal life)을

이 사람은(청년은) 이전의 예수님의 가르침(마 5:17, 18 참조)을 보아 바리새인들과 서기관들의 의는 하나님 나라에 들어가는 데에 합당치 못하다는 사실을 알았을 것이다. 그렇다면, 어떤 선한 일을 해야 영생에 들어갈 수 있단 말인가? 눅 18:18에서는 이 사람을 '관리(관원)'라고 했다.

그는 아직까지 영생을 얻지 못했다는 것을 깨닫고 있었다. 그 원리까지도 알고 있었다.

- 막 10:18 "예수께서 이르시되 네가 어찌하여 나를 선하다 일컫느냐 **하나님 한 분 외에는 선한 이가 없느니라.**"

- 영생(ζωὴν αἰώνιον) - **조에**(ζωή)는 생명(life)을 의미한다. '조에'는 하나님과 그리스도에게 속하는 초자연적 생명으로, 이 생명은 신자들이 미래에 받을 것이지만, 이 땅에서 지금 향유하고 있다. 하나님은 참 생명, 곧 영생이시다(요일 5:20). 하나님 안에 생명이 있다(요 5:26). 또한 예수님 안에 생명이 있다(요일 5:11). 예수님은 생명의 떡이다(요 6:35, 48). 물론 이 새 생명은 이미 실존하는 것이지만 아직 명백하게 나타난 것은 아니다(골 3:3-4). 그리스도의 부활은 우리 자신의 미래에 있을 영생에 이르는 부활의 보증이다. 영생(永生)은 구원에 대한 다른 명칭이기도 하다(막 10:17-30).

- 선한 선생님이여(διδάσκαλε ἀγαθέ, Good Teacher) - 이 청년은 예수님을 하나님의 아들이 아니라 바리새인과 서기관들보다는 더 나은 '선생'이라고 생각했다.

(2) 혹시 그 청년은 선한 일을 행할 수 있다고 으스댄 것이 아닐까? 마치, 바리새인들의 생각과도 같이. "선생님이여 내가 **<무슨 선한 일을 하여야>** 영생을 얻으리이까?(마 19:16)" 마 19:3에서의 바리새인들과 비교해 볼 때, 어떤 점에서 그를 칭찬할 수 있을까? 예수님은 그를 어떻게 생각하셨나? (막 10:21) 주님

은 그의 미덕(美德)과 선행(善行)에 대한 관심을 인정하시고 그를 동정하셨다.

2. 그 청년은 영생을 어떻게 얻을 수 있다고 생각했나?

(1) 어떻게 히여야 영생(=영원한 생명)을 얻겠습니까(κληρονομήσω 가정법 과거)[1]
여기서 '얻다'(클레로노메오, κληρονομέω)라는 말은 '상속하다, 상속자가 되다'(inherit), 또 '획득하다, 얻다, 소유하다'라는 의미이다. 그러니까 '어떻게 하여야 하나님 나라의 상속자가 될 수 있겠습니까'라는 의미이기도 하다.

(2) 주님은 그 청년에게 무엇이라고 말씀하고 계신가? 마태복음 19:17을 보자.

19:17 예수께서 – [그에게] **이르시되**
/[너는] —— 어찌하여 선한 일을 내게 묻느냐
선한 이는 — 오직 한 분이시니라
/[만일, εἰ] 네가 ┬ 생명에 들어가려면
└ 계명들을 **지키라**

물론 이 말은 예수님이 선하다는 것을 부인하시는 것이 아니다. 오히려 예수님은 이 청년에게 자신이 바로 하나님이라는 사실을 알려주려 하셨다.

(3) 이제 주님은 그 청년에게 <만약, If> 선을 행하여 영생을 얻을 수 있다면 계명을 지키라고 말씀하신다. 그러나, 이 청년(관리)은 예수님의 이런 질문의 의도를 깨닫지 못했다. 그래서 그는 더 구체적인 질문을 하고 있다. "내가 무슨 선한 일을 '하여야'(포이에오, ποιέω) 영생을 얻으리이까?" 플라톤은 '포이에오'라는 동사를 '갖은 노력을 다하다'라는 의미로 사용했다.[2]

(4) 이 청년은 **영생**을 선한 일(善, 아가도스, ἀγαθός)이라는 인간의 기준에서 측정하는 것이라고 생각하고 있었다. 따라서 주님은 영생을 얻는 길이 인간의 능력에 있지 아니함을 보여주려 하신다.

3. 예수님은 그 청년에게 무엇을 구체적으로 요구하셨는가?

막 10:19 네가 계명을 아나니
살인하지 말라, 간음하지 말라, 도둑질하지 말라,
거짓 증언 하지 말라, 속여 빼앗지 말라,
네 부모를 공경하라 하였느니라(출 20:12-16; 신 5:16-20)

(1) 청년의 반응을 보라. "그가 여짜오되 선생님이여 이것은 내가 어려서부터 다 지켰나이다."

---

1) 그 나라는 많은 약속들을 포함하고 있다. 즉 마 19:29; 눅18:18; 딛3:7에서는 "영생"으로, 히 1:14에서는 "구원"으로, 고전 15:50b에서는 "썩지 아니할 것"으로 벧전1:4에서는 "썩지 않고 더럽지 않고 쇠하지 아니하는 기업" 곧 하늘에 간직한 것으로 히12:17; 벧전3:9에서는"복"으로, 히 6:12, 10:36에서는 "약속", 그리고 계 21:7에서는 "이것들"이 기업으로 약속된 것들이다.

2) 70인역에서도 이 동사가 약 3,200회 나오는데, '선을 행하다, 율법을 행하다, 일을 하다, 어떤 것을 만들다' 등의 뜻으로 번역되었다.

아드 올람(עַד־עוֹלָם, forever)

• 아드(עַד) : '끝이 없는 세상, 영원토록' 등으로 번역되었다. 히브리어에는 시간을 가리키는 일반적인 단어가 없고 과거, 현재, 미래 및 영원을 가리키는 용어도 없다. 주로 '올람'과 함께 사용되어 '영원히'라는 의미로 쓰였다. '아드'는 빈번히 하나님께 적용된다(사 57:15, 시 111:3, 시 89:29[H 30]).

• 올람(עוֹלָם) : 이 단어는 주로 아주 먼 미래의 무한한 연속성 또는 영원을 가리키기 위해 사용되었다. 때로는 과거를 지칭하는 경우도 있다. 70인경은 아이온(αἰων)으로 번역했다. 후대에 이 단어는 '신 시대' 또는 '긴 기간'을 언급하기 위하여 사용되었다.

(2) 영생(永生)은 구원에 대한 다른 명칭이기도 하다(막 10:17-30). 이 젊은이는 이 구원을 좇고 있었다. 그는 적어도 세상의 쾌락 속에 빠지지는 아니했다. 예수님께서 말씀하시는 계명은 어려서부터 다 지켰다는 것이었다. 이런 계명들은 다 지켰지만 그에게는 그래도 구원을 위해 무엇인가 해야 한다는 생각을 갖고 있었던 것 같다.[1] 물론 구원을 위해서는 믿음에 따르는 실천적인 복종(참조: 히 11:8)이 포함되고, 오래 참는 것이 요구된다(히 6:12). 그것이 없이는 하나님의 나라를 기업으로 받을 수 없다고 했다(갈 5:21).

1) 물론 예수님과 부자 청년과의 대화에서도 영생은 예수님을 따르는 사람들이 믿음으로 복종함으로써만 기업으로 주어진다는 사실이 나타나 있다(마 19:29; 막 10:29, 참조: 눅 18:29).

(3) 예수님은 이 청년을 보시고 '사랑하셨다'(ἠγάπησεν)고 했다. "그를 유심히 바라보시고 대견해 하시며"(공동번역) 이렇게 말씀하셨다.

막 10:21 예수께서 그를 보시고 사랑하사 **이르시되**
/네게 아직도 한 가지 부족한 것이 있으니
가서 네게 있는 것을 다 팔아
가난한 자들에게 주라

(4) 그 청년은 재물이 많으므로 이 말씀을 듣고 근심하며(고통스로울 정도로 걱정 또는 슬퍼함) 갔다고 했다(22절). 주님이 명하시는 계명들은 어려서부터 다 지켜왔다고 말하고 있다. 아마, 이 청년은 예수님으로부터 엄청난 칭찬이 쏟아질 줄 알았을 것이다. 그런데, 예수님은 이 청년에게 무엇을 요구하고 계시는가? (막 10:21) 그 청년은 모든 계명을 다 지킨 것 같았으나 네 이웃을 네 자신같이 사랑하라는 말씀은 수용할 수 없었던 모양이다. 그의 가장 아픈 곳을 찔렀던 것이다.

(5) 이 청년의 기막힌 표정을 표현해 보라(22절 "그 청년이 재물이 많으므로 이 말씀을 듣고 근심하며 가니라"). 그는 재물이 많으므로 이 말씀을 인하여 "슬픈 기색을 띠고 근심하며" 갔다고 했다(막 10:22). 말씀대로 못한 것을 보니(22절), 이 청년은 재물을 더 사랑하는 것 같았다. 예수님이 이 청년에게 너무 어려운 것을 요구하셨을까?[2]

2) 지금 예수님의 제자들 중에는, 그의 생계 수단인 그물을 다 버리고 좇은 자도 있으며, 비록 동족 유대인에게 미움은 샀지만 그래도 부자로 행세할 수 있었던 세리직업을 포기하고 좇은 제자도 있었다.

주님은, 이 청년에게 "하나님 한 분 외에는 선한 이가 없다"(18절)고 말씀하신다. 그러나 주님은 이 청년에게 자신이 바로 하나님의 아들이라는 사실을 깨닫게 하려고 하셨다. 그러나 이 사람은 재물 때문에 제자의 길을 갈 수 없었던 것같다. 그에게는 재산이 예수님보다 더욱 귀중한 것이었다. 그는 그의 선행에 관한 한, 또한 재산에 관한 한 누구에게도 떳떳하며 자랑스러워했다.

천국은 어린 아이와 같은 신앙을 갖지 않으면 결코 보이지 않는다.

(6) 외적인 행동은 내적 변화의 증거일 뿐이다. 이 변화는 죄를 뉘우치는 슬픔이어야 한다. 그러나, 지금까지 그는 이 세상 부귀에 집착해 있었다. 재물이 그의 신(神)이었다(마 6:19-24). 이 청년은 하늘나라에 들어가는 것이 결코 인간의 노력으로 들어가는 것이 아님을 알지 못했다.[1)]

(7) 영생의 약속으로 가는 길을 열어 놓으신 분은 예수님이시다(참조: 히 6:20). 그 분은 아들이자 후사이시다(히 1:4). 예수님 자신이 상속자인 동시에 또한 우리를 위하여 자신을 내어주신 분인 까닭에, 우리는 그분과 관계를 맺지 않고는 이 기업을 상속할 수 없다. 이 청년(관리)에게는 부(富)가 비극적인 걸림돌이 되었다.

4. "네게 아직도 한 가지 부족한 것이 있으니" 여기서 한 가지 '부족한 것'이란 무엇일까?

(1) 부자 청년은 예수님이 지키라는 계명은 어려서부터 다 지켰노라고 했다. 예수님은 이 청년에게 한 가지 부족한 것(휘스테레오, ὑστερέω)[2)]이 있다고 하셨다. 이 청년은 '아직도 무엇이 부족합니까?' 그는 아직도 성취되지 않은 부족한 부분이 있다고 생각했다. 그것이 무엇일까?

(2) 예수님께서 이 부자 청년에게 말씀하시는 '부족한 것'이란 무엇일까?그것은 "가서 네게 있는 것을 다 팔아 가난한 자들에게 주라"는 것이었다. "그리하면 하늘에서 보화가 네게 있으리라. 그리고 나서 나를 좇으라" 그것은 예수님의 참된 제자가 되려면 자기 희생적인 헌신을 필요하다는 것이었다. 예수님의 제자가 된다는 것은 결국 율법에 대한 참된 순종이이라는 것이었다.

(3) 이 부자 청년에게는 이 말씀이 결정적인 부담으로 다가왔다. 그는 매우 부유했기 때문이다. 물론 부(富) 자체가 악하기 때문이 아니다. 그에게는 부가 하나님 한 분만이 차지하여야 할 자리를 차지하고 있었다. 그는 재물(크테마, κτῆμα)이 많았다고 했다. 그래서 그는 "이 말씀으로 인하여 슬픈 기색을 띠고 근심하며" 돌아갔다. 사람마다 다 각기 다른 죄의 권세 아래 놓여 있다. 이 사람에게는 하나님을 절대적으로 의지하는데 결정적인 장애물이 재물(재산, 소유, 토지 재산)이었다. 그는 슬픈 기색(스티귀나조, στυγνάζω), 즉 침울해하면서 돌아갔다.[3)]

1) 모든 소유를 다 팔아서 구제했다면, 그것이 영생의 조건이 될까?

이 청년이 놓치고 있는 점은 무엇인가? 부자 청년은 영생을 사람의 힘이나 노력으로 얻는 것으로 알고 있었다. 재물이나 돈 자체가 나쁜 것인가? 물론 아니다. 그러나, 대체로 재물이 많으면 욕심도 크게 되고, 하나님만을 위하여 사용하지도 않음을 주위에서 볼 수 있다. 그러나, 아브라함의 경우는 어떠했나?

2) 모자라다, 부족하다, 결핍하다, ~에 이르지 못하다 (=하나님의 영광에 이르지 못하다; 롬 3:23)

3) 바울은 탐심(소유욕, 플래오넥시아, πλεονεξία)을 우상숭배라고 했다(골 3:5). 더 많이 가지기를 원하는 사람을 탐욕스러운 사람이라고 부른다.

부자는 하나님 나라에 들어가기가 어려운가?

같이 읽을 곳 (막 10:23-31; 마 19:23-24)

1. 주님은 이 젊은 부자 청년(관리)과의 이야기가 끝난 후, 이 일을 계기로 제자들에게 메시지를 전하신다.

막 10:23 예수께서 — **이르시되**(...하시니)
/둘러보시고(과거분사)
/[그의] 제자들에게
/있는 자는 — 들어가기가(=들어가니라)
/재물이 /하나님의 나라에
/심히 어렵도다(=게)[1)]

(1) 부자 청년이 재물 문제로 슬픈 기색을 띠며 돌아간 사건, 그리고 부자가 하나님 나라에 들어가기가 심히(포스, πῶς) 어렵다(뒤스콜로스, δύσκολος)는 말씀에 제자들은 충격적인 반응을 불러일으켰다. 어떤 반응을 보였나? (24절, "제자들이 그 말씀에 놀라는지라", were amazed at His words) 제자들은 아연실색했을 것이다. 아니, 그렇다면 누가 그 나라에 들어갈 수 있단 말인가? 그리고 그런 기적은 가능한가?

(2) 주님께서는 시작부터 마지막까지 구원(救援)은 인간의 공적(功績)이 아니라는 사실을 더욱 더 제자들에게 새기기 위해, 부자가 자기 방식으로 하나님 나라에 들어가는 것이 불가능함을 비유를 들어 설명하셨다. '그렇다면 누가 구원을 얻을 수 있겠습니까?'라고 제자들은 반문했다. 그러나 구원은 "사람으로는 할 수 없으되 하나님으로서는 다 하실 수 있다"는 것이다(27절). 결국 구원은 인간의 힘이나 노력에 달려 있는 것이 아니라는 말이다.

주님은 부한 자에게나 가난한 자에게나 모두에게 구원을 준비하고 계신다. 바늘귀가 너무 작아서 낙타처럼 울부짖는 자에게도 하나님은 용서와 구원을 준비하고 계신다. 예수님을 그의 주님으로 모셔들이기만 한다면....

2. 주님은 참된 회개와 신앙을 요구하실 때, 언제나 우리의 이 세상 소유물을 버리라고 요구하시는가?

(1) 주님은 삭개오에게 그런 요구를 하셨나? 아나니아와 삽비라(행 5장)의 경우는

---

1) 그것은 **낙타가 바늘귀로 들어가는 것만큼 어렵다는 것이다(24절).** 그러니까 불가능하다는 표현이다. 어떤 사람은 여기 나오는 낙타(camel)라는 단어는 사실은 밧줄(케이블)이라는 말이라고 주장하기도 하지만, 낙타든, 밧줄이든 그것이 작은 바늘 구멍으로 들어갈 수 없기는 마찬가지가 아닌가.

부자가 되는 것만이 하나님의 축복의 증거인가?

신26-28장의 내용을 읽어보자. 물론 하나님은 인류가 어린 상태에 있을 때 물질적인 보상과 심판을 통해 교육시킨 것이 사실이다. 그러나, 성경이 가르치는 교훈은 무엇인가? (눅 9:58; 엡 1:3; 고후 6:10; 빌 4:12을 찾아보라).

어떠한가? 그러니까, 이 청년의 경우는 마 18:8, 9*에 해당되는 것이었다.

(2) 지금까지 대화의 내용을 듣고 있던 베드로, 그는 어떤 생각을 하고 있었을까? (막 10:28; 마 19:27)

19:27 이에 베드로가 **대답하여 이르되**
/보소서 우리가 모든 것을 버리고[1] 주를 따랐사온대[2]
/그런즉 우리가 무엇을 얻으리이까

(3) 베드로, 그는 주를 위하여 모든 것을 버렸고, 물론 부자도 아니었다. 아마, 베드로는 마음속으로 그가 버린 것보다 더 크고 좋은 것을 기대했을지도 모른다(마 19:27). 그러나, 그는 구원이 공로에 의한 보상이 아니라는 주님의 뜻을 포착하지 못했다. 영생은 봉사의 대가가 아니라는 생각을 아직도 확실히 깨닫지 못하고 있었던 것 같다. 영생은 어떻게 얻는가?

• 마 18:8 "만일 네 손이나 네 발이 너를 범죄하게 하거든 찍어 내버리라 장애인이나 다리 저는 자로 영생에 들어가는 것이 두 손과 두 발을 가지고 영원한 불에 던져지는 것보다 나으니라 9 만일 네 눈이 너를 범죄하게 하거든 빼어 내버리라 한 눈으로 영생에 들어가는 것이 두 눈을 가지고 지옥 불에 던져지는 것보다 나으니라."

1) ἀφήκαμεν - 과거 능동 ἀφίημι - 아포(ἀπό) + 히에미(ἵημι- 보내다) / 여기서는 '포기하다'라는 의미로 쓰였다.

2) ἠκολουθήσαμέν - 과거능동 ἀκολουθέω - 뒤따르다, 함께 가다 / 제자는 모든 것을 버리고 예수님을 좇는다(막 10:28; 막 1:18; 눅 5:11).

3. 물론, 이 지상의 교회에서 [예수님과 제자들이 겪었던] 고통과 어려움을 가졌던 성도들에게도 같은 상급이 있을 것이다.

"**내 이름을 위하여**[3]집이나 형제나 자매나 부모나 자식이나 전토를 버린 자마다 여러 배를 받고 또 영생을 상속하리라". 특별히 제자들은 모든 것을 <주를 위하여 버린 자들>이었다. 예수님은 이들에 어떤 보상이 있다고 하시는가? (마 19:28을 읽어보자.)

3) for My name's sake - 이 말은 '예수님이나, 또는 복음이나 하나님 나라를 위하여'라는 의미이다.

마 19:28 예수께서 – **이르시되**
/[그들에게]
/진실로
내가 ——— 너희에게 **이르노니**
인자가 ——— 앉을 때에(상황절, when)
/자기 영광의 보좌에
/세상이 새롭게 되어
/너희도 ——— 앉아
/나를 따르는 /열두 보좌에
심판하리라
/이스라엘 열두 지파를

• 눅 22:29 "내 아버지께서 나라를 내게 맡기신 것 같이 나도 너희에게 맡겨 30 **너희로 내 나라에 있어 내 상에서 먹고 마시며 또는 보좌에 앉아 이스라엘 열두 지파를 다스리게 하려 하노라.**"

예수님은 제자들에게 현세에서뿐만 아니라 예수님이 자신의 영광으로 지배하는 나라에서도 그들과 같이 하실 것임을 보여주신다. 이들이 심판의 자리에 있게 될 것이라는 것이다. 심판은 온 인류에게 있을 것이기에 이스라엘도 예수님과 제자들의 자리 앞에 모여야 하는 날을 피할 수 없을 것이다. 눅 22:29의 내용도 읽어보자.

• 막 10:29 "예수께서 이르시되 내가 진실로 너희에게 이르노니 **나와 복음을 위하여** 집이나 형제나 자매나 어머니나 아버지나 자식이나 전토를 버린 자는 30현세에 있어 집과 형제와 자매와 어머니와 자식과 전토를 **백 배나 받되** 박해를 겸하여 받고 내세에 영생을 받지 못할 자가 없느니라."

'백 배'라고 번역된 단어, '헤카톤타플라시온'은 '일백 배'라는 뜻이 있다(눅8:8, 좋은 땅에 떨어지매 나서 백 배의 결실을...). 물론 꼭 100을 뜻하신 것은 아니다.

죽음과 부활을 세 번째로 언급하심(막 10:32-34)

같이 읽을 곳(마 20:17-19; 눅 18:31-34)

고난당하는 인자

1. 예수님은 예루살렘으로 올라가시는 길에서 열두 제자를 따로 데리시고 세 번째로 자신의 고난과 죽음과 부활을 예고하셨다. 마 16:21(막 8:32-9:1; 눅 9:22-27)과 마 17:22, 23(막 9:30-32; 눅 9:43-45)에 이어 세 번째 언급이다.

(1) 세 번째 예언은 마태복음에서 보다 더 구체적으로 언급되었다. 십자가에 못 박히리라고 공공연히 말씀하신다. 핵심은 '제 삼일에 살아나리라'는 것이다. 예수님은 앞장 서서 가시고 그 뒤를 따르는 열두 제자들은 놀라고 따르는 자들은 두려워하했다고 했다(32절).

미래 수동태 / (다른 사람의 손에) 넘겨지다. (will be delivered)

막 10:33 보라!(Behold, ἰδοὺ)
우리가 — 예루살렘에 올라가노니
인자가 — 대제사장들과 서기관들에게 넘겨지매(παραδοθήσεται)
그들이 — 죽이기로 결의하고[1]
— 이방인들에게 넘겨 주겠고
34 그들은 — 능욕하며 침 뱉으며 채찍질하고 죽일 것이나
그는 — 삼 일 만에 살아나리라[2]

1) they **will condemn** Him to death
κατακρινοῦσιν
κατακρίνω의 미래 능동태
불리한 판단을 하다. 즉 선고하다, 정죄하다, 저주하다.

2) He will be raised up
직설법, 미래 수동태
ἐγείρω - 일어나다, 죽은 자를 일으키다.

▶ 이미 막 8:31과 9:30-32에서 살펴본 것처럼 "인자가 많은 고난을 받고 장로들과 대제사장들과 서기관들에게 버린 바되어 죽임을 당하고 사흘만에 살아나실 것임"을 공개적으로 선언하셨다. 이 과정에서 베드로가 예수님을 붙들어 말린 것도 인자가 죽어야 한다는 개념 때문이었다. 당시 유대인들은 이사야 53장을 메시야적으로 이해한 것은 분명하지만 그것을 어떻게 이해하고 있었을까?

▶ 그들이 기대했던 메시야는 원수들과의 투쟁에서 그러했다. 더욱이 대속적 고난이라는 개념은 아니었다. 만일 메시야가 그 입술의 기운으로 원수들을 궤멸시킬 다윗 계통의 왕이라면, 인자는 천상적이고 초자연적인 존재이다(단 7:13, 인자 같은 이, כְּבַר אֱנָשׁ). 그런데 어떻게 그러한 존재가 죽을 수 있는가?

▶ 구약의 선지자들은 메시야에 대해 두 가지 측면을 예언하였다. 즉 ❶ 승리적 측면(사 11장)과 ❷ 고난적 측면(사 53장)

(1) 유대인들은 전자의 세속적이고 정치적인 개념만을 가지고 있었다. 후자의 영적 의미는 무시하거나 배척하였다. 자기 민족을 로마의 압제에서 해방시켜주는 정치적이고도 현실적인 메시야관을 갖고 있었다. 제자들 역시 같은 생각을 갖고 있었다.

(2) 따라서 제자들 역시 메시야의 고난을 이해할 수 없었다. 그러나 예수님의 고난과 죽음은 메시야로서의 사명을 완수하여 영광에 들어가기 전에 거쳐야만 되는 과정이었다. 이는 죄인인 인간을 구원하기 위한 하나님께서 예정하신 과정이었다. 그는 바로 여호와의 종이었다(사 53장). 마가는 고난의 종이라는 내용을 인자 개념 속에 불어넣고 있다.

하나는 주의 우편에, 하나는 좌편에...(막 10:35-45)

같이 읽을 곳(마 20:20-28)

(1) 주님께서 위와 같이 고난에 대하여 반복적인 예언을 하였음에도 불구하고 제자들은 무슨 생각을 하고 있었나? 특히 세베대의 아들 야고보와 요한이 예수님께 아주 특별한 요구를 해왔다. 마태복음에서는 이들의 "어머니가 그 아들들을 데리고 예수님께 와서 절하며 구했다"(마 20:20-23)고 기록하고 있다.

• 마 20:20-21 "그 때에 **세베대의 아들의 어머니가 그 아들들을 데리고 예수께 와서** 절하며 무엇을 구하니 21예수께서 이르시되 무엇을 원하느냐 이르되 나의 이 두 아들을 주의 나라에서 하나는 주의 우편에, 하나는 주의 좌편에 앉게 명하소서."

(2) 그들의 별명을 무엇이라고 불렀나? (막 3:17*) (   )

3:17 "또 세베대의 아들 야고보와 야고보의 형제 요한이니 이 둘에게는 보아너게(보아네르게스, βοανηργές) 곧 우레(=천둥, βροντή 브론테)의 아들이란 이름을 더하셨으며"

• **보아네르게스**는 예수님께서 세베대의 아들 야고보와 요한에게 붙여주신 별명이다(막 3:17). 이 별명은 뇌우(雷雨)에 비견될 수 있는 각렬하고 파괴적인 열심을 나타내는 것 같다. 그들의 성격 때문이었을 것이다(막 16:35-39; 눅 9:54). 그러나 야고보는 최초의 순교자가 되었고(행 12:2), 요한은 가장 오래 살았다.

(3) 그래 "너희는 나에게 바라는 것이 무엇이냐?"(36절) "여짜오되 주의 영광중에서(=영광의 자리에 앉으실 때) 우리를 하나는 주의 우편에, 하나는 좌편에 앉게 하여 주옵소서"(37절) 그런네, 이들은 왜, 갑자기 이런 생각을 하게 됐을까? 이들의 어머니가 예수님께 절한 것으로 보아 예수님을 주님으로 알고 있었을 것이다(마 20:20). 눅 19:11*을 읽어보자. 이들은 하나님의 나라가 언제 온다고 생각했나? 따라서 지금 지체 없이 부탁해야겠다고 생각했을 것이다.

• 눅 19:11 "그들이 이 말씀을 듣고 있을 때에 비유를 더하여 말씀하시니 **이는 자기가 예루살렘에 가까이 오셨고 그들은 하나님의 나라가 당장에 나타날 줄로 생각함이더라.**"

2. 이 황당한 제의를 받고 주님은 어떤 대답을 주시는가? (마 20:22)

22 예수께서 —— **대답하여 이르시되**
/너희가 — 알지 못하는도다
/너희가 구하는 것을
너희가 — 마실 수 있느냐?
/내가 마시려는 잔을
그들이 —— **말하되**
/[우리가] — 할 수 있나이다

πιεῖν τὸ ποτήριον(잔)
that I am about to drink
예수님의 제자들은 아직 마 19:28의 말씀을 잘 이해하지 못했다. 이 말씀의 진의는 곧 예수님에게 일어날 일련의 사건들을 의미하는 것이었다. 즉 고난, 십자가에 죽음, 그리고 부활과 관련된 말씀이었다.

• 마 20:22 "...그들이 말하되 할 수 있나이다 23이르시되 너희가 과연 내 잔을 마시려니와 내 좌우편에 앉는 것은 내가 주는 것이 아니라 내 아버지께서 누구를 위하여 예비하셨든지 그들이 얻을 것이니라."

• 마 26:56 "그러나 이렇게 된 것은 다 선지자들의 글을 이루려 함이니라 하시더라 **이에 제자들이 다 예수를 버리고 도망하니라.**"

(1) 제자들은 어떤 점에서 무지했나? '내가 마시려는 잔'은 무엇을 의미하는가? 이 질문에 대한 제자들의 대답은 어떠했나? 그런데, 훗날 제자들의 모습은 어떠했나? (마 26:31, 56을 보라)

(2) 야고보와 요한은 주님이 마실 잔을 자기들도 마실 것이라고 호언장담하고 있음을 본다(마 20:22, 막 10:39 "그들이 말하되 '할 수 있나이다'(δυνάμεθα - 가능합니다)"). 이들 제자들은 아직도 고난의 의미를 이해하지 못했다(마 26:56*). 고난은 아무것도 아닌 것으로, 그것보다는 오직 그들이 누릴 영광에만 집착했다. 반복되는 예수님의 경고를 듣고도 이들은 이해하지 못했다.

(3) 그 분의 잔을 마신다는 것은 어떤 것인가? 참 성도들은 주님께서 이 세상에서 당하신 고난과 핍박을 당할 것이다(롬 8:17; 고후 1:5,7; 빌 3:10). 훗날 이 제자는 순교를 당하는 데까지 간다. 야고보는 누구에게 순교당했나? (행 12:1-2) 그리고 사도 요한도 일세기 말엽에 순교했다고 생각된다.

3. 나머지 제자들은 어떤 반응을 보였을까?

(1) 지금 주님의 죽음이 임박한 상황에서도 이들은 천국에서 누가 예수의 좌우편에 높은 직분을 차지하느냐에 관심이 쏠려 있었다. 베드로도 그랬다(마 19:27). 나머지 10제자들의 분히 여김을 보라.

• 막 10:41 열 제자가 듣고 야고보와 요한에 대하여 화를 내거늘
• 마 20:24 열 제자가 듣고 그 두 형제에 대하여
"분히 여기거늘'(ἠγανάκτησαν)[1]

1) 아가나크테오(ἀγανακτέω)의 직설법 과거 능동태 분개하다, 분노하다, 몹시 괴로워하다.

(2) 나머지 제자들은 모두 분개했다. 이들은 서로가 가장 높은 자기 되기를 원했다(마 18:1). 그러나 예수님은 하나님 나라에서 가장 큰 자는 모든 사람의 종이라고 가르치셨다. 이런 제자들에게 주님은 어떤 교훈을 하셨나? 집권자들은 남을 다스리지만 하나님의 나라에서는 어떤 방법으로 다스리는가? (막 10:42-44)

• 고후 8:9 "우리 주 예수 그리스도의 은혜를 너희가 알거니와 부요하신 이로서 너희를 위하여 가난하게 되심은 (ἵνα, so that...might) 그의 가난함으로 말미암아 너희를 '부요하게 하려 하심이라'(might become rich)

(3) 주님이 이 땅에 오신 목적은 무엇이라고 하셨나? (마 20:28) "인자가 온 것은 '섬김을 받으려 함이 아니라' 도리어 섬기려 하고 자기 목숨을(ψυχήν) 많은 사람의 대속물로(λύτρον) 주려 함이니라."고 하셨다(45절). 예수님은 우리의 왕이시지만 어떤 왕이신가? (마 9:13; 고후 8:9*; 빌 2:5, 8 등을 읽어보고)

맹인 거지 바디메오가 고침을 받음(막 10:46-52)

같이 읽을 곳(마 20:29-34; 눅 18:35-43)

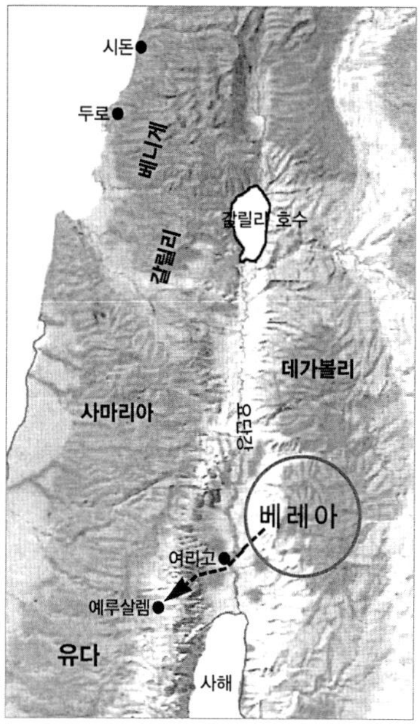

1. 이제 주님의 지상 생애 중, 마지막 주간의 시작을 보게 된다. 주님은 베레아에서 요단을 건너 여리고를 지나 예루살렘으로 나아가고 계시는 중이다. 이 사역은 어디에서 일어난 일인가? 다른 복음서와 기록의 차이가 보인다.

- 마태 : 맹인 두 사람 (마가: 맹인의 이름까지 언급했다. - <바디매오>)
- 마태 : 마가 : 여리고를 떠날 때 // 누가 : 여리고에 가까이 가실 때

(두 개의 여리고 성이 있었다. 오래된 성과 새 성읍) 예수님은 구(舊)여리고를 떠나 신(新)여리고로 가고 계셨다.

(1) 두 맹인은 갈릴리 지방에서 살았던 두 맹인에게서 이야기를 들었을 것이다(9:27이하). 이제 이들에게는 절호의 기회였다. 얼마나 큰 소리를 쳤을까?

(2) 두 맹인의 태도에서 우리는 무엇을 배울 수 있을까? 그들의 기도가 어떠했기에 예수님의 걸음을 멈추게 하였을까?

막 10:46 그들이 여리고에 **이르렀더니**
예수께서 제자들과 허다한 무리와 함께 여리고에서 나가실 때에(as)
디매오의 아들인 맹인 거지 바디매오가 길 가에 **앉았다가**

47 [그가] ┬ 나사렛 예수시란 말을 듣고(상황절, when)
└ **소리 질러**[1] **이르되** (...하거늘)
/다윗의 자손 예수여
/[당신은] — 나를 **불쌍히 여기소서** (ἐλέησόν[2] με)
(have mercy on me!)

(3) 얼마나 소리를 질렀을까? "많은 사람이 맹인 바디매오를 꾸짖어 잠잠하라"(48절)고 했다. 그러나 '그는 디욱 크게 소리 질렀다'(he kept crying out all the more)고 했다. 예수님은 이 맹인의 태도에 어떤 반응을 보이셨을까?

"예수께서 머물러 서서"(49절) - 예수님께서는 그 맹인에게 용기를 주셨다. 가시던 걸음을 멈추셨기(στάς 과거분사)[3] 때문이다.

1) 크라조(κράζω) - (크게) 소리 지르다(cry aloud) 예수님을 메시야로 알아보고 발하는 외침이다. 이 단어는 주로 궁핍과 두려움에서 도움을 요청하는 울부짖음에 쓰였다(마 9:27, 14:26).

2) 엘레에오(ἐλεέω) - 인간의 비참한 현실에 하나님의 자비를 부여하는 것을 의미한다. 자비를 베풀다, 동정하다.

3) 히스테미(ἵστημι) - 멈추다, 정지한 채 서 있다는 것을 의미한다(막 20:32; 눅 8:44; 행 8:38).

230

υἱός의 남성 호격

다윗의 자손 예수여(υἱὲ Δαυὶδ Ἰησοῦ)

1. 다윗의 자손(Son of David) : 마태는 예수님의 족보에서, 예수가 바로 다윗 왕의 후손이라는 것을 강조하기 위하여 14라는 숫자를 상징적으로 사용했다.

(1) 마 1:6에서는 두 번째 14대를 언급하면서 다윗을 말하고 있다. 많은 왕이 있었지만 다윗만을 **왕(王)으로** 부각시키고 있음을 본다. 예수님이 다윗 왕통임을 강조하기 위한 것이다.[1)]

(2) 이렇게 The Davidic Christology(다윗 기독론)을 강조함으로써 예수 그리스도께서 진정한 통치자임을 강조하고 있다. 마 1:20에서도 무엇이라고 언급하고 있는가 보라(Joseph, son of David). 이제 몰락된 다윗의 왕국을 참된 '다윗의 후손' 예수님에 의해서 회복되는 것을 보여주려 하고 있다.

(3) 예수님이 다윗 계통의 왕이시라는 사실은 단순히 그분이 다윗 가문에 속하셨다는 것보다 더 큰 의미를 갖고 있다. 그리스도는 단순히 다윗을 계승한 왕이 아니라 '다윗 같은' 왕이시기 때문이다. 다윗은 어떤 왕이었나? 다윗은 그 마음이 '하나님의 마음을 닮은' 왕이었다(왕상 11:4, 15:3). 그러므로 그리스도는 다윗을 본받은 왕이 아니시다. 이와는 반대로 그리스도를 본받아서 다스린 왕이 바로 다윗이다.[2)]

2. 구약은 다윗의 후손으로 태어날 왕을 기대했다(렘 23:5, 33:15). 이사야 23:5-6을 자세히 보자.

23:5 여호와의 **말씀이니라**
보라!
때가 —— **이르리니**
내가 —— 다윗에게 한 의로운 가지(쩨마흐, צֶמַח)를 **일으킬 것이라**
그가 —— 왕이 **되어** 지혜롭게 **다스리며**
—— 세상에서 정의와 공의를 행할 것이며
6 유다는 —— 구원을 받겠고
/그의 날에
이스라엘은 — 평안히 살 것이며
그의 이름은 — 여호와 우리의 공의라 일컬음을 받으리라

1) 1세기에 히브리어를 사용했던 사람들은 사람의 이름을 구성하는 각 철자에 숫자들을 더해 보는 습관이 있었다. 이것을 gematia라고 불렀다. 다윗이라는 이름의 값을 모두 더하면 14가 나온다. (교재 마태복음 1장)

2) 유대인들이 십자가에 못박아 죽인 예수님이 다윗의 위(位)를 이어받은 "합법적 후사"라니! 이 서신이 기록될 당시에도 아직도 그의 메시야 됨을 믿지 않는 무리들이 많았다. 왜냐하면 그들 유대인들에게는 그렇게 초라하게 나타나 힘없이(?) 죽어 가는 메시야를 기다리지도, 생각지도 아니했기 때문이다.

예레미야서에서는 '메시야 구절'이라고 여겨지는 다섯 구절들이 있다.

- 렘 3:14-17
- **렘 23:1-8**
- 렘 30:8-9
- 렘 31:31-40
- 렘 33:14-26

(1) 이사야 11:1을 보자.

> 이새(이솨이, יִשָׁי)[1]의 줄기에서
> 한 싹(호테르, חֹטֶר)이 **나며**
> 그 뿌리에서 한 가지(네째르, נֵצֶר)가 **나서 결실할 것이요**

사 4:2에서 나오는 (여호와의) '싹'이라는 단어는 체마흐(צמח)라는 단어를 썼다. '호테르'는 '가지, 잔 가지, 막대기, 회초리'라는 뜻이 있다. 아브라함과 다윗의 후손들이 완전히 끊어지지는 않을 것이라는 것이다. 사 9:6에서 언급된 한 '아기'는 겉으로 보기에는 죽은 것 같은 그루터기로부터 자라는 싹이 난 가지로서 올 것이다. 스가랴서에서도 '가지'(싹)라는 단어, 즉 이사야(사 4:2, 61:11)와 예레미야가 사용했던(렘 23:5, 33:15) 단어를 사용함으로써 다윗 왕가를 언급하고 있음을 본다.[2]

1) 다른 예언자들은 이상적인 왕을 다윗으로 칭하거나 그를 다시 올 다윗으로 묘사한다(렘 30:9; 겔 34:23-24, 37:24-25; 호 3:5; 미 5:2).

• 이새 - 미천한 자였다(삼상 16:1; 삼하 7:8). 미천한 데서 한 싹이 나왔다(그 연약성을 보여줌).

2) 학개 선지자는 이 약속이 다윗의 후손이요 공동체의 총독으로서 성전 재건의 도구가 될 스룹바벨이라는 인물과 연결시키고 있다(슥 4:6, 9; 학 2:20-23).

(2) 기독교 이후 유대교에서는 '다윗의 자손'이 메시야의 칭호로 나타난다. 마태복음에서는 다윗의 후손으로 소개된다(마 9:27, 12:23, 15:22, 20:30). 맹인은 예수님을 "다윗의 자손"이라고 불렀는데 예수님이 메시야라는 소문이 퍼져나간 것이 확실하다. 마 21:9, 22:41-45을 보면 다윗의 자손과 메시야가 동의어로 쓰여진 것을 볼 수 있다. 물론, 이 이스라엘 사람들이 기다리고 있던 메시야는 지상적이고 이스라엘 중심적인 정치적 메시야를 대망하고 있었다.

막 10:49 예수께서 — **[말]하시니**
/머물러 서서(완료분사)
/[너희는] — 그를 부르라
그들이 —— 그 맹인을 **부르며 이르되**(...하매)
/[너는] —— 안심하고[3] 일어나라
그가 —— 너를 부르신다
50 맹인이 ——— 예수께 **나아오거늘**
/[그의] 겉옷을 내버리고(과거분사)
/뛰어 일어나(과거분사)[4]

3) 안심하라(θάρσει명령법) - θαρσέω(달세오) - 용기를 갖다, 격려하다 / "용기를 내어 일어서십시오."

4) (ἀναπηδήσας) - 아니스테미(ἀνίστημι)의 과거분사 / 벌떡 일어나다

(3) "네게 무엇을 하여 주기를 원하느냐 맹인이 이르되 선생님이여 보기를 원하나이다." "가라 네 믿음이 너를 구원하였느니라." 그의 끈질김 때문에 구원 받은 것이 아니라 그의 믿음 때문에 구원을 받았다. "그가 곧 보게 되어 예수를 길에서 따르니라."

막 11:2 너희는 맞은편 마을로 가라
그리로 들어가면 곧 아직 아무도 타 보지 않은 나귀 새끼가
매여 있는 것을 보리니 풀어 끌고 오라

예루살렘으로 입성하시는 예수님

- 예수님이 공생애의 삶을 살아가던 때의 유대 땅,
  종교지도자들의 위세는 대단했다.
  그들은 외적으로는 흠이 없었다.
  그래서, 백성들의 존경도 받았다.

- 당시의 결혼과 이혼에 대한 해석은
  힐렐 학파와 삼마이 학파가 그 견해를 달리했다.
  결혼과 이혼에 대해 좀 자유스로운 태도를 가진 학파도 있었고
  엄격한 견해를 가진 학파도 있었다.
  어쨌든, 그들은 갖은 이유를 대면서 이혼을 합리화시켰다.
  늘 약자 편은 이혼 당한 여자들 뿐이었다.

- 이 문제는 예수님을 고소할 좋은 문제거리였다.
  어떻게 대답하시든, 예수님을 넘어뜨릴 수 있는 기회였다.
  주님은, 결혼 제도는 하나님께서 창조시에 세우신
  반드시 지켜야 할 내재적 원칙 중 하나라고 말씀하신다.
  하나님을 두려워하는 맘이 있다면 어떤 선택을 해야 할까?

- 하나님께서 인간에게 원하시는 질서가 있다.
  그러나 인간은 늘 여러 가지 이유를 들어
  교묘하게 법망을 피해가며 하나님의 뜻과 역행한다.

- 천국에서는 누가 가장 클까?
  주님께서는 천국은 어린아이와 같은 자들의 것이라고 말씀하신다.
  이 말씀의 진의는 무엇일까?
  오늘도, 교회 안에서는, 주님의 제자들이 그랬던 것처럼,
  누가 더 높은 위치에 있는가라는 문제로 시끄러울 수 있다.
  아니, 시끄럽다.

- 어느날 부자 청년이 예수님께 나아왔다.
  무엇을 해야 영생을 얻을 수가 있는지 질문하기 위해서였다.
  하나님의 계명을 다 지켜라.
  저는, 어릴 때부터 그 모든 계명을 다 지켰는데요.
  모든 재물을 팔아서 가난한 자들에게 나누어 주어라.
  그리고 나를 따라와라.

  결국, 그는 슬픈 기색을 띠며 돌아갔다.
  다른 것은 다 할 수 있어도, 그것만은 안되겠는데요.
  나는(우리는), 그 청년과 무엇이 다를까?
  나에게 끝까지 포기하지 못하고 있는 것은 무엇일까?

- 부자 청년은 재물이 그의 삶의 전부였다. 그것만은 절대로 포기할 수 없었다.
- 재물은 우리의 섬김의 대상이 아니다. 재물은 이 세상을 살아갈 때 필요한 도구일 뿐이다. '그래도, 돈 좀 많이 주세요'
- 아무리, 믿음이 좋다하는 사람도 돈 앞에는 약하다. 아니라고?

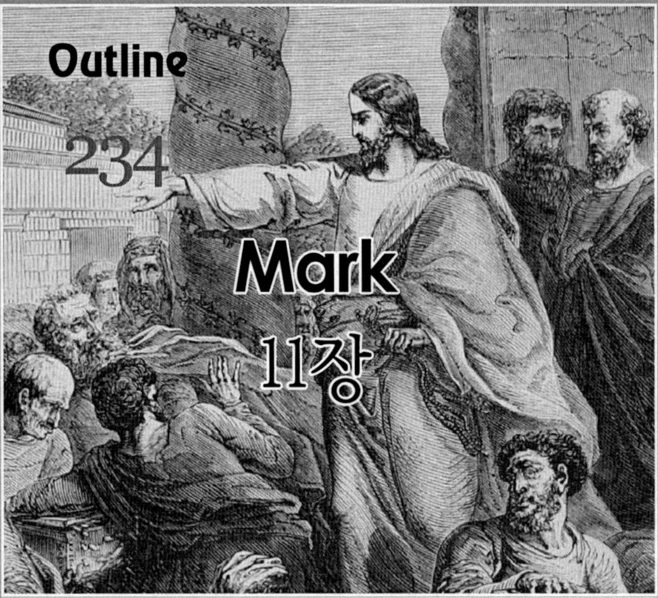

성전 청결 사건의 의미(11장)

예수님은 유월절에 참석하려 예루살렘으로 향하신다.
주님은 이미 제자들에게 여러 번 말씀하신 대로
많은 종교 지도자들에게 고난을 받고
십자가에 죽으실 것이다.

성전 안으로 들어가신 예수님
주님은 그들을 향해 분노를 퍼부으셨다.
성전이 존재해야 할 의미는 없어진 채
이미 장마당이 되어버렸기 때문이다.
환전상들과 비둘기 파는 사람들...
"내 집은 기도하는 집이어야 하는데,
강도의 소굴이 되어버렸구나!"

한쪽 구석에서는
대제사장들과 서기관들이
어떻게 하면 예수님을 죽일까 하고 의논하고 있었다.
그러나, 백성들이 예수님의 교훈을 놀랍게 여기므로
선듯 체포작전을 벌일 수는 없었다.

그리고 제자들은 열매 맺지 못한 무화과나무에만
관심이 있었다.
무화과나무가 말러버린 사건에 담긴 영적 의미에는
너무 무관심했다. 하물며,
종교 지도자들에게서 무엇을 바랄 것인가!
예수님은 대적자들에게 마지막까지 진리를 선포하신다.

예루살렘으로의 마지막 여행(막 11:1-11)

(1) 예수님은 나귀 새끼를 타고 예루살렘에 최후의 입성(入城)을 하신다. 이제, 주님은 갈보리에서까지 비밀스럽게 죽어야할 필요가 없으셨다. 이후 이스라엘의 지도자들과 특히 바리새인들과 예수님의 갈등이 점진적으로 그려진다.

(2) 예수님은 제자들에게 맞은 편 마을로 가서 나귀 새끼를 끌고 오라고 하셨다. 이는 스가랴 9장 9절을 성취시키려는 의도를 가진 것 같다 "나귀 새끼를 예수께로 끌고 와서 자기들의 겉옷을 그 위에 얹어 놓으매 예수께서 타시니"(7절) 수많은 사람들이 겉옷을 벗어 길 위에 펴 놓았고, 또 다른 사람들은 들에서 생나무 가지들을 꺾어다가 길에다 깔았다(8절). 이런 행동은 보통 왕을 영접할 때 하는 방법이었다.

(3) 여기 '큰 무리'(ὁ ὄχλος πολύς)는 예루살렘에 살고 있는 유대인들이 아닐 것이다. 전날에 예수님과 나사로를 보려고 왔던 사람들이었을 것이다. 이들은 "종려나무 가지를 가지고 맞으러 나가 이렇게 외쳤다"(요 12:13).

(4) 마태복음에서는 왜 나귀 새끼를 타고 입성하셨는가를 설명한다(마 21:5b). 나귀는 비천한 동물 중의 하나로 인식되었다(렘 22:19). 그리스도께서 나귀를 타고 오신다는 것은 세속적인 왕의 모습이 아니다. 그의 나라는 세상에 속한 나라가 아니다. 나귀를 타고 오신다는 것은 비천함과 겸손함을 보여주는 것이다.

(5) 그가 세속적인 이 세상의 호령자로 오시는 왕이 아님을 보여준다. 그것은 평화를 상징하는 것이다(미 5:10; 시 20:7). 이 예언은 예수님께서 십자가를 지시기 전에, 예루살렘 입성을 하시던 때에 부분적으로 성취되었다(마 21:1-11; 막 11:1-11; 눅 19:28-38; 요 12:12-15).

(6) 주님이 나귀를 타고 입성하신 사건은 성경에 예언된 것의 성취라고 말한다. 이 구절은 사 62:11과 슥 9:9을 해석적으로 합친 것이다.

무화과나무가 곧 마르다(막 11:12-14, 20-24)

(1) 마태는 어떤 관점에서 묘사했는가? 무화과나무

는 무엇을 상징하는가? (사 5:1, 2, 5; 눅 13:6-9; 렘 8:13; 호 9:10, 16)

(2) 왜, 예수님은 무화과나무를 시들게 하셨나?
무화과나무 잎은 무성해져 있었다. 주님은 시장기를 느끼시고(막 11:12) 혹 열매가 있을까 해서 무화과나무 밑에 가서 열매를 구하였으나 얻지 못하셨다. 주님은 무화과나무를 저주하셨다. 그러자 무화과나무는 곧 말라버렸다.

(3) 열매 없는 무화과나무를 보시자, 주님은 그 열매 없는 무화과나무와 이스라엘의 모습이 서로 교차되어 나타났을 것이다. 주님은 이 사건을 통해 중요한 교훈을 하시려 했다. 이스라엘 백성들의 열매 없는 삶의 모습, 그것은 열매 맺지 못한 무화과나무였다.

(4) 이스라엘 백성은 어떤 점에서 열매 맺지 못한 무화과나무와 비슷할까? 이스라엘은, 더욱이 예루살렘은 종교적 활동으로 북적거리고 있었으나 진실과 진리를 찾기 어려웠다.

(5) 지금 제자들은 예수님이 행하신 능력에만 관심을 보이고 있다. 이들 제자들은 확고하고 흔들리지 않는 진실한 믿음을 가져야만 했다. 그런 믿음을 가지고 기도한다면 지금 눈에 보이는 무화과나무가 말라버린 그런 기적이 문제가 아니라는 것이다. 만일 제자들이 믿음이 있고 의심치 않는다면 산더러 "번쩍 들려 바다에 빠져라"고 명해도 그대로 될 것이라는 것이다(눅 17:6 - 뽕나무).

성전을 깨끗하게 하시다(막 11:15-19)

(1) 예수님께서는 예루살렘 성전으로 들어가셨으나 모든 것을 둘러보신 후 날이 저물어 베다니로 가셨다고 했다. 다음 날 예루살렘 성전 안으로 들어가시자 어떤 광경을 목도하셨나?

(2) 왜 주님은 분노하셨을까? 그들이 하는 일 자체가 해서는 안 되는 일이었던가? 성전 안에서 매매를 하다니! 어떤 매매를 했는가? – "돈 바꾸는 사람들의 상과 비둘기 파는 사람들"

(3) 유월절은 유대인의 가장 큰 명절이다. 그래서 전국에서 예루살렘 성전으로 모여든다. 그러나 신성해야 할 성전이 변질되었다. 성전 주위에서 돈을 바꿔주는 환전상들과 또 소나 양을 매매하는 자들의 터무니 없이 값을 받는 일이 벌어졌다. 성전이 장사하는 집으로 바뀌었다(요 2:15, 16).

(4) 많은 사람들이 성전 및 매매되는 희생제물로 생계 수단을 삼고 있었다. 그들은 성전에 사용하는 화폐는 세상 사람들이 사용하는 화폐를 사용해서는 안 된다고 주장, 성전 화폐로 환전(換錢)시킨 후 그것으로 희생제물을 올려매긴 가격으로 사게 했다.

(5) 이들은 성전에 대한 인식이 너무 희미해져 있었다. 성전에서 장사판을 벌여놓고도 마음의 가책을 받지 않았다. 성전(聖殿)은 어떤 곳인가? "내 집은 만민이 '기도하는 집'이라 불릴 것이다"하지 않았느냐? (사 56:7; 렘 7:11에서 인용된 말씀이다.)

(6) 나귀를 타고 예루살렘에 입성하신 예수님, 그는 성전 청결 사건을 통해 무엇을 보여주려 하셨는가? 예수님은 백성들 앞에서 수많은 이적을 통해, 그리고 말씀 전파를 통해 그의 메시야 되심을 외치셨다. 그러나 좀처럼 그들에게 근본적인 변화가 일어나지 않았다. 그는 메시야로서 며칠 후면 십자가에 달려 그의 구속 사역을 완성하실 것이다.

(7) 그렇다면 예수님은 이 성전 청결 사건을 통해 무엇을 보여주려 하셨을까?

예수님의 권위에 대해 논쟁(막 11:27-33)

(1) 그렇다면 누가 그에게 그런 권위(ἐξουσία, 엑수시아)를 주었단 말인가? 그 당시 대제사장들과 장로들, 즉 종교 지도자들의 권위는 대단한 것이었으리라. 교만과 독선, 하나님을 그 누구보다도 철저하게 섬기고 있다고 자부하고 있던 이들은 자기들이 한 질문에 스스로 올가미를 씌우게 되었다.

(2) 예수님의 능력(δύναμις)은 기름부음 받은 그의 본질에 기초하고 있으며 그의 엑수시아는 파송받은 그의 본질에 기초하는 것이다. 요한의 사역이나 예수님의 사역들은 모두 천국의 권위에 근거한 것이었다.

예루살렘으로의 마지막 여행(막 11:1-11)

入城

입성

같이 읽을 곳(마 21:1-11; 눅 19:28-40; 요 12:12-19)

예수님은 베다니에서 하룻밤을 보내시고(요 12:1), 그 다음 날 벳바게와 베다니 앞을 지날 때 (자신이 타고 갈 나귀 새끼를 구하러) 제자 중 둘을 보내신다. 예수님은 지금 왕으로 예루살렘에 입성하고 계시는 것이다. 이제는 그의 왕되심을 나타내셔야 할 때이다. 왜, 공개적인 입성(入城)을 하시는가? 주님은 지상 사역의 때가 거의 끝나가고 있었기 때문이다.

1. 나귀 새끼를 타고 예루살렘에 최후의 입성(入城)을 하신다. 그 사건의 의미를 살펴보자.

(1) 이제, 주님은 갈보리에서까지 비밀스럽게 죽어야할 필요가 없으셨다. 예수님은 이 상징적인 행위를 통해서 평화의 왕을 말한 스가랴 9장 9절을 성취시키려는 의도를 가진 것 같다.[1] 그리고 이스라엘의 지도자들과 특히 바리새인들과 예수님 사이의 갈등이 점진적으로 그려진다.

막 11:2 [예수께서] [그들에게] **이르시되**
/너희는 ┌ 맞은편 마을로 가라
├ 그리로 들어가면
├ **보리니**
│ /곧 아직 아무도 타 보지 않은 **나귀 새끼**가 매여 있는 것을
└ **풀어 끌고 오라**

나귀 새끼 - 폴로스(πῶλος) - 어린 당나귀를 말한다(삿 12:14; 슥 9:9).[2]

(2) 제자들이 그곳에 가보니 정말 나귀 새끼가 문 앞 거리에 매여 있었다. 그래서 그것을 푸는데, 거기 서 있던 사람이 "나귀 새끼를 풀다니, 무슨 짓이오?" 하고 물었다(4-5절). 제자들은 주님께서 일러준 대로 말했다. "이에 허락하는지라(gave them permission, ἀφῆκαν)."(6절) 마가복음에는 이렇게 기록되어 있다. "만일 누가 너희에게 왜 이렇게 하느냐 묻거든 주가 쓰시겠다 하라 그리하면 즉시 이리로 보내리라(또는 즉시 돌려 보내리라 하라)"(3절).

(3) "나귀 새끼를 예수께로 끌고 와서 자기들의 겉옷을 그 위에 얹어 놓으매 예수께서 타시니"(7절) 수많은 사람들이 겉옷을 벗어 길 위에 펴 놓았고, 또 다른 사람들은 들에서 생나무 가지들을 꺾어다가 길에다 깔았다(8절). 이런 행동은 보통 왕을 영접할 때 하는 방법이었다.

1) 요 12:15은 스가랴 9:9을 인용한다. "예수는 한 어린 나귀를 보고 타시니 15 이는 기록된 바 시온 딸아 두려워하지 말라 보라 너의 왕이 나귀 새끼를 타고 오신다 함과 같더라"(슥 9:9)

2) 마태복음21:2에서는 오노스(ὄνος)를 사용했다. 당나귀를 말한다.

2. 요한복음에는 그 때의 광경을 좀더 자세히 묘사한다(요 12:12).

"그 이튿날에는 명절에 온 (=명절을 지키러 와 있던) **큰 무리**가 예수께서 예루살렘으로 오신다는 것을 듣고 (=들었을 때, when)"

아직 아무도 타 보지 않은 나귀 새끼(막 11:2)

(1) 여기 '큰 무리'(ὁ ὄχλος πολύς)는 예루살렘에 살고 있는 유대인들이 아닐 것이다. 전날에 예수님과 나사로를 보려고 왔던 사람들이었을 것이다. 이들은 "종려나무 가지를 가지고 맞으러 나가 이렇게 외쳤다"(요 12:13).

> 막 11:9 앞에서 가고 뒤에서 따르는 자들이 **소리 지르되** (...하더라)
> /호산나(ὡσαννά) - "오 구원하소서(O, Save!)"라는 뜻[1]
> 찬송하리로다 '주의 이름으로 오시는 이여' [2]
> 10 찬송하리로다[3] 오는 우리 조상 다윗의 나라여
> 가장 높은 곳에서 호산나

(2) 찬송하다(율로게오, εὐλογέω): '칭찬하다, 찬양하다, 축복하다'라는 뜻으로 백성들은 메시야의 시온 입성을 소리를 지르며 환영했다(마 21:9; 눅 19:38; 요 12:13 - 요한복음에서는 '종려나무 가지'를 가지고 맞으러 나가 외쳤다'고 기록했다).

1) 시편 118:25 "여호와여 구하옵나니 **이제 구원하소서** (הוֹשִׁיעָה נָּא①) 여호와여 우리가 구하옵나니 이제 형통하게 하소서"

① 야사(יָשַׁע) - 구원하다, 구출하다, 구조하다 -의 히필 명령법

2) 주의 이름으로 오시는 이 - "하나님께로부터 보내심을 받으신 분"이라는 뜻이다.

3) 찬송하리로다 (εὐλογημένη 완료분사 수동태)

3. 마태복음에서는 왜 나귀 새끼를 타고 입성하셨는가를 설명한다(마 21:5b).

마 21:5 그는 겸손하여(프라우스, πραΰς) 나귀(오노스, ὄνος),
곧 '멍에 메는 짐승의 새끼'(ἐπὶ πῶλον υἱὸν ὑποζυγίου)를 탔도다

(1) **겸손하여**(프라우스, πραΰς) : '아니'(עָנִי)라는 단어는(슥 9:9) '가난한, 겸손한, 약한, 비천한, 낮은, 억압을 받는'이라는 뜻을 가지고 있다. 대체로 '겸손한'이라는 뜻으로 번역되었다. 이 단어는 '고난을 당하는'이라는 뜻으로 해석할 수 있다. 그는 사람들의 기대에 어긋나는 모양으로 나타나셨다. 그는

슬픔의 사람이었다. 그런 슬픔을 당한 목적이 실상은 우리의 죄악 때문에 징벌을 당하는 것이라고 말한다. 그의 모습은 마치 "도수장으로 끌려가는 어린 양처럼" 보였다. 그는 우리의 질병(무거운 짐)을 짊어지고 우리의 아픔을 대신 겪으셨다. 이사야 네 번째 여호와의 종의 노래에서(사 52:13-53:12) 고난 받는 종에 대해서 언급하고 있다. 오실 메시야는 그 외모 때문에 멸시를 당한다(사 53:2-3).

1) "나귀를 타시나니" : 여기서 '나귀'(하모르, חֲמוֹר)는 '(숫)나귀'를 의미한다(오노스, ὄνος - 당나귀). 고대 근동에서는 왕들은 종종 나귀를 탔으나 그보다는 왕이 타는 것으로는 말이 더 선호되었다. 사사시대에 사사의 아들들이 '어린 나귀'를 탄 일이 있었다(사 5:10). 다윗 왕 때는 노새를 탔고, 솔로몬 즉위 때에도 노새를 탄 일이 있다(왕상 1:33, 38, 44). 다윗의 다른 아들들도 그것을 탔다(삼하 13:29, 19:9).

(2) **왜 나귀를 타셨을까?** 솔로몬은 애굽의 관습을 모방하여 말을 많이 수입했다. 말은 주로 전쟁에만 사용했다(삼하 8:4, 15:1; 왕상 4:26, 10:26). 그러나 솔로몬 이후에는 높은 지위에 있는 자들이 말을 탔다(전 10:7). 나귀는 비천한 동물 중의 하나로 인식되었다(렘 22:19). 그리스도께서 나귀를 타고 오신다는 것은 세속적인 왕의 모습이 아니다. 그의 나라는 세상에 속한 나라가 아니다. **나귀를 타고 오신다는 것은 비천함과 겸손함을 보여주는 것**이다.

(3) 여기서 겸손함보다는 아마 '가난하다'는 말이 더 맞는 표현일 것 같다. 그는 그렇게 가난하셨기 때문이다. 그러니까 '비천함'이라는 의미이다. 만왕의 왕이신 주님은 자기 백성의 구원을 위해 가난과 억압과 고난으로 가득 찬 비천한 종의 삶을 기꺼이 담당하고 계신다. 그 당시 나귀는 지위가 낮은, 별 볼일 없는 자들이 타고 다녔다.

(4) 그가 세속적인 이 세상의 호령자로 오시는 왕이 아님을 보여준다. 그것은 평화를 상징하는 것이다(미 5:10; 시 20:7). 이 예언은 예수님께서 십자가를 지시기 전에, 예루살렘 입성을 하시던 때에 부분적으로 성취되었다(마 21:1-11; 막 11:1-11; 눅 19:28-38; 요 12:12-15).

- 사 62:11 "여호와께서 땅 끝까지 선포하시되 너희는 딸 시온에게 이르라 보라 네 구원이 이르렀느니라 보라 상급이 그에게 있고 보응이 그 앞에 있느니라 하셨느니라."
- 슥 9:9 "시온의 딸아 크게 기뻐할지어다 예루살렘의 딸아 즐거이 부를지어다 보라 네 왕이 네게 임하시나니..."

4. 주님이 나귀를 타고 입성하신 사건은 성경에 예언된 것의 성취라고 말한다. 이 구절은 이사야 62:11*과 스가랴 9:9*을 해석적으로 합친 것이다.

신약의 복음서 기자들은 그리스도의 고난을 기록하면서 스가랴서를 많이 인용했다. 오늘 본문에 나오는 나귀를 타고 입성하시는 것(슥 9:9 ⇨ 마 21:4-5, 요 12:14-16), 은 30냥에 팔리는 것(슥 11:12,13 ⇨ 마 27:9), 그의 손과 발이 십자가에 찔림을 당하시는 것(슥 12:10 ⇨요 19:37), 십자가의 피로 우리의 죄를 씻음에 대한 예언(슥 13:1⇨요 1:29, 딛 3:5) 등이 그대로 인용되었다.

from, 동교재, 스가랴 9장

스가랴 9장 9절

슥 9:9 시온의 딸아
[너는] 크게(메오드, מְאֹד) **기뻐할지어다**(=기뻐하라)[1]
예루살렘의 딸아 **즐거이 부를지어다**(=부르라)
보라!(힌네, הִנֵּה)
네 왕이 네게 **임하시나니**(יָבוֹא)[2]- 미완료형, is coming to you
그는 **공의로우시며**(짜디크, צַדִּיק)
구원을 베푸시며(נוֹשָׁע) - 야솨(יָשַׁע)의 니팔 분사
겸손하여서(아니, עָנִי - 약한, 비천한, 가난한)
나귀를 **타시나니**(רֹכֵב)
/나귀의 작은 것 곧 나귀 새끼니라

네 왕은 누구를 가리키는가?

시온의 딸아 기뻐하라(슥 9:9) 왜? 그 기쁜 소식을 크게 외치라는 말이다. 왜냐하면 그렇게 기다리던 '네 왕'이 오실 것이기 때문이다. "네 왕이 네게 임하시나니" '임하시나니'라는 말은 미완료형이다. 스가랴 선지자의 눈에는 지금 오고 있는 그 모습을 보면서 하는 말이기도 하다. 시온의 딸은 예루살렘을 가리킨다.

문맥에서 여호와께서 화자(話者)로 나오시기 때문에 **이 왕은 인간 통치자이다. 이 왕은 다윗의 후손임에 틀림없다**(슥 12:8 참조). 이 왕은 나귀를 타고 오신다. 그 분은 정의롭고 구원하시는 왕이시다. 이 왕은 평화로운 통치를 하실 분이시다(10절). **하나님은 종말에 나타날 이 왕을 통해 다스리실 것이다.**

1) '기뻐하라'(길, גִּיל)는 말과 '즐거이 부르라'(루아, רוּעַ)는 단어는 모두 명령형이다. 기뻐하되 아주 크게(메오드, greatly) 기뻐하라는 것이다. '루아'라는 말은 '소리치거나 폭발음을 내다'라는 의미가 있다. 즉 특히 '뿔(민 10:7)이나 전통적인 숫양의 뿔(쇼파르, 수 6:5 - 양각 나팔)을 사용하여 소리를 높이다'라는 뜻을 갖고 있다.

2) 이렇게 기뻐하는 이유는 이스라엘의 왕이 임하실 것이기 때문이다. 스가랴는 네 가지 표현을 사용하여 그들에게 오고 있는 왕을 묘사하고 있다. '너의 왕이 네게 임한다'는 말은 '너를 구원하기 위하여', 또는 '너에게 복을 주시기 위하여' 오신다는 말이다. "**네게 임하나니**"라는 말은 미완료형이다. 미래에 오실 것이라는 뜻보다는 '오고 있는 도중'(on His way; your king is coming to you)이라는 의미가 있다.

▶ **스가랴 9:9의 내용을 살펴보자. 스가랴 선지자는 그 당시의 백성들에게 왜 이런 말씀을 예언했는가?**

(1) 스가랴의 예언은 9-11장과 12-14장으로 크게 두 부분으로 나뉜다. 물론 이 중심 메시지는 그리스도의 강림에 관한 것이다. 그리스도의 왕국이 어떻게 시작될 것이며(슥 9:9-10), 어떻게 완성될 것인가를 보여준다(슥 12:1-14:21).

(2) 스가랴서에서는 왕으로 오시는 그리스도의 초림을 예언하고 있다. 나귀 새끼를 타고 오시는 왕(슥 9:9) / 그의 승리와 통치(10절) / 갇힌 자의 해방(11-13절) / 하나님의 백성의 승리(14-15절) / 하나님의 자녀들이 받을 영원한 축복(16-17절).

(3) 가까운 미래에 그 예언이 성취될 것을 말하고 있지만(사 11:11-16을 보라), 궁극적 성취는 신약 시대, 즉 그리스도의 복음으로 모든 이방인과 유대인이 구원을 얻을 때에 이루어질 것이다(눅 4:17-21).

(4) 그리스도께서는 구원을 호소하셨고(시 22:1, 2), 또 구원을 받으셨다(시 22:21, 24). 그는 잠깐 십자가상에서 버림을 받으셨으나 구원을 얻어 드디어 영광을 받으셨다(히 2:9).

(5) 이로써 그는 우리의 구주가 되어 구원을 베푸는 자가 되셨다. '이에수스'(Ἰησοῦς)라는 이름이 똑같은 사상(죄에서 구원하는 자)을 가지고 있다(마 1:21).

240

무화과나무가 곧 마르다(막 11:12-14, 20-24)

같이 읽을 곳 [마 21:18-19]

1. 예수님은 예루살렘에 이르러 성전을 둘러보셨다. 거기서 이것 저것을 둘러보시고 나니 날이 저물어 열두 제자와 함께 베다니로 가셨다(막 11:11).

(1) 마태는 어떤 관점에서 묘사했는가? 무화과나무는 무엇을 상징하는가? (사 5:1, 2, 5; 눅 13:6-9; 렘 8:13; 호 9:10, 16)

마 21:19 [예수께서] ─ 길 가에서 한 무화과나무[1]를 **보시고**
├ 그리로 **가사** 잎사귀 밖에 아무 것도 **찾지 못하시고**
└ 나무에게 **이르시되**
/네가 열매를 **맺지 못하리라** 하시니
/이제부터 영원토록
//(결과:)
무화과나무가 곧(παραχρῆμα)[2] 마른지라(ἐξηράνθη)[3]

오늘은 월요일 이른 아침이다(마 21:18). 베다니에서 주무시고 예루살렘으로 가시는 중이다.

(2) 왜, 무화과나무를 시들게 하셨나?
무화과나무 잎은 무성해져 있었다. 주님은 시장기를 느끼시고(막 11:12) 혹 열매가 있을까 해서 무화과나무 밑에 가서 열매를 구하였으나 얻지 못하셨다. 주님은 무화과나무를 저주하셨다. 그러자 무화과나무는 곧 말라버렸다.

(3) 열매 없는 무화과나무를 보시자, 주님은 **그 열매 없는 무화과나무와 이스라엘의 모습이 서로 교차되어 나타나셨을 것이다.**[4] 주님은 이 사건을 통해 중요한 교훈을 하시려 했을 것이다. 이스라엘 백성들의 열매 없는 삶의 모습, 그것은 열매 맺지 못한 무화과나무였다. 이들은 천국이 임하여 진행되고 있었으나 좀체로 이를 받아들이려 하지도 않고 회개도 하지 않았다. 지금 이 백성들은 천국의 주인이신 예수님을 잡아 죽이기로 이미 마음속에 계획하고 있지 아니한가! 그들은 진노를 스스로 자청하고 있었다.

2. 이스라엘 백성은 어떤 점에서 열매 맺지 못한 무화과나무와 비슷할까?

(1) 이스라엘은, 더욱이 예루살렘은 종교적 활동으로 북적거리고 있었으나 진실과 진리를 찾기 어려웠다.

1) 일찍 열매 맺는 **작은 무화과나무** : 3월말 열매 -- 5, 6월 수확

늦게 열매 맺는 **큰 무화과나무** : 봄에 움이 트고 -- 8, 9월 수확

2) 즉시, 지체없이, 당장 presently, at once

3) 직설법, 과거 수동태 ξηραίνω(크세라이노) 수동태는 '마르다, 시들다'라는 의미이다.

4) 이때는 유월절이 가까이 이르렀을 때였다(약 4월경). 그러므로 3월말이면 열매를 맺히기시작하는 작은 무화과나무를 보시고 열매를 찾으셨던 것이다.

마가는 잎사귀 외에는 아무것도 없다고 했다. 그리고 그 무화과는 제철이 아니라고 했다. 대개 무화과는 그 잎을 내자마자 먼저 먹을 수 있을만한 열매를 맺는다고 한다. 예수님이 이례적으로 일찍 잎이 난 무화과나무를 발견하시고 열매를 찾으셨으나 열매는 없고 잎만 무성했다.

(2) 다음 날 아침[1] 예수님과 제자들은 예수님이 저주하셨던 무화과나무 옆을 지나가고 있었다(막 11:20). 그런데 보니 주님이 저주하신 그 무화과나무가 말라 있지 아니한가! 제자들은[2] 놀랐을 것이다. 왜 놀랐을까?

(3) 제자들은 늘 주님의 말씀을 당연한 것으로 받아들였다. 그래서 주님의 축복에도, 또한 그의 저주에도 익숙해 있었을 것이다. 무화과나무를 저주하신 것도 이들 제자들에게는 큰 문제로 생각되지 아니했다. 그 대상이 사람도 아닌데... 그런데, 예수님이 저주하신 그 나무가 실제로 말라 있지 아니한가![3]

3. 어떻게 이렇게 무화과나무가 곧장 말라버릴 수가 있는가 하고 의아해 하는 제자들에게 믿음은 산을 옮기게 할 수 있는 원동력임을 설명하신다(마 21:21).

> 21:21 예수께서 **대답하여 이르시되**
> /내가 진실로 너희에게 이르노니
> /만일[ἐὰν]
> 너희가 ┬ 믿음이 있고 의심하지 아니하면(if)
> └ 이 무화과나무[4]에게 된 이런 일만 할 뿐 아니라
> /[너희가] — [말]하여도
> /이 산더러 들려 바다에 던져지라
> [그것이] — 될 것이요

(1) 앞으로 얼마 있으면, 주님은 이 땅에 계시지 아니할 것이다. 주님 없는 제자들의 삶, 그것은 제자들에게는 아직 생각조차 하지 않은 일이었다. 지금 제자들은 예수님이 행하신 능력에만 관심을 보이고 있었다.

(2) 그러나 이들 제자들은 확고하고 흔들리지 않는 진실한 믿음을 가져야만 한다. 그런 믿음을 가지고 기도한다면 지금 눈에 보이는 무화과나무가 말라버린 그런 기적이 문제가 아니라는 것이다. 만일 제자들이 믿음이 있고 의심치 않는다면 "산더러 번쩍 들려 바다에 빠져라"고 명해도 그대로 될 것이라는 것이다(눅 17:6 - 뽕나무).

(3) 지금, 주님은 이런 믿음이 필요하다는 것이며, 또 주님께 구하는 모든 것은 받을 수 있으며, 그리고 만약 그런 믿음만 있다면 그 모든 것이 이루어질 수 있다는 것을 가르치고 계신다. 이제, 이들 제자들에게는 바로 그런 응답을 가져오는 기도 운동이 일어나야 한다. 주님은 지금 제자들에게 그런 믿음과 기도의 필요성을 강조하고 계신 것이다(22절*).

1) 20절"그들이 아침에 지나갈 때에" 고난 주간의 셋째 날 화요일 아침을 말한다.

2) 마태복음에는 제자들이, 그러나 막 11:21에는 베드로가 질문한 것으로 되어 있다.

3) 이런 이적도 있구나! 제자들은 열매 없는 이스라엘 백성에게 임할 것이라는 그 예언보다는 이 나무가 예수님이 저주하신대로 말라 있다는 것에 놀랐던 것이다.

4) 눅 17:6에서는 '뽕나무'라고 했다.

• 마 7:20 "이르시되 너희 믿음이 작은 까닭이니라 진실로 너희에게 이르노니 만일 **너희에게 믿음이 겨자씨 한 알 만큼만 있어도** 이 산을 명하여 여기서 저기로 옮겨지라 하면 옮겨질 것이요 또 너희가 못할 것이 없으리라."

• 마 21:22 "너희가 기도할 때에 무엇이든지 믿고 구하는 것은 다 받으리라 하시니라."

242

성전을 깨끗하게 하시다(막 11:15-19)

聖殿

성전

같이 읽을 곳 [마 21:12-17; 눅 19:45-48; 요 2:13-22]

1. 예수님께서는 예루살렘에 들어가셔서 성전으로 들어가셨으나 모든 것을 둘러 보신 후 날이 저물어 베다니로 가셨다고 했다. 베다니(베다니아, Βηθανία)는 감람산에 있는 성읍으로 예루살렘에서 약 3km 떨어져 있다. 여리고로 가는 길이나 근처에 있다.

유월절에 참석하심

- 요 2:13 "유대인의 유월절이 가까운지라 예수께서 예루살렘으로 올라가셨더니 14 성전 안에서 소와 양과 비둘기 파는 사람들과 돈 바꾸는 사람들이 앉아 있는 것을 보시고 15 노끈으로 채찍을 만드사 양이나 소를 다 성전에서 내쫓으시고 돈 바꾸는 사람들의 돈을 쏟으시며 상을 엎으시고 16 비둘기 파는 사람들에게 이르시되 이것을 여기서 가져가라 내 아버지의 집으로 장사하는 집을 만들지 말라 하시니."

(1) 다음 날 예루살렘 성전 안으로 들어가시자 어떤 광경을 목도하셨나? (마 21:12)

마 21:12 예수께서 — 성전에 **들어가사**
— **내쫓으시며**(cast out, ἐξέβαλεν)
/성전 안에서 매매하는 모든 사람들을
— **둘러 엎으시고**(κατέστρεψεν)
/돈 바꾸는 사람들의 상과 비둘기 파는 사람들의 의자를

막 11:17 이에
[그가] — **가르쳐** [그들에게] **이르시되**(...하시매)
/기록(된 바) 하지 아니하였느냐
/내 집은 — 칭함을 받으리라고
/만민이 기도하는 집이라
너희는 — **만들었도다**
/[그것을] 강도의 소굴을

구약에서 성전은 어떤 곳이라고 했는가? (사 56:7; 렘 7:11)

강도는 그의 소굴에서 더 나쁜 짓을 모의하기 위해 모인다. 지금 이들은 하나님의 성전을, 강도들이 그들의 악을 도모하기 위해 소굴에 모이는 것처럼 사용하고 있다는 말이다.

(2) 요한복음 2장에서는, 예수님께서 유월절에 참석하시고 성전을 방문하신 것으로 되어 있다. "유대인의 유월절이 가까운지라 예수께서 예루살렘으로 올라가셨더니"(요 2:13). 당시 모든 남자는 유월절 및 초막절 등 1년에 세 차례 반드시 예루살렘에 가야 했기 때문이다.[1)]

1) 12세가 되면 유대인 남자들은 예루살렘의 유월절 절기에 참석하였던 것 같다. 눅 2:42을 보면 이 절기 외에도 오순절과 장막절에도 그러니까 두 번 더(공생애 기간중) 유월절을 지키신 것을 알 수 있다(요 6:4, 11:15 참조).

(3) 성전 청결은 예수님의 초기 사역시에도 수행하셨다(요 2:14-16*을 보자). 자, 그런데 왜 주님은 분노하셨을까? 그들이 하는 일 자체가 해서는 안 되는 일

이었던가? 성전 안에서 매매를 하다니! 어떤 매매를 했는가? – "돈 바꾸는 사람들의 상과 비둘기 파는 사람들"

2. 환전상(돈 바꾸어주는 사람들)을 내쫓으심(마 21:12 참조)

(1) 유월절은 유대인의 가장 큰 명절이다. 그래서 전국에서 예루살렘 성전으로 모여든다. 그러나 신성해야 할 성전이 변질되었다. 성전 주위에서 돈을 바꿔주는 환전상들과 또 소나 양을 매매하는 자들의 터무니 없이 값을 받는 일이 벌어졌다. 성전이 장사하는 집으로 바뀌었다(요 2:15, 16).[1)]

(2) 많은 사람들이 성전 및 매매되는 희생제물로 생계수단을 삼고 있었다. 그들은 성전에 사용하는 화폐는 세상 사람들이 사용하는 화폐를 사용해서는 안 된다고 주장, 성전 화폐로 환전(換錢)시킨 후 그것으로 희생제물을 올려매긴 가격으로 사게 했다. 그러니 먼 곳에 있는 사람들은 소나 양, 비둘기 등을 사느라고 흥정을 하고 난리를 쳤을 것이 아닌가! 또 성전세를 내기 위해(반 세겔) 돈 바꾸는 일을 했다.[1)]

3. 이들은 성전에 대한 인식이 너무 희미해져 있었다. 성전에서 장사판을 벌여 놓고도 마음의 가책을 받지 않았다.

(1) 성전(聖殿)은 어떤 곳인가? "내 집은 만민(nations, 에드노스, ἔθνος)이 '기도하는 집'(a house of prayer, ὁ οἶκός μου οἶκος προσευχῆς)이라 불릴 것이다"하지 않았느냐? (사 56:7*; 렘 7:11에서 인용된 말씀이다.)

(2) 그런데 성전에서의 진정한 예배 행위는 없어진 지 오래였다. 성전은 무엇하는 곳인가? 그곳은 만민이 기도하는 집이 아닌가? 그들의 죄를 회개하고, 기도함으로써 다시금 생의 추진력을 얻는 곳, 그곳이 지금 강도의 소굴이 되어 있다. 종교를 파는 또 다른 강도들의 소굴, 보나마나 엄청난 폭리를 취했을 것임에 틀림없다. 이들은 지금 하나님이 의도하셨던 것에서 너무나 이탈되어 있었다.

(3) 나귀를 타고 예루살렘에 입성하신 예수님, 그는 성전 청결 사건을 통해 무엇을 보여주려 하셨는가? 예수님은 백성들 앞에서 수많은 이적을 통해, 그리고 말씀 전파를 통해 그의 메시야 되심을 외치셨다. 그러나 좀처럼 그들에게 근본적인 변화가 일어나지 않았다. 그는 메시야로서 며칠 후면 십자가에 달려 그의 구속 사역을 완성하실 것이다.

1) 예수님은 당시 부패상 가운데 제일 먼저 성전 청결에 손을 대셨다. 물론 처음에는 성전 밖에서 했을것이다. 그러다가 차츰차츰 안으로 들어오더니 완전히 장사하는 시장이 되어버렸다. 만민이 기도하는 집이어야 할 성전이 만민이 장사하는 곳으로 변해버렸다. 그래서 "강도의 소굴"이라고 했다.

하나님의 심판은 교회에서부터 시작될 것이다. 유대 지도자들의 부패상(마 23:27, 23: 33, 34)과 오늘의 교회를 비교해 보라.

• 사 56:7 "내가 곧 그들을 나의 성산으로 인도하여 기도하는 내 집에서 그들을 기쁘게 할 것이며 그들의 번제와 희생을 나의 제단에서 기꺼이 받게 되리니 이는 내 집은 만민이 기도하는 집이라 일컬음이 될 것임이라"

이 성전 청결 사건은
종교 당국자들을 긴장케 했음이 틀림없다.
예수님의 이러한 행위는 즉각 대제사장과 서기관들에게 보고되었을 것이고,
이들은 이 사건을 철저히 규명하기 위해
친히 현장에 나타났다(15절).

"대제사장들과 서기관들이
① 예수께서 하시는 이상한 일과 또
② 성전에서 소리 질러 호산나 다윗의 자손이여 하는 어린이들을 보고 노하여")

4. 이사야에서는 성전 예배에서 무엇이 강조되고 있었는가 잠깐 살펴보자. (동 교재, 이사야서 56장에서)

(1) 구약에서는 언약 공동체에 일원이 될 수 없는 사람들이 있었다. 신명기 23:1-8을 보면 '여호와의 총회'[1]에 참석하지 못할 사람을 언급하고 있다. 여기 총회에 참석할 수 없는 사람들은 도덕적인 죄 때문에 제외시킨 것이 아니다. 이는 교육적이거나 상징적인 기능을 가졌다. 신체적 결함자, 사생자 등.

- 생식기가 파손된 자[2]
- 사생자(2절) : 어쨌든, 근친상간이나 또는 제의(祭儀) 매춘부가 낳은 아이거나 잡혼(다른 이방 족속과 이스라엘인 사이에 태어난)으로 태어난 자들을 말할 것이다. 이렇게 엄격한 규제는 이스라엘 백성들로 하여금 비정상적인 결혼을 차단시키는 효과가 있었을 것이다.
- **암몬 사람과 모압 사람** : 영원토록 참석 못한다. 이 민족이 발람을 통하여 이스라엘을 저주하려 했음을 보았다(민 22-24장 참조).
- **에돔 사람, 애굽 사람** : 3대 후에야 이스라엘 총회에 들어올 수 있다(물론 할례를 통하여). 그렇다고 이들을 학대해서는 안 된다(민 20:14-21). 왜냐하면 과거 이스라엘도 나그네로 있었기 때문이었다. 물론 그렇다고 이들의 형통을 빌어서는 더욱 안 되었다(6절).

(2) 그러나 이제 포로 후에 언약 공동체에 참여할 수 있는 자들의 범위가 넓어진다. 이제 누가 언약 공동체의 일원이 될 수 있는가? (사 56:3-7을 자세히 읽어보자)

(3) 이제 합당한 조건을 갖춘다면 외국인 누구나 예배 공동체의 일원이 될 수 있다. 신명기 23:1-8에서 언급한 인종이나 신체적인 결함으로 공동체의 일원에서 제외시키는 일이 없게 했다. "여호와께 연합한 이방인"(=여호와께로 개종한 외국인)은 더이상 차별하지 않으신다. 고자(싸리스, סָרִיס, 환관)라도 하나님의 언약을 철저히 지키면 제외되지 않는다.

(4) 단 이들이 공동체에 일원이 될 수 있는 것은 "① 나(여호와)의 안식일을 지키며 ② 내가(여호와께서) 기뻐하는 일을 선택하며 나(여호와)의 언약을 굳게 잡아야" 한다. 여호와를 진정으로 사랑하고, 그의 계명을 지키는 자들에게는 누구든지 여호와의 예배의 참여할 수 있게 하시겠다는 것이다.

(5) 이렇게 새로운 공동체에 참여하는 자들은 이스라엘 백성 뿐만 아니라 이방

1) "여호와의 총회"(總會, the assembly of the LORD)는 종교적인 목적으로 함께 모인 회중(**거룩한 공동체**)을 말한다. 그러나 거기에 참가할 수 있는 사람들을 엄격하게 구별했다. 어떤 사람들이 총회에 참가하지 못할 자들인가?

2) 물론 이것은 죄가 아니지만 이스라엘 총회에 참가하지 못했다. 신낭이 상한 짐승도 제물로 바칠 수 없었다(레 22:24, 불알이 상하였거나 치었거나 터졌거나 베임을 당한 것). 신낭(腎囊, 남자 생식기의 고환)이 상한 자를 제외시킨 것은 이교도의 종교상 목적에서 고의로 제거시킨 자를 가리켜 말한 것일 것이다. 예배 드리는 자가 하나님께 얼마나 깨끗해야 함을, 그리고 이스라엘의 성결성을 가르쳐 주는 것이리라.

인들까지도 하나님께서 원하시는 율법을 철저히 지키는 자들이어야 한다. 이런 자들에게는 "영원한 이름을 주어 끊어지지 아니하게 할 것"이라고 약속하신다(5절). 특별히 여기서 **안식일 준수**를 강하게 요구하고 계신다.

(6) 재건된 성전은 이제 **만민의 기도하는 집**으로 불릴 것이다(7절).[1] 이는 솔로몬의 기도에 대한 성취될 것임을 의미한다(왕상 8:41-43을 읽어보자). 이런 하나님의 명령에 순종한다면, 하나님은 그들을 '하나님의 성산(거룩한 산)'으로 인도하여 기도하는 내 집에서 기쁨을 누리게 하시겠다고 약속하신다. 물론 이들이 바친 번제와 희생을 기꺼이 받으실 것이다. 포로 이후 이스라엘 공동체는 이방인, 고자, 즉 누구도 제외되지 않게 하실 것이다(1-8절). 왜냐하면 하나님의 집은 '**만민이 기도하는 집**'이기 때문이다.

1) 여호와를 섬기려고하는 이방인들은 무엇을 준수해야 하는가? (사 56:6)

여호와를 섬기려고 그와 연합한 사람은 ① 여호와의 이름을 사랑하며 ② 그의 종이 되며 ③ 안식일을 지켜 '더럽히지 아니하며' ④ 나의(여호와의) 언약을 굳게 지켜야 한다는 것이다.

예레미야의 성전 설교도 들어보자(렘 7:1-15)[2]

2) 이 설교는 여호야김 시대에 되어진 것으로 보고 있다. 그렇다면 주전 609년 가을 아니면 609/8년 겨울에 왕좌에 오른 직후(렘 26:1)일 것이다. 이들은 언약이 요구하는 명령에는 아랑곳하지 않고 종교행사에는 엄청난 비중을 두고 성대하게 치루었다.

1. 예레미야는 지금 어디에서 설교하고 있나? (동교재, 예레미야에서)

(1) 백성들은 성전 그 자체 때문에 예루살렘은 결코 침략을 당하지 않을 것이라는 잘못된 생각에 빠져 있었다. "여호와께로부터 예레미야에게 말씀이 임했다"(렘 7:1). 예레미야는 여호와의 집 문에 서서 이 말을 선포한다. 그는 예배하러 이 문으로 들어가는 유다 사람들에게 하나님께서 전하라고 하신 메시지를 선포한다.

7:3 만군의 여호와 이스라엘의 하나님께서 이와 같이 **말씀하시되**
[너희는] — **바르게 하라(הֵיטִיבוּ)** - 야타브(יָטַב)의 히필 명령(~에게 선을 행하다)
/너희 길과 행위를
//그리하면(and, 결과, וְ)
내가 너희로 이 곳에 살게 하리라(I *will* let you dwell in this place)
7:4 너희는— 거짓말을 **믿지 말라**
/하는(saying)
/이것이 ┬ 여호와의 성전(הֵיכַל יְהוָה)이라
├ 여호와의 성전이라
└ 여호와의 성전이라

이런 거짓 선지자들 때문에 하나님의 나라의 백성들은 치명타를 입는다. 망하는 길이기 때문이다.

(2) 여호와께서는 그들이 계속해서 하나님의 언약을 지키지 아니하는 한 이제는

성전 설교(렘 7:1-15)

7:2 너는 여호와의 집 문에 서서 이 말을 선포하여 이르기를
여호와께 예배하러 이 문으로 들어가는 유다 사람들아
여호와의 말씀을 들으라…

4 너희는 이것이 여호와의 성전이라, 여호와의 성전이라,
여호와의 성전이라 하는 거짓말을 믿지 말라

결코 성전과 예루살렘의 숨은 보호자가 되거나 백성들과 함께 남아있을 이유가 없으시다는 것이다. 여호와의 옛 약속은 그의 계명을 충실히 지키는 자에게만 유효한 것이기 때문이다(렘 7:3, 신 7:12-15* 참조).

(4) 그러니까, 렘 7:4절과 같이 외치는 것은 이들에게 부질없는 일이었다. 하나님이 그들에게 시온을 선택하사 그의 지상 거주지로 삼으셨으며(시 132:12-13), 또 다윗과 그의 후손들에게 영원한 나라를 약속하셨다(삼하 7:12-13). 그러나 그것은 이들이 그 언약을 잘 지켰을 때에만 의미있는 것이었다.

(6) **하나님의 주권에 대한 계속적 순종이 있을 때만 다윗의 가계가 영구히 확립될 것이었다.** 따라서 모세의 율법(렘 8:8)과 여호와의 성전이 있는 동안에는(렘 7:4) 나라가 안전할 것이라는 생각은 망상이다.

신약의 새 성전

(1) 물론 신약의 기독교인들은 성령이 거하는 전(殿)이다. 이제, 예수 그리스도께서 실현하셨기 때문에 그 성전은 돌로 되어지지 않고, 살아 있는 사람들로

• 신 7:12 "**너희가 이 모든 법도를 듣고 지켜 행하면** 네 하나님 여호와께서 네 조상들에게 맹세하신 언약을 지켜 **네게 인애를 베푸실 것이라** 13곧 너를 사랑하시고 복을 주사 너를 번성하게 하시되 네게 주리라고 네 조상들에게 맹세하신 땅에서 네 소생에게 은혜를 베푸시며 네 토지 소산과 곡식과 포도주와 기름을 풍성하게 하시고 네 소와 양을 번식하게 하시리니 14네가 복을 받음이 만민보다 훨씬 더하여 너희 중의 남녀와 너희의 짐승의 암수에 생육하지 못 함이 없을 것이며 15여호와께서 또 모든 질병을 네게서 멀리 하사 너희가 아는 애굽의 악질에 걸리지 않게 하시고 너를 미워하는 모든 자에게 걸리게 하실 것이라."

영과 진리로(ἐν πνεύματι καὶ ἀληθείᾳ)

- 참 예배란 무성전(無聖殿)을 의미하는 것이 아니다. 그것은 손으로 짓지 아니한 참 성전을 중심으로 이루어지는 것이다.
- "영으로"(ἐν πνεύματι) 예배드리는 것은 그리스도에 의해 주어진 성령 안에서의 예배를 말한다. 또한 "진리"(ἀληθεία)로 드리는 예배, 즉 실현된(in realization) 예배이다. 그러므로 모세 율법에 선포된 은혜와 진리는 예수 그리스도 안에서 실현되었다. 구약 제사의 모든 의미가 그리스도 안에서 그 성취를 보게 되었다는 말이다. 지금까지 드리는 예배는 실체가 오기 전까지 모형이었다. 이제 그 실체가 오셨으니 성령에 의한 실체의 예배를 드려야 한다. 그리스도 안에서 계시된 하나님의 진리(ἀληθεία)를 따라 예배하여야 한다. "참으로(ἀληθεία) 예배드리는 사람들이 영과 진리로 아버지께 예배를 드릴 때가 오는데, 지금이 바로 그 때이다"(요 4:23).
- 이것은 단순히 그리스도께서 성전이 의미하는 바를 성취시켰다는 것이 아니라, 오히려 그리스도는 성전이 존재해 왔던 그 의미 자체라는 것이다. 이제 그가 주시는 물은 목마르지 아니하다. 결코 또 다른 성전의 샘을 찾지 않을 것이다. **예수님이 주시는 물은 물리적 물이 아니다. 이는 신적 생명을 얻게 하는 성령을 가리켜 말한 것이다(요 7:39).** 부활하신 예수님 자신이 참 성전이시기에 그는 지상 성전의 파괴를 예언하지만 그것의 재건을 말씀하시지 않는다. 이제 그리스도의 재림의 날까지 다시 그를 보지 못할 것이다(빌 2:10; 사 45:23; 마 24:39; 계 1:7).

(동교재, 요한복음 4장에서)

우리가 예배드릴 곳은 어디인가?

아버지께 예배할 때,
이 산에서도 말고,
예루살렘에서도 말고
영과 진리로(=성령과 진리 안에서) 예배 드릴 때
그때가
그리스도의 죽음과
부활의 때임을
보여준다
(요 5:25-29, 12:23, 13:1, 16:2, 32, 17:1 참조).

되어졌음을 본다. 그리스도와 함께 죽고 함께 부활한 성도들 역시 성전들이며, 그리스도 안에서 한 성전으로 연결되어져 있는 것이다. 왜냐하면 그리스도의 영이 우리 가운데 거하시기 때문에 우리가 성전들이다(고전 3:16, 6:19). 유대인과 이방인은 한 몸, 곧 십자가 상의 그리스도의 몸 안에서 화해되어졌다. 두 사이의 장벽이 무너지고 주 안에서 거룩한 성전으로 서로 함께 자라는 것이다(엡 2:13).

(2) 교회가 성전이다. 바울은 성전을 기독교 신자들의 공동체로 언급하고 있다(고전 3:16-17; 엡 2:19-22). 교회는 그리스도의 몸이라고 했다(엡 1:23; 골 1:24). 그리고 그리스도는 그 교회의 머리이시다(엡 1:22). 그리스도 안에서(롬 12:5) 그리스도와 한 몸을 이룬(롬 12:4) 성도가 바로 교회요 성전이다.

2. 그렇다면 예수님은 이 성전 청결 사건을 통해 무엇을 보여주려 하셨을까?

(1) 예수님의 성전 청결 사건에 대한 소문은 즉시 온 성전 경내를 뒤흔들었을 것이다. 일순간 맹인과 저는 자들이 예수님께로 몰려들기 시작했다. 이러한 사람들은 감히 성전 내에는 잘 들어오지 못했다. 예수님이 성전을 나오실 때, 맹인과 저는 자들이 몰려들자 이들을 고쳐주셨다. 이로써 그의 메시야 됨을 입증하셨다. 이 일련의 사건을 보고 있던 아이들이 예수님을 찬양하기 시작했다. 무엇이라고? ("소리 질러 호산나 다윗의 자손이여")

(2) 대제사장들과 서기관들, 이들은 지금 극도로 신경이 날카로워졌다.[1] 장사꾼을 내쫓지 아니하나, 자신들이 보는 앞에서 병자를 고치지 않나, 아니 그것보다도 지금 아이들이 "호산나, 다윗의 자손이여"라고 소리치고 있지 아니한가!

- 예수님 : "그렇소." "당신들은 성경에서 **<어린 아기와 젖먹이들의 입에서 나오는 찬미를 온전하게 하셨나이다>** 함을 읽어 본 일이 한 번도 없소?"
  (당신들이 이런 성경 구절(시 8:2)을 읽고 제대로 이해했다면 적어도 이런 얼빠진 질문은 안할 것 아니냐라는 말씀이다.)

(3) 따라서, 이러한 일련의 사건을 통해서 예수님은 자기 자신이 바로 '메시야-왕' 이심을 분명히 하셨다. 주님은 온유하고 겸손하신 왕이지만 그렇다고 이스라엘의 종교적 타락까지도 관용하시는 분은 아니셨다.

(4) 당시 사람들은 성전이야말로 자신들이 하나님의 선민임을 나타내는 상징물이라고 생각했다. 그러나 하나님의 임재는 (그들의 배역과 우상숭배 및 변절로 말미암아) 이미 오래전부터 떠나 있었다. 앞에서 살펴본 것처럼, 당시 성전 제도의 부패가 극에 달했다. 만약 메시야가 나타난다면 그는 하나님의 집인 성전부터 손을 댔어야 할 것이었다. 물론 성전에 대한 경고와 제사장의 타락에 대해서는 구약에서 수없이 경고되었다(사 56:7; 렘 7:11; 슥 14:21; 말 3:1을 읽어보자).

1) 당국자들 : "아니, 당신 저 소년들이 떠드는 소리를 듣고 있는 거요?"
(그러니까, 예수가 지금 이런 병자를 고치는 일을 통해 스스로 메시야-왕이라고 부각시키려는 행동이 아니냐, 하고 따져 묻는 것이다.)

"어린 아기와 젖먹이들의 입에서 나오는 찬미를 온전하게 하셨나이다"라는 구절은 어디에서 인용하셨으며, 그 말씀이 의미하는 바는 무엇인가?

예수님의 권위에 대해 논쟁(막 11:27–33)

같이 읽을 곳 (마 21:23–27; 눅 20:1–8)

유대 교권자와의 충돌

1. 예루살렘은 갑자기 시끄러워졌을 것이다. 소문으로만 듣던 예수님 일행이 지금 적잖은 소동을 일으키고 있지 아니한가! 성전 청결 사건도 여느 사람 같으면 엄두도 못낼 일이었다. 그렇다면 누가 그에게 그런 권위(ἐξουσία, 엑수시아)를 주었단 말인가?

(1) 지금, 예수님이 성전에 들어가 백성들에게 하나님 나라의 진리를 가르치고 계시는데, 종교 지도자들이 대거 등장했다. 대제사장들과 백성의 장로들이라고 했다. 예수님과 종교지도자들과 논쟁이 오간다. 대제사장들은 이렇게 묻는다: "아니, 당신은 무슨 권한이 있길래 이런 일을 행하는 거요?" "아, 누가 이런 권한을 주었소?"

(2) 그들과의 대화 내용은 이러했다.

• 예수님 : "그렇게 물어보신다면, 나도 한 가지 묻겠소. 당신들이 내 말에 대답하면 나도 그 질문에 답하겠소."

• 대제사장들 : "그래 어디 말씀해 보시오."

• 예수님 : "당신들, 세례 요한을 잘 알고 있을 테지요. 그렇다면 요한의 세례가 어디로부터 온 것이라고 생각하오. 하늘로부터요, 사람에게로부터요?" "그러니까 세례 요한을 하나님이 보내어 세례를 주게 했느냐, 아니면 자기 뜻대로 세례를 준 것이냐 그말이요."

• 대제사장들 : (자기들끼리) '이것 잘못 걸렸네. 만약 그 권한을 하늘로부터 온 것이라고 대답하면, 그러면 왜 믿지 않았느냐고 할 것이고, 반대로 사람이 주었다고 하면 군중들이 요한을 선지자로 알고 있는판인데 군중들이 난리를 치겠지. 아, 그것 참.' (그러면서 자기들끼리 의논 끝에 대답을 한다) / "아, 모르겠소."

• 예수님 : "아, 그렇다면 나도 무슨 권한으로 이런 일을 하는지 대답하지 않겠오."

(3) 그 당시 이들 대제사장들과 장로들, 즉 종교 지도자들의 권위는 대단한 것이었으리라. 교만과 독선, 하나님을 그 누구보다도 철저하게 섬기고 있다고 자부하고 있던 이들은 자기들이 한 질문에 스스로 올가미를 씌우게 되었다.[1] 만약, 세례 요한의 권위가 하늘로부터 온 것을 시인한다면, 이들 종교 지도자들은 자신들의 죄를 인정해야 하고, 그렇다면 지금 예수님 앞에서도 무릎을 꿇고 회개의 용서를 빌어야 한다. 그것을 할 수 있겠는가?[2]

1) 만약, 세례 요한의 사역이 인간에게로부터 온 것이라면, 그렇다면 예수님이 지금 하시고 있는 사역도, 권위도 전면 부인하는 일이었다. 지금 이들 종교지도자들에게 있어야 할 것은 세례 요한의 외침과 같이 스스로 죄인이라고 고백하고 회개하는 일이어야 했다. 그러나 이들은 지금 고개를 뻣뻣이 하고 있지 아니한가! 이런 자들에게 구태여 주님이 이 땅에 오신 목적을 설명할 필요가 없으셨던 것이다.

2) 그렇다고 이들은 세례 요한을 선지자가 아니라고 말하기도 싫었다. 백성들도 그러했거니와 자기들도 내심 세례 요한을 선지자로 여기고 있었을 것이다. 자, 어떻게 할 것인가? "에이, 모른다고 하는 것이 상책이다."

예수님의 권위(ἐξουσία엑수시아)는 어디로부터 온 것인가?

1. '권위'(엑수시아)라는 의미는 '선택할 자유, 권리, 다스림과 통치할 능력, 권력자'라는 의미가 있다. 이 단어는 기본적으로 어떤 행동을 행할 수 있는 '능력'(ability)을 의미한다.[3]

3) 이 단어는 보다 높은 사법기관이 허락한 '권리'(right), '권세'(authority), '승인'(permission)라는 말이다.

(1) 예수님의 능력(δύναμις뒤나미스)은 기름부음 받은 그의 본질에 기초하고 있으며 그의 엑수시아는 파송받은 그의 본질에 기초한 것이다. 하나님은 인간들을 영원한 파멸로 이끌 권능을 가지고 계신다(눅 12:5). 하나님은 천사들에게는 심판날에 처벌할 권세가 위임될 수 있고(계 6:8); 다른 피조물들도

하나님의 권세를 위임받을 수 있다(계 9:3, 10, 19).

(2) 사탄은 세상 지배권을 주겠다는 말로 예수님을 유혹하였다: "(마귀가) 이르되 이 모든 권세와 그 영광을 내가 네게 주리라 이것은 내게 넘겨준 것이므로 나의 원하는 자에게 주노라"(눅 4:6). 물론 사탄의 권세는 하나님에 의해 허용된 것이며 그의 활동 범위는 제한된다(눅 22:53). 예수님은 이 사탄의 파멸을 선언하셨다. 귀신 축출은 예수님의 권능에 의거한 것이다(눅 4:36).[1]

(3) 또한 예수님의 권위는 뭇 사람들을 놀라게 했던 이 가르침에서 드러났다(막 1:22, :27; 마 7:29; 눅 4:32). 왜냐하면 그의 가르침은 서기관들의 가르침과 달랐기 때문이다. 서기관들의 가르침은 그들의 전통에 따른 것이었는데 반해(마 7:29), 예수님, 즉 기름 부음을 받으신 분은 모세나 예언자들처럼 하나님의 입으로부터 나오는 말씀으로 가르치셨을 뿐만 아니라 유일하게 아버지를 아시고 그분을 드러내실 수 있는 아들의 유일한 권위를 가지고 말씀하셨다(마 11:27, 28:18; 눅 10:22; 요 3:35, 13:3, 10:15, 17:25).

1) 예수님의 파송을 받은 제자들도 그 권능을 행사할 수 있다(마 10:1; 막 3:15, 6:7; 눅 9:1, 10:19). 예수님께서 치유의 기적을 나타내신 것이나, 인간의 죄를 사해주셨을 때에, 그는 하나님의 권위에 따라 행하신 것이다(마 9:2-8; 막 2:3-12; 눅 5:18-26).

2. 물론 성전 정화사건에서도(마 21:12이하; 막 11:11-17; 눅 19:45이하; 요 2:13-17) 메시야적 권위에 대한 의식이 전제되어 있다. 예수님의 절대적인 권위는 예수님께서 하나님의 아들이시며 보내심을 받은 자라는 사실에 근거하고 있다(요 17:2). 그는 마지막 날의 심판권도 부여받으셨다(요 5:27). 부활 이후 들어 올리우심으로써 예수님은 하나님께로부터 하늘과 땅의 모든 권세를 부여 받으셨다(마 28:18*).

• 마28:18 "예수께서 나아와 일러 가라사대 하늘과 땅의 모든 권세를 내게 주셨으니"

3. 이렇게 종교 지도자들은 예수님의 출현으로 그 위치가 흔들리고 있다.

(1) 자기들에게 돌아와야 하는 이익이 세례 요한이나 예수님과 같은 인물 때문에 손상을 당하고 있다고 생각했다. 어쨌든 조용했던(?) 이 영역에서 예수님의 출현은 여간 골치 아픈 사건이 아니었다. 얼마 전까지는 세례 요한이라고 하는 자가 우리의 간담을 서늘케 하더니, 이제는 이보다 한술 더 뜨는 존재가 나타나서 우리 종교 영역을 시끄럽게 하고 있다.

(2) 그 세례 요한인가 하는 자가 죽어서 이제는 조용해지려니 했더니만' '아무래도 이 괴수를 잡아 없애는 게 상책이겠어.' 하나님을 잘 섬긴다는 종교 지도자들의 악한 생각이었다. 사탄은 이미 그 악한 생각을 이들에게 집어넣고 있었다.

예루살렘으로 올라가는 길에서…

(3) "만일 하늘로부터라 하면"(25절) - 여기 '하늘로부터'(ἐξ οὐρανοῦ)는 '하나님에게서'라는 뜻이다. 유대인은 하나님의 이름 대신 '아도나이'나 '하늘'이라는 용어를 사용했다.

4. 결국, 요한의 사역이나 예수님의 사역들은 모두 천국의 권위에 근거한 것이었다.

(1) 만약, 이들이 그 마음속에 작은 겸손함만 있었더라면 세례 요한도, 주님의 권위도 다 하늘로부터(*from* heaven) 온 것임을 깨달을 수 있었다. 그 동안 일어난 일련의 사건들이 이를 증명하고도 남는다. 그런데, 이들은 예수님에 대하여 고의적인 불신앙을 가졌다. 지금 예수님이 자기들의 권위를 위협하는 존재라는 것이다.

(2) 무엇 때문에 사람들은 결정적인 순간에 주님을 인정치 아니하는가? 인간의 그 잘나빠진 권위, 그리고 거기로부터 온다고 믿는 그 명예심, 그 가증스런 허위의 태도가 사라지지 않는한 주님은 보이지 않는다.

적용을 위한 묵상 성전의 기능은 상실되었고, 그곳은 장마당이 되어버렸다

• 북쩍거리는 성전 안 마당, 환전상들과 장삿꾼들의 외침으로
성전은 이미 기도의 처소는 아니었다.
대제사장들과 서기관들까지 와 있었지만
그들은 어떤 생각을 가지고 있었을까?
성전을 하나님의 집으로 거룩한 곳으로 생각했을까,
그것은 말뿐이었고 종교 지도자들은 돈을 벌기 위해서
성전을 시장터로 만들어 더럽혔다.
막대한 수입이 이곳과 연결되어 있었기 때문이다.

• 열매 맺지 못하는 무화과나무.
잎사귀밖에는 아무것도 찾을 수 없었다.
예수님은 나무에게 저주를 내리셨다. "이제부터 영원토록...."
다음날 아침, 무화과나무가 정말 말라버렸다.
열매 없는 무화과나무, 이는 이스라엘 백성의 열매 없는 모습이었다.
이미, 천국이 임하여 진행되고 있으나
백성들은 좀체로 이를 받아들이지 않았다. 회개의 삶도 없었다.
저주가 이스라엘에게 임할 것이라는 사실보다는
제자들은 무화과나무가 말라버린 사실에만 관심이 있었다.

• 처음에는 모두가 순전한 믿음을 가지고 신앙생활을 시작했으리라.

• 왜 현대교회가 세속화되었다고 이구동성으로 말하고 있으면서도 변화가 나타나지 않을까? 기도가 없어서? 성경공부가 없어서?

• 언제 주님은 재림하실까? 많은 사람들이 종말을 준비하라고 외치지만 정작 본인에게는 별다른 변화는 없다. 왜 그럴까? '모르겠는데...'

• 현대교회의 모습도 당시 예루살렘 성전의 모습에서 자유롭지 못하다.
세속화 되어버린 모습이 많이 보이기 때문이다.
우리는 너무 화려한(?) 교회 건물에 익숙해졌다.
외형적으로 아름다운데, 정말 그 속까지도 거룩할까?
마치 예수님께서 저주하신 열매 없는 무화과나무처럼
교회는 대형화되었지만 참된 신자는 많지 않다고 자타가 공인한다.
무엇이 잘못되었을까?

• 고집스럽도록 교회생활에 전심을 다하지만
하나님의 선하시고 기뻐하시고 온전하신 뜻을 구분하기에는 역부족이다.
여전히, 교회에는 환전상과 비둘기 파는 사람들의 외침이 요란하다.

• 예수님께서 성전에서 하신 일로 인하여
종교 지도자들은 무척 화가 났다.
그래서 예수님의 권세에 도전한다. 기득권이 흔들렸기 때문이다.

• 정말 나는(우리는) 주님의 영광을 높이며 살아가고 있을까?
그러나, 우리는 누구나 자신에게만은 관대하다.
나는, 대제사장이나 서기관들과는, 아니 장삿꾼들과는 다르다는 것이다.

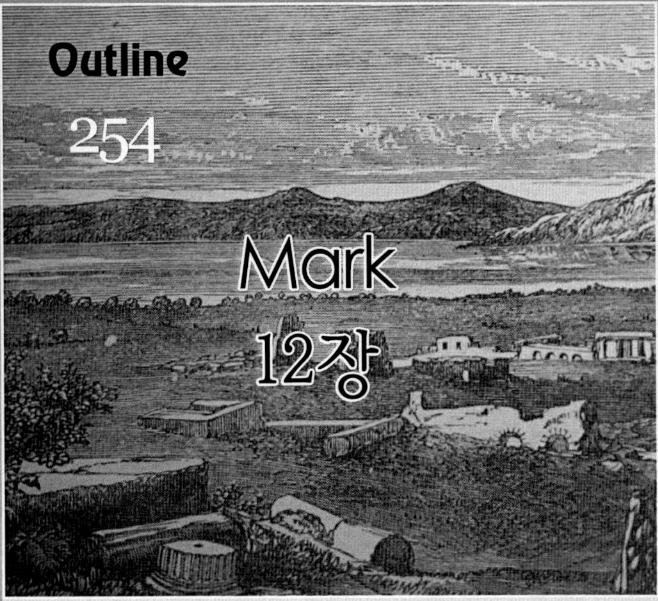

그리스도는 누구의 자손인가? (12장)

12장에서는 고난주간 중 화요일에 일어난
사건들을 기술한다.
예수님은 포도원 비유를 들어 종교지도자들의
사악함을 드러내셨다.
포도원 주인은 수확을 거두기 위해
자신의 종들을 부지런히 농부들에게 보냈다.
그러나 악한 농부들은 보내는 종마다 때리고
때로는 죽이기까지 했다.
마지막으로 주인의 아들까지 보냈는데,
그 아들도 박해하고 죽이려고 모의하고 있다.
이 비유에서, 그 악한 농부들은 누구일까?
그 악한 농부가 결국 자신들이라는 것을 알고
예수님을 죽이려고 더욱 혈안이 되었다.

종교지도자들은 예수가 하나님의 아들이라는
사실을 받아들이지 않았다.
메시야는 다윗의 후손이라는 사실을
율법학자들도 잘 알고 있었고 그렇게 가르쳤다.
다윗이 그리스도를 '주'라고 불렀다면(시 110:1)
어떻게 예수가 다윗의 자손이 될 수 있겠는가?

그렇게 기다라고 있던 메시야가 이 땅에 오셨지만
그들이 기대했던 메시야는 아니었다.
지금, 메시야는 고난받는 종의 길을 걷고 있는 중이다.

포도원 농부 비유(막 12:1-12)

1. 이제 주님은 앞의 비유에 보충해서 설명하려 하신다. 이 비유는 이사야 5장을 배경으로 하고 있다.

(1) 예수님은 자신의 목적이 일차적으로 이스라엘을 구원하는 것이라고 여러 번 천명하셨다(마 15:24, 10:5, 6). 이스라엘은 천국을 위한(포도원에 세든) 백성이었다. 하나님은 일차적으로 이스라엘의 하나님이셨다. 이스라엘은 메시야를 출현시킬 선택된 혈통이었다.

(2) 포도원의 돌(장애물)을 제거하시고 이 포도원에 극상품 포도나무(정선한 포도나무)를 심으셨다(즉 순수한 신앙을 세우셨다). 왜냐하면 좋은 포도 열매를 기대하셨기 때문이다

(3) 이제, 포도원 주인은 '좋은 포도'가 맺하기를 기다리고 있다. 그러나 들포도가 맺히지 않았는가! 즉 자기 백성들에게 원하신 것은 공평과 정의(미쉬파트, מִשְׁפָּט)였으나 포학(미스파흐, מִשְׂפָּח, 피 흘림)과 부르짖음(쯔아카, צְעָקָה) 뿐이었다.

(4) 아들까지 보내셨는데, 농부들의 질시와 박해는 대단했다. 동족의 차가운 눈총, 아브라함의 자손이라 자랑하는 사람들의 질시 가득한 비난, 악의에 찬 항의와 반대 등등. 결국 그 아들은 죽임을 당했다.

(6) 이 비유에서 상속자는 예수님이다. 하나님께서는 이스라엘을 자기의 백성으로 택하셨다. 그러니까 이스라엘은 하나님의 포도원이요 기업이었다. 포도원 주인은(=하나님은) 오직 남은 한 사람, 그의 아들까지 보내셨다. 그러나 백성들의 반응은 냉담했다. 오히려 세리와 창녀들이 회개하고 주께로 돌아오고 있지 아니한가!

가이사에게 세금을 바치는 문제(막 12:13-17)

(1) 포도원 비유에서 악한 농부가 자기들을 가리켜 말씀하심인 줄 알고 이들은 예수님을 잡고자 했다(12절).

(2) 그 뒤로 유대 종교 지도자들은 예수님을 책잡

으려 고소거리를 찾고 있었다. 그래서 바리새인들은 자신들의 제자들을 헤롯파 사람들과 함께 예수님에게 보냈다(막 12:13, "그들이 예수의 말씀을 책잡으려 하여 바리새인과 헤롯당 중에서 사람을 보내매").

(3) 이렇게 헤롯당원들과 바리새인들은 서로 정치적 목적이 달랐지만 예수님을 죽이려는 데는 연합전선을 펼쳤다.

가이사에게 세금을 바치는 것이 옳으니이까 옳지 아니하니이까?

(1) 만약 옳지 않다고 대답하면, 예수님은 총독에 의해 처형당하게 된다. 이런 반대자들의 함정에 빠뜨리려는 질문에 예수님은 어떻게 답하셨나? 예수님은 이들이 간계를 쓰고 있다는 것을 즉시 간파하셨다(막 12:15). 예수님은 그들의 '악함'(위선)을 아셨다고 했다(마 22:18)

(2) 주님은 가이사에게 세금 바치는 것보다 더 중요한 절대적 요구가 있다고 말씀하신다. 곧 하나님께 속한 것은 하나님께 바치라는 것이다.

부활에 대한 논쟁(막 12:18-27)

(1) 예수님은 사두개인들의 질문이 어리석음을 질타하신다. 그들은 성경이 말하는 바 일부만을 알고 있었다(29절). 이들은 천국을 단순히 결혼관계와 같이 지상에서 즐기는 일들의 연장이라고 생각했다. 부활을 우습게 만들었다. 더욱이 사두개인들은 부활을 인정하지 아니했다. 이에 대한 주님의 대답은 어떠했나? (막 12:25)

(2) 죽음이 천국에는 전혀 없을 것이므로 인류를 출산하지 않을 것이다. 천사가 결혼하지 않는 것처럼. 이런 면에서는 구원된 자들이 천사와 같다.

(3) 하나님은 죽은 자의 하나님이 아니요 '산 자의 하나님'이시라.

모든 계명 중에 첫째가 무엇입니까? (막 12:28-34)

(1) 예수님은 어떻게 구약의 율법을 요약하셨는가? 예수님은 구약의 계명들 중에 크고 작은 계명들이 있음을 인정하셨다. 그렇다면 가장 크고 첫째 되는 계명은 무엇인가? (마 22:37) "네 마음을 다하고 목숨을 다하고 뜻을 다하여 주 너의 하나님을 사랑하라 하셨으니"(신 6:5)

(2) 예수님은 둘째로 어떤 계명을 말씀하셨나? "네 이웃을 네 자신 같이(as yourself) 사랑하라." 이웃 사랑의 표준이 "네 자신과 같이"라고 했다. 이 표준은 신구약이 다를 바 없으나 주님의 말씀에 의해 좀 더 강한 표준으로 바뀐다.

그리스도가 어찌 다윗의 자손이라 말할 수 있는가?

"다윗이 그리스도를 '주'라고 불렀다. 너희는 어떻게 생각하느냐?"라고 물으심으로써 다윗이 주라고 부르신 분이 그리스도라고 설명하신다.

율법학자들을 조심하라(막 12:38-40)

서기관들(율법학자들)은 매사에 정확한 규칙들을 수없이 많이 만들었다. 그러나 그러한 수많은 규례들 때문에 자신들도 지킬 수 없는 모순에 빠졌다. 자연히 그들은 외식과 가면으로 나타났다. 오히려, 이것이 자신들에게 올무가 되어버렸다.

가난한 과부의 헌금(막 12:41-44)

바리새인들의 악행 중의 하나는 과부들의 가산을 등쳐먹는 행위였다(막 12:40). 여기 서기관들과는 대조적으로 과부의 동전의 이야기가 등장한다. 예수님은 제자들을 불러 과부의 이런 행동을 매우 칭찬하셨다. 부자들은 풍족한 중에 헌금했으나 이 여인은 비록 두 '렙돈'을 드렸으나 구차한 중에서 자기 모든 소유 곧 생활비 전부를 드렸기 때문이다.

포도원 농부 비유(막 12:1-12)

같이 읽을 곳 (마 21:33-46; 눅 20:9-19)

葡萄園 農夫

포도원 농부

고난주간 셋째 날, 즉 화요일이다. 화요일에 일어난 예수님의 사역의 도표이다. 본 장은 이 날에 벌어진 일이다(옆의 도표). 마태복음에서는 **"다른 한 비유**를 들으라"(Listen to another parable)고 했다(마 21:33). 이 말씀을 보아 이 비유는 앞의 비유(무화과나무 비유)와 연관되어 있음을 알 수 있다.

마태복음 21장

- 35 농부들이 종들을 잡아 하나는 심히 때리고(beat, ἔδειραν)
  하나는 죽이고(killed, ἀπέκτειναν)
  하나는 돌로 쳤거늘(stoned, ἐλιθοβόλησαν)
- 36 다시 다른 종들을 처음보다 많이 보내니 그들에게도 그렇게 하였는지라

1. 이제 주님은 앞의 비유에 보충해서 설명하려 하신다. 이 비유는 이사야 5장을 배경으로 하고 있다. 본문을 읽고 비유의 내용을 설명해 보라.

(1) 본문을 자세히 읽고 전체 내용을 이야기 해보자.

막 12:1 예수께서 그들에게 **말씀하시되**
/비유(파라볼레, παραβολή)로
/한 사람이 포도원을 만들어 산울타리로 두르고
즙 짜는 틀을 만들고 망대를 지어서
농부들에게 세로 주고 타국에 갔더니

여기서 **악한 농부들**은 누구일까?

• 2절 - 때가 이르매(=열매 거둘 때가 가까우매)
[그가] —— 한 종을 보내니
//(목적: ἵνα, that...might)
농부들에게 포도원 소출 얼마를 받으려고

• 3절 - 그들이 종을 잡아 **심히 때리고 거저(=빈손으로) 돌려보냈다.**

• 4절 - [그가] — 다른 종을 보내니

• 4절 - 그 종도 **머리를 때려 상처를 내고** 모욕을 주어 보냈다.

• 5절 - [그가] — 또 다른 종을 보내니

• 5절 - 이번에는 그 종을 **죽여버렸다.**

- [그가] — 많은 종들을 보냈으나

• 더러는 **때리고** 더러는 죽여버렸다.

여기 종들은 누구를 가리키며, 이들이 한 일은 무엇인가? 이스라엘의 성(聖)스러운 역사의 이면(裏面)을 보라. 어느 민족보다 더 극악한 역사였다.

주인은 타국에 가 있었고, 이제 추수 때가 되자 포도 열매를 얻기 위해 자기의 종들을 포도원에 보냈다. 그런데 농부들은 그 포도원을 세(貰)를 얻고 있었기에 그 소작료를 내주기가 아까웠을 것이고, 따라서 그 주인이 보낸 종들을 때리고, 그리고 죽이고, 또 돌로 쳤다. 주인은 다시 종들을 처음보다 많이 보냈으나 역시 마찬가지 일이 벌어졌다(36절). 악한 농부들이었다.

(2) 예수님은 자신의 목적이 일차적으로 이스라엘을 구원하는 것이라고 여러 번 천명하셨다(마 15:24, 10:5, 6). 자신의 활동 범위를 가능하면 이스라엘로 제한하셨다. (이 한계를 실제로 넘어가는 것은 그의 제자들에게 맡기셨다.) 그러니까 **이스라엘은 천국을 위한**(포도원에 세든) **백성이었다.** 하나님은 일차적으로 이스라엘의 하나님이셨다. 즉 이스라엘은 메시야를 출현시킬 선택된 혈통이었다. 포도원 주인되신 하나님은 많은 선지자들을 보내셨다. 그러나 백성들은 하나

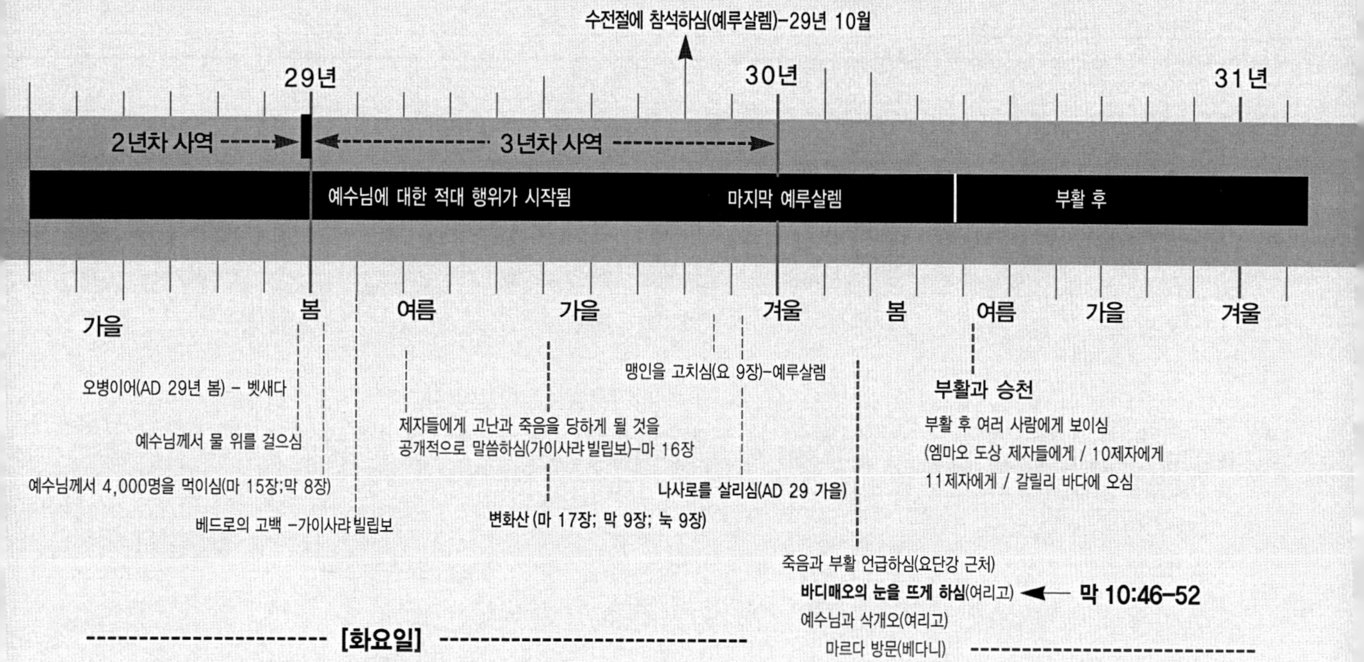

[화요일]

(1) 말라 죽은 나무에 대한 질문을 받으시고, 산을 옮기는 믿음에 대하여 설명하심(마 21:20-22; **막 11:20-26**)

(2) 예수님의 권위의 근원이 어디 있느냐? - 바리새인들의 도전(마 21:23-27; **막 11:27-33**; 눅 20:1-8)

(3) 비유 - 포도원 주인의 두 아들 - 둘째 아들은 처음에는 가지 않겠다고 했지만 후에 뉘우치고 가서 일하였다(마 21:28-32).

(4) 비유 - 악한 농부들(마 21:33-46; **막 12:1-12**; 눅 20:9-10)

(5) 예언의 성취 - 배척당한 모퉁이의 머릿돌이 될 것이다(시 118:22-23; 마 21:42).

(6) 비유 - 예복 없이 참여한 혼인 예식 손님(마 22:1-14). 초청 받은 사람이 참석치 않는다. / 분노한 왕은 군대를 보내 그들을 죽이고 성읍을 불태운다. / 예복을 입지 않은 사람에게 사환을 시켜 그를 결박하여 바깥에 내어 쫓아버린다.

(7) 세금 바치는 문제로 바리새인과 헤롯 당원들과 맞서신다(마 22:15-22; **막 12:13-17**; 눅 20:20-26). 가이사에게 세를 바치는 것이 옳으니이까?

(8) 부활 문제에 대하여 사두개인들과 대면하심(마 22:23-33; **막 12:18-27**; 눅 20:27-40) - "부활 때에는 장가도 아니 가고 시집도 아니 가고 하늘에 있는 천사들과 같으니라."(마 22:30)

(9) 가장 큰 계명에 관한 질문을 받으심(마 22:34 40; **막 12:28-34**).

(10) 예수님은 바리새인들에게 약속된 메시야에 관하여 질문하신다(마 22:41-46; **막 12:34-37**; 눅 20:41-44) / 메시야는 누구의 자손이냐?

(11) 설교 - 유대 관원 질책(마 23:1-36; **막 12:38-40**; 눅 20:45-47).

(12) 예수님께서 예루살렘을 보시고 우신다(마 23:37-39; 눅 13:34-35).

(13) 한 가난한 과부가 성전의 헌금궤에 그녀의 모든 것을 바치는 것을 보신다(**막 12:41-44**; 눅 21:1-4).

(14) 예언 - 그의 죽음에 관하여(요 12:20-26, 12:32)

(15) 많은 유대인들이 그의 메시지를 믿으면서도 주님을 배척함(요 12:37-43)

(16) 예언 성취 - 많은 사람들이 그의 이적을 보고도 믿지 않을 것이다(사 53:1; 요 12:37-38).

(17) 설교 - 임박한 환난에 대하여(마 24:1-42; **막 13:1-37**; 눅 21:20-24)

(18) 비유 - 무화과나무(=이스라엘)와 미래(마 24:32-35; **막 13:28-31**; 눅 21:29-33)

(19) 비유 - 열 처녀가 등을 들고 신랑을 만나러 간다(신랑이 한밤중에 갑자기 온다 - 기름을 준비하지 않은 처녀들의 당황하는 모습)

(20) 비유 - 세 명의 종과 달란트(마 25:14-30)

(21) 비유 - 양과 염소의 분리(마 25:31-46)

(22) 예언 성취 - 은 30에 그를 배반할 것이다(시 41:9, 55:12-14; 슥 11:12-13).

- 유대인들이 가야바의 뜰에 모여 예수님을 죽이고자 모의한다(마 26:3-5; **막 14:1-2**; 눅 22:2).
- 사탄이 유다에게 들어가, 유다가 은 30을 받고 이 음모에 가담한다(마 26:14-15; **막 14:10-11**; 눅 22:3-6).

■

님께서 보내신 종을 박해하거나 죽이기까지 하였다. 구약의 선지자들은 신랑되신 그리스도의 지지자들이었다. 그렇다면 포도원 주인은 누구일까? 성부 하나님은 자신이 포도원 주인으로 나중에 그의 사랑하는 아들까지 보내신다.

1) 하나님은 '**극상품 포도나무**'(쏘레크, שֹׂרֵק-정선한 포도나무)를 심으셨다. 왜냐하면 좋은 포도 열매를 기대하셨기 때문이다.

'좋은 포도 (열매)' 맺기를 바랐지만 그러나 들포도(악취가 나거나 무가치한 것)를 맺었다고 탄식하신다(겔 16장을 읽어보자).

"3예루살렘 주민과 유다 사람들아 구하노니 이제 나와 내 포도원 사이에서 사리를 판단하라 4내가 내 포도원을 위하여 행한 것 외에 무엇을 더할 것이 있으랴 내가 좋은 포도 맺기를 기다렸거늘 들포도를 맺음은 어찌 됨인고(마두아, מַדּוּעַ - 왜, 무엇 때문에)"

(3) 여기서 포도원은 무엇을 상징하는가? 이사야 4장에서는 포도원 노래가 나온다. (주전 740년 경 이사야가 사역할 때) 우선 이사야 5:1-7의 내용을 간단하게 살펴보자.

葡萄園

포도원

사 5:1 나는 내가 사랑하는 자를 위하여 **노래하되**(אָשִׁירָה)
내가 사랑하는 자의 포도원을 노래하리라
내가 사랑하는 자에게 포도원이 **있음이여** 심히 기름진 산에로다

5:2 땅을 **파서**(땅을 개간해서) 돌을 **제하고**(사칼, סָקַל의 피엘 동사)
극상품 포도나무(쏘레크, שֹׂרֵק)[1]를 **심었도다**(시 80:8 참조)
그 중에 망대를 **세웠고**
또 그 안에 술틀을 **팠도다**
'좋은 포도'(에나브, עֲנָב) 맺기를 **바랐더니**
들포도(베우쉼, בְּאֻשִׁים)를 **맺었도다**

하나님은 자기 백성 이스라엘을 위하여 어떻게 역사하셨가를 비유를 통해 설명하신다. 그들이 심겨진 땅은 어떤 곳인가? 심히 기름진 땅이다. 거기다 극상품 포도나무를 삼으셨다.

(4) 하나님께서는 특별히 이스라엘을 열방에서 불러내어 자신의 자녀로 삼으셨다. 하나님이 그들을 위해 행하신 일들을 어떻게 표현하고 있나? 그들이 심겨진 땅은 '기름진 산'이었다. 모든 것이 풍성했다. 그 곳에 울타리를 두르고, 그래서 주위의 어떤 나라도 침략하지 못하게 하셨다(시 121:4, 125:2). 포도원의 돌(장애물)을 제거하시고 이 포도원에 극상품 포도나무(정선한 포도나무)를 심으셨다(즉 순수한 신앙을 세우셨다). 왜냐하면 좋은 포도 열매를 기대하셨기 때문이다. 포도원을 보호하기 위해 망대를 세웠다. 그리고 그 안에 즙을 짜는 술틀까지도 마련하셨다. 그들에게는 하나님을 섬기기 위하여 성전과 제단을 허락하셨다. 이에 더 무엇이 부족하단 말인가!

(5) 이제, 포도원 주인이 원하는 것은 '좋은 포도'가 맺하기를 가다리는 것이었다. 그러나 들포도가 맺혔다. 예루살렘 거민들아! 유다 백성들아! 이제 너희는 나와 나의 포도원 사이에서 한 번 판단해보라.[2]

2) "자, 예루살렘 백성아, 유다 사람들아, 나와 내 포도밭 사이에서 '판단하라' (שָׁפַט의 칼 동사 명령)" "내가 내 포도밭을 위해 무슨 일을 더 할 수 있겠느냐? 내가 할 수 있는 일은 다 했다."(쉬운 성경)

2. 유대 사회, 경제적 타락은 하나님을 분노케 했다. 포도나무를 심은 농부와 같이 하나님은 그 땅에 자기 백성을 세우기 위해 많은 노력을 기울이셨다.

(1) 본 비유는 자신들의 죄를 깨닫게 하려고 당사자인 이스라엘을 제3자로 놓고 말하고 있다.[1] (예 : 삼하 12:1-15 / 다윗이 범죄시 나단의 책망) 하나님은 이스라엘을 택하시고, 젖과 꿀이 흐르는 땅을 주셨다. 그리고 거룩한 백성이 지켜야 할 율법도 주셨다. 이 백성에게 원하신 것은 공평과 의로움이었다(사 16:5).

1) 1-2절의 화자(話者)가 누구인가에 대해 논란이 많다. 대체로 하나님의 언약 공동체(이스라엘과 유다를 포함하는)를 화자로 본다.

(2) 포도원의 실체가 드러났다. 이스라엘과 유다 사람들이다. 이들에게 원하신 것은 극상품 포도였다. 그러나 들포도(악취가 나는 열매)였다. 즉 자기 백성에게 원하신 것은 공평과 정의(미쉬파트, מִשְׁפָּט)였으나 포학(미스파흐, מִשְׂפָּח, 피 흘림)과 부르짖음(쯔아카, צְעָקָה)뿐이었다. 비윤리적이요 비도덕적인 삶이 하나님의 인내를 넘어서버렸다. 이 백성을 치유하는 유일한 길은 이들을 심판(징계)하시는 길뿐이다. 기대치는 무너져내렸고, 무서운 심판을 받아야 할 입장이 되었다. 이스라엘에 대한 하나님의 심판은 구원역사를 원점으로 되돌려 놓는 것 같이 그들을 약속의 땅 밖으로 내어쫓고 다시 포로가 되게 하는 것이다. 훗날, 이들은 결국 이방인에(바벨론) 의해 끌려가는 비극을 당하게 된다(사 5:5-6을 자세히 자세히 읽어보자).

審判

심판

이스라엘 백성은 **시내산에서 세워진 언약에 의해 심판의 근거**를 찾는다. 시내산 언약 이후 몇 차례 언약이 갱신되었는데(출 24:1-8, 34:10-28; 신 29:1-32:47; 수 24:1-27 참조), 이 언약 과정에서 백성들은 율법을 철저하게 지키기로 동의했다. 만약 이 언약을 어겼을 경우에는 그 죄에 합당한 징계와 심판을 받을 것을 거듭 경고하셨다(레 26장 및 신 28장 참조).

5:5 이제 내가 내 포도원에 어떻게 행할지를 너희에게 이르리라
내가 그 울타리를 ─ **걷어**(제거하다)
├ **먹힘을 당하게 하며**[바아르, בִּעֵר의 피엘(강조형) 동사]
├ 그 담을 **헐어**
└ **짓밟히게 할 것이요**(미르마쓰, מִרְמָס) - 짓 밟음, 밟는곳

결국 그 포도원을 버릴 수밖에 없다.

6 내가 그것을 ─┬ **황폐하게 하리니**(바타, בָּתָה)- 폐허, 황폐한, 종말, 멸망
└ **다시는 가지를 자름이나 북을 돋우지 못하여**
찔레와 가시가 ── **날 것이며**
내가 또 구름에게 ─ **명하여**
/그 위에 비를 내리지 못하게 하리라

(3) 도대체 어떤 죄들을 지었을까? 징벌을 받을 대상들에게 '화'(Woe, הוֹי)가 선포되고 있다(사 5:8-30)

이사야 5:5

- 하나님께 : 교만(사 5:19, 21) · 무관심(사 5:12) · 무지(사 5:13)했고,
- 이웃과의 관계 : 가치전도(사 5:18, 20) - 악을 선하다 / 선을 악하다 · 뇌물(사 5:23) · 독점(사 5:8) - 가옥에 가옥을 이으며 · 향락(사 5:11, 12, 22)에서 빠져 헤어나오지 못했다.

3. 본문을 다시 살펴보자(막 12:6-12).

1) 엔트레포(ἐντρέπω)의 미래 수동태 / '존경하다'(마 21:37; 눅 20:13)

막 12:6 이제 한 사람이 **남았으니**
곧 그가 사랑하는 아들이라 최후로 이를 **보내며 이르되**
/내 아들은 존대하리라(ἐντραπήσονται)[1] 하였더니

(1) 주인은 자기의 군대를 보내 그 사악한 농부들을 파멸시킬 수 있었다. 그러나 대신에 그의 아들을 보내시기로 작정하신다(막 12:6). 농부들은 어떤 태도로 나왔을까?

클레로노모스(κληρονόμος) (inheritor, heir) - 상속자, 후사

아들까지 보냈는데

막 12:7 그 농부들이 서로 **말하되**(...하고)
/이는 —— 상속자니
자!
[우리가] — [그를] 죽이자
//그러면(결과)
그 유산이 우리 것이 되리라
8 이에
[그들이] —— 잡아 죽여 포도원 밖에 내던졌느니라
(=내쫓아 '죽였느니라'

- 그의 아들은 누구인가? 그는 어떻게 죽임을 당했나? (히 13:12, 13)
- 주인의 아들이 자기의 포도원에 와서 느끼신 것은 환영이었던가?

(2) 아들까지 보내셨는데, 농부들의 질시와 박해는 대단했다. 동족의 차가운 눈총, 아브라함의 자손이라 자랑하는 사람들의 질시 가득한 비난, 악의에 찬 항의와 반대 등등. 결국 그 아들은 죽임을 당했다. 이 비유에서 상속자(클레로노모스, κληρονόμος)는 예수님이다. 하나님께서는 이스라엘을 자기 백성으로 택하셨다. 그러니까 이스라엘은 하나님의 포도원이요 기업이었다. 포도원 주인은(=하나님은) 오직 남은 한 사람, 곧 예수님, 자신의 아들까지 보내셨다.

- 히 1:2 "이 모든 날 마지막에는 **아들을 통하여** 우리에게 말씀하셨으니 **이 아들을 만유의 상속자로 세우시고** 또 그로 말미암아 모든 세계를 지으셨느니라."

(3) 히브리서 1:2*에서 예수 그리스도는 아들이자 상속자(후사)이다. 하나님은 아브라함에게 하신 맹세를 통하여 "[약속을 기업을 받는 자들에게] 구원을 약속하셨다(히 6:17, "하나님은 **약속을 기업으로 받는 자들에게** 그 뜻이 변하지 아니함을 충분히 나타내시려고 그 일을 맹세로 보증하셨나니"). 다시 본문 9절을 보자. 포도원 주인은 이 상황을 어떻게 처리했을까?

막 12:9 포도원 주인이 어떻게 하겠느냐? (이 질문에 대한 대답은?)
대답: [그가] ─┬ 와서 그 농부들을 **진멸하고**
└ 포도원을 다른 사람들에게 주리라

(4) 이렇게 대답한 것까지는 좋았는데, **이 대답은 결국, 악한 농부가 자기 자신들이라는 것을 스스로 인정하는 셈이 되어 버렸다.** 하나님은 이스라엘 역사에 얼마나 많은 언약과 선지자들을 보내셨는가? 그들은 와서 얼마나 많은 회개를 외쳤던가! 마지막 선지자, 세례 요한은 어떠했나? 그는 주의 길을 예비하면서 얼마나 강력한 회개와 그 열매를 요칭했던가?

(5) 그리고, 이제, 마침내 하나님은 그의 아들, 예수님을 보내셨다. 하나님이 친히 인간의 몸을 입으시고, 이 땅에 오셔서 하나님의 나라를 전파했지만 백성들의 반응은 냉담했다. 오히려 세리와 창녀들이 회개하고 주께로 돌아오고 있지 아니한가?![1]

1) 그러나 종교 지도자들은 지금 예수님을 죽이려는 작전 계획을 세우고 있다. 이제, "그러한 악한 농부는 진멸해야 된다"(41절)는 대답은 결국, 이들 이스라엘에게 임하게 될 것이었다. 이스라엘은 그 모든 특권을 잃고 방황하게 될 것이다.

건축자들의 버린 돌이 모퉁이의 머릿돌이 되었나니(막 12:10)

모퉁잇돌

κεφαλή γωνία
켑할레 고니아
chief corner stone

▶ 계속해 막 12:10절을 보라.

막 12:10 너희가 성경에 건축자들이 버린 돌이
The stone which the builders rejected,
모퉁이의 머릿돌이 되었나니(시 118:22 이하)
This became the chief corner stone

(1) 주님은 시편(118:22, 23을 참조)의 말씀을 인용하신다.[2] 그리고 이제, 주님은 이스라엘에게 내려주셨던 특권과 그들의 역할을 영원히 철회하시겠다고 선언하신다(막 12:9, "포도원 주인이 와서 농부들을 진멸하고 **포도원을 다른 사람들에게 주리라.**"). 마태복음에서는 "그러므로 내가 너희에게 이르노니 하나님의 나라를 너희는 빼앗기고 그 나라의 열매 맺는 백성이 받을 것"이라고 했다(마 21:43). 이들은 하나님의 나라를 빼앗기게 될 것이다. 그리고 그 자리에 손으로 짓지 아니한 다른 새 건축물이 세워질 것이라고 말씀하신다. **이스라엘이 버린 쓸모없는 돌맹이 위에** 하나님의 계획이 계속 이어질 것이라는 것이다.

(2) 하나님의 참 성전은 "손으로 만든 것이 아니고" 물질로 만든 성전보다 훨씬 뛰어난 것이다(마 14:58; 행 7:48, 17:24; 마 12:6). 이 참 성전은 그리스도께서 그 건축가이시며(막 14:58; 마 16:18), 또 친히 모퉁잇돌이 되시며, 대제사장이신(히 9:1) 영적인 집이다. 유대인 '건축가들'이 하나님께서 '모퉁이의 머리'로 정하신 그 돌(=예수 그리스도)을 버렸다. 그 결과 유대인 건축가들 자신들이 버림을 당하고 말았다. 예수님은 이런 문맥 속에서 시편 118:22을 인용하셨다.

2) 시편 118:22에 나오는 רֹאשׁ פִּנָּה(로쉬 핀나, 모퉁이의 머리)는 마태복음 21:42에 나오는 켑할레 고니아 κεφαλή γωνία, 그리고 행 4:11, 벧전 2:7에 나오는 단어들과 똑같은 말이다. '모퉁잇돌'이란 그 안에서 "건물 전체가 연결되어 있는" 중요한 돌이다(엡 2:21).

가이사에게 세금을 바치는 문제(막 12:13-17)

같이 읽을 곳(마 22:15-22; 눅 20:20-26)

동교재, 마태복음에서 설명을 가져옴.

1. 포도원 비유에서 악한 농부가 자기들을 가리켜 말씀하심인 줄 알고 예수님을 잡고자 했으나 무리를 두려워 해 그대로 떠나버렸다고 했다(12절).

(1) 그 뒤로 유대 종교 지도자들은 예수님을 책잡으려 고소거리를 찾고 있었다. 대제사장들과 장로들은 예수님의 비유를 들어 사용한 가르침에 속수무책이었다. 그래서 바리새파 사람들이 한 방법을 생각해 냈다. 헤롯파들을 끌어들이기로 한 것이다. 어떻게든 자신들에게 걸림돌인 예수님을 잡아야 했기 때문이다. 물론 바리새인과 헤롯당원들은 서로 정반대의 정치적 입장을 가졌다. 그러나 예수님을 잡는 일에는 손을 맞잡은 것이다.[1)]

1) 유대 지도부는 대제사장들을 우두머리로 하는 공회(公會)였다. 공회는 다양한 종류의 민족 지도자들 71명으로 구성되어 있었다.

(2) 유대의 지도자들을 서기관들, 바리새인들, 사두개인들, 백성의 장로들, 대제사장 등 다양한 용어를 사용해서 표현했다. 이들은 예수님을 죽이려고 다각적인 방법을 동원했다(마 12:14, 22:15, 16:1, 19:3, 22:8, 35). 유대 지도부들이 예수님을 잡을 수 있는 방법은 무엇이었을까? 예수님을 선지자로 믿는 무리들을 충동질 하는 것, 아니면 정치적 힘을 끌어들이는 길밖에 없었다. 그래서 바리새인들은 자신들의 제자들을 헤롯파 사람들과 함께 예수님에게 보냈다(막 12:13, "그들이 예수의 말씀을 책잡으려 하여 바리새인과 헤롯당 중에서 사람을 보내매").

로마 총독 본디오 빌라도의 동전

- **헤롯당** : 이들은 이방인인 헤롯 왕과 그를 임명한 로마 황제를 지원했다. 가이사의 정치체제를 인정, 지지했기 때문에 상당한 특권을 누렸다. 물론 이들은 가이사에게 세금을 내는 것을 지지했다. 헤롯 안티파스와 그의 가족을 열렬히 지지하며 로마 정부의 이익을 대변하여 자신들의 정치적 기반을 구축하려했던 정치 집단들이었다. 다음 성경 구절을 읽어보자. (마 22:16; 막 3:6, 8:15, 12:13)
- 마 22:16 "자기 제자들을 **헤롯 당원들**과 함께 예수께 보내어 말하되 선생님이여..."
- 막 3:6 "바리새인들이 나가서 곧 **헤롯당**과 함께 어떻게 하여 예수를 죽일까 의논하니라."
- 막 12:13-14 "그들이 예수의 말씀을 책잡으려 하여 바리새인과 **헤롯당 중에서** 사람을 보내매 와서 이르되 선생님이여 우리가 아노니 당신은 참되시고 아무도 꺼리는 일이 없으시니.... 가이사에게 세금을 바치는

것이 옳으니이까 옳지 아니하니이까."

• 이처럼 복음서에는 헤롯당이 항상 바리새파 사람들과 언급되었지만 바리새파가 주도권을 잡았던 것으로 보인다.

(3) 이렇게 헤롯당원들과 바리새인들은 서로 정치적 목적이 달랐지만 예수님을 죽이려는 데는 연합전선을 펼쳤다. 이들은 예수님께 나아와서 공손하게 질문을 던졌지만 분명 이들의 질문은 예수님을 트집 잡아 함정에 빠뜨리려는 것이었다(막 12:15-16). 어느 쪽을 선택하여 답변한다 해도 걸리게 되어 있었다. 예수님과 그의 제자들을 말살해 버릴 수 있는 아주 좋은 기회가 되었다. 질문의 내용은 이러했다.

가이사에게 세금을 바치는 것이 ─┬ 옳으니이까(Is it lawful, ἔξεστιν[1])
　　　　　　　　　　　　　　　　　└ 옳지 아니하니이까

1) 엑세스티(ἔξεστι) - '가능하다, 합법적이다, 타당하다.' 이 질문은 가이사에게 세금을 바치는 것이 유대인으로서 적법하느냐는 것이다. 하나님의 율법에 저촉되는 것이 아니냐는 것이다. 로마법으로는 당연히 바쳐야 했다. 그렇지 않으면 형벌을 받는다.

티베리우스 재위(기원 후 14-37년)시 사용된 은전

티베리우스 황제의 측면상과 함께 은전 둘레를 따라 '신적 아구스도의 아들 티베리우스'라는 라틴어 문구다. 반대면에는 로마의 평화의 여신으로 불리는 '대제사장'이라는 문구와 함께 그려져 있다. 이 돈이 통용되는 곳은 그 어디나 모두 그의 세력권 안에 있다. 따라서 그의 제국의 모든 사람은 황제에게 세금을 내야 했다.

2. 만약 옳지 않다고 대답하면, 예수님은 총독에 의해 처형당하게 된다.

(1) 왜냐하면 로마 총독은 하나님의 이름을 내걸어 납세를 거부하는 모든 사람을 처형해 버렸기 때문이다. 또한 예수님은 백성에게도 공격을 당할 수 있게 된다. 이미 백성은 바리새인들에게 납세를 거부해야 한다고 경고해 왔기 때문이다. 따라서 이들은 젊은 사람들, 즉 그들의 제자들을 예수님께 보냈다.

(2) 유대인들은 로마 정부에 토지세와 소득세, 인두세를 바쳐야만 했다. 특히 인두세는 아켈라오가 추방된 후 내도록 강요당했다. 유대 지역은 로마 직할 통치가 되어 로마에 세금을 내야만 했다. 이런 일은 유대인들에게는 매우 굴욕적인 일이어서 각처에서 로마에 대한 저항이 일어났다.

▶ BC. 6년 유대 지역을 통치했던 아켈라오스 왕은 그의 악정으로 인해 해임되고 로마 직할 통치가 시작되었다. 로마는 세금을 징수하기 위한 목적으로 주민들에게 등록을 하라고 지시했다. 이러한 조치는 몇몇 유대인 집단을 격분케 했다. 이들은 율법에 대한 열정 때문에 로마에 복종하기를 거부했다. 로마 황제의 지배에 복종하기를 거부하고, 그를 주(퀴리오스)라고 부르기를 거절했다. 로마군을 대항하여 갈릴리의 유다가 폭동을 일으켰다.[2]

2) 물론 이 폭동은 곧 진압되었지만(행 5:37), 새로운 사람들이 일어나 항쟁을 계속했다. 엘르아살 벤 시몬이 이끌었다. 이들은 적극적인 행동을 통해서 역사의 진행을 결정하려고 하였다. 그러나 로마인들의 눈에는 이들은 도둑과 노상 강도에 지나지 않았다. 이들은 로마의 정규군에 저항할 수 없었으므로 유대 산악 지역에 로마군들이 접근하기 힘든 곳을 은신처로 삼고 게릴라전을 벌였다. 결국에는 폭동을 일으켰고, 점차 유대전쟁의 추진력이 되었다. 요세푸스는 젤롯파를 반란 운동 가운데서 가장 급진적인 집단으로 묘사했다.

마 22:
19 세금 낼 돈을 내게 보
이라 하시니 데나리온
하나를 가져왔거늘

20 예수께서 말씀하시되
이 형상과 이 글이 누
구의 것이냐

21 이르되 가이사의 것이
니이다 이에 이르시되
그런즉 가이사의 것은
가이사에게, 하나님의
것은 하나님께 바치라
하시니

티베리우스

1) 마태복음 22:18 악함(포네리아, πονηρία) - 악한 의도(악의)를 말한다 (malice).

마가복음(12:15) - 외식함(휘포리크리시스, ὑπόκρισις) - 위선 (hypocrisy)

(3) 이런 반대자들의 함정에 빠뜨리려는 질문에 예수님은 어떻게 답하셨나? 예수님은 이들이 간계를 쓰고 있다는 것을 즉시 간파하셨다(막 12:15). 예수님은 그들의 '악함'(위선)을 아셨다고 했다[마 22:18 "예수께서 그들의 악함(마가복음 = 외식함)[1]을 아시고"]. 아들은 교묘한 질문을 함으로써 예수님을 코너로 몰아넣으려고 애썼다.

(4) 예수님은 세금 낼 돈을 보여달라고 하셨고, 이들은 데나리온 하나를 가져왔다. 한 데나리온은 병사나 노동자들의 하루 품삯에 해당했다. "예수께서 말씀하시되 이 형상과 이 글이 누구의 것이냐?"(16절) 여기 질문하러 온 사람들은 데나리온을 가지고 있었다. 이로보아 이들은 로마의 통치를 인정하고 그 안에서 덕을 보고 있는 사람들임을 알 수 있다. 이들은 "가이사의 것"이라고 대답함으로써 자신들도 신념을 철저히 지키지 못했음을 시인한 꼴이

되었다.

3. 이들에게 주님은 가이사가 요구하는 대가, 곧 세금을 바쳐야 한다고 말씀하신다(막 12:17; 마 22:21).[1)]

1) 이하 설명은 김세윤, 예수의 하나님 나라의 선포 (신학지남 89-겨울호) p. 6ff. 참조하여 정리한 것임.

마 22:21 그런즉(therefore, οὖν)
[너희는] —— 바치라(ἀπόδοτε)
/가이사의 것은 ——— 가이사에게
/(그러나) 하나님의 것은 – 하나님께

ἀπόδοτε render οὖν Then τὰ Καίσαρος to Caesar Καίσαρι Caesar's
καὶ('그러나') τὰ τοῦ θεοῦ τῷ θεῷ.

(1) 여기서 강조점을 어디에 두어야 할까? 후반절에 강조점이 있다. 여기서 카이(καί)는 '그리고'가 아니고 '그러나'로 번역해야 한다. 따라서 예수님의 답변은 "가이사의 것은 가이사에게, '그러나'(καί) 하나님의 것은 하나님께 바치라"고 읽어야 한다. 영어성경들은 'and'로 번역했다.

(2) 유대인은 가이사를 왕으로 인정하지 아니했기에 가이사의 화상(畵像)이 새겨진 로마의 은전을 꺼려했다. 그래서 20세 이상의 유대 남자들이 매년 드려야 하는 성전세는 아무 상(像)도 그려있지 않은 두로의 세겔로 환전하여 바쳤다. 특히 열혈당원들은 로마의 돈을 만지기도 거부했다.[2)]

2) 주님은 황제의 상이 새겨진 은전을 사용하는 것 자체를 문제 삼지 않으셨다. 예수님은 황제의 것은 황제에게 돌려주라고 답하심으로써 그들의 흉계를 피해 가시면서 황제의 권리를 인정하셨다.

4. 그러나 주님은 가이사에게 세금 바치는 것보다 더 중요한 절대적 요구가 있다고 말씀하신다. 곧 하나님께 속한 것은 하나님께 바치라는 것이다.

[혁명당원들]
(젤롯파, 열심당)

(1) 가이사의 로마제국에 안주하는 헤롯당원들은 물론 가이사에게 세금을 바쳐야할 것이다. 그러나 바리새인이나 열혈당원들은 가이사에게 세금 바치기를 꺼려할 것이다. 어쨌든 가이사에게 세금을 바치는 자이든 안 바치는 자이든 모두 혼신을 다해 하나님을 섬겨야 한다. 이것이 예수님을 올가미 씌우려는 질문에 대한 답변이었다.

(2) 여기서 우리는, 주님은 가이사의 왕권에 대해 별로 달가워하지 않으셨다는 것을 알 수 있다(눅 13:32* 참조). 그렇다고 주님은 열혈당의 입장을 지지하여 가이사에게 세금을 바치지 말라고 가르치지도 않으셨다. 예수님은 여당격인 헤롯당의 가이사에 대한 충성에도 동조하지 않았고, 야당격인 바리새당 또는 열혈당의 가이사에 대한 저항에도 동조하지 않으셨다.

• 눅 13:31-32 "31 곧 그 때에 어떤 바리새인들이 나아와서 이르되 나가서 여기를 떠나소서 **헤롯이 당신을 죽이고자 하나이다** 이르시되 너희는 가서 **저 여우에게** 이르되 오늘과 내일은 내가 귀신을 쫓아내며 병을 고치다가 제삼일에는 완전하여지리라 하라."

1) 하나님의 나라에만 진리와 의, 사랑과 평화, 곧 샬롬, 또는 온전해짐, 곧 구원 또는 영생이 있는 것이지 이 세상의 어떤 통치나 제도에 구원이 있을 수 없다. 그러므로 가이사의 통치에도, 열혈당의 성전(聖戰)을 통해 만들려고 한 "하나님 나라" 곧 인간의 투쟁으로 이루어질 "신정(神政)" 체제에도 기대를 걸지 않으셨다.

5. 그렇다면 왜 주님은 이렇게 모호한 태도를 취하셨을까?

(1) 예수님의 가르침의 중심은 무엇인가? = (하나님의 나라이다) 하나님이 왕으로서 다스림을 선포했다는 것은 당시 로마제국이나 헤롯의 통치는 물론 이 세상의 어떤 (인간의) 통치에나 다 비판적인 태도를 가지고 있음을 전제로 한다.[1]

(2) 정치라는 것은 인간의 자기 주장하려는 의지에 의해 이루어지는 것이다. 때문에 전제주의나, 민주주의라 할지라도 모두 인간의 의지의 표현이다. 인간의 자기 주장하려는 의지가 죄의 본질이며, 불행의 근원이다. 이 세상은 인간의 자기 주장하려는 의지 때문에 인간사회에는 어디에나 치자(治者) - 피치자(被治者), 착취자(搾取者) - 피착취자(被搾取者), 가진 자 - 못 가진 자의 갈등이 있기 마련이다. 여기서 불의와 압제와 고난이 발생한다. 혁명적 변화도 역시 자리바꿈에 지나지 않는다.

(3) 주님은 어떤 정치적 체제나 혁명에 소망을 두지 않으셨다. 인간의 근본 죄의 문제를 해결함으로써 인류를 구원하려 하셨다. 주님을 온 세상의 통치자가 되게 하려는 모든 제의를 거절하신다. <김세윤, 예수의 하나님 나라의 선포 (신학지남 89-겨울호) p. 6ff.에서 정리>

부활에 대한 논쟁(막 12:18-27)

같이 읽을 곳(마 22:23-33; 눅 20:27-40)

• 바리새파 사람들

이들은 율법을 가장 엄격하게 해석한다. 이들은 종파를 가장 먼저 이룬 자들이다. 이들은 만사가 운명과 하나님에 의해 정해진다고 믿는다. 이들의 견해는 사람이 선을 행하는가, 악을 행하는가는 그 사람에게 달려 있는 것은 맞지만, 운명도 그에게 영향을 준다는 것이다. 이들은 인간의 영혼이 불멸한다고 믿는다. 선한 자의 영혼은 새 몸으로 들어가고, 악한 자의 영혼은 영원한 고문으로 고통을 받는다는 것이다.

1. 이번에는 사두개인들이 난해한 문제를 가지고 와서 예수님으로 하여금 곤경에 빠뜨리게 하려 했다.

(1) 사두개인은 어떤 자들인가? 이들은 사독 제사장(다윗 왕 때) 계열의 후예들이다. 이들은 정치적인 집단으로 로마나 헤롯에 협력함으로써 기득권을 유지할 수 있었다.

(2) 이들은 구약성경의 모든 것을 부정하고 형식적으로 모세오경만을 인정했다. 따라서 부활이 없다고 했다(행 23:8*). 모세오경에서는 부활의 근거를 찾을 수 없었기 때문이다. 이들은 신명기에 언급된 **계대결혼*** 문제를 들고나와 예수님을 시험하려 했다.

마 22:24 선생님이여
모세가 **일렀으되**(... 하였나이다)
/사람이 만일 자식이 없이 죽으면 그 동생이 그 아내에게 장가 들어
형을 위하여 상속자를 세울지니라(신 25:5).

막 12:19 "선생님이여 모세가 우리에게 써 주기를 어떤 사람의 형이 자식이 없
이 아내를 두고 죽으면 그 동생이 그 아내를 취하여 형을 위하여 상속
자를 세울지니라 하였나이다"(인용: 신 25:5)

(2) 사두개인들은 실제로 있었던 일은 아니었을 것이나, '만약 부활이 있다면 이런 경우에는 어떻게 되겠는가'라는 문제를 들어 예수님을 걸고 넘어졌다.

마 22:25 "우리 중에 칠 형제가 있었는데 맏이가 장가 들었다가 죽어 상속자가 없
으므로 그 아내를 그 동생에게 물려 주고
26**그 둘째와 셋째로 일곱째까지 그렇게 하다가**
27**최후에 그 여자도 죽었나이다**
28그런즉 그들이 다 그를 취하였으니
부활 때에 일곱 중의 누구의 아내가 되리이까."

토비트서

▶ 사두개인들은 이 이야기를 신구약중간기에 지어진 외경 중 『토비트』(Tobit=Tobias)에서 가져온 듯 하다. 이곳에서 경건한 사람의 일곱 남편이 하나씩 차례로 죽는다.

토비트(Tobit=Tobias)

B.C 150년경에 기록된 종교소설이다.
이스라엘 북왕국의 포로 기간 중에 경건한 히브리인 토비트와 그의 아들 토비아스에게 일어난 교훈적인 이야기다. 토비트는 유배지에서도 유대 율법을 철저히 지킨다는 이유로 핍박을 받았다(앗수르의 산헤립 때). 어느 날 비참하게 살해된 자기 동족을 격식을 갖추어 장사지내다가 군주의 눈 밖에 나 어려운 생활을 하게 된다. 어느날 그는 밖에서 낮잠을 자다가 새의 배설물에 의하여 눈이 멀게 된다. 비통 중에도 토비트는 하나님의 도움을 간구한다.

그리고 자기 아들 토비아스를 보내서 가바엘이라는 친척에게 예치해 둔 돈 전부(약 2만 달러)를 찾아오게 한다. ~~ 이어지는 이야기는 아주 재미 있으니까, 위키백과(인터넷)의 내용을 읽어보기로 하자. 저자는 이 야기를 통해 여러 나라에 흩어져 있는 동포들에게 용기를 주려했을 것이다.

• **계대결혼((繼代結婚)이란?**

당시에는 기업을 이어가는 것이 중요한 일이었다. 아들 없이 죽은 형이나 동생을 위하여 그 형제 중 누군가 그 미망인을 취하여야 한다. 이 제도는 그 당시 흔한 제도였다. 창세기 38장에서 유다와 다말의 이야기를 보라. 유다의 아들 오난은 이 의무를 거절하다가 죽임을 당했다(창 38:8-10; 신 25:5, 6-10, 嫂婚法). 이것은 족보가 끊어지지 않게 하기 위해서였다.

이 법은 선행 조건이 있다. 두 형제가 함께 살고 대가족의 의무를 갖고 있어야 한다. 그리고 과부는 법적인 재산 상속자인 아들이 없어야 한다. 그래서 "그 여인이 낳은 첫 아들이 그 죽은 형제의 이름을 잇게 하여 그 이름이 이스라엘 중에서 끊어지지 않게" 해야 한다(신 25:6).

[사두개파 사람들]

사두개인들

(1) 이들은 운명의 효력을 부정한다. 하나님은 그 누구의 선행이나 악행에도 책임이 없다고 말한다. 자기의 의지에 따라 어떤 일을 행하기도 하고 또 어떤 일은 그만 두기도 하는 것은 전적으로 사람에게 달린 일이다. 이들은 영혼불멸이나 죽은 후에 벌이나 상이 있다는 것을 부정한다. 이들은 민중에게 도움을 주고 그들과 조화를 이루며 살려고 노력한다. 이들은 서로에게조차 사나우며, 외국인들에게만이 아니라 동포에게도 모질다.

(2) 바리새인들과 사두개인들, 이들 두 종파 간에는 갈등이 있었다. 그러나 이 갈등은 종교적 갈등이 아니라 계급 갈등이었다. 사두개파 사람들은 제사장 귀족계층의 대표자로서 권력을 갖는다. 처음에는 페르시아 지배하에서, 그리고 알렉산더의 계승자들 밑에서도 성전을 통해 예루살렘을 지배했다.

(3) 헤롯 때문에 사두개파의 세력은 감소되어 갔다. 헤롯은 산헤드린 권력을 감소시키고, 대제사장직을 임명제로 바꾸었다. 헤롯 때부터 예루살렘 멸망까지 107년 동안 역대 대제사장이 28명이었다고 한다(*Antiq*. XX). 이후 사두개파는 여론의 악평을 받는다.[1)]

2. 예수님은 사두개인들의 질문이 어리석음을 질타하신다. 그들은 성경이 말하는 바 일부만을 알고 있었기 때문이다(29절).

(1) 이들은 천국을 단순히 결혼관계와 같이 지상에서 즐기는 일들의 연장이라고 생각했다. 부활을 우습게 만들었다. 더욱이 사두개인들은 부활을 인정하지 아니했다. 이에 대한 주님의 대답은 어떠했나? (29, 30절) (막 12:25)

22:30 [그들이]	장가도 아니 가고 시집도 아니 가고 /부활 때에는 (사람이 죽은 자 가운데서 살아날 때에는)	
	천사들과 같으니라 /하늘에 있는	but are like **angels** in heaven. ἀλλ᾽ ὡς **ἄγγελοι** ἐν τῷ οὐρανῷ εἰσιν.

(2) 죽음이 천국에는 전혀 없을 것이므로 인류를 출산하지 않을 것이다. 천사가 결혼하지 않는 것처럼. 이런 면에서는 구원된 자들이 천사와 같다.[2)] 물론 위치로 보아서는 천사가 하나님의 자녀들을 흠모하지만.... 사두개인들이 인정하는 모세오경에도 천사들의 존재를 가르치고 있다(창 19:1, 15, 28:12, 32:1). 주님은 이

1) AD. 6년, 유다는 로마 통치령이 된다. 이후 산헤드린과 사두개파와 대제사장은 로마 총독의 감시 아래 나라를 다스리는데 권력을 행사한다. 산헤드린에는 바리새인들이 소수였지만 당시 인기가 막강했으므로 산헤드린에서 상당한 영향력을 행사한다. 이후 AD. 70년 예루살렘이 함락되고 사두개파는 역사에서 사라진다.

2) 물론 부활 이후의 삶이 천사와 같다는 말이 아니다. 결혼하지 않는다는 점에서 그렇다는 것이다. 부활 이후의 삶은 영원한 삶이기 때문에(고전 15:42-52) 아이를 낳을 필요가 없을 것이며 결혼의 필요성도 없을 것이다.

들을 향해 성경도 하나님의 능력도 알지 못하는 자들이라고 통박하셨다.

3. 부활의 모습을 어떻게 설명하셨나? (막 12:26; 마 22:30) 주님은 어떤 말씀으로 부활의 확실성을 설명하셨나? (26, 27절)

막 12:26 너희가 — **읽어보지 못하였느냐** (...하신 말씀을)
/죽은 자가 살아난다는 것을
/너희가 모세의 책 중 가시나무 떨기에 관한 글에
/하나님께서 모세에게 이르시되
/나는 아브라함의 하나님이요
이삭의 하나님이요
야곱의 하나님이로라

현재 시제(I *am*, ἐγώ εἰμι)
I *am* the God of Abraham
ἐγὼ ὁ θεὸς Ἀβραὰμ
καὶ [ὁ] θεὸς Ἰσαὰκ
καὶ [ὁ] θεὸς Ἰακώβ;

출 3:6 “I *am* the God of your father,
the God of Abraham(אֱלֹהֵי אַבְרָהָם), the God of Isaac, and the God of Jacob.”

살아 있는 사람들의 하나님이시다

막 12:27 하나님은 죽은 자의 하나님이 아니요 ‘산 자의 하나님’이시라
(He is not the God of the dead, but[ἀλλά] of the living[ζώντων])
너희가 크게 오해하였도다 하시니라

(1) 26절은 무슨 뜻인가? “나는 아브라함의 하나님이요…(*I am* the God of Abraham)” 만약 아브라함과 이삭과 야곱이 죽어서 더 이상 존재하지 않았다면? “나는 ~의 하나님이시다, I am~”라고 말씀하시지 않고, “나는 ~의 하나님이셨습니다, I was~”라고 말씀하셨을 것이다. 현재 시제(I am, ἐγώ εἰμι)의 사용은 그들이 여전히 살아서 하나님과 함께 있으며, 장차 의인의 부활시 동참할 것임을 암시한다.

(2) 그러니까 예수님은 사두개인들도 인정하는 출 3:6, 15의 말씀을 부활에 대한 증거로 인용하셨다. “하나님은 죽은 자의 하나님이 아니요 살아 있는 자의 하나님이시니라”(26절). 아브라함과 이삭과 야곱은 이미 죽었다고 그들의 존재가 끝난 것이 아니요, 지금도 여전히 살아 있음을 설명하심으로써 부활의 확실성을 보여주셨다. 사두개인들은 회의주의자들이었다. 그들은 부활과 영의 세계와 사후의 상급과 처벌이 있다는 것을 부인했다. 그래서 위와같은 질문거리를 가지고 예수님을 난처하게 만들려고 했다. 그들은 만약 미래의 세계가 있다면 현재와 같은 세계의 연장일 것이라고 생각했을 것이다. 그들은 성경을 읽었으나 실제로는 성경에 대해 무지했다는 것이다.

אֱלֹהִים אֶל־מֹשֶׁה אֶהְיֶה אֲשֶׁר אֶהְיֶה

하나님은 모세에게 “나는 스스로 있는 자”라고 대답하신다(출 3: 14). “나는 스스로 있는 자니라”라는 대답은 단순히 하나님의 이름만을 제시해주는 것이 아니다. 이 대답은 여호와라는 이름이 가지는 그 의의와 그에 대한 설명이지 이름 자체는 아니다.

이 하나님의 이름은 전통적으로 “나는 스스로 있는 자”(I am who<that> I am)라고 번역되어 폭넓은 지지를 받고 있다.

270

모든 계명 중에 첫째가 무엇입니까? (막 12:28–34)

같이 읽을 곳 [마 22:24–40; 눅 20:25–28]

1. 유대지도자들(사두개인, 바리새인, 대제사장, 장로들)은 서로 다른 길을 갔지만 예수님을 올무에 걸리게 하려는 일에는 동조했다. 그러나 번번이 실패하자 이번에는 자신들의 지도자급에 속하는 율법사를 내세웠다.

당시에 율법사(서기관)들은 율법을 613가지의 계명으로 나누었다. 이들은 긍정적인 것(248가지), 부정적인 것(365가지) 중에서 어느 계명이 가장 크고, 어느 것이 가장 작은가에 대해 논쟁했을 것이다. 율법사(lawyer, 노미코스, νομικός)는 율법을 해석하는데 지도자급에 속하는 율법 전문가를 말한다.

마가는 로마인들을 위해 복음서를 집필하였기 때문에 독자들의 오해를 피하기 위해 노미코스라는 말을 결코 사용하지 않는다. 왜냐하면 로마 세계에서는 시민법에 능통한 사람을 노모디다스칼로스라고 불렀기 때문이다.

그러나 신약성서의 다른 곳에서는 언제나 '모세의 율법에 능통한 유대인'을 의미할 때 노미코스가 사용되었다(마 22:35; 눅 10:25; 눅 11:45 이하, 눅 11:52; 눅 14:3). 눅 7:30; 눅 11:53(D) ; 눅 14:3에서는 율법사와 바리새인이 함께 기록되어 있다. 노모디다스칼로스(모세의 율법 교사)는 오직 기독교 문서에만 나타난다. 신약성서 기자들은 눅 5:17; 행 5:34; 딤전 1:7에서 그 용어를 사용한다.

막 12:28 서기관 중 한 사람이 [그에게] **묻되**
/나아와(과거분사) came
/듣고(과거분사) and heard
/그들이 변론하는 것을(them arguing)
/알고(과거분사) recognizing
/예수께서 (그들에게) 잘 대답하신 줄을
/모든 계명 중에 첫째가 무엇이니이까
(What commandment is the foremost of all?)

ποία ἐστὶν ἐντολὴ πρώτη πάντων

(1) 서기관 중 한 사람이 예수님께 질문한 내용은 무엇인가? (28절) "선생님 율법 중에서 어느 계명이 크니이까?" 율법사는 자신들의 전문 분야인 율법 문제를 들고 나섰다. 예수님의 답변 여하에 따라 올무에 걸리게 할 좋은 기회였다. 이들은 지금 "예수를 **시험하여**(testing, πειράζων) 묻고" 있는 것이다.

γραμματεύς(그람마튜스, 서기관)

- '그람마튜스'는 '서기관, 성서 학자, 모세 율법 교사'를 가리킨다. 이 단어는 신약성경에서 약 64회 나오며, 언제나 '① 토라의 가르침을 받은 사람, ② 랍비, ③ 서품을 받은 신학자'를 지칭하는 유대적인 의미로 사용된다. 그들은 교사요(마 7:29; 막 1:22), 교법사요, 율법 박사였으며, 그들 중에서 몇몇 사람들은 산헤드린의 구성원이기도 했다(마 16:21; 참조: 26:3). 이들 중 유명한 서기관들이 결정한 사항은 **구전율법**이나 **전통**이 되었다.

- 유명한 서기관들은 주변에 많은 제자들을 거느리고 있었다. 그리고 각각 독자적으로 가르침의 체계를 발전시켰다(마 17:11; 막 8:11). 이들은 제사장 계층의 사두개파 사람들(마 2:4, 21:15)이나 바리새인들(마 23장)과도 관계가 있다고 본다. 마태가 예수님을 박해한 사람이 바리새인이었다고 분명하게 명시하고 있는데 반면에, 마가는 "바리새인들"이라는 말 대신에 "바리새

인의 서기관들"(마 9:11; 막 2:16), 또는 "바리새인의 제자들"(마 9:14; 막 2:18) 혹은 오직 "서기관들"(마 9:34; 마 12:24, 막 3:22; 마 22:41, 막 12:35)이라는 말로 표현하고 있다.

• 서기관들 중에는 그리스도의 가르침을 받아들인 사람들도 있다고 하지만(마 8:19, "한 서기관[=율법 학자]이 나아와 예수께 아뢰되 선생님이여 어디로 가시든지 저는 따르리이다.") 대부분의 서기관들은 예수님에 대해 편견을 갖고 있었다. 이들은 예수님이 율법 아래 있는 전통적인 규례에 순종치 않는다고 비난하였으며, 예수님과 제자들이 말하고 행하는 것, 예를 들어 전통을 무시하는 사람들과 함께 음식을 먹는 것과(막 2:16), 음식을 먹기 전에 먼저 손을 씻는 규례를 무시하는 것(마 15:2; 막 7:5)을 맹렬히 비난하였다(마 21:15).[1)]

1) 서기관들에 대한 예수님의 비난을 이해하려면 서기관들과 바리새인을 구별해야 한다. 바리새인들은 학자가 아니다. 누가복음(눅 11:46, 52; 20:46)에서 행해진 서기관들에 대한 비난은 독특한 것이며, 이는 그들의 학식과 그로 인한 사회적인 권리 및 특권들과 특별히 관련되어 있다.

서기관들과 바리새인들이 예수님에게 비난 받은 주요 이유는 그들이 겸손하지 않으며(마 23:5이하), 이기적이며(막 12:40a), 신실하지 않으며(막 12:40b) 그들이 설교한 바를 실천하지 않기(눅 11:46) 때문이었다.

2. 예수님은 어떻게 구약의 율법을 요약하셨는가?

(1) 예수님은 구약의 계명들 중에 크고 작은 계명들이 있음을 인정하셨다. 그렇다면 가장 크고 첫째 되는 계명은 무엇인가? (마 22:37)

마 22:37 예수께서 **이르시되**
/네 마음을 다하고 목숨을 다하고 뜻을 다하여
주 너의 하나님을 사랑하라 하셨으니(신 6:5)

막 12:29 예수께서 **대답하시되**
/첫째는 이것이니 이스라엘아 들으라
주 곧 우리 하나님은 유일한 주시라(신 6:4 이하)
30 네 마음을 다하고 목숨을 다하고 뜻을 다하고
힘을 다하여 주 너의 하나님을 사랑하라 하신 것이요

• "평생에 네 하나님 여호와를 경외하라." 네 아들들과 손자들에게도 규례와 법도를 지키도록 힘써야 한다고 명령한다. 그 계명을 지키는 것에서 하나님을 경외(敬畏)하는 것이 드러날 것이기 때문이다. 그렇게 하면,

① 네 날이 장구(長久)할 것이다 : 단, 그 규례와 법도를 잘 지킨다면.

② 가나안 땅에서 너희 수효가 심히 번성하리라 : 이런 축복은 이 말씀을 듣고 행하는 데서 그 축복이 오게 된다.

특히 신명기 6장은 오고 오는 다음 세대에게 어떻게 하면 여호와의 법도와 율례들을 깊이 간직할 수 있겠는가에 대해 언급하고 있다. 더욱이 당시의 상황으로서는 그들을 가르칠 만한 교육기관이 없었을 때였다. 자연히 부모들의 역할이 클 수밖에 없었다. 신 6:7을 보라. 부모가 자기 자녀들에게 하나님의 말씀을 가르칠 의무가 있음을 본다. 자녀들에게 하나님을 사랑하고, 하나님에게 순종하는 법을 가르쳐야 한다. 대체로 지식 있는 사람이 교만해지기 쉽다. 그러나 이들이 원하는 교육의 목표는 무엇일까? 그것은 무조건 율법을 암송만 하는 지식 위주의 교육이 아니라, **하나님을 경외하는 경건한 개인을 양육하는 데** 주 목적이 있었다.

1) 신약시대에는 '동포'(brother)의 의미가 확대된다. 예수님의 이웃 사랑에 대한 가르치심은 유대인 자기 동족에게만 한정되지 않는다(눅 10:29-37). 야고보서에서는 이 법을 어떻게 설명하고 있나? (최고의 법, 약 2:8)

(2) 예수님은 둘째로 어떤 계명을 말씀하셨나?

마 22:39 [너는] — **사랑하라**(ἀγαπήσεις)
/네 이웃을(τὸν πλησίον)
/네 자신 같이(as yourself, σου ὡς σεαυτόν)

(3) 두 번째 계명으로 레 19:18의 말씀을 언급하셨다. 물론 둘째라는 의미는 순서상의 의미일 뿐 동일한 의미를 갖는다(둘째 계명도 그와 같은데, The second is like it, 호모이아, ὁμοία)

막 12:31 "둘째는 이것이니 네 이웃을 네 자신과 같이 사랑하라 하신 것이라 이보다 더 큰 계명이 없느니라 **이보다 더 큰 계명이 없느니라**"

• 레 19:18 "원수를 갚지 말며 (동포)를 원망하지 말며
네 이웃[1] 사랑하기를 네 자신과 같이 사랑하라
나는 여호와니라."

이웃 사랑의 표준이 "네 자신과 같이"(as yourself, σου ὡς σεαυτόν)라고 했다. 이 표준은 신구약이 다를 바 없으나 주님의 말씀에 의해 좀 더 강한 표준으로 바뀐다. "새 계명을 너희에게 주노니 서로 사랑하라 '내가 너희를 사랑한 것같이' 너희도 서로 사랑하라"(요 13:34). 신약의 성도들은 "주님이 우리를 사랑한 것 같은" 기준으로 강화된다. 주님이 우리를 사랑하신 사랑은 높은 보좌를 버리시고 이 땅에 오신 아가페의 사랑이다. 즉 이웃에 대해 희생적인 사랑이 필요하다는 것이다. 갈리디아서의 교훈도 찾아보자(갈 5:14, "온 율법은 네 이웃 사랑하기를 네 자신 같이 하라 하신 한 말씀에서 이루어졌나니").

결국 이 두 계명은 하나이며 인간관계의 기본이다. 그것은 곧 사랑이란 말로 요약된다. 로마서 13:8-10을 읽어보자. 또 마가는 어떻게 설명하고 있나?

(4) 예수님의 설명을 다 듣고난 후, 서기관은 예수님의 말씀을 인정했다(32 "서기관이 이르되 선생님이여 옳소이다 하나님은 한 분이시요 그 외에 다른 이가 없다 하신 말씀이 참이니이다."). 주님은 이 서기관의 반응을 흡족해 하셨다. 이 서기관의 지혜를 칭찬하셨다. "너는 하나님 나라에서 멀리 떨어져 있지 않다." 후에 이 서기관이 어떤 변화된 모습을 보였는지는 알 수 없다. "그 후에 감히(톨마오, τολμάω) 묻는 자가 없었다"고 했다(34절). 이들은 용기를 내어 감히 더 이상 어떤 질문도 할 수 없었다. 그들은 모두 예수님의 주권을 인정했다.

이렇게 예수님은 행위에 양적(量的)인 문제를 철폐하시고 매사를 통찰하고 판단하는 원리로서 질적인 표준을 설명하셨다. **하나님을 향한 전적인 사랑은 결국 이웃에게 모든 도덕적 의무를 실행하게 만든다.** 여기 모였던 율법사들의 반응이 어떠했을까? 성경에 설명이 없다.

3. 사랑이 어떻게 율법의 완성이 되는가? (40절, "이 두 계명이 온 율법과 선지자의 강령이니라.")

마 22:40 이 두 계명이 온 율법과 선지자의 강령이니라

(이 두 계명에 온 율법과 예언서의 본 뜻이 달려 있다(hang, κρέμαται) - 새번역)

그리스도가 어찌 다윗의 자손이라 말할 수 있는가? (막 12:35-37)

같이 읽을 곳 (마 22:41-46; 눅 20:41-44)

1. **율법사와 예수님과의 대화 속에 이번에는 바리새인들이 몰려들었을 것이다. 이들의 무지를 깨우치기 위해 예수님은 어떤 질문을 하셨는가?**

> 막 12:35 예수께서 ┬ 성전에서 가르치실새
> └ **대답하여 이르시되**
> /서기관들이 — 어찌하여 [말]하느냐 1)
> /그리스도를 다윗의 자손이라

(1) 마태복음에서는 이렇게 기록되어 있다(마 22:42). (동교재, 마태복음에서 설명)

마 22:42 너희는 — 어떻게 생각하느냐(What do you think)
/그리스도에 대하여 (about the Christ)
[그가] — 누구의 자손이냐 (whose son is He?)

(2) 예수님의 이 질문에 그들은 "다윗의 자손입니다(The son of David)"라고 대답했다. 이렇게 유대인들은 그리스도(메시야)는 다윗의 자손이라는 사실을 잘 알고 있었고 그렇게 믿었다. 주님은 이들에게 되물으신다(43절). "그러면 다윗이 성령에 감동되어 그리스도를 주님이라고 부른 것은 어떻게 된 일이냐?" 예수님은 다윗의 시편(110편)을 성령이 감동하신 결과로 보고 계셨다.

(3) "다윗이 그리스도를 '주'라고 불렀다. 너희는 어떻게 생각하느냐?"라고 물으심으로써 다윗이 주라고 부르신 분이 그리스도라고 설명하신다.

(4) 이 시편에서는(시 110:1) '야훼'(יְהוָה)와 '나의 주'(אֲדֹנִי)를 구분하셨다. 즉 **야훼**가 다윗의 **아도나이**에게 말씀하고 계신다. 하나님께서는 오직 영원 전부터 계셨고, 지금도 계시며, 영원한 하나님이신 자신의 사람인 그 분에게만 어울리는 탁월한 권능, 권위 그리고 엄위를 중보자에게 약속하고 계신다(엡 1:20-23*; 빌 2:5-11; 히 2:9; 계 5:1-10).

(5) 유대인들이 대망했던 메시야는 진정 다윗의 자손이었다. 이 사실을 그들은 알

1) 서기관(율법 학자)들은 메시야가 다윗의 자손이라고 가르쳤다. 따라서 백성들은 서기관들이 가르친 대로 그렇게 믿었다. 물론 그들이 말한 바는 옳았다. 그렇지만, 그 말이 어떻게 해서 그리스도를 시편 110:1에 기록된 대로 '내 주'라고 했는지에 대해서는 백성들에게 가르쳐주지 못했다. 그들은 그리스도가 진정 누구인가를 알지 못했다. 그래서 예수님은 제자들에게 어떻게 알고 있는가를 질문하셨다(마 22:42). 예수님을 둘러싼 주위의 사람들은 즐겁게 들었다고 했다.

• 엡 1:20 "그의 능력이 그리스도 안에서 역사하사 죽은 자들 가운데서 다시 살리시고 하늘에서 **자기의 오른편에 앉히사** [21]**모든 통치와 권세와 능력과 주권과 이 세상뿐 아니라 오는 세상에 일컫는 모든 이름 위에 뛰어나게 하시고** [22]또 만물을 **그의 발 아래에 복종하게 하시고** 그를 만물 위에 교회의 머리로 삼으셨느니라 [23]교회는 그의 몸이니 만물 안에서 만물을 충만하게 하시는 이의 충만함이니라."

• 시 110편은 다윗이 자신의 후손이 하나님의 아들이라는 신탁을 나단 선지자에게서 받은 후 묵상하는 가운데 계시를 받은 것이다.

• 다윗의 나라는 근동에서 초강대국은 아니었지만 그렇다고 다윗이 '나의 주'라고 부를 나라의 왕은 없었다. 그러므로 **여기서 다윗이 주라고 부른 분은 신적인 존재이다.**

마 22:44 **주께서 내 주께 이르시되**(εἶπεν ① κύριος τῷ ② κυρίῳ μου·)
/내가 네 **원수**를
네 발 아래에 둘 때까지
내 우편에 앉아 있으라 하셨도다

• 여호와께서 • 내 주에게

예수님은 유대 전통을 따라
① "주께서(κύριος), 즉 여호와께서
② 내 주께(τῷ κυρίῳ μου·)" 말씀하셨다고 인용하셨다.

그러나 시편 110:1에서는
여호와께서(יְהוָה)
내주에게(לַאדֹנִי)
말씀하셨다고 하신 것이다.

예수님은 시 110편을 인용하셨다. 두 구절을 자세히 비교해 보라.

시편 110:1
לַאדֹנִי to my Lord יְהוָה The LORD נְאֻם says (The LORD says to my Lord:)
(**여호와께서 내 주에게 말씀하시기를** = 야웨께서 아돈에게 말씀하시기를)

예수님은 앞의 주님은(① κύριος) 여호와 하나님을, 그리고 두 번째 주님은 (② κυρίῳ) 이스라엘에게 약속하셨던 메시야로 해석하신 것이다.

Sit at My right hand, Until I make Thine enemies a footstool for Thy feet.

• '네 발 아래에 둔다'는 말은 원수를 그리스도에게 완전히 패배하고 굴복하게 만든다는 뜻이다. 여기서 '원수'는 다름 아닌 마귀를 뜻한다. 예수님은 그의 구속사역으로 마귀를 무력화하고 하나님 우편에 앉으신다.

고 있었으며, 또한 그렇게 가르쳤다(막 12:35*; 요 7:42*). 그러나 이들은 예수님이 "다윗의 자손"이라고 불리는 것을 아주 싫어했다. 그리스도는 다윗의 자손임과 동시에 그 뿌리다(계 22:16*; 사 11:1, 10).

• 계 22:16 "나 예수는 교회들을 위하여 내 사자(천사)를 보내어 이것들을 너희에게 증언하게 하였노라 **나는 다윗의 뿌리요 자손이니** 곧 광명한 새벽 별이라 하시더라."

• 사 11:1, 10 "**이새의 줄기에서 한 싹이 나며** 그 뿌리에서 한 가지가 나서 결실할 것이요 // 10그 날에 **이새의 뿌리에서 한 싹이 나서** 만민의 기치로 설 것이요 열방이 그에게로 돌아오리니 그가 거한 곳이 영화로우리라."

• 막 12:35 "예수께서 성전에서 가르치실새 대답하여 이르시되 어찌하여 서기관들이 그리스도를 다윗의 자손이라 하느냐"

• 요 7:42 "성경에 이르기를 **그리스도는 다윗의 씨로 또 다윗이 살던 마을 베들레헴에서 나오리라 하지 아니하였느냐** 하며(삼하 7:12 이하; 미 5:2) 43 예수로 말미암아 무리 중에서 쟁론이 되니"

[설명]

(1) 시편 110편은 다윗이 지은 시다. 그러면 여기 저자인 다윗과 메시야 사이의 관계가 쟁점이다. 유대인들은 메시야에 대한 소망을 갖고 있었는데, 그들의 기대했던 메시야는 다윗 왕국의 정치적 번영과 명성을 회복시킬 도래하는 민족적 지도자였던 것이다(삼하 7:12; 렘 30:9; 겔 34:23; 솔로몬의 시편 17장).

(2) 문제는 다윗 자신이 그를 '나의 주'(내 주에게, לַאדֹנִי[1])라고 불렀다는 것이다(시 110:1). "여호와께서 내 주님께 말씀하시기를..." / 즉 시편에서는 '여호와'와 '나의 주'(=다윗의 아도나이)가 구분되어 기록되어 있다. 다윗 자신이 그를 '주'(אָדוֹן아돈)라고 불렀는데, 어떻게 그가 또한 다윗의 자손이 될 수 있단 말인가?

(3) 이사야 때에, 300년 전에 다윗 집에 허락하신 약속이(삼하 7장) 영적인 의미로 실체화되는 첫 발전은 이사야의 메시지에서 발견한다. 즉 이 임마누엘 왕은 백성과 함께 고통을 당할 것이다(사 7:14-17). 훗날 그 왕이 백성을 통치하실 것이라고 선언되었다(사 11:1-5, 이새의 줄기에서 한 싹이 나서..."). 그 왕은 고난의 종으로서 백성을 위하여 고난 받으실 것이다(사 42:1-9, 48:5-6, 50:4-9, 52:13-53:12).

(4) 로마서 1:3이하에서 그 대답을 볼 수 있다. "그의 아들에 관하여 말하면 **육신으로는 다윗의 혈통에서 나셨고** [4]성결의 영으로는 죽은 자들 가운데서 부활하사 **능력으로** 하나님의 아들로 선포되셨으니 곧 우리 주 예수 그리스도시니라"(딤후 2:8* ; 빌 2:9-11*).

(5) 서기관들은 비록 해박한 지식을 가진 율법학자들이지만 그리스도가 어떻게 다윗의 자손인가를 바르게 해석할 수는 없었다. 여기서 예수님이 가르쳐주시고자 하는 바는 무엇인가? 다윗은 신적이며 전적으로 초인간적인 왕직에 대하여 다윗 자신이 선지자적인 증거를 했다는 것이다. 메시야는 신적 통치권을 수여할 것이며 초인간적인 존귀와 권세를 받을 것이기에 메시야의 조상인 다윗도 그를 가리켜 '주'라고 불렀다는 것이다. 예수님은 시 110:1에 [**다윗 계열의 메시야-왕**]의 예언과 다니엘 7장의 [**인자**]에 관한 예언이 서로 깊은 통일성이 있음을 전하려 하셨다. 예수님은 자신이 바로 메시야요, 고난 받아 죽을 인자임을 공개 설명하신 것이다. 이 설명을 들은 바리새인들의 태도를 보라(46절, "**한 마디도 능히 대답하는 자가 없고** 그 날부터 감히 그에게 묻는 자도 없더라").

1) 아돈(אָדֹן 또는 אָדוֹן) '나의 주, 나의 하나님' / 하나님의 이름은[야훼, YHWH]을 망령되이 일컫는 위험을 피하기 위해 경건한 유대인들이 고유명 그 자체 대신 '아도나이' 라는 말을 사용하기 시작했다. 영어성경은 여호와를 대문자로 사용하여 LORD로 번역하고 '내 주에게'는 my Lord로 번역했다.

- 딤후 2:8 "내가 전한 복음대로 **다윗의 씨로 죽은 자 가운데서 다시 살아나신 예수 그리스도**를 기억하라."

- 빌 2:9-11 "이러므로 하나님이 그를 지극히 높여 모든 이름 위에 뛰어난 이름을 주사 [10] 하늘에 있는 자들과 땅에 있는 자들과 땅 아래에 있는 자들로 모든 무릎을 예수의 이름에 꿇게 하시고 [11] 모든 입으로 예수 그리스도를 주라 시인하여 하나님 아버지께 영광을 돌리게 하셨느니라."

276

율법학자들을 조심하라(막 12:38-40)

같이 읽을 곳 [마 23:1-36; 눅 20:45-47]

이 부분은 누가복음에서도 언급이 되지만 마태복음에서는 상당히 자세히 언급되었다. 이 부분의 설명은 동교재, 마태복음의 내용을 정리한 것이다.

1. 서기관들(율법학자들)은 매사에 정확한 규칙들을 수없이 많이 만들었다. 그러나 그러한 수많은 규례들 때문에 자신들도 지킬 수 없는 모순에 빠졌다.

(1) 자연히 그들은 외식과 가면으로 나타났다. 오히려, 이것이 그들에게 올무가 되어버렸다. 더욱 더 문제가 되는 것은 율법의 더 중요한 것들인 의(義)와 자비(慈悲)와 믿음을 도외시 했다(마 23:23). 이들은 하나님을 열심히 섬긴다는 것이 오히려 주의 종들과 주님까지도 살해했던 것이다.

(2) 마태복음에서는 바리새인들과 서기관들의 잘못된 신앙 형태를 고발하고(마23:1-12), 그들의 일곱 가지 죄악을 조목조목 들어 지적하시고 위선자들의 정체를 드러내신다. 서기관과 바리새인들은 유별나게 세세하게 율법을 재단했다. 그러나 예수님은 정밀한 종교가 갖는 허황됨과 가식을 폭로하셨다.

2. 서기관들과 바리새인들의 문제점은 무엇일까?

```
막 12:38 예수께서 가르치실 때에 이르시되(...하시니라)
        /[너희는] ── 삼가라
                      /서기관들을
                        /긴 옷을 입고 다니는 것과
                        /시장에서 문안 받는 것과
                39      /회당의 높은 자리와 잔치의 윗자리를 원하는
                40    /그들은
                        /과부의 가산을 삼키며
                        /외식으로 길게 기도하는 자니
        /그[들이] ── 받는(=받을 것이라)
                     /판결이(=을)
                       /더욱 중하리라(=중한)
```

(1) 예수님을 책잡으려 했던 유대 종교 지도자들, 특히 최고 지도자급이라 할 수 있는 율법사들도 그들의 공격 무기가 바닥나고 말았다. 그래서 그 날부터 감히 묻는 자가 없다고 했다(마 22:46). 이제 예수님은 무리들과 그의 제자들에게 서기관과 바리새인들에 대해 언급하신다(막 12:38-40).

(2) 물론 이들의 가르침은 모세의 율법을 존중하려 했고, 그러한 면에서는 그들의 가르침에 어느 정도 복종해야 한다고 말씀하신다(마 23:3, "그러므로 무엇이든지 그들이 말하는 바는 행하고 지키되 그들이 하는 행위는 본받지 말라." 왜? 그들은 말만 하고 행하지는 않기 때문이다). 그러나, 그들의 삶 자체는 결코 본받을 수 없었다.

• 신 17:8 "네 성중에서 서로 피를 흘렸거나 다투었거나 구타하였거나 서로 간에 고소하여 **네가 판결하기 어려운 일이 생기거든** 너는 일어나 네 하나님 여호와께서 택하실 곳으로 올라가서 9레위 사람 **제사장과 당시 재판장에게 나아가서 물으라** 그리하면 그들이 어떻게 판결할 지를 네게 가르치리니"

(3) 그들은 모세의 자리에 앉아 있다. 무슨 뜻인가?

마 23:2 서기관들과 바리새인들이 —— 모세의 자리에 앉았으니
 3 그러므로
 그들이 —— 말하는(=말한다면, 조건절, if)
 /바는(=모든 것을)
 /무엇이든지 [너희에게]
 [너희는] ┬ 행하고 지키되
 └ 본받지 말라
 /그들이 하는 행위는
 //(이유: γάρ, for)
 그들은 말만 하고 행하지 아니하며

"**판결하기 어려운 일이 생기거든** 너는 일어나 네 하나님 여호와께서 택하실 곳으로 올라가서 레위 사람 **제사장과 당시 재판장에게 나아가서 물으라**"고 했다. 그런데 지금 서기관들과 바리새인이 모세의 자리에 앉았다는 것이다.

모세의 자리(the authority of the Law of Moses) :

그 자리에 앉아서 답할 때 하나님을 대리하여 말씀했다(레 10:11*; 말 2:7*). 이에 대해 모두 순종해야 한다(신 17:8-13*).

• 레 10:11 "또 나 여호와가 **모세를 통하여**(בְּיַד־מֹשֶׁה) 모든 규례를 이스라엘 자손에게 가르치리라."

• 말 2:7 "제사장의 입술은 지식을 지켜야 하겠고 사람들은 그의 입에서 율법을 구하게 되어야 할 것이니 제사장은 만군의 여호와의 사자가 됨이거늘."

2-3절은 무슨 뜻인가? 이 말은 서기관들과 바리새인의 교훈이라면, 무조건 아무 말이든지 절대 순종해야 된다는 말인가? (마 5:21-48, 15:3-11, 16:22을 읽어보고)

(4) 이들 종교 지도자들은 율법을 안 가르쳤을까? 아니다. 이들은 끊임없이 설교했고 열심히 가르쳤다. 그래서 백성들은 지금까지 크나큰 열심을 가지고 율법을 준수해 왔다. 그러나 바리새인이나 서기관들의 가르침은 오히려 백성들로 하여금 성경으로부터 더욱 멀어지게 했다. 율법의 세미한 규정까지라도 지키려고 몸부림쳤던 것은 사실이지만 이들은 삶 속에서 오히려 갈등을 느껴왔다. 그러한 세세한 규정들은 자신들조차도 지킬 수 없는 것이 많았다. 자연히 외식으로 흐르고 말았다. 어떤 외식적인 행동들이 있었는가?[1)]

1) 백성들의 본이 되어야 할 그들은 외적으로 나타나는 것, 즉 긴 옷을 입고 다니는 것과 시장에서 문안 받는 것을 좋아했고 회당에 가서는 높은 자리와 앉았고, 잔치집에 가서는 윗자리에 앉기를 원했다.

3. 사람들은 모두 불완전하다. 여기서 바리새인들의 근본적인 잘못이 어디에 있는가? (마 23:4-7; 막 12:38-39)

(1) 하나님이 주신 토라(율법)는 세상이 변하여도 변하지 않는 진리였다. 그러나 사람의 환경이 변화되어가자 토라가 수여된 그 당시에는 토라를 그대로 사용했지만 변화된 환경(포로 이후)에서는 토라의 근본 정신이 그대로 전달될 수 없었다. 그래서 토라가 어떤 환경에서도 적용될 수 있도록 만든 것이 미쉬나법이었다.[1)]

1) 미쉬나 6부분
- 제라임 = 씨앗 --- 농토의 경작
- 모에드 = 절기 (festivals)
- 나심 = 여인들 / 결혼과 이혼
- 네지컨 = 손해 (damages) / 이웃에 대한 손해배상
- 코다심 = 거룩한 것들 (sacred things)
- 테하롯 = 정결한 것 (purification)

(2) 어떤 환경에서도 적용될 수 있도록 만든 미쉬나법은 오직 토라의 준수를 위해서 한 것이었다. 그런데 이에 대한 그 정성, 사랑, 사모함이 대단했다. 그래서 선지자에게 토라를 가르치는 일이 아주 주요 책임이었다. 또한 제사장들은 포로 후에도 계속 가르치는 일을 했다(스 7:1-6, 10; 느 8:7-9).[2)]

2) 제사장(대하 17:8-9, 35:3; 말 2:6-7 참조)

(3) 그러나 후에 제사장들은 정치에 참여, 또는 성전의 일로 인해 토라 교육은 자연히 서기관들에게 전적으로 넘어갔다(에스라 이후에). 이렇게 토라 교육을 통해서 유대인의 정체성을 지켜갈 수 있었다. 토라 교육을 제일 사명으로, 토라를 하나님의 말씀으로 믿고 무조건 순종했기 때문이다.

4. 〈그러나〉 문제는 지금 주님이 사역을 하실 때에는 이런 율법의 근본 정신에서 훨씬 빗나가버렸다는 것이다. 결국 주님의 사역은 이를 되돌리는 작업이었다.

(1) 예수님은 이들 지도자들의 잘못을 자세하게 지적하신다. 마태복음에 아주 상세하게 설명하고 있다.

마 23:4 또 **무거운 짐**을 묶어 (다른) 사람의 어깨에 지우되
자기는 이것을 한 손가락으로도 움직이려 하지 아니하며[3)]

5 그들의 모든 행위를 사람에게 보이고자 하나니
곧 그 경문(phylacteries, φυλακτήριον)[4)] 띠를 넓게 하며
옷술(크로스페돈, κράσπεδον - 옷의 가장 자리, 술)을 길게 하고
(민 15:38, 39 = 옷단귀에 술을 만들고 청색 끈을 그 귀의 술에 더하라.)

3) 그러나 자신들은 손가락 하나 까딱하지 않았다는 것이다. 율법이 백성을 자유케 한 것이 아니라 오히려 옥죄이는 일이 되었다. 종교지도자들이 가르쳤던 것들은 백성들에게 너무 무거운 짐이었다. 이들은 너무 세세한 규정까지 만들어 그것을 지키도록 했기 때문이다.

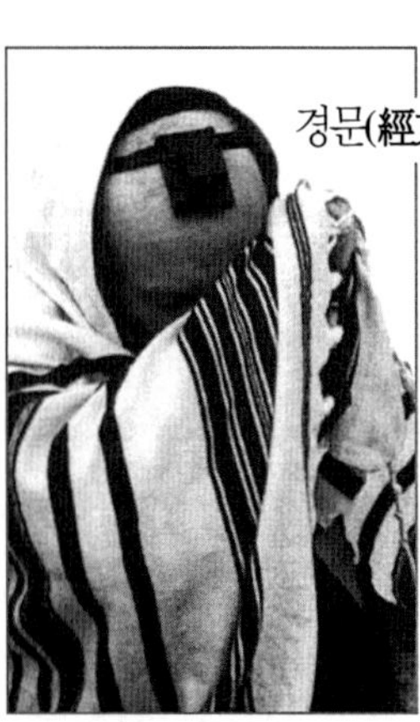

φυλακτήριον
(퓔라크테리온)

4) **경문(經文)이란?** : 출 13:16을 그대로 순종해서 양피지에 율법의 구절들을 써 넣은 다음, 그것을 가죽 상자에 담아서 봉한 것이다(출 13:3-10, 11-16; 신 6:5-9, 11:13-21 = 4부분으로). 어떤 자들은 이것을 타인보다 더 크게 하여 더 종교적임을 나타내려 했다. 그들은 하나님의 말씀을 그 마음에 두지 아니했다(시 119:11). 이 경문을 크게 하는 것은 자신을 보다 눈에 잘 띄게 하며 다른 사람보다 하나님의 율법을 섬기는데 열성적이라는 것을 보여주도록 하기 위함이었다.

6 잔치의 윗자리와 회당의 높은 자리와

7 시장에서 문안 받는 것과
사람에게 랍비(ῥαββί)[1]라 칭함을 받는 것을 좋아하느니라

1) 랍비, Rabbi - 나의 주'를 뜻하는 히브리어 랍비의 음역(音譯))

(2) 이런 종교 지도자들 밑에서 백성들은 가중한 요구에 억눌려 살고 있었다. 그들은 안식이 무엇인지, 또 구원이 어떤 것인지도 전혀 모르고 불확실과 공포 속에 살아가고 있었다(행 15:10 참조). 주님은 "수고하고 무거운 짐진 자들아 다 내게로 오라'(마 11:28)고 말씀하셨다. 여기서 '무거운 짐'이란 생활고에 눌려 있거나 죄의 짐에 억눌려 사는 것을 가리키는 것이 아니다. 오히려 백성들은 율법이 무거운 짐이 되어 버렸다. 예수님은 겸손함과 온유하심으로써 새 언약의 기초를 놓으셨다. 이제 하나님께서는 그에게 속한 자들의 마음속에 그 율법을 쓰신다. 따라서 죄 사함과 하나님의 자녀가 된다는 것은 아버지의 뜻을 수행하는 것을 의미한다. 그래서 "내 멍에는 쉽고 내 짐은 가벼움이라"고 하셨다(마 11:29*).

• 마 11:29 "나는 마음이 온유하고 겸손하니 나의 멍에를 메고 내게 배우라 그러면 너희 마음이 쉼을 얻으리니 30 이는 **내 멍에는 쉽고 내 짐은 가벼움이라** 하시니라."

(3) 위에서 보는 대로 이들 지도자에게 경고하신 것은 행동이 따르지 않는 말만의 교훈이라는 것, 또 사람에게 보이려고 하는 의도적인 행동, 명예와 칭찬과 존경을 좋아한다는 것이다. 결국 율법이 요구하는 근본적인 정신은 없어지고, 율법을 폐지, 제한, 변경할 수도 있는 '장로들의 전통'으로 빠져들었다는 것이다. 율법이 근본정신에서 한참이나 빗나갔다는 데 문제가 있었다.

5. 그렇다면 예수님의 가르치심과 서기관과 바리새인들의 가르침에는 어떤 차이점이 있는가?

(1) 예수님은 산상설교(마 5:17-20)에서 기초적인 원리를 제시하셨다. 하나하나 계명을 들어가면서(6가지) 그들의 교훈의 잘못된 점을 지적하셨다. 그러면서 "[만일, ἐὰν, if] 너희 의가 서기관과 바리새인보다 '더 낫지 못하면' [너희가] 결코 천국에 들어가지 못하리라"고 하셨다. 그렇다면, 누가 천국에 들어갈 수 있는가? 하나님의 뜻대로 행하는 자가 들어갈 수 있다고 하셨다. "나의 이 말을 듣고 행하는 자"(마 7:24)는 '의'를 얻은 자라고 했다.

(2) 그렇다면, 어떻게 하는 것이 참 지도자의 길인가? 가르치기 위해 배우는 자세를 가져야 한다. 우리의 선생님은 누구뿐이라고 하셨는가? (마 23:8-10) 진짜 큰 자는 누구인가? (마 20:25-28 참조)

(3) 그러면, 하나님의 자녀들이란? (마 23:8-12*)

- 8절 / all brothers (다 형제들이다)
- 9절 / sons of one Father (한 아버지의 자녀들이다)
- 10절 / servants (종이요 섬기는 자들이다)

모두가 다 형제 자매들이지만 큰 사람은 다른 사람을 섬기는 사람이다. 높은 위치, 능력, 권위 등은 다른 사람을 섬기도록 개인에게 주신 것이다.

- 12절 / humble (낮추는 자들이다)

• 마 23:8 "그러나 너희는 랍비라 칭함을 받지 말라 너희 선생은 하나요 너희는 다 형제니라 9 땅에 있는 자를 아버지라 하지 말라 너희의 아버지는 한 분이시니 곧 하늘에 계신 이시니라 10 또한 **지도자라 칭함을 받지 말라 너희의 지도자는 한 분이시니 곧 그리스도시니라.** 11 너희 중에 큰 자는 너희를 섬기는 자가 되어야 하리라 12 누구든지 자기를 높이는 자는 낮아지고 누구든지 자기를 낮추는 자는 높아지리라"

6. 따라서 영적인 지도자는 어떤 점을 경계해야 할까? (마 23:11-12)

(1) 자기 자신을 보여주지 말고, 참 선생이신 주님이 우리 형상에 새겨지도록 인도해야 한다. 누구의 말씀이라도 순종해야 하는가? (3절, "그러므로 **무엇이든지 그들이 말하는 바는 행하고 지키되** 그들이 하는 행위는 본받지 말라.") 물론 바리새인들이 만들어낸 전통이나 규례를 제외시킨 순수한 율법에의 순종을 말한다.

(2) 그러면, 영광은 오직 누구에게만 있어야 할 것인가?
(All glory and honer goes to **Christ** alone.)

종교지도자들의 외식 7가지(마 23:13-28)

1. 마태에서는 "화(禍)"가 7번(또는 8번) 나온다. 물론 이 화는 감정적인 저주가 아니라 죄에 대한 예수님의 고통스러운 슬픔의 표현을 말한다(義憤, 의분).

마 23:13 [But, δέ] 외식하는(ὑποκριταί)[1)] 서기관들과 바리새인들이여
[너희에게] — 화 있을진저 (Οὐαὶ)[2)]
//이유: ὅτι, for)
너희는 — 천국 문을 사람들 앞에서 닫고
너희도 ┬ 들어가지 않고
└ 들어가지 못하게 하는도다
/들어가려 하는 자도

서기관들과 바리새인들은 율법의 세부 조항에 치중하고 그것을 형식적이고 외식적으로 지키는 것에 힘씀으로써 다른 사람도 천국에 못 들어가게 만든 자들이다. 이들에게 화를 선포하신다.

1) 왜, 이들을 외식하는 자(위선자)라고부르시는가? 이들은 앞절에서 본 바와 같이 명예와 사람들의 존경 받기를 좋아하면서도 삶은 없었기 때문이다. 이들은 마치 거룩하고 경건한 사람처럼 위장한다.

2) 여기서 화가 있으리라는 말은 영원한 저주를 내리시는 말씀이 아니다. 서기관들과 바리새인들이 누구보다도 악하고 나쁜 상황에 있음을 탄식하는 말이다.

(1) **첫째 화(외식하는 자에게):** 예수님의 사역이 이제 막바지에 다다랐다. 그러나 백성의 지도자급에 속하는 서기관과 바리새인들은 오히려 천국문을 막고 다

른 사람도 들어가지 못하게 하는 걸림돌이 되어버렸다. 주님을 따르는 많은 백성과 이와는 대조적으로 돌 같이 굳어버린 종교지도자를 비교해 보자. 왜 예수님은 지도자들에게 이러한 화를 선언하셨을까? 그 당시 서기관들과 종교지도자들은 어떤 위치에 있었나? (마 23:13)[1)]

1) 그들의 열심은 대단했다(마 23:15, "너희는 교인 한 사람을 얻기 위하여 바다와 육지를 두루 다니다가.."). 왜, 열심이었을까? 돈을 얻을 수 있었고, 또는 돈을 벌기 위해서(?)였을 것이다.

(2) 둘째 화(마 23:15)

마 23:15을 보라. 그들은 새 신자 한 사람을 얻기 위해 바다와 육지를 두루 돌아다니다가 한 사람이 생기면, 그를 너희보다 갑절이나 더 악한 지옥의 자식으로 만들어 버렸다. 무슨 말인가? 유대 종교로 개종하는 사람들이 있었다(행 16:14, 18:7, 13:50, 17:4, 17 참조). 이들은 새로운 종교를 위해 대단히 열심있는 바리새인이 되어야 했다. 이들은 두 배나 나쁘게 되었다(15절, "화 있을진저 외식하는 서기관들과 바리새인들이여.... 너희보다 배나 더 지옥 자식이 되게 하는도다"). 즉, 자기 자신들의 나쁜 이방인의 관습에다 바리새인들의 나쁜 관습이 더해졌기 때문이다. 잘못된 지도자에게서 배웠기에 더 나쁘게 되었다는 말이다. 예수님은 앞으로 교회를 이끌고 나아가야 하는 제자들에게 바리새인과 서기관들의 위선과 전통을 따르지 말 것을 경고하신다(마 16:12 참조).

(3) 셋째 화(맹세에 대하여, 마 23:16-22)

그들은 성전에 계신 하나님보다 그 예물에 더 큰 관심을 가졌다고 했다(마 23:18). 왜, 이들은 성전보다 성전의 금을, 제단보다 예물을 더 중요시 했을까? 성전으로 맹세하든 성전의 금으로 맹세하든, 결국 누구에게 맹세하는 것인가? 이들은 어떤 점에서 맹인 된 자인가? 눈에 보이는 성전과 그 안에 있는 것들을 사랑했다. 그러나 그 성전을 짓게 하신 하나님에 대한 두려움과 사랑은 무시했다.

(4) 네 번째 외식은 어떤 것인가? (마 23:23-24)

(1) 이들은 십일조를 드리되 어느 정도까지 철저했나? 그들은 정원에서 자라나고 있는 작은 향료의 십일조까지 드렸다. 모세의 율법에는 이러한 명령까지 구체화 되어 있는가? (레 27:30-33; 신 14:22-29)

(2) 그러나, 율법이 요구하고 있는 훨씬 더 중요한 것은 무엇인가? (23절)

23:23 외식하는 서기관들과 바리새인들이여
화 있을진저

1) 이들은 박하와 회향과 근채까지도 십분의 일을 바치라는 율법을 철저히 지켰다(신 14:22*이하를 읽어보자). 문제는 이런 사소한 것의 십일조를 철저히 바치면서도 정작 중요한 것은 지키지 않았다는 것이다. 그러니까, 실제로 율법의 중심이 되는 것은 '정의와 긍휼과 믿음'이라는 것이다.

그런데 바리새인이나 서기관은 별로 중요하지 않은 것에는 목숨을 걸고, 실제로 꼭 지켜야 할 것은 비켜갔다. 이들은 율법의 문자에는 심혈을 기울였지만, 하나님의 율법을 완성하지 못하고 도리어 파괴해 버리는 경향에 빠지게 되었다(요 7:22-24 참조).

너희가 ┬ 박하와 회향과 근채[1]의 십일조는 드리되
└ 율법의 **더 중한 바** 정의와 긍휼과 믿음은 버렸도다

그러나
이것도 — 행하고
저것도 — 버리지 말아야 할지니라

- 정의(正義, Justice : doing the right things) - 하나님과의 바른 관계의 개념이다(신 6:34-25). 하나님이 기뻐하시는 삶을 살아가는 것, 삶 자체가 정의이다.
- 긍휼(Mercy : showing kindness and forgiveness, 마 5:7, 7:12) : 남에게 받고자 하는 대로 남을 대접하라. 사람과의 관계에서 핵심적 요소이다.
- 믿음 (Good faith; honesty) not cheating

(3) 결국 십일조가 중요하지 않은 것이 아니라, 그들은 한 가지 일을 위해 다른 일을 철저히 무시했다는 데 문제가 있었다. 그들은 둘 다 행해야 했었다(23절하). 결국, 물질뿐만 아니라 삶 자체를 드려야 한다는 말이다.

- 마 23:24 "맹인된 인도자여 하루살이는 걸러 내고 (낙타)는 삼키는도다. 그들은 별로 중요하지 않은 일을 중시하고(하루살이는 걸러내고) 정작 중요한 일은 경시했다(낙타는 삼키는도다, 24절). 이런 외식하는 자들을 맹인이라고 했다. 미 6:8; 호 6:6, 12:6; 마 9:13, 12:7을 읽어보자.

(5,6) 다섯 번째, 여섯 번째 외식은? (25-28절)

바리새인들의 외식을 무엇에 비유하셨나? 그들은 대접을 깨끗이 닦아 사용했다. 그래서 사람들은 그들을 깨끗한 사람들이라고 했다. 그러나, 하나님은 그들의 무엇을 보시는가? 이들을 향해 과부의 가산을 삼키는 자들이라고 했다(눅 16:14; 막 12:40; 눅 20:47). 속에는 탐욕과 방탕, 외식과 불법이 가득했다.

(7) 일곱 번째 외식은?(29-36절)

이들은 무덤을 쌓고 장식하는데 많은 시간을 소비했다. 그들은 자기들의 조상보다 더 낫다고 말한다. 그래서 선지자들이 묻혀 있는 곳에 새 무덤을 만들어 놓고 스스로 자랑했다. 그러나, 이들은 하나님의 아들까지도 죽일 자들이었다(마 21:33-44).

가난한 과부의 헌금(막 12:41-44)

같이 읽을 곳 [눅 21:1-4]

1. 바리새인들의 악행 중의 하나는 과부들의 가산을 등쳐먹는 행위였다(막 12:40). 여기 서기관들과는 대조적으로 과부의 동전의 이야기가 등장한다.

막 12:41 예수께서 **보실새**
/앉으사(과거분사)
/헌금함을 대하여
/무리가 — 어떻게 헌금함에 돈 넣는가를
여러 부자는 ——— 많이 **넣는데**
42 한 가난한 과부는 — 와서 **넣는지라**
/두 렙돈 곧 한 고드란트를

• 예수께서는 헌금함을 대하여 앉으셔서 무리들이 헌금함에 돈 넣는 것을 지켜보고 계셨다. 부자는 많이 넣는 것을 보셨다. 부유했기 때문이다. 물론 이는 칭찬 받을만한 일이다.

• 그런데 한 과부는 두 렙돈을 드렸다. 그런데 주님은 이 과부를 매우 칭찬하셨다. 왜?

(1) 예수님은 한 과부가 헌금하시는 것을 유심히 지켜보셨다. 당시 헌금함은 큰 트렘펫 모양으로 만들어졌는데, 13개의 헌금함이 성전에 놓여 있었다. 그 중 9개는 성전세나 제물을 대신한 헌금을 바치는 용도로 사용되었고, 4개는 가난한 자들을 돕기 위해 놓여져 있었다고 한다. 헌금함 앞에는 헌금을 거두는 제사장이 앉아 있어서 헌금 액수를 알 수 있었다(고영민, 원문성경).

(2) 예수님은 제자들을 불러 과부의 이런 행동을 매우 칭찬하셨다. 부자들은 풍족한 중에 헌금했으나 이 여인은 비록 두 '렙돈'(λεπτον, small copper coins)[1]을 드렸으나 구차한 중에서 자기 모든 소유 곧 생활비 전부를 드렸기 때문이다(44절 "그들은 다 그 풍족한 중에서 넣었거니와 이 과부는 그 가난한 중에서 자기의 모든 소유 곧 생활비 전부를 넣었느니라 하시니라").

(3) 예수님께서는 부자들이 넣은 모든 헌금보다 이 여인의 헌금이 더 많다고 생각하셨다. 그러나 많은 사람들은 그녀를 비난했을지도 모른다. 그녀는 왜 자기의 생활도 궁핍한데 자신의 분수에 넘치는 헌금을 했을까? 부자는 물질만을 바쳤지만 그녀는 마음까지 바쳤다. 하나님은 얼마를 바쳤는가를 보시기 전에 어떤 마음으로 물질을 바쳤는가를 보신다. 가인과 아벨의 제사 중, 가인의 제사는 열납되지 않았다. 하나님을 사랑하는 마음에서 제사를 드린 것이 아니었기 때문이다(창 4장). 마게도냐 교회는 극한 가난 가운데 있었지만 풍성한 연보를 했다(고후 8:2, 3).

1) 렙돈 - 아주 작은 놋쇠 주화 / 당시 통용되던 화폐 가운데 가장 작은 액수의 구리 동전 / 헬라 동전의 명칭

고드란트 - 두 렙돈과 동가인 작은 주화를 말한다. (a cent)

2. 신약 시대의 연보의 원리는? (동교재, 말라기 3장에서)

(1) 새언약 시대에서는 하나님께서 그 율법을 직접 인간의 마음에 기록하심으로써 이제 그 율법은 삶의 내적 원리가 된다.[1] 고후 8:1-9:15을 읽어보자. 이 곳에서 헌금의 본질이 반영되었다고 볼 수 있다. 마케도니아 교인들은 극심한 환난의 시련과 극한 가운데서 자신들의 능력에 지나치도록 연보를 하였다(고후 8:2-3). 이 연보는 주님께 대한 그들의 전적인 헌신의 표시였다. 바울은 고린도 교인들에게 주님께서 그들에게 주신 풍성한 축복을 상기시키며, 그러한 주님의 은혜에 대한 반응으로서 그들의 사랑의 신실성을 보이라고 촉구하고 있다(고후 8:7-9).

고후 8:1 형제들아
하나님께서 마게도냐 교회들에게 주신 은혜를
우리가 너희에게 알리노니
2 환난의 많은 시련 가운데서
그들의 넘치는 기쁨과 극심한 가난이
그들의 '풍성한 **연보**' (πλοῦτος τῆς **ἁπλότητος**[2])를
넘치도록 하게 하였느니라

(2) 이와 같은 원리로 보았을 때, 이 **연보**는 **십일조**보다는 더 포괄적인 것이라 할 수 있다. 왜냐하면 전자는 후자의 원리들과는 다른 또 하나의 새로운 원리를 지니고 있기 때문이다. 이 새 원리는 '평균의 원리'(고후 8:13-15)라 할 수 있겠다. 이러한 새 원리로 인하여 그 연보는, 새 언약 시대 전반에 걸쳐서 새 언약의 참여자들이 새언약공동체 – 교회 – 에 대한 재정적 봉사의 양을 결정하는데 지침이 될 수 있는 것이다.

∴ **그러므로,**

옛 언약 하에서 십일조는 주님께 대한 바치는 자의 전적 헌신의 표시 역할을 했다. 그러나, 새 언약 시대의 십일조의 본질은 '연보' 속에 담기게 되었다. 이 연보 속에 표현된 가르침은 모든 기독교인은 자신의 재정적 봉사를 새언약 공동체에 '체계적으로 또 균형 있게' 해야 하며(고전 16:2 참조), 동시에 '자원함과 즐거운 마음으로'(고후 9:7 참조*) 할 것이다. (고후 8:13-15 "이는 **다른 사람들은 평안하게 하고 너희는 곤고하게 하려는 것이 아니요 평균케 하려 함이니** 이제 너희의 유여한 것으로 저희 부족한 것을 보충함은 후에 저희 유여한 것으로 너희 부족한 것을 보충하여 평균하게 하려 함이라....").[3]

1) 물론 그러한 변화가 율법의 본질의 변화를 말하는 것이 아니라 옛 언약 시대가 새언약 시대로 바뀜에 의한 시행적 변화이다. 따라서 전적 헌신의 표시인 십일조(헌금)의 본질은 새 언약 시대에도 여전히 남아 있는 것이다.

2) 연보라고 번역된 '하플로테스(ἁπλότης)는 순진(simplicity), 성실(sencerity), 정직함(uprightness) 등의 뜻이 있다. 여기서는 다른 사람을 용서하거나 인정을 베푸는 관대함을 의미한다.

3) 신약시대에 와서는 성도들의 십일조 보다 "전부가 하나님의 것"이라는 청지기의 의무가 더 강조된 이유는 우리는 다 하나님의 거룩한 종들인 '제사장'이 된 때문이다. 신약시대에는 레위인과 제사장에 대한 의무는 지나갔으나 고아와 과부들의 구제와 주의 일꾼들을 위해 계속 헌물(연보)들이 바쳐졌음을 본다(행 6:1, 11:29, 고전 16:1-4 참조).

• 어떤 사람이 포도밭을 가꾸고 울타리도치고 포도즙틀도
그리고 망대도 세우고는 농부들에게 세를 주고 멀리 떠난다.
때가 되어 주인은 농부들에게 종을 보냈다.
소출 중에서 얼마를 받아오게 하기 위해서였다.

• 그런데, 그 농부들이 주인이 보낸 종을 때리고, 모욕을 주며 돌려보냈다.
그래서 다른 종을 더 많이 보냈는데, 그 종들을 죽여버렸다.
나중에는 주인의 아들까지 보냈는데
그 악한 농부들은, 이 놈은 주인의 상속자니 그를 죽이자고 모의했다.
그래야 이 포도원이 우리 것이 되지 않겠는가?!
그래서 그 아들을 데려다가 죽이고 포도원 밖으로 내던져 버렸다.

• 그 악한 농부들은 누구일까?
예수님이 말씀하신 비유가 자신들을 가리킨다는 사실을 알고
종교지도자들은 예수님을 잡으려 했다(12:12).

• 그 악한 농부들 중에, 나는(=우리는) 포함되지 않았겠지?
그러나, 모른다. 자신의 유익만을 위해서 주인의 뜻과는 상관없는 일에
열심을 낸다면, 그 역시 악한 농부가 아닐까?

• 사두개인들은 내세와 부활을 인정하지 않았다.
그래서 해괴한 논리로 예수님을 궁지로 몰아넣으려 했다.
어떤 불행한 여인이 모세의 율법을 좇아
7형제에게 차례대로 시집을 가게 되었을 경우
부활시에 누구의 아내가 되겠습니까?

• 오늘날도 이상한 논리로 기독교 본질을 흐려놓는 사람들이 많다.
단순한 복음을 너무 복잡한 신학논리로
우리를 혼란하게 하는 신학자들이 너무 많다.
예수님은 복잡한 이론가들인 율법학자들의 괴변을
누구나 알아듣기 쉽게 전달하려고 애쓰셨는데...
우리의 신앙이 너무 사변적인 신학으로 흘러가는 것은 아닐까?

• 첫째 되는 계명은 무엇이라고 하셨나?
하나님을 사랑하고 이웃을 사랑하는 것이요...
서기관들도 그렇게 알고 있었고 또 그렇게 가르쳤다.
그런데, 왜 예수님은 바리새인들과 서기관들을 책망하셨을까?
가식적인 신앙 생활, 외식 때문이다.
성경공부도 잘 하고, 헌금, 구제, 전도, 교회 봉사 등
다 잘하고 있는데... 왜 나보고 자꾸만 뭐라고해!! - '글쎄'

• 당시의 종교지도자들, 백성들에게 존경도 받았겠지만, 예수님으로부터 책망을 받았다. 무엇이 문제였을까?

• 복음을 바르게 전하는 것은 얼마나 중요한 일인가? 그래도 존경 받는 지도자가 그리 많지 않음은 어쩐 일일까?

• 가르침과 일치하는 행함이 없기 때문이다. 오늘날은 외식하는 교인들이 너무 많다. 그래서 세상의 지탄을 받는다. 그런데 그 지탄을 종교탄압이라고 주장하기도 한다.

성전은 철저한 파괴를 당할 것이다 (13장)

예수님은 예루살렘에서 마지막 주간을 보내신다.
아직도 로마의 통치는 계속되고 있고,
그래서 백성들은 더욱 간절히 메시야를 기다렸다.
그러나 정작 메시야가 오셔서 사역을 계속하셨지만
일부 제자들을 제외하고는
모두 예수님을 배척하고 있었다.

예수님은 곧 십자가에 달리실 것을 말씀하시고
실감이 가지 않는 제자들은 몹시 심란하기만 하다.
예루살렘을 내려다 보시고
주님은 완전 파괴를 선언하신다.
그렇다면, 그때가 언제이며,
세상 끝날에는 무슨 징조가 있겠습니까?

거짓 선지자들이 출현하고, 난리와 난리 소문,
큰 환난들이 있겠고 성전은 파괴되겠지만
그러나 이 세상 끝날은 아니다.
이는 재난의 시작일 뿐이다.

만약 주님이 세상을 떠난다면
뒤에 남겨진 제자들은 어떤 길을 걸어가게 될까?
주님은 제자들에게 새로운 재난이 올 때마다
동요하지 말 것을 주문하신다.
제자들은 교회시대의 지도자들이 되어
땅끝까지 복음을 증거해야 하기 때문이다.

성전이 무너질 것이다(막 13:1-13)

(1) 마가복음 13장의 사건은 화요일에 일어난 일이다. 유대 지도자들은 자신들이 기다렸던 메시야를 죽이기 위해 갖은 방법을 다 동원하고 있다. 제자들은 주님께서 고난을 받고 죽으실 것을 수차례 예고하셨지만, 생각은 전혀 다른 곳에 가 있었다. 누가 더 높은 자리에 앉게 될까, 거기에만 관심이 있었다. 아직까지는....

(2) 주님은 예루살렘 성전이 무너져내릴 것이라고 선언하신다. 제자들에게는 예수님이 죽으신다는 것도, 예루살렘이 파멸될 것이라는 것도 도저히 이해할 수 없었다. 만약 이 일이 사실이라면, 언제 일어날 것인가? 그리고 세상 끝날에는 어떤 징조들이 있을 것인가?

(3) 제자들은 두 가지를 묻는다. 첫째, 어느 때에 이 일이 일어납니까?, 둘째, 주의 임하심과 세상 끝에는(이 모든 일이 이루어지려 할 때에) 무슨 징조(sign)가 있겠습니까?

(4) 제자들은 성전 파괴 – 세상 끝 – 예수님의 재림을 연속적인 사건으로 이해하고 있었다. 이런 제자들의 생각을 어떻게 교정해 주시는가? (마 24:6-8)

① 거짓 선지자의 출현 ② 난리와 난리 소문 ③ 큰 환난들이 일어난다. 그러나, 끝은 아직 아니다. 이 모든 것이 재난(災難)의 시작이다(마24:8).

(5) 예수님께서 제자들에게 주신 답변의 주요 요지는 '예루살렘의 임박한 멸망'이었다. "멸망의 가증한 것이 서지 못할 곳에 선 것을 보거든" (막 13:14) - 이는 역사상 어떤 사건으로 성취되었을까?

(6) 막 13:14과 마 24:15에 나오는 '멸망의 가증한 것'라는 문구는 70인역 다니엘 12:11에서 인용된 것이다. (단 9:27, 단 11:31과 마카베오일서 1:54 이하에서는 이 문구가 약간 다른 형태로 나타난다.) "멸망의 가증한 것"이란 말은 이미 유대인들에게는 누구나 아는 말이었다.

(7) 누가는 "멸망의 가증한 것이 서지 못할 것에 선 것을 보거든"이라는 문구를 "예루살렘이 군

대들에게 에워싸이는 것을"이란 말로 바꿔졌다(눅 21:20).

(8) 앞으로 예루살렘성은 "돌 하나도 돌 위에 남지 않고" 철저히 파괴될 것이다. 주님은 앞으로 일어날 예루살렘의 파괴를 안티오쿠스의 성전 모독과 비교하도록 하기 위해, "선지자 다니엘"(단 9, 11, 12장에 예언된 이미지) 및 "거룩한 곳"에 대해 언급하셨다. '가증한 일들'에 대한 다니엘의 예언들은 주전 163년에 (안티오쿠스 IV, 주전 175-163) 성취되었지만 이와는 비교할 수 없는 보다 엄청난 일(=성전 파괴 및 유대의 종말)이 미래에 일어날 것이라고 설명하신다. 그러니까, 예수님의 말씀에 의하면 안티오쿠스에 의한 성전 멸망(주전 163)은 일종의 예시(豫示)라는 것이다.

다니엘과 A.D. 70년

(1) 다니엘의 언급(단 9:26-27, 11:31)과 주님의 언급을 비교해 보자. 다니엘서의 멸망의 내용이 예루살렘이었다는 것을 알 수 있다(마 23:38; 24:2).

(2) A.D. 70년, 예루살렘은 파괴되었다. 물론 성전도 다 무너져 내렸다. 그렇다면 감람산 강화는 이 사건을 예언하신 것인가? 그렇다. 예언의 일부는 A.D. 70년 사건으로 정확히 성취되었다고 보아야 한다. 그러나 예수님의 예언은 아직 다 이루어지지 않았다. 종말의 징조들이 오늘날도 계속 이어지고 있기 때문이다.

▶ 주님께서 말씀하시는 주 관점은 무엇인가?

(1) 그것은 새로운 재난이 발생할 때마다 동요해서는 안 된다는 것이다. 교회가 최대로 관심을 기울여야 할 점은 지상명령(至上命令)에 있기 때문이다. 주님은 종말에 대한 지나친 기대와 반응으로 복음사역을 게을리해서는 안 된다는 점을 인식시키셨다.

(2) 어쨌든 예루살렘 성전 파괴 후에도 계속 거짓 그리스도인들이 있을 것이며 자연 재해도 계속될 것이란 점이다. 성경의 예언이란 당시 유대인들이 생각한 것처럼 미래의 날짜 계산을 위한 언질을 주지 않는다. 다만 예수님께서는 우리로 하여금 재림이 확실하다는 점을 말해주신다.

(3) 그렇다면 예수님의 다시 오심은 너무 막연한 일일까? 예루살렘의 멸망이 예언되었으나, 그러나 그것은 곧 세상의 종말은 아니다. 예루살렘의 멸망은 큰 형벌의 날이요, 큰 환난의 날이다. 그것은 재난의 시작일 뿐이다.

(4) 그러나 주님의 재림이 임박해서는 어떤 일들이 있을 것인가? (막 13:24-25) 인자가 오는 것을 보리라(마 24:30, 31; 막 13:26, 27; 눅 21:27) 인자의 징조란 예수님이 다시 오실 때 나타나는 신호나 표시로 누구나 알아볼 수 있다. 예수님의 오심은 비빌스럽게 오시는 것이 아니다. "놓칠 수 없을만큼 갑작스럽고 극적인 방식으로" 임할 것이다. 따라서 어떤 사람들의 주장처럼 그리스도가 이미 오셨다고 말하는 것은 잘못된 것이다.

무화과나무의 비유(막 13:28-31)

(1) 그러면 주님께서 예언하신 이런 일들은 언제 일어날 것인가? 무엇보다 이들에게는 그것이 중요했다. 이때 주님은 '무화과나무의 비유'를 배우라고 말씀하신다. 사람들은 무화과나무가 잎사귀를 내기 시작한다면 누구든 곧 여름이 가까운 줄을 안다.

(2) 이와 같이 주님의 재림도 시간의 계산을 필요로 하지 않는다는 것이다. "너희도 이 모든 일을 보거든 인자가 가까이 곧 문 앞에 이른 줄 알라."

그러므로 너희는 깨어 있으라(막 13:33-37)

(1) 주님은 이제 제자들에게 감람산 강화의 결론으로 "그러므로 깨어 있으라"고 명령하신다. 주님이 언제 다시 올지에 관심을 둘 것이 아니라 어느 때든지 준비되어 있어야 한다는 점을 강조하신 것이다.

(2) "이러므로 너희도 준비하고 있으라 생각하지 않은 때에 인자가 오리라"(44절). 인자의 임함도 생각하지 않은 때에 임하실 것이다. 재림의 징조들은 주님이 오시기 전에 반드시 있을 것이다. 그러나 그 임하심이 정확히 언제일지는 모른다.

성전이 무너질 것이다(막 13:1–13)

같이 읽을 곳 (마 24:1–14; 눅 21:5–6)

감람산 강화

예수님께서 배반당하여 잡히시기 전 감람산에서 제자들을 가르쳤기 때문에 **감람산 강화**라고 부른다. 그런데 이 본문에 대한 해석 역사는 매우 복잡하다.

예수님은 제자들과 함께 예루살렘 성으로 입성하셨다. 그 마지막 한 주간을 주님 일행은 어떻게 지내고 있을까? 마가복음 13장의 사건은 화요일에 일어난 일이다. 그런데, 이스라엘, 특히 유대 지도자들은 지금 자신들이 기다렸던 메시야를 죽이기 위해 갖은 방법을 다 동원하고 있다. 그를 죽이기 위한 계획을 세우고, 그 실행을 위해서 동분서주하고 있다. 주님께서 고난을 받고 죽으실 것을 수차례 예고하셨지만, 제자들의 생각은 전혀 다른 곳에 가 있었다. 그들은 주님의 사역으로 이스라엘의 회복을 기다리고 있었다. 누가 더 높은 자리에 앉게 될까, 거기에만 온통 관심이 있었다. 아직까지는....

1. 주님은 지금 제자들과 함께 감람산 위에 계신다. 예루살렘 성전이 한 눈에 내려다 보인다. 그런데, 저 웅장한 성전이 무너져내릴 것이라고 선언하신다.

(1) 제자들은 모든 것이 근심스럽다. 주님께서 그 나라가 황폐하여질 것을 말씀하셨기 때문이다(마 23:38, "보라 너희 집이 황폐하여 버려진 바 되리라"). "예수께서 성전에서 나와서 가실 때에 제자들이 성전 건물들을 가리켜 보이려고 나아오니"(마 24:1) 제자들은 성전 건물을 가리키며, 성전의 웅장함과 화려함을 설명했다.[1)]

1) 감람산에 오르신 주님과 제자들, 제자들은 아직도 성전에 대한 관심이 크다. 헤롯 성전은 아직도 그 공사가 끝을 보지 않았다. 솔로몬 성전에 비해, 헤롯이 짓고 있는 성전은 그 규모 면에서 엄청난 것이었다. 감람산 위에서 성전은 한 눈에 보인다. 그러나 주님은 이 성전이 돌위에 돌 하나도 남김없이 사라질 것이라고 하셨다.

13:1 예수께서 성전에서 나가실 때에(as)
제자 중 하나가 – **이르되**
/선생님이여(Teacher, διδάσκαλε)
보소서(behold, ἴδε)
이 돌들이 —— 어떠하며
이 건물들이 —— 어떠하니이까?

(마 24:2; 막 13:2; 눅 21:6)

제자들은 예수님을 '랍비'라고 불렀다(요 1:38). 이 단어에 익숙하지 않은 독자를 위해 '디다스칼레'라고 표기했다.

"저 돌이며, 건물이며 얼마나 웅장하고 볼만합니까?" - 얼마나 굉장한 돌이며, 굉장한 건물입니까?

(2) 주님은 지금 감람산 위에서 예루살렘의 파멸을 예고하신다. 파괴의 철저함을 어떻게 표현하셨나?

13:2 예수께서 **이르시되**
/네가 이 큰(great, μεγά) 건물들(오이코도메, οἰκοδομή)을 보느냐
돌 하나도 돌 위에 남지 않고
다 무너뜨려지리라 하시니라

"Not one stone here will be left on another; every one will be thrown down." - NIV

(3) 제자들에게는 예수님이 죽으신다는 것도, 예루살렘이 파멸될 것이라는 것도 도저히 이해할 수 없었다. 만약 이 일이 사실이라면, 언제 일어날 것인가? 그리고 세상 끝날에는 어떤 징조들이 있을 것인가?

헤롯 성전 모형도

해롯은 B.C 19년경 기존에 있던 제2성전을 부수고 새로 건축을 하기 시작했다(마4:5, 21:12, 13, 23). 물론 부분적으로 완성되기는 했지만 이 공사는 주후 63년까지 계속된다. 예수님이 예루살렘 성전의 파괴를 예언하실 때에도 성전 재건은 계속 진행중이었다. 유대인들은 헤롯이 옛 성전을 부수고 새 성전을 완공하지 못할까 봐 우려했다. 돌 한 개의 크기가 15-20m요, 기둥의 높이가 13m나 되는 웅장한 건물이었다. 이 성전은 주후 70년, 로마의 디도 장군에 의해 완전 파괴되었다. 주님의 예언이 성취된 것이다.

2. 제자들 중, 베드로와 야고보와 요한과 안드레가 예수님께 다가왔다. 그리고 이렇게 조용히 묻는다(3절).

13:4 [당신은] ——— 우리에게 **이르소서**
어느 때에 ——— 이런 일이 **있겠사오며**
이 모든 일이 — 이루어지려 할 때에(when)
무슨 징조가 — **있사오리이까**

(1) 제자들은 두 가지를 묻는다. 첫째, 어느 때에 이 일이 일어납니까?, 둘째, 주의 임하심과 세상 끝에는(이 모든 일이 이루어지려 할 때에, when) 무슨 징조(sign, σημεῖον세메이온)가 있겠습니까?

(2) 이들은 이 사건이 일어나는 때가 세상의 종말이라고 생각하고 있었다. 제자들은 이 예언을 주께서 영광 가운데 나타나시는 것과 세계 역사의 완성으로 이해하고 있었다.

13:5 예수께서 **이르시되**
/너희가 —— **주의하라**
/사람의(=이) – 미혹을 받지[1] 않도록

1) 플라나오(πλανάω) - 길을 잃게 하다. 빗나가다, 잘못 인도하다.

(3) 무엇보다 그 때가 되면 "많은 사람이 내 이름으로 와서 이르되 내가 그라 하여 많은 사람을 미혹할 것"(6절)이라는 것이다. 또 "난리와 난리의 소문을 들을 때에 두려워하지 말라 이런 일이 있어야 하되 **아직 끝은 아니니라**"(7절). 예수님은 두려워하고 있는 제자들에게 난리와 재난의 소문을 듣겠지만, 그것이 곧 세상의 종말이 아님을 분명히 하셨다. 종말이란 하늘나라의 복음이 온 세상, 온 민족들에게 전파된 후에 올 것이다. 그러나 예루살렘의 멸망은 필연적이라는 것이다.

ἀλλ᾽ οὔπω τὸ τέλος.
• but that is not yet the end.

13:8 (For, γάρ) 민족이 민족을, 나라가 나라를 대적하여 일어나겠고
곳곳에 지진들(세이스모이, σεισμοί)이 있으며
기근들(리모이, λιμοί)이 있으리니
이는(이런 일들은) 재난의 시작이니라

언제 이런 일들이 일어날 것인가? 이런 일이 일어나겠지만, 아직 끝은 아니라는 것이다. 8절은 7절의 이유를 설명한다.

• 눅 21:20 **"너희가 예루살렘이 군대들에게 에워싸이는 것을 보거든 그 멸망이 가까운 줄을 알라** 21 그 때에 유대에 있는 자들은 산으로 도망갈 것이며 성내에 있는 자들은 나갈 것이며 촌에 있는 자들은 그리로 들어가지 말지어다 22 이 날들은 기록된 모든 것을 이루는 징벌의 날이니라 23 그 날에는 아이 밴 자들과 젖 먹이는 자들에게 화가 있으리니 이는 땅에 큰 환난과 이 백성에게 진노가 있겠음이로다 24 그들이 칼날에 죽임을 당하며 모든 이방에 사로잡혀 가겠고 예루살렘은 이방인의 때가 차기까지 이방인들에게 밟히리라."

3. 마태복음과 마가복음은 그 첫 번째 질문에 대한 대답을 생략하고 있지만 누가는 어떻게 말하고 있나? (눅 21:20-24*) **또 이 일은 역사상 언제 성취되었나?**

(1) 제자들은 성전 파괴 ⇨ 세상 끝 ⇨ 예수님의 재림을 연속적인 사건으로 이해하고 있었다. 이런 제자들의 생각을 어떻게 교정해 주시는가? (마 24:6-8) 아마 제자들은 외국 군대가 예루살렘을 공격하기 시작할 때 당연히 주님께서 다시 돌아오셔서 이들 침략자들을 상대로 싸우실 것이라고 생각했을지도 모른다.

(2) 언제 멸망할 것인가를 물었을 때 주님의 대답은 무엇이었나?

① 거짓 선지자의 출현 ② 난리와 난리 소문 ③ 큰 환난들이 일어난다.
그러나, 끝은 아직 아니다. 이 모든 것이 재난(災難)의 시작이다(마 24:8).

(3) **주님께서 힘써 강조하고 계신 사실은 자신의 재림이 예루살렘 멸망과 동시에 이루어지지 않을 것이라는 사실이다.** 주님은 이 때를 심혈을 기울여 구분하셨다. 그 이유는, ① 제자들이 거짓 정보와 그 시대에 나타나게 될 거짓 메시야에게 잘못 인도되지 않도록 하기 위하여 ② 그리고 기적적인 구원을 대망하는 망령된 일에 빠지지 않도록 보호하고자 함이었다(당시 수만명의 유대인들이 그렇게 대망하고 있었다.).

(4) 주님은 예루살렘의 멸망과 자신의 재림을 연결시키는 제자들의 그릇된 견해를 의도적으로 수정하려 하셨다. 따라서 자신의 재림에 대한 분명한 징조들을 언급하시기 보다 그 시대의 믿는 자들에게 예루살렘의 임박한 대재난에 대해 경성시키고자 하셨다. 일차적으로는 그 사건이 일어날 경우 어떻게 안전하게 대피할 것인가에 대하여 꼭 필요한 정보를 주시고 비로소 이차적이며 덜 급한 재림 및 세상의 종말에 대해 언급하신다. 그러므로 예수님께서 제자들에게 주신 답변의 주요 요지는 '예루살렘의 임박한 멸망'[1]이라는 주제였다는 사실을 인식해야 한다.

1) 누가는 그의 복음서에서 분명하게 이 점을 강조하고 있다.

"너희가 **예루살렘이 군대들에게 에워싸이는 것을 보거든** 그 멸망이 가까운 줄을 알라"(눅 21:20)

4. 그러면 그 주요 요지가 무엇인지 세 복음서를 살펴보자. 이 주제는 동교재, 마태복음에서 이미 자세히 설명했다. 그 설명을 가져왔다.

(1) 우선, 다음의 성결 구절을 자세히 읽어보자.
"그러므로 너희가... 보거든" [마 24:15-16; 막 13:14; 눅 21:20-21]

(2) 본문의 내용을 자세히 읽어보자(막 13:9-18).

아래의 예언은 언제 일어날 사건인가?

막 13:9 너희는 스스로 조심하라
사람들이 너희를 공회에 넘겨 주겠고
너희를 회당에서 매질하겠으며
나로 말미암아 너희가 권력자들과 임금들 앞에 서리니
이는 그들에게 증거가 되려 함이라

12 형제가 형제를, 아버지가 자식을 죽는 데에 내주며
자식들이 부모를 대적하여 죽게 하리라
13 또 너희가 내 이름으로 말미암아
모든 사람에게 미움을 받을 것이나
끝까지 견디는 자는 구원을 받으리라

막 13:14 **멸망의 가증한 것**이 서지 못할 곳에 선 것을 보거든
(읽는 자는 깨달을진저)
그 때에 유대에 있는 자들은 산으로 도망할지어다

15 지붕 위에 있는 자는 내려가지도 말고
집에 있는 무엇을 가지러 들어가지도 말며
16 밭에 있는 자는 겉옷을 가지러 뒤로 돌이키지 말지어다
17 그 날에는 아이 밴 자들과 젖먹이는 자들에게
화가 있으리로다
18 이 일이 겨울에 일어나지 않도록 기도하라

A.D. 70년, 예루살렘 멸망

(1) 유대 민족 국가라는 실체의 종언(終焉) - A.D. 70년 로마의 대학살에서 살아남은 자들은 전 세계에 흩어졌다. 그러나, 세대주의자들자들은 이 감람산 강화가 A.D. 70년의 예루살렘 멸망과 관련이 없다고 주장한다. 그렇다면 "이것이 다 이 세대에게 돌아가리라"라고 말한 성경 구절(마 23:26; 24:34)은 무엇을 가리키는가?

(2) A.D. 70년, 예루살렘은 파괴되었다. 물론 성전도 다 무너져 내렸다. **그렇다면 감람산 강화는 이 사건을 예언하신 것인가? *그렇다.*** 예언의 일부는 70년 사건으로 정확히 성취되었다고 보아야 한다. 그러나 예수님의 예언은 아직 다 이루어지지 않았다. 종말의 징조들이 오늘날도 계속 이어지고 있기 때문이다. 우선, 예언의 일부가 어떻게 A.D. 70년에 성취되었는가 살펴보자.

멸망이 가증한 것이 나타난 때는 언제일까?

1. 구약에서는 어떻게 종말을 예언하고 있었을까? 두 곳을 살펴보자.

(1) 야곱의 환난의 때 ; 렘 30:7 **개국 이래로 그 때까지 없던 환난을 당할 것이다.**

렘 30:7 슬프다 그 날이여(Alas! for that day is great)
그와 같이 엄청난 날이 없으리라
그 날은 야곱의 환난의 때가 됨이로다(마는)
[그 날은 이스라엘에게 심판의 날이 되겠지만~]
→ 그러나(But)
그가 환난에서 구하여 냄을 얻으리로다(he will be saved from it.)

- 하나님은 백성의 언약 파기로 인해 징계하셨지만(바벨론 포로), 그 징계가 끝난 후에는 구원하실 것이라고 선언하신다. 결국 징계는 백성의 정화(淨化)를 위한 필수 과정이었음을 보여준다. "네 포박을 끊으리니 다시는 이방인을 섬기지 않으리라"(렘 30:8)
- 70년의 징계의 기간이 끝난 후, 하나님은 그들에게 씌여진 멍에를 부수어버리실 것이다. 포로의 기간은 고통스러운 시간이다. 그러나 큰 재난과 공포는 그 끝이 있을 것이다. 하나님께서 그 환난에서 구하여 내실 것이기 때문이다(7절).

• 단 12:1 "그 때에 네 민족을 호위하는 큰 군주 미가엘이 일어날 것이요 또 환난이 있으리니 이는 **개국 이래로 그 때까지 없던 환난일 것이며** 그 때에 네 백성 중 책에 기록된 모든 자가 구원을 받을 것이라."

(2) 단 12:1*, **개국 이래로 그 때까지 없던 환난을 당할 것이다.** 이제 상황은 역전될 것이라는 것이다. "앞으로는 다른 나라 백성이 내 백성을 노예로 만들지 못할 것이다."(렘 37:8하 - 쉬운성경). 그렇다면 구체적으로 누가 그 나라를 통치할 것인가? 예레미야의 설명을 더 들어보자.

렘 30:9 그들은(=너희는) — **섬기며**
/그들의 하나님 여호와를
섬기리라
/다윗을
/내가 그들을 위하여 세울 그들의 왕

• 여기서 그들의 왕 다윗은 누구를 가리킬까?

너희 왕 다윗은 메시야를 가리킨다. 탈굼 역(아람어 역 성경)에서는 '너희 왕 다윗의 아들 메시야'라고 번역했다.

새 영(new spirit)을 너희 속에 두리라 (겔 36:16-38)

회복의 특성: 회복된 백성들은 다시는 제거되지 않을 것이다(겔 36:14-15). 그 땅은 더욱 번성할 것이다(10-11절). 새로 구속받은 공동체는 어떤 모습이 될까? 이스라엘이 귀환된다는 것은 틀림없는 사실이지만 옛날 그대로의 모습이어서는 안 된다. 이는 내적 갱신을 통해서만 가능하다. 이는 하나님께서 새로운 영을 주실 때만이 가능하다는 말이다. 물론 포로생활에서 돌아오는 것은 절대적으로 하나님의 은혜로서만 가능하다.

(3) 그 날에는 백성들이 예전에 이방을 섬기는 것과는 다르게 여호와를 섬기며, '그들의 왕 다윗'(=메시야를 가리킴)을 섬기게 될 것이다. 하나님은 열방으로 이스라엘(유다)을 흩어버리셨다(바벨론 포로). 때가 되면 이스라엘을 흩었던 그 모든 나라들을 완전히 멸망시키실 것이다. 그렇지만 너, 이스라엘만은 멸망시키지 아니하실 것이라고 약속하신다(렘 30:10). 그렇다고 해서 그대로 넘어가는 일은 없을 것이다. 즉 그렇다고 해서 이스라엘이 죄 없다고 하지 않으신다. 그래서 법대로 징계하시겠다는 것이다. "그러나 내가 법에 따라(לַמִּשְׁפָּט) 너를 징계할 것이요 결코 무죄한 자로만 여기지는 아니하리라"(렘 30:11).

(4) 11절의 위로의 말씀은 렘 46:28에서 다시 언급된다. "내 종 야곱 백성아, 너는 두려워하지 마라. 나 여호와의 말이다. 내가 너와 함께 하겠다." 야곱 백성을 열방에 흩어버린 민족, 즉 이스라엘을 포로로 잡아갔던 나라는 하나님에 의해 멸망당할 것이다. 이제 하나님의 백성은 자신들의 언약 파기로 인해 포로로 끌려갈 것이지만(하나님의 공의), 그렇다고 해서 이스라엘(유다)의 멸절을 의미하는 것은 아니라는 말씀이다(하나님의 신실하심, 사랑).

2. 다시 본문을 보자. "멸망의 가증한 것이 서지 못할 곳에 선 것을 보거든"(막 13:14) – 이 때는 언제를 가리킬까?

1) the abomination of desolation,

브델뤼그마(βδέλυγμα) - 가증한 것, 몹시 미운 것

(1) **특별한 징조** : 이 부분은 주님의 예언적 강화(講話)에 있어서 대단히 중요한 위치를 차지하고 있다. 주님은 지금까지 이스라엘 붕괴 이전에 있을 시기를 특징지울 매우 일반적인 징조들에 대해 언급하셨다(막 13:9이하).

(2) "멸망의 가증한 것"(τὸ βδέλυγμα[1]) τῆς ἐρημώσεως[desolation])이 서지 못할

것에 선 것을 보거든(막 13:14; 마 24:15; 참고 - 눅 21:20-24), 이는 역사상 어떤 사건으로 성취되었을까?

브델뤼그마 테스 에레모시스
(멸망의 가증한 것)
τὸ βδέλυγμα τῆς ἐρημώσεως

(3) 막 13:14과 마 24:15에 나오는 '멸망의 가증한 것'(토 브델뤼그마 테스 에레모시스)라는 문구는 70인역 다니엘 12:11*에서 인용된 것이다. (단 9:27, 단 11:31과 마카베오일서 1:54 이하에서는 이 문구가 약간 다른 형태로 나타난다.) 다니엘서에서 이렇게 번역되는 히브리어(**쉭쿠츠** 쇼멤, **שִׁקּוּץ שֹׁמֵם**)는 "(영적) 멸망의 원인이 되는 가증한 것"으로 나타난다. 즉 이것이 보는 사람들의 마음 속에 혐오감을 일으키거나 영적 파멸의 외적 조건을 만들어낸다.

단 12:11 ἀφ᾽ οὗ ἂν ἀποσταθῇ ἡ θυσία διὰ παντὸς καὶ ἑτοιμασθῇ δοθῆναι **τὸ βδέλυγμα τῆς ἐρημώσεως** ἡμέρας χιλίας διακοσίας ἐνενήκοντα (LXX)

(שִׁקּוּץ 쉭쿠츠)는 '토에바'(תּוֹעֵבָה, 구역질 나는 것)와 동의어이다(겔 5:9, 11). 가증한 일들(abominations, - 혐오, 가증스러운 것(구약에서 120회 나온다. 특히 신명기, 잠언, 에스겔에서 가장 많이 사용되었다.)

- 동성애는 하나님께서 가증스럽게 여기신다. - 그래서 심판 아래 두신다(레 18:22-30, 20:13).
- **토에바**: 우상숭배(신 7:25, 26, 27:15; 왕하 23:13 등), 인신제사(신 12:31; 왕하 16:3), 이방신을 숭배하는 것(신 13:14, 17:4), 의식적으로 부정한 동물을 먹는 것(신 14:3-8), 부정직한 거래를 하는 것(신 25:13-16), 제의적 매음(왕상 14:23 이하), 악인에 의해 바쳐진 제사(잠 15:8)와 분향(사 1:13)은 가증한 것이다.
- 토에바는 "우상"과 동의어로 사용된다(예: 사 44:19).[1]
- 하나님을 무시하거나 그의 명령을 어기거나 혹은 하나님을 믿고 따르는 자들을 업신여기는 것은 그 어떤 것도 모두 "가증한 것"이다.

1) "가증한 것들"을 숭배함으로 말미암아 야기된 혐오감을 생생하게 예증해주는 이야기에 대해서는 에스겔 8장(우상 숭배)에 아주 자세히 언급되었다.

3. 에스겔서에서는 특별히 백성들이 성소를 더럽혔다고 질책하신다(겔 5:11)

חַי־אָנִי, as I live

5:11 그러므로(So, לָכֵן)
나 주 여호와가 말하노라(נְאֻם) 내가 나의 삶을 두고 맹세하노니
나도 ── 너를 아끼지 아니하며
└ 긍휼을 베풀지 아니하고 미약하게 하리니
//(이유: because, יַעַן)
네가 ── 내 성소를 더럽혔은즉
/모든 **미운 물건**과(쉭쿠쯔, שִׁקּוּץ)
/모든 **가증한 일**로(토예바, תּוֹעֵבָה)

긍휼을베풀지 않으시려는 이유?

성별어지는 것, 특히 우상숭배, 혐오감을 일으키는 것.

혐오스러운 것 - 우상숭배(신 7:25, 26, 27:15; 왕하 23:13 등), 인신제사(신 12:31; 왕하 16:3), 이방신을 숭배하는 것 등.

(1) "**멸망의 가증한 것**"이 서지 못할 것에 선 것을 보거든(막 13:14; 마 24:15)
이런 상황은 마카베오1서 1:54이하에 서술되어 있다. 어떤 사건인가? 그런데 이 사건이 안티오쿠스 에피파네스(Antiochus Epiphanes , BC. 175-164)가 예루살렘 성전의 대 제단 위에 이교 제단을 세우게 했으며,[1] 이 이교 제단이 "멸망의 가증한 것"으로 묘사되었다고 기록되어 있다.

1) 이곳에는 이 제단과 함께 제우스(안티오쿠스는 제우스의 대리자라고 자처하였다)의 형상이 있었음을 시사해 주는 증거가 있다. 물론 이리하여 희생제물을 바치라는 명령에 대한 혐오감은 더욱 극렬해졌다. 이렇게하여 하나님의 성전은 이교 신전으로 바뀌어졌다. 결국 민중봉기가 일어난다. 이는 마카비 혁명의 발단이 된다.

(2) 따라서 오늘 본문에서(막 13:14; 마 13:14) 언급된 문구, "멸망의 가증한 것"이란 말은 이미 유대인들에게는 누구나 아는 말이었기 때문인지, 아무런 설명없이 언급되었다. 아마도 예수님께서는 어떤 종류의 우상숭배를 염두에 두고 "가증한 것"이란 말을 사용하셨을 것이다.

4. 누가는 예루살렘의 멸망을 선언하신 예수님의 말씀을 다른 복음서의 기록보다 더 구체적으로 언급한다.

(1) 즉, 누가가 "**멸망의 가증한 것**이 서지 못할 것에 선 것을 보거든"이라는 문구를 "예루살렘이 군대들에게 에워싸이는 것을"이란 말로 바꿔썼다는 점은 주목할만하다(눅 21:20). 주님의 예루살렘이 멸망할 것이라는 폭탄적인 선언에 제자들은 ① 언제 그 일이 일어나며, ② 또 어떤 징조가 있을 것인가를 물었다. 이에 대한 대답이 바로 이 부분이다. "너희가 (이러이러한 징조를) 보거든"이라는 말씀으로 답하고 계신다.

(2) 눅 21:20을 보라. 마태(마 24:15*, 다니엘이 말한 바 **멸망의 가증한 것**이 거룩한 곳에 선 것을 보거든), 마가(막 13:14, "**멸망의 가증한 것**이 서지 못할 곳에 선 것을 보거든")의 서술과 하나의 동일한 역사적 사건을 가리키고 있음이 분명하다. 누가의 설명은 마태, 마가복음의 모호성을 해결하는데 필수적인 역할을 하는 구절이다. 그렇다면 왜 누가는 마태와 마가의 기록과는 다르게 기록했을까?

• 마 24:15 그러므로 너희가 선지자 다니엘이 말한 바 멸망의 가증한 것(the abomination of desolation, τὸ βδέλυγμα τῆς ἐρημώσεως)이 거룩한 곳에 선 것을 보거든 (읽는 자는 깨달을진저) (단 9:27; 11:31; 12:11)

비교(1) 마태 = "거룩한 곳에 선 것을"
마가 = "서지 못할 곳에 선 것을"
누가 = "선지자 다니엘" 및 "거룩한 곳"에 대한 언급을 생략하고 있지만 다른 두 복음서의 그 어구의 뜻을 설명해주면서 또한 조화를 이루고 있음을 볼 수 있다.

비교(2) : 눅 21:20-21을 주의 깊게 읽어보라. 병행 기사마다 "산으로 도망하라"는 경고를 담고 있다.

안티오쿠스 4세

BC 200	190	180	170	안티오쿠스 V (163-162)	150

안티오쿠스 III (223-187)	셀류오쿠스 IV (187-175)	안티오쿠스 IV (175-163)		데메트리우스 I (162-150)	(150-145)
				160	알렉산드라 발라스

• 제5차 시리아 전쟁에서(파니아스 전투) 안티오쿠스 3세가 승리한 후 팔레스타인은 셀류오쿠스 지배 하에 있게 된다.

안티오쿠스 4세의 강력한 헬라화 정책

- 유대인들은 이교도들의 관습을 따를 것.
- 성소 안에서 제사 행위를 금한다.
- 안식일과 기타 축제일을 지키지 말 것.
- 성소와 성직자들을 모독할 것.
- 이교의 제단과 성전과 신당을 세울 것.

성전 안에 제우스 신상과 제단을 건립하여 이곳에서 12월 25일(안티오쿠스의 생일) 이래로 매월 25일 돼지로 희생 제사를 지냈다(기원전 167-164년). (cf. 단 8:13; 9:27; 11:31; 12:11: 막 13:14: 마카비1서 1:54: **멸망의 가증한 것**).

- 돼지와 부정한 짐승을 희생 제물로 잡아 바칠 것.
- 사내아이에게 할례를 하지 말 것.
- 음란과 더러운 일로 스스로 몸을 더럽힐 것.
- 율법서를 저버리고 모든 규칙을 바꿀 것.

이상과 같은 명령을 따르지 않는 자는 사형에 처한다"(1 Macc.1:44-50) ■

'안티오쿠스 4세 에피파네스'란 어떤 인물인가?

(1) 안티오쿠스 4세는 자신을 에피파네스(Epiphanes, 신의 현현)라고 불렀고, 유대인들은 그를 에퓨마네스(Epumanes, 미친놈)라고 불렀다. 그는 광기(狂氣)가 있었지만, 하나의 왕, 하나의 종교에 대한 예배를 중심으로 제국을 결속시키고자 했다. 에피파네스는 과거의 막강했던 셀류커스 왕조의 재건을 꿈꾸려고 노력했다. 그는 강력한 통일왕국의 이념을 가졌는데, 이는 그가 로마와 아테네에서 자랐기에 그곳에서 보고 배운 헬레니즘(Hellenism)에 바탕을 두었기 때문이다.

(2) 그러나 유대인들에게는 이 일이 간단치 아니했다. 유대인들은 그리스 문명에는 열광했지만, 그리스의 지배는 거부했기 때문이다. 유대인들 중에는 이미 유행을 좇아 사는 사람들이 많아졌다. 그러나 유대인 보수주의자들은 극렬하게 반대했다. **에피파네스는** 유대교를 신봉하는 유대인들을 그의 이상을 가로막는 가장 큰 방해물로 간주했다. 따라서 왕좌에 오른 이후로 **유대교를 탄압하기 시작한다**. 그는 마침내 옆의 내용과 같은 포고령을 내린다. 본격적인 유대인 박해가 시작되었다.

▶ **마카비 일가의 투쟁** : 예루살렘 근처 Modin 지방의 제사장 가문에 속하는 Hasmon가의 늙은 제사장 맛다디아가 기원전 167년 이방 신들에게 제물을 드리도록 강요하는 감독관과 그를 따르려는 한 유대인을 살해했다. 이것이 사건의 도화선이 되었다. 그는 자신의 다섯 아들과 유대광야로 도망했는데 뜻을 같이 하는 많은 핫시딤(Hasidim, 경건한 사람)들이 그들에게로 모여들었다. 사람들은 점점 불어났고 그들은 셀류오쿠스 왕조를 대항하여 광야를 중심으로 게릴라전을 벌이기 시작했다. 기원전 164년에 아버지 맛다디아가 죽고 그의 셋째 아들 유다 마카비가 지휘권을 넘겨받았다(기원전 160년까지). 마카비(Makkaby)란 아람어로 '망치'(라틴어로, 마카베오)라는 뜻이다. 유다 마카비가 이끄는 반란군이 기원전 164년에 엠마오 전투에서, 그리고 벧술 전투에서 승리, 셀류오쿠스 왕조의 진압군을 격파하고 예루살렘으로 진격한다.

▶ 그는 성전에 신상이 세워진지 꼭 3년만인 12월 25일에 성전을 회복하고(=성전청결) 하나님께 드리는 희생 제사를 드린다. 이 날을 기념하는 축제인 수전절(Chanoeka: 요 10:22)이 이때 시작되어 오늘날까지 12월 25일부터 8일간 거행된다.

안티오쿠스 4세에게 빼앗긴 성전

유다 마카비우스에 의해 다시 유대인에게 돌아왔다

요 10:22 "예루살렘에 **수전절**이 이르니 때는 겨울이라 23예수께서 성전 안 솔로몬 행각에서 거니시니"

5. 주님의 난해한(?) 설명을 듣기 원하는 제자들에게 예루살렘 멸망과 관련하여 예수님은 누구나 이해할 수 있는 안티오쿠스 안티오쿠스 4세의 성전 모독과 비교하고 설명하셨다. 누가의 설명을 더 들어보자.

눅 21:20 <그러나, **δέ**>
너희가 ─┬ 예루살렘이 군대들에게 에워싸이는 것을 보거든(when)
　　　　└ 알라
　　　　　　/그 멸망이 가까운 줄을

21 그 때에 유대에 있는 자들은 산으로 도망갈 것이며
성내에 있는 자들은 나갈 것이며
촌에 있는 자들은 그리로 들어가지 말지어다

22 //(이유, ὅτι, for)
이 날들은 ─ 징벌의 날이니라
　　　　　/기록된 모든 것을 이루는

그러나 이제 주님은 <그러나, δέ>라는 접속사가 시사하듯이(눅 21:20) 답변의 논지를 돌연 변경하신다.

(1) 앞으로 예루살렘성은 "돌 하나도 돌 위에 남지 않고" 철저히 파괴될 것이다. 주님은 앞으로 일어날 예루살렘의 파괴를 안티오쿠스의 성전 모독과 비교하도록 하기 위해, "선지자 다니엘"(단 9, 11, 12장에 예언된 이미지) 및 "거룩한 곳"에 대한 언급하셨다. '가증한 일들'에 대한 다니엘의 예언들은 주전 163년에 (안티오쿠스 IV, 주전 175-163) 성취되었지만, 이와는 비교할 수 없는 보다 엄청난 일(=성전 파괴 및 유대의 종말)이 미래에 일어날 것이라고 설명하신다.[2)]

(2) 이제, 예수님은 다니엘이 결코 이해할 수 없었던 신비들은 설명하시겠다는 것이다. <u>그러니까, 예수님의 말씀에 의하면 안티오쿠스에 의한 성전 멸망(주전 163)은 일종의 예시(豫示)라는 점이다</u>. 그러므로 예수님이 예언하신 예루살렘성파괴는 이보다 훨씬 큼찍한 사건이 될 것이다("돌 하나도 돌 위에 남지 않을 정도로 절저한 파괴, 그래서 다시는 세워질 수 없는 파괴를 당할 것이다."). 따라서 예수님의 예루살렘 파괴에 대한 예언은 제자들은 물론 유대인 누구에게도 두렵고 떨리는 내용의 말씀이었다.

(3) 예수님께서 이 성전 및 성읍에 대한 궁극적인 파괴를 나타낼 때 "멸망의 가증한 것"이란 말을 사용하셨다는 것은 그 이전의 구약시대 선지자들, 그리고 특히 이 가증한 것에 대해 언급하고 있는 다니엘과 마찬가지로 이런 사건을 주의 날에 비추어 고찰하셨음을 보여준다.

1) 마가가 쓴 복음서는 주로 팔레스틴 유대인 신자들에게 돌려보도록 쓰인 회람서인 반면에 누가는 주로 유대 국경 밖에 살고 있는 이방인 개종자들을 대상으로 기록하고 있다. 따라서 누가가 구태여 이방인 독자들을 위하여 <멸망의 가증한 것(הַשִּׁקּוּץ מְשׁוֹמֵם)>(단 11:31)이라는 독특한 유대적 용어를 사용해서 독자들에게 혼동을 불러일으키게 하지는 아니했을 것이다.

특히 그는 전형적인 유대적 용어를 그의 독자들을 위해 번역하거나 풀이하거나 아예 생략해 버리고 있음을 살펴볼 수 있다. 이렇게 누가는 **<멸망의 가증한 것>**이 **이방의 침략 군대들**이라고 설명하고 있다(눅 21:20, 24, 너희가 예루살렘이 군대들에게 에워싸이는 것을 보거든...).

2) 다니엘은 종말에 일어날 일에 대한 환상의 의미를 알려고 노력한다(단 8장을 읽어보자). 숫양과 숫염소의 환상(주전 553년경)의 의미를 가브리엘 천사가 깨닫게 해준다. 단 8장 15절 이하).

다니엘과 A.D. 70년

1. 다니엘의 언급(단 9:26-27, 11:31)과 주님의 언급을 비교해 보자.

(1) 잎에서 실퍼본 바와 길이 다니엘서의 멸망의 내용이 예루살렘이었다는 것을 알 수 있다(마 23:38; 24:2). 마태와 마가는 "멸망의 가증한 것"이라고 말하지만 누가는 간단하게 '외국 침략 군대에 의하여 멸망할 것'이라고 지적한다. 외국의 개입을 '**가증스러운 것**'으로 밝히고 있다.

(2) 그러면 주님이 예언하신 말씀이 아직도 미래에 있을 일인가, 아니면 이미 성취되었는가? 만약 아직도 성취되지 않은 미래의 일이라면 눅 21:20-21을 어떻게 설명할 것인가? 또 마 24:2이 문자 그대로의 그 당시의 성전을 말하는가, 아니면 난해하게도 이천 년 후의 예루살렘에 재건될 성전을 지목하여 말씀하셨겠는가? 헤롯 성전이 무너질 것이라는 예수님의 선언에 관하여 제자들이 좀 더 정확한 설명을 부탁드렸는데 주님께서 몇 천년 후에 일어날 미래의 성전에 대해 언급하셨겠는가? 막 13:2의 주님의 말씀을 보라("예수께서 이르시되 **네가 이 큰 건물들을 보느냐** 돌 하나도 돌 위에 남지 않고 다 무너뜨려지리라 하시니라.").

2. 피신 계획 (마 24:16-20; 막 13:14-18 ; 눅 21:21-23을 읽어보자.)

(1) 도망하여 목숨을 부지하라. 로마 군대의 선발대가 예루살렘으로 진격하기 시작하면 성내(城內)에 어떤 그리스도인들도 황급히 도망해야 한다는 것이다. 주님은 제자들에게 어떻게 언급하셨는가? 지붕 위에 있던 자들은 재산을 건져내기 위하여 집안으로 들어가지 말라고 하신다(막 13:14).

"그 날에는 아이 밴 자들과 젖 먹이는 자들에게 화가 있으리라(막 13:17)." 왜? 그 까닭을 이렇게 덧붙이고 있다.
"이는 (그) 땅(유대)에 큰 환난과 이 백성(유대인들)에게 진노가 있겠음이라."

(2) 왜, 이 일이 겨울에 일어나지 않도록 하라고 했는가? (막 13:18) 왜, 안식일에 이 일이 일어나지 않기를 기도하라 하셨을까? (마 24:20)

2. 왜, 로마 군대가 예루살렘을 침공하려 했을까?[1]

(1) **로마 황제 숭배**: 기독교인들과 로마 사이에 갈등 중의 하나는 로마 제국의 종

1) A.D. 66년 유대인의 봉기(蜂起)로 로마의 장군 Cestius Galius는 군대를 수리아에서 유대 지방으로 진군시켰다. 너무 신속했기 때문에 그리스도인들은 미처 빠져나갈 수가 없었다. 유대인들은 항복하고 성문을 열어주려 했으나 바로 그때 로마 군대가 "세상에 아무런 까닭도 없이" 갑자기 철수했다. 아무리 논리적으로 생각해봐도 전혀 설명할 수 없는 일이었다. 그 성 안에 갇혀 있는 그리스도인들, 이들을 그대로 방관할 수는 없었다.

하나님께서 로마군이 맹렬한 기세로 재진격하기 직전까지 중간 기간을 그리스도인들이 안전하게 탈출할 수 있도록 역사하셨다. 유대 역사가 유세비우스는 그리스도인들이 그 성에서 나와 펠라(Pella)라고 하는 요단강 너머에 있는 성읍에 거하였다고 기록하고 있다. 그래서 그리스도인들은 이 환란에서 단 한 사람도 다치지 않았다고 한다.

예루살렘이 무너진다고?

헤롯이 재구축한 성전은 너무 완벽한 보루(堡壘)였다. 탑과 성벽, 더욱이 성은 반석위에 세워졌기에 이 성이 무너진다고 공공연히 예언하는 것은 마치 노아의 때에 홍수로 인한 멸망을 외쳤던 노아와 같은 일이었다. 그런데 주님은 이 예루살렘과 성전의 파멸을 분명하게 선포하셨다.

교였다. 첫 세기의 대부분, 로마황제 숭배는 공식적으로 제국 전역에 걸쳐 지켜졌으나 로마인들이 지키기에 과도한 조항은 없었다. 유대인들은 로마 신들을 숭배하는 것으로부터 면제되었고, 상당히 간단한 의식의 준수가 충성심의 증거로 간주되었다. 로마 황제와 로마 국가를 위한 희생제사가 하루에 두 번씩 예루살렘 성전에서 66년까지 있었다. 그런데 이 제사의 중단이 유대인들이 로마에 대항한 동기 중 하나가 되었다. 특히 황제 칼리귤라(Caligula. 37-41년)는, 그의 재위 동안 유대인과 반복되는 긴장 속에 있었다. 그는 A.D 40년에 그의 동상을 성전 안에 세우려고 했다.[1]

1) 그러나 그의 사절(legate)인 시리아의 총독 페트로니우스(Petronius)에 의해 저지되었다. 페트로니우스는 이로 인해 민란이 일어날 것을 알았기에 명령을 멈추고자 했던 것이다(바울은 이 위기를 살전 2:2-4에서 언급한 것 같다.).

이같은 로마의 종교 정책은 목숨을 걸고 투쟁하는 유대 지도자들의 저항을 피할 수 없었다. 그 결과 A.D. 41년 경부터 로마는 할 수 없이 유대에 대해서만은 황제 숭배를 하지 않아도 묵인해 주었다.

> **로마황제**: ① **아우구스투스**(아우구스투스는 주후 14년에 서거한다.) ⇒ ② **티베리우스**(14-37년) - 고집이 세고, 반사회적인 인물이었다. 인색하고 변태적인 성생활로 유명하며 주변 사람들을 몹시 의심했던 인물이었다. 유대교에 대해 적대감을 나타냈다. ③ **칼리굴라**(37-41년) - 칼리굴라는 반사회적인 인간성을 드러내었다. 그는 자기가 하고 싶은대로 하는 사람이었다. 심지어 그는 가학적인 변태 성욕자였다. **그가 죽을 무렵, 로마 군사들이 황제상을 성전에 놓기 위해 예루살렘으로 진군했다.** 그러나 황제의 명령이 전달되기 직전에 칼리굴라의 사망 소식이 전해졌다.

3. "이는 그 때에 큰 환난이 있겠음이라" (마 24:21; 막 13:19; 눅 21:22-24)

(1) 마 24:21("이는 그 때에 큰 환난이 있겠음이라 창세로부터 지금까지 이런 환난이 없었고 후에도 없으리라")을 우리는 어떻게 생각해야 하는가? 이 환난은 지나간 것인가? 아니면 앞에 두고 있는 사건인가? 이 진노는 바로 이 세대에 이르러, 이 세대 때문에 가득히 채워진다고 구체적으로 말씀하셨다(마 23:32 "너희가 너희 조상의 분량을 채우라").[2] 유대인에게 커다란 참화(慘禍)를 불러일으킬 심판이 임할 것이다. 심판은 성전에 대한 완전 파괴를 몰고 올 것이다(마 23:38).

2) 이 대환난의 규모와 정도를 어떻게 규정짓는가? 세계1, 2차 대전은? 규모로 따진다면 노아 홍수를 능가할 재난이 있겠는가? 창조 이래, 즉 인류가 시작한 이래 최대의 고난이 될 것이라고 했는데, 이는 이 환난이 한 번의 폭풍으로 끝나지 않고 오래 계속됨으로써 거의 견디기 어려울 정도가 될 것임을 보여 준다. 어쨌든 로마의 황제 밑에서 엄청난 비참이 계속되었다. 이스라엘 붕괴의 비참함은 가공스러운 파멸이었다.

(2) 어쨌든, 이런 환난은 하나님이 보내신 메시야까지도 거절했기 때문에 오는 것이다. 성소를 더럽힘으로써 시작되는 고난은 예수님의 눈에는 긴 시간으로 늘려지게 된다.

(3) **A.D. 70년, 결국, 예수님의 예언대로 예루살렘은 파괴되었다.** 물론 성전도 다 무너져 내렸다. 그렇다면 감람산 강화는 이 사건을 예언하신 것인가? **그렇다. 예언의 일부는 A.D. 70년 사건으로 정확히 성취되었다고 보아야 한다.** 그러나 예수님의 예언은 아직 다 이루어지지 않았다. 종말의 징조들이 오늘날도 계속 이어지고 있기 때문이다.

4. 주님은 어떤 재난이 오더라도 세상의 끝이 가까이 왔다는 분명한 표라고 쉽사리 결론을 내리지 말도록 주의를 환기시키신다. 어떤 사건들이 일어날 것인가?

(1) 거짓 그리스도에 대한 경고(마 24:4-5; 막 13:5-6; 눅 21:8)

(2) 전쟁과 전쟁의 소문(마 24:6-7; 막 13:7-8; 눅 21:9-10)

가이사랴에서의 봉기로 2만 명의 유대인이 목숨을 잃었다. Scythopolis에서는 1만 3천 명의 유대인이 떼죽음을 당했다. 또 다메섹에서 1만 명의 유대인이 몰살당했다.

로마군대의 예루살렘 성 공격(A.D. 70년) ▲

(3) 기근 · 전염병 · 지진(마 24:7; 막 13:8; 눅 21:11) – 물론 현 시대에도 이런 일들이 되풀이 되어 나타날 것이지만, 예수님의 경고는 A.D. 70년의 대참화에 앞서 예수님 당시의 동시대인들을 향해 있었다는 점을 주목해야 한다. 그 참화는 안태오쿠스 4세에 의해 저질러진(주전 163년) 성전 파괴의 황폐함을 뛰어넘는 사건이 될 것이라고 하셨다.

(4) 국가들 간의 전쟁, 기근, 지진의 발생 등이 있을 것이지만, 그렇다고 이러한 사실을 주님의 재림 전야(前夜)로만 본다거나 예루살렘의 멸망이 닥쳐왔다는 표시로 삼아서는 안 된다고 가르치신다. 이런 진통들은 새 시대(New Age)의 첫 진통임을 기억해야 했다(재난 = 産苦, 진통, 고통 - 참조, 살전 5:2-3). (교회시대의 특성을 특징짓게 될) 고난과 어려움을 출산하는 여인의 산통(産痛)에 비유했다. 실제적 출산을 예고하는 최초의 강렬한 고통 다음에는 본질상 고통이 최후의 순간까지 간헐적으로, 단속적으로 오며 그 마지막에는(재림이 있기 직전) 그 고통의 강도(强度)가 증가하여 가장 힘든 고통(홀연한 멸망)이 오게 된다. 역사적으로 이런 간헐적인 진통(국제 분쟁, 위기, 전쟁, 자연재해)이 있어왔다. 그러나, 그때마다 우리는 섣부른 속단을 내려온 부류들이 있음을 보아 왔다.

▶ 이제, 주님께서 말씀하시는 주 관점은 무엇인가?

그것은 새로운 재난이 발생할 때마다 동요해서는 안 된다는 것이다. 교회가 최대로 관심을 기울여야 할 점은 至上命令(대위임령. the Great Commission)에 있기 때문이다. 주님은 종말에 대한 지나친 기대와 반응으로 복음사역을 게을리해서는 안 된다는 점을 인식시키셨다.

▲ 예루살렘 포위작전은 티투스에게 맡겼다. 티투스(Titus)는 6만 명의 군대를 이끌고 예루살렘으로 향했다. 예루살렘은 70년 4월, 유월절 기간 동안에 수많은 축제 순례자들이 모여들었는데, 티투스(Titus)의 군대에 의하여 포위되었다. 그동안 내란으로 혼란했지만 이를 중지하고 로마에 공동으로 대항했으나 로마의 공격에 용감성만으로는 해결할 수 없었다. 두 지도자 요한과 시몬은 포로가 되어 승리의 축제를 위하여 로마로 압송되었다.

로마가 예루살렘을 포위하고 있는 기간에 당연히 큰 기근에 허덕였고, 요세푸스가 묘사한 바에 의하면 어린이를 잡아먹기까지 했다. 성전은 불탔고, 군인들은 자신들이 뒤집어 버린 돌들 사이로 녹아져 흘러들어간 금을 회수하고 싶어, 예수님이 예언하신 대로 돌 위에 돌하나도 남지 않게 되었다.

인자가 오는 것을 보리라(막 13:24–27)

같이 읽을 곳 (마 24:29–31 ; 눅 21:25–28)

• 마 24:21 "이는 그 때에 큰 **환난**이 있겠음이라 창세로부터 지금까지 이런 환난이 없었고 후에도 없으리라."

환난(θλῖψις. 들립시스) / 마 24:21에서 '큰 환난'에 대해 언급하시면서 이 단어를 사용하셨다. 막 13:19 "이는 그 날들은 환난(affliction)의 날이 되겠음이라."고 했다. 누가는 이 단어는 쓰지 않았지만 그와 동일한 시기를 '형벌의 날', '큰 환난(diseess)' 그리고 "이 백성에게 진노가 있겠음이라"(눅 21:22, 23)는 말로 특징짓고 있다.

따라서 이런 말들은 A.D. 70년의 사건을 가리키고 있다고 보아야 한다. 만약 마 24:21, 막 13:19이 세상 마지막 시대의 종말을 가리킨다면 이 진술은 무의미할 수밖에 없다.

1. 앞에서 살펴보았듯이 예수님의 예언대로 예루살렘이 파괴되었다(A.D 70년). 예언이 성취된 것이다. 그러나 예수님은 성전과 예루살렘이 파괴되더라도 세상이 끝난게 아니라는 사실을 강조하신다.

(1) 예수님은 앞에서 예루살렘의 파괴에 대한 여러 가지 상황을 말씀하시고, 이제는 자신의 다시 오심(재림)에 대해서 말씀하신다.

(2) 여기 "그 날 환난 후에"(=그런 환난의 날들이 지난 뒤에 - 새번역) (μετὰ τὴν θλῖψιν affliction τῶν ἡμερῶν) / 이때가 언제를 가리키느냐에 대한 해석이 다양하다. 예수님의 재림을 말하는 것인가, 아니면 예루살렘 파괴 후의 어떤 현상을 말하는 것인가?

(3) 어쨌든 예루살렘 성전 파괴 후에도 계속 거짓 그리스도인들이 있을 것이며 자연 재해도 계속될 것이란 점이다. 성경의 예언이란 당시 유대인들이 생각한 것처럼 미래의 날짜 계산을 위한 언질을 주지 않는다. **다만 예수님께서는 우리로 하여금 재림이 확실하다는 점을 말해주신다. 그래서 먼 미래의 일도 마치 내일 일어날 일인 것처럼 긴박하게 말씀하신다. 그것이 예언의 특성이기 때문이다.**

> "시간관에 대해서는 헬라인들의 경우 역사는 계속 반복된다는 순환적인 시간관을 가지고 있었다. 그러나 히브리인들의 경우 그들의 광야 유랑생활의 경험으로부터 과거 현재 미래가 분명이 구분되지 않은 시간관을 갖고 있었다. 그러나 예수 그리스도가 이 땅에 오심으로 말미암아 종말적 미래를 향해 직선적으로 진행되는 목적론적 시간관이 분명하게 된 것이다."(장 영, 요한계시록 강해, 개신대학원대학교출판부), 12.

(4) 그러므로 예수님의 예언 속에서는 수백년, 또는 수천년이나 떨어져 있는 것처럼 보이는 일들도 때로는 현재와 동일한 시간과 공간의 틀로 표현된다는 것이다. 물론 그렇다고 해서 미래 전체가 무시간적이라든가 어떤 시간적 구조도 갖고 있지 않다는 말은 아니다. 무엇이 먼저 일어나고 무엇이 나중에 일어날지는 분명히 언급되어 있다. 예를 들어서 징조들 안에서, 복음이 먼저 증거되어져야 한다는 사실 등. 그러나 구체적인 시간을 제시하는 미래 조망은 되어지지 않는다.

(5) 따라서 예언은 인간이 신적 전지(神的全知)를 부분적으로 전가받는 데서 발생하는 것이 아니다. 예수님께서는 아들 자신도 종말의 시기에 대해서는 신적 전지를 지니지 않는다고 분명하게 말씀하셨다. 결국, 예언의 기능은 미래에 대한 세부 계획을 설정하는 데 있지 않고 오히려 **장차 올 일들의 확실성**을 긴급히 주장하는데 있다(리델보스, 하나님의 나라, 10장).

2. 그렇다면 예수님의 다시 오심은 너무 막연한 일일까?

(1) 예루살렘의 멸망이 예언되었으나, 그러나 그것은 곧 세상의 종말은 아니다. 예루살렘의 멸망은 큰 형벌의 날이요, 큰 환난의 날이다. 그러나 그것은 재난의 시작일 뿐이다. 그렇지 않아도 거짓 메시야 운동들과 소문들이 끝없이 돌고 있었다. 주님은 이런 상황에서 제자들에게 흔들리지 말 것을 말씀하신다. 이런 극적인 상황에서 백성들은 무엇을 찾을 것인가? 약속하신 분에 대한 동경이 있기에 동요를 일으키게 될 것이다. 그들은 완전히 몰락하기 전에 하나님께서 약속하신 메시야를 보내주실 것이라고 믿고 있었다. 그러니까 "그리스도가 여기 있다 혹은 저기 있다 하여도 믿지 말라"는 것이다(막 13:21; 마 24: 26).[1]

(2) **그러나 주님의 재림이 임박해서는 어떤 일들이 있을 것인가?** (막 13:24-25) "즉시 해가 어두워지며 달이 빛을 내지 아니하며 별들이 하늘에서 떨어지며 하늘의 권능들(세력들)이 흔들리리라"(마 24:29). 이 상황은 주님이 재림하실 때를 가리킨다. 예수님은 분명하게 다시 오신다. 주님은 환난 후에 일어날 우주적 사건을 구약 성경의 예언을 부분적으로 인용하셔서 인자의 재림을 구체적으로 설명하신다(사 13:10*; 욜 2:10* 참조).[2]

3. 인자가 오는 것을 보리라(마 24:30, 31; 막 13:26, 27; 눅 21:27)

- 마 24:30 "그 때에 인자의 징조가 하늘에서 보이겠고 그 때에 땅의 모든 족속들이 통곡하며 그들이 **인자가 구름을 타고 능력과 큰 영광으로 오는 것을 보리라** [31]그가 큰 나팔소리와 함께 천사들을 보내리니 그들이 그의 택하신 자들을 하늘 이 끝에서 저 끝까지 사방에서 모으리라."

(1) 인자의 징조란 예수님이 다시 오실 때 나타나는 신호나 표시로 누구나 알아볼 수 있다. 그때에는 "큰 나팔소리와 함께 천사들을 보내실" 것이기 때문이다. 이 징조가 나타날 때는 땅의 모든 족속이 통곡할 것이다. 이들은 선지자들을 죽이고 예수님을 부인했기 때문이다. "인자가 구름을 타고 능력과 큰 영광으로 오는 것을 볼 때"는 이미 때늦은 후회를 하게 될 것이다.

1) 하나님 나라와 메시야의 도래는 "볼 수 있게 임하는 것이 아니요"라고 말씀하셨다. "하나님 나라는 너희 안에 있느니라." 그러니까 하나님 나라는 "여기 있다 저기 있다고도 못하리니(οὐδὲ ἐροῦσιν) 하나님의 나라는 너희 안에(또는 너희 '가운데', ἐντὸς ὑμῶν) 있느니라"(눅 17:21)고 하셨다. 하나님의 나라는 유대인들이 생각하는 것처럼 천지개벽의 방법으로 임하는 것이 아니라 예수님의 오심과 사역으로 이미 시작되었기 때문이다.

2) 여기서 여호와의 날은 하나님께서 자신의 대적들을 심판하시기 위해 세상에 개입하시는 날을 가리킨다.

- 사13:10 - "하늘의 별들이 그 빛을 발하지 못하고 해가 떠도 어둡고 달이 떠도 밝지 않을 것이다" - 우주적인 흑암은 여호와의 날과 관계되어 있다(욜 2:10, 31; 계 6:12, 13).

- 욜 2:10 "그 앞에서 땅이 진동하며 하늘이 떨며 해와 달이 캄캄하며 별들이 빛을 거두도다."

(2) 그러나 주님을 위하여 갖은 고난과 박해를 믿음으로 이겨낸 성도들에게는 기쁨의 날이 될 것이다. 천사가 택하신 자들을 사방에서 불러모을 것이다.

• 눅 21:27 "그 때에 사람들이 인자가 구름을 타고 능력과 큰 영광으로 오는 것을 보리라 28 **이런 일이 되기를 시작하거든 일어나 머리를 들라** 너희 속량이 가까웠느니라 하시더라."

4. 일어나 머리를 들라(마 24 없음; 막 13장: 없음; 눅 21:28)

"인자가 구름을 타고 능력과 큰 영광으로 오시는 것을 볼 때" 너희는 일어서서 머리를 들라고 말씀하신다. 이는 소망과 확신을 가지라는 말이다. 왜냐하면 구원이 가까워지고 있기 때문이다.

"이 천국 복음이 (모든 민족)에게 증언되기 위하여 온 세상에 전파되리니 그제야 끝이 오리라."(마 24:14)

(1) 이 구절이 이 현 시대의 종말(끝)에 대한 유일한 표적이다. 이 구절이 제자들에게 큰 위안이 되었을 것이다. 이 시대의 이런 박해와 혼란 가운데서도 복음은 땅 끝까지 전파될 것이기 때문이다. 세상의 종말은 이 복음이 만국에 전파되기까지는 오지 않을 것이다(막 13:10, "또 복음이 먼저 만국에 전파되어야 할 것이니라").

(2) 또한 예수님의 오심은 비빌스럽게 오시는 것이 아니다. "놓칠 수 없을만큼 갑작스럽고 극적인 방식으로" 임할 것이다. 따라서 어떤 사람들의 주장처럼 그리스도가 이미 오셨다고 말하는 것은 잘못된 것이다. 그리스도의 임하심은 비밀스럽게 혹은 어느 지역에 국한되어, 그것도 밤 12시에 임한다는 주장은 거짓된 증거들이다. 그리스도의 재림 때에는 일월성신에 큰 징조가 있을 것이다(마 24:29; 막 13:24-25; 눅 21:25-26). 모든 눈이 그리스도를 볼 것이다. "번개가 동편에서 나서 서편까지 번쩍임같이 인자의 임함도 그러하리라"(마 24:27).

• 욜 2:10 "그 앞에서 땅이 진동하며 하늘이 떨며 해와 달이 캄캄하며 별들이 빛을 거두도다."

(3) 구약 이사야 선지자도 이미 그 최후의 날에 일어날 일들을 언급하고 있음을 본다(사 13:9-11). 그 날을 여호와의 진노의 날(사 13:6, 9, 13)이라고 말씀하신다. "하늘의 별들이 그 빛을 발하지 못하고" - 우주적인 흑암은 여호와의 날과 관계되어 있다(욜 2:10*, 31; 계 6:12, 13). 여호와의 진노의 날, 멸망의 날이 임할 것이기 때문이다(6절). 그래서 대적들은 두려움에 떨고, 겁에 질릴 것이다. 그 날에는 악인들의 마음이 '녹을 것이다'(마싸스, מסס, 두려워지다, 기절하다.). 그 '진노의 날'은 세상 악한 죄인들에게 자신의 분노를 쏟으시는 때이다(사 13:9, 11절).

(4) 예수님의 예언의 말씀대로 예루살렘 및 성전의 파괴는 분명히 성취되었다. 그러나 그 날이 세상의 끝날은 아니다. 주님의 다시 오심은 A.D. 70년의 사건들로 인해 성취되지 않을 것이다. 제자들 중에는 살아 있어서 성전을 멸망시키는 가증한 것을 보게될 것이지만, 그러나 주님의 재림 때에는 "해가 어두워지며 달이 빛을 내지 아니하며 별들이 하늘에서 떨어지며 하늘에 있는 권능들이 흔들리는"(막 13:24-25) 일이 있을 것이다. "그 때에 인자가 구름을 타고 큰 권능과 영광으로 오는 것을 사람들이 보게 될 것이다"(26절). "또 그 때에 그가 천사들을 보내어 자기가 택하신 자들을 땅 끝으로부터 하늘 끝까지 사방에서 모으실 것이다"(27절).[1)]

1) 세대주의자들은 예수님께서 하신 말씀들이 예수님이 재림이 임박한 7년 환란 시대 에 일어날 일이라고 주장한다. 또 그 뒤로 무화과나무의 비유를 이스라엘 국가의 탄생에 대한 예언이라고 본다. 그렇다면, 예수님은 제자들의 질문에 대답하지 않은 것이 된다.

무화과나무의 비유(막 13:28-31)

같이 읽을 곳(마 24:32-35; 눅 21:29-33)

1. 이 비유는 복음서에 모두 기록되었다. (동교재, 마태복음에서 설명을 가져옴)

(1) 그러면 주님께서 예언하신 이런 일들은 언제 일어날 것인가? 무엇보다 이들에게는 그것이 중요했다. 이때 주님은 '무화과나무의 비유'를 배우라고 말씀하신다. 사람들은 무화과나무가 잎사귀를 내기 시작한다면 누구든 곧 여름이 가까운 줄을 안다. 구태여 정확한 날짜나 달력이 필요없다. 이와 같이 주님의 재림도 시간의 계산을 필요로 하지 않는다는 것이다. "너희도 이 모든 일을 보거든 인자가 가까이 곧 문 앞에 이른 줄 알라."[2)]

마 24:34 내가 진실로 너희에게 **말하노니**
/이 세대가 지나가기 전에 이 일이 다 일어나리라

(2) "이 세대가 지나가기 전에 이 일이 다 일어나리라"(막 13:30; 마 24:34). 그렇다면 '이 세대'(this generation, ἡ γενεὰ αὕτη)란 언제를 가리킬까? 과거주의자들은 감람산 강화의 이 단락을 주후 70년 예루살렘 파괴에 대해 언급한 것으로 해석한다. 즉 그 당시 세대가 실제로 목도한 사건에만 국한시킨다.

그러나 여기서 '이 세대'란 어느 한 시대가 아니라 예수님 당시에 시작해서 종말로 끝날 신약 시대 전체를 가리킨다. 지금 예수님은 세상 종말 때에 인자의 오심 사건의 징조를 말씀하고 계시지 않는가! 전례 없던 환난으로 성전은 파괴될 것이지만 그렇다고 끝이 온 것은 아니다. 그것들은 '세상 끝의 징

2) 무화과나무는 이스라엘 백성에게 아주 친숙하다. 무화과나무가 잎사귀를 내면 여름이 가깝다는 것은 알지만 아직은 여름에 이른 것이 아니다. 그러나 인자가 아직은 영광 가운데 나타난 것은 아니지만, 그의 오심은 너무나 확실하다. 재림에 대한 약속이 2,000년이 흘러갔지만 그렇다고 그 약속이 없어진 것은 아니다.

그 약속 이후, 즉 예루살렘이 멸망한 이후, 인자의 오심을 애타게 갈망한다. 어떤 사람은 그 날이 임박했음을 너무 강하게 주장하기에 세계사에서 부작용도 가져왔다. 반면 어떤 사람들은 주님의 재림에 대한 긴장을 늦춘다. 우리 시대에 결코 그 일이 일어나지 않을 것이라는 나태함에 빠지기도 한다. 우리는 여전히 주님의 다시 오심을 기다리며 긴장 속에 살아가야 한다.

야생 무화과나무

조'일 뿐이다. 무화과나무가 잎사귀를 내도 아직 완전한 여름이 온 것이 아닌 것처럼 말이다.

누가는 예루살렘의 멸망과 '이방인의 때' 이후 발생할 종말론적 징조들 사이를 분명하게 구분짓는다(눅 21:24-25, "그들이 칼날에 죽임을 당하며 모든 이방에 사로잡혀 가겠고 예루살렘은 **이방인의 때가 차기까지** 이방인들에게 밟히리라 일월 성신에는 징조가 있겠고 땅에서는 민족들이 바다와 파도의 성난 소리로 인하여 혼란한 중에 곤고하리라."). 따라서, '이 세대'[1]란 시간의 지적이라기 보다는 예언의 포괄적 성격으로 보아야 한다. 이 세대가 지나가기 전 '이 모든 일'이란 세세한 시간을 구분함이 없이 예언의 영이 증거하는, 그리고 그 예언대로 틀림없이 실현될 미래에 있을 하나님의 사역의 종합으로 이해하여야 한다(리델보스, 하나님 나라, 제10장).

(3) "천지는 없어질지언정 [그러나, δὲ] 내 말(My words, λόγοι μου)은 [결코] 없어지지 아니하리라(shall not pass away)"(마 24:35)는 말씀은 전능하신, 오직 인간의 육신을 입고 오신 하나님만이 하실 수 있는 말씀이다. 재림은 확실하다. 그러나 그 날이 언제인지는 성부 하나님 외에는 아무도 모른다.

(4) 그러므로 예수님은 미래의 종말론적 시점을 가리키기 위해 이 세대를 언급하신 것이 아니다. 아직까지도 자신을 배척하고 있는 모든 사람들은 그 종말론적 사건을 피할 수 없게 될 것이라고 확언하고 계신 것이다.

2. 그때는 아무도 모른다(마 24:36; 막 13:32; 눅 21장 : 없음)

(1) 여기서 인자가 언제 올지 우리가 알 수 없다는 사실을 아주 강하게 선언해 준다. 인자 자신도 그 마지막 날을 모른다는 바로 그 사실은 재림이 얼마나 비밀스러운 사항인지를 보여준다. 여기서 '그 날'이란 주님의 날, 심판의 날을 가리킨다. "때와 시기(χρόνους ἢ καιροὺς)는 아버지께서 **자기의 권한에**(by His own authorit, ἐν τῇ ἰδίᾳ ἐξουσίᾳ) 두셨으니"(행 1:7) 우리가 알 바 아니다.

(2) 재림의 날, 그 날은 천사들까지도 심지어 주님까지도 모른다고 하셨다. 그러므로 재림의 날짜를 확정짓는 것은 잘못된 일이다. 따라서 예수님은 지금 종말의 시기를 언급하고 있는 것이 아니라 단지 앞에서 예언하신 일들의 **확실성**을 언급하고 계신 것으로 보아야 한다.

1) '이 세대'란 말이 꼭 시간적 의미가 아니라는 사실은 다음 구절들에서도 확인된다.

- '이 악한 세대'(this evil generation, 마 12:45; 눅 11:29)
- '믿음이 없고 패역한 세대'(마 17:17; 눅 9:41)
- '이 음란하고 죄 많은 세대'(막 8:38)
- '믿음이 없는 세대여'(막 9:19)
- 마 11:16; 눅 11:32; 막 8:12; 눅 17:25; 마 23:36; 눅 11:51 등.

이 구절들에서 중요한 것은 '반드시'라는 의미이다. 예수님께서 '세대'란 단어를 그 당시라는 시간적 의미가 아니라 특별히 비호의적인 의미로 사용하셨다.

그 날과 그때는 아무도모른다(막 13:32)

같이 읽을 곳 (마 24:36-44)

1. 그 날은 노아의 때와 같이 임할 것이다(마 24:37-41; 막 13장; 눅 21:34-35).

(1) 주님은 자신의 재림에 대한 이해를 위해 노아 홍수에 비교하신다. 노아 때는 사람들이 노아의 외침을 무시했고, 갑자기 홍수가 닥쳐왔다. "홍수가 나기 전까지는 사람들이 먹고 마시고 장가 들고 시집 가고 있으면서 홍수가 나서 그들을 다 멸하기까지 깨닫지 못하였다"고 했다. 노아 당시 하나님의 심판은 순식간에 일어났고, 보편적으로 일어났다.[1)]

1) 예수님은 노아 홍수를 비유로 들면서 자신의 말을 믿지 않는 사람들에게도 최후의 심판이 있을 것을 말씀하셨다. 비록 예수님의 임함의 징조들을 모든 사람이 볼 수 있지만 이를 알아차리지 못하는 사람들은 노아 홍수 때의 사람들처럼, 자신의 일에만 몰두할 것이다. 주님을 믿지 않는 사람들은 자신들에게 일어나는 일이 무엇인지도 깨닫지 못한 채, 심판 가운데 떨어질 것이다.

(2) 주님은 이 심판에 대해 더 자세하게 언급하신다. 그 날에는 "한 사람은 데려가고 한 사람은 버려둠을 당할 것이다." 인류는 두 부류로 분리된다. 물론 데려감을 당한 사람은 신자일 것이다. 택하심을 받은 사람들은 인자가 임하실 때 그와 함께 온 천사 군단에 의해 사방에서 모아질 것이다. 이렇게 A.D. 70년에 임하게 될 **예루살렘의 멸망과** 이천 년이 지난 **오늘까지도 여전히 기다리고 있는 종말 사이**의 예언이 함께 섞여서 나타난다. 이는 예언의 특성이다.

그러므로 너희는 깨어 있으라(마 24:42-51)

같이 읽을 곳 (막 13:33-37; 눅 21:36)

2. 주님은 이제 제자들에게 감람산 강화의 결론으로 "그러므로(Therefore. οὖν) 깨어 있으라(Γρηγορεῖτε - 명령법 현재 능동태)"고 명령하신다. <u>주님이 언제 다시 올지에 관심을 둘 것이 아니라 어느 때든지 준비하고 있어야 한다는 점을 강조하신 것이다.</u>

(1) 그러면서 간단한 비유를 드신다. "만일 집 주인이 도둑이 어느 시각에 올 줄을 알았더라면"(43절) 어떻게 했을까? 도둑을 당하는 것은 도둑이 언제 올지 알 수 없기 때문이다. "이러므로 너희도 준비하고 있으라 생각하지 않은 때에 인자가 오리라"(44절). 인자의 임함도 생각하지 않은 때에 임하실 것이다.[2)]

2) 충성되고 지혜 있는 종(마 24:45-51) "충성되고 지혜 있는 종이 되어 주인에게 그 집 사람들을 맡아 때를 따라 양식을 나눠 줄 자가 누구냐 주인이 올 때에 그 종이 이렇게 하는 것을 보면 그 종이 복이 있으리로다." 진실하게 일하고 있는 종을 발견하고, 그에게 모든 소유를 맡기신다(46-47절). 이는 주의 제자들 · 교회 지도자들에게 주시는 약속이다.

(2) 재림의 징조들은 주님이 오시기 전에 반드시 있을 것이다. 그러나 그 임하심이 정확히 언제일지는 모른다. 그래서 우리는 항상 깨어서 부지런히 소망을 가지고 준비하고 있어야 한다. 예수님의 말씀은 역사 속에서 정확히 이루어졌다.

306

▶ 아래의 도표를 자세히 살펴보고 각 복음서 저자들이 어느 지점을 강조하여 설명하는지 말해보자.

* The Prophetic foreshorting (선지자적 원근법)

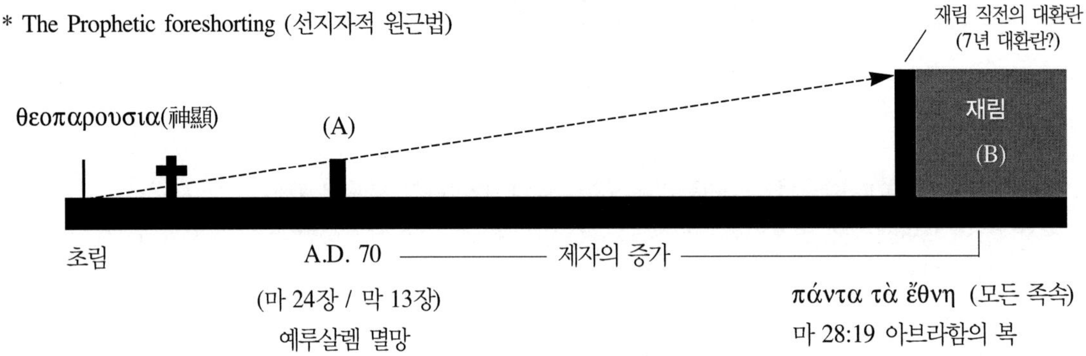

마태 : 예루살렘의 멸망에 초점을 두었다. (A지점) 물론 재림의 종말도 말씀하셨다. 재림 직전의 대환란은 마태복음 24장의 예루살렘의 파멸과는 비교도 안되는 엄청난 환난이 전세계적으로 일어날 것이다.

누가 : (B)지점에 강조점을 두었다. A와 B 사이에 제자의 수가 증가된다.
모든 복음서에서 구원은 현재적 영역과 미래적 영역을 가진다. 그러나 누가복음의 경우에는 특히 전자에 치중한다. 누가는 그리스도인들이 내세(눅 18:30)에 받을 영생에 소망을 가지고 있음을 확인한다. 그러나 일반적으로 그는 지금 현재 이 세상에서의 삶에 보다 큰 강조를 둔다.

요한 : 종말 실현의 개념 (구원론적 개념에서 요 3:18, 5:24-29) - 즉 앞의 쪽을 더 강조했다. 영생이란 (현재, 믿으면 하나님 나라에 들어간다) 지금 영생을 소유하고, 지금 심판을 면한다. 따라서 요한은 지금 영생을 소유치 못한 자는 장차 그 나라에 들어가지 못한다. 장차 믿을 것이 아니라 지금, 지금 영접하라고 요한은 강조하고 있다.

요 3:18 "**그를 믿는 자는 심판을 받지 아니하는 것이요** 믿지 아니하는 자는 하나님의 독생자의 이름을 믿지 아니하므로 벌써 심판을 받은 것이니라."

요 5:24 "내가 진실로 진실로 너희에게 이르노니 **내 말을 듣고 또 나 보내신 이를 믿는 자는 영생을 얻었고 심판에 이르지 아니하나니 사망에서 생명으로 옮겼느니라** 25 진실로 진실로 너희에게 이르노니 죽은 자들이 하나님의 아들의 음성을 들을 때가 오나니 곧 이 때라 듣는 자는 살아나리라 26 아버지께서 자기 속에 생명이 있음 같이 아들에게도 생명을 주어 그 속에 있게 하셨고 27 또 **인자됨으로 말미암아 심판하는 권한을 주셨느니라** 28 이를 놀랍게 여기지 말라 무덤 속에 있는 자가 다 그의 음성을 들을 때가 오나니 29 **선한 일을 행한 자는 생명의 부활로**, 악한 일을 행한 자는 심판의 부활로 나오리라."

from, 동교재,마태복음 24장

- 깨어 있어라!
  '오잉, 나는 매일 새벽기도 나가는데...'

- 왜 영적 분별력이 필요한가? '예수 믿는다면서 구원 받지 못하까봐 전전 긍긍하는 자들' - 거짓 믿음을 갖고 있기 때문이다.

- 영적으로 성숙하려면 어떻게 해야 할까? 열심은 필요한 것이지만 영적 무지는 우리를 파멸로 이끌 수 있다.

- 유대 백성에게 성전은 그들의 전부였다.
  주님은 이 세상에서의 마지막 주간을 정리하고 계셨다.
  "황폐케 하는 가증한 것이 서지 못할 곳에 선 곳을 보거든"
  예수님은 예루살렘성을 내려다 보시면서 그의 철저한 파멸을 예고하신다.
  성전이 돌 위에 돌 하나도 첩놓이지 않고 파멸될 것이다.

- 다니엘의 예언은(단 9, 11, 12장에 예언된 이미지) 그 일부가
  주전 163년에 (안티오쿠스 IV, 주전 175-163) 성취되었지만
  이와 비교할 수 없는 엄청난 파멸이 다가올 것이다.
  그렇다면 그 날은 언제이며, 세상 끝날에는 어떤 징조가 있을 것인가?
  그렇지 않아도 뒤숭숭한 제자들, 모든 것이 불안하다.
  거짓 선지자들의 출현과 난리와 난리 소문, 그리고 재난이 몰려오겠지만
  그렇다고 세상 끝날은 아니다.

- 주후 66년, 예루살렘에는 열심당원(the Zealots)으로 지칭되는
  급진파들이 우세를 점유했다.
  유대 로마 총독, 플로루스(Gessius Florus, 64-66)에 의해
  더욱 강압적인 통치가 시작되었고, 마침내 무장 봉기가 일어난다.

- 결국 예루살렘은 주님의 예언대로 그 최후를 맞았다.
  로마의 장군 디도(Titus)가 예루살렘을 포위, 약탈했고
  성전은 불타버렸고 예루살렘은 완전히 파괴되어버렸다.
  예루살렘 성전의 아름답고 웅장한 모습에 넋을 잃고 있는 백성들
  그들은 곧 사라지고 말 건물에만 집착하고 있었다.
  유대인 110만 명이 죽임을 당하고 97,000명이 사로잡혀갔다.

- 엄청난 대환난과 종말이 우리 앞에 놓여 있다.
  그때가 언제인지는 우리는 잘 모른다.
  제자들처럼 언제 성전이 파괴될 것인가에만 관심을 두고 있지 아니한가!
  온통 주의 재림에만 관심을 두고,
  이 세상에서의 삶을 무시하는 것도 문제이지만
  종말에는 관심이 없고 오직 현세에만 집착하는 것도 문제렸다.

- 오직 주님께만 관심이 있다면
  다가올 천국과 내세를 소망하며 살아야 한다.
  거짓 신지자들의 미혹에도 주의해야 하지만 늘 깨어 있어야 한다.
  언제 주님이 오실지 모르기 때문이다.
  만약, 우리에게 영적 분별력이 없다면,
  너무 두려워할 수도,
  반대로 너무 게을러질 수도 있다.

종교지도자들, 예수님을 죽일 방도를 찾다 (14장)

예수님은 구약에서 예언된 고난(수난)의 종이시다.
수난은 끝이 아니니다.
오히려 인자가 영광에 이르는 불가피한 과정이다.

예수님은 자신이 많은 고난을 받고
장로들과 대제사장들과 서기관들에게 버린 바 되어
죽임을 당할 것이라고 선포하셨다.

14장에서는 종교지도자들이
예수님을 죽음에 넘기기 위해
끊임없는 공작을 펼치는 내용이 전개된다.
주님은 이방인들에게 넘겨져
조롱과 채찍질, 그리고 십자가에 못 박게 될 것이나
제삼일에 살아나실 것이다.

그가 상처를 받은 것,
즉 그가 으스러뜨림을 당하는 것은
우리(백성)의 허물과 죄악 때문이다.
"그가 징계를 받으므로",
그리고 "그가 채찍에 맞으므로"
백성들이 평화를 누리게 될 것이다(사 53:5).

주님은 그 징계를 받기 전
마지막 한 주간을 예루살렘에서 보내신다.
결국은 체포되시고,
제사장 앞에서 사형에 해당된다는 처형을 받으신다.
지금 여기서 여호와의 종은
대리적으로 "중한 벌"을 받고 계신 것이다.

예수님을 죽이려는 음모(막 14:1-2)

(1) 예수님을 잡아 죽이된 명절에는 하지 말자고 했다. 왜냐하면 민란(民亂)이 일어날까 걱정했기 때문이다. 종교 지도자들이 두려워했던 점은 무엇일까?

(2) 이들은 예수님의 이적과 사역으로 인해 백성에게 끼치게 될 그 영향을 정확하게 예상하고 있었다. 나사로가 살아난 사건은 급속히 유대 사회를 폭풍 속으로 몰아넣었다. 많은 사람이 예수님께서 행하신 표적에 대한 소문을 들었기 때문에 그의 인기는 하늘을 치솟았다. 급해진 지도자들은 다시 살아난 나사로까지 죽이려고 모의했다(요 12:10, 11, 17-19).

(3) 특히 대제사장 가야바는 아주 강경하게 나왔다. "저 예수라는 자는 자기 죄가 있든 없든 이 민족을 위태롭게 하여 민족 전체가 망하게 되는 것보다 반드시 제거하지 않으면 안 된다"는 것이었다.

(4) 가야바의 제안은 즉각 결의되었고 이 날부터 산헤드린 공회는 어떻게 예수님을 죽일까 모의했다. 물론 이전에도 바리새인들과 그 하속들이 예수님을 죽이려고 음모를 꾸몄다(마 12:14; 요 5:16, 18 – 안식일에 병을 고쳤다는 이유로). 그러나 이제는 종교당국인 산헤드린 공회에서 그를 죽이기로 공식적으로 가결했다.

예수님의 머리에 향유를 붓다(막 14:3-9)

(1) 베다니 나병환자(나병에 걸렸던) 시몬의 집에서" 식사하실 때에 있었던 일이다. 이때 "어떤 한 여자가 매우 값진 순수한 나드 한 옥합을 가지고 와서 그 옥합을 깨뜨리고 향유를 예수님의 머리 위에 부었다"(3절). 요한복음에서는 나사로의 누이 마리아가 예수님께 기름을 부었다고 했다(요 12:7).

(2) 제자들은 투덜대며 그 여자를 비난했다. 그들은 관점이 모두 달랐다. 서로 어떤 관점이었나? (요 12:8, 9, 12)

(3) 예수님은 이 난감한 상황에 처한 여인을 어떻게 옹호해 주셨나? 예수님은 이 여인의 행위에

영속적인 기념비를 세우신다. "내가 진실로 너희에게 이르노니 온 천하에 어디서든지 이 복음이 전파되는 곳에서는 이 여자가 행한 일도 말하여 그를 기억하리라 하시니라"(13절). 예수님은 이 여자의 행위를 자신의 장례 문제에 적용시키셨다.

그것도 오늘 밤에 한 사람도 예외없이 "다" "너희가 나를 버리리라"

베드로와 제자들의 반응은 어떠했나? (막 14:29; 마 26:33, 35) 만약 그들이 하나님의 사랑을 바라고, 그를 신뢰했다면 모두 다 주님을 버리고 도망가지는 않았을 것이다. 하나님은 목자(牧者)를 치실 것이며, 양들은 흩어질 것이라고 예언하셨다(슥 13:7; 마 26:31). 이들의 구속은 목자를 치심으로써 이루어질 것이었다.

겟세마네에서 기도하시다(막 14:32-42)

(1) 예수님은 앞에 놓여 있는 일을 두고 고뇌하고 계신다. "고뇌하고 슬퍼하사"(마 26:37, 괴로워하다, 고민하다) "내 마음이 매우 고민하여 죽게 되었으니"(38절)라는 표현, 여기까지는 예수님의 인성(人性)이다. 예수님은 십자가의 죽음을 생각하며 괴로워 하셨다.

(2) 여기서 잔(포테리온, ποτήριον)은 십자가 위에서 자기 백성을 대신해서 받는 하나님의 저주의 심판을 가리킨다. 예수님이 고뇌하고(to be grieved) 슬퍼하시는 것(distressed)은 그 죽음이 하나님께 버림을 받아야 하는 심판과 저주의 죽음이기 때문이다. 그의 고통은 육체적, 정신적인 것에도 있지만 그보다는 하나님 아버지로부터 버림받는다는 데 있었다(마 27:36, 어찌하여 나를 버리셨나이까).

(3) 눅 22:42-43을 보라. 기도의 응답이 어떻게 나타났나? 그 잔을 지나가게 하셨나? 그렇지는 않지만, 그 잔을 입에 대고 그것을 다 비우기까지 마실 수 있는 힘을 주셨다.

(4) 왜 깨어 기도하라고 하셨을까? "시험(페이라스모스, πειρασμός)에 들지 않게" 시험(temptation)은 죄악에 떨어질 위험을 초래할 뿐만 아니라 인간으로 하여금 죄에 빠지도록 하는 악한 자의 영향력 아래에 있게 한다.

(6) 이제, 주님이 떠나가신 후, 이 땅에 남아 있는 제자들은 다시 그의 형제들을 굳게 하여야만(스테리조, στηρίζω) 한다. 주님은 베드로에게 믿음 안에 있는 그리스도인들을 강하게 하는 직무를 주셨다. 주님께서 부활하신 후에 제자들은 쉽게 동요할 수 있었기 때문이다.

예수님이 공회 앞에 서시다(막 14:53-54)

(1) 예수님을 재판하는 현장에는 어떤 부류의 인사들이 모여들었을까? (막 14:55 대제사장들과 온 공회가 예수를 죽이려고")

(2) 공회원들이 맨 먼저 판정해야 할 문제는 "예수가 과연 그리스도냐?" 하는 문제였다. 대제사장을 중심으로 온 공회가 거짓 증거들을 수집하고 있었다(마 26:59).

(3) 증거를 찾을 수 없게 되자 어떻게 나왔을까? (마 26:59-61) 물론 거짓 증언들이 많이 있었으나 그 증언들이 서로 일치하지 않았다(막 14:56, "이는 예수를 쳐서 거짓 증언 하는 자가 많으나 그 증언이 서로 일치하지 못함이라").

(4) 나중에 두 사람이 와서 결정적인(?) 증거라고 내놓은 내용은? (막 14:58)

(5) 대제사장의 분노를 보라. 그는 자기가 입고 있던 예복을 찢으며, 이는 신성 모독이라고 했다. 거기에 참석한 모든 공회원들은 "사형에 해당하니라" 하고 동의했다.

(6) 결국 대제사장은 예수님에게 사형에 해당한다는 판결을 내린다(막 14:63-65).

베드로가 예수님을 부인(막 14:66-72)

베드로는 "나는 아니라"(οὐκ εἰμί, 요 18:17)고 분명하게 예수님을 부인했다. 그러나 베드로는 이 일을생각하고 심히 통곡했다고 했다(눅 22:61-62).

310

화요일

- 유대인들이 가야바의 뜰에 모여 예수님을 죽이고자 모의한다(마 26:3-5; **막 14:1-2**; 눅 22:2).
- 사탄이 유다에게 들어가, 유다가 은 30을 받고 이 음모에 가담한다(마 26:14-15; **막 14:10-11**; 눅 22:3-6).

예수님을 죽이려는 음모(막 14:1-2)

같이 읽을 곳 [마 26:1-5; 눅 22:1-2; 요 11:45-53]

마태복음 26:2에서는 이때의 상황을 이렇게 기록한다. "너희가 아는 바와 같이 이틀이 지나면 유월절이라." 그렇다면, 화요일이다. 예수님은 다시 한 번 제자들에게 다가오는 수난을 경고하셨다. 어떤 수난? "십자가에 못 박히기 위하여 팔리리라." 그때에 대제사장들과 백성의 장로들이 가야바(Caiaphas)라 하는 대제사장의 관정에 모여들기 시작했다.

1. 예수님을 잡아 죽이되 명절에는 하지 말자고 했다. 왜냐하면 민란(民亂)이 일어날까 걱정했기 때문이다.

- 요 12:9 "유대인의 큰 무리가 예수께서 여기 계신 줄을 알고 오니 이는 예수만 보기 위함이 아니요 죽은 자 가운데서 살리신 나사로도 보려 함이러라 10 대제사장들이 나사로까지 죽이려고 모의하니 11 **나사로 때문에 많은 유대인이 가서 예수를 믿음이러라.**"

(1) 무엇보다 종교당국자들은 긴장했다. 예수님은 자신이 메시야라는 사실을 그 누구도 반박할 수 없는 확실한 표적들을 통해 보여주셨다. 백성들 누구도 이를 부정할 수 없었을 것이다. 무엇보다 죽었던 나사로가 다시 살아나는 표적으로 많은 유대인이 예수님을 믿었다고 했다(요 12:19-11).

(2) 예수님의 사역으로 인해 그의 인기가 점점 치솟았다. 만약 이 사람을(=예수님을) 이대로 둔다면 걷잡을 수 없는 사태가 올 것이라고 생각했다. 이대로 두면 사람들은 그를 메시야로 인정할 것이고, 예수는 자신이 그들의 두령으로 나서거나, 그렇지 않더라도 무리들이 강제로 그를 그 자리에 세우게 될 것이라고 생각했다(요 6:15, "그러므로 예수께서 그들이 와서 자기를 억지로 붙들어 임금으로 삼으려는 줄 아시고 다시 혼자 산으로 떠나 가시니라").

(3) 이 같은 소문을 듣자 종교 당국자들은 경악했고, 즉시 비상이 걸렸다. 대제사장들과 바리새인들이 공회를 모으고 이 사태를 어떻게 처리할까 비상회의가 열렸다. 예수님이 마지막 주간에 많은 표적을 행하셨기 때문이었다(요 11:47).

2. 나사로가 살아난 사건은 급속히 유대 사회를 폭풍 속으로 몰아넣었다.

(1) 급해진 지도자들은 다시 살아난 나사로까지 죽이려고 모의했을 정도였다(요 12:10, 11, 17-19).

요 11:48 만일[ἐὰν] 그를(이 사람을[2]) 이대로(like this, οὕτως) 두면
모든 사람이 그를 믿을 것이요
그리고 로마인들이 와서 우리 땅과 민족을 빼앗아 가리라

2) '이 사람'(οὗτος ὁ ἄνθρωπος) - 종교지도자들은 예수님을 늘 이런 호칭으로 경멸하여 불렀다. "이적을 행하는 이 사람" 이라고까지 말했다.

(2) 만약 예수님을 체포하지 않는다면 반란으로 오인될 만한 운동으로 번지게 되지 않을까 걱정했다. 당시 유대는 정치적인 메시야로서 이스라엘의 구원자를 기다리고 있었고, 그래서 많은 메시야적 반란들이 있어 왔다. 당국자들은 예수님을 따르는 무리들에게 입막음도 해보았고, 또 회당에서 축출도 해보는 등(요 9:22), 모든 조치를 취했지만 소용이 없었다.

- 돌을 '옮겨 놓으라'(ἄρατε명령법 과거)
- "주여, 죽은 지가 나흘이 되었으매 벌써 냄새가 나나이다."
- 마르다는 무덤에 있은 지 4일이 지났기에 시체가 썩기 시작했다고 생각했다.
- 예수님 - "내 말이 네가 믿으면 하나님의 영광을 보리라 하지 아니하였느냐"(요 11:4, 25-26).

(3) 특히 대제사장 가야바는 아주 강경하게 나왔다. "당신들은 그렇게도 아둔합니까?"(요 11:49)라고 하면서 예수를 제거하지 않으면 안 된다고 목소리를 높였다. "저 예수라는 자는 자기 죄가 있든 없든 이 민족을 위태롭게 하여 민족 전체가 망하게 되는 것보다 반드시 제거하지 않으면 안 된다"는 것이었다.

(4) 가야바[1]는 사두개파의 일원이었음을 보아(행 4:6, 5:17-18) 그의 잔인성을 엿볼 수 있다. 어쨌든 가야바는 대제사장의 위치에서 산헤드린 공회의 논쟁을 정리했다. 결론은 예수를 없애야 한다는 것이었다. 그의 제안은 산헤드린 공회에서 즉시 받아들여졌다.

3. "이 날부터는 예수를 죽이려고 모의하니라"(요 11:53)

(1) 가야바의 제안은 즉각 결의되었고 이 날부터 산헤드린 공회는 어떻게 예수님을 죽일까 모의했다. 물론 이전에도 바리새인들과 그 하속들이 예수님을 죽이려고 음모를 꾸몄다(마 12:14; 요 5:16, 18 - 안식일에 병을 고쳤다는 이유로; 7:1, 19, 25, 8:37). 그러나 이제는 종교당국인 산헤드린 공회에서 그를 죽이기로 공식적으로 가결했다.

(2) 그러므로

예수께서 다시 유대인 가운데 드러나게 다니지 아니하시고
거기를 떠나 빈 들 가까운 곳인 **에브라임**이라는 동네에 가서
제자들과 함께 거기 머무르시니라(요 11:54)

▶ 예수님은 죽은 나사로를 살리시고(요 11:1-46), 이 일이 있은 후에 예루살렘 북동쪽에 있는 에브라임 광야로 물러가셨다(요 11:54). 예루살렘 북쪽 15마일 지점이다.

1) 가야바는 대제사장 안나스의 사위였다(요 18:13). 안나스는 면직되었으나(AD. 15년) 그의 사위 가야바가 그를 보필했다. 요 18:13에 보면 가야바는 예수님을 체포하여 먼저 안나스에게 보낸다. 왜냐하면 그해 대제사장이었던 가야바의 장인이었기 때문이다.

• 향유를 부은 사건이 **베다니**에서 일어났다고 기록하고 있다.

▼ **눅 7:37에서도 향유를 부은 기사가 나온다.**

"그 동네에 **죄를 지은 한 여자**가 있어 예수께서 바리새인의 집에 앉아 계심을 알고 향유 담은 옥합을 가지고 와서 38 예수의 뒤로 그 발 곁에 서서 울며 눈물로 그 발을 적시고 **자기 머리털로** 닦고 그 발에 **입맞추고 향유를 부으니**"

(이 사건은 언제 어디서 일어난 일인지는 분명치 않다. 그리스도가 세리와 죄인들의 친구라고 비난 받으실 때쯤) / 요 12장에 나오는 마리아와는 다른 여자이다.

예수님의 머리에 향유를 붓다(막 14:3–9)

같이 읽을 곳(마 26:6–13; 요 12:1–8)

1. 요한복음 12장을 보면, 유월절 (엿새) 전에 베다니에 이르셨다고 했다(요 12:1). 오늘 본문의 기록은 누가복음 7:37에 기록된 향유를 부은 사건과는 다른 사건이다. 오늘 본문은 베다니 (나병환자) 시몬의 집에서 식사하실 때에 일어난 사건이다.

(1) 본문은 "예수께서 베다니 나병환자<나병에 걸렸던> 시몬의 집에서" 식사하실 때에 있었던 일이다. 이때 "어떤 한 여자가 매우 값진 순수한 나드 한 옥합을 가지고 와서 그 옥합을 깨뜨리고 향유를 예수님의 머리 위에 부었다"(3절). 요한복음에서는 나사로의 누이 마리아가 예수님께 기름을 부었다고 했다.

• 요 12:7 - "한 여자가 매우 귀한 향유 한 옥합(알라바스토론, ἀλάβαστρον-석고 상사)을 가지고 나아와서 식사하시는 예수의 머리에 부으니".

• 나드(nard, 나르도스 νάρδος) - 인도 북부에서 나오는 식물의 줄기에서 채취한 값비싼 향유이다. 고대인들은 매우 값진 향유를 준비할 때 이 즙을 사용한다(아 1:12, 4:13-14).

(2) 제자들은 투덜대며, 그 여자를 비난했다. 그들은 관점이 모두 달랐다. 서로 어떤 관점이었나? (요 12:8, 9, 12)

막 14:4 어떤 사람들이 화를 내어 서로 **말하되**
/어찌하여 이 향유를 허비하는가

마 26:8 제자들이 보고 분개하여(=분노하다) **이르되**(. . . 하거늘)
/무슨 의도로 이것을 허비하느냐
9 /이것을 **비싼 값**[1]에 팔아 가난한 자들에게 줄 수 있었겠도다

1) 마리아는 순전한 나드(pure nard) 한 근을 예수님의 발에 부었다(눅7:38, 46 참조). 이 향유(뮈론, μύρον)는 지극히 비싸다고 했는데, 제자 중 특히 가룟 유다가 매우 민감하게 반응한 것을 보면, 당시 상황으로 보아서는 보통 큰 금액이 아니었던 것 같다. 유다는 이 나드 향유의 값을 대략 300 데나리온으로 추정했다 (막 14:5).

막 14:5 이 향유를 삼백 데나리온 이상에 팔아
가난한 자들에게 줄 수 있었겠도다 하며
그 여자를 책망하는지라

삼백 데나리온은 일반 노동자들의 일년 분 품삯에 해당된다.

(3) '책망하다'(엠브리마오마이, ἐνεβριμάομαι)는 말은 '매우 분노(분개)하다'라는 의미이다. 어떤 사람들이 그녀를 엄히 꾸짖었다. 그러나 주님은 그들을 향해 가만 두라고 하셔셨다(6절 "너희가 어찌하여 그녀를 괴롭게 하느냐?") . 이 여인에게는 주님께 드릴만한 값어치 있는 것이 아무 것도 없었다. 그녀는 옥합을

깨드려 향유 전부를 드렸다. 이것이 제자들에게는 낭비로 보였다. 이 여인은 제자들의 힐난에 어절 줄을 몰라했을 것이다.

2. 예수님은 이 난감한 상황에 처한 여인을 어떻게 옹호해 주셨나?

마 26:10 예수께서 아시고 그들에게 **이르시되**
/너희가 어찌하여 이 여자를 괴롭게 하느냐
그가 **내게 좋은 일을 하였느니라**
11 가난한 자들은 항상 너희와 함께 있거니와
나는 항상 함께 있지 아니하리라
12 이 여자가 내 몸에 이 향유를 부은 것은
내 장례[1]를 위하여 함이니라.

- 예수님은 이 여자의 행위가 주님의 장례를 준비한 것이라고 하셨다(마 26:13).
- 늘 함께 다니던 제자들도 반복되어 언급되었던 죽음의 의미를 아직 깨닫지 못했다.
- 그렇다고 마리아 자신이 예수님의 장례를 생각했다는 말일까?

- 마리아의 믿음의 사랑은 예수님의 죽음이 임박했다는 사실을 감지할 수 있었다. 예수님의 죽음, 그것은 복음의 핵심이다.
- 마리아의 행동은 이제 지상에서의 마지막 삶을 정리하는 예수님에게는 장례를 위하여 하는 행동이었다고 말씀하신다.

예수님은 이 여인의 행위에 영속적인 기념비를 세우신다. "내가 진실로 너희에게 이르노니 온 천하에 **어디서든지 이 복음이 전파되는 곳에서는** 이 여자가 행한 일도 말하여 그를 기억하리라 하시니라"(13절). 예수님은 이 여자의 행위를 자신의 장례 문제에 적용시키셨다.

1) 내 '장사' (엔타히아사모스) ἐνταφιασμός '매장 준비'를 말할 때 쓰였다. /이 단어는 시체를 방부 보존할 경우에 사용되었다. 유대인들은 애굽인들처럼 향료로써 시체를 방부처리 하지는 않았으나 유대인의 사고에는 시체의 보존을 뜻하는 것으로 이것은 부활의 필수 요건이었다.

3. 그러나, 가난한 자를 도와야 한다고 떠들어댔던 제자들, 특히 가룟 유다는 이 시간에 어떤 생각을 하고 있었을까? (마 26:14-16)

(1) 배신자는 주님과 너무나 가까운 12제자 중의 한 사람이었다. 시 55:12-14을 읽어 보자. 대제사장의 관정에서는 종교지도자들이 예수님을 잡아 죽이려고 의논했는데(마 26:5), 그것은 예수님의 제자 중 한 명인 가룟 유다를 사주하는 일이었다. 가룟 유다는 예수님을 대제사장에게로 넘겨주기로 하고 돈을 요구했다.

(2) 막 14:10-11을 읽어보라. 기뻐하는 제사장들의 모습을 설명하고 있다.

유다의 배반(막 14:10-11)

10 가룟 유다가 — 대제사장들에게 **가매**
/열둘 중의 하나인
//(목적: to, ἵνα)
예수를 넘겨 주려고
11 그들이 — 듣고(들었을 때, when)
— **기뻐하여**(they were glad, ἐχάρησαν)
— 돈을 주기로 **약속하니**(and promised to give him money)

[얼마를 받기로 했나?]
銀 30(thirty pieces of silver) - 출 21:32을 보라. 얼마나 되는 돈인가? 빌립보서 2:5-8도 보자. 우리의 구주, 영광스러운 왕, 예수님은 종의 형체를 입고 오셔서, 종의 몸값으로 팔려가셨다(슥 11:12, 13 참조). 가룟 유다는 왜 예수님을 배반하게 되었을까?

가룟 유다(Judas Iscariot)의 배반

가룟 유다가 예수를 넘겨 주려고 대제사장들에게 가매
그들이 듣고 **기뻐하여**
(they were glad, ἐχάρησαν)
돈을 주기로 **약속하니**
(and promised to give him money)
유다가 예수를 어떻게 넘겨 줄까 하고
그 기회를 찾더라(막 14:11).

제자들과 함께 유월절을 지키심(막 14:12–21)

같이 읽을 곳 (마 26:17–25; 눅 22:7–14; 요 13:21–30)

1. 나산월 14일 아침이었다. 그러니까 목요일이다. 예수님께서 베드로와 요한을 예루살렘에 보내 유월절을 준비하게 하신다(마 26:17-19; 막 14:12-16; 눅 22:7-13). 예수님은 다락방에서 제자들과 함께 하신다.

막 14:12 무교절의 첫날 곧 유월절 양 잡는 날에

(1) 유월절은 이스라엘 백성들이 애굽에서 고생과 억압으로부터 해방되어 나오던 그 날을 기념하여 지키는 명절이다. 이후 이스라엘 중에서 가장 중요한 절기 예식으로 지켜졌다. 이 유월절에는 시작하는 그날부터 무교병(無酵餠, 누룩을 넣지 않고 만든 떡)을 먹어야 하므로 그 기간을 무교절(無酵節)이라고도 했다. 무교절 첫날은 니산월 14일로 유월절 양 잡는 날이다(12절).

(2) 어디에 가서 유월절 음식을 먹을까? 예수님은 제자 중 둘을 성내로 들어가라고 하셨다. "그리하면 물 한 동이를 가지고 가는 사람을 만나리니 그를 따라가서" "그 집 주인에게 유월절 음식을 먹을 나의 객실이 어디 있느냐?"고 물으시라는 것이다. 그 집주인은 제자들에게 큰 다락방을 보여주었다(12-16절). 마태복음의 설명을 들어보자(마 26:18).

18 [그가] **이르시되**
/[너희는] — 성안 아무에게 가서 **이르되**(하시더라)
/선생님 말씀이
/내 때가 — 가까이 왔으니
/[내가] — 지키겠다 하시더라
/내 제자들과 함께 유월절을 네 집에서

그들은 "(My time)가 가까이 왔으니(is at hand)"라는 예수님의 말씀의 의미를 이해하지 못했다. 그는 십자가 위에서 피 흘려 죽어야 할 유월절 어린 양이셨다.

ὁ καιρός μου ἐγγύς ἐστιν,

내 때 : 아버지께서 주께 맡기신 구속 사업을 종결짓기 위해 정하신 때를 말한다. 이제 그 때가 다가온 것이다.

2. **최후의 만찬석에는 예수님이 택한 제자들이 모두 모였다**(17절 "저물매 그 열둘을 데리시고 가서"). **물론 가룟 유다도 함께 참석했다.**

막 14:18 다 ——— 앉아 먹을 때에
예수께서 — **이르시되**
/내가 진실로 너희에게 **이르노니** (...하신대)
/너희 중의 한 사람[이] — 나를 **팔리라**((παραδώσει)[1])
(곧) 나와 함께 먹는 자가

누가복음 22:14-18에서 유월절 식사에 대해서 이렇게 언급한다.

14 때가 이르매 예수께서 사도들과 함께 앉으사(=비스듬이 눕거나 기대어)
15 이르시되 내가 고난을 받기 전에 너희와 함께 이 유월절 먹기를 원하고 원하였노라
16 내가 너희에게 이르노니 이 유월절이 하나님의 나라에서 이루기까지 다시 먹지 아니하리라 하시고
17 이에 잔을 받으사 감사 기도 하시고 이르시되 이것을 갖다가 너희끼리 나누라
18 내가 너희에게 이르노니 내가 이제부터 하나님의 나라가 임할 때까지 포도나무에서 난 것을 다시 마시지 아니하리라 하시고

1) παραδίδωμι(파라디도미)의 미래 / 전하다, 전달하다. - 신약성경에서 이 동사의 기본적인 의미는 '심판이나 죽음에 넘겨주다'라는 뜻으로 쓰였다. 예수님의 추종자들은 공회에 넘겨질 것이고(마 10:17), 핍박과 박해를 당하게 될 것이다(마 24:9).

316

유월절 기간 중 예수님의 사역

- 유월절 식사에 대하여 말씀하심(눅 22:14-18)
- 제자들의 발을 씻기심(요 13:1-17)1)
- 예언 - 그의 배반자에 관하여(마 26:21-25; **막 14:18-21**; 눅 22:21-23; 요 13:18-33) - 사탄이 유다에게 들어가고 그는 다락방에서 나간다. 제자들은 유다가 예수님의 심부름을 간 줄로 믿는다.
- 성만찬 제정(마 26:26-29; **막 14:22-25**; 눅 22:19-20)
- 제자들의 분쟁 책망(눅 22:24-27; 요 13:34-35) - 서로 누가 큰 자인가 다투고 있다. (겸손한 자가 가장 큰 자이다)
- 베드로의 죽음에 관하여 언급(요 13:36)
- 예언 - 다락방에 있을 때 - 베드로가 예수님을 부인할 것을 말씀하심(요 13:38; 눅 22:31-34)
- 설교 - 그 아버지의 집에 관하여(요 14:1-31)
- 성령에 관하여 말씀하심(요 14:16-21) - 성령이 오셔서 그들과 영원히 함께 거하실 것이다. 성령이 오셔서 그들에게 모든 것을 가르치실 것이다.
- 예수님께서 평화에 관하여 말씀하심(요 14:26-27)
- 다락방을 떠나 겟세마네로 - "이에 그들이 찬미하고 감람 산으로 나아가니라"(마 26:30; **막 14:26**).

(1) "너희 중의 한 사람[이] 나를 팔리라"(막 14:18)라는 예수님의 청천벽력 같은 말씀에 제자들은 모두 근심하기 시작했다. 제자들은 심란하여 저마다 예수님께 묻기 시작했다. "저는 아니겠지요?"(Surely not I?, μήτι ἐγώ;)

(2) 예수님은 이 일로 심령이 몹시 괴롭다고 하셨다(요 13:21, "예수께서 이 말씀을 하시고 **심령이 괴로워** 증언하여 이르시되 내가 진실로 진실로 너희에게 이르노니 너희 중 하나가 나를 팔리라 하시니")

'괴롭다'라는 말 '타랏소'(ταράσσω)는 수동태로는 '혼란(무질서)에 빠뜨리다'를 의미한다. 예수님이 이렇게 혼란스러우신 것은 제자들 중 하나가 예수님을 팔 것이기 때문이라고 했다.

"심령이 괴로워"(ἐταράχθη^became troubled^ τῷ πνεύματι^in spirit^)(21절)

그러자 제자들은 그 배신자가 누구인가 알고자 소동이 일어났다. "너희 중 한 사람이 나를 팔리라." '팔리라'는 단어 '파라디도미'(παραδίδωμι)는 대부분의 구절이 (예수님의 고난과 수난 그 자체에 대한) 예수님의 선포에 대해 언급하고 있다.

3. 예수님은 물론 자신을 팔 자가 누구인가를 알고 계셨다.

> 막 14:20 [그가] ─ 그들에게 **이르시되**
> /열둘 중의 하나 ── (이)니라
> 곧 나와 함께 그릇에 **손을 넣는 자**(ἐμβαπτόμενος분사)

(1) 요한복음에서는 이 현장의 모습을 더욱 리얼하게 묘사하고 있다(요 13:22이하). 제자들은 서로 불안했다. 누구를 지적하여 말씀하시는지 알지 못했기 때문이다. 22절에서(요 13:22) '의심하다'라는 말, 아포레오(ἀπορέω)는 '당황하다, 어쩔줄 몰라하다'라는 의미이다. 그래서 서로 쳐다보기만 했다. 제자들은 지금 충격에 빠져 있다. 요한은 당시 적막했던 상황을 좀더 자세히 묘사한다.

> "예수의 제자 중 하나 곧 ***그가 사랑하시는 자***가 예수의 품에 '의지하여 누웠는지라'[1)]"(요 13:23).

유대인들은 명절 때 소파에 기대곤 했다. 각 사람은 자기 오른쪽에 있는 사람 뒤에 기대었다. 식사할 때는 식탁에서 옆으로 비스듬히 누워 왼팔로 머리를 받치고 오른손으로는 식탁 위에 놓인 음식을 먹었다. 그래서 이 제자는 주님의 품에 기대게 되었다. 이 사랑 받는 제자가 가장 명예로운 자리를 차지하고 있었다. 그렇다면 이 제자는 누구일까? 많은 학자들은 본서의 저자 요한이라고 주장한다 (요 19:26, 27, 20:2-10, 21:7, 20-24).

1) was reclining on (ἦν ἀνακείμενος - 현재분사 중간태) ἀνακεῖμαι(아나케이마이) 식탁에 기대다(눕다) - 기대어 누워있었다.

(2) 그러면 베드로는 어디쯤 앉아 있었을까? 아마 거리가 좀 먼 곳에 앉아 있지 않았을까? 베드로가 예수님 바로 옆에 있는 제자에게 머릿짓을 한 것을 보니까. 어쨌든 성격이 급한 베드로가 궁금증을 참지 못하고 "머릿짓을 하여 말씀하신 자가 누구를 가리켜 말씀하시는지"를 여쭈어 보게 하였다(요 13:24). 그래서 "그가(=아마도 요한) 예수의 가슴에 그대로 의지하여 말하되 주여 누구니이까?" 하고 물었다(요 13:25). 즉 예수님께 바싹 다가앉으며 물었다. 가룟 유다는 어떤 모습을 하고 있었을까? (마 26:25)

> 마 26:25 예수를 파는 유다가 **대답하여 이르되**
> /랍비여 나는 아니지요
> [그가] ─ **대답하시되**(...하시니라)
> /네가 말하였도다(You have said it yourself, σὺ εἶπας)[1)]
>
> 이 말은 "바로 너다"라는 뜻이다.

1) 결국 유다는 식사 도중 나갈 수밖에 없었을 것이다 (요 13:30). 시간으로는 밤이었다. 이미 폭로된 이상 그는 즉시 계획을 실행하려고 했다. 그는 다락방에서 떠나 대제사장 저택으로 갔을 것이다.

(3) 이에 대해 예수님은 이름을 말하지 않으신다. "예수께서 대답하시되 내가 떡 한 조각을 적셔다 주는 자가 그니라 하시고 곧 한 조각을 적셔서 가룟(Ἰσκαριώτης이스기리오데스)[2)] 시몬의 아들 유다에게 주시니"(요 13:26). 가룟 유다는 이미 마음속에서 예수님을 배제했다. 다만 지금 자신과 함께 동행했던 제자들과 마지막 만찬에 참여하고 있었을 뿐이다. 요한복음의 설명을 더 들어보자.

2) 유대지방의 한 마을인 '가리옷' 사람이라는 뜻. 어떤 사람은 시카리오스(=자객, 비적)와 관계 있다고 해석하기도 한다.

1) 속히(타키온, τάχιον) - 비교급 부사로 '더욱 빠르게, 더 신속하게'라는 의미이다.

2) "네가 하는 일" - 유다가 배반하기로 계획했던 일.

요 13:27 조각을 받은 후
곧(then, τότε) 사탄이 그 속에 **들어간지라**(εἰσῆλθεν과거 능동)
이에(then, οὖν)
예수께서 유다에게 **이르시되**(...하시니)
/[너는] —— 속히[1] **하라**
/네가 하는 일을[2]

(4) 떡 조각을 받아든 가룟 유다, 그는 지금 어떤 마음이었을까? 그래도 주님에게서 사랑을 기대했을까? 그러나 떡 조각을 받아든 순간 유다의 표정이 굳어졌을 것이다. '그래, 빨리 배반의 길을 걸어가자'라고 생각했을 것이다. 이제 그의 정체가 드러나자 유다는 분개했다. 유다는 떡 조각을 받고 곧(유디스, εὐθύς, immediately) 나갔다(30절). 때는 밤이었다.

4. "차라리 태어나지 아니하였더라면"(마 26:24)

(1) 계속하여 마태복음 26:24을 읽어보고, 하나님의 주권과 인간의 책임에 대하여 말해보자.

26:24 인자는 ——— 자기에 대하여 기록된 대로 **가거니와**
화가 있으리로다
/인자를 파는 그 사람에게는
[만일] 그 사람은 – (차라리) 태어나지 아니하였더라면
[그것이] ——— 제게 **좋을 뻔하였느니라**

• 요 13:27 "조각을 받은 후 곧 사탄이 그 속에 들어간지라 이에 예수께서 유다에게 이르시되 네가 하는 일을 속히 하라 하시니 28이 말씀을 무슨 뜻으로 하셨는지 그 앉은 자 중에 아는 자가 없고 29어떤 이들은 유다가 돈궤를 맡았으므로 명절에 우리가 쓸 물건을 사라 하시는지 혹은 가난한 자들에게 무엇을 주라 하시는 줄로 생각하더라 30유다가 그 조각을 받고 곧 나가니 밤이러라."

(2) "차라리 태어나지 아니하였더라면" - 회개의 경우에만 사해질 수 있는 상황을 가리킨다. 그러나, 가룟 유다는 끝내 회개하지 않았다. 그는 예수님을 대적자들에게 은(銀) 삼십을 받고, 예수님의 엄한 경고에도 불구하고 계속 자기의 일을 하고 있었다.

(3) 유다는 예수님을 "주여"라고 부르지 않고, "(랍비)"라고 부르고 있음을 본다(마 26:25). 요 13:27-30*에는 이 일에 대해 어떻게 언급하고 있나? 다른 제자들은 가룟 유다가 왜 그런 행동으로 그 공동체를 떠나갔는지 이해하지 못했을 것이다. 배신자는 스스로 그 배신에 책임을 져야 한다. 유다는 이 상황에서 두려워한다. 예수님이 자신의 모든 계획을 알고 계셨을 것이라고 생각했을 것이다. 만약 예수님께서 하신 말씀을 받아들였다면, 최후의 때에 회개의 독촉이 되었을 것이다.

마지막 만찬(막 14:22-26)

같이 읽을 곳 (마 26:26-30; 눅 22:15-20; 고전 11:23-25)

1. 식사 도중 가룟 유다를 내보내셨다(요 13:30). 그후에 주님은 떡을 떼어주면서 제자들에게 어떻게 말씀하셨나? (마 26:26)

• 요 13:26 "예수께서 대답하시되 내가 떡 한 조각을 적셔다 주는 자가 그니라 하시고 곧 한 조각을 적셔서 가룟 시몬의 아들 유다에게 주시니...30유다가 그 조각을 받고 곧 나가니 밤이러라."

26:26 그들이 ——— 먹을 때에(When)
예수께서 ——— **떼어**
/떡을 가지사
/축복하시고 — 축복하시고(εὐλογήσας, after a blessing) - 과거분사 능동태, 축복을 선언하신 후에 떡을 떼어 주셨다.
이르시되(...하시고)
/제자들에게 주시며(과거분사)
/[너희는] — **받아서 먹으라**
이것은 —— **내 몸이니라**(this is My body) — 떡이 상징하고 있는 것은 우리를 위하여 내어주신 예수님의 몸을 나타내는 것으로서 예수님의 죽음을 상징한다.

(1) 십자가에서 죽음을 앞두시고 예수님은 제자들에게 한 장소(다락방)를 빌려 마지막으로 유월절을 기념할 준비를 하라고 하셨다. 제자들과 함께 모인 자리에서 그들과 함께 유월절을 기념하신다(눅 22:7-15). 주님은 유월절 떡이 그들을 위해 내주는 자신의 몸이라고 하셨다(눅 22:19). 이로써 유월절의 의미를 새롭게 하셨다.

(2) 이제 새 언약의 역사가 시작된다. 그 시작은 예수님께서 성찬을 제정하신 다락방에서부터였다. 하나님은 애굽에서 장자들을 죽음의 재앙으로부터 구원하신 일을 기념하기 위해 유월절을 제정하셨다. 이 과정에서 어린 양이 죽임을 당했다. **어린 양의 희생의 의미는 그 이전에는 나타나지 않는다. 유월절 양의 대속 사건에서 비로소 대속적 죽음의 의미가 밝혀지고 있다.** 이와 같이 예수님께서 구원을 위한 자신의 희생을 기념하는 예식으로 성찬을 제정하셨다.

유월절 어린양

"유월절 어린 양"이란? - 이스라엘이 애굽에서 나오기 전 날 밤, 그 밤은 하나님의 천사들이 애굽 땅의 모든 장자(長子)를 치던 무서운 재앙의 밤이었다. 이날 밤 어린 양의 피가 문설주와 인방에 칠해져 있는 이스라엘 사람들의 가정에는 그 재앙이 넘어가게(passover) 되었다. 그때에 피 흘린 어린 양을 가리켜서 <유월절 어린 양, Paschal Lamb>이라고 부른다. 이는 우리를 위해 죽으실 예수 그리스도를 예표하는 것이었다. 주님은 하나님의 진정한 양(유월절 양)으로서 이스라엘과 모든 인류를 위하여 자신을 속죄 제물(희생)로 드리셨다.

2. 주님은 이러한 의식을 통하여 주의 만찬을 제정하셨으며, 그의 제자들에게 이 의식을 지켜 기념하라고 하셨다. 이 의식은 어떤 의미가 있나? (고전 11:23-27)

• 고전 11:23 "내가 너희에게 전한 것은 주께 받은 것이니 곧 주 예수께서 잡히시던 밤에 떡을 가지사 24축사하시고 떼어 이르시되 이것은 너희를 위하는 내 몸이니 이것을 행하여 나를 기념하라 하시고 25식후에 또한 그와 같

이 잔은
내 피로 세운
(ἐν τῷ ἐμῷ αἵματι)

새 언약
(ἡ καινὴ διαθήκη)이니

이것을 행하여
마실 때마다
나를 기념하라 하셨으니
(고전 11:25)

이 잔을 가지시고 이르시되 **이 잔은 내 피로 세운 새 언약이니 이것을 행하여 마실 때마다 나를 기념하라** 하셨으니."

3. 유월절 식사가 끝난 후 성찬식으로(주의 만찬) 넘어갔다(마 26:26). 또 잔을 가지고 축복하시고 그들에게 주시면서, (막 14:23)

마 26:27 또
[그가] ― 그들에게 **주시며 이르시되**
/잔을 가지사 감사 기도하시고
/너희가 ― 다 이것을 마시라
//(이유: γάρ)
28 이것은 ― 나의 피 곧 **언약의 피**니라
/흘리는 바
/죄 사함을 얻게 하려고
많은 사람을 위하여(περί)

성찬식은 이 행위를 상징하고 있는 것이다.

- **언약(言約)은 지금까지 황소와 염소의 피로** 보증되어 왔으나, 이제는 옛 언약 안에 주어진 바 된 모든 약속들을 성취하실 자가 자신의 보혈을 흘려야 할 시각이 막바지에 이른 것이다.
- 예수님은 제자들에게 떡과 잔을 통해 언약의 피를 가르쳐 주셨다. 그 의미는 무엇인가? (출 24:6-8; 렘 31:31-34 / 새 언약)

언약의 피(αἷμά τῆς διαθήκης) - 제자들이 받아서 마신 포도주는 예수님이 흘리실 피를 상징한다. 주님은 많은 사람이 죄사함을 받게 하기 위하여 피를 흘리실 것이다. 십자가에서 대속의 죽음을 죽으실 것이라는 말이다.

짐승의 죽음 : 짐승의 죽음은 제사 의식에서 가장 중요한 부분이다. 제물은 죄 지은 자의 생명을 상징하고 제물의 죽음은 죄에 대한 벌로서 죽음을 상징한다(이중적 역할). 죄는 생명력의 온전함을 상실한 것이기에 일종의 죽음이라고 할 수 있다. 이 치유는 다른 생명의 죽음을 통해서만 구속될 수 있다(히 9:22). 즉 피흘리심으로써만 가능하다. 희생제사는 인간이 자신의 철저한 순복을 표현하고 하나님이 자신의 생명을 주심으로써 응답하는 수단이라고 할 수 있다. **이 짐승의 죽음은 예수 그리스도의 죽음을 예표한다.** ―

새 언약에서는 어떤 점이 강조되고 있는가?

- 죄의 완전한 소거(렘 31:34; 겔 36:29, 33) - 죄의 용서
- 충만한 사죄가 새 언약과 더불어 임한다. 이러한 용서는 새 언약에 기초한다(렘 31:34). 모든 죄가 용서함을 받기 때문에 언약의 복을 경험할 수 있다.
- 마음의 내적 변화(렘 31:33; 겔 36:26)

4. 예수님께서는 다시는 그의 제자들과 이러한 방법으로 식탁을 하지 않을 것이라고 하셨다. 언제 같이 나누게 될까? (마 26:29)

막 14:25 진실로 너희에게 **이르노니**
/내가 포도나무에서 난 것을 하나님 나라에서
새 것으로 마시는 날까지
다시 마시지 아니하리라 하시니라

예수님은 이제 곧 십자가 위에서 죽으실 것이다. 다시 재림하실 때까지, 즉 하나님 나라가 임하여 새 포도주를 제자들 · 신자들과 함께 마실 때까지는 포도나무에서 난 것을 다시 마시지 않으실 것이다.

▶ 새 언약은 마음을 새롭게 할 것이다. 새 마음을 주신다는 것과 하나님의 영을 소유하게 된다는 것은 주님께서 이 새 언약의 시대에 성취하고 계시는 영광스러운 약속이다. 무엇보다 새 언약이 강조하고 있는 것은 새 언약의 확고불변성이다. 이전의 언약들과는 달리 새 언약은 파기될 수 없다는 것이다. 그러므로 새 언약은 하나님께서 족장들과 이스라엘과 다윗 왕조와 수립하셨던 언약들의 최고조의 성취이다. 새 언약 안에서 그 궁극적인 성취를 이룬다. 또한 영원한 것이다.

1. 새 언약은 이전의 백성과 세운 언약들의 모든 약속의 성취이다.

(1) 모세 언약 밑에서 실현되지 못했던 하나님의 율법 순종은 새 언약의 규정 밑에서 완전한 성취를 보게될 것이다(렘 31:33). 다윗은 이스라엘 위에 왕이 될 것이며, 그 나라는 모세 언약의 법에 따라 준행할 것이다(겔 37:24-25). 또한 하나님의 성령은 인간의 마음에서 역사하게 된다.

(2) 새 언약은 영원성을 지닌다. 더 이상 새로운 언약을 필요로 하지 않는다. 아브라함의 언약(창 17:7), 모세 언약(출 40:11; 레 16:34), 다윗 언약(삼하 7:13, 16)도 영원한 것으로 특징지어졌으나, 새 언약의 영원한 성격은 종말론적인 차원을 나타내고 있다.

2. 새 언약의 약속들이 과연 우리에게 주신 약속들인가?

신약의 증거에 따르면, **새 언약은 예수의 희생적인 죽음으로 성취되었다.** 예수님은 자신의 죽음을 새 언약의 개시(開始)로 이해하셨다(고전11:25; 눅22:20).

3. 새 언약은 그리스도 안에 주어진 의와 성령의 통치이다(고전 3:16).

(1) 이 새 언약은 십자가상의 피흘리심에 기초하며, 그 안에서 회중이 성만찬에 참여하게 된다(고전 11:25, "식후에 또한 그와 같이 잔을 가지시고 이르시되 **이 잔은 내 피로 세운 새 언약이니 이것을 행하여 마실 때마다 나를 기념하라 하셨으니**")

(2) 구약의 하나님의 백성들이 가지는 특권들이 영적 의미에서 교회로 전수되고 있다(고후 6:16이하). 이스라엘의 특권이었던 하나님께의 예배도(롬 9:4), 이제 영적 예배로 드려진다(롬 12:1).

(3) 예수님은 새 언약의 중보이시다. 그 피는 새 언약의 피로서 많은 사람들의 죄를 용서하기 위하여 흘려 새롭고 영원한 언약을 가능하게 한다. "많은 사람을 위해 피를 흘리신다." "모든"이라는 말이 아니라 렘 31장에 따라 ① 예수 안에서 ② 그로 말미암아 죄사함을 받고 새 언약의 구원에 참여할 수 있게 된 자들을 의미한다. (복음을 받아들인 자) ■

네(=베드로)가 세 번 나를 부인할 것이다(막 14:27–31)

같이 읽을 곳 [마 26:31–35; 눅 22:31–34; 요 13:36–38]

어이, 숫탉!!
때가 되면 울어. 아무 때나 울지 말고~

알았어. 베드로를 위해서라도 꼭 울고말꺼야! 세 번...

1. 만찬이 끝난 후 주님은 그의 제자들과 함께 (감람 산)으로 나아가셨다. 주님은 산헤드린의 무리들에게 잡히실 것을 아셨다. 주님은 제자들에게 무슨 예언을 하셨나? (마 26:31, 32, 34을 먼저 읽어보자)

막 14:27 예수께서 제자들에게 **이르시되**
/너희가 다 — 나를 버리리라
//이는 기록된 바(...하였음이니라)
내가 목자를 치리니 양들이 흩어지리라[1)]

예언 성취

이 말씀이 예언된 스가랴 13장의 내용을 잘 살펴보아야 한다. 왜 이 말씀이 주어졌을까?

1) "내가 목자를 칠 것이며 양 떼가 흩어질 것이다." 슥 13:7에서는 '치라'고 명령형으로 되어 있다. 여기서는 미래형으로 바꾸었다. '치리니'(칠 것이며)
I *will* strike down the shepherd

(1) 지금 제자들의 마음은 아주 착잡하다. 주님은 제자들에게 "너희가 나를 버리고 다 떠날 것"이라고 하셨기 때문이다.

그것도 오늘 밤에(ἐν τῇ νυκτὶ ταύτῃ)
한 사람도 예외없이 "다"(all, πάντες)
"너희가 나를 버리리라"(ὑμεῖς σκανδαλισθήσεσθε[2)] ἐν ἐμοὶ)

2) σκανδαλίζω(스칸달리조) / 미래 수동태 - 걸려 넘어지다, 함정에 빠지다, 배반당하다, 죄에 빠지다. // 나를 버릴 것이다. 또는 나에게 걸려서 넘어질 것이다.

(2) (네가, 칼이) (the) 목자를 치면(치라, smite, הַךְ) - smite **the** shepherd
그러면 (the) 양 떼가 흩어질 것이다. that **the** sheep may be scattered

(3) 슥 13:7에서 '목자'와 '양'이라는 단어에 모두 정관사(הַ)가 붙어 있다. 이는 선한 목자, 즉 '내 목자'(=여호와)와 그를 따르는 '양'을 지적하기 위함일 것이다.

여기서 '치라'(הַךְ)라는 말은 '나카'(נכה '치다, 때리다, 죽이다')의 히필(사역 능동) 동사 명령법, 남성 단수이다. 그렇다면 명령자는 하나님일 것이다.[3)] 본문에서 '치는 자'는 '칼'일 것이다. 칼이 칠 때에 침을 당하는 자는 대체적으로 치명적이다.

3) 이 단어의 신학적 중요성은 하나님께서 종종 '나카'의 주체가 되신다는 사실이다. 하나님께서 사람들을 눈을 멀게 함으로(왕하6:18), 재앙으로(신 28:22, 27-28, 35) 치신다. 하나님은 인간의 죄에 대하여 심판을 내리시며(왕상 14:15; 레 26:24), 심지어 죽음도 내리신다(삼하 6:7).

속 13:7-9은 '선한 목자의 수난'과 '흩어진 양 떼'에 대한 예언이다.

목자는 수난을 당하고 양 떼도... (슥 13:7–9)

13:7 만군의 여호와가 말하노라(נְאֻם יְהוָה צְבָאוֹת)

칼아(헤레브, חֶרֶב)

[너는] ——— **깨어서** (עוּרִי) - 칼 동사 명령법, 여성 단수

/내 목자, '내 짝 된 자'[1]를

[네가] ——— 목자를 **치면** (הַךְ) - '나카'(נָכָה)의 히필 동사 명령법, 남성 단수

//(וְ, that...may)

양이 ——— 흩어지려니와

내가 ——— 내 손을 **드리우리라**(שׁוּב동사의 히필 완료)

/작은 자들 위에는 - 보잘것 없는 것들, 즉 양들을 가리킨다.

지금 여호와의 대언자 스가랴는 마치 여호와께서 직접 말씀하시고 계시는 것처럼 말한다. 그래서 **본문의 '나'는 '야훼 체바오트'(יְהוָה צְבָאוֹת - 만군의 여호와)를 가리킨다.** 물론 9절에서 '나' 역시 여호와를 가리킨다.

1) '내 짝된 자' (גֶּבֶר עֲמִיתִי) '아미트' (עֲמִית)는 '동료, 친구, 친족'을 가리킨다.

여기서는 하나님과 동등된 위격을 가진 메시야를 가리킨다.

스가랴 12장부터 읽어보자

▶ 슥 12장도 슥 9:1처럼 "이스라엘에 관한 여호와의 경고의 말씀"이라는 예언으로 시작한다. **이 부분은 예수님의 초림과 함께 마지막 때에 일어날 일들을 다루고 있다.** 12장에서는 주변 나라들에 의해 포위되었다가 하나님에 의해 구원 받는 유다와 예루살렘을 위한 승리의 모습이 그려지고 있다(슥 12:1-9). 스가랴는 예루살렘의 백성들이 '죄와 더러움을 씻게 되는 때'에 있을 거국적인 회심의 날을 그리고 있다(슥 13:1).

▶ 이 일은 언제 일어날 것인가? 이 일은 **'그들이 찌른 자, 나를 볼 때'**(비교; 요 19:34-37) 일어나게 될 것이다. 목자를 치면, 양 떼들이 흩어지고, 3분의 2가 멸망당하고 남아있는 3분의 1이 정결케 될 것이라고 했다(슥 13:7-8). 이렇게 이스라엘은 고난으로 인해 아주 정결케 되며, 남은 자는 구원을 받게 될 것이다.

(1) 본문 슥 13:7에서 '내 목자'(my shepherd, רֹעִי로이)는 슥 11:1-3과 11:15-17에서 말한 악한 목자와는 정반대의 '메시야적 목자'(슥 11:7-14과 12:10-14에서 말하고 있는 선한 목자)를 가리킨다. 그러므로 슥 13:7-9은 '선한 목자의 수난'과 '흩어진 양 떼'에 대한 예언이다.

(2) 여호와께서는 지금 '칼'(헤레브, 여성 단수)에게 무엇이라고 명령하시는가? 여기서 '칼'은 '어두움의 권세'(ἡ ἐξουσία τοῦ σκότους)를 상징한 말이다(눅 22:53). 그러나 칼은 하나님께서 허락치 않으시면 스스로 칠 수가 없다. **그러므로 그 '치다'(smite)의 주체가 칼 자체라기보다는 여호와 하나님의 주권적인 사역에 더 강조점을 두고 있음을 본다.** 그래서 스가랴서에서는 '칼'이 네 목자를 칠 것으로 기록되어 있으나 예수님께서는 '내가'(=여호와께서) 목자를 치리라는 말씀으로 인용하셨다(행 2:23, 4:28참조).

(3) '내 목자, 내 짝 된 자' : '나와 친분이 있는 남자'는 하나님과 동등된 위격을 가진 메시야를 가리킨다. 이는 하나님과 메시야의 관계가 어떻게 밀접함을 보여준다(요 10:30, "나와 아버지는 하나이니라 하신대").

(4) 여호와께서는 **자신의 메시야를 살해한 자를**(슥 12:10-14) **처벌하실 것이다.** 하나님의 기름 부은 자를 친 그들의 행위로 말미암아 하나님의 진노의 칼이 그들 백성 위에 임하게 될 것이다. 따라서 양들은 흩어지게 될 것이다(7절: 푸쯔, פּוּץ의 칼 동사 미완료 3인칭 여성 복수). 이들은 지도자 없는 신세가 될 것이다. 결국 전 공동체가 모두 영향을 받을 것이다. ■

2. 베드로와 제자들의 반응은 어떠했나? (막 14:29; 마 26:33, 35)

1) [φημί의 과거 능동] - '생각을 알리다, 선언하다'

막 14:29 베드로가 [그에게] **여짜오되**(ἔφη)[1]
/[만일, Even if]
다 —— 버릴지라도
나는 —— 그리하지 않겠나이다

마 26:33 나는 **결코** 버리지 않겠나이다(ἐγὼ οὐδέποτε never σκανδαλισθήσομαι[1])

2) 분위기는 침통했다. 베드로는 모두 주를 버리고 달아난다 해도 자신은 **결코**(οὐδέποτε never) 주님을 버리는 일은 없을 것이라고 장담했다. 그러나 주님은 베드로를 더 잘 알고 계셨다. "예수께서 이르시되 **내가 진실로 네게 이르노니 오늘 밤 닭 울기 전에 네가 세 번 나를 부인하리라.**"(마 26:34; 막 14:30) 예수님의 말씀을 들은 베드로는 더욱 힘주어 "내가 주와 함께 죽을지언정 주를 부인하지 않겠나이다"(마 26:35)라고 말했다. 나머지 제자들도 모두 같은 말을 했다.

(1) 만약 제자들이 하나님의 사랑을 바라고, 그를 신뢰했다면 모두 다 주님을 버리고 도망가지는 않았을 것이다. 하나님은 목자(牧者)를 치실 것이며, 양들은 흩어질 것이라고 예언하셨다(슥 13:7; 마 26:31). 이들의 구속은 목자를 치심으로써 이루어질 것이었다. 예수님은 부활하신 후에 '제자들보다 먼저 (갈릴리)로 가리라' 고 하셨다(막 14:28). 그러나 그들은 아직 이 말을 이해하지 못했다.[2] 요한복음의 기록을 보자(요 13:36-38).

요 13:36 예수께서 **대답하시되**
/내가 가는 곳에 네가 지금은 따라올 수 없으나
후에는 따라오리라

(2) 베드로는 더욱 궁금하다. "지금은 어찌하여 따라갈 수 없나이까?" 물론 아직도 베드로는 주님이 가시는 곳을 지상의 어떤 장소라고 생각했다. '제자들 모두가 이래서는 안되겠다'고 생각했을까? 베드로는 "주를 위하여 내 목숨을 버리겠나이다"고 장담했다.

13:38 예수께서 **대답하시되**
/네가 — 나를 위하여 네 목숨을 버리겠느냐
내가 — 진실로 진실로 네게 **이르노니**
/닭 울기 전에 네가 세 번 나를 부인하리라

3) 물론 베드로는 후에 담대한 믿음을 갖는다. 예수님은 그에게 "내 양을 돌보라" 고 명령하셨고(요 21:15-19), 베드로는 훗날 순교의 길을 걸었다.

(3) 마태복음은 이렇게 기록하고 있다. 마 26:33 "베드로가 대답하여 이르되 모두 주를 버릴지라도 '나는 결코(οὐδέποτε never) 버리지 않겠나이다'(I *will* never fall away.)"라고 큰 소리 쳤다. "닭 울기 전에 네가 세 번 나를 부인하리라"는 주님의 말씀을 들은 베드로는 더욱 힘주어 "내가 주와 함께 죽을지언정 주를 부인하지 않겠나이다"(마 26:35)라고 장담했다. 나머지 제자들도 모두 같은 말을 했다. 물론 이들은 큰 소리 친 것과는 달리 모두 달아났다.[3]

겟세마네에서 기도하시다(막 14:32-42)

같이 읽을 곳 (마 26:36-46; 눅 22:39-46)

1. 니산월 14일, 목요일 밤이다.

> 막 14:32 그들이 겟세마네라 하는 곳에 **이르매**
> 예수께서 제자들에게 **이르시되**
> /내가 기도할 동안에(when)
> 너희는 ── 여기 앉아 있으라

예수님은 제자들과 조금 떨어진 곳에서(눅 22:41 돌을 던지면 닿을 거리 - 약 30m 정도) 기도하셨다. 그 기도의 시간이 얼마나 힘든 사투(死鬪)의 과정이었는지, 눅 22:43-44에서는 "천사가 하늘로부터 예수께 나타나 힘을 더하더라"(43절) "예수께서 힘쓰고 애써 더욱 간절히 기도하시니 땀이 땅에 떨어지는 핏방울 같이 되더라"(44절)고 했다.

그 시간에 제자들은 피곤을 이기지 못하고 잠에 떨어졌다. "나와 함께 한 시간도"(마 26:40)라는 말을 보면 주님은 그 이상을 기도하셨다는 것이다.

2. 인간적인 고뇌(苦惱), 예수님에게는 필수적인 과정인가?

이 세 제자는 그리스도의 고난을 증거하기 위해 적합한 사람들이었다. 이들은 십자가를 지는 것이 얼마나 힘든 일인가를 친히 목도하게 된다.

> 막 14:33 [예수께서] ┬ 베드로와 야고보와 요한을 데리고 가실새
> ├ 심히 놀라시며(ἐκθαμβεῖσθαι to be very distressed)1)
> └ 슬퍼하사(ἀδημονεῖν troubled)2)

1) 에크담베오(ἐκθαμβέω)의 부정사 현재 수동태/ 두려워하게 하다. 완전히 놀라게 하다. 놀라움에 압도되다.

2) 아데모네오(ἀδημονέω)의 부정사 현재 능동태. 큰 근심이나 고뇌로 고통을 겪다. - '괴로워하다'는 뜻이다.

(1) 예수님은 앞에 놓여 있는 일을 두고 고뇌하고 계신다. "고뇌하고 슬퍼하사"(마 26:37, 괴로워하다, 고민하다) "내 마음이 매우 고민하여 죽게 되었으니"(38절)라는 표현, 여기까지는 예수님의 인성(人性)이다. 예수님은 십자가의 죽음을 생각하며 괴로워 하셨다. 마태복음의 기록을 보자(마 26:39).

> 마 26:39 [그가] ─ **엎드려 기도하여 이르시되**(...하시고)
> /조금 나아가사 얼굴을 땅에 대시고
> /내 아버지여
> 만일 할 만하시거든(εἰ δυνατόν ἐστιν if it is possible)
> 이 잔을 ── 내게서 지나가게 하옵소서
> /그러나(but)
> 나의 원대로 마시옵고(yet not as I will)
> 아버지의 원대로 하옵소서(but as Thou wilt)

let this cup pass from Me.

예수님은 죽음의 잔이 자기를 지나 옮겨가기를 기도하셨다. 그는 지금 자신의 죄 때문에 고난을 받으시는 것이 아니다. 그는 우리 모두의 죄 때문에 슬퍼하시는 것이다. (사 53:3을 보라)

(2) 여기서 **잔**(포테리온, ποτήριον)은 십자가 위에서 자기 백성을 대신해서 받는 하나님의 저주의 심판을 가리킨다. 예수님이 고뇌하고(to be grieved) 슬퍼하시는

1) 예수님은 만일 가능하다면(=아버지께서는 하시고자만 하시면 다 하실 수 있으시니) 이 고통에서 벗어나고 싶으신 것이지 그 이외의 뜻은 없다. 물론 하나님께서는 지금까지 예수님이 행한 희생을 인정하시고, 또 기쁘게 순종하는 행위를 흡족해 하시고, 그 희생의 완성을 요구하는 일이 없이 바로 예수님을 들어올리시고, 저주의 심판으로부터 떠나게 하는 일도 가능한 일로 나타나게 하실 수 있으시다. 그러나, 예수님은 이 모든 것이 하나님의 원대로 되어지기를 간구하셨다.

것(distressed)은 그 죽음이 하나님께 버림을 받아야 하는 심판과 저주의 죽음이기 때문이다. 그의 고통은 육체적, 정신적인 것에도 있지만 그보다는 하나님 아버지로부터 버림받는다는 데 있었다(마 27:36, "어찌하여 나를 버리셨나이까"). 이제 그는 순전히 인간의 힘으로만 이 고통을 견디셔야 한다. 그래서 이 죽음의 잔이 '내게서 지나가게 해달라'고 간구하신다(막 14:35-36).[1)]

(3) 눅 22:42-43*을 보라. 기도의 응답이 어떻게 나타났나? 그 잔을 지나가게 하셨나? 그렇지는 않지만, 그 잔을 입에 대고 그것을 다 비우기까지 마실 수 있는 힘을 주셨다.

- 눅 22:42 이르시되 아버지여 만일 아버지의 뜻이거든 이 잔을 내게서 옮기시옵소서 그러나 내 원대로 마시옵고 아버지의 원대로 되기를 원하나이다 하시니 [43]**천사가 하늘로부터 예수께 나타나 힘을 더하더라** [44]예수께서 힘쓰고 애써 더욱 간절히 기도하시니 땀이 땅에 떨어지는 핏방울 같이 되더라."

3. 첫 번째 기도하신 후 세 제자에게 돌아오셨다. 제자들은 어떠했나? (마 26:40)

26:40 제자들에게 **오사** 그 자는 것을 **보시고** 베드로에게 **말씀하시되** /너희가 — 깨어 있을 수 없더냐 /나와 함께 한 시간도 이렇게 26:41 [너희는] — **깨어 기도하라** //(목적: ἵνα, that...may) 시험에 들지 않게 **마음**에는(은) — 원이로되 **육신**이 약하도다	γρηγορῆσαι keep watch!! 예수님은 거의 한 시간 가량을 고뇌의 기도 속에서 보내셨던 것 같다. 무엇이라고 기도하셨을까? 그는 아버지의 뜻대로 되기를 원하셨다. 고난의 잔은 지나가지 않았지만 그의 영혼에 힘을 얻으셨다.

(2) the spirit(τὸ πνεῦμα) is willing, but the flesh(ἡ σὰρξ) is weak.
프뉴마(πνεῦμα)를 '마음'으로 번역했다. 프뉴마는 생명의 원리로서 프쉬케(ψυκή)와 매우 유사한 의미를 가진다. '바람, 호흡, 생명, 영, 성령' 등으로 번역되었다. 여기 제자들은 주님의 고난의 의미를 심각하게 느끼지 못하고 있었다. 그래서 한 시간도 주님과 함께 깨어서 기도하지 못하고 잠이 들었다.

(3) 왜 깨어 기도하라고 하셨을까? "시험(페이라스모스, πειρασμός)에 들지 않게" **시험(유혹, temptation)**은 죄악에 떨어질 위험을 초래할 뿐만 아니라 인

간으로 하여금 죄에 빠지도록 하는 악한 자의 영향력 아래에 있게 한다. 눅 22:31을 보면 "시몬아, 시몬아, 보라 사탄이 너희를 밀 까부르듯 하려고 요구하였다"고 했다. 여기 '요구하다'(ἐξαιτέω)라는 말은 '~의 양도를 요구하다'라는 뜻이다.[1)]

(4) 그러나 예수님은 시련 가운데서도 제자들을 보호하신다(눅 22:32을 보라).

그러나(but, δὲ)
내가 ——— **기도하였노니**(ἐγὼ ἐδεήθην)
/너를 위하여(περὶ σοῦ)
//(목적: ἵνα, that...may)
네 믿음이 떨어지지 않기를 기도하였노니
너는 ——— 돌이킨 후에
네 형제를 **굳게 하라**

사탄은 제자들을 청구했다(요구했다). 그들을 시험하도록 허락해 달라는 것이었다. 사탄은 특히 시몬 베드로를 시험할 수 있도록 요구했다. 따라서 주님은 제자들을 위해 특별히 기도하셨다는 것이다.

(5) 지금은 사탄이 최악으로 발악하는 "어둠의 세력의 때"이다(눅 22:53*). 예수님은 사탄의 요구에 맞서서 중보의 기도를 드리셨다. 제자들을 믿음의 시련에서 굳게 세우시기 위해서었다. 예수님이 이 땅에 오심으로 사탄과의 투쟁은 아직 끝난 것이 아니다.

(6) 사탄은 최후의 결전의 때까지 그 공격을 늦추지 않을 것이다. 다만 우리는 그리스도와 함께 있을 때에만 마귀의 군대로부터 안전할 수 있다. 예수님이 이 땅에 오신 이후에도 하나님께서 마귀에게 이 땅 위에서 있을 곳과 시간을 여전히 부과하였음을 보여준다(계 12:12* 참조). 사탄은 특별히 제자들의 수장(首將)인 베드로를 공격하려고 애를 썼음을 본다(눅 22:31*). 그러나 하나님께서 허락하지 않으시면 사탄은 제자들(성도들)을 시험할 수 없을 것이다.

(6) 이제, 주님이 떠나가신 후, 이 땅에 남아 있는 제자들은 다시 그의 형제들을 굳게 하여야만(스테리조, στηρίζω) 한다. 주님은 베드로에게 믿음 안에 있는 그리스도인들을 강하게 하는 직무를 주셨다. 주님께서 부활하신 후에 제자들은 쉽게 동요할 수 있었기 때문이다. 사도 바울도 어려움 속에 있는 여러 교회에게 "너희를 견고케 하기 위해" 애를 썼음을 본다(롬 1:11, 16:25; 살전 3:1). 베드로도 그의 서신에서 교회가 온전하고 더욱 견고케 되기를 기원했다(벧전 5:10).

1) 사탄은 예수님의 제자들은 구원 받을 자격도 없는 자들이 하나님 편에 있어 그의 구원을 누리고 있는 자들이라고 주장했다. 그래서 그들을 자신에게 넘기라고 요구했다는 것이다. "밀 까부르듯 한다"는 의미는 마 3:12에서 볼 수 있다. 여기서 사탄은 적그리스도로 나타나고, 하나님께 속한 자들을 모두 제거하려고 발버둥을 치고 있다.

• 눅 22:53 "내가 날마다 너희와 함께 성전에 있을 때에 내게 손을 대지 아니하였도다 **그러나 이제는 너희 때요 어둠의 권세로다** 하시더라."

• 계 12:12 "그러므로 하늘과 그 가운데에 거하는 자들은 즐거워하라 그러나 땅과 바다는 화 있을진저 **이는 마귀가 자기의 때가 얼마 남지 않은 줄을 알므로 크게 분내어 너희에게 내려갔음이라** 하더라."

• 눅 22:31 "시몬아, 시몬아, 보라 사탄이 너희를 밀 까부르듯 하려고 요구하였으나 32 그러나 내가 너를 위하여 네 믿음이 떨어지지 않기를 기도하였노니 너는 돌이킨 후에 네 형제를 굳게 하라."

예수님이 잡히시다(막 14:43-50)

같이 읽을 곳 (마 26:47-53; 눅 22:47-53; 요 18:2-12)

1. 주님께서 베드로와 야고보와 요한에게 깨어 함께 기도하라고 말씀하셨다(마 26:37-38; 막 14:33; 눅 22:40).

(1) 주님은 기도하시면서 고민하고 슬퍼하셨다고 했다(막 14:33-34).[1] 겟세마네 동산에서의 첫 기도(마 26:39; 막 14:35-36; 눅 22:41-42)가 끝나고 돌아오셨을 때 제자들은 깊은 잠에 빠져 있었다(마 26:40-41; 막 14:37-38). "시몬아 자느냐?" "시험에 들지 않게 깨어 기도하라" "마음에는 원이로되 육신이 약하도다."

(2) 겟세마네 동산에서의 주님의 두 번째 기도가 시작되었다(마 26:42; 막 14:39; 눅 22:44).[2] 두 번째 "다시 오사 보신즉 그들이 자니 이는 그들의 눈이 피곤"하였기 때문이라고 했다(마 26:43; 막 14:30). 겟세마네 동산에서의 세 번째 기도(마 26:44) 역시 같은 말씀으로 기도하셨다. 이에 대해 히브리서에서 이렇게 기록하고 있다(히 5:7, "그는 육체에 계실 때에 자기를 죽음에서 능히 구원하실 이에게 심한 통곡과 눈물로 간구와 소원을 올렸고 그의 경건하심으로 말미암아 들으심을 얻었느니라").

1) 이는 이사야 53:3의 성취이다. 주님은 하나님의 종으로서 대속적인 고난을 당하셨다. 그는 배반당하고 백성들로부터 배척을 당하셨다(마 26:37-38).

2) "다시 두 번째 나아가 기도하여 이르시되 내 아버지여 만일 내가 마시지 않고는 이 잔이 내게서 지나갈 수 없거든 아버지의 원대로 되기를 원하나이다 하시고" - 주님의 고난의 잔을 마시기를 원하셨다. 그러나 하늘의 천사들에 의해 그 잔을 마실 수 있는 힘을 얻으셨다(눅 22:43).

2. 제자들은 아직도 자고 있다(마 26:45-46; 막 14:41; 눅 22:45-46).

마 26:45 [너희는] — 이제는(λοιπὸν) 자고 쉬라 보라(ἰδοῦ) 때가 —— 가까이 왔으니 인자가 — 죄인의 손에 팔리느니라	"(그) 때가 가까이 왔으니"(ἤγγικεν ἡ ὥρα) - 이제 주님은 죄인의 손에 팔리게 되실 것이다. 그를 잡으려는 무리가 가까이 와 있음을 아셨다.

(1) 막 10:33-34에서는 예수님이 고난을 당하게 될 사실이 아주 자세히 예언되어 있다.

33 보라 우리가 예루살렘에 올라가노니
인자가 대제사장들과 서기관들에게 넘겨지매
그들이 죽이기로 결의하고
이방인들에게 넘겨 주겠고

34 그들은 능욕하며 침 뱉으며 채찍질하고

죽일 것이나
그는 삼 일 만에 살아나리라

(2) 예수님을 대제사장들과 서기관들에게 넘기는 일에 가룟 유다가 앞장 섰다. 이때 주님의 태도는 어떠 했는가? 도망? 아니다. 자기를 잡으러 오는 자들을 만나러 가자 하셨다.[1)]

막 14:43 예수께서 말씀하실 때에
곧 열둘 중의 하나인 유다가 **왔는데**
파송된 무리가 ——— 그와 함께 하였더라
/대제사장들과 /검과 몽치를 가지고
서기관들과
장로들에게서

기도로 끝마치고, 주님은 제자들에게 그때가 왔음을 알리셨다. 말씀이 끝나기도 전에 유다가 나타났다.

(3) 대제사장(ἀρχιερεύς 알키에류스)
서기관(γραμματεύς 그람마튜스)
장로(πρεσβύτερος 프레스뷔테로스)

메시야가 오기를 기다렸던 백성의 지도자들이었지만, 정작 메시야가 세상에 오시자 배척하는데 앞장 섰다. 이들이 연합해서 메시야를 죽이기로 결정한 자들이다. 이들에 의해서 파송된 무리가 무기를 들고 나타났다.

(4) 유다는 얼마나 바빴을까? 그는 예수님이 어디로 가실지 알고 있었다. 겟세마네 동산은 유다에게도 아주 익숙한 곳이다. 그는 만찬 도중에 그곳을 빠져나왔다. 기도를 끝내고 제자들에게 일어나 함께 가자고 하실 때, 그 말이 끝나기도 전에 (대제사장들과 백성의 장로들이 보낸) 큰 무리가 칼과 몽치[2)]를 들고 유다와 함께 나타났다.

(5) 요한복음에서는 조금 더 자세하게 언급되었다(요 18:3).

18:3 유다가 ─ 데리고 오는지라 (came, ἔρχεται)
/등과 횃불과 무기를 가지고
/그리로(ἐκεῖ, there)
/얻은(λαβὼν, =취한 후에, 과거분사)
/군대와(=로마 군대 병정과)
/아랫사람들을(=성전 경비병들을)
/대제사장들과 바리새인들에게서[~들이 보낸]

무기를 든 무리들은 대제사장들과 바래새인들이 보낸 '아랫 사람들(=성전 경비병들)이었다. 로마 군대 병정과 함께 체포현장에 도착했다.

어디로? 예수님을 체포한 장소: 동산(케포스, κῆπος)으로 / 이 장소는 가룟 유다도 잘 알고 있는 곳이다.

(6) "예수께서 그 당할 일을 다(πάντα, all things) 아시고 나아가(went forth) 이르시되 너희가 누구를 찾느냐"(4절). 물론 예수님은 그 모든 일을 이미

1) 체포작전은 신속히 이루어졌다. 예수님께서 저항을 하지 않으셨기 때문이다. 예수님을 잡으러 나온 사람들은 예수님을 알지 못했기 때문에 유다는 미리 그들과 암호를 짜고 "내가 입을 맞추는 그 사람이니, 바로 붙잡으시오." 하고 말해 놓았다. 물론 예수님께서 그 모든 일을 이미 알고 계셨기에 피하지 않으셨다.

2) 몽치(크쉴론, ξύλον, clubs) - 곤봉, 착고(행 16:24), 나무(=십자가, 행 5:30)의 의미도 있으나 여기서는 무기를 말한다.

1) 예수님은 자신의 체포당함이나 곧 있을 죽음을 대항할 수 없는 분이 아닌가 하는 오해를 불식시키신다. 베드로는 아직도 예수님이 많은 사람들의 죄를 대속하기 위해 죽으러 오셨다는 사실을 깨닫지 못했으리라. "내가 만일 그렇게 하면 이런 일이 있으리라 한 성경이 어떻게 이루어지겠느냐"(마 26:54).

• 골 1:20 "그의 **십자가의 피로 화평을 이루사** 만물 곧 땅에 있는 것들이나 하늘에 있는 것들이 그로 말미암아 자기와 **화목하게 되기를** 기뻐하심이라."

알고 계셨기에 피하지 않으셨다. 예수님은 가룟 유다를 '멸망의 자식'(the son of perdition)이라고 하셨다.[1]

3. 예수님은 성부의 뜻에 완전히 순종함으로써, 자기 백성의 질고를 친히 담당하셔야만 한다. 지금, 그 구속 역사의 정점에 와 있다.

(1) '살아계신 하나님의 아들'(마 16:16), 예수님이 이렇게 무력하게 잡히실 수밖에 없나? 이렇게 생각할지도 모를 베드로에게 예수님은 자신이 잡히는 것이 힘이 없어서가 아님을 알려주신다. "너는 내가 내 아버지께 구하여 지금 열두 군단더 되는 천사를 보내시게 할 수 없는 줄로 아느냐"(마 26:53).

(2) 예수님은 자신의 죽음을 사망으로 떨어지는 많은 사람들을 위한 대리 죽음으로 말씀하신다. 이렇게 예수님은 자신을 희생으로, 종말적 유월절 어린 양으로 묘사하셨다(고전 5:7 참조). 이 내용은 사 53장에서 자세히 예언된 말씀이다.

(3) 하나님은 인류를 구원하실 것을 약속하셨다. 이 약속된 메시야가 오셔서 사탄의 머리를 파쇄시키는 역사가 있을 것이라고 했다. 창세기 3:15에서 하나님은 여자의 후손에서 사탄의 권세를 멸하게 될 한 사람, 곧 인류를 구원할 메시야(그리스도)가 오실 것을 선포하셨다. 이 일은 하나님의 정하신 분을 통하여, 즉 약속된 후손의 중보 사역을 통하여 실현될 것임을 확신시켜 준다. 그 분이 어떤 일을 했는가. 골로새서 1:20*을 보라. 즉 인류 구원은 약속하신 자손이 오셔서 피를 흘리지 않으면 안 된다.

고난의 잔(盞)

"내가 (이 고난의 잔을) 마셔야 하지 않겠느냐"(μὴ πίω 가정법 과거) : 예수님께서 고난의 잔을 마신다는 것은 자신의 죽음을 시사해 주고 있다. 막 10:38 "예수께서 이르시되 너희는 너희가 구하는 것을 알지 못하는도다 내가 마시는 잔을 너희가 마실 수 있으며 내가 받는 세례를 너희가 받을 수 있느냐?" 여기서 잔은 고난의 잔으로, 세례는 죽음의 세례로 이해되고 있다. 그 '잔'은 고난을 통한 생명의 잔이다.

4. 성급했던 베드로의 행동에 주님은 이렇게 명령하신다(요 18:11).

18:11 (Then, οὖν) 예수께서 베드로더러 **이르시되**
/[너는] ——— 칼을 칼집에 꽂으라(βάλε 명령법, 과거)
/내가 ——— 마시지 아니하겠느냐(μὴ πίω 가정법 과거)
/아버지께서 주신 잔(ποτήριον)을
=고난의 잔

제자들에게는 두 자루의 검(마카이라, μάχαιρα, 길이가 약 13-15cm의 작은 단도)이 있었다(눅 22:38). 막 14:47에는 "곁에 서 있는 자 중의 한 사람이 칼을 빼어 대제사장의 종을 쳐 그 귀를 떨어뜨리니라"고 했다. 물론 그 한 사람은 베드로이다. 따라서 어떤 의미 있는 조직된 저항은 아니였다는 것이다.

"내가 입을 맞추는 사람이 그 사람이니, 그를 잡으시오"(마 26:48).

예수님을 체포하는데 얼마나 많은 사람이 동원되었을까? 마 27:27에서는 "총독의 군병들이 예수를 데리고 관정 안으로 들어가서 온(ὅλην, the whole) 군대를 그에게로 모으고"라고 했다. 천부장은 군사 일천명의 지휘관이다(행 21:31- 33, 37, 22:14). '아랫사람'(휘페레테스)은 산헤드린의 종들 이나 관리들을 의미한다(마 26:58; 막 14:54).

막 14:44 예수를 파는 자가 —— **짜 이르되**(...하였는지라)
/이미
/그들과 군호를
/내가 입맞추는 자가 —그이니
/[너희는] —— 그를 잡아
└ 단단히 끌어 가라

가룟의 유다 - 시몬이라는 어떤 사람의 아들로서 예수님을 팔았던 제자 중의 하나이다.

군호- 쉿세몬(σύσσημον) - 공동 신호 (이 단어는 신약성경에서 이곳에서 단 한번 언급되었다.)

"예수와 함께 있던 자 중의 하나가 손을 펴 칼을 빼어 대제사장의 종을 쳐 그 귀를 떨어뜨렸다"(마 26:51)고 했나. 급하게 칼을 빼든 사람은 바로 베드로였고, 대제사장의 종의 이름은 '말고'였다(요 18:10). "이에(Then, οὖν) **시몬 베드로가 칼을 가졌는데** 그것을 빼어 대제사장의 종을 쳐서 오른편 귀를 베어버리니 그 종의 이름은 **말고**(Malchus, Μάλχος)라." 떨어진 귀는 예수님이 다시 붙여 주셨다(눅 22:51).

'이에'라는 말은 '그러므로'(therefore) 또는 '그래서'(so)라는 뜻이다. 체포단이 무기를 가지고 왔기에 베드로도 '그러므로' 무기(칼)로 대응하려 했다.

332

한 청년이 벗은 몸으로 도망하다(막 14:51-52)

막 14:50
제자들이
다 예수를 버리고
도망하니라

1. 이 와중에, 제자들은 체포되기 전에 모두 도망가 버렸다(마 26:56; 막 14:50-52). 이는 예언의 성취라고 했다(슥 13:7).

(1) 슥 13:7("양들이 흩어지리니…")의 말씀은 예수님께서 잡히시는 그 날 밤에 친히 제자들에게 인용하신 말씀이다. 이것이 예수님 자신에게 응답될 것임을 말씀하셨다(마 26:31 참조).

(2) 예수님의 십자가의 길은 혼자만 가는 길이다. 예수님은 가룟 유다만이 아니라 제자들 모두가 자신을 버리고 흩어질 것을 슥 13:7을 인용하여 말씀하셨다. 제자들 중 한 명도 굳게 서지 못할 것이다. 제자들 모두가 그 날 밤에 예수님을 버릴 것이다. 예수님은 홀로 고난과 죽음을 맞이할 것을 잘 알고 계셨다. 제자들은 "다 예수를 버리고 도망했다"(막 14:50). 그 중에 한 젊은이가 사람들에게 붙잡히자 아마포(베 홑이불)를 버리고 알몸으로 달아나는 일이 있었다.

> 막 14:51 한 청년이 벗은 몸에 베 홑이불을 두르고 예수를 **따라가다가**
> 무리에게 — **잡히매**
> 52 [그가] — 벗은 몸으로 **도망하니라**
> /베 홑이불을 버리고(과거분사)

(3) 이 익명의 청년은 누구였을까? 마가만이 이 짧은 사건을 기록한 것을 보아, 그 익명의 청년이 바로 마가 자신이었기 때문이라고 받아들여져 왔다. 물론 확실한 것은 아니다. 어쨌든 왜 그는 베로 만든 홑이불을 두르고 예수님을 좇았을까? 예수님이 잡혀서 십자가 처형으로 가는 과정에서 큰 소리들로 뒤덮힌 소동이 있었을 것이다. 그 청년은 예수님의 제자는 아니었지만[1] 일이 어떻게 진행되어가는 지를 알고 싶어 예수님의 일행을 뒤좇은 것 같다. 그러다가 로마 군인들에게 붙잡힌 것 같다. 급하게 되자 그는 두르고 있던 아마포 옷을 집어던지고 도망쳤다는 것이다.

1) 만일 이 청년이 마가 자신이 아니라면, 그는 단순히 호기심으로 예수님의 처형 과정을 따라갔을 것이다.

(4) 만일 이 청년이 마가가 아니라면, 이 구절은 주님을 따르던 제자들이 얼마나 급하게 자리를 떠 체포를 모면하려고 도망했는가를 보이기 위한 기록일 것이다. 만약 그렇다면 이 복음서의 저자는 다른 자료를 의존하였다는 말이 된다.

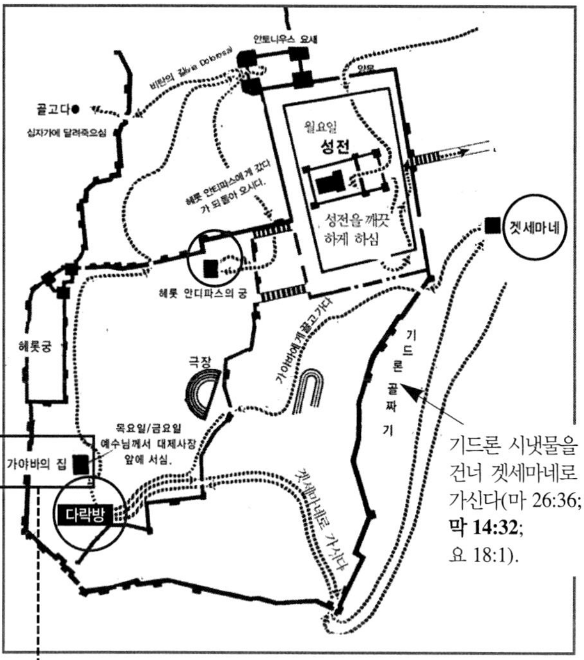

기드론 시냇물을 건너 겟세마네로 가신다(마 26:36; **막 14:32**; 요 18:1).

최후의 만찬 (목요일)

다락방에서 겟세마네까지

(1) 설교 - 포도나무와 가지에 관하여(요 15:1-16:33)
- 가지가 열매를 맺으려면(요 15:1-5)
- 예수님은 세상으로부터 부당한 미움을 받을 것이다. 그의 제자들도 그와 같이 미움을 받을 것이다(요 15:18-25).

(2) 예수님은 아버지께로 떠나실 것이며, 성령께서 임하실 것이다(요 15:26; 16:7-15).

(3) 기도 - 다락방을 떠나신 후에(요 17:1-26)

(4) 제자들에게 앞날을 계획하게 하신다(눅 22:35-38). 그리고 감람산으로 가는 길에서 제자들과 함께 찬송하신다(**막 14:26**; 마 26:30).

(5) 예언 - 제자들이 예수님을 버릴 것이다(마 26:31).

(6) 예언 - 부활하신 후에 제자들을 갈릴리에서 만나실 것이다(마 26:32; **막 14:28**, 16:7).

(7) 예언 - 베드로의 두 번째 세 번 부인할 것을 말씀하심(마 26:33-35; **막 14:29-31**)

겟세마네 동산

겟세마네에서 안나스의 집까지(막 14:53-54)

(마 26:57-58; 눅 22:54; 요 18:12-14, 19-24)

(1) 예수님은 체포단에 의해 결박당해 가야바(Caiaphas)의 장인 안나스(Ananas)에게 끌려 갔다. 안나스가 얼마나 능수능란한 외교가였는가는 그의 아들 중 5명과 사위 가야바가 거의 중단되지 않고 대제사장직을 이어갔다는 점에서 볼 수 있다.[1] 따라서 가야바가 당시의 제사장이었지만 예수님에게 선고를 내린 옛 예루살렘 공의회의 명목상의 우두머리였다. 그래서 판정권은 늙은 안나스가 가졌다.

(2) 그래서 군인들은 예수님을 체포하여 먼저 안나스에게로 끌고 갔다(요 18:12 이하). 그러나 안나스는 예수님으로부터 재판을 위한 어떤 증거도 찾아내지 못하였으므로 그의 사위인 대제사장 가야바에게로 보냈다. 가야바가 예루살렘 공회의 정식 재판관이었기 때문이다. 어쨌든 예수님은 이미 선고 받은 즉시 결박을 당하고 끌려가셨다. 안나스는 그 이후의 재판 진행에도 관여했을 것이다(행 4:9 참조).

1) 그는 공직을 박탈당한 후에도 여전히 대제사장으로 불렸다(요 18:19, 22; 행 4:6 참조). 안나스는 사두개파에 속하였으며, 거만하고 야심에 찬 부자였던 것 같다. 어떻게 부를 유지할 수 있었을까? 그 주 수입원은 성전의 희생제사물(양, 비둘기, 포도주 기름 등)을 판매한 이익금이었던 같다. 어쨌든 안나스가 실질적인 제사장 노릇을 한 것 같고, 그의 사위 가야바는 명목상의 대제사장이었던 것 같다.

예수님이 공회 앞에 서시다(막 14:53-54)

(마 26:57-68; 눅 22:54-55; 요 18:12-14, 19-24)

1. 요한복음에서는(요 18:12-14, 19-24) 예수님께서 겟세마네에서 잡히신 후, 대제사장 안나스에게 심문을 받은 것으로 되어 있다(요 18:24 참조, "안나스가 예수를 결박한 그대로 대제사장 가야바에게 보내니라").

(1) 거기에는 어떤 부류의 인사들이 몰려들었을까? (막 14:55 "대제사장들과 온 공회가 예수를 죽이려고")[1)]

1) 회당의 장로들, 율법연구에 몰두하던 서기관과 랍비들, 대제사장들. 산헤드린 공회원 숫자는 71명이나 되었다(행 5:21). 물론 다 모였는지 모르나 아마 상당한 숫자가 모였을 것이다.

(2) 여기 모인 공회원들이 맨 먼저 판정해야 할 문제는 "예수가 과연 그리스도냐?" 하는 문제였다. 대제사장을 중심으로 온 공회가 거짓 증거들을 수집하고 있었다(마 26:59). 왜? 예수님을 죽이려고(목적: ὅπως, that...might / in order that they might put Him to death). 그래서 거짓 증인이 많이 왔다고 했다. 그러나 뚜렷한 혐의점을 찾지 못했다고 했다(마 26:60; 막 14:55, "예수를 죽이려고 그를 칠 증거를 찾되 얻지 못하니").

(3) 증거를 찾을 수 없게 되자 어떻게 나왔을까? (마 26:59-61) 물론 거짓 증언들이 많이 있었으나 그 증언들이 서로 일치하지도 않았다(막 14:56, "이는 예수를 쳐서 거짓 증언 하는 자가 많으나 그 증언이 서로 일치하지 못함이라"). 나중에 두 사람이 와서 굉장한 증거를 들이댄다. 먼저, 어떤 문제를 걸고 넘어졌나? 베드로는 이 현장에 있었을까? (막 14:54 "베드로가 예수를 **멀찍이 따라** 대제사장의 집 뜰 안까지 들어가서 **아랫사람들과 함께 앉아 불을 쬐더라**")[2)]

2) 베드로는 어떤 모습으로 있었나? 큰 소리 칠 때(마 26:33, 35)와는 전혀 다른 모습이다. 마태복음에는 그의 상황을 이렇게 표현하고 있다: "베드로가 멀찍이 예수를 따라 대제사장의 집 뜰에까지 가서 그 결말을 보려고 안에 들어가 하인들과 함께 앉아 있더라"(마26:58)고 했다. 요한복음 18:19-24은 자신의 제자들과 그의 교훈에 대한 심문을 당하는 예수님의 모습을 묘사하고 있다.

2. 증언하는 두 사람이 결정적인(?) 증거라고 내놓은 내용은? (막 14:58)

마 26:61 두 사람이 — **이르되**
　　/이 사람의(=이) — 말이(=말하더라)
　　　　/내가 ─┬ 하나님의 성전을 헐고
　　　　　　　　└ 사흘 동안에 지을 수 있다

(1) 이보다 더 좋은 증거가 있으리요. 앉아 있던 대제사장이 벌떡 일어났다. 그리고 예수님께 이렇게 묻는다. "이 사람들이 그대에게 불리하게 증언하였는데도, 아무 답변도 하지 않소?"(마 26:62, 새번역) 그러나 예수님은 침묵하신

다. 그러자 대제사장이 다그친다. “내가 너로 살아 계신 하나님께 ‘맹세하게 하노니’”(=내가 살아 계신 하나님께 맹세하고 당신에게 명령하니) “네가 하나님의 아들 그리스도인지 우리에게 말하라.” ‘그리스도’는 히브리어 ‘메시야’란 말이다. 둘 다 ‘기름부음 받은 사람’을 가리킨다.

σὺ εἶπας
You have said it yourself.
(네가 그렇게 스스로 말하였다)

마 26:64 예수께서 — **이르시되**(...하시니)
/네가 말하였느니라
그러나
내가 —— 너희에게 **이르노니**
너희가 —— **보리라**
/이후에
인자가 권능의 우편에 앉아 있는 것과
하늘 구름을 타고 오는 것을

“네가 말하였느니라”(σὺ εἶπας) - ‘네가 한 말 그대로이다’라는 의미이다. 강력한 긍정의 뜻이다. 막 14:62에는 어떻게 기록되어 있을까? “예수께서 이르시되 ‘내가 그니라’(I am, ἐγώ εἰμι)”, ‘내가 그다’라고 자신이 메시야이심을 분명하게 언급하셨다.

예수님은 자기가 메시야이심을 긍정하시고, 이어 부활 후에 자신의 천상 통치와 재림을 언급하셨다(시 110:1; 단 7:13-14).

예수님은 먼저 고난을 받고 죽으신 후에 하나님의 영광 가운데 임재하실 것이다. 메시야에게 이 과정은 필수적이다. 사탄은 이 과정을 거치지 말고 자신에게 절하라고 유혹했다(마 4장). 베드로도 같은 이유에서 책망을 받는다.

(1) 그리고 “인자가 권능의 우편에 앉아 있는 것과 하늘 구름을 타고 오는 것을” 보게 될 것이라고 선포하셨다. 이는 자신이 메시야이심을 밝히 드러내는 구절이다. 지금은 죄인의 위치에서 심판을 받고 있지만, 이제 이후로는 심판자로 다시 오실 것이다(시 110:1; 단 7:13, 14).

(2) 그러나 예수님께서 자신을 인자라고 부르실 때에는 이런 ‘단순한 사람’이나 ‘이상적인 인간’이라는 의미로 말씀하시지 않았다. 신약에서 80여회 이상 사용했다. 이로 보아 **예수님은 단순한 일반적인 인간이 아니라 특이한 존재, 유일한 사람**, 즉 예수 그리스도라는 것이 분명하다.

(3) 이 용어에 대한 참된 기원은 의심할 여지 없이 단 7:13이다.

- 단 7:13 “…**인자** 같은 이(כְּבַר אֱנָשׁ)가 하늘 구름을 타고 와서…”
- 마 26:64 “…이후에 <**인자**, τὸν υἱὸν τοῦ ἀνθρώπου>가 권능의 우편에 앉아 있는 것과 하늘 구름을 타고 오는 것을 너희가 보리라”

(4) “권능의 우편”이라는 말은 - 단 7:14에서 유래된 것이 분명하다. ‘인자 같은 이’가 하늘 구름을 타고 오시지만 ‘지극히 높으신 이의 성도들’ (단 7:18, 21, 22, 25, 57)은 땅 위에 존재한다.

(5) 나니엘서의 묘사는 복음서에서 주제가 되고 있다. 행 7:56을 보자. “말하되 보라 하늘이 열리고 **인자**(ὁ υἱὸς τοῦ ἀνθρώπου)가 하나님 우편에 서신 것을 보노라 한대” ■

3. 대제사장의 분노를 보라.

1) διαρρήσσω - 갈기갈기 찢다, 과거 능동태

(1) 그는 자기가 입고 있던 예복을 찢으며(διέρρηξεν)[1], 이는 신성 모독(He has blasphemed!)이라고 했다. 여기서 옷을 찢는 행위는 극한 슬픔이나 분노를 나타낼 때 하는 행동이다(왕하 18:37, 19:1). 물론 대제사장은 이런 사적인 일로 옷을 찢는 것이 금지되어 있었다(레 10:6*, 21:10).

• 레 10:6 "모세가 아론과 그의 아들 엘르아살과 이다말에게 이르되 너희는 머리를 풀거나 **옷을 찢지 말라** 그리하여 너희가 죽음을 면하고 여호와의 진노가 온 회중에게 미침을 면하게 하라 오직 너희 형제 이스라엘 온 족속은 여호와께서 치신 불로 말미암아 슬퍼할 것이니라."

(2) 거기에 참석한 모든 공회원들은 "사형에 해당하니라" 하고 동의했다. "우리가 어찌 더 증인을 요구하리요"(막 14:63). 사형을 집행하기 위해서는 반드시 증인이 있어야 한다(행 6:13, 7:58 참조). 그런데 사람을 죽이게 될 경우에는 반드시 두 사람이나 세 사람의 증언이 있어야 죽일 수 있다(신 17:6, 19:15; 히 10:28; 마 18:16 참조). 지금 이곳에 참석한 모든 공회원들이 증인이 되어 예수님에게 사형 확정 판결을 내린 것이다.[2]

(3) 유대 지도자들의 손에 의해 예수님에 대한 사형이 확정되었다. 예수님이 이 과정을 더 이상 비켜갈 수 없다. 죄목은 신성 모독이었다. 이렇게 해서 그렇게 끈질기게 예수님을 잡아 죽이려는 종교지도자들의 의도가 종결을 보게 되었다. 그러나 이들의 판결은 억지였다.

2) "그가 신성 모독 하는 말을 하였으니 어찌 더 증인을 요구하리요." "보라 너희가 지금 이 신성 모독하는 말을 들었도다." 공회에 참여하고 있는 공회원 모두가 증인이라는 것이다.

(4) 예수님은 이들에게 한낱 사형수에 불과했다. 조롱이 시작되었다. 그동안 예수님의 존재로 인해 불편했던 모든 분풀이가 시작되었다. "예수의 얼굴에 침 뱉으며 주먹으로 치고 어떤 사람은(막 14:66 =하인들은) 손바닥으로 때렸다." 이제는 예수님이 사람들의 놀림감이 되어버렸다.

(5) 막 14:57-59에서는 이렇게 기록하고 있다. 그들의 증언도 서로 일치하지 않았다는 것이다.

"어떤 사람들이 일어나 예수를 쳐서 거짓 증언하여 이르되 58우리가 그의 말을 들으니 손으로 지은 이 성전을 내가 헐고 손으로 짓지 아니한 다른 성전을 사흘 동안에 지으리라 하더라 하되 59**그 증언도 서로 일치하지 않더라**." 증인들의 증언도 서로 엇갈렸지만 사형 판결은 신속하게 집행되었다.

(6) 그들의 비아냥거림을 보라. "이르되 그리스도야 우리에게 선지자 노릇을 하라 너를 친 자가 누구냐 하더라." 이것은 재판이 아니라 하나의 음모였다. 예수님이 대제사장, 서기관, 장로들의 죄악을 통렬히 지적했고, 또 성전청결 사건 등의 일로 이들의 분은 극에 다다랐을 것이다. 대제사장은 벌떡 일어나

소리지르고 있고(62절), 청중은 극단의 흥분상태가 되어버렸다.

3. 요한복음 18:19-24의 기록을 보자. 대제사장이 예수님께 질문한 내용이다.

18:19 대제사장이 — **물으니**
/예수에게
/그의 제자들과 그의 교훈에 대하여

여기 심문자는 분명히 안나스였을 것이다. 심문의 주제와 대상은?

20 예수께서 — **대답하시되**
/내가 — 드러내 놓고 세상에 **말하였노라**
/[내가] — 항상 **가르쳤고**
/회당과 성전에서
/모든 유대인들이 모이는
— **아무 것도 말하지 아니하였거늘**
/은밀하게는

예수님은 대제사장의 질문에 협력하지 않으신다. 무엇이라고 대답하셨나? 예수님은 공개적으로 가르치셨음을 강조했다.

(1) 당국자들은 당연히 예수님이 가르치시는 말씀을 많이 들었다. 예수님은 드러내 놓고(openly, παρρησία 공공연하게, in public), 모든 유대인들이 모이는 회당과 성전에서 공개적으로 말씀하셨다. 예수님의 공적 가르침에 담대함을 보여준다. 명백하고 솔직하게 말씀하셨다는 의미이다.

물론 당국자들은 거짓 증인들을 통해 고소거리를 찾고 있었다. 대제사장은 자기 옷을 찢기까지 했다(막 14:63). 예수님은 "어찌하여 내게 묻느냐 내가 무슨 말을 하였는지 들은 자들에게 물어 보라"고까지 하셨다. 물론 예수님은 자신의 제자들 그 누구의 이름도 언급하지 않으셨다.

4. 결국 대제사장은 예수님에게 사형에 해당한다는 판결을 내린다(막 14:63-65).

63 대제사장이 — **이르되**
/자기 옷을 찢으며(tearing, διαρρήξας분사)[2]
/우리가 — 어찌 더 증인을 **요구하리요**
64 /너희가 — **들었도다**
/그 신성 모독 하는 말을(참람한 말)
/[그것을] — **어떻게 생각하느냐?**
/너희는
그들이 다 — 예수를 사형에 해당한 자로 **정죄하고**[3]
65 어떤 사람은 — [시작하여] **이르되**
/그에게 침을 뱉으며
/그의 얼굴을 가리고
/주먹으로 치며
/[너는] — 선지자 노릇을 하라
하인들은 — 손바닥으로 **치더라**

블라스페미아(βλασφημία) 하나님의 영광을 모독하는 것(겔 35:12 이하). 막 3:28, 14:64; 마 12:31, 26:65; 눅 5:21; 요10:33; 계13:1, 5, 17:3

2) 디앗흐렛소(διαρρήσσω) - '갈기 갈기 찢다'라는 의미이다.

3) 유죄를 선고하다(condemned)

◀ 백성들의 고발은 세밀했다. • 우리 백성을 미혹하고 • 가이사에게 세금 바치는 것을 금하며 • 자칭 왕 그리스도라 했다는것이다(눅23:2).

◀ 선고가 내려졌지만 곧바로 돌로 쳐죽이는 데에로(레 24장) 나아가지 않았다. 로마 총독 관할 하에 있는 유대인들에게는 사람을 죽일 권한이 없었기 때문이었다(요 19:31, 32).

"너도 이 사람의 제자 중 하나가 아니냐?" / "나는아니다"(οὐκ εἰμί.)

• 마 26:33 "베드로가 대답하여 이르되 모두 주를 버릴지라도 나는 결코 버리지 않겠나이다 34 예수께서 이르시되 내가 진실로 네게 이르노니 오늘 밤 닭 울기 전에 네가 **세 번 나를 부인하리라.**"

요 18:18
그 때가 추운 고로 종과 아랫사람들이 불을 피우고 서서 쬐니 베드로도 함께 서서 쬐더라

베드로가 예수님을 부인하다(막 14:66–72)

(마 26:69–75; 눅 22:56–62; 요 18:15–18, 25–27)

1. 요한복음에서는 시몬 베드로와 또다른 제자 한 사람이 예수님을 따라 갔다고 했다.1) 아마도 그 제자는 대제사장과 잘 아는 사이여서 예수님을 따라 집 안 뜰에까지 들어갈 수 있었던 것 같다(요 18:15).

(1) 어쨌든 '다른 제자 한 사람'은 대제사장과 아는 사람이라 예수님과 함께 대제사장의 집 뜰에 들어갔고 베드로는 문 밖에 서 있게 되었다(요 18:15-16). 그래서 그 다른 제자가 나가서 문 지키는 하녀에게 말하여 베드로를 데리고 들어왔다.

(2) 그런데 날이 너무 춥기에 베드로는 아랫뜰에 앉아 불 쬐고 있었는데, 대제사장의 여종 하나가 베드로를 알아보고 그에게 다가왔다(막 14:66).

막 14:67 [여종이] — 베드로가 불 쬐고 있는 것을 **보고**
주목하여 **이르되(...** 하거늘)
/너도 —— **있었도다**
/나사렛 예수와 함께

엠블레포(ἐμβλέπω)-
유심히 들여다 보다.

(3) 어쨌든 문지기 하녀가 베드로를 보더니 다그쳤다. "너도 나사렛 예수와 함게 있었도다"(67절) 순간, 당황하는 베드로, 그는 어떤 태도로 나왔을까?

막 14:68 베드로가 — **부인하여 이르되**(But he denied it, saying,)
/나는 ┬ **알지도 못하고**
└ **깨닫지도 못하겠노라**
/네가 말하는 것이 무엇인지

(4) 베드로는 "나는 아니라"(οὐκ εἰμί.)(요 18:17)고 분명하게 예수님을 부인했다. 물론 베드로는 부인하지 않겠다고 고백한 사실을 인지하지 못한다. "예수께서 이르시되 내가 진실로 네게 이르노니 오늘 밤 닭 울기 전에 네가 세 번 나를 부인하리라"(마 26:34). 같이 불을 쬐고 있던 사람들도 따져 물었다. "당신도 저 사람의 제자가 아니오?"라고 물었다. 그러자 이번에도 부인했다(He denied it, ἠρνήσατο). "나는 아니라."(οὐκ εἰμί.). 베드로는 예수님을 진정 변호해야 할 증인이었지만(요 18:21*), 결정적인 순간에 주

1) '다른 제자 한 사람'은 누구일까? 이름을 밝히고 있지 않으나 대제사장과 잘 아는 사이라면, 갈릴리 출신 세베대의 아들 요한보다는 예루살렘 출신의 제자가 아닐까 하는 주장도 있으나, "예수께서 사랑하시던 제자"라는 표현도 있는 것을 보면, 이 서신을 쓴 요한 자신을 가리킬 것이라고 주장되어 왔다(요 13:24-25, 20:2-7, 21:7-8, 24 참조).

부인하다 (아르네오마이)
ἀρνέομαι(deny)

ὁ (베드로가)
δὲ (but)
ἠρνήσατο(denied)

예수 그리스도와 관련하여 분명히 '제 것이 아니라고 부인하다'라는 의미이다.

• 요 18:21 "어찌하여 내게 묻느냐 내가 무슨 말을 하였는지 들은 자들에게 물어 보라." 물론 베드로는 자신이 예수의 제자가 아님을 분명히 했다(요18:17).

님을 부인하고 있었다.

(5) 다른 복음서에서는 베드로가 이 일로 인해 울었다는 기록이 없지만 눅 22:61-62에서는 심히 통곡했다고 했다. (눅 22:61 "주께서 돌이켜 베드로를 보시니 베드로가 주의 말씀 곧 오늘 닭 울기 전에 네가 세 번 나를 부인하리라 하심이 생각나서 **밖에 나가서 심히 통곡하니라**.") "이에 베드로가 또(again, πάλιν) 부인하니 곧 닭이 울더라" (요 18:27). 마태복음에는 "그가 저주하며 맹세하면서 그 사람을 알지 못하노라" 하면서 부인했다고 했다(마 26:74).[1]

2. 마태복음에서는 베드로가 예수님을 부인(否認)한 사실을 조금 더 자세하게 소개한다. 마 26:69-75을 읽어보자.

(1) 베드로는 예수님이 체포당할 때, 도망갔다가 그의 행동의 부끄러움을 느끼고 다시 돌아왔다(마 26:74-75).

- 69 베드로가 바깥 뜰에 앉았더니 ①**한 여종**(servant-girl, παιδίσκη)이 나아와 이르되 너도 **갈릴리 사람 예수**와 함께 있었도다 하거늘

  베드로는 예수님이 재판을 받고 계셨을 때 대제사장 공관의 안마당에 앉아서 불을 쬐고 있었다. 갈릴리 사람은 '촌놈, 시골뜨기'라는 의미이다.

- 70 베드로가 모든 사람 앞에서 부인하여(ἠρνήσατο)[2] 이르되 나는 네가 무슨 말을 하는지 알지 못하겠노라 하며

  베드로는 이 소녀 앞에서 변명을 늘어놓았지만 실제로는 예수님을 명백히 부인한 것이다.

- 71 앞문까지 나아가니 ②**다른 여종이 그를 보고** 거기 있는 사람들에게 말하되 이 사람은 나사렛 예수와 함께 있었도다 하매

- 72 베드로가 맹세하고(with an oath, μετὰ ὅρκου) 또 부인하여 이르되 나는 그 사람을 알지 못하노라 하더라

  베드로는 맹세까지 하면서 다시 부인하였다. 나사렛 예수는 예수님에 대한 일반 명칭이었다. '그 사람'의 이름조차 모른다는 적극적인 부인이다.

- 73 조금 후에 ③**곁에 섰던 사람들이** 나아와 베드로에게 이르되 너도 진실로 그 도당(한 패)이라 네 말소리가 너를 표명한다 하거늘

  "무슨 소리요. 당신의 말씨만 들어도 그들과 한 패인데... 틀림없소."

- 74 그가 저주하며(to curse, καταθεματίζειν) 맹세하여(to swear, ὀμνύειν) 이르되 나는 그 사람을 알지 못하노라 하니 곧 **닭이 울더라**

나, 아까 소개했잖아!
그런데 왜 또 불러내?

네가 중요한 것이 아니라 베드로가 귀한 인물이라고 그렇다!!

1) 물론 베드로는 여전히 예수님을 사랑하고 믿고 있었다. 그러나 그는 그 예수님을 세 번이나 부인하고 말았다. **닭이 우는 소리를 듣고서야** '오늘 닭 울기 전에 네가 세 번 나를 부인하리라' 하심이 생각났다(마 26:34, 35). 그는 밖에 나가 심히 통곡했다. 인간 베드로의 연약함, 주님은 이를 너무 잘 알고 계셨다. 그러나 이런 연약한 인간이 주님에게 필요했다. 우리는 훗날 그가 얼마나 주님 앞에서 충성스러운 인물이 었나를 잘 알고 있다.

2) 직설법, 과거 중간태 ἀρνέομαι - 거절하다, 부인하다.

- 막 14:72 "**닭이 곧 두 번째 울더라** 이에 베드로가 예수께서 자기에게 하신 말씀 곧 **닭이 두 번 울기 전에 네가 세 번 나를 부인하리라** 하심이 기억되어 그 일을 생각하고 울었더라."

적용을 위한 묵상

예수님이 잡히시던 숨막이는 현장, 예루살렘

• 예루살렘에서의 마지막 한 주간
예루살렘에서는 지금, 예수님을 징계하기 위해
종교지도자들이 속속 모여들고 있다.
그들은 예수님을 백성을 미혹하는 선동가로 보고 있다.
그렇다고 함부로 구속할 수 없다.
백성 때문이었다.

• 그러나 그 종은 부당하게 유죄 판결을 받는다.
억울한 재판, 인민재판이다.
예수님을 고소할 증인들이 속속 도착했지만
증인들끼리도 일치된 견해는 없었다.

• 하나님은 그의 백성이 언약을 어기고 죄를 지었을 때
징벌을 내리는 분이시다.
그러나 예수님은 백성의 허물 때문에
대신 하나님의 징벌을 받으신다.

• 여호와의 종에게 닥친 고난,
괴로울 때에도 털 깎는 자 앞에서 잠잠한 양 같이
괴롭힘을 당해도 겸손과 인내로 받아들이셨다.
그는 입을 열지도 않으셨다.

• 네가 정말 하나님의 아들 그리스도냐?
빨리 우리에게 말하라
대제사장이 한 말이다.

• 신속한 체포와 재판,
그는 곤욕(강제로 끌려감)과 심문을 당하고 죽음에 처해졌다.
그 세대 사람들 가운데서
어느 누가 자기들의 죄 때문에
그가 죽임을 당한다고 생각했겠는가!

• 대제사장의 집 뜰 안, 불을 쬐며
주님을 부인한 베드로
모닥불 앞에서, 그는 무슨 생각을 하고 있었을까?
닭이 날이 밝아옴을 알린다.

• 베드로는 죄가 생각나서
자꾸만 자꾸만 울었다.
만일, 내가(우리가) 그 현장에 있었다면...

• 하늘 가는 밝은 길이 내 앞에 있으니
슬픈 일을 많이 보고
늘 고생하여도....
찬송가 몇 장이더라?

• 내가 걱정하는 일이
세상에 많은 중
속에 근심
밖에 거정
늘 시험하여도
예수 보배로운 피...

아무래도 찬송가 한장
부르고 계속해야 할것
같아... 그치?

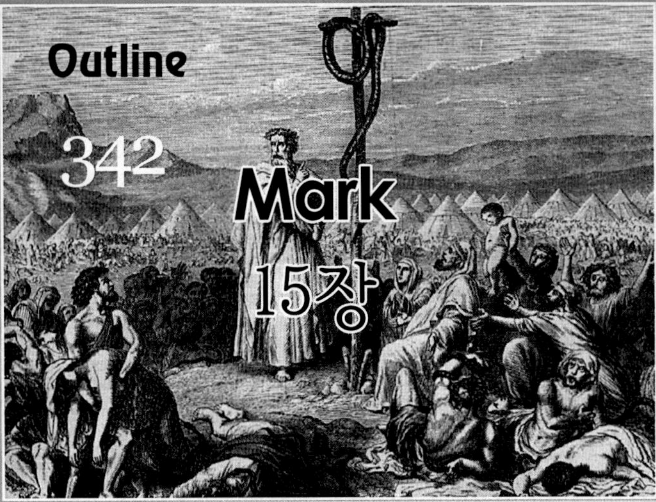

십자가에 못박히시는 예수님

예수님을 죽이려는 의도는 다른데서 시작된 것이 아니라
종교지도자들이 득실거리는
산헤드린 공의회에서 시작되었다.
예수님이 이 땅에 오셔서, 많은 이적과 말씀으로
자신이 메시야이심을 증거하셨지만
결국은 인간들에 의해서 사형 판결을 받으셨다.
그가 마당히 죽음에 처해져야 한다는 것이었다.

로마의 총독 빌라도는 묻는다.
무슨 일로 이 사람을 죽음에 넘기려 하는냐?
이 사람이 행악자(=범죄자)가 아니었더라면
우리가 당신에게 넘기지 아니하였겠나이다.
빌라도는 다시 묻는다.
"그렇다면, 너희가 그를 데려다가 너희 법대로 재판하라."
"우리에게는 사람을 죽이는 권한이 없나이다."

예수님의 죽음은 단순히
인간적인 세력에 의해서 빚어진 사건일까?
예수님은 양들을 위하여 자기의 목숨을 버린
선한 목자이시다(요 10:11, 15, 17).
그의 죽음은 메시야의 사역 중의 중요 부분이었다.
그의 죽음은 의도적인 죽음이었다.

사탄의 나라를 정복하는 길은
오직 예수님 인격과 사역을 통해서만 가능하기 때문이다
이 투쟁이 십자가에까지 확대되었다.
그렇다면, 그를 십자가에 못 박히게 한 자들은
무죄할 것인가?

네가 유대인이 왕이냐? (막 15:1-5)
σὺ εἶ ὁ βασιλεὺς τῶν Ἰουδαίων

(1) 최고법정인 산헤드린 공회에서는 예수님을 처형하기로 결정을 내렸다. 그리고 사형 집행을 위해 예수님을 결박하여 총독 빌라도에게 넘겨준다. 아직도 이른 새벽이다(니산 월 15일, 금요일).

(2) 빌라도는 예수님을 재판하기 위해 끌고온 사람들에게 이렇게 묻는다(요 18:29). "너희가 무슨 일로 이 사람을 고발하느냐?"

(3) 빌라도는 정치적 수단을 발휘하여 예수님을 석방하려고 했다. 사형을 내리려면 결정적인 고소의 내용이 있어야만 했기 때문이다(요 18:29-31). 백성들의 고소는 세밀했는데, 무엇보다 백성들을 미혹했고, 가이사에게 세금 바치는 것을 금했으며, 자칭 왕 그리스도라 했다는 것이다(눅 23:2).

(4) 빌라도는 예수님을 때려서 방면하겠다고 했다. 예수에게서 아무 잘못도 발견할 수 없었기 때문이었다. 그러나 유대인들은 예수님을 십자가에 못 박아야 한다고 끝가지 주장했다. 빌라도가 궁금해 한 것은 '정말로 예수가 유대인의 왕일까?' 하는 의구심이었다. 그래서 "네가 유대인의 왕이냐?"(막 15:2; 요 18:33-37)고 물었다.

(5) 빌라도는 여러 번 예수님에게서 죄를 찾을 수 없기에 때려서 놓아주려 했다(눅 23:15, 22). 헤롯도 그가 죄 없음을 알고 우리에게 다시 보내지 않았느냐고 했다. "헤롯이 또한 그렇게 하여 그를 우리에게 도로 보내었도다."

십자가에 못 박히게 예수를 넘기다(막 15:6-15)

(1) 명절이 되면 총독이 (무리의 청원대로) 반드시 죄수 한 사람을 놓아 주는 전례가 있었다고 한다. 이 전례를 이용하여 예수님을 풀어주려 했다.

(2) 그래서 바라바와 예수 두 명으로 압축했다. 그리고빌라도는 군중들에게 누구를 선택할 것인가를 물었다. "너희는 내가 누구를 너희에게 놓

아 주기를 원하느냐 바라바냐 그리스도라 하는 예수냐 하니"

(3) 총독이 재판석에 앉았을 때에 그의 아내가 사람을 보냈다. "저 옳은 사람에게 아무 상관도 하지 마옵소서." 그녀는 그 사람으로 인하여 꿈에 애를 많이 태웠다고 했다.

(4) "이에 빌라도가 그들이 구하는 대로" 언도했다(눅 23:24). 결국 그들이 요구하는 바대로 바라바는 놓아 주고 예수님은 죽음에 넘겨 주었다(눅 23:25). 이제 모든 것이 백성들의 뜻대로 되었다. 백성들은 더욱 소리 질러 예수님을 십자가에 못 박아야 한다고 소리를 높였다(마 27:22). 이 재판을 더 미루다가는 민란(民亂)이 일어날 것 같았다(마 27:23).

(5) 빌라도는 예루살렘 백성들에게 만족을 주기 위하여 바라바는 놓아주고 예수님은 채찍질하여 십자가에 못 박히게 넘겨주었다. 예수님의 고난의 절정은 시 22:12, 13에서 잘 나타나 있다. 예수님은 지금 자신의 백성에게 배척당하시고, 로마의 재판관에게 넘겨지셨다. 하나님의 아들이 사람의 손에 넘겨졌고, 모든 것은 무질서의 연속 가운데 고난의 절정을 걸어가고 계셨다.

십자가에 못 박히시다(막 15:21-32)

로마 군인들은 갖은 방법으로 예수님을 희롱하고, 십자가에 못 박으려고 끌고 나갔다(막 15:20). 예수님은 골고다 즉 해골의 곳이라는 곳에서 십자가에 못 박히셨다.

몰약(쓸개즙)을 탄 포도주(막 15:23; 마 27:34)

(1) 병사들은 '쓸개즙(몰약)을 탄 포도주'(시 69:21)를 예수님께 주어 마시게 하려 하였다. 그러나 예수께서 맛보시고 받지 않으셨다(23절).

(2) 군인들은 실속 있게 작은 소득물을 챙기려 제비를 뽑아서 예수님의 옷을 나누어 가졌다. 이는 성경에 "그들이 내 옷을 나누고 내 옷을 제비 뽑나이다"(시 22:18) 한 것을 응하게 하려 함이라고 했다.

금요일 오전 9시

(1) 주님은 같이 처형 당하는 죄수들 중 가장 중범죄자로 취급되었다. 주님은 가운데에서 못 박히셨고 좌우에 강도 둘이 하나는 우편에, 하나는 좌편에 있었다.

(2) 어머니를 '사랑하는 제자'에게 맡기셨다. 주님의 형제들이 있었지만 그때까지는 믿음이 없었던 것 같다. 그리스도와 제자(신자) 간의 영적 관계성은 혈연(血緣) 관계보다 더 긴밀하다(마 12:48-50).

(3) "지나가는 자들은 자기 머리를 흔들며 예수를 모욕했다(마 27:39). 공개처형이 집행되었으므로 누구나 이곳에 올 수 있었다. 지나가던 사람들까지도 예수님을 모욕했다(막 15:29). 그들은 "네가 만일 정말 하나님의 아들이라면 자신을 구원하고 십자가에서 내려오라"(마 27:40)는 것이었다.

숨지시다(막 15:33-41) / 금요일 정오~오전 3시

(1) 주님께서 가장 고통스러워 했던 것은 육체의 고통보다, 하나님의 저주를 받아 버림을 받았다는 데 있었다. 정오쯤에 시작해서 오후 3시까지 세 시간 동안 온 땅이 캄캄해졌다. 이는 예수님께서 인류의 죄를 지불하시는 순간 하나님께로부터 버림을 받으신 것을 의미한다.

(2) 주님의 죽음은 바울이 기록한 바대로 "죄의 삯"이었다(롬 6:23). 그 죽음에서 주님은 죄인들과 하나가 되어 그들이 받을 영벌과 죄를 짊어지시고 그들의 죽음을 친히 감당하셨다.

(3) 아리마대 사람 요셉이 예수님의 시체를 무덤에 안치했다(막 15:42-47). 끝까지 주님을 따른 자들은 누구였나? (마 27:55, 56, 61) 이에 비해 제자들은 어떠했나? (마 26:56)

네가 유대인이 왕이냐? (막 15:1–5)

(마 27:1–2, 11–14; 눅 23:1–5; 요 18:28–38)

종교지도자들이 모인 최고법정인 공회에서는 예수님을 처형하기로 결정을 내렸다. 이들은 사형 집행을 위해 예수님을 결박하여 총독 빌라도에게 넘겨준다. 백성의 장로들이 예수님을 빌라도의 관정으로 끌고 온 때는 아직 이른 새벽이었다(니산 월 15일, 금요일).[1] 이미 공의회가 잡아 죽이기로 결정했는데 (요 11:49, 50), 구태여 빌라도의 재판을 받게 했을까? 이들은 공식적인 판결이 있어야 정당성이 인정된다고 생각했다. 따라서 빌라도의 허락이 필요했다.

1) "그들이 예수를 가야바에게서 관정으로 끌고 가니 새벽이라"(요 18:28). 가야바의 관정에 참석한 모든 공회원들은 예수님을 신성 모독죄로 몰아 "사형에 해당하니라" 하고 동의했다(마 26:66). 모든 공회원들이 증인이 되어 예수님에게 사형 확정 판결을 내렸다. 그러나 밤에 공회를 여는 것이 불법이었으므로 새벽을 가다렸다가 다시 한 번 확정 판결을 내렸다.

1. 빌라도는 예수님을 재판하기 위해 끌고온 사람들에게 이렇게 묻는다(요 18:29)

(1) 그러므로 빌라도가 밖으로 **나가서** 그들에게 **말하되** "너희가 무슨 일로 이 사람을 고발하느냐?" 이들은 무엇이라고 대답했을까? (요 18:30)

"이 사람이 행악자(=범죄자)가 아니었더라면(εἰ μὴ ἦν) 우리가 당신에게 넘기지 아니하였겠나이다." (행악자, evildoer, κακὸν ποιῶν) - 악한 일을 하는 사람, 죄인, 범죄자)

이들은 예수님을 결박하여 로마의 총독 빌라도에게 넘겨주기로 했다. 빌라도가 주로 거처한 곳은 가이사랴였지만 수비대에서 아주 가까운 성전 북서쪽 지역, 안토니아 요새 안에도 있었을 것이다(막 15:16 참조).

(2) 빌라도는 다시 묻는다. "그렇다면, 너희가 그를 데려다가 너희 법대로(κατὰ τὸν νόμον ὑμῶν) 재판하라." 유대인들은 "우리에게는 사람을 죽이는 권한이 없나이다." 산헤드린 공회는 사형 결정권은 있었지만 그 형을 집행하는 권한은 총독에게 있었기 때문이다.

(3) 산헤드린 공회가 예수님에게 사형을 내린 죄목은 무엇이었을까? 그것은 하나님을 모독했다는 죄였다. 그러나 총독에게는 '유대인의 왕'이라는 죄목으로 고소하였다. 즉 로마에 반역했다는 것이었다.[2]

2) 총독(ἡγεμών, governor)은 황제가 파견한 지역의 통치자를 가리킨다.

2. 빌라도는 정치적 수단을 발휘하여 예수님을 석방하려고 했다. 사형을 내리려면 결정적인 고소의 내용이 있어야만 했기 때문이다(요 18:29–31).

(1) 백성들의 고소는 세밀했는데, 무엇보다 백성들을 미혹했고, 가이사에게 세금 바치는 것을 금했으며, 자칭 왕 그리스도라 했다는 것이다(눅 23:2).

(2) 그러나 예수님에게 아무 죄가 없음을 안 빌라도는 어떻게 하든지 예수님을 풀어주려고 했다. 빌라도는 예수님에게서 아무런 허물을 찾아내지 못하였다고 했지만 유대인들은 이를 반박한다. 예수가 갈릴리에서 예루살렘에 이르기까지 소란을 피웠다고 증언한다. 빌라도는 예수님이 갈릴리 사람이라는 것을 알았다(δὲ ἀκούσας, 이 말을 듣고, when Pilate heard it, 눅 23:6*). 마침 헤롯이 예루살렘에 있었다. 유월절을 지키기 위해 예루살렘에 와 있었을 것이다. 당시 갈릴리 사람이란 '시골뜨기, 촌놈'이라는 경멸적인 칭호로도 사용되었다.

• 눅 23:6 "빌라도가 듣고 그가 갈릴리 사람이냐 물어 7 헤롯의 관할에 속한 줄을 알고 헤롯에게 보내니 그 때에 헤롯이 예루살렘에 있더라."

▶ 여기 헤롯은 헤롯 안디바(안티파트로스, BC. 4~AD. 39)이다. 이 사람은 대헤롯의 세 아들 중 가장 유능했으며, 문화를 장려했고, 건설에도 치중했다. 그는 갈릴리 바다 서해안에 있는 공동묘지 위에 황제 디베료(A.D. 22년)를 축하하기 위하여 [디베료 도성]을 건축하기도 했다. 그는 빌립의 아내였던 '헤로디아'에게 청혼했다. 세례 요한은 이 사실을 옳지 못한 것이라고 책망했고(막 10:11 참고), 이 일로 앙심을 품고 있던 헤로디아에게 미움을 사게 되었고(막 6:14), 마침내 목숨을 잃게 되었다.

• 눅 23:8 "헤롯이 예수를 보고 매우 기뻐하니 이는 그의 소문을 들었으므로 보고자 한 지 오래였고 또한 무엇이나 이적 행하심을 볼까 바랐던 연고러라."

(3) "헤롯은 예수님을 보고 매우(심히, λίαν) 기뻐했다"고 했다(눅 23:8*). 그 이유는 그의 소문을 들었으므로 보고자 한 지 오래였고 또한 어떤 이적 일으키는 것을 한번 보고 싶어했기 때문이었다. 그래서 예수님에게 여러 말로 물었으나 아무 말도 대답하지 아니하셨다(눅 23:9). 같이 따라갔던 대제사장들과 서기관들이 곁에 서 있다가 힘써(εὐτόνως, vehemently, 악랄하게, 맹렬하게) 고발했다고 했다. 헤롯도 경비병과 함께 예수님을 모욕하고 조롱했다. 그런 다음 화려한 옷을 입혀서 빌라도에게 도로 돌려 보냈다. 헤롯과 빌라도는 서로 원수처럼 지냈지만 이날만은 서로 친구가 되었다.

• 눅 23:9 여러 말로 물으나 아무 말도 대답하지 아니하시니

(4) 빌라도는 예수님을 때려서 방면하겠다고 했다. 예수님에게서 아무 잘못도 발견할 수 없었기 때문이다. 유대인들은 예수님을 십자가에 못 박으라고 요구했다.

3. 빌라도가 궁금해 한 것은 '정말로 예수가 유대인의 왕일까?' 하는 의구심이었다.

(1) 그래서 "네가 유대인의 왕이냐?(σὺ εἶ ὁ βασιλεὺς τῶν Ἰουδαίων)"(마 15:2; 요 18:33-37)고 물었다.[1)]

(2) 이에 대한 요한복음의 설명이 아주 자세하다. 빌라도가 "네가 정말 '그'(the, ὁ) 유대인의 왕이냐?"고 묻자, 예수님은 이렇게 반문하신다: "이는 네가

1) 백성들은 오병이어 사건 후 예수님을 억지로 자신들의 임금으로 삼으려 한 적이 있었다(요 6:15). 예수님이 예루살렘에 마지막 입성할 때는 이스라엘의 왕으로 들어오셨다(요 12:13, 15). 그러나 지금 예수님은 정치적인 치안 방해죄로 빌라도 앞에 고발당하고 있다.

스스로(=당신의 생각에서 나온) 하는 말이냐? 아니면 다른 사람들이 나에 대하여 네게 말하여 준 것이냐?"(34절). 빌라도가 이렇게 대답한다: "내가 유대인이냐(=내가 유대 사람인 줄 아느냐?) 네 나라 사람과 대제사장들이 너를 내게 넘겼으니 (도대체) 네가 무엇을 하였느냐?" (요 18:35) (동교재, 요한복음에서)

요 18:36 예수께서 **대답하시되**
/내 나라는 — 이 세상에 속한 것이 아니니라
만일 ——— 내 나라가 이 세상에 속한 것이었더라면(if)
내 종들이 — 싸워(=싸웠으리라)
//(목적: ἵνα, that...should)
나로 —— 넘겨지지 않게 하였으리라
/유대인들에게
내 나라는 —— 속한 것이 아니니라
/이제(νῦν)
/여기에(hence)

세상에 속해 있다면 열두 영(令)이 더 되는 숫자를 보내(마 26:56) 예수님을 넘기지 않게 하셨을 것이다.

My kingdom is not of this realm. "내 왕국은 결코 이 세상에 속한 것이 아니오"

예수님은 자신의 왕적인 권위가 이 세상에서 온 것도 아니며, 세상의 무력적인 수단에 의해서 세워질 수 있는 것도 아니라고 대답하셨다.

(3) '네 나라가 세상에 속한 것이 아니라면', "그러면 네가 왕이 아니냐?"
("So You are a king?" - 아무튼 네가 왕이냐?)

요 18:37 예수께서 **대답하시되**
/네[가] — 말과 같이(=말하는도다)
/내가 —— 왕이니라
내가 ─ 이를 위하여 태어났으며
└ 이를 위하여 세상에 왔나니
"무릇(everyone) 진리에 속한 자는 내 음성을 듣느니라"하자,
38 빌라도가 —— **이르되**
/**진리가 무엇이냐?**(τί ἐστιν ἀλήθεια)

여기서 강조하는 것은 **'알레데이아'가 스스로 계시하시는 하나님의 실체라는 것과 그것의 이해는 진리에 속한 자만이 이해할 수 있다는 것이다.** 그 진리가 우리를 자유롭게 한다(요 8:32). 이에 대한 지식은 일반적인 지식이 아니라 계시에 대한 지식이다.

"당신이 말한 대로 나는 왕이오"

예수님의 메시야적 왕권은 정치적인 것이 아니라 영적인 것이다. 그러나 그는 단순한 메시야가 아니라 하나님의 아들인 메시야이시다(요 20:31). 그는 오실 구원자를 기다리는 구약적인 기대를 성취시켰다는 의미에서 메시야이다.

"나는 진리를 증언하기 위해 태어났으며 세상에 왔소"

(4) 지금, 빌라도에게 '진리'(알레데이아, ἀλήθεια)에 대해 자세히 설명한다 해도 이를 이해할 수 없었을 것이다. 물론 빌라도가 정말로 '진리'에 대한 철학적인 대답을 원한 것은 아닐 것이기 때문이다. 빌라도는 예수님에게서 아무 잘못도 찾지 못했다.

(5) 그래서 대제사장들과 무리에게 "내가 보니 이 사람에게 죄가 없다"고 했다. 그러나 그들은 다시 예수님이 갈릴리에서부터 예루살렘에 이르기까지 백성들을 가르침으로써 선동하였다는 죄목을 뒤집어 씌웠다(눅 23:5).

38 이 말을 하고 다시 유대인들에게 **나가서 이르되**
/나는 — 찾지 못하였노라(ἐγὼ οὐδεμίαν εὑρίσκω)
/아무 죄도(αἰτίαν) - 이유나 동기, 원인, 책임
/그에게서

그 종은 강포(하마스, חָמָס)를 행하지 아니했다. '강포'란 일반적으로 폭력(violence)이라는 말로 번역한다. 그 종이 강포를 행했기 때문에 처형된 것이 아니었다. 그는 입에 거짓을 담은 적도 없었다. 그에게서 그 어떤 죄된 동기나 원인을 찾지 못했다(아이티아, αἰτία는 고발의 이유를 의미한다. 근거, 원인, 이유, 책임).

사 53:9 [그가] — **있었으며**
/그의 무덤이
/악인들과 함께(רְשָׁעִים wicked men-אֶת with)
(있었도다)
/그가 죽은 후에 부자와 함께
//(Because, עַל)
그는 — 강포(חָמָס)를 행하지 아니하였고
— 그의 입에 거짓이 없었으나(=기 때문에)

사 53:12에서는 그의 죽음을 어떻게 예언하고 있는가? 그는 기꺼이 자기 목숨을 죽음에 내놓았으며 죄인 취급을 받았다는 것이다. "그러나[Yet, וְ] 그가 많은 사람의 죄를 담당하며 범죄자를 위하여 기도하였느니라."

4. 그래서 예수님은 다시 빌라도 앞에 끌려오셨다. 빌라도는 대제사장들과 관리들과 백성을 다시 불러 모았다. 그는 백성들을 설득하려 했다(눅 23:14). — (동교재, 요한복음에서 설명을 그대로 가져옴)

(1) 빌라도는 여러 번 예수님에게서 죄를 찾을 수 없기에 때려서 놓아주려 했다(눅 23:15, 22). 헤롯도 그가 죄 없음을 알고 우리에게 다시 보내지 않았느냐고 했다. "헤롯이 또한 그렇게 하여 그를 우리에게 도로 보내었도다."

보라 그가 행한 일에는 죽일 일이 없느니라
그러므로 때려서(παιδεύσας, 과거분사 - I *will* therefore punish Him)
놓겠노라(16절)[1)]

"그러면 네가 왕이 아니냐?"

(2) 이제 군중과 더 이상 논쟁은 불가능하다는 것을 알고 빌라도는 다른 주제로 방향을 돌렸다. 빌라도는 어떻게 하든지 예수님을 풀어주려 했다. 그는 어느 새 예수님의 변호인이 되어 있었다. 빌라도는 백성들의 시기로 예수님을 넘겨 준 줄 알고 있었기 때문이다(마 27:18).

1) '때려서'라는 말 파이듀오(παιδεύω)는 문자적으로 '어린 아이와 함께 있다'라는 뜻으로 '양육하다, 가르치다, 습관을 들이다'라는 의미가 있다. 어린 아이를 벌하듯 때리겠다는 의미이다. 그러나 로마의 매질은 잘못하면 죽기까지 하는 무서운 형벌이다. 여기서는 부드럽게 표현했을 뿐이다. 빌라도는 이 정도라면 백성들도 순순히 물러설 것이라고 생각했을 것이다. 그러나, 오히려 백성들을 더욱 자극했을 뿐이다.

Pontius Pilate painted by Giotto in 1305

빌라도

▲ 빌라도는 아마도 유럽 태생인 것 같으며, 로마를 위해 본도(흑해 지역)에서 싸웠기 때문에 '본디오'라는 이름을 얻게 되었다. '빌라도'는 필라투스(pilatus, '던지는 창' Javelin) 혹은 필레우스(Pileus, 자유민이나 그 자손들이 쓴 펠트모자)에서 유래한 것 같다.

십자가에 못 박히게 예수를 넘기다(막 15:6–15)

(마 27:15–26; 눅 23:13–25; 요 18:39–19:16)

1. 명절이 되면 총독이 (무리의 청원대로) 반드시 죄수 한 사람을 놓아 주는 전례가 있었다고 한다(성경 이외의 자료들은 이런 관례에 대해서 언급하지 않는다). 이 전례를 이용하여 예수님을 풀어주려 했다. (동교재, 요한복음에서 설명을 그대로 가져옴)

(1) 그래서 바라바와 예수 두 명으로 압축했다. 바라바는 어떤 죄로 복역 중이었을까? "그 때에 바라바라 하는 유명한(notorious) 죄수가 있는데"(마 27:16). 여기서 '유명한'(에피세모스, ἐπίσημος)이라는 단어는 '악명 높은, 주목할 만한'이라는 의미이다. (좋은 의미로는 '유대인 폭도들 사이에서 존경받는'다는 의미이고 나쁜 의미로는 '그 범죄로 악명이 높은' 의미로 쓰인다.) 그가 "로마 정권에 항거하는 반란을 일으킨 열심당원"이라는 말도 있으나 확실치 않다.

(2) 군중들이 모였고 빌라도는 누구를 선택할 것인가를 물었다. "너희는 내가 누구를 너희에게 놓아 주기를 원하느냐 바라바냐 그리스도라 하는 예수냐 하니"

눅 23:18 무리가 — **소리 질러 이르되** (소리 질러 - [크게] 고함지르다, 외치다)
/일제히(군중 전체가 동시적으로)
/이 사람을 **없이하고** 바라바를 우리에게 **놓아 주소서**

2. 불안하기는 **빌라도의 아내**도 마찬가지였다. **그녀는 간 밤에 예수님에 대한 꿈을 꿨다**. 그런데 "그 사람으로 인하여 애를 많이 태웠다"는 것이다(마 27:19).

(1) 그래서 "총독이 재판석에 앉았을 때에 그의 아내[1]가 사람을 보냈다"(19절). "저 옳은 사람에게 아무 상관도 하지 마옵소서(Don't have anything to do with that innocent man.)" 그녀는 그 사람으로 인하여 꿈에 애를 많이 태웠다(I have suffered, ἔπαθον)[2]고 했다.

(2) 이렇게 빌라도는 그의 아내의 전갈을 통하여 신적(神的) 경고를 받게 되었다. 정의를 위하여 행동할 좋은 기회였다. 그러나 빌라도는 그 자신의 책임을 회피하려 했다(24절; 눅 23:5, 6-12, 13-16 참고). "그들이 큰 소리로 재촉하여[3] 십자가에 못 박기를 구하니 그들의 소리가 이긴지라(강하다, 우세하다)."

1) 이 사건은 마태복음에서만 기록되어 있다. 빌라도의 아내의 이름은 프로쿨라(Claudia Procula 또는 Procela, 니고데모 복음서 2)였다고 하는데, 처음에는 유대교의 개종자였으나 후에 그리스도인이 되었다고 전해진다. (고영민, 원문성경)

2) 파스코(πάσχω)의 직설법 과거 능동태 - 고난을 당하다. / 아마 그녀는 남편 빌라도가 무죄한 자에게 행한 악행에 대하여 벌을 받는 꿈을 꾸었을 것이다.

3) ἐπίκειμαι
밀어붙이다, 재촉하거나 강요하는 것을 나타낸다.

(3) "이에 빌라도가 그들이 구하는 대로" 언도했다(눅 23:24). 결국 그들이 요구하는 바라바는 놓아 주고 예수님은 죽음에 넘겨 주었다(눅 23:25*). 이제 모든 것이 백성들의 뜻대로 되었다. 백성들은 더욱 소리 질러 예수님을 십자가에 못 박아야 한다고 소리를 높였다(마 27:22). 이 재판을 더 미루다가는 민란(民亂)이 일어날 것 같았다(마 27:23).

• 눅 23:25 "그들이 요구하는 자 곧 민란과 살인으로 말미암아 옥에 갇힌 자를 놓아 주고 예수는 넘겨 주어 그들의 뜻대로 하게 하니라."

막 15:15 빌라도가 ── 바라바는 **놓아 주고**
/무리에게 만족을 주고자 하여
── 예수는 **넘겨 주니라**
/채찍질하고 십자가에 못 박히게

τῷ ὄχλῳ τὸ ἱκανὸν ποιῆσαι
to satisfy the multitude,
빌라도는 유대인들의 악한 뜻을 만족시키려고 결국은 그리스도를 십자가에 못박히도록 넘겨주었다.

군인들이 예수님을 희롱하다(막 15:16-20)

같이 읽을 곳 (마 27:27-31; 요 19:2-3)

1. 왕이 조롱당하는 모습을 보라. 총독의 군병들이 예수님을 관정 안으로 이끌었고 온 군대를 그에게로 모았다.

막 15:16 군인들이 ── 예수를 **끌고**
── 브라이도리온[1])이라는 뜰 안으로 **들어가서**
── 온 군대를 **모으고**
17 ── 예수에게 자색 옷을 **입히고**
── 가시관을 엮어 **씌우고**
18 ── 경례하여 **이르되**
/유대인의 왕이여 평안할지어다 하고
19 ── 갈대로 그의 머리를 **치며**
── 침을 **뱉으며**
── 꿇어 **절하더라**

마 27:27-31 / 군병들까지 횡포를 부렸다. 군인들은 예수님의 옷을 벗긴 다음 제왕(帝王)의 모습을 나타내는 붉은 겉옷을 입히고, 가시관을 엮어 그의 머리에 눌러 씌우고 그의 오른손에는 왕을 상징하는 홀(笏, 개역개정 - 규) 대신 갈대를 들게 했다. 그리고 무릎을 꿇어 경배를 대신했다. 그리고 군인들의 입에서는 "유대인의 왕, 만세"가 터져 나왔다.

1) 브라이도리온 (Praetorium) - 로마 부대(병영)의 본부, 최고사령관의 관저(官邸) - 어떤 속주의 총독 또는 행정관이 주재하였던 관저를 가리킨다. 예루살렘에 있던 로마 행정장관들이 기거했던 곳은 헤롯 대왕이 자신을 위해 지은 장엄한 궁전이었다.

(1) 빌라도는 백성들에게 만족을 주기 위하여 바라바는 놓아주고 예수님은 채찍질하고 십자가에 못 박히게 넘겨주었다. 군인들은 예수님을 총독 관저로 끌고 들어가서 전 부대원을 불러들였다. 그리고 예수님에게 자색 옷을 입혔다. 헬라시대의 임금들은 자주색 옷을 입었다. 로마 군인들은 자기들이 입던 자주색 망토를 예수님에게 입혔다. 그리고 기시관을 엮어 씌었다.

350

特講, 사 50장

from 동교재, 이사야서 50장

메시야가 당하는 수난에 대해서는 이사야 50:6에서 예언되었습니다. 매우 중요하니까 조금 자세히 살펴봅시다. 동교재, 이사야서 50장에서 설명을 가져왔습니다. ▼

이사야에는 제4대 종의 노래가 나온다. 여기서 종의 사역에 대해 자세히 설명한다. 세번째 노래에서는 메시야에 대한 수난의 도가 더 높아간다.

1. 첫 번째 노래(42:1-9)
2. 두 번째 노래(49:1-9)
3. 세 번째 노래(50:4-11)

- 반대에 직면한 종의 인내와 신앙에 대한 증거
- 하나님께서 종을 그의 특별한 대변인으로 삼음(4-5절)
- **수난의 도가 더욱 높아간다(6절). 그는 고난을 받거나 수치를 당할 때에도 자신을 의롭다하실 이는 여호와뿐인 것을 믿고 오직 그만 신뢰하였다(6-9절).**

4. 네 번째 노래(52:13-53:12)

종의 수난(6절)

- 학자의 혀를 받은 여호와의 종의 운명은 어떨 것인가? 그것은 수난이었다. 수난은 말씀을 전하는 자에게는 필수적으로 그림자처럼 따라온다. 그러나 이 종은 그 수난을 피하려 하지 않았다. 왜냐하면 하나님께서 종을 도우셨기 때문이다.

예수님이 고난 당할 때의 비참한 모습을 그리고 있다.

"무리가 그를 보고 기막혀 했었지. 그의 몰골은 망가져 사람이라고 할 수가 없었고 인간의 모습은 찾아볼 수가 없었다"(공동번역).

'여호와의 종'이 당하는 수난의 노래(사 50:4-11)

1. 세 번째 노래(사 50:4-11)에서는 '여호와의 종'이 당하는 수난의 도가 더욱 높아간다(6절).

(1) 이렇게 메시야는 사역을 감당하도록 자격을 구비하였으며(4절 - 학자의 혀, "주 여호와께서 '학자들의 혀'를 내게 주사"), 특별히 곤핍한 자들을 위로하시기에 적임자이시다. 그에게 짓밟힌 자들에게 위로할 능력을 주셨음을 분명하게 밝힌다(4절상). 그 종은 여호와의 가르침을 따르며(4하 - 5), 압제가 온다고 해도 움츠러들지 않는다.

50:6 [내가] ┬ 나를 때리는 자들에게 내 등을 **맡기며**
├ 나의 수염을 뽑는 자들에게 나의 빰을 (**맡기며**)
├ 모욕과 침 뱉음을 당하여도
└ 내 얼굴을 **가리지 아니하였느니라**
//(for, כִּי) 주 여호와께서 나를 도우시므로

(2) 이 종은 하나님께 완전한 복종을 하였다. 아버지를 위해 굴욕과 박해를 기꺼이 참으셨다. 주께서 도우시기에, 또 가까이 계시기에(8절) 그 어떤 물리적 폭력과 모욕도 감수한다(6절). 제2종의 노래에서도(사 49:1-9)에서도 그는 멸시를 당하고, 백성에게 미움을 받는 자로 묘사되었다.

2. 본문에서는 그 고난의 도가 더 높아감을 볼 수 있다. '나의 수염을 뽑는 자들에게 나의 빰을 맡기며 모욕과 침 뱉음을 당하여도' 그것을 피하려고 얼굴을 가리지도 않았다.

제4종의 노래에서는 그 수난의 도가 한층 높아진다(사 52:14, 15).

사 52:14 전에는
그의 모양이 타인보다 ── **상하였고(מִשְׁחַת)**
그의 모습이 사람들보다 ─ **상하였으므로**
많은 사람이 ─ 놀랐거니와(솨멤, שָׁמֵם)
/그에 대하여

■

(2) 당시 임금들은 황금 잎사귀로 만든 관을 썼는데, 기시관을 씌어 예수님을 조롱했다. 군인들은 예수님에게 가시 면류관을 씌우고 경례했다(아스파조마이, ἀσπάζομαι, 예를 갖추다, 환영하다). 즉 예를 갖추어 '유대인의 왕 만세!' 라고 외쳤다는 것이다. 물론 경멸의 의미에서 비롯된 행동이었다.

2. 그의 고난 받는 모습은 무엇과 같다고 예언되었는가? 사 50:6을 읽어보자.

(1) 이사야 50:6에서는[1] 그 고난의 도가 더 높아감을 볼 수 있다. '나의 수염을 뽑는 자들에게 나의 뺨을 맡기며 모욕과 침 뱉음을 당하여도' 그것을 피하려고 얼굴을 가리지도 않았다는 것이다.[2]

(2) 이사야서 후반부의 두 번째 종의 노래(사 49:1-9)에서는 여호와의 종에 대한 주제를 더욱 발전시켜 종의 특별한 지위에 대해 자세히 언급한다(사 49:1-3). 그렇다면 여호와의 종의 사명은 무엇인가? (사 49:1-7) 이스라엘 백성은 하나님의 종이라고 불렸었지만(사 42:8-), 이들은 실패한 종이었다. 이들은 하나님께서 주신 사명을 완수하지 못했다. 결국 포로로 끌려가게 될 것이고, 이제 특별한 종은 포로된 자들을 해방시킬 것이라고 예언하셨다(사 49:8-13). 언약을 어김으로써 이스라엘은 형벌을 받아 시온을 빼앗기게 되겠지만 그러나, 결코 버림을 당하지 아니할 것이다(14-20절). 포로된 자들이 시온으로 돌아와서 살게 될 것이다.

(3) 이 여호와의 종은 포로된 백성을 구원하는 사명에 대해 언급한다(사 50:5-12). 이 종은 자신의 사역을 수행함에 낙담하며 멸시를 받을 것이라고 했다(사람에게, 백성에게, 관원들에게 멸시를 받는다, 7절*). 이 종이 당하는 수난은 세 번째와 네 번째 노래의 주제인 '종의 수난'으로 연결된다.

(4) 이 여호와의 종은 얼마나 처절하게 수치를 당할 것인가? 그 종의 고난과 승리가 이사야 52:13-53:12(제 4종의 노래)에서 자세히 예언되었다. 이 종은 대속적인 고난을 당한다. 버림받고, 매맞고, 백성들로부터 배척을 받는다. 그러나 미래의 어느 날, 종의 사역을 감당할 한 사람이 나타나서 이스라엘을 구속하고 하나님의 계시를 땅끝까지 전할 것이다.

3. 예수님의 고난의 절정은 시 22:12, 13에 잘 나타나 있다.

시 22:12, 13을 보라. 예수님은 지금 자신의 백성에게 배척당하시고, 로마의 재판관에게 넘겨졌다. 하나님의 아들이 **사람의 손에 넘겨졌고,** 모든 것은 무질서의 연속 가운데 고난의 절정을 걸어가고 계셨다.

1) 이사야서 후반부에서는 여호와 종이 어떤 수난을 받게 될 것인가에 대한 노래가 예언되어 있다(여호와의 종의 4대 노래).

2) 사 40-48장까지 고레스의 이야기가 끝나고, 첫 번째 종의 노래(사 42:1-9)에 이어 두 번째 종의 노래가 등장한다(사 49:1-13).

여기 "고난 받는 종"은 메시야를 묘사한다. 이스라엘은 실패한 종이다. 그러나 특별한 종, 메시야는 하나님과 밀접한, 순종하는 관계에서 살려고 하는, 귀감(龜鑑)이 되는 성공한 종이다.

• 사 50:7 "주 여호와께서 나를 도우시므로 내가 부끄러워하지 아니하고 내 얼굴을 부싯돌 같이 굳게 하였으므로 내가 수치를 당하지 아니할 줄 아노라."

• 시 22:12 "많은 황소가 나를 에워싸며 바산의 힘센 소들이 나를 둘러쌌으며 13 내게 그 입을 벌림이 찢으며 부르짖는 사자 같으니이다."

352

십자가에 못 박히시다(막 15:21-32)

같이 읽을 곳 [마 27:32-44; 눅 23:26-43; 요 19:17-27]

1. 로마 군인들은 갖은 방법으로 예수님을 희롱하고, 십자가에 못 박으려고 끌고 나갔다(막 15:20 "희롱을 다 한 후 자색 옷을 벗기고 도로 그의 옷을 입히고 십자가에 못 박으려고 끌고 나가니라"). 그러나 예수님은 고초를 당해 이미 지칠 대로 지치셨다. 더 이상 십자가를 지고 갈 수 없었다.

막 15:21 그때 마침(And, καί)
[그들이] —— **억지로 같이 가게 하여**
/시몬이(=을)
/알렉산더와 루포의 아버지인 구레네 사람
/시골로부터 와서 지나가는데
//(목적: ἵνα, to)
[그가] — 예수의 십자가를 **지우고(=지도록)**

성문 밖을 나가다가 시몬(Simon)이란 구레네 사람(a man from Cyrene)을 만나자(막 15:21) 그에게 예수님의 십자가를 억지로 지게 했다(ἠγγάρευσαν, 과거 능동태, they forced him to carry the cross).

▲ 시몬(Simon)이란 구레네 사람을 만나자(막 15:21) 그에게 예수의 십자가를 억지로 지게 했다.

마 27:32 And as they were coming out, they found a man of Cyrene named Simon, whom they pressed into service to bear His cross. - NASB

구레네 사람(Κυρηναῖος) 시몬 - "알렉산더와 루포(Ῥοῦφος)의 아버지인 구레네 사람 시몬"이라고 했다(막 15:21).

① 사도행전 6:9에서는 구레네인들의 회당에서 온 유대인들이 스데반과 변론했다는 기록이 있다.

② 구레네 사람들이 안디옥에 가서 복음을 전파하여 큰 성공을 했다(행 11:20이하).

③ 구레네 사람 루기오는 안디옥에 가서 사역자가 되어 시무했다(행 13:1).

④ 롬 16:13에는 "주 안에서 택하심을 입은 **루포**(Rufus, Ῥοῦφος)와 그의 어머니에게 문안하라 그의 어머니는 곧 내 어머니니라"라는 기록이 있는데, 여기 루포가 동일인이라면 이 온 가족은 그리스도를 믿는 행복한 가정이었을 것이다.

▶ 구레네(Cyrene) - 지금의 리비아(Libya)의 한 도시, 지금의 Kuren(?)

2. 그리고 골고다 즉 해골의 곳이라는 곳에 이르렀다(30절). 골고다(Golgotha), 곧 '해골의 곳'(The Place of the Skull, Κρανίου해골 Τόπος)이라는 곳에 이르렀다(마 27:33). 이곳은 예루살렘 근처로 이곳에서 십자가에 못 박히셨다.

몰약(쓸개즙)을 탄 포도주(막 15:23; 마 27:34)

1. 병사들은 '쓸개즙(몰약)을 탄 포도주'(시 69:21*)를 예수님께 주어 마시게 하려 하였다. 그러나 예수님은 맛보고 받지 아니하셨다. 이것은 마취 성분이 있어 군인들이 죄수를 쉽게 못 박으려고 흔히 사용했다. 예수님은 마취제로 인해 잠시 고통을 잊기보다는 인류의 죄를 위해 당하는 모든 고통을 온전한 정신으로 체험하려 하셨을 것이다.

• 시 69:21 "그들이 **쓸개**를 나의 음식물로 주며 목마를 때에는 **초를 마시게** 하였사오니."

(1) 군인들은 실속 있게 작은 소득물을 챙기려 제비를 뽑아서 예수님의 옷을 나누어 가졌다고 했다. "군인들이...그의 옷을 취하여 네 깃에 나눠 각각 한 깃씩 얻고 속옷도 취하니 이 속옷은 호지 아니하고(=이음새 없이) 위에서부터 통으로 짠 것이라"고 했다(요 19:23). "군인들이 서로 말하되 이것을 찢지 말고 누가 얻나 제비 뽑자"고 했다(막 15:24). 원래 사형수의 물건은 그것을 집행하는 자들의 몫이었다. 이들은 속옷은 통으로 짠 것이라 제비를 뽑아 가지기로 했다.

(2) 이는 성경에 "그들이 내 옷을 나누고 내 옷을 제비 뽑나이다"(시 22:18) 한 것을 **응하게 하려 함이라**고 했다.[1]

1) 시편 22편은 비탄의 시로서, 다윗은 하나님과(1-2절), 사람들에게(6-8절) 버림을 받은 것 같은 상황에도 불구하고 하나님에 대한 그의 신뢰를 표현한다(3-5, 9, 10절).

2. 군인들이 주님의 머리 위에 죄패를 붙였다. 어떤 죄패? (요 19:22 참조)

(1) 요 19:19 빌라도가 패를 써서 십자가 위에 붙이니
"나사렛 예수 유대인의 왕"이라 기록되었더라
Ἰησοῦς ὁ Ναζωραῖος ὁ βασιλεὺς τῶν Ἰουδαίων

"예수께서 못 박히신 곳이 성에서 가까운 고로 많은 유대인이 이 패를 읽는데 히브리와 로마와 헬라 말로(in Aramaic, Latin and Greek) 기록되었더라(20절) 유대인의 대제사장들이 빌라도에게 이르되 유대인의 왕[2]이라 쓰지 말고 '자칭 유대인의 왕'(I am King of the Jews, ἐκεῖνος εἶπεν· βασιλεύς εἰμι τῶν Ἰουδαίων)이라 쓰라 하니"(21절) 빌라도가 대답하되 "내가 쓸 것을 썼다"(What I have written I have written) 하니라"(22절).

2) The King of the Jews, ὁ βασιλεὺς τῶν Ἰουδαίων)

(2) 빌라도는 무의식적으로 썼지만, 실제적으로 예수님은 온 세상의 왕이심을 선포하게 된 것이다.

군인들이 주님의 머리 위에 죄패를 붙였다. 어떤 죄패? (요 19:22)

요 19:19 빌라도가 패를 써서 십자가 위에 붙이니
“**나사렛 예수 유대인의 왕**”이라 기록되었더라
ESUS OF NAZARETH, THE KING OF THE JEWS
Ἰησοῦς ὁ Ναζωραῖος ὁ βασιλεὺς τῶν Ἰουδαίων

우리는 십자가에 달린 세 사람과 군중들의 서로 다른 모습을 볼 수 있다.

- 죄를 위하여(for) 죽으시는 분, 예수님
- 죄로부터(from) 해방되고 죽는 사람(회개한 강도)
- 죄 가운데(in) 죽는 사람(회개하지 않은 강도)
- 십자가 주변에 있는 다양한 사람들

① 무관심한 사람들(주위에서 물끄러미 쳐다보던 사람들, 눅 23:35)

② 종교적인 사람들(예수님을 조롱하던 유대지도자들, 눅 23:35)

③ 물질에 정신이 팔린 사람들(병정들은 옷을 제비 뽑았다. 눅 23:34)

④ 열심히 그리스도를 찾는 사람(“나를 생각하소서” - 눅 23:34)

▶ 십자가는 온 세상의 심판이다(요 12:31, “이제 이 세상에 대한 심판이 이르렀으니 이 세상의 임금이 쫓겨나리라.”)

◀ 요 19:18 그들이 거기서 예수를 십자가에 못 박을새 다른 두 사람도 그와 함께 좌우편에 못 박으니 예수는 가운데 있더라

- 19 빌라도가 패를 써서 십자가 위에 붙이니 나사렛 예수 유대인의 왕이라 기록되었더라
- 20 예수께서 못 박히신 곳이 성에서 가까운 고로 많은 유대인이 이 패를 읽는데 히브리와 로마와 헬라 말로 기록되었더라

행악자 중 한 사람이 예수님을 영접했다.

예수여 당신의 나라에 임하실 때에(when You come in Your kingdom!) [당신은] 나를 기억하소서(remember me, μνήσθητί μου)

▶ 요 19:21-21 유대인의 대제사장들이 빌라도에게 이르되 유대인의 왕 (The King of the Jews, ὁ βασιλεὺς τῶν Ἰουδαίων)이라 쓰지 말고 ‘자칭 유대인의 왕’(I am King of the Jews, ἐκεῖνος εἶπεν· βασιλεύς εἰμι τῶν Ἰουδαίων)이라 쓰라 하니”(21절) 빌라도가 대답하되 “내가 쓸 것을 썼다” 하니라”(22절).

▶ 빌라도는 무의식적으로 썼지만, 실제적으로 예수님은 온 세상의 왕이심을 선포하게 된 것이다.

금요일 오전 9시

1. 주님은 같이 처형 당하는 죄수들 중 가장 중범죄자로 취급되었다. 주님은 가운데에서 못 박히셨고 좌우에 강도 둘이 하나는 우편에, 하나는 좌편에 있었다.

(1) 요 19:25 예수의 십자가 곁에는
① 그 어머니와 ② 이모와(살로매 - 야고보와 요한의 어머니) ③ 글로바의 아내 마리아와 ④ 막달라 마리아가 섰는지라

19:26 예수께서 ── 보시고(when)
/자기의 어머니와 ─ 곁에 서 있는 것을
사랑하시는 제자가
── **말씀하시되**
/자기 어머니께
/여자여(γύναι) 보소서 [당신의] 아들이니이다
27 [그가] ── 또 **이르시되**
/그 제자에게 (요한이라고 본다)
보라 네 어머니라 하신대
그 제자가 ── [그녀를] 모시니라
/자기 집에
/그 때부터

예수님께서는 어머니를 사랑하는 제자에게 맡기셨다.

여자여(Woman, γύναι) : 호격에 γυνή(귀네)는 일반적인 호칭으로 불리는데 경멸적인 의미가 없다(마 15:28; 요 2:4, 19:26). γυνή는 모든 연령대의 여인에게 쓰였다.

요한의 집이 예루살렘에 있었을까? (요 18:16 참조, "베드로는 문 밖에 서 있는지라 **대제사장을 아는 그 다른 제자가**(아마 요한일 것이다) 나가서 문 지키는 여자에게 말하여 베드로를 데리고 들어오니").

(2) 어머니를 '사랑하는 제자'에게 맡기셨다. 주님의 형제들이 있었지만 그때까지는 믿음이 없었던 것 같다. 그리스도와 제자(신자) 간의 영적 관계성은 혈연(血緣) 관계보다 더 긴밀하다(마 12:48-50*).

"**지나가는 자들**은 자기 머리를 흔들며 예수를 모욕하여(마 27:39)... 그와 같이 대제사장들도 서기관들과 장로들과 함께 희롱하여 이르되(41절) 그가 남은 구원하였으되 자기는 구원할 수 없도다 그가 이스라엘의 왕이로다 지금 십자가에서 내려올지어다 그리하면 우리가 믿겠노라."(42절)

• 마 12:48 "말하던 사람에게 대답하여 이르시되 누가 내 어머니이며 내 동생들이냐 하시고 49 손을 내밀어 제자들을 가리켜 이르시되 나의 어머니와 나의 동생들을 보라 50 **누구든지 하늘에 계신 내 아버지의 뜻대로 하는 자가 내 형제요 자매요 어머니이니라** 하시더라."

(3) 공개처형이 집행되었으므로 누구나 이곳에 올 수 있었다. 지나가던 사람들까지도 예수님을 모욕했다(막 15:29). 그들은 "네가 만일 정말 하나님의 아들이라면 자신을 구원하고 십자가에서 내려오라"(마 27:40)는 것이었다. 이는 마치 "시

험하는 자가 예수께 나아와서 이르되 네가 만일 하나님의 아들이어든(εἰ υἱὸς εἶ τοῦ θεοῦ) 명하여 이 돌들로 떡덩이가 되게 하라"는 사탄의 시험과 같은 내용이다. 예수님의 사역의 목적을 무너뜨리려는 사탄의 최후의 발악이라고 할 수 있다.

(4) 모욕은 계속된다. "그가 하나님을 믿는다는데, 하나님이 원하시면, 이제 그를 당장 구원해 주시라고 그래라." 지나가던 사람들도, 그리고 대제사장들도 서기관들과 장로들과 함께 희롱했다. 군병들도 그랬다.[1)]

1) "네가 만일 유대인의 왕이어든 네가 너를 구원하라." 예수님과 함께 십자가에 못 박힌 한 강도도 이와 같이 조롱했다(막 15:29-32 참조). 지금 모두가 인류의 죄를 구속하시기 위해 죽으시는 예수님을 모욕하고 조롱하고 있다.

2. 눅 23:39-43의 설명을 더 들어보자.

지금 예수님의 모습은 철저히 종(에베드, עֶבֶד) 이시다. (사 53장)

• 예수님은 하나님의 아들이시지만, 지금의 모습은 철저히 종(에베드, עֶבֶד)이시다. 이사야는 그 여호와의 종의 외모를 이렇게 표현하고 있다.

• 인류를 대속할 '여호와의 종'은 겉으로 보기에 얼마나 연약한 존재처럼 보이는가! 그는 아주 건조한 사막 모래 가운데 뿌리를 박고 가까스로 돋아난 햇순 같았다. 뜨거운 햇빛 때문에 곧 말라버릴 것 같은 존재로 묘사하고 있다. 물론 그에게는 고운 모양도, 훌륭한 풍채도 없다. 우리의 눈길을 끌만한 '아름다운 것'(마르에, מַרְאֶה - 외관, 용모)이 없었다. 그 종에게는 매력적인 것이나 왕적인 요소가 전혀 없었다. 존경할만한 특징도 없었다.

(1) 죽어가던 강도 중의 한 사람이 예수님을 구세주로 영접했음을 보여주고 있다. 이 사건은 누가복음에만 기록했다. 마태와 마가는 두 강도가 예수님을 모욕하고 비난한 것으로 기록되어 있다(마 27:44; 막 15:32). 아마, 처음에는 두 사람이 다 모욕했으나, 그 중 하나가 회개하고 용서를 구했을 것이다. 그 회개한 강도가 다른 행악자를 꾸짖었다(눅 23:40). 이 강도는 자기의 죄를 인정했고, 예수님의 무죄를 변호했다(41절).

눅 23:42 **이르되**(...하니)
/예수여(Jesus, Ἰησοῦ)
당신의 나라에 임하실 때에(when You come in Your kingdom!)
[당신은] — 나를 **기억하소서**(remember me, μνήσθητί μου)

(5) 이에 대해 예수님은 이렇게 대답하셨다.

눅 23:43 예수께서 — **이르시되**(...하시니라)
/진실로
내가 — 네게 **이르노니**
네가 — 낙원에 있으리라(ἔσῃ ἐν τῷ παραδείσῳ)
/나와 함께(μετ᾽ ἐμοῦ)
/오늘

▶ 십자가는 온 세상의 심판이다(요 12:31, "이제 이 세상에 대한 심판이 이르렀으니 이 세상의 임금이 쫓겨나리라.")

숨지시다(막 15:33-41)

(마 27:45-61; 눅 23:44-56; 요 19:28-30, 38-42)

금요일 정오~오전 3시

1. 주님께서 가장 고통스러워 했던 것은 육체의 고통보다, 하나님의 저주를 받아 버림을 받았다는 데 있었다.

(1) 예수님이 운명하시기 전 어떤 일들이 일어났는가? (33-34절)

막 15:33 제육시가 — **되매** 제육시로부터(낮 12시부터)
온 땅에[1] 어둠이 — **임하여 계속하더니**
/제구시까지 (오후 3시)
34 제구시에 예수께서 — 크게 소리 **지르시되**
/엘리 엘리 라마 사박다니 하시니
이를 번역하면
나의 하나님, 나의 하나님 어찌하여
나를 버리셨나이까 하는 뜻이라(시 22:1)

시편 22:1을 읽어보자. 시 22편은 전형적인 메시야시로서 신약에서 가장 많이 인용된 시편 중 하나이다.

(2) 정오쯤에 시작해서 오후 3시까지 세 시간 동안 온 땅이 캄캄해졌다. "온 땅에 어둠이 임하여 계속되더니" - 하나님의 임재가 사라졌다는 것은 바로 예수님의 죽음이 지닌 공포의 정도를 나타낸다. 예수님의 속죄의 죽음 이외에는 바로 다른 방도로서는 속죄가 불가능하기 때문이다(막 10:45). 이는 예수님께서 인류의 죄를 지불하시는 순간 하나님께로부터 버림을 받으신 것을 의미한다. 예수님이 두려워하신 것은 죽음 자체가 아니라 그분 자신만이 감당해야 했던 특별한 죽음 때문이었다.

(3) 그 죽음은 바울이 기록한 바대로 "죄의 삯"(the wages of sin, ὀψώνια τῆς ἁμαρτίας)이었다(롬 6:23). 그 죽음에서 그분은 죄인들과 하나가 되셔서 그들이 받을 영벌과 죄를 짊어지고 그들의 죽음을 친히 감당하셨다.

(4) 막 14:36 "이 잔을 내게서 옮기시옵소서"라는 말씀은 무죄한 하나님의 아들이 실제적으로 지옥에 내려가셨음을 보여주는 십자가상의 절규와 연관지어야 한다. 또한 고후 5:21*이나 갈 3:13*의 말씀과도 연관지어야 한다.

1) 온 땅에 - 유대 땅이나 팔레스타인 전역을가리킬 것이다. 태음력을 사용하는 유대인들은 보름을 유월절로 지켰기에 일식은 될 수 없었다. 따라서 일식 현상은 아니며, 하나님의 진노로 볼 수밖에 없다(출 10:21-23 참조)

• 특별한 죽음을 두려워하셨음은 다음 구절들에서 볼 수 있다. 마 26:45; 막 14:41
• 마 26:55; 막 14:48

• 고후 5:21 "하나님이 죄를 알지도 못하신 이를 우리를 대신하여 죄로 삼으신 것은 우리로 하여금 그 안에서 하나님의 의가 되게 하려 하심이라."

• 갈 3:13 "그리스도께서 우리를 위하여 저주를 받은 바 되사 율법의 저주에서 우리를 속량하셨으니 기록된 바 나무에 달린 자마다 저주 아래에 있는 자라 하였음이라"

358

엘리 엘리 라마 사박다니

1. 마 27:46, 막 15:34을 먼저 읽어보자.

(1) "나의 하나님, 나의 하나님, 어찌하여 나를 버리셨나이까?"(엘리 엘리 라마 사박다니, ἠλι ἠλι λεμα σαβαχθανι)라는 처절한 절규의 의미가 무엇인가? 이는 성경해석상 난제 중 하나이다.

(2) 어려움을 만난 예수님의 영혼이 맛보게 된 고독하고 우울한 감정인가? 그렇지 않으면 심리학적인 현상인가? 즉, 무의식 속에 잠재해 있던 생각이 십자가 위에서 반의식 상태가 되자 억제되었던 생각이 드러나게 된 것인가?

(3) 시편 22:1을 읽어보자. 시 22편은 전형적인 메시야 시로서 신약에서 가장 많이 인용된 시편 중 하나이다. 다윗 개인의 고통의 체험을 바탕으로 하여 택한 백성들의 대속을 위하여 십자가 형을 당하신 예수 그리스도의 수난을 담고 있다.

2. 이 애절한 절규는 겟세마네의 고뇌와 연관지어 숙고하여야 한다. 그곳에서의 기도하실 때, 예수님의 영혼은 심한 고뇌를 겪고 있었다.

(1) "심히 놀라시며 슬퍼하사"(막 14:33)라는 표현을 보라. 예수님은 죽음에 직면하자 고뇌하셨다.

(2) 예수님의 제자들도 대다수가 죽음을 차분히 직면했고, 어떤 이는 기뻐하기까지 했다. 그렇다면 예수님은 겁장이신가? 그렇지 않다. 그의 생애의 수많은 사건들을 볼 때, 그가 세상을 떠나기를 두려워했다는 주장은 불가능하다.

(3) *예수님이 치르신 그 죽음의 끔찍한 본질이 중요한 의미이지, 단지 그가 죽으셨다는 사실이 중요한 것이 아니다.* 하나님의 임재가 사라졌다는 것이 바로 예수님의 죽음이 지닌 공포의 정도를 나타낸다.

(4) **이런 사실들이 바로 다른 방도로서는 속죄가 불가능함을 보여주고 있다.** 세상의 죄는 너무도 끔찍해서 이런 무서운 분리(分離)를 초래한다. 죄(罪)는 인간을 하나님으로부터 분리시킨다(사 59:2).

(5) 이렇게 해서 세상 죄를 담당하신 주님도 성부와 분리되는 것이리라.

5. 예수님께서 성육신 하신 것은 그분이 죽는 것이 가능해졌다는 것이다. 그 분이 죽는 것이 가능해졌다면, 그분께서 가장 처참한 죽음, 즉 하나님께 버린 바 되는 죽음을 죽는다는 것이 가능하다. 하나의 역설(paradox)이다. 이 역설의 양면이 모두 다 중요하다.

(1) **한 면 : 완전한 인간이신 예수님** - 우리 죄의 잔을 남김없이 다 마셨다는 진리를 강조한다. 자신과 인간들을 동일시 하심으로 죄인들의 몫인 하나님께 버린 바 되는 상태에 들어가셨다. 예수님은 죄인들의 죽음을 죽으신 것이다.

(2) **또 다른 면 : 그는 인간의 모든 고뇌를 친히 체휼하셨다.** 그분은 홀로 멀리 떨어져 편히 계시면서 이 세상으로 하여금 고통을 당하도록 내버려 두시지 않으신다. 이 세상의 모든 고통은 그분의 것이다.

(*) 이것은 역설이기에 어느 한 면만을 취하는 사람들이 많다. 그러나 복음서 기자들은 이 역설적인 면을 그 역설 그대로 표현하고 있다.

<윤영탁 역편, 구약신학논문집(2), 성광문화사, 71-85면 (엘리 엘리 라마 사박다니, Leon Morris)>.

2. 십자가 위에서 여섯 번째로 하신 말씀이 "다 이루었다"(τετέλεσται, 테텔레스타이)[1]**이다(요 19:30).**

(1) 이는 "이미 다 끝났고, 그러므로 영원히 반복될 수 없다"라는 뜻이다. 어떤 작품을 손질하고 나서 더 이상 수정하거나 손댈 것이 없을 때 이 말을 한다.

(2) 예수님은 성부 하나님께서 자신을 보내셔서 성취하게 하신 모든 일, 즉 이 지상에서 성취하여야 할 모든 일이 완료되었음을 선포하셨다. 특히 죄에 대하여 치러야 할 형벌이 더 이상 남아 있지 않다는 뜻이다. 예수님의 모든 고난이 다 이루어졌기 때문이다(ESV성경). (히 1:3, 히 9:11-12*)

(3) 십자가 위에서 하신 "다 이루었다"("It is finished!", τετέλεσται)는 말씀은 구속의 사명을 완성하셨다는 뜻이다. 창 3:15에서 하나님은 여자의 후손에서 사탄의 권세를 멸하게 될 한 사람, 곧 인류를 구원할 메시아(그리스도)가 오실 것을 선포하신다. 이는 성경에 나타난 복음에 대한 최초의 약속을 말한다. 뱀의 후손과 여인의 후손 사이에는 생사를 건 전투가 벌어질 것이라는 선포를 하신 것이다. 여기서 그 여인의 후손(씨)은 그리스도이시다(갈 3:16, 4:4).

내가 목마르다(요 19:28)

19:28 예수께서 ── **아시고**
　　/그 후에
　　/모든 일이 이미 이루어진 줄
└ **이르시되**
　　/내가 ── 목마르다 하시니(시 69:21)
//(목적: ἵνα, that...might)
응하게 하려 하사

"목이 말라 마실 것을 달라하면 나에게 식초(신 포도주)를 내주었습니다"(새번역). 예수님은 십자가 위에서 타는 갈증으로 '목마르다'(διψῶ 딥소)고 하셨다. 본문에서 예수님의 마지막 말씀 가운데 하나와 연관시킨다(참조 - 마 27:34, 48; 막 15:23, 36; 눅 23:36).[2]

3. 그렇다면, 꼭 피흘림의 방법 밖에는 없었을까?

없다: 즉, 범죄한 인간을 구속하실 것인가 아닌가는 하나님의 자유로운 결

1) 텔레오(τέλέω)의 직설법 완료 수동태 / 완전히 ~하다, 완수하다, 끝마치다, 성취하다.

예) 창 2:1 창조의 일을 다 마치신 후에 "천지와 만물이 **다 이루어지니라**" (συνετελέσθησαν - 70인경)

• 히 1:3 "**죄를 정결하게 하는 일을 하시고** 높은 곳에 계신 지극히 크신 이의 우편에 앉으셨느니라."

• 히 9:11-12 "그리스도께서는 장래 좋은 일의 대제사장으로 오사 손으로 짓지 아니한 것 곧 이 창조에 속하지 아니한 더 크고 온전한 장막으로 말미암아 12 염소와 송아지의 피로 하지 아니하고 **오직 자기의 피로 영원한 속죄를 이루사 단번에 성소에 들어가셨느니라.**"

2) 요 19:29 "거기 신 포도주가 가득히 담긴 그릇이 있는지라 사람들이 신 포도주를 적신 해면(sponge)을 우슬초(hyssop)에 매어 예수의 입에 대어드렸다." 마태복음에서는 '쓸개 탄 포도주'를 타서 예수님께 드리려 했으나 그 맛을 보시고는 마시려 하지 않으셨다고 했다(마 27:34).

정이시고, 결정하신 이후는 그리스도의 속죄 외에는 다른 방법이 없다. 속죄라는 방법 외에는 구속이 가능하지 않은 이유는 무엇인가?

1) 이와 같이 죄는 반드시 처벌되어야하며 하나님의 공의의 요구는 죄인의 구원을 위하여는 반드시 그 죄인의 죄값이 어떤 형태로든지 지불되지 않으면 안 된다.

(1) **하나님의 공의의 요구** – 범죄는 하나님께 대한 불순종 내지는 도전이기 때문에 하나님의 거룩과 공의는 이것을 결코 간과할 수 없다(출 34:7; 나 1:3; 시 5:5, 6; 롬 1:18).[1]

(2) **그리스도의 제사직의 독특성** – 피택자들의 죄값을 대신 지불할 방법이 그리스도의 속죄라는 방법 외에는 다른 길이 있을 수 없다. 인간의 죄값을 지불할 자는 인간 중에는 아무도 없다. 하나님 자신도 영광의 보좌에 앉아 계신 상태로는 불가능하였다. 하나님이신 성자(聖子) 예수님께서 인간의 육신의 몸을 입고, 우리의 대제사장이 되셔서 우리의 죄를 대신 짊어지셔야만 가능했다. "피를 흘림이 없이는 죄를 사함이 이루어지지 않기 때문이다"(히 9:22). 그리스도 외에는 달리 인간의 죄를 구속할 분이 없다. 짐승의 죽음은 다만 이를 예표할 뿐이다.

성소 휘장이 찢어져 둘이 되니라(막 15:38)

1. 예수 그리스도의 죽음 직후 벌어진 놀라운 일은 성전의 휘장이 찢어진 사건이다(마 27:51; 히 6:19, 9:3, 10:20).

▶ '둘째 휘장'은 성소와 지성소 사이에 있는 것을 말한다. 이 휘장은 무엇을 상징하는가? (히 10:20* ...휘장은 곧 그의 육체니라) 이 휘장이 언제 찢어졌다고 말하는가? (마 27: 50, 51)

마 27:51 이에
성소 휘장이 —— **찢어져**
/위로부터 아래까지
/둘이 되고(=둘이 되도록)
땅이 ——— **진동하며**
바위가 ——— **터지고**

그런데, 그리스도께서 오셔서 십자가에 죽으심으로 성소와 지성소를 가로막는 휘장(揮帳)이 찢어졌다. 따라서 누구나 그리스도의 피의 공로로 지성소로 통하는 길이 열려졌다는 것이다.

• 히 10:20 "그 길은 우리를 위하여 휘장 가운데로 열어 놓으신 새로운 살 길이요 **휘장은 곧 그의 육체**니라."

(1) 히 9장에서는 두 개의 장막의 비교가 나온다. 제사와 제물을 두고 구약과 신약을 비교하고 있다. 히 9:1-10에서는 구약의 제사와 제물의 불완전성, 그 임시성(臨時性)을, 11-22절에서는 신약의 제물의 완전성, 새로운 제사제도의 효능을 설명하고 있다. 그리고 23-28절에서는 그 제사가 단번에 영원히 바쳐진 것을 증명하고 있다.

2. 이 휘장이 찢어졌다는 것은 무엇을 의미하는가?

(1) 히브리서 기자는 성소 내부의 세세한 모든 것을 다 말할 수 없고(히 9:5), 다만 이런 것들은 다 그리스도의 오심에 대한 모형과 그림자라고(히 8:5) 말한다. 그러니까 지금까지 성막 안에서 예배 행위는 아무 잘못이 없다는 것이다. 이러한 예배 행위는 하나님께서 정하신 것이며 전적으로 정당한 것이다.

(2) 히 9:8을 보라. 히브리서 기자는 지금까지의 성소와 지성소에 대한 성령의 해석을 말한다. "첫 장막이 서 있을 동안에 성소(하늘의 참성소를 가리킴, 히 8:2)에 들어가는 길이 아직 (*나타나지 아니한 것이라*[1])."

(3) 그런데, 그리스도께서 오셔서 십자가에 죽으심으로 성소와 지성소를 가로막는 휘장(揮帳)이 찢어졌다. 따라서 누구나 그리스도의 피의 공로로 지성소로 통하는 길이 열려졌다는 것이다. 이 장막은 현재까지의 (*비유*)라고 했다(히 9:9-10). 구약시대의 제사 및 장막제도는 신약시대의 그것을 예표하는 비유라고 말한다. 이 사건은 일 년에 한 번씩 대제사장만이 들어갈 수 있었던 지성소에 모든 사람들이 들어갈 수 있게 되었음을 뜻한다. 이것은 인간에 대한 하나님의 진노와 심판이 끝났고 누구든지 예수님을 의지하는 사람을 받아들이심을 상징한다(히 10:20, "**그 길은** 우리를 위하여 **휘장 가운데로 열어 놓으신 새로운 살 길이요 휘장은 곧 그의 육체**(σαρκὸς αὐτοῦ)**니라.**").

1) (지성소로 들어가는 길이) 아직 열려 있지 않았다는 것을 성령께서 보여주시는 것이다.
has not yet been disclosed

3. 유대인들이 예수님을 패배자로 몰고 있을 때, 이방인 백부장의 고백은 무엇이었나? (막 15:39; 마 27:54)

27:54 백부장과 및
함께 예수를 지키던 자들이
— 보고(보았을 때, When)
　/지진과 그 일어난 일들을
— 심히 **두려워하여 이르되**(...하더라
　/이는 — 하나님의 아들이었도다
　/진실로(Truly, ἀληθῶς)

유대인들은 메시야를 죄인으로 죽음에 넘겼지만, 오히려 십자가 옆에서 사건을 지휘했던 이방인 백부장과 및 함께 지키던 자들은 '진실로 그가 하나님의 아들이었다'고 고백한다. 백부장은 수많은 사람을 십자가에 처형시켰겠지만, 예수님께서 죽으실 때 보여주신 모습은 그로 하여금 하나님의 아들임을 깨닫게 했을 것이다.

• 무리 중에는 "예수를 섬기며 갈릴리에서부터 따라온 많은 여자가 거기 있어 멀리서 바라보고" 있었다(55절). "그 중에는 막달라 마리아와 또 야고보와 요셉의 어머니 마리아와 또 세베대의 아들들의 어머니도 있더라"(56절).

이 여자들은 제자들과 마찬가지로 끝까지 예수님과 동행했고 그 처형과정을 지켜본 여인들이다(막 15:41; 눅 8:1-3).

요셉이 예수님의 시체를 무덤에 안치하다(막 15:42-47)

(마 27:57-61; 눅 23:50-56; 요 19:38-42)

• 마 26:56 "그러나 이렇게 된 것은 다 선지자들의 글을 이루려 함이니라 하시더라 **이에 제자들이 다 예수를 버리고 도망하니라.**"

▶ **끝까지 주님을 따른 자들은 누구였나? (마 27:55, 56, 61) 이에 비해 제자들은 어떠했나? (마 26:56)**

• 마 27:55 예수를 섬기며 갈릴리에서부터 따라온 많은 여자들이 거기 있어 멀리서 바라보고 있으니 56 그 중에는 **막달라 마리아**와 또 **야고보와 요셉의 어머니 마리아**와 또 **세베대의 아들들의 어머니도** 있더라....61 거기 **막달라 마리아와 다른 마리아**가 무덤을 향하여 앉았더라."

(1) 무덤에 장사지낸 사람은 그와 계속해서 동행했던 제자가 아니었다. 누가 장사를 지냈을까? 아리마대 사람(Ἀριμαθαία) 요셉이었다. 그도 예수님의 제자라고 했다(38절). 그러나 주님과 동행한 제자들은 유대인들이 무서워서 이 사실을 숨기고 있었다.

막 15:42 //(이유)
이 날은 준비일 곧 '안식일 전날'이므로(=이기 때문에)
저물었을 때에
43 아리마대[1] 사람 요셉이 ─ 와서(ἐλθὼν분사)
─ 당돌히 빌라도에게 **들어가**
─ 예수의 시체를 **달라 하니**

당돌히 - 용기를 내어, 대담하게, boldly, τολμήσας 과거분사)

"이 사람은 존경 받는 공회원이요 하나님의 나라를 기다리는 자라." 마 27:57에서는 "그도 예수의 제자라"고 했다.

1) 아리마대(Arimathea) - 팔레스타인에는 이 이름으로 나타나는 도시가 여럿 있는데 아마도 이 아리마대는 사무엘의 고향인 라마다임소빔과 동일한 곳일 것이다(삼상1:1, 19:19). 정확한 위치는 확실치 않으나 예루살렘 북서쪽 32km 지점 세벨라 지방 구릉지대에 있는 Rentis를 가리키는 것으로 보인다.

(2) 이 부자 요셉은 시신을 처리하는 권한을 가진 빌라도와 교섭할 수 있는 위치에 있었던 것 같다. 그렇지 않아도 이 문제로 골치 아파했던 빌라도는 순순히 시신을 넘겨주었을 것이다(마 27:58 "이에 빌라도가 내주라 **명령하거늘** 59요셉이 시체를 가져다가 깨끗한 세마포로 싸서 60바위 속에 판 자기 새 무덤에 넣어 두고 큰 돌을 굴려 무덤 문에 놓고 가니")[2]

2) 이 요셉은 아리마대에서 왔기에 그 무덤을 최근에야 만들었을 것이다. 그래서 아직 사용하지 않은 무덤이었다.

(3) 십자가 처형을 집행하던 군인들, 그리고 그 과정을 지켜보던 사람들은 다 가고 "거기 막달라 마리아와 다른 마리아가 무덤을 향하여 앉았더라."고 했다. 어둠이 짙어지자 여인들도 떠나갔다. 이 여인들은 그 무덤과 그 시체를 어떻게 두었는지 보고 돌아가 향품과 향유를 준비했을 것이다(눅 23:55-56).

아리마대 사람 요셉은 빌라도에게 찾아가 당돌하게(대담하게) 예수님의 시체를 달라고 했다. 이 말을 듣고 빌라도는 (예수가 벌써 죽었을까 하고) 백부장을 불러 그가 죽은 지 오래되었는지를 물어 보았다(막 15:44, "빌라도는 예수께서 벌써 죽었을까 하고 이상히 여겨 백부장을 불러 죽은 지가 오래냐 묻고"). 빌라도는 모든 것을 확인한 후에 시신을 요셉에게 내어주었다. "이에 가서 예수의 시체를 가져가니라."

예수님의 처형 과정을 지켜보던 사람들은 다 가고 "거기 막달라 마리아와 다른 마리아가 무덤을 향하여 앉았더라."고 했다.

아리마대 요셉은 "빌라도에게 가서 예수의 시체를 달라 하여 시체를 가져다가 깨끗한 세마포로 싸서 바위 속에 판 자기 새 무덤에 넣어 두고 큰 돌을 굴려 무덤 문에 놓고 갔다."

어둠이 짙어지자 여인들도 떠나갔다. 이 여인들은 그 무덤과 그 시체를 어떻게 두었는지 보고 돌아가 향품과 향유를 준비했을 것이다 (눅 23:55-56)

마가복음 15장

37 예수께서 큰 소리를 지
르시고 숨지시니라
38 이에 성소 휘장이 위
로부터 아래까지 찢어
져 둘이 되니라
39 예수를 향하여 섰던 백
부장이 그렇게 숨지심
을 보고 이르되 이 사람
은 진실로 하나님의 아
들이었도다 하더라
40 멀리서 바라보는 여
자들도 있었는데 그 중
에 막달라 마리아와 또 작
은 야고보와 요세의 어
머니 마리아와 또 살로
메가 있었으니
41 이들은 예수께서 갈
릴리에 계실 때에 따르
며 섬기던 자들이요 또 이
외에 예수와 함께 예루
살렘에 올라온 여자들
도 많이 있었더라
42 이 날은 준비일 곧
안식일 전날이므로 저
물었을 때에
43 아리마대 사람 요셉
이 와서 당돌히 빌라도
에게 들어가 예수의 시
체를 달라 하니 이 사람
은 존경 받는 공회원이
요 하나님의 나라를 기
다리는 자라
44 빌라도는 예수께서
벌써 죽었을까 하고 이
상히 여겨 백부장을 불
러 죽은 지가 오래냐 묻
고. . . .

그가 죽은 후에 부자와 함께(사 53:9)

예언 성취

이사야 53:9

from 동교재, 이사야서 53장

53:9 [그가] ── **있었으며**(וַיִּתֵּן) נָתַן의 칼 동사 와우 계속
/그의 무덤(קִבְרוֹ)이
/악인들과 함께(רְשָׁעִים wicked men-אֶת with)
└ **(있었도다)**
/그가 죽은 후에 부자와 함께(בְּמֹתָיו[2] עָשִׁיר[1]-אֶת)

//(Because, עַל)
그는 ── 강포(חָמָס 하마스)[3]를 행하지 아니하였고
└ 그의 입에 거짓이 없었으나(=기 때문에)

1) 아쉬르(עָשִׁיר) - 돈 많은, 부유한, 부자

2) 마베트(מָוֶת) - 죽음, 사망, 죽은 상태, 죽은 장소 / 전치사(בְּ) + 남성 복수 연계형

3) 강포 - 폭력, 난폭, 불법, 악, 부당행위

1. 그 종은 강포를 행하지 아니했다. '강포'란 일반적으로 폭력(violence)이라는 말로 번역한다. 그렇지만 구약성경에서는 '강포(하마스)'가 거의 언제나 죄에 가득한 폭력과 관련하여 사용되었다. 노아 홍수 때에는 이 '하마스'가 땅에 가득하여 멸하였다고 했다(창 6:13). 그 종이 강포를 행했기 때문에 처형된 것이 아니었다. 그는 입에 거짓을 담은 적도 없었다.

(1) 주님이 처형 당한 후에 그를 일반 죄수들이 묻히는 곳에 묻으려고 했지만 그는 결국 부자의 무덤에 묻히게 되었다(전통적인 해석). 그러나 공동번역은 이 부분을 이렇게 번역했다. "폭행을 저지른 적도 없었고 입에 거짓을 담은 적도 없었지만 그는 **죄인들과 함께** 처형당하고, **불의한 자들과 함께** 묻혔다."

신약에서 성취됨

• 마 27:57-60
57 "저물었을 때에 아리마대의 **부자 요셉이라 하는 사람이 왔으니** 그도 예수의 제자라 58빌라도에게 가서 예수의 시체를 달라 하니 이에 빌라도가 내주라 명령하거늘 59요셉이 시체를 가져다가 깨끗한 세마포로 싸서 60바위 속에 판 자기 새 무덤에 넣어 두고 큰 돌을 굴려 무덤 문에 놓고 가니."

(2) 본문의 직역은 "그는 범죄자들과 함께 자신의 무덤을 배정받았으며, 죽을 때에는 부자들과 함께 묻혔다."이다. 그런데 이 두 부류의 사람들은 일반적으로 동일한 종류의 무덤에 묻히지 않는다. 그래서 어떤 이들은 '부자들'을 '행악자들'로 보려고 하기도 한다. 그러나 여기 본문에서는 반의적인 평행법을 염두에 둔 것 같다. 악인들과 함께 묻으려 했었으나 그러나(Yet, וְ) 그가 죽은 후에 부자와 함께 묻혔다는 것이다. 그 이유는(Because, עַל) 그는 강포를 행치 않았고, 거짓을 입에 담은 적도 없었기 때문이다. 마태복음에서는 이 예언이 어떻게 성취되었다고 말하는가?

(3) 마태복음에서는 무덤에 장사지낸 사람은 예수님과 계속해서 동행했던 제자가 아니라 아리마대(예루살렘 북서쪽 32km 떨어진 곳)의 **부자** 요셉이라는 사람이었다고 소개한다. 그도 예수의 제자라고 했다(마 27:57).

적용을 위한 묵상

"이에 제자들이 다 예수를 버리고 도망하니라"(마 25:56)

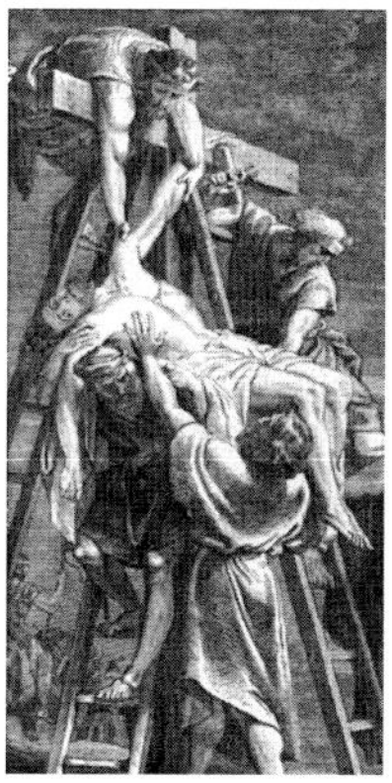

- 예수님을 죽이려는 음모는 밤새도록 이어졌다.
  유다의 최고법정인 산헤드린 공의회에서.
  그래서 백성의 종교지도자들이 내린 최종적 결론은
  그를 사형에 처해야 한다는 것이었다.

- 예수님이 가신 길은
  인간적인 세력에 의해서 빚어진 사건이 아니다.
  그것은 신적(神的)인 목적의 한 부분이며, 하나님의 일이었다.
  "인자가 많은 고난을 받아야(must)" 할 것을 말씀하셨다(막 8:31).

- 여호와께서 그 종이 이스라엘 백성을 위해
  상처를 입고 고통 당하시는 것은 원하신 일이었지만,
  그러나, 그가 그의 영혼(נֶפֶשׁ)을 속건제물로 드릴 때에
  그가 씨(제라, זֶרַע - 후손)를 보게 될 것이라고 했다(사 53:10).
  '그의 영혼'을 포함해서 그의 전체가 속건제물이 되어야 했다.
  그의 씨(후손)는 누구를 가리킬까?

- 예수님이 십자가에 달리신 현장에는
  지나가는 자들도 많았다.
  그들은 모두 한결같이 머리를 흔든다.
  '아하 성전을 헐고 사흘에 짓는 자여
  네가 너를 구원하여 십자가에서 내려오라'

- 대제사장들도 서기관들과 함께 희롱하며 수군거린다.
  저가 남은 구원하였으되 자기는 구원할 수 없는가?
  함께 십자가에 못박힌 자들까지도 예수를 욕하기 시작했다

- 예수를 섬기며 갈릴리에서부터 따라온 여자들
  막달라 마리아와
  또 야고보와 요셉의 어머니 마리아와
  또 세베대의 아들들의 어머니...

- 내가 이 현장에 있었다면
  나는 무엇이라고 했을까?
  '그는 실로 하나님의 아들이었도다'라고 했을까?
  아니, 아닐지도 모른다.

- 중요한 것은 내가 지금 하나님의 자녀라는 사실이다.
  이 한 가지 일로 인해 우리는 오늘을 기뻐할 수 있다.

- 예수님이 꼭 십자가에 달려 피를 흘려야만 하는 이유가 있었을까? 그 방법 외에는 다른 구원 방법은 없었을까? '없었다.' '아니, 왜?'

- "그리스도께서 **우리를 위하여 저주를 받은 바 되사** 율법의 저주에서 우리를 속량하셨으니"(갈 3:13) - 무슨 뜻이야?

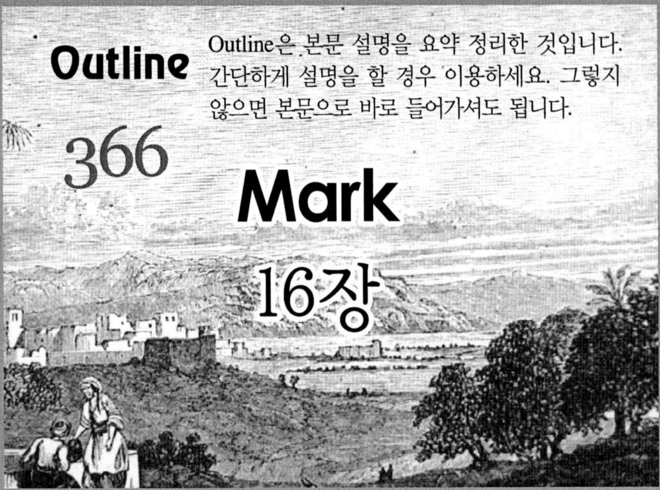

Outline Outline은 본문 설명을 요약 정리한 것입니다. 간단하게 설명을 할 경우 이용하세요. 그렇지 않으면 본문으로 바로 들어가셔도 됩니다.

366

Mark 16장

주께서 살아나시다

두렵고, 우울하고, 절망 속에 빠져 힘들었던
하루해가 지나간다.
지금까지 따랐던 주님은 지금 땅에 묻히셨다.
제자들은 어디론가 흩어졌고
마지막까지 십자가 가까이 따라갔던 여인들도
혼란한 하룻 밤을 지냈다.

안식 후 첫날,
뜬눈으로 밤을 지샜을 여인들은
무덤으로 달려간다.
관습을 따라 시신에 향유를 바르기 위해
새벽부터 서둘렀다.
그러나,
큰 지진이 나면서 천사가 하늘에서 내려왔고
큰 돌문을 굴려내고 그 위에 앉아 있었다.
천사들이 여자들에게 알려준 메시지
"그가 여기 계시지 않고
살아나셨느니라"(He has risen).

부활한 예수님의 몸은
그의 상처를 보일 만큼 신체적이면서도
동시에 닫혀진 문들을 통과할 만큼 비물질적인 것이다.
예수님의 부활은
종말론적인 부활의 첫 열매이다(고전 15:20, 23).

이후 제자들에게 주어진 사명은
부활하신 예수님을
그리스도라고 선포하는 일이다.

살아나시다(막 16:1-8)

(1) 누가, 언제 무덤을 찾아갔는가? 안식 후 첫날 매우 일찍이 해 돋을 때에 여인들은 예수님이 묻혀 있을 무덤으로 달려갔다. 이들은 급하게 안치한 예수님의 시신에 관습을 따라 향유를 바르기 위해서 무덤으로 달려 갔다.

(2) 이 여인들의 큰 걱정은 "누가 우리를 위하여 무덤 문에서 돌을 굴려 줄까" 하는 것이었다. 그러나 돌이 이미 굴려져 있었다("눈을 들어본즉 벌써 돌이 굴려져 있는데 그 돌이 심히 크더라", 막 16:3). 물론 이들은 예수님이 부활했을 것이라는 생각은 전혀 하지 못했다.

(3) 이 광경을 보고 있던 경비병들은 어떠했을까? "지키던 자들이 그를 무서워하여 떨며 '죽은 사람과 같이' 되었더라"

(4) 여인들은 "돌이 무덤에서 굴려 옮겨진 것을 보고"(눅 24:2) 들어가 주 예수님의 시체를 보려 했다. 그러나 시체가 보이지 아니했다(눅 24:5-7). 천사는 예수님이 여기 계시지 않고 그가 말씀하시던 대로 살아나셨으니 그가 누우셨던 곳을 보라고 했다(마 28:6).

(5) 여인들의 증거가 있었지만 그 부활이 거짓이라는 소문이 유대인들 사이에 퍼져나갔다(마 28:11-15). 대제사장들은 어떤 계책을 꾸몄나?

온 천하에 다니며 만민에게 복음을...(막 16:14-18)

(1) 열한 제자는 어디에 있었을까? (마 28:16) 갈릴리에 모인 사람들 중에는 주님의 부활을 의심하는 자들도 있었다.

(2) 열한 제자는 예수님께서 지시하신 대로(마 26:32, 28:7, 10) 갈릴리로 가 있었다.

(3) 이제 인자가 세상의 통치자로 즉위할 것이라는 예언이 성취되었다. 예수님의 부활이 그의 즉위식이었음을 보여주고 있다. 예수님은 부활 후 하나님의 우편에 앉으시고, 그리고 그리스도의 왕적 통치가 시작되었다. 부활은 새 시대의 시작이요, 그리스도가 통치자로 나아가는 시작이었다.

(4) 이는 다니엘서 7:14의 예언, 즉 인자가 세상의 통치자로 즉위할 것이라는 예언이 성취되었음을 의미한다.

(5) 즉 예수님의 고난과 죽음은 하나님의 심판이었다. 주님께서 '많은 사람들'을 위해 지불하셔야 했던 속전금(ransom)은 다름 아니라 그가 '많은 사람들'을 대신하여 하나님의 심판의 자리에 선 것을 의미한다.

(6) 그러니까, 복음 전파는 예수님의 죽으심과 부활 이후에만 비로소 완전히 진작(振作)될 수 있었다. 예수님이 부활하시기 전까지는 그 베일이 벗겨질 수 없었다(막 9:9 참조). 주님께서 죽음에서 살아나시고 부활하신 후에야 천국 복음의 선포가 (가장 심오한 의미에서) 십자가의 선포가 될 수 있었다.

예수님의 至上命令(마 28:16-20)

(1) 구속이 완성되었더라도 천국은 또다시 그 목적을 성취하고 그 안에 시사된 많은 사람들을 위한 열매가 맺히기 위한 시간이 필요하다.

(2) 예수님께서 속죄금을 지불하고 그의 피를 흘리신 이유가 '많은 사람들'을 주께로 인도하시기 위해서였음을 말하고 있다(마 26:28 "이것은 죄 사함을 얻게 하려고 많은 사람을 위하여 흘리는 바 나의 피 곧 언약의 피니라").

(3) 명령을 마치신 예수님은 이때로부터 이 세상이 끝나는 날까지 그들과 함께 계시겠다고 약속하셨다(마 28:20).

(4) 세상 끝 날 : 예수님은 자신의 부활 이후부터 종말 – 재림 – 심판의 날까지를 연속되는 한 시대로 보신다.

무화과나무

막 3:28 "무화과나무의 비유를 배우라 그 가지가 연하여지고 잎사귀를 내면 여름이 가까운 줄을 아나니"

살아나시다(막 16:1–8)

같이 읽을 곳 (마 28:1–10; 눅 24:1–12; 요 20:1–18)

흰 옷을 입은 청년

- 여인들은 강한 지진에 놀랐다. 큰 지진이 나면서 천사(흰 옷을 입은 청년)가 하늘에서 내려왔다. 그리고 큰 돌문을 굴려내고 그 위에 앉아 있었다. 이 광경을 보고 있던 경비병들은 어떠했을까?

"지키던 자들이 그를 무서워하여 떨며 '죽은 사람과 같이' 되었더라"(마 28:4).

유대인의 하루는 해가 질 때부터 다음 날 해질 때까지이다. 준비일 다음 날은(마 27:62) 안식일(=토요일)을 가리킨다. 그러니까 안식 후 첫날이란 일요일 아침을 말한다. 곧 토요일 밤이 일요일로 이어지면서 날이 샜을 때 여인들은 다시금 무덤으로 갔다. 이 여인들은 예수님이 십자가에 달리실 때, 끝까지 현장에 있었다. 여인들은 막달라 마리아와 야고보의 어머니 마리아와 또 살로메라고 했다(막 16:1).

1. 누가, 언제 무덤을 찾아갔는가?

(1) 안식 후 첫날 매우 일찍이 해 돋을 때에, 여인들은 예수님이 묻혀 있는 무덤으로 달려갔다. 이들은 급하게 안치한 예수님의 시신에 (관습을 따라) 향유를 바르기 위해서였다.

(2) 이 여인들의 큰 걱정은 "누가 우리를 위하여 무덤 문에서 돌을 굴려 줄까" 하는 것이었다. 그러나 돌이 이미 굴려져 있었다("눈을 들어본즉 벌써 돌이 굴려져 있는데 그 돌이 심히 크더라", 막 16:3). 물론 이들은 예수님이 부활했을 것이라는 생각은 전혀 하지 못했다. 이들은 예수님의 시신에 관습을 따라 향유를 바르기 위해서 왔을 뿐이다.

- 막 16:3 "서로 말하되 누가 우리를 위하여 무덤 문에서 돌을 굴려 주리요 하더니 4 눈을 들어본즉 벌써 돌이 굴려져 있는데 그 돌이 심히 크더라."

예수님의 부활은 분명히 육체적 부활이었다. 그가 죽기 전에 가졌던 육신보다도 더 새롭고 차원 높은 능력을 소유한 몸이었다. 요한은 예수님께서 "문들이 닫았음에도 불구하고" (요 20:19, 26) 갑자기 그의 제자들에게 나타난 사건을 전한다.

막 16:5 [그들이] ── **보고**
　/무덤에 들어가서(과거분사)
　/흰 옷을 입은 한 청년이 ─ 우편에 앉은 것을
　놀라매 (were amazed, ἐξεθαμβήθησαν과거 수동태)
6 청년이 ── **이르되**
　/[너희는] ─ 놀라지 말라
　/너희가 ── 찾는구나
　　/십자가에 못 박히신 나사렛 예수를
　/그가 ── 살아나셨고
　　여기 계시지 아니하니라
　/보라 그를 두었던 곳이니라

마 28:6 "그가 여기 계시지 않고 그가 살아나셨느니라"(He has risen).

2. 마태복음의 더 자세한 설명을 들어보자.

마 28:2 [보라, behold, ἰδοὺ]
큰(μέγας) 지진(earthquake, σεισμός)이 나며
주의 천사가(ἄγγελος κυρίου) 하늘로부터 내려와
돌을 굴려 내고 그 위에 앉았는데

천사의 모습을 이렇게 소개하고 있다. **"그 형상(모습)이 번개 같고 그 옷은 눈 같이 희거늘** 지키던 자들이 그를 무서워하여 떨며 죽은 사람과 같이 되었더라"(3-4절). 누가복음에서는 두 명의 천사가 곁에 섰다고 했다.

여인들은 지금 자신들 앞에 벌어진 광경에 크게 놀란다. 무엇보다 강한 지진에 놀랐다([보라, behold, ἰδοὺ]). 큰 지진이 나면서 천사가 하늘에서 내려왔다. 그리고 큰 돌문을 굴려내고 그 위에 앉아 있었다. 그러면 예수님은 언제 부활하셨을까? 아마도 예수님은 바로 그 시점에 부활하셨을 것이다.

(1) 이 광경을 보고 있던 경비병들은 어떠했을까?

마 28:4 "지키던 자들이 그를 무서워하여 **떨며**
'죽은 사람과 같이'(like dead men, ὡς νεκροί) **되었더라**"

공동번역은 "이 광경을 본 경비병들은 겁에 질려 떨다가 까무러쳤다"고 번역했다. 천사는 청년의 모습을 하고 있었지만(막 16:5 참조) 감히 쳐다볼 수 없었을 것이다.

(2) 여인들은 "돌이 무덤에서 굴려 옮겨진 것을 보고"(눅 24:2) 들어가 주 예수님의 시체를 보려 했다. 그러나 시체가 보이지 아니했다(눅 24:5-7*). 천사는 예수님이 여기 계시지 않고 그가 말씀하시던 대로 살아나셨으니 그가 누우셨던 곳을 보라고 했다(마 28:6, "그가 여기 계시지 않고(οὐκ ἔστιν ὧδε, He is not here) 말씀하시던 대로 살아나셨느니라(He has risen). '살아나셨느니라'(ἠγέρθη) 고 번역된 말은 부정과거 수동태이다. '일으켜지셨다'는 의미이다(He has risen). 일으키신 분이 하나님이심을 암시한다.

• 눅 24:5-7 "두 사람(천사)이 이르되 어찌하여 살아 있는 자를 죽은 자 가운데서 찾느냐 6여기 계시지 않고 살아나셨느니라 갈릴리에 계실 때에 너희에게 어떻게 말씀하셨는지를 기억하라 7이르시기를 인자가 죄인의 손에 넘겨져 십자가에 못 박히고 제삼일에 다시 살아나야 하리라 하셨느니라 한대"

(3) 여인들은 "예수님이 부활하셨다"는 소식을 천사를 통해 최초로 전해들었다. 놀라운 광경을 바라보던 경비병들과 여인들은 텅빈 무덤의 증인이 되었다. 이는 부활 사건이 실제로 일어난 사건임을 증언하고 있는 것이다.

막 16:7 [너희는] 가서 그의 제자들과 베드로에게 이르기를
/예수께서 너희보다 먼저 갈릴리로 가시나니 전에
너희에게 말씀하신 대로
너희가 거기서 뵈오리라 하라 하는지라

8 여자들이 **몹시 놀라 떨며** 나와 무덤에서 **도망하고**
무서워하여 아무에게 아무 말도 하지 못하더라

마가복음서의 마지막 부분은 학자들간의 논쟁이 되고 있다. 본문 비평가들의 대다수는 마가복음의 본문은 여기 8절에서 끝난다고 본다. 나머지 부분은 후기 편집자에 의하여 덧붙여진 것으로 본다(NIV 각주).

마태 28장
2 큰 지진이 나며 주의 천사가 하늘로부터 내려와 돌을 굴려 내고 그 위에 앉았는데
3 그 형상이 번개 같고 그 옷은 눈 같이 희거늘
4 지키던 자들이 그를 무서워하여 떨며 죽은 사람과 같이 되었더라
5 천사가 여자들에게 말하여 이르되 너희는 무서워하지 말라 십자가에 못 박히신 예수
를 너희가 찾는 줄을 내가 아노라
6 그가 여기 계시지 않고 그가 말씀 하시던 대로 **살아나셨느니라(ἠγέρθη)**
와서 그가 누우셨던 곳을 보라

이 부활에 대한 복음서의 증거는 고린도전서 15장에 실린 부활의 논리에서 강화된다. 부활한 예수님의 몸은 그의 상처를 보일 만큼 신체적이면서도 동시에 닫혀진 문들을 통과할 만큼 비물질적인 것이다.

천사는 여인들에게 빨리 제자들에게 가서 이 소식을 전하라고 명령했다. ① 예수님께서 부활하셨다는 사실과 ② 여인들보다 먼저 갈릴리로 가실 것이라는 것과 ③ 그곳에서 예수님을 만날 것이라는 내용을 전해라.

1. 그리스도의 강림, 그의 생애, **죽으심, 부활, 그리고 성령의 선물**은 무엇보다 구약성경의 약속의 성취요, 구속사의 완성의 시작이요, 종말론적인 사건이다.
2. 훗날 사도들이 가장 강조해서 증언한 메시지는 예수님의 부활이었다(행 4:33). 부활이 한결같은 초대교회의 핵심 메시지였다. 그 뒤로 사도들이 핍박을 받았던 것도 끊임없이 부활을 증언했기 때문이었다(행 4:1-2, 5:31-32).
3. 하나님의 구속행위의 중심 요점은 예수 그리스도의 십자가요, 그것은 그 분 자신의 승리적 부활로 절정을 이룬다.

만민에게 복음을 전파하라(막 16:14-20)

(마 28:16-20; 눅 24:36-49; 요 20:19-23; 행 1:6-8)

1. 여인들의 증거가 있었지만 그 부활이 거짓이라는 소문이 유대인들 사이에 퍼져나갔다(마 28:11-15). (동교재, 마태복음 28장에서)

(1) 대제사장들은 어떤 계책을 꾸몄나? (28:11-15)

(2) 대제사장들과 장로들이 우려했던 일들이 실제로 일어났다. 이들은 비상회의를 열였다. '어떻게 할까?' 이 일이 사실이든 아니든, 백성에게 소문이 퍼져나간다면 보통 일이 아니다. 혹시 일어날지 모르는 사태를 대비해서 각본을 세워놓았을 것이다. 우선 직접 목격자인 군인들의 입을 막는 것이 급선무였으리라. 대제사장들과 장로들이 함께 모여 의논했다. 결론은 군인들에게 돈을 많이 주어 입을 막자는 것이었다. 만약 돈 받은 일이 총독 앞에 드러난다 해도 모든 것을 무마해 주겠다는 것이었다(12-13절).

2. 그러나 주님은 부활 후 40일 동안 계시면서 많은 사람들에게 나타나셨다.

물론 대제사장들과 장로들의 이런 어설픈 작전은 수포로 돌아갔다. 아니 훗날 계속해서 웃음거리가 되었다. "군인들이 돈을 받고 가르친 대로 하였으니 이 말이 오늘날까지 유대인 가운데 두루 퍼지니라."(15절)

예수님의 至上命令(마 28:16-20)

1. 열한 제자는 어디에 있었을까? (마 28:16) 갈릴리에 모인 사람들 중에는 주님의 부활을 의심하는 자들도 있었다.

28:16 열한 제자가 갈릴리에 **가서** 예수께서 지시하신 산에 **이르러**
17 [그들이] 예수를 뵈옵고(when) **경배하나** 아직도 의심하는 사람들이 있더라

(1) 열한 제자는 예수님께서 지시하신 대로(마 26:32, 28:7, 10) 갈릴리로 갔다. 그

▶ 어떤 사본들에서는 마가복음은 16:8로 끝난다. "여자들이 몹시 놀라 떨며 나와 무덤에서 도망하고 (for, γάρ) 무서워하여 아무에게 아무 말도 하지 못하더라." (...for they trembled and were amazed: neither said they any thing to any man; for they were afraid)

그런데 8절에서 보듯이, 서신의 끝이 너무 어설프게 끝을 맺는다는 것이다. 그래서 여러 주장이 제기되었다. ① 왜냐하면(γάρ)이라고 끝나는 문장은 없기에 아마도 어떤 사고(?)가 있었던가, ② 아니면 누가복음의 후속편으로 사도행전을 쓴 것 같이 후편을 쓰려했다는 설, ③ 아니면 원래 있었는데 원본에 손상이 생겼다는 설 등이 있다.

그러나 전승된 16:9-20도 문체상 여러 문제점을 드러낸다. 이 부분의 문체가 큰 차이가 있다는 것이다. 그럼에도 불구하고 다른 복음서들이 이와 유사한 내용을 가지고 있었을 것이라고 추정할 수 있기에 이 부분을 그대로 받아들여도 큰 무리가 없다. (조병수, 신약성경 총론)

훗날 사도들이 가장 강조해서 증거한 메시지는
예수님의 부활이었다(행 4:33). 부활이 한결같은 초대교회의 핵심 메시지였다.
그 뒤로 사도들이 박해를 받았던 것도
끊임없이 부활을 증거했기 때문이었다(행 4:1-2; 5:31-32).

• 요 20:19
이 날 곧 안식 후 첫날 저녁 때에 제자들이 유대인들을 두려워하여 모인 곳의 문들을 닫았더니 예수께서 오사 가운데 서서 이르시되 너희에게 평강이 있을지어다.

"문들을 닫았음에도 불구하고"(요 20:19, 26) - 예수님께서 열린 문을 통해서 들어오지 않으셨다. 부활한 예수님의 몸은 새롭고 놀라운 능력들을 소유하셨다. 부활하신 예수님의 몸은 신체적인 제약들을 초월하는 능력을 소유하셨다. 그것은 자연적인 질서와 상호작용할 수는 있지만 동시에 그러한 질서를 초월한다. 이 말씀을 하시고 제자들에게 손과 옆구리를 보이셨다. 예수님이 몸이 없는 영으로 임한 것이 아니라 실재의 몸으로 오셨음을 보여주셨다. 따라서 제자들은 주님을 보고 크게 기뻐했다.

리고 산으로 올라갔다. 그곳은 전에 산상설교를 하셨던 곳이었을 것이다. 제자들은 예수님을 뵈옵고 경배했다. 이곳에 제자들뿐만 아니라 다른 사람도 많이 모여 있었던 것 같다. 고전 15:5-6에 언급된 "오백여 형제에게 일시에 보이셨나니"라는 말씀이 이와 연관이 있을까?

(2) 어쨌든 이들 중에는 "아직도(δέ) 의심하는 사람들이 있더라"라고 했다. 아마 이들이 의심했던 이유는 그들의 종말관 체계상 메시야가 먼저 부활하기보다는 죽은 자 모두가 한꺼번에 부활할 것이라고 믿었기 때문일 것이다(IVP 배경주석).

누가 이런 권세(ἐξουσία)를 주셨는가?

성부 하나님이시다. 예수님은 성부에게 전적으로 복종하고 계심을 본다. 물론 예수님은 성부 하나님과 하나이며 신성에 있어서 동등하시나(요 10:30, 14:9; 히 1:8), 직무상 성부에 대해 종속적이시다(막 14:36; 요 5:19, 26-27, 30, 17:4). 이 구절은 성자의 성부께 대한 복종이 영원토록 지속될 것임을 보여준다(ESV 성경).

2. 이제 인자가 세상의 통치자로 즉위할 것이라는 예언이 성취되었다.

28:18 예수께서 — **말씀하여 이르시되**
/나아와(προσελθών - 과거분사)
/모든 권세를(=가) — 주셨으니(=주어졌으니)
/내게(=예수님께)

(1) 예수님의 부활이 그의 즉위식이었음을 보여주고 있다. 예수님은 부활 후 하나님의 우편에 앉으시고, 그리고 그리스도의 왕적 통치가 시작되었다. 부활은 새 시대의 시작이요, 그리스도가 통치자로 나아가는 시작이었다. 이는 다니엘서 7:14*의 예언, 즉 인자가 세상의 통치자로 즉위할 것이라는 예언이 성취되었음을 의미한다.

▶ 다니엘서 7:13-14의 예언과 같이 "그의 권세는 소멸되지 아니하는 영원한 권세"이다. 또한 "그의 나라는 멸망하지 아니하는" 나라이다. 그 나라의 우주적이고 초월적인 성격이 매우 분명하게 언급되었다. 그러니까 인자이신 예수님은 단지 임시적이요 지상적인 통치권을 소유한 범상의 인물이 아니시다. 그는 대종말의 드라마에서 무한한 신적 권위를 지니신 분이시다. 이제 하나님의 우주적인 왕권이 그에게 주어졌다. 이는 단순히 이스라엘의 왕이나 다윗 가문의 한 자손의 형상보다 훨씬 뛰어난 중요성을 지닌다. 즉 다니엘서에서 말하는 인자가 메시야라는 사실이 밝히 드러난다. 인자는 다른 분이 아니라 메시야요 다윗의 자손이시다.

(2) 그렇다면 예수님께 주어진 권세는 어떤 과정을 통해서만 주어질 수 있었는가? 이는 그의 겸손, 고난, 그리고 죽음을 통해서만 하늘과 땅의 권세를 획득

할 수 있었다는 것이다. 그러나 사탄은 예수님께 이런 과정을 무시하고 자기에게 절 한 번만 하면 그런 권세를 주겠노라고 유혹했다(마 4:8-10). **예수님은 이사야 53장에서 예언된 여호와의 종으로서의 길을 걸어가신 것이다.**

(3) 예수님은 이렇게 하나님께로서 모든 권세와 권위를 부여받으셨으면서도, 동시에 그는 고난과 죽음을 당하셔야만 했다. 그가 오신 목적은 자신을 많은 사람들의 대속물로 주려 하심이었기 때문이다. 인자는 많은 고난을 받고 "이 세대 사람들에게" 배척을 당하시기 전에는(눅 17:25), 하늘 구름을 타고 임하실 수 없는 것이다.

(4) 즉 예수님의 고난과 죽음은 하나님의 심판이었다. 주님께서 '많은 사람들'을 위해 지불하셔야 했던 속전금(ransom)은 다름 아니라 그가 '많은 사람들'을 대신하여 하나님의 심판의 자리에 선 것을 의미한다.[1)]

1) 예수님은자신을희생물로드림으로써 완전한 구속의 보증을 주셨다. 그는 낙원을 여셨으며(눅 23:43), 천국의확신을주셨다(눅22:29, 30). 이렇게 해서 예수님은 복음 전파의 법적 기초를 놓으셨다. 바로 이곳에 그의 백성이 이 세상에서 지속적으로 살아갈 법적 기초가 놓인다. 이제 그의 백성의 삶은 예수님의 죽으심과 부활로 말미암아 실현된 성취, 죄의 용서, 구속의 터 위에 건립되었다. 이제부터는 예수님의 살과 피가 그들의 양식과 음료가 된다.

3. 그러니까, 복음 전파는 예수님의 죽으심과 부활 이후에만 비로소 완전히 진작(振作)될 수 있었다.

(1) 예수님이 부활하시기 전까지는 그 베일이 벗겨질 수 없었다(막 9:9 참조), 주님께서 죽음에서 살아나시고 부활하신 후에야 천국 복음의 선포가 (가장 심오한 의미에서) 십자가의 선포가 될 수 있었다.[2)]

(2) 그러나 구속이 완성되었더라도 천국은 또다시 그 목적을 성취하고 그 안에 시사된 많은 사람들을 위한 열매가 맺기 위한 시간이 필요하다. 예수님께서 속전금을 지불하고 그의 피를 흘리신 이유가 '많은 사람들'을 주께로 인도하시기 위해서였음을 말하고 있다(마 26:28 "이것은 죄 사함을 얻게 하려고 **많은 사람을 위하여 흘리는 바 나의 피** 곧 언약의 피니라"). 많은 사람을 위해 예수님은 성부 하나님으로부터 하늘과 땅의 모든 능력과 권세 및 왕적 권위를 받으셨다(마 28:8).

2) 그러니까 복음의 심오하고 진정한 기초는 바로 예수님의고난, 죽으심, 그리고부활에 있다는 것이다. 예수님의 고난과 죽음이 아직 실현되지 못하고 있는 동안에는 천국은 그 절정에 도달할 수가 없었다.

4. 명령을 마치신 예수님은 이때로부터 이 세상이 끝나는 날까지 그들과 함께 계시겠다고 약속하셨다(마 28:20).

(1) 아버지와 아들과 성령의 이름으로(τὸ ὄνομα τοῦ πατρὸς καὶ τοῦ υἱοῦ καὶ τοῦ ἁγίου πνεύματος) - 부활 후 아들은 삼위일체 하나님으로 삼위 하나님과 동등하게 제시되고 있다. 하나님의 전권을 이양 받으신 예수님(마

▶ 행 1:8 "오직 성령이 너희에게 임하시면 너희가 권능을 받고 예루살렘과 온 유대와 사
마리아와 땅 끝까지 이르러 내 증인이 되리라 하시니라 9 이 말씀을 마치시고 그들이 보
는데 올려져 가시니 구름이 그를 가리어 보이지 않게 하더라 10 올라가실 때에 제자들이
자세히 하늘을 쳐다보고 있는데 흰 옷 입은 두 사람이 그들 곁에 서서

11 이르되 갈릴리 사람들아 어찌하여 서서 하늘을 쳐다보느냐 너희 가운데서 하늘로
올려지신 이 예수는 하늘로 가심을 본 그대로 오시리라 하였느니라"

메시야 왕국은
한번 반짝이다가 사라지는
별빛이 아니다.

주님은 이 세상에
계시지 않지만
하나님의
구원 역사는
중단되지 않는다.

이제, 제자들의 손에 의해
구원의 역사가
이어져야 한다.

그래서
주님은 공생애의 시간을
보내시면서
제자들을 가르쳤다.

지금은 보잘 것 없는
것 같은 제자들에게
성령이 임하실 것이다.

28:18)은 하나님으로서 예배의 대상이 되셨다(마 28:17). 마태복음 1:23의 메시야의 이름 임마누엘이 마태복음 28:20에서 "**볼지어다 내가(ἐγὼ) 세상 끝날까지 너희와 항상(always) 함께 있으리라(I am with you)**"로 변했다.

(2) **세상 끝 날** : 예수님은 자신의 부활 이후부터 종말 ⇨ 재림 ⇨ 심판의 날까지를 연속되는 한 시대로 보신다. 여기서 '너희'는 꼭 11제자로 제한 할 필요가 없다. 넓은 의미로, 제자들의 사명완수를 통하여 새롭게 예수님의 제자가 될 모든 신자들 곧 교회를 의미하는 것으로 본다.

온 천하에 다니며 만민에게 복음을...(막 16:14-18)

16 믿고 세례를 받는 사람은 구원을 얻을 것이요
믿지 않는 사람은 정죄를 받으리라
17 믿는 자들에게는 이런 표적이 따르리니
곧 그들이 내 이름으로 귀신을 쫓아내며
새 방언을 말하며
18 뱀을 집어올리며
무슨 독을 마실지라도 해를 받지 아니하며[1]
병든 사람에게 손을 얹은즉 나으리라 하시더라

이제 믿는 자에게는 많은 이적들이 나타날 것이다. 귀신을 쫓아내며, 새 방언을 말하게 될 것이다. 이런 역사들은 우리들은 사도행전에서 볼 수 있다. 무슨 독을 마실지라도 해를 받지 아니한다는 바울의 경우를 생각나게 한다(행 28:5,6).

1) 바울은 멜리데 섬에서 독사에 손을 물렸으나 아무 상함이 없었다. 사람들은 그가 갑자기 쓰러져 죽을 줄로 기다렸다가 오래 기다려도 그에게 아무 이상이 없자 그를 신이라고 했다. 그러나 이런 역사는 보편적인 일이 아니다. 누구나 믿음만 있으면 무슨 독을 마실지라도 해를 받지 않는다는 주장은 잘못된 것이다. 복음 증거 중에 아주 특별한 경우에는 하나님의 이런 역사가 있을 수 있겠으나 어떤 극단 종파의 주장처럼 주장해서는 안 된다.

(1) 예수님이 이곳을 떠나시고 도래하게 될 세상은 어떨까?
모든 것은 이제 사라지고 끝났다고 생각한 제자들에게 예수님은 새로운 명령을 하달하신다. 온 천하에 다니며 만민에게 복음을 증거하라는 것이었다. 새로운 시대에, 새로운 임무가 주어진 것이다.

(2) 이사야가 예언했던 메시야의 시대가 새로운 국면을 맞는다.

"그 때에 보지 못하는 사람이 보게 되고, 듣지 못하는 사람이 다시 보게 되고 저는 자는 사슴 같이 뛸 것이며… 광야에서 물이 솟겠고 …뜨거운 사막이 변하여 못이 될 것이며 … 승냥이의 눕던 곳에 풀과 갈대와 부들이 날 것이며 / 8 거기에 대로가 있어 그 길을 거룩한 길이라 일컫는 바 되리니…"(사 35:5-8)

(3) 이사야가 말하던 '그 때'(אָז)는 언제를 가리킬까? 물론 궁극적으로는 메시야 시대에 죄악에 매였던 백성이 그리스도로 인하여 구원의 영광을 얻을 것이다. 영적 불구자였던 인생들이 그리스도의 복음으로 변화를 받으며 고침을 받는 사대를 말한다(마 11:5, 눅 4:16-21, 7:18-23 참조). 물론 온전한 평화는 재림 때에 완성될 것이다(계 21:4). 그러나 주님의 역사는 그의 제자들(교회)에 의해 계속 이어져야 한다.

적용을 위한 **묵상** **구원의 역사는 제자들(교회)에 의해 지속된다**

• 주 예수께서 말씀을 마치신 후에
하늘로 올려지사 하나님 우편에 앉으시니라
제자들이 나가 두루 전파할새
주께서 함께 역사하사 그 따르는 표적으로
말씀을 확실히 증언하시니라(막 16:19-20)

• 무덤으로 달려와
무덤이 텅 비었다는 것을 발견한 사람들은
제자들이 아니라
예수님의 몸을 돌보려고 왔던 여인들이었다.
제자들은 어디엔가 숨어 있었을 것이다(요 20:19).

• 물론 예수님은
제자들에게 자신의 죽음을 예언하셨지만,
이들에게는 메시야가 죽는다는 것은
너무나 낯선 사상이었기에
크게 마음에 두지 않았다.
제자들은 모두 허탈해 있었다.
그들의 생각에 메시야는 십자가에 못 박힌 죄수가 아니라
통치하는 왕이었기 때문이다.

• 이러한 실의에 빠진 제자들을
예수를 주로 전파하는 메신저로 변화시킨 요인은 무엇일까?
그것은 바로
예수님께서 죽은 자들 가운데서 부활하셨다는 사건이다.
부활이 있었기에
두렵고 어찌할 줄을 모르고 환멸에 빠졌던 이들을 변화시켰다.
이렇게 환멸에 빠졌던 제자들은
예수님이 참 메시야이며(행 2:36),
이 일은 오래 전에 하나님의 계획 속에 있었음을 증거했다(행 3:15, 21).

• 이후 부활은 초대 기독교의 중심 메시지였다.
초대교회에서는 다른 특별한 교리가 아직 필요하지 않았다.
초기 기독교는 한 위대한 사건,
하나님의 능하신 행위,
즉 죽은 자 가운데서 부활한 그리스도에 대해
계속 되풀이하여 전파했다.

부활의 사실

▶ 동교재, 마태복음에서 설명을가져와 정리했습니다.

1. 예수님의 제자들은 어디에 있었을까? 제자들은 예수님께서 고난을 받으실 때 가까이 다가가 아는 척 하지 않았다(눅 23:49*). 분명히 한 제자만은 예수께서 죽으실 때 실제로 그곳에 있었다(요 19:26).[1)]

1) G.E. 래드, 신약신학, 25장.

(1) 제자들은 주님이 당한 것과 같은 고난을 두려워했다. 무덤으로 달려와 무덤이 텅 비었다는 것을 발견한 사람들은 제자들이 아니라 예수님의 몸을 돌보려고 왔던 여인들이었다. 제자들은 어디엔가 숨어 있었을 것이다(요 20:19*). 물론 예수님은 제자들에게 자신의 죽음을 예언하셨지만, 이들에게는 메시야가 죽는다는 것은 너무나 낯선 사상이었기에 크게 마음에 두지 않았던 같다(고전 1:23*). 따라서 제자들은 모두 허탈해 있었을 것이다. 그들의 생각에 메시야는 십자가에 못 박힌 죄수가 아니라 통치하는 왕이었기 때문이다.

• 눅 23:49 "**예수를 아는 자들**과 갈릴리로부터 따라온 여자들도 다 **멀리 서서 이 일을 보니라**."

• 요 20:19 "이 날 곧 안식 후 첫날 저녁 때에 제자들이 **유대인들을 두려워하여 모인 곳의 문들을 닫았더니** 예수께서 오사 가운데 서서 이르시되 너희에게 평강이 있을지어다."

• 고전 1:23 "우리는 **십자가에 못 박힌 그리스도를 전하니 유대인에게는 거리끼는 것이요** 이방인에게는 미련한 것이로되."

(2) 그러나, 이러한 실의에 빠진 제자들을 예수를 주로 전파하는 메신저로 변화시킨 요인은 무엇일까? 그것은 바로 예수님께서 죽은 자들 가운데서 부활하셨다는 사건이다. 부활이 있었기에 두렵고 어찌할 줄을 모르고 환멸에 빠졌던 이들을 변화시켰다. 이렇게 환멸에 빠졌던 제자들은 예수님이 참 메시야이며(행 2:36), 이 일은 오래 전에 하나님의 계획 속에 있었음을 증거했다(행 3:15, 21).

(3) 예수님을 결코 부인하지 않겠다던 베드로, 그러나 예수님이 잡히자 닭 울기 전에 세 번이나 부인했다. 그러나, 그가 훗날 가장 강하게 증언했던 것은 무엇일까? 그는 오순절 날 설교에서, 예수님의 인격, 성품, 윤리적 교훈 등을 강조하지 않았다. 그가 오직 강조한 것은 범죄자로 처형 받은 예수께서 죽은 자 가운데서 **부활하셨다**는 사실이었다(행 2:24-32). 사실, **부활은 초대 기독교의 중심 메시지였다**. 최초로 보도된 기독교 설교는 부활의 사실과 의미를 선포하는 것이었다(행 2:14-36). 그래서 베드로는 이스라엘 사람들에게 설교의 결론을 이렇게 언급한다. "너희가 회개하여 각각 예수 그리스도의 이름으로 세례를 받고 죄 사함을 받으라 그리하면 성령의 선물을 받으리니"(행 2:38).

(4) 훗날 사도들이 가장 강조해서 증거한 메시지는 **예수님의 부활**이었다(행 4:33). 부활이 한결같은 초대교회의 핵심 메시지였다. 그 뒤로 사도들이 박해를 받았던 것도 끊임없이 부활을 증거했기 때문이었다(행 4:1-2; 5:31-32). 초대교회에서는 다른 특별한 교리가 아직 필요하지 않았다. 초기 기독교는 한 위대한 사건, 하나님의 능하신 행위, 즉 죽은 자 가운데서 부활한 그리스도에 대해

계속 되풀이하여 전파하였다.

2. 예수님의 죽음은 사실이다. 이 사실은 누구라도 의심치 않는다.

(1) 제자들은 어떤 기대를 가지며(눅 19:11, 24:21) 주님을 열심히 따라다녔다. 주님은 적어도 몇 차례 자신의 임박한 죽음을 경고하며 제자들을 준비시켰지만(막 8:31*), 사실 그들은 예수님이 무엇을 이야기하고 계신지 알지 못했다. 1세기 유대인들은 이사야 53장의 고난 당하는 종이 메시야에게 적용된다는 사실을 이해하지 못했다. 그들의 생각에는 메시야는 고난을 받아 죽는 자가 아니라 그의 나라를 통치할 자였기 때문이다.

• 막 8:31 "인자가 많은 고난을 받고 장로들과 대제사장들과 서기관들에게 버린 바 되어 죽임을 당하고 사흘 만에 살아나야 할 것을 비로소 그들에게 가르치시되"

(2) 제자들은 처음에는 낙담하고 좌절했지만, 이 낙담과 좌절은 갑자기 믿음과 확신으로 바뀌었다. 예수님께서 더 이상 죽은 자가 아니고, 부활하사 승천하셨기 때문이다. 예수님의 부활, 이는 피할 수 없는 역사적인 사실이다. 만약 그것이 없었다면 이후 교회도 없었을 것이다.

(3) 예수님께서 부활 승천하신 후에 제자들은 그리스도의 부활과 승리를 복음의 주요 요소로 전파했다. 그러면서도 이들은 그것에 그치지 않고, 계속해서 구원론적이며 종말론적인 일련의 사건들을 완성시킬 또 하나의 사건을 언급했다. 즉 제자들은 그리스도의 재림을 언급했다는 것이다(행 10:42, 17:31). 곧 그리스도의 재림이 이루어짐과 동시에 하나님 나라가 최종적으로 그리고 완전하게 임하게 될 것이다. 그 때에야 "하늘에 있는 자들과 땅에 있는 자들과 땅 아래에 있는 자들로 모든 무릎을 예수의 이름에 꿇게 하시고 모든 입으로 예수 그리스도를 주라 시인하게 될" 것이다(빌 2:10-11). 그리스도의 초림을 통하여 올 세대(the age to come)는 이 현세대에 깊숙히 침입하였으며, 그리스도의 재림을 통하여 올 세대가 이 현세대와 완전히 대치되게 될 것이다.[1)]

1) F.F 브루스, 사도행전(상), 아가페, 46-47.

하나님의 구속행위의 중심 요점은 예수 그리스도의 십자가요, 그것은 그분 자신의 승리적 부활로 절정을 이룬다. 따라서 '왕국에 대하여 전파하는 복음'은 '십자가의 도'(십자가를 전하는 말씀)와 결코 분리될 수 없다. 사람에게 구원을 가져다 줄 수 있는 것은 오직 십자가에 대한 메시지뿐이다(고전 1:18-24). 그리스도와 십자가의 부활사건은 새세상(New Age)이 시작되고 동시에 옛세상이 그 종말을 향하여 달려가는 출발점이었다.

마가복음 공부는 여기서 끝냅니다.
보다 자세한 공부는 여러분 자신이 하셔야 합니다.

이런 구문 분석을 처음 대하시는 분들을 위하여

例

살리신 이가 **살리시리라**
/그리스도 예수를
/죽은 자 가운데서
/몸도
/너희
/죽을
/영으로 말미암아
/그의
/거하시는
/너희 안에
/영이 ——— 거하시면(조건절, if)
/살리신 이의 /너희 안에
/예수를
/죽은 자 가운데서

수식부임을 나타내는 기호

◀ 로마서 8장 11절의 경우 주문장을 제외한 모든 의미단위들은 주어인 '살리신 이'와 동사인 '살리시리라'를 각각 수식합니다.

샘플

例

28 우리가 **알거니와**
/모든 것이——합력하여 이루느니라
/선을
/사랑하는 자[에게는]
/하나님을
/곧(동격)
부르심을 입은 자들에게는
/그 뜻대로

▶ 로마서 8장 28-30절은 병렬관계의 종속문장 및 하위 종속관계의 종속문장 예문입니다.

종속문장

29 //(이유: ὅτι, for)
하나님이(=그가) —— 또한 미리 정하셨으니
/미리 아신 자들로(=에게)
/본받게 하기 위하여(=본받도록)
/형상을
/그 아들의

종속문장의 종속문장: 하나님이 미리 정하신 목적

//이는(목적: εἰς + 부정사, so that)
그로——맏아들이 되게 하려 하심이니라
/많은 형제 중에서

30 //또(이유: 계속)
[그가] ——— 또한 부르시고
/미리 정하신 그들을
또한 의롭다 하시고
/부르신 그들을
또한 영화롭게 하셨느니라
/의롭다 하신 그들을

구문성경의 장점

1. 본문의 내용을 쉽게 이해할 수 있습니다.
2. 전체적인 본문의 흐름과 각 부분의 상세한 내용을 구조적으로 한 눈에 볼 수 있습니다.
3. 짧은 시간만으로도 본문을 깊이 이해할 수 있습니다.
4. 한글 성경만으로는 오해하거나 잘 알 수 없는 원문의 정확한 의미와 논리의 구조를 확실하게 파악할 수 있습니다.
5. 그러므로 저자의 의도와 감정을 접하는 경험이 가능합니다.
6. 본문 연구시 관찰이 쉽고, 해석시에 세밀한 부분까지 본문을 놓치지 않을 수 있습니다.
7. 간단한 원칙과 원리만 이해하면, 연구자가 자신의 목적에 맞게 자유롭게 활용, 응용할 수 있습니다.
8. 설교를 위한 본문의 주해 개요(대지 및 소지)를 쉽게 작성할 수 있습니다.
9. 성경공부 교재를 만들 때, 본문의 내용을 함축적으로 포함하는 질문과 내용들을 만들 수 있습니다.

본서에 사용된 구문분석은 서울성경연구원(www.sbi66.org)에서 발행된 『문맥성경』(도서출판 그리심)임을 밝힙니다.

- 마태복음~사도행전
- 로마서~요한계시록
- 모세오경
- 여호수아~열왕기하

• 현재(2021. 5) 출간된 『문맥성경』

(1) 옆 면의 설명과 같이 본 교재는 필요에 따라 구문을 인용해 설명했습니다. 그러나 모든 본문을 처음부터 끝까지 다 해설한다면, 교재 내용이 너무 복잡하여 책 부피도 그렇거니와 이 책이 이끌어가고자 하는 목적과도 맞지 않기 때문에 꼭 필요한 부분만 인용 설명했습니다.

(2) 또한 너무 자세한 분석을 피하고자 『문맥성경』을 조금 단순화, 변용시켜 적용하기도 했습니다. 때로는 헬라어 원문도 소개했지만, 꼭 필요한 분이 아니라면 무시하고 그냥 지나치셔도 됩니다.

(3) 앞에서 언급되었지만, 이 교재는 일반 성도들이 성경을 좀더 깊이 있게 보게 하려는 의도에서 집필되었기에 많은 신학자들의 논쟁(?)은 제외되었습니다. 그래도 어떤 분들에게는 너무 어려울 수도 있습니다. 어쨌든 그냥 스쳐지나가는 본문들의 역사적 배경, 신학적 정리, 원어의 의미 등을 적정한 수준에서 소개하려고 했습니다. 그러다보니 반복적인 내용도 자주 등장할 것입니다. 물론 교역자님들도 일반 성도들의 지도를 위해 참고하실 수 있을 것입니다.

• 아래 두 곳은 구문성경을 통해 말씀을 더 깊이 배울 수 있는 곳입니다.

백투더바이블 출간 계획(구약 · 신약)

1-1 **창세기(상)**
1-2 **창세기(하)**
2 **출애굽기**
3 **레위기**
4 **민수기**
5 **신명기**

6 **여호수아**
7 **사사기**
8 **룻기**
9 **사무엘상**
10 **사무엘하**
11 **열왕기상**
12 **열왕기하**
13 역대상 · 하
14 **에스라 · 느헤미야**
15 욥기
16-1 시편(상)
16-2 시편(중)
16-3 시편(하)
17 잠언
18 전도서
19 아가서 · 에스더

20 **이사야**
21 **예레미야 · 애가**
22 에스겔
23 다니엘

24 **호세아**
25 **요엘 · 아모스**
26 **오바댜 · 요나 · 미가**
27 **나훔 · 하박국 · 스바냐**
28 **학개 · 스가랴**
29 **말라기**

(신약)
1 **마태복음**
2 **마가복음**
3 누가복음
4 **요한복음**
5 사도행전
6 로마서
7 고린도전서
8 고린도후서
9 갈라디아서
10 에베소서
……

▶ 2021. 6월 현재 고딕은 출간 완료

▶ 출간 순서와 번호가 바뀔 수 있습니다.

백투더바이블(마가복음)

2021년 6월 5일 초판 인쇄
2021년 6월 10일 초판 발행

저 자 • 장 종 길
발행인 • 조 경 혜
발행처 • 도서출판 그리심
07030 서울시 동작구 사당로2길 72 인정 B동(B01호)
등록번호 • 제 7-258호(1998. 4. 23)
출 판 사 • 전화 523-7589 팩스 523-7590
홈페이지 • http://grisim.biz
전자우편 • grisimcho@hanmail.net

ISBN 978-89-5779-455-9 94230
ISBN 978-89-88291-07-8 94230(세트)

값 : 책 뒷면에